근대 한국 신종교 조직과 연원제

아시아종교연구원 총서 04

근대 한국 신종교 조직과 연원제

박 상 규 저

박문사

책머리에

　이 책은 박사학위 논문인 『근대 한국 신종교 조직 연구 — 연원제를 중심으로』를 수정·보완한 것이다. 이 책은 1860~1940년대 한국 신종교 가운데 연원제를 기반으로 하는 동학·천도교, 보천교(普天敎), 무극도(無極道)의 역사적 전개 과정을 비교, 분석하고 이를 통해 각 교단의 특징과 유형을 고찰하는 것이 목적이다. 세 가지 종교 전통을 연구 대상으로 삼은 이유는 각 교단이 연원제라는 조직 원리를 공유하고 있기 때문이다.

　지금까지 종교연구는 교리적 차원이 큰 비중을 차지했다.[1] 하지만 교리적 차원의 종교연구는 예상외로 많은 것을 드러내지 못한다. 역사 속에 존재했던 수많은 종교 체계의 존재를 보여준 것은 교리적 접근이 아니라 사회 문화적 접근이었기 때문이다.[2] 종교의 특성은 그 사회 문화적 맥락에서 종교적 관념이 어떻게 사용되고 실천되고 통합되는지를 분석함으로써 자세히 드러날 수 있는 것이다. "종교의 생명은 그 종교의 사회적 현실 속에 있다."라는 종교와 사회의 동반

1　니니안 스마트(Roderick Ninian Smart 1927~2001)는 주요 종교에서 교리가 큰 비중을 차지했고 학자들이 종교를 연구할 때 교리에 너무 큰 비중을 두는 경향이 있음을 지적한 바 있다. 니니안 스마트, 윤원철 옮김, 『세계의 종교』, 예경, 2004, 24쪽.

2　윌리엄 페이든, 이민용 옮김, 『성스러움의 해석』, 청년사, 2005, 85쪽 참조.

성에 대한 윌리엄 페이든(William E. Paden)의 명제는 종교연구에서 사회적 측면 연구의 중요성을 시사한다.[3] 사회적 측면에 관한 연구는 교리적 접근이나 합리주의적 접근에서 파악되지 않는 종교성의 여러 국면과 다양한 종교적 형태를 명확하게 설명해 주는 렌즈가 될 수 있다.[4]

종교에서 교리, 체험, 의례, 신화, 윤리 등의 차원이 외형적 실체가 없는 추상적인 개념이라면 사회적 차원은 종교의 가시적인 외형을 말한다. 종교의 가시적 외형인 성소, 건물, 예술작품, 상징물 등의 물질적 측면 역시 대부분 사회적 차원이 표출된 것이다.[5] 따라서 종교의 사회적 차원을 통해 추상적 개념이 아닌 가시적 현상을 대상으로 한 종교 연구가 가능하다. 이러한 분석을 기반으로 니니안 스마트(Roderick Ninian Smart 1927~2001)는 "어떤 종교 신앙적 신념을 제대로 이해하려면 그것이 사람들 사이에서 실제로 작동하는 방식이 어떤지를 보아야 한다."라고 주장하였다.[6] 모든 종교운동이 대체로 일정한 형식을 갖춘 집단을 통해 구현되므로 종교를 이해할 때 조직과 공동체를 가진 종교단체에 주목할 필요가 있다는 것이다.

스마트의 주장과 궤를 같이하는 페이든의 다음과 같은 주장도 종교조직에 주목하는 일이 중요하다는 점을 시사한다. 물론 페이든이 말하는 세계와 종교조직이 동일한 것은 아니지만 세계의 형성이 종교조직을 배경으로 하기 때문이다.

---

3 위의 책, 같은 쪽 참조.
4 위의 책, 86~87쪽 참조.
5 니니안 스마트, 앞의 책, 27~28쪽 참조.
6 위의 책, 27쪽 참조.

세계는 일단의 사람들이나 사회적 제도에 의해 형성되고 유지되고 붕괴되고 재형성되며, 그 사회적 구성원들은 세계에 영속적인 설득력을 부여한다. ⋯ 세계는 순수한 관념에 의해 유지되는 것이 아니라 사회화 과정을 통해 이러한 관념들에 투신하는 집단 구성원들에 의해 유지된다. 모든 집합체—큰 규모이건 작은 규모이건, 부족 차원이건 제국 차원이건, 공적이건 수도원적이건, 종파적 수준이건 거대한 교회의 수준이건—는 그 구성원들에게 특정한 종교적 역할과 종교적 정체성을 제공한다.[7]

위의 분석에 기반하여 페이든은 "공동체와 공동체의 권위 구조가 성스러움의 중요한 매개체이며 성스러움에 외적이고 공적인 '실재성(reality)'을 부여한다."라고 주장하였다.[8] 이는 종교 공동체, 즉 조직이 성스러움을 외적이고 공적인 실재로 구현하는 매개체이므로 종교를 이해하기 위해서는 조직 연구가 필수적이라는 주장으로 볼 수 있다.

근대 한국 신종교를 총체적으로 이해하기 위해서는 종교조직 연구는 중요하다. 이러한 중요성에도 불구하고 일제의 편향적인 종교 정책과 서구적 근대화로 인해 주요 종교로 발돋움할 기회를 박탈당했던 근대 한국 신종교에 관한 관심은 교리나 역사에 관한 연구 이상으로는 나아가지 못했다.[9] 그래서 근대 한국 신종교에 관한 연구가

---

7 윌리엄 페이든, 이진구 옮김, 『비교의 시선으로 바라본 종교의 세계』, 청년사, 2004, 79~80쪽.
8 위의 책, 80쪽 참조.
9 1980년대부터 한국 신종교 연구의 새로운 길을 모색하며 신종교 연구에 큰 노력

교리적 측면을 탈피해 다른 차원으로 확장되는 것은 어려운 일이었다. 그래서 근대 한국 신종교는 주로 교리의 내용과 유형, 또는 교리적 관점에서 역사를 중심으로 연구되었다. 역사·교리 등도 잘 알려지지 않았기에 연구자로서는 불가피한 선택이었을 것이다. 종교의 주요 측면이라고 할 수 있는 교리마저도 잘 이해되지 않은 상태에서 다른 측면에 관한 연구를 기대하기는 어려운 일이다. 이러한 상황으로 인해 한국 신종교 연구는 교리의 내용과 유형 분석에 집중된 편향성을 보였다. 종교의 다양한 차원에 관한 연구의 균형이 깨짐으로써 신종교에 대한 이해나 서술이 한계를 드러낼 수밖에 없었다.[10] 생존과 유지를 당면 과제로 인식할 수밖에 없었던 신종교 교단들은 조직 관련 자료를 축적하지 않거나 부분적으로만 공개하는 경향이 높았다.[11] 근대 한국 신종교의 사회적 측면인 조직에 관한 연구는 자료의 한계과 이로 인한 연구자들의 낮은 관심으로 인해 여타 다른 측면

을 기울인 강돈구는 2020년에도 신종교 연구자들의 수가 여전히 절대적으로 부족하다는 사실을 토로한다. 강돈구, 「한국 신종교 교단연구의 현황과 과제」, 『한국종교교단연구 XII』, 한국학중앙연구원 출판부, 2020, 170쪽.

10 이진구는 1991년 이미 근대 한국의 신종교에 관한 연구가 주로 교리분석이나 사상에 관한 연구에 국한됨으로 말미암아 신종교의 총체적인 성격을 규명하는 데 한계가 있다고 판단하고 있었다. 30년이 흐른 현재 필자가 보기에 상황의 변화는 미미하다. 이에 대해서 우혜란은 2019년 "한국학계에서 … 신종교연구 또한 교리적·사상적 면에 치중됨으로써 신종교의 조직적 혹은 제도적 차원에 관한 조사연구는 상대적으로 빈곤하다."라고 지적한 바 있다. 이진구, 「천도교 교단 조직의 변천 과정에 관한 연구─연원제를 중심으로─」, 『종교학연구』 제10집, 1991, 67쪽; 우혜란, 「한국 신종교의 조직구조─그 연구 경향과 미래의 연구과제─」, 『신종교연구』 제40집, 2019, 2쪽 참조.

11 유사한 주장을 우혜란의 연구에서 볼 수 있다. "신종교 조직 연구가 활발하게 진행되고 있지 않은 데에는 종단 학자가 아닌 외부 학자들의 참여가 매우 저조한 것도 한몫하는데, 이는 상당 부분 한국 신종교 단체들이 자신들의 조직에 대한 자료를 외부에 공개하기를 꺼리는 것에서 기인한다." 위의 논문, 2쪽.

들보다 부족했다. 근대 한국 신종교에 관해 더욱더 심층적이고 다각적인 이해를 위해 이제 그 연구의 불균형을 해소할 필요가 있다.

종교는 한 번에 하나의 측면만 볼 수 있는 대상이기에 종교를 해석하는 일은 중복되게 지도화한 체계와 같다.[12] 따라서 조직의 관점에서 근대 한국 신종교를 연구하는 작업은 한 측면의 지도를 그려냄으로써 다른 측면의 지도를 더 명확히 이해하고 새로운 측면의 지도를 그릴 수 있는 기초가 된다. 근대 한국 신종교에 대한 보다 깊은 이해를 위해 필수적인 작업이다. 만약 조직을 그려낸 지도가 다른 지도를 그리거나 이해하는 데에 없어서는 안 될 중요한 밑그림이 된다면 조직 연구의 필요성은 더욱 커진다.

한국 신종교의 조직적 측면이 그 특성 및 변동에 무시할 수 없는 주요 변수로 작용했다면, 지금까지 교리나 사상적 틀에 집중한 신종교 이해는 심각한 한계를 지닐 수밖에 없다. 이러한 문제 제기는 '한국 신종교의 조직적 측면이 그 특성 및 변동에 무시할 수 없는 주요한 변수로 작용하였다면'이라는 가정에 기반한다. 만약 근대 신종교 조직이 전통적인 주요 종교조직과 의미 있는 차이를 지니고 있지 않다면 이 문제 제기는 큰 의의를 지니기 어렵다. 주요 변수가 되기 위해서는 근본적인 차이가 있어야 하기 때문이다. 그렇다면 본 논문의 연구 대상인 근대 한국 신종교 조직이 전통 종교조직과 근본적인 차이를 보이는 지점이 있는지가 본 연구의 필요성을 입증하는 데 중요하다.

---

12 윌리엄 페이든, 앞의 책(2005), 198~199쪽 참조.

근대 한국 신종교 중 조직 측면에서 전통 종교와 비교 연구 대상으로 적절한 규모를 지녔던 교단은 동학·천도교, 불법연구회·원불교, 그리고 증산 종단의 보천교와 무극도 전통이다. 국지성을 넘어선 전국성과 이에 따른 중앙과 지방 조직 구분이 실제 존재한다는 점을 기준으로 한 것이다. 물론 이견이 존재할 수 있지만, 비교를 통해 서로의 유사성과 차이에 입각한 다각적인 이해에 도달하려면 이러한 작업 가설적 기준이 필요하다. 유사한 조건과 맥락에서 비교되어야 그 대상들의 유사성과 차이가 명확히 드러날 수 있기 때문이다.

비교를 위해 검토할 부분은 최소한 두 가지이다. 첫째는 각 종교 교단의 전통이 공통적인 조직 특성을 지녔는지이고, 둘째는 그 조직 특성이 전통 종교와 분명한 차이를 가졌는지이다. 앞서 서술한 각 종교 교단 전통은 거의 같은 시공간을 배경으로 발생·전개되어 최근까지 비교 연구의 대상이 되어왔다. 그렇지만 공통적인 조직 특성에 대한 논의는 2008년 이전까지 미진하였다. 이와 관련해, 저자는 2008년에 근대 신종교 교단을 참여 관찰하면서 각 교단 조직에서 공통으로 '연원'이라는 개념을 사용하고 있다는 점에 근거해 근대 한국 신종교 다수가 연원제(淵源制)라는 특유의 속인제(屬人制) 조직 원리를 교단 조직의 구성 원리로 활용하였다는 점을 지적한 바 있다.[13]

연원제 조직은 다단계나 네트워크 마케팅의 종교적 버전으로 오인되기도 하지만, 사실상 근대 한국 신종교의 특징적인 조직 구축

---

13 박상규, 「한국 신종교의 연원제」, 『동아시아종교문화학회 창립기념 국제학술대회 Proceedings』, 2008, 161쪽 참조.

방식이다.[14] 연원제는 수행이나 신앙을 시작하도록 이끌어준 전교인을, 신앙 또는 입교 연원(淵源)으로 지칭하고, 도통(道統)에 연결된 스승으로 인정하는 원리이다. 연원제 체계에서 전교가 전도(傳道)로 인정되면 각각 전교인(傳敎人)과 수교인(受敎人)은 전도자(傳道者)와 수도자(受道者)가 되어 사제(師弟) 관계가 되며, 전교가 진행될수록 그 관계가 다선적·중층적·연쇄적으로 확장되어 인적 결사의 신앙 또는 수행 공동체의 구축으로 이어진다. 따라서 연원제는 속지(屬地) 방식의 교구제가 아닌, 유교의 학파나 불교의 문중과 유사한 속인(屬人) 방식의 체계가 된다.

교구제의 기원이 종교적인지 비종교적인지를 논외로 한다면, 교구제가 행정 지역 단위의 신앙인들을 모아 성직자가 관리 감독하는 실용적 체계라는 것은 부인할 수 없다. 이에 비해 연원제에서는 지역 단위의 신자를 관리 감독하는 전문 성직자가 없고, 전교(傳敎)·수교(受敎)에 의한 사제관계의 인적 계보가 지역과 관계없이 교인들을 지휘 통솔하는 기반이 된다.

근대 한국 신종교 조직의 공통적 특징인 연원제는 전통 종교의 조직 제도와 뚜렷한 차이를 보인다. 이 차이는 조직적 측면이 신종교의 특성 및 변동에 무시할 수 없는 주요 변수로 작용하였을 가능성이 크다는 것을 시사한다. 지금까지 이러한 시사점에 주목하지 않은 신

---

14 윤이흠은 연원제를 속인제 피라미드 조직으로 규정하여 다단계 피라미드 조직처럼 묘사한 바 있다. 대부분 조직체계가 피라미드형을 지닌다는 점에서 본다면 피라미드라는 표현이 연원제의 특징을 표현할 때 적절할지는 재검토가 필요하다. 윤이흠, 『일제의 한국 민족종교 말살책』, 도서출판 모시는사람들, 2007, 87쪽 참조.

종교 연구에서는 연원제를 고려했을 때 확인할 수 있는 특성들을 드러내지 못하였을 가능성이 크다. 그래서 연원제에 기반한 근대 한국 신종교 조직 연구는 중요하다.

이 책이 출간될 수 있도록 지원해 주신 아시아종교연구원과 좋은 책을 만들려고 애써 주신 박문사 편집부에도 감사 인사를 드리고 싶다. 그리고 한국 신종교 연구에 관심을 가질 수 있도록 이끌어 주시고 심사 과정에서 아낌없는 조언을 주신 강돈구 교수님께 감사드린다.

목차

제1장

서론

1. 목적

지금까지 한국 신종교 특유의 조직 원리인 연원제의 기원, 성립, 전개를 세밀하고 종합적으로 다룬 연구는 없다. 개별 교단 연구를 위한 조사나 분석의 수준에서만 일부 언급되었을 뿐이다. 이는 연원제 교단을 공동체의 신앙 작동 방식이 이질적인 교단과 기계적으로 비교하게 되는 문제를 초래할 수 있다. 기계적인 비교 연구에서는 연원제에 대한 이해가 없어 정확한 맥락적 비교에 도달하지 못한다. 게다가 기존의 조직적 관점에서 연원제 교단의 전개 과정을 해석하면 잘못된 역사 기술이나 역사적 사건에 대한 오독이 나타날 수도 있다.

사회적인 영역에서는 연원제에 대한 정확한 이해 없이 신종교 교단과 관련된 정보를 처리할 때 왜곡 현상이 발생한다. 왜곡된 정보로 발생한 심각한 문제와 폐해를 모두 나열할 수 없지만, 이러한 현상은 연원제 조직을 비밀 점조직이나 상업적 다단계 조직과 등치시켜 신종교인의 포교 동기, 교단의 교리나 활동, 게다가 교단 내의 갈등과 분열을 사회정치적, 경제적 원인 등으로 설명하는 신종교 관련 담론과 보도에서 볼 수 있다. 신종교 조직과 관련된 언론매체의 기술적 왜곡 현상은 오래된 문제이다.[1]

조직 원리가 사회적 차원에서 신앙과 신념이 작동하는 방식이기에 연원제 연구는 교리적 측면과는 다른 차원의 종교 이해 관점을

---

[1] 조직과 관련된 것은 아니지만 신종교에 대한 언론매체의 기술적 왜곡에 관한 사례에 관해서는 우혜란의 연구를 참조할 수 있다. 우혜란, 「대순진리회 관련 미디어 담론의 분석」, 『종교연구』 제78집 2호, 2018.

제공하여 기존 설명을 수정하거나 구체화하는 데에 이바지할 수 있다. 또한 연원제 연구는 특정 교단의 제도적 측면을 넘어 조직문화 전반에 주목하면서, 사회적 측면과 조직문화의 관계를 살펴볼 수 있는 창이 될 수 있다는 점에서도 의의를 지닌다.[2]

본 연구에서는 연원제의 지평에서 근대 한국 신종교의 전개 과정을 재기술하고, 이를 통해 근대 한국 신종교의 전개 과정에서 나타나는 유사성과 차이 등의 특징을 설명하고자 하였다. 이는 조직 이론의 관점에서 근대 한국 신종교 간의 유사성과 차이를 조망하고, 이를 통해 기존의 기술과 이해를 수정 보완하여 새롭게 설명하려는 시도이다. 이러한 시도는 유형론을 통한 근대 한국 신종교의 이해뿐만 아니라 향후 속인제, 속지제, 연원제 등의 조직 원리를 통해 근대 동아시아 신종교의 역사적 특징들을 비교해 이해할 수 있는 새로운 해석적 지평을 확보하기 위한 것이기도 하다.

2. 연구 범위와 방법

1) 연구 범위

본 논문의 연구대상은 1860년대~1940년대의 동학·천도교, 보천교, 무극도이며 특히 그 연원제 조직을 초점으로 한다. 원불교의 전

---

2 학문 영역에서 이루어진 신종교에 대한 수정된 이해가 사회적으로 수용된다면 신종교 교단과 교인에 대해 편향된 여론과 시각은 수정될 수 있다. 또한 신종교와 사회의 갈등은 합리적으로 중재되고 더 나아가 기성 종교조직에 맞게 기획된 종교정책이나 제도는 재검토될 것이다.

신인 불법연구회는 1910년대 후반 십인일단(十人一團)의 속인제 조직을 구축하였지만, 엄밀하게 본다면 연원제 조직이라고 볼 수 없으므로 본 연구에서 본격적으로 다루지 않는다.[3]

또한 연원제 조직을 기술하고 분석하기 위해 세 전통을 계승한 교단도 일부 다룬다. 세 전통 모두 초기의 연원제 조직이 제도화되고 확장 변용되면서 조직 유지와 효율적 운영을 위해 다양한 기구와 제도를 구축하였기에 필요할 경우 연원제 외의 조직도 연구 범위로 포괄될 수밖에 없다. 교단의 분열로 인해 파생된 종교단체나 같은 교조에서 시작되어 독립된 교단을 구축한 때도 필요할 경우 연구 대상에 포함하였다.

2) 연구 방법

(1) 문헌 고증

본 연구의 목표 중 하나는 연원제 조직의 관점에서 세 교단의 전개 과정을 기술하는 것이다. 이처럼 역사적 기술을 통해 신종교 교단과 그 조직을 이해하고자 할 때 문헌을 통한 예증과 반증은 일차적 연구 방법이 된다. 다만, 기존 종교와 비교할 때 신종교는 자신들의 역사를 공식적으로 문서화하지 않은 경우가 많다. 따라서 파편처럼 흩어져 있는 여러 문헌을 교차 검토하고 고증한 후 종합해야 한다.

조직적 측면에 관한 연구는 교리적 측면과 비교해 역사적 엄밀함을 요구한다. 교리적 측면이 사고의 영역이라는 추상적 토대를 지녔다는 것에 반해, 조직적 측면은 물리적 시공간의 영역에서 물질적

---

3 이에 관해서는, 강돈구, 앞의 논문(2009), 35~41쪽 참조.

토대와 관련해 나타나기에 사실관계에 대한 철저한 확인이 필요하다. 따라서 조직 관련 문헌은 고증을 통해 조사되고 검토된 후 역사 기술에 활용해야 하고, 글자로만 존재하거나 당대의 실상을 해석한 2차 문헌 자료는 필요한 경우에만 제한적으로 활용할 수밖에 없다. 게다가 퍼즐 맞추기의 경우처럼 사라진 퍼즐을 공백으로 남겨두는 것이 차라리 전체의 그림을 파악하는 데 도움이 되는 측면도 있다. 이러한 맥락에서 본 연구에서는 관련된 주요 문헌을 비교하여 고증하고 그 정확도를 구분하는 작업을 먼저 진행할 것이다.

(2) 비교연구

비교와 관련하여, 조너선 스미스(Jonathan Z. Smith, 1938~2017)는 "비교의 과정은 인간 지성의 근본적인 특성이다. … 비교, 즉 유사성이나 차이를 주목하기 위해 둘 또는 그 이상의 대상들을 묶는 것은 인간의 사고 곳곳에 있는 하부구조다."라고 지적한 바 있다.[4] 이러한 명제가 아니라도 비교를 통해 특정한 관점을 도출하여 역사를 재기술하고 특징을 파악하는 것이 더 깊은 이해에 도달할 수 있는 길임은 자명하다.

본 연구의 목적이 연원제라는 창을 통해 신종교의 전개 과정을 살펴보고 재기술하여 그 특징을 밝히려는 것이라면 비교는 연구 과정 전반에 걸쳐 주요 방법일 수밖에 없다. 따라서 본 연구에서는 비교를 기본적 연구 방법으로 활용하되, 고전적 비교가 아닌 자기성찰적

---

4 Jonathan Z. Smith, *Map Is Not Territory*, Leiden: E J. Brill, 1978, p. 240 참조.

(self-reflective)이며 신비교주의(new comparativism)에 입각한 현대 종교학의 새로운 비교 이론을 방법론적 토대로 삼았다.

새로운 비교 이론은 몇몇 학자들이 기존의 비교 연구를 고전적 비교주의(classical comparativism)로 평가하면서 새롭게 등장한 연구 방법론이다. 고전적 비교주의는 뮐러(Friedrich Max Müller, 1823~1900)에서부터 엘리아데(M. Eliade)의 시카고학파에 이르기까지 비교종교학의 주류였던 유형론적 비교방법론을 의미한다. 그러나 이 방법론은 종교 현상의 유사성에 초점을 맞춰, 종교 현상을 그 맥락에서 분리하여 투박하게 일반화하고 종합화한다는 비판에 직면하였다.[5]

포스트모더니즘과 포스트 식민주의(post-colonialism)를 배경으로 이러한 비판을 주도하면서 새로운 비교 이론을 쟁점화하고 가다듬은 대표적인 학자는 조너선 스미스와 윌리엄 페이든(William E. Paden)이다. 조너선 스미스는 역사적 변화 과정을 중시하면서, 일반성과 특수성 사이의 균형을 유지하는 가운데 유사성과 차이를 모두 보여줄 수 있는 비교 방법을 주장했고, 윌리엄 페이든은 고전적 비교 작업의

---

5 조너선 스미스(Jonathan Z. Smith)는 기존 종교학이 비교의 목적을 유사성을 포착하는 것에 둠으로써 편향되었으며, 결국 이 유사성의 포착 역시 우연히 떠오른 인상에 의존한다는 점에서 주술적인 것에 불과하다고 비판하였다. 윌리엄 페이든도 기존의 비교 연구가 제국주의적이고, 종교적으로 편향되었으며, 반맥락적(anti-contextual)·비이론적(non-theoretical)이라고 비판하였다. 조현범, 「한국 종교학의 현재와 미래」, 『종교연구』 제48집, 2007, 15~19쪽; 조너선 Z. 스미스, 장석만 옮김, 『종교 상상하기: 바빌론에서 존스타운까지』, 청년사, 2013, 73~75쪽; William E. Paden, "Comparison in the Study of Religion," in Peter Antes, Armin W. Geertz, Randi R. Warne(eds.), *New Approaches to the Study of Religion, Vol. 2: Textual, Comparative, Sociological and Cognitive Approaches,* Berlin: Walter de Gruyter, 2004, pp. 78~79 참조. 고전적 비교종교학에 대한 비판과 현대 비교종교학의 쟁점에 대해서는 앞에 언급한 조현범의 논문을 참조할 수 있다.

한계를 신학적 특권화, 몰역사주의, 토대주의의 세 가지로 특징짓고 기존의 단일 유형론적 제국주의적 해석을 비판하면서 종교 현상들의 차이를 부각한 다원적 종교문화의 이해를 강조하였다.[6]

새로운 비교 이론은 지나치게 서구의 기준으로 유형론적 비교를 시도한 기존의 고전적 비교방법론과 달리, 서구와 다른 특성을 보일 수 있는 동양의 종교문화를 발굴하고 이해하는 데에 도움이 되기에 본 연구의 방법론으로 적절하다. 이런 맥락에서 본 연구도 새로운 비교방법론에 근거해 연구 대상이 되는 신종교의 역사적 비교 연구를 수행하면서, 유사성과 차이 모두에 주목하여 교단 조직의 독특성을 확보하는 비교 연구를 수행하였다. 구체적으로는 비교의 목적을 기존 개념의 재기술(redescription)과 교정(rectification)에 두었던 조너선 스미스의 자기성찰적 비교, 종교적 세계를 내부인의 시각에서 기술하여 비교론적 관점을 통해 유사성과 차이를 모두 보여줌으로써 '보편성'과 '특수성'을 드러내지 않으면 안 된다고 강조한 윌리엄 페이든의 비교 이론을 방법론적 토대로 삼았다.[7]

본 연구에서 시대와 지역을 고려해 연구대상을 1860~1940년대

---

6 이창익, 「종교는 결코 끝나지 않는다: 조너선 스미스의 종교 이론」, 『종교문화비평』 제33집, 2018, 216~232쪽; 윌리엄 페이든, 앞의 책(2004), 4~12쪽, 217쪽 참조.

7 Jonathan Z. Smith, *Relating Religion: Essays in the Study of Religion,* Chicago: University of Chicago Press, 2004, p. 29; 조너선 Z. 스미스, 장석만 옮김, 앞의 책, 83~89쪽; 유요한, 「비교종교학 연구의 최근 동향－학문적 엄밀성이 요구되는 비교종교연구와 종교학」, 『종교문화연구』 제8권, 2006, 25~26쪽; William E. Paden, "Elements of a New Testativism," *Method & Theory in the Study of Religion,* Vol. 8, No. 1, 1996, pp. 5~15; William E. Paden, "Tracks and Themes In A Shifting Landscape: Reflections On 50 Years Of The Study Of Religion," *Religion,* Vol. 43, No. 1, 2013, pp. 97~98; William E. Paden, "Response to Review Panelists," *Method & Theory in the Study of Religion,* Vol. 30, Issue 2, 2018, pp. 169~170 참조.

한국 신종교로 한정하고, 그중에서도 연원제 조직을 지닌 교단 전통으로 특정한 것은 이러한 방법론적 토대와 관련된다. 즉 연구 대상의 선정에서부터 신비교주의 방법을 적용하여, 맥락적 비교를 통해 유사성과 차이가 드러날 수 있도록 역사, 사회, 문화적 환경이 유사한 신종교로 대상을 제한하고, 이에 더하여 연원제라는 렌즈로 분석할 수 있는 교단으로 대상을 특정한 것이다. 또한 고증을 통해 주로 교단 내에서 당대에 생산된 자료를 사용하고, 외부인이 기술한 문헌의 경우 고증을 통해 그 굴절된 시각을 교정하여 활용하였는데, 이는 종교적 세계를 내부인의 관점을 통해 이해하고 비교하는 페이든의 비교주의와 연관된다. 해당 시대에 가장 근접한 문헌을 고증하여 생산자의 관점을 고려해 활용하는 방식을 채택한 이유는 종교적 세계가 항상 현재를 재맥락화(recontextualizing)하여 과거를 해석한다는 점에 유의한 방법으로, 해석하고자 하는 순간의 종교적 세계를 더욱 정확하게 포착하기 위해서이다.[8] 기존 개념을 재기술(redescription)하고 교정(rectification)하기 위하여 해석하고자 하는 시대의 종교 현상을 실증적으로 분석하고 이를 맥락에 기반하여 비교하는 것 역시 신비교주의에 입각한 방법이다.

---

8 윌리엄 페이든, 앞의 책(2005), 214~215쪽 참조.

3. 연구 내용

본 연구는 서론과 결론 부분을 포함해 모두 6개의 장으로 구성된다. 본론의 내용은 4개의 장으로 구성된다. 이 가운데 제2장에서는 연원제 조직에 관한 역사적 연구를 위한 기초 문헌을 해제하고 고증한다. 대상 자료는『수운문집(水雲文集)』,『대선생주문집(大先生主文集)』,『최선생문집도원기서(崔先生文集道源記書)』,『무극대도교개황(無極大道教概況)』,『보천교일반(普天教一般)』,『조선의 유사종교(朝鮮の類似宗教)』(이하『조선의 유사종교』),『전경(典經)』,『증산교사(甑山教史)』,「태극진경(太極眞經)」등이다. 이 문헌들에 대한 해제 작업은 거시적으로 각 문헌이 지닌 기본적인 관점과 얼개를 파악한 후 미시적으로 중요한 내용을 다양한 문헌과 정보로 교차 검증하여 각 문헌이 지닌 역사적 가치와 의의를 재점검하는 방식으로 진행한다.

제3장에서는 한국 신종교의 연원제 조직이 19세기 조선 사회에 나타나게 된 배경과 그 성립, 체계화의 역사를 다룬다. 먼저 최제우(이하 수운)가 연원제 조직을 태동시킨 배경을 19세기 한국종교의 맥락과 수운 개인의 사상적 배경 속에서 검토한다. 이것은 연원제 조직이 자연 발생적인 것이 아니라 수운에 의해 의도적으로 성립되었다는 것을 입증하는 작업이다. 그리고 동학의 역사적 전개 과정에서 동학의 접조직이 태동, 성립, 제도화되는 과정을 집중적으로 분석하여 천도교 이전의 동학 조직의 구조와 특징을 연원제 중심으로 탐구한다. 특히 해월의 종교활동을 연원제의 관점에서 재기술한다. 그리고 강일순(이하 증산)의 제자 차경석(이하 월곡)과 조철제(이하 정산)에 의

해 연원제가 도입되어 증산 종단에 연원제가 확산되는 과정을 검토한다.

제4장에서는 연원제의 변용 과정을 천도교, 보천교, 무극도의 전개 과정을 통해 기술할 것이다. 천도교의 경우 손병희(이하 의암)에 의해 연원제가 변용되고 교구제가 도입되는 과정을 분석하고 이후의 연원제를 중심으로 한 교단의 갈등과 분열을 분석한다. 보천교의 경우 월곡(月谷)의 연원제 변용 과정을 기술하면서 연원제를 축으로 교단의 전개 과정을 분석한다. 무극도의 경우 정산의 연원제 변용과 계승의 관점에서 교단의 전개 과정을 기술한다. 이것은 각 교단 조직의 역사적 흐름을 연원제의 변용 방식 및 그 효과와 연결해 살펴보기 위한 것이다. 구체적으로, 연원제 조직 원리가 교단의 변동 과정에서 어떠한 변수로 작용하였는지를 기술하고 조직사를 연원제를 통해 설명함으로써 조직의 측면이 다른 여러 가지 요소와 어떻게 교차하면서 한국 신종교의 변동을 가져왔는지를 설명하는 작업이다.

제5장에서는 연원제를 통해 근대 한국 신종교 조직의 특징을 규명하고 교단 유형을 분류하여 유형 변화를 통한 교단사 기술과 이해의 가능성을 모색한다. 먼저 2, 3장의 분석 결과를 종합하여 연원제의 특징을 밝힐 것이다. 그리고 교단 간 연원제를 비교하여 각 연원제 조직의 특징을 규명하고 불법연구회·원불교가 지닌 속인제와 비교하여 그 차이점을 제시할 것이다. 이후 교단 유형 이론 기준으로서의 연원제의 가능성을 입증하여 연원제를 기준으로 한 교단 유형 모델을 도출하여 시대별 유형 분류를 통해 교단사를 서술하고 분석

하여 연원제의 종교 이론 적용 가능성을 탐구한다. 마지막으로 동아시아의 일본 및 중국 근대 신종교의 속인제와 한국의 연원제를 비교하여 연원제를 포함한 종교조직의 원리나 체계가 동아시아 종교의 비교 연구 지평 확대에 유용하다는 점을 확인할 것이다.

제2장

연구 문헌의 비교 고증

1. 1860~80년대 동학 교단 기록의 비교 고증

근대 한국 신종교에서 연원제 조직의 기원은 수운이 조직한 접(接)이다. 접에 관한 초기 기록은 수운의 행장(行狀)을 기록하고 있는 『수운문집(水雲文集)』, 『대선생주문집(大先生主文集)』, 『최선생문집도원기서(崔先生文集道源記書)』(이하 『도원기서』)이다. 세 문헌을 통해 동학이 접을 단위로 삼는 방식을 확인할 수 있고 또한 세 문헌의 차이점을 통해 시대에 따른 동학의 신앙체계, 조직, 권위구조의 변동을 추론할 수 있다.

문제는 세 문헌이 지닌 기술 방식과 기사 내용의 차이가 어느 문헌이 당시 실상을 정확히 반영하고 있는지에 대한 논쟁의 원인이었다는 사실이다. 이 논쟁은 접의 성립 시기, 후계자, 도통 전수, 조직체계, 권위구조 등으로 연원제와 연결되어 있다. 따라서 각 문헌의 성립연대, 정확성, 기술 방향, 문헌에 반영된 신앙체계를 분석해야 연원제의 성립과 전개 과정을 명확히 기술할 수 있다는 것을 의미한다. 이러한 맥락에서 본 연구에서는 세 문헌에 관한 기존 연구들에서 발생한 논점들을 확인하고, 그 차이에 대해 실제의 문헌들을 고증한 후 그 내용을 자료로 활용하고자 한다.

1) 『수운문집』과 『대선생주문집』 연구 재검토

『수운문집』 또는 『대선생주문집(수운재문집)』이라는 서명이 있는 네 개의 필사본을 최초로 고증하고 해제한 이는 김상기이다.[1] 이 문헌

---

1 김상기, 「수운행록－원제 수운문집－」, 『아세아연구』 제7권 1호, 고려대학교 아

들을 해제하면서 그는 "원제가 '수운문집'으로 되어 있으나 실제 그 내용으로 보아 최수운[濟愚]의 행장 또는 연보의 성격을 띤 것"이라고 보고 이것들을 한 계열의 문헌으로 보고 '수운행록(水雲行錄)'이라고 명명하였다.[2]

실제 이 문헌들은, 비록 '문집'이라는 용어가 있지만, 수운의 글을 모은 문집이 아니라 수운(1824~1864)의 일대기를 삼인칭 시점으로 기술한 전기이다. 하지만 『수운문집』과 『대선생주문집』이 내용상 차이가 있다는 의미에서 『수운행록』이라는 별칭보다 『수운문집』과 『대선생주문집』을 구분해 사용하는 것이 적절하다.

『수운문집』 또는 『대선생주문집』이라는 서명이 있는 문헌들은 그 필사 지역, 발굴 지역, 내용 등으로 분류하면 대략 네 종류이다. 첫째는 '용강본'으로, 천도교중앙총부와 서울대학교 규장각이 소장한 필사본이다.[3] 두 개의 필사본 제목은 모두 '대선생주문집(大先生主文集)'이다. 이 가운데 천도교중앙총부의 필사본은 강원도 인제군 인제면에 있던 허찬(許璨; 수운의 둘째 사위)이 필사해 그 후손인 허갑(許鉀)이 소장하였다.[4] 그리고 천도교중앙총부의 소장본과 거의 같은 필사본이

세아문제연구소, 1964, 177~178쪽 참조. 네 개의 필사본에 붙인 명칭은 '계룡본, 단곡본, 도곡본, 용강본'이며, 김상기는 도곡본과 용강본이 일치하고 누락도 동일하다는 점을 지적하면서 '단곡본(丹谷本)'을 중심으로 다른 세 개의 본과 대조하여 교정하였다.

2 위의 논문, 177쪽 참조.

3 서울대 규장각 본을 저본으로 하여 1940년 7월 필사된 판본이 국사편찬위원회에도 소장되어 있다. 이현종, 「수운재문집(관몰기록)에 대하여」, 『이해남박사화갑기념 사학논총』, 1970, 241쪽 참조.

4 「해제 대선생주문집」, 『동학농민혁명국역총서』 제13권, 동학농민혁명기념재단, 2015, 3쪽; 표영삼, 『동학 2: 해월의 고난 역정』, 통나무, 2005, 97쪽 참조.

규장각에 소장된 관몰(官沒) 기록『동학서(東學書)』15책(冊) 30권(卷) 중의 권이(卷二)인「운수재문집·통장(雲水齋文集·通章)」에 들어 있다.[5] 대략 39종의 문헌으로 구성된 권이(卷二)의 서두가 바로「대선생주문집」이다.[6]

규장각 본은「수운재문집·통장」서미(書尾)에 있는 "경자원월념사일오시용강임중칠획린(庚子元月念肆日午時龍岡林仲七獲麟)"이라는 부기로 1900년 음력 1월 24일 용강(龍岡)의 임중칠이 필사한 자료임을 알 수 있기에 '용강본'이라고 불린다.[7] 이 용강본에 대해 표영삼(1925~2008)은 홍기조(洪基兆)가 1928년 11월《신인간》통권 29호에 기고한「사문개로실기(師門開路實記)」에 근거하여 평안도 용강군 하양리의 홍기조(洪基兆), 홍기억(洪基億), 임복언(林復彦) 3인이 1896년 11월에 문경(상주시 은척면) 은척원(銀尺院)에 가서 해월을 대면했을 때 얻은 필사본을 1900년 임중칠이 다시 필사한 것이라고 주장한다.[8] 그런데 이

---

5 본 연구에서는 규장각 본을 사용하였다. 김상기는 1964년의『수운문집』해제와 원문을 1975년『동학과 동학란』의 부록에 다시 게재하며『수운문집』의 번역을 추가하였다.「운수재문집(雲水齋文集)」은「수운재문집(水雲齋文集)」의 오기로 추측된다. (이하「수운재문집」으로 표기) 김상기, 앞의 논문, 177쪽; 김상기,『동학과 동학란』, 한국일보사, 1975, 부록 3~38쪽;『東學書』해제.(https://kyudb.snu.ac.kr. 2021.5.15) 참조.

6 이현종,「「수운문집」해제(Ⅰ)」,《신인간》통권 284호, 1971년 4월, 20~25쪽 참조.

7 념(念)은 20을 뜻하기도 하며 사(肆)는 사(四)와 통용된다. 획린(獲麟)은 공자가 춘추의 기록을 획린(獲麟)으로 끝낸 것에서 유래한 관용어로 ① 절필(絶筆), ② 사물(事物)의 종말(終末), ③ 임종(臨終)을 의미하는데 여기서는 ②번의 의미로 해석된다. 이현종,「「수운문집」해제(Ⅱ)」,《신인간》통권 285호, 1971년 5월, 69쪽 참조.

8 표영삼은 임복언을 임중칠로 보고 그가 1896년 해월에게 필사본을 얻어 갔다고 주장한다. 표영삼, 앞의 책(2005), 97~98쪽; 표영삼,『표영삼의 동학이야기』, 도서출판 모시는사람들, 2014, 227~228쪽;「해제 대선생주문집」,『동학농민혁명국역총서』제13권, 2015, 3쪽 참조.

주장을 확인할 수 있는 근거는 없다. 홍기조가 쓴 1928년 「사문개로실기(師門開路實記)」, 즉 「사문에 길을 열든 째」라는 글을 보면 그가 1896년 말 평안도 용강에서 출발하여 문경에서 해월과 의암을 만나 2개월간 수도 범절과 포덕의 방법을 배운 것이 분명하지만, 용강으로 돌아오면서 받은 것을 접주첩과 육임첩이라고 하였기 때문이다.[9]

둘째, '단곡본(丹谷本)'으로, 영주군 단산면(丹山面) 단곡리(丹谷里)에서 발견된 필사본이다. 이 본은 천도교인 최수정이 수집해 1964년에 공개되었다.[10] 당시 공주군 계룡면 경천리 부근에 사는 김정원(金正元)이 소장하던 것이다. 필사자는 그의 조부인 김옥희(金玉熙)이며, 필사 시기는 김옥희가 영주군 단산면 단곡리로 이거 한 1898년 이후로 추정된다.[11] 김옥희가 1898년에 영주군 단산면 단곡리로 피신 후, 언제인지 모르나 경천리에서 가지고 온 원본을 다시 쓴 것이 맞는다면 실제 이 본의 성립은 1898년 이전으로 소급된다.[12]

단곡본은 1964년에 공개된 후 다른 본들과 비교 교감 되었는데 교단 외부의 학자들은 그 객관성과 정확성에 대해 높이 평가하여 초기 동학 연구의 기본 자료로 삼고 있다.[13] 이 필사본을 직접 확인하고 최

---

9 홍기조, 「사문에 길을 열든 째」, 《신인간》 통권 29호, 1928년 11월, 38~39쪽 참조.

10 표영삼에 따르면 최수정은 동학 계통의 종단 지도자들과 연합해 보려는 생각으로 이 계통 사람들을 많이 접촉하면서 단곡본을 입수했다고 한다. 표영삼, 앞의 책 (2014), 228쪽 참조.

11 김상기, 앞의 논문, 177쪽 참조.

12 단곡본은 현재 그 원본의 소재나 복사본을 확인할 수 없다. 천도교 도서관에서 이를 소장하고 있다고 하였으나 사본을 받아 김상기의 「수운문집」 교정본과 대조한 결과 단곡본은 아니었다. 오히려 이 본은 용강본과 유사하기에 도곡본으로 추정된다.

13 2021년, 김용옥은 「대선생주문집」과 김상기의 교감본 「수운행록」, 즉 단곡본을 비교 분석하여 단곡본 「수운행록」을 '불량본'이라 평가하며 「대선생주문집」이

초로 교감한 김상기가 이 필사본 원제를 '수운문집'이라고 밝혔고,[14] 천도교 교학자인 표영삼이 이 판본을 1865년경 수운의 장질(長姪)인

원본 '수운 행장'이라 주장했다. 그는 표영삼의 견해를 수용하면서 『수운행록』이 해월의 도통계승을 부정하기 위해 『대선생주문집』을 첨삭하여 만든 위서이고, 교 감자인 김상기 등에 의해 임의로 뜯어고쳐져 만들어진 문헌이므로 문체가 조잡하 고 저열하다고 평가했다. 또한 원본이 존재하지 않아 실체가 없으므로 "『수운행 록』은 존재하지 않는다."라고 주장하고 『수운문집』이 독립된 계열의 문헌이 아니 라 『대선생주문집』을 조작해 만든 필사본 중 하나에 불과하므로 문헌으로서의 가 치가 없다고 비평했다. 하지만 본 연구에서는 현존하는 『수운문집』의 필사본인 상주 동학교당에 소장된 '대선생연혁사'(실제 책 제목이 아니라 붙여진 이름)를 비교에 활용하여 『수운문집』은 실체가 있는 독자적 계열의 '수운 행장'으로 원본 에 가장 근사하며, 가장 먼저 집필된 후 필사되어 그 독특한 차이가 나타났다고 해 석할 수 있는 여러 근거를 제시했다. 김상기, 앞의 글, 177~178, 182쪽; 박맹수, 「동 학사 『최선생문집도원기서』와 그 異本에 대하여」, 『한국종교』 제15권, 1990, 45~46쪽; 박맹수, 앞의 논문(1995a), 8~9쪽; 박맹수, 「해제」, 『한국학자료총서9 - 동학농민운동편-」, 한국정신문화연구원, 1996, 8~9쪽; 김용옥, 『동경대전1 - 나 는 코리안이다』, 통나무, 2021, 69~74쪽, 90~97쪽, 162~163쪽 참조.

14 이현종, 박맹수, 표영삼, 김용옥 등의 『수운문집』 연구는 모두 1964년 김상기가 단 곡본을 중심으로 용강본, 계룡본, 도곡본을 참고하여 교감하고 '수운행록'으로 명 명한 교정본을 통해서 행해진 것으로 보인다. 이현종은 『수운문집』을 해제하면서 김상기의 교정본과 용강본을 비교하였음을 범례에 명시하였다. 표영삼은 단곡본 원제를 '수운문집'이라고도 했다가 '최선생문집'이라고도 하고 있다. 표영삼이 쓴 것으로 보이는 『대선생주문집』의 해제에 "상주 동학교본부 소장 『대선생주문 집』과 영주 단곡본 『대선생주문집』(명칭이 水雲文集인지 아니면 大先生主文集으 로 되어 있는지 확인 못 했음)이 또한 동일하다."라고 되어 있어 표영삼이 단곡본을 직접 보지 못한 것은 분명해 보인다. 박맹수는 김상기의 연구 결과를 인용하지만, 필사본의 원제에 대해 언급하지 않는데, 김상기가 용강본을 『수운문집』 연구에 활 용하였다는 점을 간과한 듯하다. 용강본을 따로 취급하여 『수운재문집』으로 분류 하기 때문이다. 이들 중 단곡본 계열의 필사본인 상주 동학교당 소장 '대선생연혁 사'를 실제 본 이는 표영삼이 유일하다고 추측되지만, 연구에 활용하지는 않았다. 이 문헌은 표지가 훼손되어 책의 명칭을 알 수 없으나 오탈자를 제외하면 『수운문 집』과 거의 동일하여 그 필사본으로 보아야 한다. 이현종, 앞의 논문(1971a), 24쪽; 표영삼, 「수운대신사의 생애-년대에 대한 새로운 고증-」, 『한국사상』 제20권, 1985, 95쪽; 표영삼, 앞의 논문(1995), 102쪽; 동학농민혁명 종합지식정보시스템 (http://www.e-donghak.or.kr/index.jsp, 대선생주문집 해제, 2021. 1.7); 박맹수, 앞의 논문(1990), 45~46쪽; 박맹수, 앞의 논문(1996), 8~9쪽, 12쪽; 김용옥, 앞의 책 (2021), 69~74쪽; 『상주동학교당 소장유물도록』, 상주시, 2006, 80쪽 참조.

최세조(자; 맹륜) 또는 영해 접주였던 박하선이 편집한 것이라고 추론한 것을 보면 원래 제목은 '수운문집'이었을 가능성이 크다.[15] 수운을 '대선생주(大先生主)'라 칭한 것은 해월의 도통 승계가 확립된 이후 해월을 선생으로 높여 부르면서 시작되었기 때문이다.[16]

단곡본『수운문집』과 같은 기원을 지닌 것으로 분류되는 다른 필사본은 상주 동학교당이 소장한 필사자와 필사 연도 미상의 문헌이다. 이 필사본은 표지와 제목이 없어 실제 책명을 알 수 없지만,

---

15 1865년경 수운의 장질(長姪)인 최세조(자; 맹륜) 또는 영해 접주였던 박하선이 『수운문집』을 집필했을 가능성을 최초 주장한 이는 표영삼이다. 박맹수는 표영삼의 이 주장을 문헌 비교를 통해 논리적으로 고증하고 이를 통해 해월의 도통 전수가 역사적 사실이 아닐 가능성을 주장하였다. 표영삼이 2000년대에 이르러서『수운문집』에 대한 자신의 주장을 철회한 것은 아마도 교학자로서 자신의 주장이 해월의 도통 전수를 부정하는 연구에 활용된 점에서 기인한 것으로 보인다. 수운 사후인 1865년경 변고를 피한 수운의 친척, 제자들이 수운이 남긴 문헌들을 모아서 문집을 엮으려 했을 것은 충분히 예상할 수 있다. 따라서 문집의 부록에 해당하는 행장이 학식이 있는 이들에 의해 집필되고 행장 제목이 임시로『수운문집』이 되었을 가능성은 크다. 용강본을 분석 해설한 이현종은 권두의 제목이「수운재문집」이었음을 근거로 해당 문헌을 수운선생의 측근 제자가 수집 종합하여 오다가 최제우의 처형 후 수운재문집이라고 명명하여 보관했을 가능성을 제기한 바 있다. 김용옥은『대선생주문집』을 박하선의 저작으로 비정했는데,『수운문집』을 박하선과 최세조(맹륜)의 저작으로 추측한 표영삼의 견해를 중요한 근거로 제시하고 있다. 표영삼, 앞의 논문(1985), 95쪽; 표영삼, 앞의 책(2014), 131~133쪽, 228~230쪽; 박맹수, 앞의 논문(1995a), 8~9쪽, 40~47쪽; 박맹수, 앞의 논문(1996), 8~9쪽; 이현종, 앞의 논문(1970), 242쪽; 김용옥, 앞의 책(2021), 74~78 참조.

16 "『대선생주문집』은 제목이 말해주듯 신사 때에 이르러 대신사를 대선생이라 칭하면서 붙여진 이름이다." 「해제 대선생주문집」,『동학농민혁명국역총서』제13권, 3쪽. 1880년 탈고되어 봉인된『도원기서』원본 책명이 '수운선생도덕집'(겉표지), '최선생문집도원기서'(서두)로 되어 있지만, 1908년에 필사된 표지는 '대선생사적'(겉표지), '수운대선생사적안', '최선생문집도원기서'(서두)로 되어 있다. 이를 통해서도 수운을 지칭하는 표현이 '대선생'이 된 시기가 1880년 이후임을 알 수 있다. 「도원기서」,『동학사상자료집』제1권, 아세아문화사, 1978년, 157~158쪽; 「최선생문집도원기서」,『한국학자료총서9-동학농민운동편-』, 한국정신문화연구원, 1996, 175~176쪽 참조.

'대선생연혁사'로 지칭되고 있다.[17] 『수운문집』과 비교하면 거의 같지만 한문에 한글로 토를 단 것이 특징이다. 김상기가 교감해 편집한 『수운행록』과 대조하면 단곡본 원본을 추론할 수 있는 자료인데, 일부 글자가 훼손되어 있고 몇몇 오자도 발견된다. 본 연구에서는 『수운행록』과 상주 동학교당 필사본을 비교하여 단곡본 『수운문집』의 원형을 추론하여 활용하였다.

셋째, '계룡본'으로, 공주 계룡면 경천리(敬天里)에서 수집된 필사본이다. 이 본은 단곡본과 같이 최수정이 수집해 1964년에 공개되었다. 박석기가 소장하던 것으로 필사자는 그의 숙부이며 필사연대는 미상이다. 김상기는 이 필사본의 필사 장소를 알 수 없어 입수 장소를 근거로 계룡본이라고 지칭하였다.[18] 이 계룡본을 다른 본과 비교 검토한 김상기는 오서낙자(誤書落字), 즉 오탈자가 백 개 정도가 있다고 하였다. 표영삼은 계룡본이 단곡본의 내용과 같다는 점과 오자가 많다는 점을 지적하였다.[19] 이를 통해 본다면 계룡본은 단곡본과 같은 기원을 지닌 필사본으로 볼 수 있다. 계룡본이 단곡본과 같은 지역에서 입수되었고 단곡본 역시 계룡본이 입수된 계룡면의 19세기 말엽 필사본에서 기원하였으므로 이러한 추측의 개연성은 높다. 하

---

17 『상주동학교당 소장유물도록』, 상주시, 2006, 80쪽 참조.

18 김상기는 단곡본도 역시 계룡면에서 입수되었지만 필사지를 기준으로 단곡본으로 지칭하였고, 용강본은 규장각에 소장되어 있지만, 용강에서 필사된 것으로 추정하여 용강본이라고 하였다. 이 기준으로 본다면 엄밀하게 천도교 본부의 용강본은 인제본으로 지칭되어야 하나 용강본과 가장 유사하기에 용강본으로 지칭한다. 김상기, 앞의 논문, 177쪽 참조.

19 표영삼이 실제 계룡본과 단곡본을 대조하여 그 내용상의 동일성을 확인하였는지 아니면 김상기의 연구를 통해 이를 유추하였는지는 분명하지 않다. 계룡본에 대한 표영삼의 주장은 다음 글에 있다. 표영삼, 앞의 책(2014), 132쪽 참조.

지만 네 가지 본의 원본을 모두 비교 교감했던 김상기는 계룡본과 단곡본의 유사성에 대해서 특별히 언급한 바가 없다.[20]

넷째, '도곡본(道谷本)'으로, 논산군 두마면 도곡리(道谷里)에서 입수된 필사본이다. 이 본 역시 단곡본과 같이 최수정이 1964년경에 공개하였다. 이 도곡본은 김인순이 소장하던 것으로 필사인(筆寫人)이 그 부친이고 필사 시기가 신해년, 즉 1911년으로 명기되어 있다.[21] 김상기는 앞서 소개한 용강본이 도곡본과 일치하며 그 누락도 같다고 하면서, 21행에 걸쳐 구절의 누락이 더 발견된다고 지적하였다.

이상의 네 가지 필사본에 대해서는 제목상 천도교중앙총부와 규장각이 소장한 용강본이 『대선생주문집』, 그 외 단곡본과 계룡본과 도곡본이 『수운문집』에 해당한다. 그렇지만 내용상 도곡본은 용강본 계열에, 계룡본은 단곡본 계열에 포함된다. 따라서 '용강본' 계열 문헌은 그 제목인 『대선생주문집』, '단곡본' 계열 문헌은 그 원제인 『수운문집』으로 분류할 수 있다.[22] 이 문헌들에 대해서는 이 문헌들이 수운의 사망[순도] 이후에 1860년대에 누군가 집필한 것인지, 아

---

20 추후 계룡본과 단곡본을 다시 한번 대조하여 확인할 필요가 있다. 표영삼을 비롯한 천도교 교학자들은 해월의 도통 전수에 관한 내용이 없는 단곡본 『수운문집』을 20세기 초에 성립된 상주 동학을 비롯한 천도교 외의 동학계 교단이 『대선생주문집』을 첨삭하여 수정한 문헌으로 주장하고 있기 때문이다. 만약 계룡본이 단곡본과 내용상 큰 차이가 없다면 단곡본이 상주 동학과 관련되지 않은 문헌일 가능성이 커진다. 즉 단곡본이 19세기 말 충남 공주 계룡면 지역에 존재했던 『수운문집』에 기원했을 가능성이 커지기 때문이다. 위의 책, 228~230쪽 참조.

21 김상기, 앞의 논문, 177쪽 참조.

22 박맹수는 용강본을 『수운재문집』으로 분류하지만, 이는 김상기가 교감한 『수운문집』 필사본에 용강본이 포함되었다는 사실을 통해 본다면 적절하지 않다. 현재 단곡본, 계룡본, 도곡본의 소장처에 대해서는 정확히 알려진 바가 없다. 박맹수, 앞의 논문(1990), 46쪽; 박맹수, 앞의 논문(1996), 12쪽 참조.

니면 『최선생문집도원기서』에서 수운의 '도원(道源)' 부분만 떼어 만든 것인지에 대한 논쟁이 있다.[23]

2) 『최선생문집도원기서』 연구 재검토

『도원기서』는 1978년 일반에 공개된 문헌으로, 그 내용이 『수운문집』, 『대선생주문집』과 유사하면서도 1880년까지의 동학 교단의 상황을 해월 중심으로 기술한 기록이 추가되어 있다.[24] 수운 일대기에 관한 부분에는 『수운문집』, 『대선생주문집』과 큰 틀에서 유사하지만 유의미한 차이도 있다. 책의 후미에 세 사람의 간행기가 있어 편찬자와 편찬 시기를 알 수 있는데, 당시 도차주(道次主)였던 강시원(姜時元, 본명 강수, 이하 강수)의 간행 후기에 따르면 『도원기서』의 초고 편집은 1879년 11월 10일에 시작되었다.[25] 다른 두 문헌과 달리 편찬 시기와 편찬자를 명확히 알 수 있어 세 문헌의 편집 시기나 방향 등을 고증하는 기준이 된다.

수운과 해월 중심으로 1824년부터 1880년까지의 교단사를 기록한 이 문헌은 『최선생문집』에 수운의 행적 및 문집 편찬 과정을 부록으로 수록하기 위해 작성된 것이다.[26] 문헌의 제목에 '최선생문집'

---

23 동학농민혁명 종합지식정보시스템(http://www.e-donghak.or.kr/index.jsp, 대선생주문집 해제, 2021.11.19.).

24 「최제우−최시형의 비밀 포교기록 동학 『도원기』 발견」, ≪중앙일보≫, 1978년 4월 4일자 참조.

25 『최수운선생문집도원기』, 대동학연구원, 1978, 129쪽, 135쪽.

26 신일철은 1880년 해월의 지도하에 동경대전으로 추측되는 '최선생문집'을 먼저 간행하고 그 뒤에 문집의 마무리로 선생의 행적을 기록한 '도원기서'를 만들어 바친 것으로 분석하고 있다. 신일철, 「『동학사상자료집』 해제」, 『동학사상자료집』 제1권, 1979년, 13쪽 참조.

이 특정되어 나타나 있고, 주 내용이 조선조 문집의 부록(附錄)에 해당하는 행장과 발문(跋文)이기 때문이다.[27] 『도원기서』에 '선생문집'과 관련하여 "5월 초(初) 9일 각판소를 설치하였고, 11일에 개간(開刊)하기 시작하여 6월 14일에 인출(印出)하기를 마쳤다. 15일에 따로 제(祭)를 설(設)했는데 그때 공(功)을 나타낸 별록(別錄)을 기록했다."라는 기록과, "'선생문집'의 각판 작업을 경영한 지도 이미 세월이 오래되었다."라는 기록이 있으므로[28] 『도원기서』가 원래 '최선생(수운)문집'의 행장과 발문으로 편집되었다는 것은 충분히 입증된다.[29]

여기서 주목할 부분은 1906년 필사된 『대선생사적(大先生事蹟)』, 1910년부터 1914년까지 ≪천도교회월보≫에 연재된 「본교역사(本教歷史)」, 1915년 간행된 『시천교종역사(侍天教宗繹史)』, 그리고 1920년에 작성된 『천도교회사초고』, 『천도교서』의 해당 기록이다.[30] 이들

---

27 "일반적으로 문집의 편차는 서문, 목차, 본문, 부록, 발문(跋文) 등의 순차로 엮어져 있다. … '부록'은 문집의 말미에 붙이는 글인데 그 문집 저자의 행장(行狀), 유사(遺事) 또는 그를 추모애도하는 만가(輓歌), 뇌문(誄文), 제문(祭文) 및 기타의 글월을 모아 놓은 것이다. 이는 그 문집 저자가 소작(所作)한 글이 아니기 때문에 부록으로 붙이지만, 그 문집을 연구함에 없어서는 안 될 중요한 자료가 된다. '발문'은 문집의 편찬과 간행의 전말(顚末) 또는 기록하여 남길 만한 사실을 밝혀두는 글로서 대개 그 간행의 일을 맡았던 사람이 대표로 쓰는 경우가 많다. 때문에 이 발문을 통하여 문집 간행의 취지 및 경위 등을 알 수 있다." 유탁일, 「한국 옛 '문집'의 양태와 출판과정」, 『영남지방출판문화논고』, 세종출판사, 2001, 385~386쪽 (『태야최동원선생화갑기념국문학논총』, 1983).

28 "五月初九日設爲刻板所而十一日爲如開刊至於六月十四日畢爲引出 十五日別爲設祭其時表功別錄記文 … 先生文集鋟梓之營歲已久矣" 『최수운선생문집도원기』, 대동학연구원, 1978, 131쪽 참조. 『시천교종역사』에 당시 해월이 친히 발문을 지어 책 뒷부분에 붙였다고 하였기에 『도원기서』의 해월이 쓴 별록이 『최선생문집』, 즉 『동경대전』 초판의 발문으로 집필되었을 가능성이 크다. 박창동, 「시천교종역사」, 시천교본부, 1915, 63쪽 참조.

29 여기에 관해서는, 윤석산, 「새로 발견된 목판본 『동경대전』에 관하여」, 『동학학보』 제20호, 2010, 201~230쪽 참조.

기록은 모두『도원기서』와 달리 당시 간행된 것을 경전이라고 하였다.[31] 20세기 초반에 편찬된 문헌 대부분은 '수운문집'을 의미하는 서적의 간행 시점과 장소를『도원기서』와 거의 같게 기록하지만, 서명을『동경대전』또는『대전(大全)』이라고 하여『도원기서』의 '문집'과 차이를 보인다.『도원기서』편찬이 시작된 1879년 말, 수운의 유고를 모아 '최선생문집'으로 간행하려 했지만 1880년 5월의 간행소

---

30 해당 문헌에 대한 평가는 다음의 글을 참조.「해제 대선생사적」,『동학농민혁명국역총서』제13권, 동학농민혁명기념재단, 2015, 6~7쪽; 동학농민혁명 종합지식정보시스템(http://www.e-donghak.or.kr/index.jsp, 대선생사적 해제, 2021. 1.7.);「해제 본교역사」,『동학농민혁명국역총서』제11권, 350쪽; 동학농민혁명 종합지식정보시스템(http://www.e-donghak.or.kr/index.jsp, 천도교서 해제, 2021. 1.7); 박맹수, 앞의 논문(1996), 13~14쪽; 동학농민혁명 종합지식정보시스템 (http://www.e-donghak.or.kr/index.jsp, 최선생문집도원기서 해제, 2021.1.7) 신일철, 앞의 논문, 12~13쪽; 이영호, 앞의 책(2020), 197쪽 참조.『천도교서』는 끝에「편집여언」을 게재했는데 다음과 같다. "布德61년 4月 1日 編終. 1. 本書는 天道教教理臨時講習會員의 요구에 應하야 수집함 1. 本書는 時間의 短縮함에 인하야 編輯上 多少 不完全한 遺憾이 有함. 1. 本書는 後日 教書 大成의 原稿 資料에 萬一의 助가 될 줄로 自信함." 따라서 1920년 4月에 간행되었다고 할 수 있다.「천도교서 (Ⅲ)」,『아세아연구』제6권 제1호, 고려대학교 아세아문제연구소, 1963, 455쪽 참조.

31 "6月에 강시원, 전시봉, 김시명과 함께 인제의 김현수 가(家)에 가서『대전(大全)』을 백여 권 출간하였다."「대선생사적」,『한국학자료총서9 - 동학농민운동편 -』, 한국정신문화연구원, 1996, 397쪽; "5月에『동경대전』의 개간소(開刊所)를 인제의 갑둔리(甲遁里)에서 열었으며, 6月 14日에 이르러서 비로소 작업을 끝냈다. 15일 아침에 치성제를 별도로 베풀어서 사유를 갖추어 대신사에게 고하였다."「본교역사」,『한국학자료총서9 - 동학농민운동편 -』, 한국정신문화연구원, 1996, 494쪽; "5月 12日 사(師)의 명으로 선사(先師)의 유적(遺蹟) 인간소(印刊所)를 인제군 갑둔리 김현수 가에 설치하고『동경대전』을 간행하기 시작하여 6月 14日에 이르러 완료하였고 친히 발문을 지어 책 말미에 붙이고 익일에 따로 치제를 베풀어 이를 고하였다." 박창동, 앞의 책, 63쪽; "5月 9日에 신사(神師)『동경대전』간행소를 인제군 갑둔리 김현수가에 설(設)하사 6月 14日에 필(畢)하고 15일에 치성제를 행하시다."「천도교회사초고」,『동학사상자료집』제1권, 아세아문화사, 1978년, 428쪽; "'5月에 동경(東經) 간행을 시작…"「천도교서(Ⅱ)」,『아세아연구』제5권 2호, 고려대학교 아세아문제연구소, 1962, 297쪽 참조.

설치 전에 경전의 간행으로 계획이 수정되었다고 볼 수 있다.[32]

2009년 충남 서산에서 발견된『동경대전』목판본이 1880년에 간행된『동경대전』으로 비정(比定)이 되면서 이 개연성은 더욱 확실해졌다.[33] 이 판본은 그 체제가 '권지일(卷之一), 권지이(卷之二) …' 등으로 되어 있어 경전이 아닌 문집의 형태를 지니고 있다. 특히, 권지육(卷之六)은 '부(附)'라는 말을 붙여 '부시부(附詩賦)'로 되어 있는데, '시부(詩賦)'를 부록으로 한 조선조 문집의 형태를 따르고 있다. 이후의 판본과 달리 동학의 의식(儀式)이 수록되지 않아『동경대전』이 판각 직전까지는 경전보다 문집으로 기획 편집되었을 가능성을 잘 보여준다.[34]

『도원기서』에는 기묘년(1879) 11월 초에 해월이 선생(先生; 수운)의 수단소(修單所)를 방시학의 집에 정하고 유사(有司)를 분정(分定)했다는 기록과 "기묘년(1879) 가을에 나(강수)와 주인(해월)이 선생의 도원(道源)을 잇고자 함이 있어 선생의 사적(事績)을 수단(修單)한즉"이라는 강수의 간행기가 있다.[35] 행적 등이 기록된 단자를 수집(收集)하여 정리한

---

32 『도원기서』는 1880년 밀봉되어 일반에 공개되지 않았다. 따라서 원래 문집을 발간하려 했다는 사실은 알려지지 않고 묻히게 되었다.

33 1880년 인제에서 간행된『동경대전』은 전해지지 않는다고 알려져 있었다. 하지만 2010년 윤석산은 2009년 독립기념관에 기증된 목판본이 1880년의『동경대전』임을 입증한 바 있다. 윤석산은 『도원기서』를 참고하고 다른 판본들과 비교하여 이 판본이 경진 인제판『동경대전』임을 입증하였다. 그러나 이 목판본에는 간행 시기가 기록된 발문이 없어 공식적으로는 현존 최초의『동경대전』은 1883년(계미년) 2월 목천에서 간행된 계미(癸未) 목천판『동경대전』으로 공표되고 있다. 위의 논문, 201~230쪽 참조.

34 위의 논문, 215~217쪽 참조.

35 『최수운선생문집도원기』, 대동학연구원, 1978, 129~130쪽, 136쪽 참조. 당시 유사(有司) 분정(分定)은 다음과 같다. "道布德主 崔時亨, 道次主 姜時元, 道接主 劉

다는 '수단(修單)'의 의미를 생각하면 해월과 강수 등 동학의 지도자들이 수운의 행적인 '행장'을 정리하고 문집이 나오기까지의 과정인 '발문'을 추가하여 『최선생문집』의 끝에 『최선생문집도원기서』라는 제목으로 첨부하려 했음을 알 수 있다.[36]

　그렇지만 이 계획은 실행되지 못하였다. 『도원기서』가 『최선생문집』, 즉 『동경대전』 뒤에 첨부되어 간행되지 않은 연유를 『시천교종역사』와 『천도교회사초고』에서는 다음과 같이 기록하고 있다.

　　탈고하자 목판으로 간행하여 오래 전하려는 계획으로 우선 인장을 찍어 굳게 봉하고서 유시헌 집에 보관해 두었다.[37]

　　신사 대신사의 도적(道蹟) 편집소를 방시학 가에 설(設)하시고 탈고됨에 급(及)하여 견봉날인하야 유시헌에게 임치(任置)하시고 밀촉(密囑)하야 왈(曰) 차고(此稿)는 인안(人眼)에 경괘(輕掛)함이 불가라 하시니…[38]

時憲, 修正有司 辛時來, 校正有司 辛時一, 都所主人房時學, 監有司 崔箕東, 安教一, 書有司 全世仁, 筆有司 安教常, 紙有司 金源中, 接有司 尹宗賢, 收有司 洪時來, 崔昌植, 册子有司 辛潤漢, 安教伯, 輪通有司 洪錫道, 安教綱."

36　윤석산은 해월이 경진 인제판 『동경대전』을 판각할 당시 모든 문헌의 원본을 지니고 있지 못했으며 구송한 글과 모을 수 있는 원본들을 종합하여 경진 인제판을 간행한 것으로 결론을 내렸다. 1880년에서 1888년까지 간행된 『동경대전』은 수운의 여러 제자가 지니고 있던 자료들과 해월을 필두로 한 동학의 다양한 인사들의 논의를 거쳐 판각된 경전이라는 것이다. 이를 통해 본다면 『도원기서』 역시 당시 존재했던 행장과 구전 및 친견 제자들의 진술을 취합하여 편찬되었다고 보아야 한다. 윤석산, 앞의 논문, 226쪽 참조.
37　박창동, 앞의 책, 62쪽.
38　「천도교회사초고」, 『동학사상자료집』 제1권, 아세아문화사, 1978년, 427쪽.

위의 내용은 탈고 후 목판 인쇄를 위해 밀봉하였는데 해월이 공개를 꺼려 간행하지 않았다는 것이다. 하지만 『도원기서』에는 위 기록에서 봉인 시점으로 추정되는 1880년 초 이후인 1880년 3월의 수운 기제(忌祭)와 6월의 『동경대전』 간행 기록이 있다.[39] 이것은 『시천교종역사』와 『천도교회사초고』의 기록에 착오가 있음을 알려준다. 여러 정황을 종합해 본다면 『도원기서』는 탈고 이후 문집 간행이 경전 간행으로 전환되면서 그 판각이 유보되었고, 『동경대전』 간행 이후 봉인되었음을 알 수 있다.

해월이 『도원기서』를 봉인한 것은 '인안(人眼)에 경괘(輕掛)함이 불가(不可)'하다는 것, 즉 사람들에게 『도원기서』를 공개할 수 없다는 이유에서였다. 『도원기서』에는 해월을 비롯한 동학의 지도부 다수가 이필제에 포섭되어 1871년 3월 영해부(寧海府)의 민란에 참여한 것이 자세하게 기록되어 있다. 만약 이 사실이 공개되면 가까스로 자리를 잡아가던 동학은 다시 극심한 탄압을 받을 수밖에 없었다. 해월이 교단을 보호하기 위해서 『도원기서』를 공개하지 않았다는 주장은 신빙성이 있다.[40]

해월이 『도원기서』를 봉인한 것은 교단을 보호하기 위해서였지만, 이 밖의 다른 두 가지 이유를 추론해 볼 수 있다. 첫째는 동학 교인의 신앙을 흔들 수 있는 내용이 있었다는 점이다. 이와 관련하여 『도원기서』에 기술된 수운의 모습과 달리, 후대의 교단사에서는 수운

---

39 윤석산은 2010년 이미 같은 이유로 『도원기서』의 최종 편집 시기를 1880년으로 보아야 함을 주장하였다. 위의 논문, 213쪽 참조.
40 표영삼, 앞의 책(2014), 226~227쪽; 동학농민혁명 종합지식정보시스템(http://www.e-donghak.or.kr/index.jsp, 최선생문집도원기서 해제, 2021.1.7)

의 면모를 신비화하고 높이면서도 일반이 이해하고 공감을 얻을 수 있도록 일부 내용을 첨삭했다는 것을 알 수 있다.[41] 그에 비해『도원기서』에는 수운의 인간적 한계, 가족의 횡액(橫厄) 그리고 제자의 고난 등이 거의 그대로 기재되었다. 따라서 해월은『도원기서』의 여러 기사가 교인들에게 공개되면 수운에 대한 신비적 일화를 기반으로 삼고 있었던 동학 교인의 신앙이 흔들릴 수 있다고 염려하여『도원기서』의 판각과 공개를 유보했을 가능성이 크다.

둘째는 당시까지 생존한 수운의 친견 제자들이 보기에 수용하기 어려운 기록들이『도원기서』에 있었다는 점이다.『도원기서』는 해월 외의 친견 제자를 배제하면서 수운과 해월을 중심으로 기사 대부분을 기록하고 있다. 특히 수운이 비공개적이지만 해월에게 도통을 전수했다는 것을 명확히 했고 해월을 '주인'으로까지 지칭한다. 이러한 내용은, 도통 전수의 사실 여부와 별개로, 수운이 접의 책임자로 인정했던 직계 제자의 관점에서 받아들이기 어려운 것이었다. 만약 생존해 있던 직계 제자 중 누구라도 이를 부정하고 이의를 제기한다면 동학 교단은 분열될 수 있었다.[42]

해월이 봉인한『도원기서』의 원본은, 해월의 수제자 중 일인인 구암 김연국(金演局, 1857~1944)이 1908년 1월 천도교에서 시천교로 가면서 한 부를 필사한 후, 최종적으로 1918년에 시천교로 넘어갔다. 그

---

41 이에 대해서는 조동일이 이미 밝힌 바 있다. 그는 여러 문헌을 비교하여 수운에 관한 이야기가 신비화와 합리화의 방향으로 전승되었음을 입증하고 있다. 조동일,『동학 성립과 이야기』, 홍성사, 1981, 126~176쪽 참조.
42 뒤에 상세히 분석할 예정이지만, 해월의 도통 전수는 1875년 이전까지 교단 내에서 확고하게 인정받지 못했다.

리고 김연국(이하 구암) 사후 그 아들 김덕경이 소장하여 오다가 1978년에 일반에 공개되었다.[43] 따라서 원본 외에 1908년 필사된 본도 존재한다. 이 필사본은 1879년에 서유사(書有司)로 『도원기서』 편찬에 참여했던 김세인이 필사하면서 교감했는데, 원본보다 오히려 더 정확한 것으로 알려져 있다.[44]

『도원기서』의 출처와 편찬자 및 편찬 시기를 특정할 수 있다는 점에 기반하여 표영삼은 『도원기서』가 '수운 행장'의 원본이며 가장 정확하다고 주장하였다. 또한 다른 '수운 행장'인 『수운문집』과 『대선생주문집』에 대해 『도원기서』가 봉인되기 전에 수운 일대기 부분만을 필사한 데서 기원한다고 하여 그 정확성을 부정적으로 평가하였다. 『도원기서』에서 『대선생주문집』이 기원했고, 이를 가필하여 『수운문집』이 나타났다는 것이다.[45] 그렇지만 이러한 주장은 후술할 김상기나 박맹수 등 다른 연구자들의 입장과 대비되어, 여러 논점을 해소하기 위한 문헌 고증의 필요성으로 이어진다.[46]

---

43 박맹수, 앞의 논문(1996), 10~11쪽; 동학농민혁명 종합지식정보시스템(http://www.e-donghak.or.kr/index.jsp, 최선생문집도원기서 해제, 2021.1.7)

44 박맹수, 앞의 논문(1996), 10~11쪽 참조. 『도원기서』 원본은 1978년 『최수운선생문집도원기』로 간행되고 1979년 『동학사상자료집』 제1권에 영인되었다. 또 다른 필사본은 1996년 『한국학자료총서9 - 동학농민운동편-』에 영인되었다. 원본과 필사본은 표지 제목에도 차이가 있다. 원본은 '수운선생도덕집(水雲先生道德集)', 필사본은 '수운대선생사적안(水雲大先生事蹟案)'으로, 필사되면서 변경된 것이다. 『최수운선생문집도원기』, 대동학연구원, 1978; 「도원기서」, 『동학사상자료집』 제1권, 아세아문화사, 1978년, 157쪽; 「최선생문집도원기서」, 『한국학자료총서9 - 동학농민운동편-』, 한국정신문화연구원, 1996, 175쪽 참조.

45 표영삼의 주장은 해월의 도통 전수를 신봉하는 견지에서 『수운문집』을 기반으로 한 초기 동학 연구 중에서 해월의 도통 전수를 의심하는 견해를 비판하기 위해 이루어졌다고 보인다. 표영삼, 앞의 책(2005), 97쪽; 표영삼, 앞의 책(2014), 224~230쪽; 윤석산, 앞의 논문, 218쪽 참조.

3) 문헌의 비교 고증

『수운문집』(단곡본 계열), 『대선생주문집』(용강본 계열), 『도원기서』의 세 문헌을 둘러싼 논점들은 도통 전수, 조직체계 및 권위구조 등 연원제와 관련되어 있다. 예를 들어, 『수운문집』에 기술된 군제(群弟) 또는 군등(君等)이라는 표현이 『대선생주문집』과 『도원기서』에서 경상(慶翔−최시형의 초명)으로 기술되어 있는데, 이 부분은 해월의 정통성을 부정하려는 측과 인정하려는 측의 대립이라는 맥락에서 이해되고 있다.[47] 그렇지만 이 부분은 도통 계승 문제뿐 아니라 북접 수장의 인정 문제 등을 포함해 조직체계와 권위구조 등 연원제와 연결된다. 따라서 실제 문헌들을 비교하고 고증하여 이 논점들을 명확히 정리해야 본 연구의 논지 전개가 가능하다.

세 문헌을 둘러싼 중요 논점들과 관련하여, 박맹수는 해월의 도통 전수 부분에 국한해 『수운문집』과 『도원기서』 두 문헌을 비교하면서 『수운문집』이 『도원기서』보다 앞선 기록이며 더 정확한 것이라는 결론을 내렸다.[48] 그에 비해 표영삼은 박맹수의 주장을 비판하고

---

46 2021년에는 김용옥 역시 이 논쟁에 참여했는데 『대선생주문집』을 원본 '수운 행록'으로 비정하고 박하선이 1865년경에 집필한 것으로 추측했다. 김용옥, 앞의 책(2021), 74~78쪽, 97쪽 참조.

47 동학농민혁명 종합지식정보시스템(http://www.e-donghak.or.kr/index.jsp, 대선생주문집 해제, 2021.11.19.).

48 박맹수, 앞의 논문(1995a), 41~47쪽; 박맹수, 앞의 논문(1996), 8-9쪽 참조. 박맹수의 결론이 지니는 한계는 『수운행록』을 비교에 활용하여 『수운문집』과 『대선생주문집』을 구분하지 않아 두 문헌 간의 차이점을 분석하지는 못했다는 점이다. 그는 용강본 『대선생주문집』을 『수운재문집』으로 분류하면서 『도원기서』와 대동소이 하다고 보았다. 따라서 표영삼과 같이 『대선생주문집』을 『도원기서』 전반부를 필사한 것으로 추정하였다. 김상기가 교감한 필사본에 용강본 『대선생주문집』인 『수운재문집』이 포함되어 있다는 점을 간과했기 때문이다. 결국 박맹수는

『도원기서』와 『대선생주문집』의 내용이 대부분 같기에 『대선생주문집』이 『도원기서』의 '수운 행장' 부분을 필사하면서 내용을 보완한 것이며, 『수운문집』이 『대선생주문집』을 가필하여 조작한 것이라고 주장하였다.[49] 이는 박맹수와 정반대되는 견해였다.[50]

박맹수는 『수운행록』과 『도원기서』를 비교하였지만, 실제 비교된 부분은 『수운문집』과 『도원기서』였다. 그는 문헌의 차이점과 당시의 상황 등을 귀납적으로 분석하고 종합하여 『수운문집』→『도원기서』라는 논리적인 추론을 전개하였다. 그에 비해 표영삼은 『도원기서』와 『대선생주문집』이 대부분 같다는 연역적인 전제에서 출발하여 『도원기서』→『대선생주문집』→『수운문집』의 주장을 전개하였다.[51]

표면적으로 이 논쟁은 『수운문집』, 『대선생주문집』, 『도원기서』 중 어느 문헌이 수운 당시 동학의 실상을 더 정확히 반영하고 있는지를 가리는 것이다. 하지만 그 논쟁의 핵심에 각 문헌의 편찬 시기를 전후한 동학의 신앙과 조직체계, 도통 계승에 대한 인식과 해석의

『수운재문집』(『대선생주문집』)을 비교의 대상에서 제외하고 『수운문집』과 『도원기서』만을 비교하였다. 박맹수, 앞의 논문(1990), 45~46쪽; 박맹수, 앞의 논문(1995a), 41쪽 참조.

49 표영삼, 앞의 논문(1999), 102쪽; 표영삼, 앞의 책(2014), 224~230쪽; 표영삼, 『동학 1: 수운의 삶과 생각』, 통나무, 2004, 251~254쪽; 표영삼, 앞의 책(2005), 97쪽 참조.

50 또 다른 견해로는 2021년 김용옥이 주장한 『대선생주문집』 원본설이 있다. 그는 문체를 중요한 기준으로 삼아 『대선생주문집』이 가장 앞선 기록이며 여기에서 다른 두 문헌이 파생되었다고 주장했다. 김용옥, 앞의 책, 222쪽 참조.

51 김용옥은 『도원기서』와 『대선생주문집』을 비교하여 그 차이를 명확히 했고, 통사론, 의미론, 음운론, 문자학의 모든 관점에서 『대선생주문집』→『도원기서』의 순서만이 가능하다고 주장했다. 이는 본 연구의 결론과 부분적으로 일치한다. 위의 책, 72~73쪽 참조.

차이가 있다는 점에 주목할 필요가 있다. 이 점에 주목하면 각 문헌에 나타난 신앙과 조직체계, 도통 계승의 차이를 전체적으로 고증하여 문헌의 성립 시기를 비정하는 과정이 중요해진다. 세 문헌의 성립이 1860년대 말부터 1890년대까지로 추정되므로, 문헌 간 차이는 20년~30년 동안 동학 교단의 신앙과 조직체계를 포함한 미세한 변화를 보여줄 수 있다는 의미이다. 이는 세 문헌의 편찬 시기 고증이 본 연구의 대상인 연원 조직의 성립과 제도화 부분에 중요한 논거가 됨을 뜻한다.

김상기는 『수운문집』과 『대선생주문집』 문헌 전체를 대조하였지만 『도원기서』를 접할 수 없었고, 박맹수와 표영삼은 문헌 전체를 비교하여 고증하지 않았다. 기존 주장들이 종합되지 못하고 평행선을 달리게 된 것은 지엽적인 비교와 추론에서 발생한 한계 때문일 수 있다. 전체적 맥락에서 문헌 간 차이를 밝히면 그 차이에 반영된 신앙 체계의 선후 관계를 세밀하게 특정할 수 있고 이를 통해 차이의 원인까지 포착할 수 있기에 본 연구에서는 문헌 전체를 대조하여 고증을 시도하였다.

실제로 본 연구에서 전체 문헌을 비교 고증한 결과, 『도원기서』와 『대선생주문집』의 유사성이 입증되지 않기 때문에 표영삼의 주장은 박맹수의 경우에 비해 더 많은 논리적 문제를 내포한다. 『도원기서』의 내용이 『대선생주문집』에 없거나 반대되는 경우도 다소 존재한다. 『대선생주문집』은 오히려 큰 틀에서 『수운문집』과 유사도가 높고 해월과 관련된 특정 기사에서만 『도원기서』와 일치한다. 『수운문집』은 해월과 관련된 특정 기사를 제외하면 『대선생주문집』과 일치하면서 더욱 적은 수의 오탈자를 지니고 있다.

이 내용을 자세히 설명하면 다음과 같다. 『도원기서』와 『대선생주문집』의 전문을 대조하면 『도원기서』에 있지만 『대선생주문집』에 없는 내용이 있는데, 이는 그 내용의 중요성을 고려할 때 의도적인 삭제나 실수로 보기 어렵다. 구체적으로, 『도원기서』에 있는 해월 관련 일화는 도통 계승을 정당화할 수 있는 내용이고, 교리 관련 설명은 『동경대전』과 유사하다. 『대선생주문집』이 『도원기서』를 필사한 것이라면 이를 삭제할 이유는 없다. 또한 필사 과정에서 실수로 누락 되었다고 보기도 어렵다. 『대선생주문집』은 누락 부분이 원래부터 없었다는 듯이 연결되기 때문이다. 오히려 『도원기서』에 부자연스러운 문맥이 적지 않다. 『도원기서』에만 있는 글자나 구절 등은 『동경대전』과 일치하거나 편찬자인 강수의 개인적 경험과 소회 등과 관련되어 있어 후대의 수정이나 보완으로 볼 수밖에 없다. 필사하면서 미진한 점을 보완한 문헌은 『대선생주문집』이 아니라 오히려 『도원기서』이다. 그에 비해 『대선생주문집』에는 있지만 『도원기서』에 없는 내용은 주로 해월의 도통 계승과 모순될 수 있는 기사이다. 『대선생주문집』이 『도원기서』를 필사하면서 중요한 내용을 삭제하고, 해월의 도통 계승과 모순될 수 있는 기사를 추가했다는 것은 『대선생주문집』 역시 해월의 도통 계승을 명확히 한 문헌이므로 성립될 수 없는 결과이다.

이처럼 『대선생주문집』과 『도원기서』에서 대부분의 차이가 『도원기서』를 『대선생주문집』의 원본으로 가정할 때 성립될 수 없다면 『도원기서』가 『대선생주문집』의 원본이라는 표영삼의 전제도 성립되기 어렵다. 『대선생주문집』과 『도원기서』가 해월의 도통 계승 기사에서 높은 유사도를 보인다는 점을 근거로 두 문헌의 차이점이 지니는 의미를 과소평가한 것이다. 따라서 표영삼의 전제는 연역적인 주장이며, 실제 문헌을 대조하고 고증한다면 전개될 수 없는 가정으로 보인다. 『대선생주문집』이라는 명칭을 근거로 『도원기서』가 먼저 성립된 것이라고 주장할 수도 있다. 하지만 『대선생주문집』 본문에서 수운은 선생으로 기술될 뿐 '대선생'으로 기술된 곳은 없다. 필사 과정에서 제목의 '수운', '수운재' 또는 '수운선생'을 '대선생주'로 수정했다고 보는 것이 적절하다.[52]

　『대선생주문집』에 있지만 『도원기서』에 없는 내용 대부분은 『수운문집』에 오탈자 없이 완전한 형태로 수록되어 있다. 즉, '수운 행장'이 집필되던 1860년대, 해월의 도통 전수가 교단 내에 공식화되거나 수용되지 않았다는 관점에서 볼 경우, 『수운문집』은 『대선생주문집』과 『도원기서』의 오탈자를 확인할 수 있고, 그 수정과 편집의 변화 맥락을 가장 논리적으로 설명할 수 있는 문헌이다. 해월의 단일 지도체제 성립과정을 분석한 교단 외부의 연구자들은 1864~80년의 교단사를 『도원기서』를 통해 분석하여 해월의 도통 전수가 공식적이지 않았거나 실재하지 않았으며, 교단 내에서 해월의 도통 계승이 수용된 시기가 1875년 이후임을 주장했다.[53] 이를 통해 본다면 해월

---

52 『도원기서』보다 후대에 집필된 『대선생사적』은 본문에도 수운을 '대선생', 해월을 '선생'으로 표기하고 있다. 만약 『대선생주문집』이 수운을 '대선생'으로 지칭하던 시기에 편집되었다면 본문에서도 수운을 '선생'이 아니라 '대선생'으로 표기했어야 한다.

53 박맹수, 앞의 논문(1995a), 44~47쪽; 조경달, 박맹수 옮김, 『이단의 민중반란—동

의 도통 전수 기사가 기재되지 않은 『수운문집』이 1860년대에 집필된 '수운 행장'에 가장 근접한 필사본일 가능성이 크다.

결과적으로 세 개의 문헌 가운데 '수운 행장'의 원형에 가장 가까운 필사본은 『수운문집』이며, 가장 많은 첨삭이 이루어진 것은 『도원기서』이다. 『대선생주문집』은 『도원기서』가 아니라 『수운문집』을 저본으로 하였으며, 『도원기서』는 이후에 『수운문집』이나 『대선생주문집』을 저본으로 수정 편집되었다고 보아야 한다. 이를 객관적으로 입증해 주는 대표적인 서지학적 증거로 두 개의 지명을 들 수 있다. 『수운문집』에 사용된 공충도(公忠道)와 화령(化寧)이라는 지명인데, 『대선생주문집』은 공충도가 공충로(公忠路)와 화령(化寧)으로, 『도원기서』에는 충청도(忠淸道)와 화령(華嶺)으로 되어 있다.[54] 충청도는 1862년부터 1871년까지 충청도라 지칭되는 것이 금지되었고 공식적으로 공충도(公忠道)였다.[55] 화령은 조선조 지리지에 모두 화령(化寧)으로 표기되어 있으며, 당시 지도인 대동여지도에도 화령(化寧)으로 되어 있다. 화령(化寧)은 보은과 상주 사이에 있는 상주의 속현으로서 1870년대 이전까지 화령(華嶺)이라는 고개 이름으로 쓰인 예가 없

학과 갑오농민전쟁 그리고 조선 민중의 내셔널리즘」, 역사비평사, 2008, 61~68쪽; 장영민, 『동학의 정치사회운동』, 경인문화사, 2004, 68~70쪽; 한국종교연구회, 『한국 종교문화사 강의』, 청년사, 1998, 283~286쪽 참조.

54 해당 원문은 [표 17]에 있다.

55 "'서원현(西原縣)의 고을 칭호를 강등시킨 지 올해로 10년 기한이 찬 만큼 청주목(淸州牧)으로 승격시키는 것이 어떻겠습니까?' 하니, 윤허하였다. 또 아뢰기를, '청주목으로 고을 칭호를 승격시킨 상황에서 공충도(公忠道)는 충청도(忠淸道)로 그 칭호를 전대로 회복시키는 것이 어떻겠습니까?' 하니, 윤허하였다. [吏曹啓: 西原縣降邑號, 今年已準十年之限, 陞爲淸州牧何如 允之. 又啓: 淸州牧已陞號矣. 公忠道以忠淸道還復舊號何如 允之]"『高宗實錄』8년(1871) 1월 3일 (http://sillok.history.go.kr, 2021.1.18.).

다.[56] '수운 행장'에 충청도와 화령(華嶺)이라는 지명이 사용될 수 있었던 시기는 충청도라는 지명이 복원된 1871년 이후, 상주를 중심으로 교단 재건 활동이 활발해지면서 화령(華嶺)이 알려진 이후이다. 사용된 지명의 차이는 『수운문집』이 1871년 이전에 집필된 '수운 행장'을 저본으로 필사된 문헌이며 『대선생주문집』과 『도원기서』가 『수운문집』을 저본으로 편집되었다는 것을 잘 보여준다.

이상의 서지학적 내용 이외에도 문헌 고증 작업에서 본 연구의 논지와 관련된 중요 부분은 좀 더 자세히 언급될 필요가 있다. 선행연구나 종파적 관점에 기초해 미리 결론을 내고 이에 맞추어 필요한 부분만을 제시하는 문제를 최대한 피하고, 신앙체계의 변화를 드러내 논점을 종합 정리하여, 편찬 시기에 따른 도통 연원과 조직제도에 대한 해석의 차이 등을 밝히기 위해서이다. 물론 가장 중요한 이유는 당시의 종교 현상을 가장 실제에 가깝게 이해하기 위해서이다. 고증을 통해 실상에 가까운 자료를 비정하고 연원제 조직을 연구해야 그 작동 방식과 특징을 정확하게 포착할 수 있기 때문이다.

종교적 세계는 끊임없이 유동하며 변화하며, 현재의 지평에서 과거가 해석되어 현재의 세계로 통합된다. 이는 자연스러운 과정이지만, 역사적인 종교연구에서는 현재의 관점에서 해석된 과거보다 당대의 지평에서 종교 현상을 기록한 문헌이 더 중요하다.[57] 따라서 본

---

56 대동여지도는 충청도와 화령(化寧)을 지명으로 사용하고 있다. 충청도가 사용된 것은 대동여지도가 1861년에 목판으로 간행되었기 때문이다. 『世宗實錄』地理志 慶尙道 尙州牧(http://sillok.history.go.kr, 2021.1.18.); 『新增東國輿地勝覽』卷二十八, 慶尙道 尙州牧. 한국고전번역원(https://db.itkc.or.kr, 2021.1.18.); 『대동여지도』, 진선출판사, 2019년, 八道行政統計, 十五一三 聞慶 槐山 報恩. 참조.

연구에서도 당대의 실상을 반영한 문헌의 생산 시기와 생산자를 명확히 고증하는 것은 중요하다.[57]

실제 동학 관련 문헌들의 고증은 문헌 전체를 대조하는 귀납적 방법으로 진행하였다. 지금까지 『수운행록』으로 통칭된 문헌을 내용상 중요한 차이들을 고려하여 『수운문집』과 『대선생주문집』으로 구별하고, 『도원기서』와 함께 상호 대조하였다. 특히 『수운행록』과 상주 동학교당에 소장된 『수운문집』 필사본인 '대선생연혁사'를 모두 비교하여 『수운문집』의 원본을 비정했다.[59] 고증한 내용 중 본 논문에 수록한 부분은 기존의 논쟁 지점을 포함하여 본 연구와 관련성이 깊은 해월의 도통 전수, 연원제의 성립, 조직체계와 구조 등에 국한했다. 행장의 특성인 사건 순서에 따라 나열하였다.[60]

---

57 현재의 지평에서 과거를 해석하는 문제점을 최종성은 다음과 같이 지적했다. "신학과 의례는 변화하기 마련이고, 후대의 인식으로 전대의 경험이 재해석되는 것은 비일비재한 일이지만, 그렇다고 해서 변화된 후대의 맥락에서 초기의 경험을 … 재단하는 것은 온당하지 않다." 최종성, 『동학의 테오프락시-초기동학 및 후기동학의 사상과 의례-』, 민속원, 2009, 71~72쪽 참조.

58 후대 문헌 중 고증 작업에서 참고 자료로 활용할 가치를 지닌 것으로는 대표적으로 『대선생사적』을 들 수 있다. 『도원기서』가 수운을 선생으로, 해월을 주인으로 칭한 데에 비해 『대선생사적』이 수운을 대선생, 해월을 선생으로 칭하고 있기에 확실히 그 집필 시기는 1880년의 『도원기서』보다 후대이지만, 1900년을 전후하여 편찬된 것으로 추측되어 『도원기서』와 시기상 많은 차이가 없고, 내용상 독자적 계열의 문헌으로 판단되어 교차 검증에 도움이 된다. 『도원기서』보다 더 해월의 도통 전수를 명확하게 하는 기록이면서 오히려 『수운문집』과 일치하는 부분이 많다. 박맹수, 앞의 논문(1990), 47~48쪽; 「대선생사적」, 『한국학자료총서9-동학농민운동편-』, 한국정신문화연구원, 1996, 346쪽, 350~351쪽, 353쪽, 355~356쪽, 357쪽, 360~363쪽, 365쪽, 374쪽 참조.

59 '대선생연혁사'는 2009년 상주 동학교당을 방문하여 사진 촬영한 자료를 활용하였다.

60 여러 번역본이 있지만, 오류가 있거나 견해가 다를 경우 다시 번역하였다. 일부 고증 내용은 논지 전개를 위해 III장에서 논증의 근거로 활용하였다.

[표 1]은 해월의 수운 방문 기사로, 『대선생주문집』이 『수운문집』과 전체적 유사도가 높지만 해월 관련 일화에서는 『도원기서』와 높은 유사도를 보이는 대표적인 예이다. 동시에 『수운문집』과 『도원기서』 간의 신빙성 논쟁이 시작된 곳이다. [표 1]의 내용처럼, 『대선생주문집』이 다른 부분에서 『도원기서』와 유의미한 차이를 보이면서도 해월이나 도통 전수 관련 부분에서는 내용이 일치한다는 것은 『대선생주문집』이 『수운문집』 계열의 문헌을 저본으로 편집되었지만, 해월 관련 기록의 편집 방향이 『도원기서』와 같았을 가능성을 시사한다.

[표 1] 是歲(料外)三月

水	是歲三月 新寧人河致旭問於朴夏善曰或知先生之居處乎 答曰昨夜夢與朴大汝共見先生今欲往拜也 二人偕行路遇崔慶翔料外訪到 先生 曰君等或聞而來耶 　　對曰生等何以知之自有欲來之志故來之矣 先生笑曰君可眞然而來耶吾知夏善之來也 慶翔問曰生等其間所工不實然有如此之異 　　　　以油半鍾子達夜二十一日其故何也 先生曰此則造化之大驗君等心獨喜自負也 自此以後四方賢士日以稍益不勝堪當也
因	料外三月 　　　　崔慶翔忽然訪到 先生問曰君　或聞而來耶 慶翔答曰生　何　知之自有欲來之志故來之矣 先生笑曰君可眞然　來耶　　　曰然也 慶翔問曰生　其　所工不實然有如此之異何爲其然也 先生曰且言之 慶翔跪告曰以油半鍾子達夜二十一日其故何也 先生曰此則造化之大驗君　獨喜自負　慶翔又問曰自後布德乎 曰布德也 自慶翔之來後四方賢士日以稍益不勝堪當也

| 道 | 崔慶翔忽爲訪到 先生問曰君 或聞而來耶
慶翔答曰生 何 知之自有欲來之志 故來之矣
先生笑曰君可眞然而來耶 　　　日然也
慶翔問曰生 其間所工不實然有如此之異何爲其然也 先生曰且言之
慶翔跪告曰以油半鍾子達夜二十一日其故何也
先生曰此則造化之大驗君 心獨喜自負 　慶翔又問曰自後布德乎 曰布德也
自慶翔之來後四方賢士日以稍益不勝堪當也 |

※ ㉐는 『수운문집』, ㉑는 『대선생주문집』, 道는 『도원기서』를 의미
하며, 비교를 위해 임의로 공백을 두었고 차이가 나는 부분 중 주
목해야 하는 내용은 굵은 글자체로 표시하였다.

위의 기사에 따르면 1862년 3월, 『대선생주문집』과 『도원기서』는
해월이 홀연히 박대여의 집으로 수운을 찾아왔다고 하였고, 『수운문
집』은 해월이 박하선, 하치욱 등과 같이 찾아왔다는 하였다. 이러한
내용상의 차이는 해월의 도통 계승과 관계된 논쟁으로 이어졌는데
박맹수와 표영삼은 각각 『도원기서』가 해월의 역할을 강조하는 해
월 중심의 기술(박맹수)이고, 『수운문집』이 박하선을 내세우기 위한
가필(표영삼)이라는 상반된 입장을 보였다.[61]

1985년 표영삼이 『수운문집』을 1865년경 박하선이 집필한 것으
로 추측했던 것은 박하선이 아니면 알 수 없는 [표 1]과 같은 일화가
『수운문집』에 다소 수록되었기 때문이다.[62] 『수운문집』은 신녕(新寧)
의 하치욱이 박하선에게 수운의 거처를 묻자 박하선이 자신이 꿈에

---

61 표영삼, 앞의 책(2014), 131~133쪽, 228~230쪽; 박맹수, 앞의 논문(1995a), 40~
47쪽; 박맹수, 앞의 논문(1996), 8~9쪽 참조.

62 표영삼, 앞의 논문(1985), 95쪽 참조.

서 박대여와 함께 수운을 뵈었으니 박대여의 집으로 가자고 하여 함께 가다가 중도에서 해월을 만났다는 구체적 정황을 박하선의 시각에서 기술하고 있다.

하지만 2000년대에 이르러 표영삼은 기존의 주장을 철회하고 『수운문집』이 『대선생주문집』의 해월 관련 기사를 수정 편집한 것이며, 그 편집 의도가 박하선을 내세워 해월의 도통 전수를 부정함으로써 남접을 정당화하기 위한 데에 있다고 주장하였다.[63] 그런데 표영삼이 『수운문집』의 조작 근거로 제시한 "나는 박하선이 올 것을 알았다.[吾知夏善之來也]"라는 부분을 박하선을 내세우기 위한 가필로 보기에는 무리가 있다. 이 구절은 수운이 박하선이 올 것을 미리 알았던 이유가 박하선의 꿈과 관련되어 있음을 암시한 것으로, 박하선을 해월보다 더 부각하기 위한 표현이라기보다는 수운의 신성함을 드러내는 일화이기 때문이다.

표영삼은 『수운문집』이 1880년 이후 남접의 정통성을 주장하던 이들에 의해 조작된 문헌이라 주장했지만 1880년 이후 박하선이나 그와 관련된 동학도들의 활동은 나타나지 않는다. 실제 박하선은 경주 북쪽인 영해의 접주여서 지역적으로 북접 소속이다. 1869년경 박해로 사망하였다고 추측되며, 그의 아들 삼 형제도 수운의 신원을 위해 해월이 참여했던 영해민란에 관련 및 연좌되어 1871년 모두 체포되어 죽었다.[64] 따라서 박하선이 남접과 관련성이 있거나 남접을

---

63 표영삼, 앞의 책(2014), 131~133, 228~230쪽; 표영삼, 앞의 책(2004), 208~209쪽 참조.
64 박하선의 아들이 영해민란에 관여되었을 가능성을 처음 제기한 이는 표영삼이며, 그 후로 박맹수와 성봉덕은 영해민란 때에 물고된 박사헌(박영관, 박상제)이 박하

계승했다던 이들과 관련되었다는 단서가 발견된 적도 없다. 표영삼이 『수운문집』의 조작 배후로 지목한 김주희(1860~1944)는 『수운문집』 필사 시기 이후인 1904년부터 경천교 활동을 시작하였고 1915년에 '상주동학교'를 설립하였다. 남접을 표방했던 '상주동학교'는 방대한 간행 사업에도 불구하고 정통성을 주장하기 위해 『수운문집』을 간행하거나 활용한 바가 없다.[65]

오히려 『수운문집』은 여러 제자가 함께 있었던 일화에서도 해월의 도통 전수로 해석될 수 있는 기록을 배제하지 않았다.[66] 단지 해월이 수운과 독대한 상황에서 있었던 일화가 기술되지 않았다는 점에서만 『대선생주문집』이나 『도원기서』와 다르다. 만약 『대선생주문집』에서 해월 관련 일화를 조작하거나 삭제하여 『수운문집』이 만

선의 아들이라고 비정하였다. 특히 성봉덕은 박사헌이 1871년 당시 상제(喪制), 즉 상중(喪中)이었음을 근거로 박하선이 1869년 사망하였을 가능성을 제시하였다. 김기현은 향토사적 연구를 통해 이를 입증하고자 하였다. 표영삼, 「동학의 신미 영해 교조신원운동에 관한 소고」, 『한국사상』 제21집, 1989, 149~151쪽; 박맹수, 앞의 논문(1995a), 63쪽; 성봉덕, 「영해 교조신원운동」, 『한국사상』 제24집, 1998, 128~129쪽, 148쪽; 김기현(편저), 『최초의 동학혁명─병풍바위의 영웅들─』, 황금알, 2005, 40쪽, 66쪽 참조.

65 김주희에 관해서는 최원식의 조사를 참조할 필요가 있다. 최원식에 따르면 김주희는 공주 출신으로 부친인 윤집(1823~1881)이 수운 문하에 입도하였다고 한다. 동학혁명(1894)을 전후로 속리산에 입산하여 수도하였고, 1904년 정수기를 옹립하여 상주 화북면 장암리에 교당을 세우고 경천교를 설립하였으나, 1908년 정수기와 결별한 후 속리산에 다시 은거한 후에 1915년 상주군 은척면 우기리에 교당을 설립하고 동학본부라 하여 동학교를 설립한다. 1922년 조선총독부 공인을 받은 후 1933년까지 각종 동학 경전을 비롯하여 용담유사를 비롯한 총 40책에 이르는 방대한 간행사업을 전개하였으나, 1936년 공인이 취소되고 1944년 김주희도 사망하였다. 최원식, 「동학가사 해제」, 『동학가사 Ⅰ』, 한국정신문화연구원, 1979, 3~9쪽 참조.

66 해월 도통 전수의 중요한 근거로 해석된 "龍潭水流四海源 劍岳人在一片心"의 시는 『수운문집』에도 수록되어 있다.

들어진 것이라면 제자 중 해월이 가장 주목받았던 당시의 상황을 상세히 묘사한 [표 1]의 일화는『수운문집』에서 배제되었어야 한다.

이 일화에서 주목할 부분은『대선생주문집』과『도원기서』에서도 해월이 수운을 홀연히 찾아왔다고 할 뿐, 해월만 왔다고 기술하지 않았다는 점이다. 당시 해월이 홀로 수운을 찾아온 것이 아니었다는 내용은『대선생사적』의「해월선생문집」에도 나타난다. 이 문헌에는 해월이 박대여의 집으로 향하는 도중에 백사길이 급히 와서 해월을 불러세우고 어디로 가는지를 묻자, 해월이 "선생(수운)이 박대여의 집에 좌정하고 있는 모습이 떠올랐다."라고 하고 이에 백사길이 자신이 "먼저 가겠다."라고 하자 해월이 "앞뒤의 차이는 없다"라고 답하는 내용이 있다.[67] 해월이 영감을 느끼고 수운을 찾아가는 도중에 박하선이나 하치욱이 아니라 백사길을 만났으며, 백사길도 수운에게 갔음을 보여주는 이 일화는 해월이 홀로 수운에게 간 것이 아님을 보여준다. 박하선의 관점에서 기술된 것인지, 해월의 관점에서 기술된 것인지에 따라 차이가 있을 뿐, 어느 한쪽이 사실관계를 조작했다고 단정할 이유는 없다.[68]

---

67 "…心自不平 在路默思則 完然坐定于朴大汝家矣 將向朴家 纔出數里 士吉急來 搖手呼之曰 今往何處 答曰 大先生座定于大汝家 今往郿家也 士吉曰聞於何人乎 答曰 心之所感 自然有知 從何得聞乎 士吉然則 吾先去矣 答曰先後無間…"「대선생사적」,『한국학자료총서9-동학농민운동편-』, 한국정신문화연구원, 1996, 371쪽 참조.

68 박맹수는『도원기서』의 기술을 해월이 홀로 수운을 찾아간 것으로 해석하여 해월 중심의 기술로 주장하고 있다. 필자는 해월 중심의 기술이라는 점에 동의하지만, 해월만이 홀로 수운을 찾아간 것으로 해석할 근거가 없다고 본다.『도원기서』에는 1863년 8월 13일 해월이 수운을 찾아온 후 14일 수운이 '주위 사람을 물리고[벽좌우(辟左右)]'라는 표현이 있다. 당시 여러 사람이 있었다는 뜻이다. 박맹수, 앞의 논문(1995a), 42쪽;「최선생문집도원기서」,『한국학자료총서9-동학농민운

『도원기서』원본과 1908년 필사본 간의 차이도 언급할 필요가 있다. 원본에서는 '요외삼월(料外三月)'이지만 필사본에서는 '요외시세삼월(料外是歲三月)'이다.[69] 필사본의 경우『수운문집』의 표현을 따르고 있는데 이 부분은 필사자인 김세인이 수정에 참고한 문헌이『수운문집』일 가능성을 시사한다.[70]

이어, 수운과 해월이 박대여의 집에서 나눈 대화도『대선생주문집』과『도원기서』가 해월 중심의 기록이라는 것을 보여준다.[71] 그렇지만『수운문집』에서도 해월이 수운과의 대화에서 중심 화자로 나타나 있어 해월의 역할을 축소하려는 의도가 보이지 않는다는 점에 주목해야 한다. 만약 그러한 의도가 있었다면 해월을 중심 화자로 내세우지 않고 기술했어야 한다.[72] 이는『수운문집』이 해월의 역할을 축소하려는 의도 아래 첨삭된 문헌이라는 주장의 근거가 약하다는 것을 시사한다.

이 대화에서『도원기서』와『대선생주문집』에는『수운문집』에 비

동편-」, 한국정신문화연구원, 1996, 199쪽 참조.

69 위의 책, 190쪽 참조.

70 이상의 분석은『수운문집』이 해월의 도통 승계가 동학 내에서 수용되기 전에 편찬된 '수운 행장'의 필사본이며,『대선생주문집』과『도원기서』가 해월의 도통 승계를 확립하기 위해 해월을 위주로 '수운 행장' 등 기존의 문헌을 편집한 것임을 보여준다.『수운문집』이 1860년대 동학의 실상을 정확하게 반영했을 가능성이 크다.

71 이에 관해서 박맹수는『수운문집』이 해월을 비롯한 여러 제자가 문답 과정에 참여했음을 알려주는 데 비하여,『도원기서』는 해월 혼자 수운과 문답하고 있다고 하여 해월의 위치와 역할을 강조하고 있다고 평가하였다. 박맹수, 앞의 논문(1995a), 42~43쪽 참조.

72 『수운문집』에는 1863년 8월 14일의 일화가 박하선, 해월 등의 제자들이 수운과 함께 나눈 대화로 되어 있으며, 특별히 특정 제자를 화자로 내세우지 않으면서 기술하고 있다.『도원기서』,『대선생주문집』은『수운문집』과 달리 해월이 수운을 독대한 것으로 되어 있다.

해 '선생이 그것에 대해 말하라 하시니 경상이 꿇어앉아 고하기를[先生日且言之 慶翔跪告日]'이라는 표현이 더 들어가 있다.[73] 이에 따라 『도원기서』와 『대선생주문집』의 경우 하나로 연결해도 되는 해월의 질문이 둘로 분리되어 의미상 중복되는 문맥이 나타난다. "어찌 그러합니까?[何爲其然也]"와 "그 까닭은 무엇입니까?[其故何也]"는 의미상 중복되는 표현이다. 여기서 해월의 수운에 대한 존경과 극경의 예를 강조하면서 해월이 체험한 이적을 강조하려는 의도를 볼 수 있다.

또한 『대선생주문집』과 『도원기서』에는 『수운문집』에 없는 "경상이 또 묻기를 '이후 포덕을 하오리까?' 여쭈니 '포덕하라'고 하셨다.[慶翔又問日 自後布德乎 日布德也]"라는 대화가 추가되어 있다. 이는 해월이 포덕을 허락받은 후 해월에 의해 사방의 현사(賢士)가 입도했다는 이후의 기사를 강조하려는 의도이다. 교세의 확장이 해월의 포덕과 불가분의 관계가 있다는 것으로, 해월을 부각하는 기술 방식이다. 이에 비해 『수운문집』은 수운이 먼 곳(전라도)에 있었음에도 그 권능에 의해 제자가 신비한 조화를 체험하였다는 것을 암시하여 이후 감당하지 못할 정도로 포덕이 된 것이 수운의 권능임을 암시하고 있다.

---

73 이 장면과 관련하여 세 문헌 외에 가장 앞선 기록은 1906년 필사된 『대선생사적』 「해월선생문집」인데 '선생이 공수하여 공경히 고하기를[先生拱手敬告日]'이라는 문구이다. 앞 구절인 [표 1]의 대화 부분에 들어가 있는데 해월이 수운을 보자마자 예를 갖춘 것으로 표현되어 있어 『도원기서』와 『대선생주문집』과 같은 중복 표현이 없다. 1920년의 문헌인 『천도교서』는 『도원기서』와 유사하게 "경상(해월)이 또 절하고 고하니[慶翔이 且拜告日]"라 되어 있지만 보다 상세한 대화로 이루어져 중복되는 표현은 없다. 「대선생사적」, 『한국학자료총서9 - 동학농민운동편 -』, 한국정신문화연구원, 1996, 372쪽; 「천도교서」, 『아세아연구』 제5권 1호, 고려대학교 아세아문제연구소, 1962, 214쪽 참조.

위의 내용과 관련하여, 1900년을 전후로 하여 편찬된 문헌인『대선생사적』에는 해월이 당시 '도수사'와 '권학가' 2권을 받았다는 사실만 기록되어 있다. 해월이 포덕을 허락받았다는 기사는 없으며 이후인 1862년 6월에 해월에게 포덕의 뜻이 있어 포덕을 시작하였다고 되어 있다.[74]『수운문집』의 기록은 해월 중심의 기록인『대선생사적』과 비교해도 조작으로 보기는 어렵다.

『수운문집』은 수운이 먼 지방에 있었어도 제자가 조화를 체험할 수 있었다는 것을 부각한 반면,『도원기서』와『대선생주문집』은 해월이 조화를 체험하였고 해월에 의해 교단의 교세가 급속도로 커졌음을 암시하여 동일 사건을 각각 다른 관점에서 해석하고 있음을 알 수 있다.『수운문집』은 오롯이 수운의 신성성을 드러내려는 의도에서 해당 사건을 기술하였다면,『도원기서』와『대선생주문집』은 수운을 통해 해월의 정통성과 그 공로를 부각하고 있다.

[표 2]는 해월이 수운과 그 가족을 위해 물품을 마련한 기사로, 서술 내용이『대선생주문집』과『도원기서』에 비해『수운문집』만 달라, 세 문헌의 관계를 추측할 수 있는 부분이다. 또한 연원 조직인 접과 관련된 기록이기도 하다.

---

74 「대선생사적」,『한국학자료총서9 ─ 동학농민운동편 ─』, 한국정신문화연구원, 1996, 371쪽 참조.

[표 2] 是時 慶翔(與諸道人)

水	是時**慶翔**與諸道人僉一件上下衣裁納于先生先生曰**接內多貧**寒何爲竭力乎 先生又 曰吾家之妻子所食乏艱 可**爲救急之計耶** **府西接中**卽備米肉與錢四五十金竝 先生內書而付送本家
因	是時**慶翔** 僉一件上下衣裁納于先生先生曰 **君素貧**寒何爲竭力 先生情話曰吾 妻子所食之艱**君何** 救急之計耶 **慶翔** 卽 米肉與錢四五百金竝納 先生內書而付送本家
道	是時**慶翔** 僉一件上下衣裁納于先生先生曰 **君素貧**寒何爲竭力乎 先生情言曰吾家之妻子所食乏艱**君可** 救急之計耶 **慶翔** 卽備米肉與錢四五十金竝 先生內書而付送本家

[표 2]를 보면, 『수운문집』에는 해월과 여러 도인이 이불 한 채와 옷 한 벌을 지어 수운에게 올리고, 부서접(府西接)에서 수운의 가족들이 먹을 미육(米肉)과 금전을 구하여 수운의 본가로 보냈다는 내용이 있다. 그에 비해 『대선생주문집』과 『도원기서』에는 모두 해월이 홀로 한 것으로 기록하였다.

당시 해월의 경제적 상황이 어려웠다는 점을 고려하면, 『대선생주문집』과 『도원기서』의 기록처럼 해월이 단독으로 한 것으로 보기는 어렵다.[75] 오히려 『수운문집』에 기록된 내용의 개연성이 높다. 『수운문집』의 기록은 해월의 정통성과 신성성에 입각한 문헌인 『대선생사적』에서도 해월과 수삼(數三) 인이 같이한 것으로 기록된 것과 일치한다.[76] 또한 『대선생사적』에서는 해월의 주선하에 접조직이 나

---

75 당시 해월의 상황에 대해서는 박맹수가 여러 문헌 자료를 비교 검토하여 상세히 밝혀 놓았다. 박맹수, 앞의 논문(1995a), 27~40 참조.

76 「대선생사적」, 『한국학자료총서9 – 동학농민운동편 – 』, 한국정신문화연구원, 1996, 350쪽 참조.

서서 수운 가족의 생계를 해결했다는 『수운문집』의 기록과 유사한 사례도 확인할 수 있다.[77] 이는 해월이 몇몇 도인들과 함께하거나 해월의 주선하에 접조직이 나서서 물품을 마련했다는 『수운문집』의 내용이 더 정확한 기술이라는 점을 보여준다. 동시에 『수운문집』이 해월의 역할을 축소하려고 의도적으로 가필되었다는 주장이 적절하지 않다는 것을 보여주기도 한다.

특히 [표 2]에 있는 『수운문집』의 접에 관한 기록은 연원제의 태동 과정을 파악할 수 있는 중요한 자료가 된다. 『수운문집』의 접 기록은 접주 임명 이전 시점인 1862년 11월경으로, 접이 접주 임명 이전에 구축되어 있었고 교인들이 접을 매개체로 활동하였음을 방증한다. 만약 『수운문집』이 가장 앞선 기록으로 고증된다면 '부서접'은 연원 조직인 접에 관한 최초의 기록이 되어 연원제의 태동 시기를 비정할 수 있는 중요한 근거가 된다. 접주 임명 이전에 접에 대한 기록이 있다는 이유로 『수운문집』이 후대의 기록이라고 주장할 수도 있지만, 조직의 책임자 임명 이전에 조직이 먼저 구성되는 것이 논리적이다.[78]

---

77 수운이 해결을 요청하는 금전적인 문제를 해월의 주선하에 접의 도인들이 힘을 모아 해결하는 방식은 다음의 일화를 통해 확인할 수 있다. "大先生日淸河李敬汝被人陰害至於定配宜可納贖免配誰可善爲處卞耶 先生日當自下措處矣與李乃兼往寧德接主吳明哲家收合三百餘金納贖二百五十兩用費五十餘兩圖免李敬汝定配歸告丈席 [대선생이 이르되 "청하에 사는 이경여가 음해를 입어서 귀양을 가는 지경에 이르렀다. 마땅히 납속해서 귀양을 풀어주어야 할 텐데 누가 이를 처리하는 게 좋은가?"라고 하였다. 선생이 가로되 "마땅히 제가 조치하겠습니다"라고 말하고 이내겸과 함께 영덕 접주 오명철의 집에 가서 3백여금을 모아 2백50냥을 납속하고 비용으로 50여 냥을 사용하였다. 이렇게 이경여의 귀양살이를 풀어주고 장석에게 아뢰었다.]" 「대선생사적」, 『한국학자료총서9 – 동학농민운동편 –』, 한국정신문화연구원, 1996, 355쪽 참조.

접주 임명 이전에 수운이 접을 언급한 『수운문집』이 당시의 실상을 정확히 반영한 것으로 본다면 '접내 다수가 빈한(貧寒)한데'라는 말에서 접이 의미하는 것은 해월을 연원으로 하는 인맥 조직이다. 해월과 함께 수운을 찾아간 여러 도인은 해월을 연원으로 하는 교인이라고 볼 수 있으므로 연원을 중심으로 한 인적 계보의 조직인 접이 종교활동의 구심점이었다는 점을 알 수 있다. 『수운문집』은 이후 일관되게 동학의 공식 조직인 접을 중심으로 교단의 활동을 기술하고 있어, 해월을 중심으로 교단사를 기술하고 있는 『도원기서』의 기술 방향과 확연히 대비된다. 『수운문집』이 해월의 단일 지도체제가 교단 내에 확립되기 시작하기 이전에 편찬된 것이라면, 『수운문집』의 기술 방식은 수운이 포덕을 시작한 이후부터 동학의 종교활동 대부분이 접이라는 연원 조직을 중심으로 전개되었음을 의미한다.

[표 3]은 수운이 1863년 8월에 전시황과 만난 자리에서 연원 조직인 접에 관해 언급한 기사이다. 또한 『수운문집』과 『대선생주문집』의 내용이 『도원기서』에 전혀 나타나지 않는 중요한 사례이다.

---

78 표영삼은 포덕이 시작된 1861년 6월부터 전도자와 수도자의 인맥에 따른 조직, 즉 접이 구축되었고 초기에 주로 인명으로 '아무개 접'으로 불리다가 1862년 12월 그믐날 접주 임명으로 공식화되었다고 한 바 있다. 『수운문집』의 기록과 동일한 맥락으로 접조직의 태동을 설명했다. 2000년대 이후의 표영삼의 관점에서 본다면 『수운문집』의 [표 4] 부분은 해월의 역할을 약화하기 위해 가필한 것으로 해석해야 하지만, 그는 접에 관한 주장을 펼치면서 『수운문집』을 근거로 활용하고 있다. 이것은 표영삼의 관점에서도 『수운문집』의 해당 기술이 논리적이라는 것을 시사한다. 표영삼, 앞의 책(2004), 222~223쪽 참조.

[표 3] 八月(日)全時眈來謁

水	八月日全時眈來謁 先生授額字二十二餘張中特贈利行二字日以表遠來之情 餘二十張分賜鑄銅接又 興比歌一章特賜日此歌亦好誦之思之 時眈曉明接中以相從則此亦工夫愼勿馬上相從也云云 先生卒爲發文罷接　　　　　　　　　其時會集者僅爲四五十人也
大	八月　全時眈來謁 先生授額字二十二　張中特贈利行二字日以表遠來之情 餘二十張分賜鑄銅接又作興比歌一章特賜日此歌亦好誦之思之 　　曉明接中以相從則　亦工夫愼勿馬山相從也云云 先生猝爲發文罷接 定于七月二十三日 其時會集者近爲四十五人
道	 先生卒爲發文罷接 定于七月二十三日 其時會集者僅爲四五十人也

[표 3]에 나타나는 차이에 대해 표영삼과 박맹수는 언급한 바가 없다. 그렇지만 이 기사에서 나타나는 차이가 상당히 중요하므로 그 내용을 자세히 살펴볼 필요가 있다. 『수운문집』이 가장 자세한데 번역하면 다음과 같다.

　　8월 어느 날 전시황이 와서 뵈니 선생께서는 액자를 주시되 스물두 어 장 가운데 특히 이행(利行) 두 글자를 주시며 말씀하시기를 '이것으로 멀리서 온 데 대한 정을 표시하노라.' 하셨다. 나머지 스무 장은 주동접에 나누어 하사하셨다. 또 「흥비가」의 한 장(章)을 특별히 내려 주시며 말씀하시기를 '이 노래 역시 외우고 생각하면 좋은 것이니 시황이 접중을 분명히 일깨워 상종하면 또한 공부라, 신중히 하여 말(馬) 위

에서 상종하듯 하지 말라'고 하셨다.[79]

이 기사에는 전시황이라는 인물과 주동접이라는 표현이 나타난다. 「본교역사」(1910)와 『천도교회사초고』(1920)에도, 비록 필사 과정에서 전시황이 전황(全晄) 또는 김광응(金廣應)으로 오기되었지만, 전시황 관련 내용 일부가 아래와 같이 언급되어 있어, 해당 일화는 1920년까지 전승되고 수용되었다고 볼 수 있다.[80]

　　8월에 전황(全晄)이 찾아와서 뵙자, 대신사가 '이행(利行)' 두 글자를 써서 주시면서 멀리서 찾아온 정성을 드러내 칭찬하였다.[81]

　　…김광응(金廣應)에게 이행(利行) 이자(二字)를 서수(書授) 하시다.[82]

---

79 『대선생주문집』을 다른 문헌과의 교감 없이 번역하면 문의가 통하지 않는다. 『수운문집』을 해석할 때 문의에 큰 문제가 없다는 것을 확인할 수 있다.

80 전황, 전광, 김광응 모두 중요한 친견 제자임에도 해당 일화 외의 다른 어떠한 문헌에도 등장하지 않는다는 점은 이들이 오기로 인해 나타난 허수의 인물임을 시사한다. 『수운문집』과 다른 문헌의 비교를 통해서만 이러한 점이 드러난다는 사실은 『수운문집』이 가장 정확하다는 것을 잘 보여준다.

81 「본교역사」에는 전시황의 일화가 전황의 일화로 기록되어 있다. 따라서 「본교역사」는 이 일화를 기록하지 않은 『도원기서』가 아니라 『대선생주문집』을 참고하여 편집되었을 가능성이 크다. 또한 『대선생주문집』에는 전시황(全時晄)을 전황(全晄)으로 표기한 후 옆에 시(時)자를 부기한 것도 있다는 사실은 「본교역사」가 『수운문집』보다는 『대선생주문집』을 저본으로 하였을 가능성이 더 크다는 것을 잘 보여준다. 현대에 와서도 『대선생주문집』을 번역하면서 교감을 하지 않아 전시황(全時晄)을 전광으로 오역하여 마치 전시황과 전광이 다른 인물로 묘사되기도 하는데 수정이 필요하다. "八月에全晄이來謁이어늘大神師 ㅣ 書贈利行二字ᄒᆞ사表其遠來之誠ᄒ시다." 「본교역사」, 『한국학자료총서9 - 동학농민운동편 -』, 한국정신문화연구원, 1996, 448~449쪽; 「대선생주문집」, 『한국민중운동사자료대계: 1894년의 농민전쟁 부(付) 동학관계자료 1』, 여강출판사, 1985, 152쪽; 「대선생주문집」, 『동학농민혁명국역총서』 제13권, 동학농민혁명기념재단, 2015, 28쪽.

전시황이 실존 인물이었기에 『수운문집』과 『대선생주문집』에서 이 기사를 의도적으로 가필했다고 보기에는 무리가 있다. 실제로 전시황은 『수운문집』과 『대선생주문집』에는 수운의 친견 제자로, 『도원기서』에는 『동경대전』 편찬 시 도차주였던 강수와 같이 해월 다음의 지위를 지닌 감역으로 기록되어 있다.[83] 그런데도 『도원기서』의 '수운 행장' 부분에는 관련 기록이 없다. 전시황이라는 이름은 『도원기서』의 해월 관련 마지막 기록인 경진년(1880) 1월에 처음 나타나고 인제판 『동경대전』 간행 시 해월이 쓴 '별록(別錄)'에 마지막으로 등장한다.[84] 별록에 따르면 해월은 당시 도차주인 강수와 더불어 전시황의 이름을 직접 거명한다.[85] 1880년 이전에는 한 번도 언급된 적이 없는 이가 수운 문집 간행 과정에서 갑자기 등장하여 교단의 이인

---

82 『천도교회사초고』의 김광응(金廣應) 역시 전시황(全時晄)이 필사되면서 오기된 것인데, 교단의 인명사전까지도 영향을 미쳐 김광응이 독립된 항목으로 다루어지고 있다. 그 과정은 뒤에서 상술할 것이다. 「천도교회사초고」, 『동학사상자료집』 제1권, 아세아문화사, 1978년, 401쪽; 『동학천도교인명사전』, 도서출판 모시는 사람들, 1994, 127쪽 참조.

83 "繼適及先生誕辰 鑄銅接中 具酒饌油果幾器 魚脯數束 進奉於宴席 [이때 선생 탄신을 위해 주동접에서 술과 음식, 약과 몇 그릇, 어포 몇 묶음을 마련해서 연석에 바쳤다.]", "十一月 鑄銅時晄應先生八節隻對 其日十三日也 拜先生各言隻對 先生觀之微笑曰… [11월에 주동접의 전시황이 선생의 팔절척대에 응하였으니 그날이 13일이다. 그는 선생께 배례하고 마디마디 척대하니, 선생께서는 이것을 보고 미소를 지으시며 가로되…]" 「수운행록 — 원제 수운문집 —」, 『아세아연구』 제7권 1호, 고려대학교 아세아문제연구소, 1964, 181쪽; 「최선생문집도원기서」, 『한국학자료총서9 — 동학농민운동편 —』, 한국정신문화연구원, 1996, 279쪽 참조.

84 「최선생문집도원기서」, 『한국학자료총서9 — 동학농민운동편 —』, 한국정신문화연구원, 1996, 278~279쪽 참조.

85 「최선생문집도원기서」, 『한국학자료총서9 — 동학농민운동편 —』, 한국정신문화연구원, 1996, 279쪽 참조. 1880년 1월 해월은 도차주 강시원(이하 강수)과 전시황을 대동하여 인제접으로 가서 인등제를 베풀었고, 이후 동경대전 각판의 감역으로 강수와 전시황을 임명하였다.

자와 동등한 대우를 받는다는 것은 이례적이다. 전시황이 1880년에 수운의 친견 제자 자격으로 『동경대전』 간행에 참여하였다는 것을 추측할 수 있다. 반드시 언급하지 않으면 안 될 정도의 중요성을 지닌 인물이었다고 보아야 한다. 전시황이 『도원기서』의 편집을 주도했던 강수와 같이 『동경대전』 편찬 작업의 감독인 감역(監役)을 담당했다는 사실은 이를 방증한다.

이와 같은 갑작스러운 전시황이라는 인물의 등장과 그 위상의 중요성으로 인해 수운의 친견 제자이며 해월의 의형제인 전성문이 전시황으로 개명하였다는 주장이 전개된다. 2004년 장영민은 전성문이 개명하여 전시광이 되었으며, 따라서 『수운문집』의 편찬 시기는 해월이 시(時) 자가 있는 이름으로 총 12명을 개명하기 시작한 1875년 10월 이후라고 주장했다.[86] 전성문이 전시황임을 명확히 입증할 수

---

[86] 장영민의 연구는 전시황을 전시광으로 오기하고 있지만, 전시황에 대한 문제 제기를 통해 『수운문집』의 편찬시기를 추적하고, 기사의 지역 편향성을 지적하였다는 점에서 중요하다. 장영민, 앞의 책, 69~70쪽 참조. 문헌상 명확히 시(時)자가 들어간 이름으로 개명했다는 것을 알 수 있는 이들은 총 3명으로 최시형(최경상), 강시원(강수), 유시헌(유인상)이다. 표영삼은 이외의 개명인 명단은 전해지는 바가 없지만 3인 외에도 시(時)자가 들어간 이름을 지닌 교인이 10명 더 나타난다는 것을 밝혔다. 그중 전 씨는 전시황 외에도 전시명, 전시봉이 있는데 전성문이 최시형과 의형제를 맺었던 친견 제자로 교단 내에서 중요한 역할을 하였다는 점에서 전시황이라는 추론은 신빙성이 높다. 윤석산(역주), 『초기동학의 역사』, 도서출판 신서원, 2000, 236쪽; 표영삼, 앞의 책(2005), 78쪽 참조. 전성문의 교단 내 위상이나 그 역할에 대해서는 박맹수의 견해를 참조할 필요가 있다. 하지만 전성문(全聖文)이 수운 체포 시 옥바라지에 참여한 전석문(全碩文)과 동일인이라는 주장에 대해서는 필자의 견해는 다르다. 전성문은 『도원기서』의 편집자인 강수와 가까운 관계였기에 강수가 이름을 잘못 기재할 가능성은 크지 않고, 전석문은 주로 김석문으로 이해되고 있기 때문이다. 오히려 서헌순의 동학 조사 내용 보고에 등장하는 전석문(田錫文)이 전성문과 동일인일 가능성이 있다. 이 기록에 따르면 전석문(田錫文)은 수운과 함께 체포되었다가 죄가 입증되지 않아 정상 참작된 인물임을 알 수 있다. 어느 경우이든 전성문은 수운의 친견 제자일 가능성이 크다. 만약 전성

있는 문헌 근거는 없지만, 장영민의 주장을 사실로 인정하더라도 '수운 행장'의 집필 시기를 1875년 10월 이후로 볼 이유는 없다. 편집이나 필사 과정에서 전성문을 개명된 이름인 전시황으로 수정할 수 있기 때문이다. 오히려 편집이나 필사 과정에 당사자가 직접 관여했음을 반영하는 증거일 수 있다.[87]

[표 3]을 보면, 『도원기서』에는 해월도 중요한 친견 제자로 인정할 수밖에 없었던 전시황뿐만 아니라 그의 접인 주동접 기록까지 누락되어 있다. 이처럼 『대선생주문집』과 『수운문집』이 수록한 전시황과 주동접의 기록이 『도원기서』에만 없는 이유로는 아래와 같은 몇 가지 가능성을 지적할 수 있다.

첫째, 『동경대전』 편집 당시까지 생존해 있었지만, 해월의 단일 지도체제를 위협할 수 있는 제자들의 기록을 『도원기서』의 편찬자인 강수가 삭제했을 가능성이다.

둘째, 친견 제자 관련 기사의 경우 중요하지 않다고 판단했거나 모순점이 있다고 판단해 삭제했을 가능성이다. 이와 관련하여, 『도원기서』에는 수운이 파접한 이후 해월을 제외한 친견 제자의 기사와

문이 수운과 같이 체포되었다 석방된 인물일 경우 친견 제자로서 그 교단 내의 영향력은 더 컸을 것이다. 『수운문집』에 또 다른 친견 제자인 전시봉에 대한 기록이 있다는 점에서 본다면 전성문이 전시황인지 전시봉인지에 대해서는 보다 엄밀한 검토가 필요하다. 「최선생문집도원기서」, 『한국학자료총서9-동학농민운동편-』, 한국정신문화연구원, 1996, 216쪽, 241쪽, 259쪽; 박맹수, 앞의 논문(1995a), 78~81쪽; "田錫文等, 竝無眞贓, 合有參量." 『高宗實錄』 1년(1864) 2월 29일 (http://sillok.history.go.kr, 2021.1.18.) 참조.

87 '수운 행장' 편찬을 위한 수단유사(修單有司) 분정(分定)에서 친견 제자였던 전시황과 전시봉이 제외되면서, 『도원기서』의 '수운 행장'에 전시황, 전시봉 관련 기사가 없다는 사실은 기사에 있어 당사자의 편집 참여 여부가 큰 영향을 미친다는 것을 잘 보여준다. 윤석산(역주), 앞의 책(2000), 265~273쪽 참조.

해월 휘하 접이었던 영덕접 등과 관련되지 않은 기사 대부분이 나타나지 않는다.[88] 조선 시대에 '접(接)'은 '문사들이 글을 짓거나 책을 읽는 모임' 또는 '학생들의 학기'를 의미했지만, 해월은 1878년 이를 '천지의 이치에 맞추어 하늘의 운을 받고 하늘의 명을 받아 도(道)를 강(講)하는 것'으로 선언하였다.[89] 따라서 해월을 도통 전수자로 받들던 교인에게는 파접 후에 도통 계승자인 해월을 통하지 않고 다른 제자나 교인을 만나 가르침을 내리는 일이 공식적인 일이 될 수 없었고,[90] 그에 따라 『도원기서』를 편집한 강수도 1863년 7월 파접

---

88 『수운문집』에 수록된 해월이 다른 제자와 함께 등장하는 일화들은 『도원기서』에서는 모두 해월을 중심으로 기술되거나 해월 홀로 수운과 대면한 것으로 되어 있다.

89 "吾道之開接云者是何謂也 先生時有罷接之理 故來今開接是非文士之開接也…是以開於天而接於天則 受運於天受命於天 開接之理 是豈不宜哉 [우리 도의 개접이라는 것은 무엇을 말함인가? 선생이 계실 때 파접의 이치가 있었기에 지금 개접하니 이는 문사의 개접은 아니다. … 이로써 하늘에서 열고 하늘에서 접하니 하늘에서 운을 받고 명을 받는 개접의 이치가 어찌 의당치 않겠는가?]"「최선생문집도원기서」,『한국학자료총서9 - 동학농민운동편 -』, 한국정신문화연구원, 1996, 269~270쪽. "포덕 19년(1878년) 무인(戊寅) 7월 25일 신사 접소(接所)를 유시헌 가에 정하시고 각지의 도제(徒弟)에게 개접(開接)의 의(義)로써 문을 발(發)하시며 왈(曰) 오도(吾道) 중에 개접이라 명하는 것은 결코 근일(近日) 문사(文士) 상회(相會)하여 시부(詩賦)를 제(製)하는 예(例) 아니다. 대신사 재세의 시(時)에 기수(氣數)의 질대성쇠(迭代盛衰) 하는 리(理)를 추(推)하여 기(旣)히 개접 파접의 유(喻)있는 고(故)로 오(吾) 또한 접을 개하노니 제군은 차의(此意)를 체(體)하라 개접 시에는 각지 도인들이 상회(相會)하여 진리를 연구하는 제도니 무인 갑진시에 신사 강도하사…"「천도교서」,『아세아연구』제5권 1호, 고려대학교 아세아문제연구소, 1962, 227쪽.

90 『대선생사적』의 경우 수운이 해월을 북접 주인으로 세운 이후 왕래하는 선비들은 매번 해월을 거쳐서 오게 하였다고 기술하고 있다. "四月盈德人姜洙來問修道之節答以信誠敬三字是時會士滿席 大先生日今以崔慶翔定北接主人自此以後來往之士每先由劍谷而來也至五月寧海李進士直入龍潭 大先生問知不由劍谷主人家而來大責曰君藉勢矜文能無禮乎李進士謝退往主人宅謝過而去 [4월에 영덕 사람 강수가 와서 수도의 절차를 물으니, 신성경(信誠敬) 석 자로 대답하였다. 이때 선비들이 모여들어서 자리를 꽉 채웠다. 대선생이 말하길 '지금 최경상을 북접(北接)의 주인으로 정하노라. 이 뒤로 왕래하는 선비들은 매번 먼저 검곡(劍谷)을 거

이후에 있었던 친견 제자와 수운의 일화를 대부분 비공식적인 일로 보고 삭제했을 개연성이 크다.

셋째, 그 위상이 해월에 버금갈 정도로 해석될 여지가 있는 인물의 기사가 『도원기서』의 '수운 행장' 부분에서 일괄 누락되었을 가능성이다. [표 3]의 내용처럼 수운이 전시황과 그의 접에 22장의 액자를 모두 주고, 「흥비가」를 처음 공개하면서 한 장(章)까지 하사하고 이것으로 접의 교인들을 가르치라는 명을 내렸다면, 다른 제자나 접주의 입장에서 일견 파격적이다. 따라서 수운의 전시황에 대한 대우로 인해 관련 기사는 해월 추종자들에 의해 그 의미가 약화되어 삭제되었을 가능성도 있다.

『도원기서』와 달리, 파접 이후 수운과 친견 제자 간의 일화가 『대선생주문집』에 수록된 이유로는 세 가지 가능성을 지적할 수 있다. 첫째, 1878년 7월의 개접 의의에 대한 해월의 선언 이전에 『대선생주문집』이 편집되었을 가능성이다. 둘째, 해월을 통해야만 수운을 만날 수 있다는 조직의 권위구조 담론이 교단 내에 확산하기 전에 『대선생주문집』이 편집되었을 가능성이다. 셋째, 파접 시점을 특정하면서 발생하는 여러 모순점을 충실히 검토하지 않았을 가능성이다. 실제로 『대선생주문집』에는 8월에 수운이 전시황을 만난 후 7월 23일에 파접했다는 내용이 있어 파접 시점이 추가되었음을 보여준다. 그에 비

쳐서 오라' 하였다. 5월에 이르러 영해에 사는 이진사가 곧바로 용담으로 들어오니 대선생이 검곡을 거치지 않고 온 걸 알고서 크게 꾸짖기를 '그대의 자세와 긍지가 이렇게 무례한가?'라고 하니 이진사가 사죄하고 주인댁에 가서 사과하고 갔다.]" 「대선생사적」, 『한국학자료총서9 - 동학농민운동편 -』, 한국정신문화연구원, 1996, 352쪽.

해『도원기서』에서는 파접 시점을 특정하면서도 전시황의 일화를 배제하여 시간 역전이나 파접과 관련된 교리적 모순을 피하였다.

한편,『수운문집』에는 파접 시점을 특정하지 않아 시간 역전의 문제점이 나타나지 않는다. 그렇지만 유일하게 파접 시점을 특정하지 않았다는 점이 문헌의 신빙성에 대한 의심으로 이어질 수는 없다.『도원기서』이후의 문헌인『대선생사적』,「본교역사」,『천도교회사초고』,『천도교서』,『시천교종역사』와『시천교역사』등에서도 파접 시점이 특정되지 않거나 불확실하기 때문이다.[91] 특히『대선생주문집』과『도원기서』에 기술된 파접 시점에도 불구하고,『도원기서』를 토대로 편찬된『시천교종역사』조차 7월 23일을 파접 일로 기록하지 않았다는 것을 보면,『수운문집』이 파접 시점을 특정하지 않은 것은 자연스러운 것이다.

대부분 문헌에 '북접주인' 임명 기록이 있다는 것에 비춰볼 때 20세기 초의 일부 문헌에 파접 기록이 없다는 것은 파접이 해월의 도통 확립 이후 '북도중주인(北道中主人)' 또는 '북접주인' 임명의 의의를 드러내는 일화로 새롭게 조명되었다는 것을 시사한다. 수운 부재 시에 교단을 총괄하는 이인자 임명이 명분을 얻기 위해서는 수운이 공식

---

91 『대선생사적』에서 파접 시점은 6월 초순이며,「본교역사」,『천도교회사초고』,『천도교서』에는 파접 기록이 없다.『천도교서』는 7월 23일을 해월을 '북접주인'으로 정한 날로만 기록하고 있다.『시천교종역사』와『시천교역사』에는 7월의 파접 이후, 동월 23일에 해월을 '북접주인'으로 임명하였다고 기술하고 있다.「대선생사적」,『한국학자료총서9-동학농민운동편-』, 한국정신문화연구원, 1996, 352~353쪽;「본교역사」,『한국학자료총서9-동학농민운동편-』, 한국정신문화연구원, 1996, 448~449쪽;「천도교회사초고」,『동학사상자료집』제1권, 아세아문화사, 1978, 401~402쪽;「천도교서」,『아세아연구』제5권 1호, 고려대학교 아세아문제연구소, 1962, 215쪽; 박창동, 앞의 책, 21쪽; 최유현, 앞의 책, 33쪽 참조.

적인 활동과 가르침을 폐지할 수밖에 없는 파접이 필요했기 때문이다. 이러한 맥락에서 파접 시점은 해월의 도통 계승이 교단에 수용되기 시작했던 1875년 이후에 중요한 문제로 대두되기 시작했고 1878년 해월이 개접을 선언하면서 중요한 사건으로 해석되었을 가능성이 크다. 해월의 도통 계승을 명확히 하는 문헌인 『대선생주문집』, 『도원기서』, 『대선생사적』이 모두 후계자 임명으로 해석된 '주인', '북도중주인', '북접주인'과 파접을 관련시키고 있다는 것은 이 문헌들이 모두 해월의 도통 계승 확립 이후에 편집되었음을 의미한다.

『수운문집』에서 파접은 8월 초부터 8월 13일 사이의 일이며 후계자 임명과 관련 없는 사건이다. 파접은 수운이 박해로부터 자신과 교인을 보호하기 위해 종교활동 중단을 선언하는 대외적 조치로만 암시될 뿐이다. 『수운문집』의 집필자는 파접에 대해 『대선생주문집』이나 『도원기서』의 편집자와는 다르게 인식했다. 그리고 이는 수운이 자신의 운명을 내다보고 후계자를 미리 임명하였다는 믿음이나, 천명에 따라 '도를 강론'한다는 접의 의의가 확립되어 파접과 개접에 대한 종교적 해석이 교단 내에서 확립되기 전에 『수운문집』이 저술되었음을 시사한다.

해월의 개접이 지니는 종교적 의미가 커질수록 수운의 파접이 지니는 의미도 중요하게 다루어질 수밖에 없었다. 해월이 개접한 1878년 7월 이후 편집된 『도원기서』가 파접과 해월의 도통 전수에 모순되어 보이는 일화를 대부분 수록하지 않은 것은 이를 잘 보여준다. 또한 『도원기서』는 파접과 해월의 '북도중주인' 임명을 기점으로 서술의 중심을 명확하게 수운에서 해월로 옮기고 있다. 이는 이후에 해월을 주인으로 지칭했다는 것으로 충분히 입증된다. 이러한 사실, 특히 『도원기서』에 없는 파접 이후의 수운과 여러 제자의 만남이 『수운문집』이나 『대선생주문집』에 있다는 사실은 이들이 『도원기서』보다 앞선 문헌임을 방증한다.

[표 3]에서 주목해야 하는 다른 문제는 「홍비가」의 작성 시점이다. 『수운문집』의 내용은 "또 「홍비가」 일장을 특사하였다.[又興比歌一章特賜]"는 것이고, 『대선생주문집』의 내용은 "'홍비가」 일장을 지어 특사하였다.[又作興比歌一章特賜]"라는 것인데, 문제는 『대선생주문집』에 작(作)이라는 한 글자가 더 있어 발생한다. 『대선생주문집』에 따르게 되면 수운은 「홍비가」를 두 차례에 걸쳐 지은 후 전시황과 해월에게 각각 준 것이 되기 때문이다.[92]

이 부분은 『도원기서』를 편찬한 강수가 『대선생주문집』을 저본으로 하였다면 이 문제점에 대해 인지했을 것이라는 점에서 중요하다. 강수가 수단소에 모여진 자료를 '두미가 착잡(錯雜)하고 전후가 문란(紊亂)'하다고 평가한 데에는 이러한 모순점도 포함될 수 있다.[93] 따라서 『도원기서』에 강수가 날을 특정하지 않고 8월 어느 날 수운이 「홍비가」를 지었다고 한 것은 이 모순점을 해결하기 위해서라 보인다.

『수운문집』이 가장 앞선 기록임이 입증된다면 [표 3]의 기사는 연

---

92 『대선생주문집』에는 이 기사 이후에 수운이 '8월 13일 「홍비가」를 지었다'는 내용이 또 있다. 내용상의 모순으로 오기일 가능성이 크다. [표 5]에서 자세히 설명했다.

93 「최선생문집도원기서」, 『한국학자료총서9 – 동학농민운동편 – 』, 한국정신문화연구원, 1996, 282쪽.

원제의 역사적 기원을 밝힐 수 있는 부분이다. 전시황과 주동접을 통해 수운, 접 책임자, 접의 교인이라는 인적 계보에 의해 가르침이 전해지는 연원 조직체계가 1863년에 이미 정착 또는 제도화되어 있음을 보여주는 중요한 근거가 되기 때문이다.

[표 4]는 1863년 파접 이후 해월의 도통 계승과 관련된 기사이다. 『대선생주문집』과 『도원기서』의 내용은 거의 같은데, 각각 해월을 '주인(主人)'으로 특정한 점과 '북도중주인(北道中主人)'으로 특정한 점에서 차이가 있다. 그에 비해 『수운문집』에는 해당 기사가 수록되어 있지 않다.

[표 4] 慶翔適來久與相談特定(北道中)主人

水	
大	慶翔適來久與相話特定　　主人 先生親爲歎息而如有怒色更爲下氣怡聲日眞可謂成功者去也 此運想必爲君而出也自此以后　　愼爲干涉俾無爲我之訓也 慶翔對日　　何若是有此訓也　先生日此則運也吾於運何　誠君當明心不忘 慶翔又對日先生之教言於生過矣　先生笑日事則然也勿煩勿疑云云
道	慶翔適來久與相談特定北道中主人 先生親爲歎息而如有怒色更爲下氣怡聲日眞所謂成功者去也 此運想必爲君以出也自此以後道事愼爲干涉俾無違我之訓也 慶翔對日先生何若是有此訓乎　先生日此則運也吾於運何也　君當銘心不忘也 慶翔又對日先生之教言於生過矣　先生笑日事則然也勿煩勿疑云云

『대선생주문집』의 내용에 대해 김상기는 '대도주의 공직 임명이

7월에 선행되고 심법 전수가 8월에 후행되었다는 것이 선후가 엇갈린 것'이라고 비판하였다.[94] 또한 박맹수는 『도원기서』의 기록에 대해 '해월의 역할을 의도적으로 강조하기 위한 비약'으로 보았다. 1862년 12월 29일의 접주 임명에서 빠진 해월이 1863년 7월에 접주보다 상위직인 '북도중주인'으로 임명되었다는 것이 비상식적이기 때문이다.[95] 이에 반해 표영삼은 『수운문집』이 해월의 역할을 약화하기 위해 이 기사를 의도적으로 삭제했다고 주장했다.[96]

앞서 살펴보았듯이 『수운문집』은 해월이 홀로 수운을 대면한 일화를 수록하고 있지 않다. 이것은 『수운문집』이 1860년대 후반, 해월 연원의 인물이 아닌 친견 제자가 집필한 최초 '수운 행장'의 필사본이라면 논리적으로 설명된다. 『대선생주문집』과 『도원기서』의 기사에 따르더라도 수운이 해월을 '주인'이나 '북도중주인'으로 인정한 일은 비공식적이며 비공개적인 일이었고, 이는 『도원기서』에 드러난 1875년까지의 교단 내의 해월의 위상을 고려하면 더욱 명확하다.[97]

따라서 '주인'이나 '북도중주인'과 관련된 일화는 1875년 이후 해월이 교단의 지도자가 된 이후 공개되고 중요한 역사적 사실로 해석되었다고 보는 것이 논리적이다. 『수운문집』에 [표 4]의 기사가 없는 것은 의도적 삭제가 아니라 해당 일화의 비공개적, 비공식적인 상황에 따른 것으로 볼 수 있다.

---

94 김상기는 '북도중주인' 임명에 대해 인정하지 않는 입장으로 보인다. 김상기, 앞의 논문, 177~178쪽 참조.

95 박맹수, 앞의 논문(1995a), 41~47쪽 참조.

96 표영삼, 앞의 책(2014), 228~230쪽 참조.

97 이에 관해서는 III장에서 자세히 설명했다.

이 기사에서 '주인'이라는 표현은 『대선생주문집』이 1875년~1877년에 편집되었을 가능성이 시사한다. 『대선생주문집』의 '주인'과 가장 일치도가 높은 '도주인'이라는 지위를 해월이 공식 사용한 시기를 『도원기서』에서 1875년 10월 이후로 기록하고 있고, 1877년 11월부터 '도포덕주(道布德主)'라는 지위를 사용했기 때문이다.[98]

또한 『대선생주문집』의 '주인'과 『도원기서』의 '북도중주인'이라는 내용상 차이는 『대선생주문집』이 『도원기서』의 '수운 행장' 부분을 발췌하여 간행한 것이 아니라는 근거의 하나이다. '주인'은 수운의 후계자를, '북도중주인'은 특정 지역의 여러 접을 아우르는 책임자를 의미하여 차이가 있기 때문이다.[99] 『도원기서』가 [표 4] 이후의 기록에서 해월을 주인(主人), 도주인(道主人), 도주(道主), 도포덕주(道布德主)로 지칭하면서도 '수운 행장'의 이 기사에서만 '북도중주인'이라고 한 것은 이례적이다.[100] 오히려 『대선생주문집』의 '주인'이라는 표현이 『도원기서』의 기술 방식과 일치한다. 『대선생주문집』의 '주인'이라는 기록을 해월의 진술에 따라 『도원기서』에서 '북도중주인'이라고 수정했다고 본다면 논리적으로 해석된다.

『대선생주문집』과 『도원기서』의 맥락에서 보면 수운은 다른 제자

---

98 「최선생문집도원기서」, 『한국학자료총서9 - 동학농민운동편 -』, 한국정신문화연구원, 1996, 263, 277쪽 참조.

99 해월의 도통 전수 사실을 확신하면서 자신의 주장을 전개한 표영삼 역시 북도중이라는 말을 경주 이북 지역의 도중(道中)이며 '북도중주인' 임명을 경주 남쪽은 수운이 직접 담당하고 경주 북쪽은 해월이 분담하여 담당한 것으로 해석하고 있다. 표영삼, 앞의 책(2004), 233쪽 참조.

100 「최선생문집도원기서」, 『한국학자료총서9 - 동학농민운동편 -』, 한국정신문화연구원, 1996, 213~289쪽 참조.

가 없는 자리에서 해월을 교단의 중요 간부로 임명하고, 교단의 일에 관여하라고 명령하였다. 그렇지만 자신의 부재 시에 교단을 이끌 후계자를 비공식, 비공개적으로 선정하는 것은 낯선 방식이다.

이것은 『도원기서』보다 후대인 1900년 전후로 집필된 『대선생사적』의 해당 기사와 비교해본다면 명확히 드러난다. 이 기록에 따르면 북접 주인 임명은 파접 전인 1863년 4월에 교단 이인자의 위상으로 공식적, 공개적으로 이루어졌다.[101] 해월이 직접 감수한 『도원기서』가 그의 기억을 가장 잘 반영하였을 것이므로 『대선생사적』의 기록은 부정확하다고 볼 수 있지만, 후계자의 권위가 구축되어 교단이 통합되기 위해서는 그 임명이 공식적, 공개적이어야 한다는 것을 잘 보여준다.

[표 5]는 1863년 8월에 해월이 수운을 면담한 내용으로, 도통 전수 관련 기사로 해석되고 있다. 그런데도 아래와 같이 세 문헌에 다소의 차이가 있다.

[표 5] 八月(十三日)

水	八月十三日 作咏宵歌興比無聊之際 夏善與慶翔等六七人適至 先生喜問日節日不遠君等何以急來 對日先生獨過節日故倍以同過之意竟爲來之 先生益有喜色

---

101 "四月…大先生日今以崔慶翔定北接主人自此以後來往之士每先由劍谷而來也 [4월… 대선생 이르기를 '지금부터 최경상을 북접 주인으로 정하였으니 이후로는 내왕하는 이들은 매번 먼저 검곡을 경유하고 오라'고 하였다.]" 「대선생사적」, 『한국학자료총서9 – 동학농민운동편 – 』, 한국정신문화연구원, 1996, 352쪽.

因	八月十三日 **作興比**　　　無所傳之際　　　慶翔　　　適至 先生喜問日節日不遠君　何　急來 **慶翔**對日先生獨過節日故倍以同過之意竟爲來之
道	八月　　　作(咏霄歌)興比歌 十三日　　　慶翔料外　　　適至 先生喜問日節日不遠君　何　急來 **慶翔**對日先生獨過節日故陪而同過之意竟爲來之　先生益有喜色

첫 번째 차이는 「흥비가」 부분에서 발생한다. 『수운문집』에서는 수운이 「흥비가」를 노래할 때 여러 제자가 왔다고 기록한다. 그에 비해 『대선생주문집』에서는 수운이 「흥비가」를 지었는데 전해 줄 사람이 없었던 바로 그때 해월이 찾아왔다고 기록한다. 그리고 『도원기서』도 『대선생주문집』과 유사하게 해월이 혼자 온 것으로 기록한다.

『대선생주문집』은 이미 수운이 「흥비가」를 지어 전시황에게 준 것으로 기록한 바 있는데, 여기서 다시 「흥비가」를 지은 것으로 기술하고 있어 모순된다. 이러한 모순은 오탈자로 인해 발생한 것으로, 그 근거는 1908년에 김세인의 '필사본 『도원기서』'에서 찾을 수 있다. 이 필사본에는 본문 옆에 작은 글씨로 '영소가(咏霄歌)'라는 부기가 있는데, 이를 근거로 『도원기서』를 교감하면 '작영소가흥비가(作咏霄歌興比歌)'가 되어, 『수운문집』의 '작영소가흥비(作咏霄歌興比)'와 거의 일치한다.[102]

---

102 박맹수는 『도원기서』에 '영소(咏霄)'가 1863년 3월 지어졌음이 특정되어 있다고 1996년 주장한 바 있다. 원본 『도원기서』 1863년 기사에는 이러한 내용이 없으므로 이 주장은 필사본을 근거로 한 것이다. 3월은 8월을 오기한 것으로 보이며 '영소(咏霄)'를 '영(詠)'으로 표기한 것 역시 오기로 보인다. 2009년에는 원본을 근거로 영소에 관한 기사가 없다고 수정하였다. 1908년 김세인에 의해 필사된 『도원기서』는 원본과 달리 필사하면서 수정 부기한 부분이 여러 개 있다. 예를 들면 천성산(天聖山)을 천상산(天上山)으로, 표녀(漂女)를 표모(漂母)로 수정한 것이다. 두 가지

다만, 문제는 '작영소가흥비가(作咏霄歌興比歌)'를 '영소가와 흥비가를 지었다'로 읽을지, 아니면 '영소를 짓고 흥비가를 읊었다'로 읽을지에 따라 흥비가가 지어진 시점이 달라진다는 사실이다. '영소'는 계미(1883년) 목천판『동경대전』에서 '영소(詠霄)'라고 되어 있지만, 경진(1880년) 인제판에서 '영소(咏霄)'로 표기되고 있어,『수운문집』의 표기는 후자와 일치한다.[103] 경진(1880년) 인제판『동경대전』에 '논학문'이『수운문집』과 동일하게 '동학론'으로 표기되어 있다는 점에 비추어 본다면 결국『수운문집』이 최초의『동경대전』인 인제판과

　　를 혼용한 것으로 본다면 필사 과정의 오탈자라기보다『도원기서』편집 당시의 여러 저본을 참고하여 김세인이 수정한 것으로 볼 수 있다. 수정된 부분이『대선생주문집』이나『수운문집』과 일치한다는 점은 필사시에 참고한 저본이『대선생주문집』이나『수운문집』이었음을 시사하는데, 특히 작은 글씨로 '영소가(咏霄歌)'와 바로 아래에 '무료지제(無聊之際)'를 부기한 것으로 본다면『수운문집』과 근접한 필사본을 당시 김세인이 지니고 있었을 가능성이 크다. 박맹수, 앞의 논문(1996), 4쪽;『최수운선생문집도원기』, 대동학연구원, 1978, 36쪽;「도원기서」,『동학사상자료집』제1권, 아세아문화사, 1978년, 162~163쪽, 176쪽, 182쪽; 박맹수,『사료로 보는 동학과 동학농민혁명』, 도서출판 모시는사람들, 2009, 88쪽;「최선생문집도원기서」,『한국학자료총서9─동학농민운동편─』, 한국정신문화연구원, 1996, 180~181쪽, 193쪽, 199쪽.

103　김상기는『高宗實錄』35년(1898) 7월 11일 趙秉相奏啓와『대한계년사』280항에 열거된 동학 원서 가운데「논학문」이 없고 대신「동학론」이 있다고 하였다. 하지만「동학론」은『高宗實錄』35년(1898) 7월 18일 법부대신 조병직이 해월의 처형을 진주(進奏)한 곳과『대한계년사』권3 209항에 나타난다. 두 자료 모두 동학의 원문을 제1편〈포덕문〉, 제2편〈동학론〉, 제3편〈수덕문〉, 제4편〈불연기연문〉으로 나열하고 있다. (東學原文第一編≪布德文≫・第二編≪東學論≫・第三編≪修德文≫・第四編≪不然其然文≫) 해월의 심문 과정에서 나온 기록이므로 1898년까지도「논학문」은「동학론」으로 지칭되고 있음을 알 수 있다. 김상기, 앞의 글, 177쪽;『高宗實錄』35년(1898) 7월 18일(http://sillok.history.go.kr, 2021.1.18.);『大韓季年史』卷之三 高宗皇帝 光武二年 戊戌 七月 209項. 한국사데이터베이스(http://db.history.go.kr, 2021.1.5);『東經大全』木川版, 詠霄. 한국사데이터베이스(http://db.history.go.kr, 2021.1.5);『동경대전』(1880, 독립기념관 소장 1-012968-000) 卷之六 咏霄 참조.

가장 근접하여 가장 앞선 기록임을 알 수 있다.[104] 따라서 '작영소가
홍비가(作咏霄歌興比歌)'는 『수운문집』에 따라 '영소를 짓고 홍비가를
읊었다.[작영소가홍비(作咏霄歌興比)]'로 해석하는 것이 적절하다. 하지만
전승 과정에서 '영소가와 홍비가를 지었다'로 오독되고 '영소가'가
누락되면서 『대선생주문집』이나 원본 『도원기서』처럼 '홍비가를 지
었다'로 오기되었다고 볼 수 있다.

두 번째 차이는 『수운문집』이 당시 수운을 찾은 제자들이 해월과
박하선을 포함하여 6~7인이라고 한 데 반해, 『대선생주문집』과 『도
원기서』는 해월이 홀로 온 것처럼 기술하고 있다는 점이다. 이와 관
련하여 『대선생사적』에 있는 다음의 기록을 보면, 『수운문집』의 기
록이 신빙성이 높다는 점이 입증된다.

> 8월 13일 선생(해월)이 예닐곱 선비들과 함께 배알하러 가니 대선생
> (수운)이 "추석이 가까이 오는데 무슨 연고로 왔는가?"라고 하자 선생
> 이 말하길 "모시고 추석을 지내러 왔습니다."라고 하였다. 대선생이
> 기쁜 기색을 띠었다.[105]

『대선생사적』이 해월의 신성성을 확고히 한 문헌이라는 점에서
본다면, 『수운문집』과 동일하게 6~7명이 함께 간 것으로 기록된 것

---

104 윤석산, 앞의 논문, 217~219쪽; 『동경대전』(1880, 독립기념관 소장 1-012968
  -000) 卷之一 東學論 참조.
105 "八月十三日 先生與六七士同往拜謁 大先生曰節日在邇緣何來耶 先生曰爲陪過
  節 大先生有喜色" 「대선생사적」, 『한국학자료총서9 ─ 동학농민운동편─』, 한국
  정신문화연구원, 1996, 353쪽.

은, 해월의 역할을 약화하기 위해『수운문집』이 가필되었다는 주장이 근거가 없다는 점을 잘 보여준다. 또한『도원기서』에도, [표 6]에서 확인할 수 있듯이, 8월 14일에 여러 제자가 수운 주변에 있었다는 것을 추정할 수 있는 기록이 있어, 8월 13일 여러 제자가 수운을 찾았다는 것을 추론할 수 있다. 이 부분은『대선생주문집』과『도원기서』가 수운과 해월을 위주로 사건을 기록하면서 다른 제자를 언급하지 않는 방식으로 편집되었다는 것을 의미한다.

이러한 분석 결과를 토대로 해당 기사의 수정 과정을 재구성해 볼 수 있다.『수운문집』의 "8월 13일 영소를 짓고「흥비가」를 부르며 무료하게 있을 즈음 하선과 경상 등 6~7인이 마침 이르렀다."라는 기록은『대선생주문집』에서 "8월 13일 (「영소가」와)「흥비가」를 짓고 전해줄 곳이 없던 즈음 경상이 마침 이르렀다."로 수정되었고,『도원기서』에서 "8월 (「영소가」와)「흥비가」를 지었는데 13일 경상이 생각지 않게 마침 이르렀다."로 수정되었다고 보아야 한다.

이상의 내용처럼, 8월 13일의 수운과 해월 간의 만남은『대선생주문집』이나『도원기서』에서 도통 계승을 위해 해월이 운명적으로 수운을 찾은 것이지만,『수운문집』에서는 해월을 비롯한 6~7인의 제자가 함께 추석 절일을 보내기 위해 수운을 찾은 일에 따른 부수적 사건이다.『수운문집』이 앞선 기록이라면 1860년대 수운의 제자들은 이 일화를 해월의 도통 계승으로 해석하지 않았다고 볼 수 있다.

[표 6]은 1863년 8월 14일, 수운의 조화 능력으로 인한 신비체험 기사이다. 세 문헌의 내용에 차이가 있지만,『대선생주문집』의 경우

에 오탈자가 많아 비교하기가 어렵기에『수운문집』과『도원기서』의
차이점을 주로 분석할 수밖에 없다.

[표 6] 十四日

水	十四日夜 秋聲入樹月色滿堦 先生與群弟或論或誦之際 咏處士之歌 松菊如帶栗里之淸風 誦飛仙之句 老鶴來弄赤壁之舟月 如此之際　先生默念良久呼群弟曰君等可爲斂膝平坐 諸人應其言坐之 先生謂曰君等手足任意屈伸也 群弟子卒不對言精神如有如無而身不可屈伸 先生見笑而　體身慕仰謂曰君何　如是耶 聞其言則皆屈伸 先生曰君之身與手足前何不伸今爲伸之何也　　對曰莫知其端也 先生曰此則造化之大驗也何患平後世之亂也愼哉愼哉
大	先生默念良久呼慶翔曰君　　可爲斂膝平坐 慶翔應其言坐之 先生謂曰君之手足任意屈伸 慶翔　卒不對言精神如有如無　身不可屈伸 先生曰君之　手足前何不伸今爲伸之何也　慶翔對曰莫知其端也 先生曰此則造化之大驗也何患乎後世之亂也愼哉愼哉
道	十四日三更 辟左右　先生默念良久呼慶翔曰君　可爲斂膝平坐 慶翔應其言坐之 先生謂曰君之手足任爲屈伸也 慶翔 卒不對言精神如有如無　身不可屈伸 先生見而笑之體身慕仰謂曰君何爲如是也 聞其言卽爲屈伸 先生曰君之身與手足前何不伸今何伸之何也 慶翔對曰莫知其端也 先生曰此則造化之大　也何患乎後世之亂乎愼哉愼哉

위의 내용을 보면,『수운문집』에는 14일 밤늦게까지 여러 제자가
수운과 시를 읊으며 함께 즐긴 것으로,『도원기서』에는 13일부터 14

일 밤늦게까지 제자 중 해월만이 수운의 곁에 있었던 것으로 기록되어 있다. 그렇지만 『도원기서』에는 8월 14일 여러 제자가 수운 주변에 있었다는 것을 추정할 수 있는 기록, 즉 "14일 3경(23시~1시) 좌우를 물리고[十四日三更 辟左右]"라는 내용도 있다. 그리고 『대선생사적』에도 "…5경(3~5시)에 이르자 대선생이 모두 물러가 침소에 들라고 이르고 나서 특별히 선생에게 방으로 들어오라고 명했다.…"[106]는 유사한 기록이 있다. 따라서 해월만이 수운의 곁에 있었다고 해석하는 것은 적절하지 않다. 『대선생사적』의 내용까지 고려하면 『수운문집』의 기록은 신빙성이 있다.[107]

아울러, 『수운문집』에만 있는 다음과 같은 내용은 14~15일에 해월이 홀로 수운과 있었는지, 아니면 6~7인의 다른 제자가 함께한 것인지를 알 수 있다는 점에서 중요하다. 번역하면 다음과 같다.

> 14일 밤, 가을소리 나무에 들고 달빛이 섬돌을 가득 채우니, 선생께서 여러 제자와 함께 혹 담론도 하고 혹 시를 외웠는데, 처사가(處士歌)를 읊으니 소나무와 국화꽃이 마치 율리(栗里)의 청풍(淸風) 두른 듯하였고, 비선(飛仙)의 시구를 읊으니 늙은 학이 날아와 적벽(赤壁)의 뱃길 비추는 달을 희롱하는 듯하였다.

박맹수는 위의 문구를 포함한 [표 6]의 차이에 대해 『수운문집』이

---

106 "…至五更 大先生使諸生各歸寢所特命先生入室…" 「대선생사적」, 『한국학자료총서9 – 동학농민운동편 –』, 한국정신문화연구원, 1996, 353쪽.
107 「대선생사적」은 해월만 조화를 체험했다는 점에서 『도원기서』와 일치한다.

1870년대 중반 이전, 즉 해월 중심의 지도체제가 확고해지기 전에 쓰였고, 『도원기서』가 1879년 의식적으로 해월을 높이려는 의도에서 편찬되어 발생했다고 주장한다.[108] 박맹수가 제시한 증거들이 주로 정황상의 추론이지만, 문헌 그 자체에 집중하여 분석하면 좀 더 명확한 입증이 가능하다.

첫째, 『수운문집』에서는 위의 문구를 통해 홀로 절일(節日)을 지낼 스승을 생각하여 찾아온 제자들과 수운이 함께 어울리는 모습을 묘사하면서 8월 13일 제자들이 수운을 찾아온 이후 14일 3경까지의 수운의 행적을 밝혔다는 점이다. 그에 비해 『도원기서』에는 13일부터 14일 저녁까지의 행적이 나타나지 않는다.

둘째, 『수운문집』의 기록과 유사한 내용이 『대선생사적』에 있다는 점이다. "14일 저녁에 이르러 가을 달이 밝게 빛나고 화기(和氣)가 집에 가득하였다. 주문을 외우고 학문을 논하면서 5경에 이르니"라는 문구이다.[109] 해월의 도통 전수를 명확히 하는 『대선생사적』이 1900년을 전후로 집필된 것이라는 점에 비추어 본다면, 『수운문집』의 해당 구절이 20세기 초에 가필된 것이라고 보기는 어렵다.

셋째, 『수운문집』에만 나타나는 [표 6]의 문구는 시부(詩賦) 등의 고문에 대한 해박한 지식을 활용하여 당시의 정황을 표현한 문학적 비유로, 조선조 유생들의 사장(辭章) 방식과 일치한다는 점이다. 구체적으로, '가을소리 나무에 들고[秋聲入樹]'는 한시와 문집에서 주로 가

---

108 박맹수, 앞의 논문(1995a), 45~47쪽 참조.
109 "至十四日夕秋月揚輝和氣滿堂誦吮論學以至五更"「대선생사적」, 『한국학자료총서9-동학농민운동편-』, 한국정신문화연구원, 1996, 353쪽.

을의 정취를 표현하는 문학적 표현이다.[110] 또 '소나무와 국화꽃이 마치 율리(栗里)의 청풍(淸風)을 두른 듯하였고[松菊如帶栗里之淸風]'라는 문구는 도연명의 〈귀거래사(歸去來辭)〉 중 "세 오솔길은 황폐해졌으나 소나무와 국화는 아직 남아있다.[三徑就荒 松菊猶存]"라는 문구와 이태백의 〈희증정률양(戲贈鄭溧陽)〉 중의 "…청풍 불어오는 북창 아래서 스스로 소박한 복희 황제 때의 사람이라 하였네. 어느 시절 율리로 가서 평생의 친구를 한번 만나보리.[淸風北窓下 自謂羲皇人 何時到栗里 一見 平生親]"라는 문구를 활용하여 수운을 도연명에 비유한 것이다.[111] 그리고 "비선(飛仙)의 시구를 읊으니 늙은 학이 날아와 적벽(赤壁)의 뱃길을 비추는 달을 희롱하는 듯하였다[誦飛仙之句 老鶴來弄赤壁之舟月]."라는 문구는 소동파의 〈전적벽부(前赤壁賦)〉, 〈후적벽부(後赤壁賦)〉와 주자의 〈서현원삼협교(棲賢院三峽橋)〉의 시부를 조합하여 수운을 소동파

---

110 대표적으로 청하 권극중(權克中, 1585~1659), 성호 이익(李瀷, 1681~1764), 제산 김성탁(金聖鐸, 1684~1747년)의 문집에서 秋聲入樹가 사용된 예를 볼 수 있다. 가장 이른 기록은 1700년대 초이다. "…秋聲入樹 夕涼生墟…"『靑霞集文集』序, '息營堂序'. 한국고전번역원(http://db.itkc.or.kr, 2021.1.7) "…秋聲入樹聞先最懷仰高風響有蟬…"『星湖先生全集』卷之六 詩, '步金判監寄來韻'. 한국고전번역원(http://db.itkc.or.kr, 2021.1.7) "…露氣橫江冷 秋聲入樹哀…"『霽山先生文集』卷之一 詩, '次密庵韻'. 한국고전번역원(http://db.itkc.or.kr, 2021.1.7).

111 율리(栗里)는 동진의 시인인 도연명(陶淵明, 潛 365~427)의 고향으로 벼슬을 버리고 은거한 곳이기도 하다. 율리의 집 뜰에 버드나무 다섯 그루를 심고 자신을 오류선생이라고 일컬었다. 〈여자엄등소(與子儼等疏)〉는 도연명의 저작인데 "五六月中 北窓下臥 遇涼風暫至 自謂是羲皇上人 [오뉴월 중에 북창 아래에 누워있으면 서늘한 바람이 이따금 스쳐 지나가곤 하는데, 그럴 때면 내가 복희 시대의 사람이 아닌가 하는 생각이 들기도 한다.]"라는 내용이다. 이를 인용하여 이태백은 〈희증정률양(戲贈鄭溧陽)〉을 지었는데 이에 따라 '청풍', '북창', '율리'는 도연명과 관련되어 사용된다. 이 시는 『고문진보』에 수록되어 있었으므로 『수운문집』 집필자는 이를 참조하였을 수 있다. 『古文眞寶 前集』卷一, '戲贈鄭溧陽';『古文眞寶 後集』卷一, '歸去來辭';『陶淵明集』卷八, '與子儼等疏'.

에 비유한 것이다.[112] 이처럼 유교적 사유를 기반으로 하는 사장을 통해 수운을 도연명과 소동파에 비유한 것은 『수운문집』이, 『도원기서』와 달리, 수운의 종교적 권위가 확립되기 전에 지식인 출신의 친견 제자에 의해 집필되었다는 것을 시사한다.

넷째, 『수운문집』의 해당 문구는 수운이 당시 외웠다는 〈처사가〉와 연관된다는 점이다. 〈처사가〉는 『동경대전』 〈화결시〉의 세 번째 부분으로, 태산(泰山)과 공자(孔子), 청풍(淸風)과 오류선생(五柳先生), 청강(淸江)과 소동파(蘇東坡), 청송(靑松)과 허유(許由), 명월(明月)과 이태백(李太白)을 소재로 했기에 〈처사가〉로 이름 지어졌다고 한다.[113] 그런데 『수운문집』은 수운이 〈처사가〉와 '비선(飛仙)의 시구'를 읊은 정취를 도연명, 이태백, 소동파의 문장을 활용하여 수운을 도연명과 소

---

112 소동파의 〈전적벽부(前赤壁賦)〉에 임술년 7월 적벽에서 선유(船遊)하다가 "비선(飛仙)을 끼고 한가로이 노닐며 밝은 달을 안고 길이 마치려 한다. [挾飛仙以遨遊 抱明月而長終]"라고 읊은 구절이 있다. 『古文眞寶 後集』 卷八, '前赤壁賦' 참조. 또한 〈후적벽부(後赤壁賦)〉에는 신선과 학에 대한 다음과 같은 내용이 있다. "임술년 10월 보름달 밝은 밤에 객(客)과 함께 적벽(赤壁) 아래서 선유를 하노라니, 한밤중 사방이 적막한 때에 마침 학 한 마리가 강을 가로질러 동쪽에서 날아와 울면서 소동파가 선유(船遊)하는 배를 스쳐서 서쪽으로 날아갔다. 이윽고 객은 가고, 소식은 잠이 들었었다. 꿈에 한 도사(道士)가 깃으로 지은 옷자락을 펄럭이면서 임고정(臨皐亭) 밑을 지나다가 소식에게 읍(揖)하며 말하기를 "적벽의 놀이가 즐거웠소?" 하므로, 그의 성명을 물어보니, 그는 고개를 숙이고 대답하지 않았다. 이때 소식이 말하기를 "아, 슬프도다. 나는 알겠도다. 지난밤에 울면서 나를 스쳐 날아간 그가 바로 그대가 아닌가?"라고 하자, 그 도사가 고개를 돌리며 웃었다. 소식 또한 놀라 잠에서 깨어 문을 열고 내다보니, 그가 간 곳을 알 수 없었다." 『古文眞寶 後集』 卷八, '後赤壁賦' 참조. 주자의 〈서현원삼협교(棲賢院三峽橋)〉의 "노선(老仙)에게 현묘한 시구가 있어 천고에 기이하니, 여전히 학이 되어 날아와 물결 타고 밝은 달을 희롱함을 상상하네. [老仙有妙句 千古擅奇崛 尚想化鶴来 乘浣弄明月]"라는 시구도 소동파와 관련되어 해석할 수 있다. 주희, 서정기 옮김, 『국역주자시선』, 한국학술정보, 2010, 293~294쪽 참조.
113 동학농민혁명 종합지식정보시스템(http://www.e-donghak.or.kr/index.jsp, 경주판 동경대전 해제, 2021.1.7) 참조.

동파에 비유하였다. 〈처사가〉 중의 "청풍이 서서히 불어옴이여, 오류선생이 잘못을 깨달았도다. 맑은 강의 넓고 넓음이여, 소동파와 손님의 풍류로다."라는 구절을 집필자가 알고 있었다고 보아야 한다.[114] 『수운문집』의 해당 문구는 수운의 〈처사가〉를 직접 듣고 그 내용과 그 의미를 이해한 상태에서 도연명, 이태백, 소동파 등의 시부에 해박해야 지을 수 있어, 후대의 조작이나 가필은 사실상 불가능하다. 『수운문집』 집필자는 〈처사가〉에 대해 잘 알고 있으며 시부에 해박한 친견 제자일 가능성이 크다.[115]

『수운문집』의 신빙성이 상대적으로 높다는 점은 신비체험과 관련된 문헌 간 차이에서도 볼 수 있다. 이는 다음의 두 가지 점에서 논리적 추론이 가능하다.

첫째, 당시 시대 상황을 고려할 때 수운에 뜻에 따라 행해진 조화를 해월만이 아니라 여러 제자가 체험했다고 하는 『수운문집』 기사의 신빙성이 상대적으로 높다. 수운은 서양의 침입으로 인한 병란이 1863년 12월에 닥칠 것과 이를 조화로 물리칠 수 있다고 예언한 바 있었다. 따라서 1863년 8월에 서양의 침입을 물리칠 조화의 체험이 있었다면, 그 체험 대상은 많았을 것이다. 곧 닥쳐올 병란을 물리칠 보국안민의

---

114 "淸風之徐徐兮 五柳先生覺非 淸江之浩浩兮 蘇子與客風流" 『東經大全』 木川版, 和訣詩. 한국사데이터베이스(http://db.history.go.kr, 2021.1.5); 『동경대전』(1880, 독립기념관 소장 1-012968-000) 卷之五 和訣詩.

115 『수운문집』, 『대선생주문집』, 『도원기서』 모두 〈처사가〉를 1861년 4월경에 용담가, 교훈가와 같이 지어진 것으로 기록하고 있지만, 공식적인 동학의 경전에서 찾을 수 없다. 1880년에 간행된 경진 인제판, 1883년에 간행된 계미 목천판 『동경대전』에도 없는데 여러 전승을 분석하여 〈처사가〉를 화결시의 3번째 시로 비정하고 있다. 위의 책, 卷之五 2쪽; 「동경대전」, 『동학사상자료집』 제1권, 아세아문화사, 1978년, 6, 33쪽 참조.

권능을 가능한 한 많은 제자에게 보여주는 것이 당시 동학에 대한 탄압의 와중에서 그 신앙을 유지하는 데 중요했기 때문이다.

이와 관련하여, 체포된 수운과 제자들의 심문에는 수운이 제자들에게 양인(洋人)을 무력으로 막는 것이 아니라 주문과 칼춤으로 막을 수 있고 천신이 이를 도울 것이며 감히 접근하지 못할 것이라고 했다는 기록이 있다.[116] 이 부분도『수운문집』기록의 개연성이 높다는 것을 보여준다.[117] 그에 비해 해월의 도통 전수를 확립해 동학의 세계를 재편하려던 1880년 전후 동학 지도자들의 관점에서 본다면 조화의 체험은『도원기서』의 기록처럼 오롯이 해월만의 것이었으므로 해월의 도통 전수 일화로 해석되고 편집되어야 했다.

둘째, 신비체험 이후 수운이 한 말을 보면『수운문집』이 더 자연스럽고 정확하다.『대선생주문집』과『도원기서』에서는 "어찌 걱정하는가? 후세의 난을.[何患乎後世之亂也]"으로 되어 있어 짧은 문장이 둘로 구분되면서 뒤의 문장이 불완전한 형태를 띤다. 강조의 의미로 해석한다고 해도 부자연스럽다.『수운문집』은 "어찌 후세의 난을 평정하지 못할 것을 걱정하는가?[何患不後世之亂也]"로, 구조나 의미에서 자연스럽다. 이러한 차이는 호(乎)와 평(丕)의 쓰임새 때문인데, 평(丕)이 필사 과정에서 호(乎)로 오기되었다고 보면 해소될 수 있다.

이상의 분석은『수운문집』이『대선생주문집』이나『도원기서』보

---

116 『高宗實錄』1년(1864) 2월 29일(http://sillok.history.go.kr, 2021.1.18.) 참조.

117 『수운문집』의 기록은 수운이 있었다면 신통 조화로 양요(洋擾)를 평정할 수 있었다는 의미로 해석될 수 있기에 동학 교인의 입장에서 본다면 수운의 죽음이 억울했다는 것을 상기시키는 일화이다. 이것으로 본다면『수운문집』은 병인양요로 수운의 예언이 일부 실현된 1866년 이후 집필되었을 가능성이 크다.

다 앞선 문헌임을 입증한다. 하지만 표영삼이 『수운문집』의 가필 증거로 지적한 문제를 추가로 논의할 필요는 있다. 경상(慶翔, 해월)으로 되어 있는 곳을 『수운문집』에는 군제(群弟) 또는 군등(君等)으로 수정하면서 실수로 일부를 군(君)으로 남겨두었다는 주장이다. 이 주장은 문헌의 자체 맥락에 근거한 점에서 구체적이지만 앞서 살펴본 여러 사실을 반박하는 근거로는 충분하지 않다. 『수운문집』에서 군제(群弟) 또는 군등(君等)이 군(君)으로 표기된 곳은 모두 수운의 말을 직접 인용한 곳이어서 맥락상 생략이 가능하다는 점을 간과했기 때문이다. 맥락상 복수로 하지 않아도 복수로 읽히는 부분이며, 군제(群弟) 또는 군등(君等)으로 하지 않는 것이 글자 수나 문맥상 더 자연스럽다. 또한 필사 과정에서 글자가 누락되었을 가능성을 완전히 배제할 수 없다.[118]

[표 7]은 수운이 동학에 대해 유불선을 겸한 것으로 설명한 후 강결시(降訣詩)를 내려준 기사로, 심법의 전수, 즉 도통 전수로 해석되는 일화이다. 이 부분에 대한 고증은 수운이 수운-해월-접주의 조직 체계를 구축하여 당시 연원제 원리를 벗어난 조직을 만들었는지를 확인할 수 있다는 점에서 중요하다.

---

118 표영삼은 가필 과정의 실수라고 주장했는데 필사 과정의 누락 가능성을 배제한 것은 문헌의 순서를 상정하고 이 문제에 접근했음을 보여준다.

[표 7] 十五日曉頭

水	十五日曉頭 先生　　　曰此道以儒佛仙三道兼出也 **群弟**對曰何爲兼也……而受訣曰龍潭水流四海源劍岳人在一片心 授之　此詩爲君將來後之事而降訣之詩也
天	十五日曉頭 先生**呼慶翔**言曰此道　儒佛仙三道兼出也 **慶翔**對曰何爲兼也……而受訣曰龍潭水流四海源劍岳人在一气心 授之　此詩爲君將來後之事而降訣之詩　**永爲不忘天也**
道	十五日曉頭 先生**呼慶翔**言曰此道以儒佛仙三道兼出也 **慶翔**對曰何爲兼乎……而受訣曰龍潭水流四海源劍岳人在一片心 授之曰此詩爲君將來後之事而降訣之詩也 **永爲不忘　也**

　　세 문헌은 수운이 동학의 도(道)를 설명하고 강결시 등을 준 대상
이 누구인지에 대해 차이를 보인다. 『수운문집』에는 1863년 8월 15일
수운이 여러 제자가 있는 자리에서 도를 강(講)하고 부서(符書)와 강결
시를 준 것으로, 『도원기서』와 『대선생주문집』에는 해월이 홀로 듣
고 받은 것처럼 기술되어 있다.

　　내용 중의 "용담의 물이 흘러 사해의 근원이 되고 검악의 사람에
게 한마음이 있네."라는 시는 해월의 단일 지도체제가 확고해지면서
수운이 해월에게 하늘의 천명을 전하는 전법시로 해석되었다.[119] 이

---

119 1900년을 전후하여 집필된 것으로 보이는 『대선생사적』은 '좌우를 돌아보고 가
　로되 이제 1구의 시를 너 경오에게 주니[顧左右曰今以一句詩授汝敬悟]'라고 한
　뒤 강결시를 써 주었다고 하였으며, 『시천교종역사』는 강결시를 준 후 "천주의 명
　을 받아 그대에게 의발을 전해주고 구족의 계율을 주노라.[吾受天主之命授君以
　傳鉢具足之戒也]"고 하고 또한 "이로부터 찾아오는 교인들은 꼭 먼저 검곡을 거
　쳐서 비로소 용담의 문에 집지(執贄) 하는 것을 규정으로 하였다.[自時敎人之來
　謁者必先由劍谷始乃贄謁于龍潭之門以爲定規焉]"라고 기술하여 강결시가 도통
　전수임을 명확히 하고 있다. 또한 『천도교서』와 『천도교회사초고』는 강결시가 주
　어진 날을 8월 14일로 기록하고 있지만 모두 하늘로부터 명을 받아 도통을 전수하
　는 의미를 부여하고 있다. 특히 『천도교회사초고』는 당시 좌우에 도인들이 있었다

를 고려하면,『수운문집』이 해월의 위상을 약화할 의도로 1900년대를 전후하여 가필된 문헌이라는 주장은 근거가 박약하다. 해월을 의미하는 것으로 해석되었던 '검악인(劍岳人)'의 강결시가『수운문집』에서 삭제되지 않은 이유를 설명하기 어렵기 때문이다.

오히려『수운문집』은 수운이 여러 제자에게 모두 공표된 바를 객관적으로 기술한 문헌으로 볼 수 있다. 해월의 도통 전수와 관련된 대부분의 일화가 수록되지 않은『수운문집』에 유일하게 이 강결이 기록된 이유는 실수라기보다 이 강결이『수운문집』 집필 당시에 수운이 해월에게 내려 준 전법시로 해석되지 않았기 때문이라 할 수 있다. 실제 이 강결이 전법시였다고 하더라도 수운이 해월의 위상을 명확히 하려면『수운문집』과 같이 여러 제자가 있는 자리에서 공표하는 것이 상식적이다. 그러므로 해월의 도통 전수 관점에서도『수운문집』을 가필로 볼 근거는 없다.[120]

결과적으로『수운문집』에 따른다면 수운은 해월에게 공개적으로 도통을 전수하지 않았기에 연원제 원리를 벗어난 수운−해월−접주의 조직체계를 구축하지 않았다. 그에 비해『대선생주문집』과『도원기서』는,『수운문집』과 달리, 강결과 가르침 등 모든 것을 비공식적으로 해월에게만 알려준 것으로 기술하였는데, 이를 따른다면 도통

고 기록하고 있다. 「대선생사적」,『한국학자료총서9−동학농민운동편−』, 한국정신문화연구원, 1996, 354쪽; 박창동, 앞의 책, 23쪽;「천도교서」,『아세아연구』 제5권 1호, 고려대학교 아세아문제연구소, 1962, 219쪽;「천도교회사초고」,『동학사상자료집』 제1권, 아세아문화사, 1978년, 402쪽 참조.

120 표에서 생략했지만, 수운이 제례 방법이나 치병 방법을 알려주는 내용도 교단 수행과 의례의 통일을 위해서라면,『수운문집』의 경우처럼, 여러 제자가 있는 자리에서 공식적으로 발표하는 것이 상식적이다.

전수가 연원제의 원리와 관계 없이 이루어졌음을 의미한다.

[표 8]은 1863년 12월 수운의 생일 전후 일화로, 접 단위의 움직임을 담고 있어 연원제 조직의 권위구조를 파악할 수 있는 내용이다. 문헌에 따라 내용에 다소 차이가 있는데, 『수운문집』에는 잔치를 영덕접의 도인들이 준비한 것으로, 『도원기서』와 『대선생주문집』에는 해월이 몰래 영덕접에 준비를 명한 것으로 되어 있다.

[표 8] 冬十月二十八日

水	冬十月二十八日卽先生之誕辰也 若爲通文則四方從者數甚　多 故先生本意設宴之事先有未安之動靜 　　於是盈德道人各密備宴禮 設爲大宴其數其然不可勝數 先生日興比歌前日頒布矣或爲熟　誦之耶各爲面講也 次第講之後姜洙來獨出座中對先生而面讀問旨 先生節節句句先爲問旨 洙默默然不能對而退
因	冬十月二十八日卽先生之誕日　　若爲通文則四方從者數其夥多 故先生本意設宴之事先有未安之動靜 主人密寄寧德　　　各　備　禮 設爲大宴其數其如不可勝 先生日興比歌前　頒布矣或爲熟讀誦之耶各爲面講也 次第講之後姜洙獨出座中對先生　面讀問旨 先生節節句句先爲問旨 洙默默　不能對
道	冬十月二十八日卽先生之生辰也 若爲通文則四方從者數甚夥多 故先生本意設宴之事先有未安之動靜 主人密寄盈德　　　各　備讌禮 設爲大宴其數其然不可勝數 先生日興比歌前有頒布矣或爲熟　誦之耶各爲面講也 第次講之後姜洙　獨出座中對先生而面讀問旨 先生節節句句先爲問旨 洙默默　不答 先生笑戲日子誠墨房之人也 洙亦及爲問旨則生指東指西也 洙亦問蚊將軍之意 先生日君爲心通可知矣 洙亦問無窮之理 先生日 其亦心通知之耳

위의 내용에서 주목할 부분은 두 가지이다. 첫째, 『대선생주문집』 과 『도원기서』가 해월을 주인(主人)으로 칭하고 있다는 점이다. 수운 의 문집에 첨부할 행장에 해월을 주인으로 지칭하며 그를 중심으로 기사를 기록한 것은 사제관계를 중시했던 당시의 행장 집필 방식을 고려하면 후대의 수정 과정에서 일어난 착오로 볼 수 있다. 두 문헌에 서 해월을 이름 대신 주인으로 지칭하여 사건을 서술하는 곳도 이곳 이 유일하다. 해월이 '북도중주인' 또는 주인으로 임명된 이후에도 일관되게 경상(慶翔)이라는 이름을 사용했다는 점도 이를 방증한다. 게다가 이 부분 이후 해월 관련 기사가 없는 『대선생주문집』과 달리 『도원기서』에는 이 부분 이후로도 경상(慶翔)이라는 이름이 사용된다.

둘째는 『수운문집』과 『대선생주문집』에 비해 『도원기서』에 수운 과 강수의 대화가 더 자세히 실려 있다는 점이다. 『수운문집』과 『대 선생주문집』은 수운의 물음에 강수가 대답하지 못하고 물러나면서 일화가 종결되는 데 반하여, 『도원기서』는 강수가 대답을 못 한 후 오히려 강수가 수운에게 질문을 하고 수운이 이에 대해 답변하는 내 용이 추가로 수록되어 있다. 해당 내용을 번역하면 다음과 같다.

… 강수가 묵묵히 대답하지 못하니 선생께서 웃으며 농으로 '그대는 진짜 묵방(墨房) 사람이다' 하셨다. 강수가 도리어 뜻을 여쭈니, 선생께서 서쪽을 가리키고 동쪽을 가리켰다. 강수가 또 문장군(蚊將軍)의 뜻을 여쭈 니 선생께서 '네가 마음을 통하면 알 수 있으리라' 이르시고 강수가 또 무 궁의 이치를 여쭈니 선생께서 '그 역시 마음을 통하면 알 수 있다' 하셨다.

위의 내용은 『도원기서』에만 추가되어 있다. 후에 강수는 영해민
란에 참여했다가 도피한 뒤인 1871년 4월경, 동학을 민란에 끌어들
인 주모자 이필제가 「흥비가」의 '문장군'임을 깨달았다는 후회를 『도
원기서』에 남긴다.[121] 강수가 자신의 해석에 기반하여 중요한 의의
가 있다고 본 일화를 『도원기서』에 추가했다는 것을 알 수 있다.

[표 9]도 1863년 12월 수운의 생일과 관련된 일화로, 수운의 꿈
내용과 함께 접 단위의 움직임을 담고 있어 연원제 조직의 권위구
조를 파악할 수 있는 내용이다. 이 내용에서도 세 문헌은 차이를 보
인다.

[표 9] 先生日 前有一夢

水	先生日前有一夢太陽殺氣着於左股而變爲火起終夜寫人字 覺後見股則有一點紫痕露於三日是以尙有所憂　心獨知禍將至也 **繼適及先生誕辰鑄銅接中具酒饌油果幾器魚脯數束進奉於宴席** **先生在座中群弟列侍闇御和悅之樂襲若春風之和氣莫非先生諄諄命敎** **之餘悅也** **是月尙州人全時奉來謁丈席承顔受敎而退**
大	先生日前有一夢太陽殺氣着於左股而變爲火氣終夜寫人字 覺後見股則有一點紫痕露於三日是以尙有所憂而心獨知禍將至也 **繼適及先生誕辰鑄銅接中具酒饌油果幾器魚脯數束進　於宴席** **承顔受敎而退**

---

121 「최선생문집도원기서」, 『한국학자료총서9 - 동학농민운동편 -』, 한국정신문화
연구원, 1996, 240~241쪽 참조.

先生日前有一夢太陽殺氣着於左股而變爲火起終夜寫人字而
覺後見股則有一點紫痕露於三日是以尙有所憂而心獨知禍將至也

自是上帝收掇降話之教 時只教矢石之避法而後無降話云云 先生謂道
人曰日後道事 所以爲法者在一不在二在三不在四在五不在六 平居常
謂道人曰自開闢後世或有與上帝親侍問答之教歟非吾所以浮言也 世或
不然而知其浮言此所以各運明用也 是故天運循環無往不復以五萬年
無極之道命授於吾此非吾家之聖德也 然則古不聞今不聞之事古不比今
不比之法也 嗚呼世人之毁道者惟或然矣嗟我道人敬哉愼哉 先時先生
布德之初次第道法有二十一字而已 而流言而修之流呪而誦之者太非聖
德之敬傳也 是故師無受訓之師則禮義安效 自古師師相授者自在淵源
則豈以誤傳敢違聖德也哉 眞修者有實用以修者有虛用日後之虛實亦在
於斯人之爲人也又在於其人之爲誠也 初爲入道有一番致祭改過遷善而
永侍之重盟 有祝文者所謂知蓋載之恩照臨之德也 無他道理 只在信
敬誠三字也

[표 9]를 보면, 『수운문집』과 『대선생주문집』에는 주동접에서도
생일 연회의 음식을 준비한 것으로 기록하고 있지만 『도원기서』에
는 그 기록이 없다. 앞서 밝혔지만 『도원기서』에는 파접 이후 해월과
그 휘하인 영덕접 관련 기사 외에는 대부분 기록되지 않았다.[122]

---

[122] 『도원기서』는 해월 외 제자들의 기록을 대부분 배제하고 있지만 영덕접과 관련된
일화는 배제하지 않는다. [표 9] 이전의 내용 중 음해를 입은 청하 사람 이경여를
영덕 도인들이 힘을 모아 구해준 일화는 세 문헌이 같다. 관련 내용은 다음과 같다.
"於是淸河人李敬汝結幕山谷出入浪藉被人陰害而遂其營廉以至定配 獨盈德道
中收合二百餘金納贖解配 先生聞之特爲讚稱矣 盈德人劉尙浩體當百金以爲接賓
之資其誠可佳云耳" 당시 영덕 접주는 오명철이지만 오명철의 연원은 해월이다.
이는 『대선생사적』의 「해월선생문집」과 「본교역사」, 『천도교회사초고』, 『천도교
서』에 기록되어 있다. 『천도교회사초고』에는 오명철이 수운이 직접 포덕한 것으
로도 기록되어 있어 자체로 모순된다. 하지만 영덕이 경주의 북쪽에 있는 지역으
로 북접에 포괄되고 『대선생주문집』과 『도원기서』에 해월의 지시를 영덕접이 받
는 것으로 기술되어 있어, 해월이 포덕한 인물로 보아야 한다. 『대선생사적』의 「수

또 다른 차이는 『도원기서』가 수운의 생일 이후 상제의 강화가 끊어진 일과 수운의 가르침 중에서 교리와 의례의 핵심 사항을 추가하여 수록하고 있다는 점이다. 특히 『동경대전』의 글귀를 인용하면서 당시의 문제점에 대한 강수의 견해와 소회를 드러낸 부분은 주목할 필요가 있다.[123] 『대선생주문집』에는 『도원기서』의 300여 자나 되는 해당 문구가 없다. 수운의 예언과 교리 및 의례에 대한 중요한 가르침을 삭제할 이유가 없고 단순한 누락으로 보기에 그 글자 수가 상당히 많아서 『대선생주문집』이 『도원기서』의 '수운 행장' 부분을 따로 편집한 것이라는 주장에는 논리적 문제가 있다.

내용을 보면, 『수운문집』을 필사하면서 수정한 것이 『대선생주문집』이라는 것을 알 수 있다. 이와 관련해 『대선생주문집』에서 "마침 선생 탄신을 맞아 주동접중에서 술과 음식, 약과 몇 그릇, 어포 몇 묶음을 마련해서 연석에 바치고 존안을 뵌 후 가르침을 받고 물러났다."는 내용은 아래에 번역한 『수운문집』과 유사하다.

운선생사적」에는 해월이 직접 영덕 접주 오명철의 집에 가서 돈을 모아 이를 해결한 것으로 되어 있다. 「최선생문집도원기서」, 『한국학자료총서9 - 동학농민운동편 -』, 한국정신문화연구원, 1996, 201쪽; 「대선생사적」, 『한국학자료총서9 - 동학농민운동편 -』, 한국정신문화연구원, 1996, 355쪽, 373쪽; 「천도교회사초고」, 『동학사상자료집』 제1권, 아세아문화사, 1978년, 397~398쪽; 「천도교서」, 『아세아연구』 제5권 1호, 고려대학교 아세아문제연구소, 1962, 219쪽 참조.

123 개인적인 견해가 드러난 부분을 번역하면 다음과 같다. "전에 선생의 포덕 초기에 차제 도법은 오직 21자가 있을 따름이어서 말이 흘러 닦고 주문이 흘러 외우는 일이 많으니 성덕이 공경히 전해지는 것이 아니었다. 그러므로 스승이나 가르침을 받음이 없었던 스승이기에 예와 의가 어찌 나타날 것인가? 자고로 스승에서 스승으로 차례로 주는 것 자체에 연원이 있으니 어찌 잘못 전하여 감히 성덕을 그르치리오? 참으로 닦는 것에 실이 있고, 물음으로 닦는 것에 허가 있으니 시일이 지난 후의 허실은 또한 그 사람의 위인 됨에 있으며 또한 그 사람의 정성 됨에 있는 것이다. [先時先生布德之初…又在於其人之爲誠也]"

마침 선생 탄신을 맞아 주동접중에서 술과 음식, 약과 몇 그릇, 어포 몇 묶음을 마련해서 연석에 바쳤다. **선생께서 좌중에 앉으시고 여러 제자가 열 지어 모셨다. 온화하고 즐거운 음악이 짙게 퍼져 마치 봄바람의 화기가 불어오는 듯하니 선생의 다정하고 친절한 명교의 남은 즐거움이 아닌 것이 없었다. 이달 상주의 전시봉이 장석(丈席)을 배알하고** 존안을 뵌 후 가르침을 받고 물러났다.(강조는 저자)

하지만,『대선생주문집』의 기록처럼 "존안을 뵙고 가르침을 받고 물러났다[承顏受敎而退]."의 주어를 주동접으로 보는 것은 적절하지 않다. '수운 행장'의 모든 기사는 수운을 배알하고 가르침을 받는 대상을 대부분 직계 제자인 접의 책임자나 접주로 기술하였고 접 전체로 기술하지 않았기 때문이다.『대선생주문집』의 기록은 연원제 원리에도 배치된다. 생일 연회를 준비한 영덕접은 배제하고 주동접에 대해서만 생일에 찾아와 가르침을 받았다는 것도 정황에 어긋난다.

이에 비해『수운문집』에서 "존안을 뵙고 가르침을 받고 물러났다[承顏受敎而退]."의 주어는 전시봉이다.『대선생주문집』이 편집 필사 과정에서 "先生在座中 群弟列侍 闇御和悅之樂 襲若春風之和氣 莫非先生諄諄命敎之餘悅也 是月尙州人全時奉 來謁丈席"의 40여 자를 빠뜨렸다는 것을 추측할 수 있다. 만약 실수로 빠진 것이 아니라면 다른 친견 제자가 등장하는 부분을 삭제하면서 발생한 것이다.

한편,『수운문집』에만 유일하게 등장하는 상주 사람[尙州人] 전시봉에 주목할 필요가 있다.『도원기서』에서 전시봉은 1880년『동경대전』간행 시 교정(校正)으로 기록되어 있다.[124] 전시봉과 같이 당시 교정이었던 유인상(유시헌)은 1874년 정선 접주가 된 이로, 1870~80년 대의 동학 교단 활동을 설명하는 데에 없어서 안 되는 중요 인물이었 다.[125] 이는 해월이 명교(命敎)에 따라 자신의 이름을 시형으로 바꾸면 서 강수를 강시원, 유인상을 유시헌으로 함께 시(時)자 돌림으로 개 명했다는 점에서도 입증된다.[126] 전시봉이 유인상과 같이 『동경대전』 간행 시 교정(校正)이었다는 점을 고려한다면 전시봉의 당시 위상은 상당히 높았다고 보아야 한다.[127] 전시봉이 친견 제자 자격으로 주동 접의 전시황과 같이 『동경대전』 간행에 참여했던 것은 분명하다.

따라서 『수운문집』의 전시봉 관련 기록은 사실일 가능성이 크다. 해월의 역할을 축소하기 위해 가상 인물을 만들어 낼 이유는 없다는 점, 그리고 중요 인물이었던 전시봉이 『도원기서』의 '수운 행장' 부 분에 한 번도 나타난 바가 없다는 점은 오히려 『도원기서』가 이를 삭 제했을 가능성이 있음을 시사한다.

[표 10]은 '여덟 가지 절목[八節]'에 관한 1863년 11월 기사로, 세 문집의 차이를 확인할 수 있는 부분이다.

---

124 「최선생문집도원기서」, 『한국학자료총서9 – 동학농민운동편 –』, 한국정신문화 연구원, 1996, 280쪽 참조.
125 본명은 유인상으로 해월에 의해 시헌으로 개명되었다. 그와 정선 접이 아니었다 면 1880년의 『동경대전』의 간행은 많은 어려움에 부닥쳤을 수도 있었다. 박맹수, 앞의 논문(1996), 1996, 6쪽; 「동학천도교인명사전」, 도서출판 모시는사람들, 1994, 991쪽 참조.
126 「최선생문집도원기서」, 『한국학자료총서9 – 동학농민운동편 –』, 한국정신문화 연구원, 1996, 263~264쪽 참조.
127 전시봉의 개명 전 이름은 문헌으로 확인되지 않지만, 전석문일 가능성이 있다. 「최 선생문집도원기서」, 『한국학자료총서9 – 동학농민운동편 –』, 한국정신문화연 구원, 1996, 216쪽, 276~277쪽, 279~280쪽 참조.

[표 10] 十一月

水	十一月 鑄銅　時眪應先生八節隻對其日十三日也 拜先生各言隻對　先生觀之微笑曰惡是何對也 眪跪坐問曰觀先生顏色何瘦而慼也 先生曰吾不知也余作八節訣輪示君等欲觀其人今看隻對 吾道中無人可歎惜處也 先生曰　其時商山人黃孟文以問道之心適至問 說與布德勸學等數條件事而 別未知布化者幾人修道之工果何等送諸云云
因	**歲**十一月 鑄銅全　眪應先生八節隻對其月十三日也 拜先生各言隻對　先生觀之微笑曰惡是何對也 眪跪　問曰觀先生顏色何瘦而慼也 先生曰吾不知也余作八節　　示君等欲觀其人今看隻對 　道中無人可歎惜處也 先生曰吾其時商山人黃孟文以向道之心適**來**問 說與布德勸學等數條件事而 別未知布化者幾人修道　工果何等送諸云云
道	至十一月 作不然其然 又作八節句輪示於各處 又作八節句理合爲此文之旨 封送丈席云 其詩曰 不知明之所在 不知德之所在 不知命之所在 不知道之所在 不知誠之所致 不知敬之所爲 不知畏之所爲 不知心之得失

『수운문집』과『대선생주문집』의 기록은 오탈자를 제외하면 모두 같지만,『도원기서』의 기록은 완전히 다르다. 이 차이는『대선생주문집』이『도원기서』의 '수운 행장' 부분을 따로 편집한 것이 아니라 『수운문집』계열 문헌을 저본으로 편집 수정된 것임을 명확히 보여준다.

위의 내용을 보면,『수운문집』과『대선생주문집』의 기록은 11월 13일 주동접의 전시황이 찾아와 수운의 팔절(八節)에 댓구(對句)를 하면서 나눈 대화와 수운이 교문의 상황에 대해 소회를 말한 것이다. 해석하면 다음과 같다.

> 11월 주동의 시황이 선생 팔절의 댓구에 응했는데 그날이 13일이다. 선생에게 배례하고 각절마다 댓구하니 선생은 이를 지켜보다 미소를 짓고 '어찌 이리 댓구를 하였는가?' 하셨다. 시황이 꿇어앉아 여쭈기를 '선생님의 안색을 보니 어찌 여위고 고단하신지요?'하였다. 선생께서 이르시기를 '나도 모르겠다. 내 팔절결을 지어 그대들에게 보인 것은 그 사람됨을 보고자 함이었는데 이제 댓구하는 것을 보니 나의 도문에 사람이 없구나! 한탄스럽고 애석한 바로다.' 선생께서 '저번에 상산 사람 황맹문이 도를 묻고자 하는 마음으로 마침 와서 묻기에 포덕과 권학 등 여러 제한이 있는 일을 더불어 설명하였는데 포덕 교화된 자가 몇인지 알지 못하고 수도의 과제가 어느 등급을 쫓고 있을지?' 이르시며 여러 말씀을 하셨다.[128]

두 문헌과 달리, 『도원기서』에서는 수운이 11월 불연기연(不然其然)과 팔절을 지은 후 팔절을 각처에 보내 이에 댓구를 하여 자신에게 보내도록 한 명령과 당시 각처에 보내진 팔절을 그대로 기록하고 있다. 『도원기서』는 『수운문집』과 『대선생주문집』의 "내가 팔절결을 지어 그대들에게 돌려 보여 그 사람됨을 보고자 하였다."라는 수운의 말을 제삼자의 시점에서 설명하고 당시 수운이 지은 팔절의 본문

---

128 [표 10]의 『수운문집』 원문을 번역하였다.

까지 수록한 것이다.

『수운문집』과 유사한 내용은 『대선생사적』과 「본교역사」에도 있다. 『대선생사적』에는 수운이 생일잔치에서 팔절시를 짓고 댓구를 하게 했으나 한 사람도 응대하지 못하여 개탄하였고, 11월에 팔절구를 지었다고 하는 일견 중복된 내용이 있다.[129] 팔절에 댓구하는 이가 없어 수운이 매우 실망했고 11월에 팔절을 지었다는 내용은 『수운문집』이나 『대선생주문집』과 유사하다. 「본교역사」의 기록은 다음과 같다.

> 대신사는 불연기연(不然其然)을 지었고 또 팔절사(八節詞)를 지었다. 문인 김황응(金晃應)이 대신사가 지은 팔절을 득한 후 특별히 자기의 뜻으로 댓구를 지어 나아가 올리니 대신사 이를 보고 미소를 띠며 "우리 도중에 사람을 얻기가 실로 어렵도다."라고 말씀하셨다.[130]

또한 이와 유사한 내용은 1920년의 기록인 『천도교서』와 『천도교회사초고』에도 나타난다. 이는 1920년대까지도 『수운문집』의 해당 기사가 해월의 도통을 신봉하던 천도교단 내에서도 인정되고 있음을 잘 보여준다. 두 기록의 내용은 다음과 같다.

---

129 "又作八節詩輪示使各隻對無 一應對者 大先生慨歎不已" "十一月作不然其然又作八節句" 「대선생사적」, 『한국학자료총서9-동학농민운동편-』, 한국정신문화연구원, 1996, 357쪽, 359쪽.

130 뒤에서 상술하겠지만, 김황응(金晃應)은 전시황의 오기이다. "大神師ㅣ作不然其然之辭ㅎ시고又作八節詞ㅎ시다門人金晃應이就大神師所作八節ㅎ야別以己意로作對以進이어늘大神師ㅣ見之微笑日吾道中得人이實難이로다" 「본교역사」, 『한국학자료총서9-동학농민운동편-』, 한국정신문화연구원, 1996, 451쪽

그날 대신사 불연기연과 팔절을 지으시도다. 지으신 팔절을 전만응이 보고 자기의 뜻대로 대구를 지어 가져오니 대신사 미소를 지으며 "도를 봄이 어렵도다"라고 하셨다.[131]

대신사께서 팔절을 지으셔서 문도들에게 두루 보이시고 댓구를 할 것을 명하셨는데 문도 중 바르게 댓구하는 자 없으니 대신사께서 친히 댓구를 다셨다.[132]

『수운문집』이 가장 앞선 문헌임을 방증하는 다른 증거는 『수운문집』의 전시황 관련 기록을 통해서만 『대선생주문집』을 비롯한 후대의 오류를 파악할 수 있다는 점이다. 전시황의 오탈자가 『수운문집』에 없다가 『대선생주문집』부터 시작되기 때문이다. 『대선생주문집』 필사본을 보면 [그림 1]처럼 수운을 의미하는 선생 앞에 모두 글자를 띄우거나 줄을 바꾸고 있어 전시황과 관련된 오탈자는 시(時) 자가 누락되어 다음과 같이 나타난다.

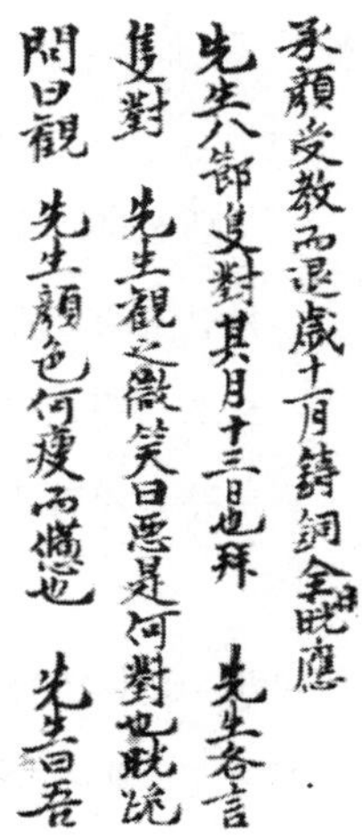
承顔受敎而退歲十月鑄銅全晩應
先生八節更對其月十三日也拜 先生答言
更對 先生觀之微笑曰惡是何對也晩說
問曰觀 先生顔色何疲而憊也 先生曰吾

[그림 1]
『대선생주문집』의
수운 표기 사례

131 "是日에 大神師 不然其然과 八節을 作하시도다 大神師 作하신 八節을 全晩應이 見하고 自己의 意로써 作하여 들이거늘 大神師 微笑曰 道를 見함이 難하다 하시다" 「천도교서」, 『아세아연구』 제5권 1호, 고려대학교 아세아문제연구소, 1962, 216쪽.

132 "大神師ㅣ 八節을 作하야 門徒에게 布示하시고 和答을 命하시니 門徒ㅣ 和하는者 無함으로 大神師ㅣ 스스로 解釋하시다" 「천도교회사초고」, 『동학사상자료집』 제1권, 아세아문화사, 1978년, 407쪽.

承顏受教而退歲十一月鑄銅全眈應

先生八節隻對其月十三日也拜 先生各言

隻對 先生觀之微笑曰惡是何對也眈跪

問曰觀 先生顏色何瘦而憊也[133]

　‘시’가 누락되면서 가장 앞줄 끝의 ‘전황이 응하였다’라는 뜻의 ‘전황응(全眈應)’을 필사 과정에서 전황응이라는 이름으로 오독한 것이다.[134] 이러한 오독은 다음 줄의 척대(隻對)가 동사 역할을 하기에 가능해진 결과인데, 이에 따라 전시황은 전황응(全眈應)이라는 가공의 인물로 읽혔다. 게다가 이후 황(眈)의 필기체는 유사한 글자인 만(晩)으로 오인되어 전만응(全晩應; 『천도교서』)으로 오기되었다.[135] 또한 필기체 전(全)이 김(金)으로 오인되고, 황(眈)이 통용되는 글자인 황(晃)으로 쓰여 김황응(金晃應; 『본교역사』)으로도 알려졌다.[136] 김황응(金晃應)의 황은 광으로도 읽을 수 있기에 구전 과정에서 김광응(金廣應; 『천도교회사초고』)으로도 나타났다.[137] 전시황 대신 일화에 나타나는 인물들

---

133 『東學書』卷二 水雲齋文集 通章 大先生主文集, 15b.(https://kyudb.snu.ac.kr. 2021.5.15.).

134 『대선생주문집』에는 全眈이라는 글자 옆에 時를 추가하고 있어 엄밀하게 오탈자라고 볼 수는 없다. 「대선생주문집」, 『한국민중운동사자료대계: 1894년의 농민전쟁 부(付) 동학관계자료 1』, 여강출판사, 1985, 30쪽 참조.

135 「천도교서」, 『아세아연구』 제5권 1호, 고려대학교 아세아문제연구소, 1962, 216쪽 참조.

136 「본교역사」, 『한국학자료총서9－동학농민운동편－』, 한국정신문화연구원, 1996, 449쪽, 451쪽 참조.

137 황(晃)의 필기체가 광(廣)과 잘 구분이 안 된다는 점도 오인의 원인일 수 있다. 「천도교회사초고」, 『동학사상자료집』 제1권, 아세아문화사, 1978년, 401쪽 참조.

은 모두 해당 문헌에만 나타나며 다른 곳에서 일절 보이지 않는다. 『수운문집』기록이 정확하다는 것을 잘 보여준다.

『도원기서』만 11월 기사를 다르게 기술한 것은, 앞서 논하였지만, 해월 외의 제자 관련 기록을 배제하려는 의도에서 비롯된 것이다. 특히 수운이 팔절에 대해 적절히 댓구를 하는 제자들이 없자 "이제 댓구하는 것을 보니 나의 도문에 사람이 없구나! 한탄스럽고 애석한 바로다[今看隻對 吾道中無人 可歎惜處也]."라고 탄식한 것은『도원기서』상에서 이미 이루어진 해월의 도통 전수와 모순되어 삭제된 것으로 보인다.

이와 함께『수운문집』과『대선생주문집』에 있는 상산인 황맹문과 관련된 일화도 수운이 해월을 통하지 않고 직접 교인을 만나 가르침을 전한 일화였기에 배제되었다고 볼 수 있다.『도원기서』에 만 있는 문구는 배제된 내용 대신『동경대전』에 수록된 문구를 인용하여 팔절에 관해 설명하면서 추가되었다고 보아야 한다.

[표 11]은 수운이 풍습(風濕)의 질병에 대응한 기사로, 연원 조직의 권위구조와 관련된 부분이다.

[표 11] (此)時 (北)道(中)風濕

水	時北道中風濕 猶獨大熾勿論男女老弱　緣厥濕症多廢課工 道人以是爲悶告于先生　答曰郎　去作所志來訴於天主也

因	此詩　道　風濕之浠 濁大熾勿論男女老弱　緣厥濕症廢多課工 有道人以是爲悶告于先生　答曰旣　去作所志來訴於天主也
道	**先時先生身有風濕形如珠玉又如痘癗雖無處不生只有梳楊小無痛傷自 先生風濕之後**北道中風濕之氣 猶獨大熾勿論男女老弱而緣於厥濕久敝課工 故道人以是爲悶告于先生　則曰**此後**去作所志　訴於天主也

　위의 내용을 보면, 『도원기서』에는 『수운문집』과 『대선생주문집』에 없는 내용이 있고 천주에게 소지(所志: 관청에 올리는 소장, 청원서, 진정서)를 올리는 것을 수운만이 아니라 접주도 할 수 있다고 기술하고 있다. 특히 『도원기서』에는 해월이 주인으로 책임지던 북도 대부분 접에서 발생한 질병이 수운의 질고(疾苦)와 관련되어 있다는 것을 암시하는 내용이 추가되어 있는데, 『대선생주문집』이 『도원기서』를 원본으로 삼았다면 해월의 도통 계승 입장에서 이를 누락할 이유가 없다.

　또한 질병의 발생 지역을 『도원기서』와 『수운문집』은 '북도(北道)'로, 『대선생주문집』은 '도(道)'로 기술하고 있다는 점도 주목할 필요가 있다. 『대선생주문집』에는 북도라는 표현이 없고, 『도원기서』에는 '수운 행장' 이외의 부분에서 해월과 관련해 북도(北道)라는 표현을 쓰지 않는다. 이는 『대선생주문집』에서는 수운이 해월에게 도통을 전수하여 교문의 모든 접이 해월의 관할이었기 때문에 북도와 남도의 구분이 큰 의미가 없었다는 것을 보여준다. 『대선생주문집』이 북도중이 아니라 도(道)에서 풍습이 발생했다고 한 것은 이러한 관점에서 이해할 수 있다. 다만, 『도원기서』는 수운 생전에 북접과 남접

의 구분이 있었다는 해월의 진술을 근거로[138] 북도중이라는 표현을
'수운 행장' 부분에서는 사용했다고 보인다.

『수운문집』에서 '북도중'이라는 표현은 [표 11]에 '경주 북쪽 지
역의 접들'이라는 의미로 처음 나타난다. 북도중의 접인 영해 접주
박하선이 수운의 명에 따라 소지(所志)를 적어 수운을 찾는 내용이 뒤
따른다는 것은 이러한 의미를 드러낸다. 『도원기서』에도 박하선이
이후 수운을 찾은 것으로 묘사되어 있다. 당시 '주인' 또는 '북도중
주인'이라는 해월의 지위가 도중이나 북도중의 모든 접을 관할하는
지위였다면 영해 접주 박하선이 해월을 거치지 않고 수운을 찾아오
는 일은 조직체계에 어긋난다. 해월이 지닌 '주인'이나 '북도중주인'
이라는 지위가 교단 전체나 북도중 전체 접의 주인이 아니라 북도중
에 있었던 해월을 연원으로 했던 접의 주인이라고 보면 박하선의 움
직임은 연원제 권위구조에 배치되지 않는다.

『수운문집』에는 접을 기준으로 다수 교도를 표현할 때 접내(接內),
접중(接中)이라는 용어가 사용된다. 예를 들면 부서 접중, 영덕 접중,
주동 접중 등이다. 지역의 여러 접을 포괄하여 지칭할 때는 도중(道中)
이라고 기술한다. 예를 들면 영덕도중, 북도중 등이다. 그에 비해 '북
접'이라는 용어는 『도원기서』에서 최초로 사용되었는데, 이것은 해월
단일 지도체제가 성립된 이후이다. 원래는 경주부 북쪽 지역의 접을

---

138 "先時先生常謂時亨曰斯道之運永在於北方也 擇定南北之接後曰吾必爲北接去矣
云云 [예전에 선생이 항상 시형에게 말하기를 "이 도의 운은 오래도록 북방에 있
다. 남북의 접을 택하여 정하라." 하셨다. 후에 말씀하시기를 "나는 반드시 북접을
위해 가리라."고 하셨다.]" 「최선생문집도원기서」, 『한국학자료총서9 – 동학농
민운동편 – 』, 한국정신문화연구원, 1996, 277~278쪽.

의미하는 말로 동학 교단 전체를 의미하는 말이 아니었다. 이런 점에서 본다면『수운문집』이 북접이라는 표현 대신 북도중이라고 쓴 것은 해월의 지도체제가 확립되기 이전에 저술된 기록임을 방증한다.

이와 관련하여,『도원기서』의 '북도중주인'이라는 명칭도『수운문집』의 북도중이라는 표현에서 기원한 것일 가능성이 크다. 강수가 직접 쓴『도원기서』의 해월 관련 기사에는 모두 북접으로만 쓰고 있는데 '수운 행장' 부분에서만 북도중이라는 표현이 나타나기 때문이다.

[표 11]에서 가장 주목할 차이는 수운이 도인들의 호소에 답한 부분이다.『도원기서』만 다르게 되어 있고, 실제로 몇 글자의 차이지만, 권위구조와 교리 및 의례의 차이로 이어지는 내용이다. 풍습(風濕)의 질병에 대한 도인들의 호소에 대해『수운문집』과『대선생주문집』에서는 "가서 소지를 지어서 (수운에게) 돌아와 천주에게 호소하라[卽去作所志來訴於天主也]."라고 한 데 비해,『도원기서』에서는 "지금부터는 가서 소지를 지어 천주에게 호소하라[此後去作所志訴於天主也]."라고 하였다.

이는 소지가 수운을 통해서만 천주에게 전해질 수 있는 것인지, 소지가 각처 접주를 통해 직접 천주에게 전해질 수 있는 것인지의 차이이다.『수운문집』과『대선생주문집』은 상제와의 소통이라는 제사장적 권위가 수운에게 집중된 상황을,『도원기서』는 제사장적 권위가 수운에서 여러 접주와 지도자들에게 분산된 상황을 반영한다. 전자의 신앙체계와 권위구조가 후자보다 앞선 것이라는 점에서 본다면『수운문집』과『대선생주문집』이『도원기서』보다는 앞선 기록임을 시사한다.

또한『수운문집』과『대선생주문집』에서는 소지를 수운에게 가져

와서 천주에게 호소해야 하기에 [표 11]에서 풍습 질병의 사건이 아직 종결되지 않았지만, 『도원기서』에서는 수운이 차후의 대응 방법을 알려준 것이 되어 풍습의 사건이 종결되었다는 점에 주목할 필요가 있다. 단지 세 글자인 래(來)와 차후(此後)의 유무에 의해 이러한 차이가 발생한 것은 이전에 주목된 적이 없다. 하지만 종교적 권위구조의 변화를 보여주기에 본격적인 논의가 필요한 지점이다. 특히 『수운문집』이 『도원기서』보다 수운 당대의 실상을 정확히 반영하고 있다면 이 차이는 천주와 인간의 관계, 수운의 위상과 역할, 접주의 권위가 어떻게 변화되었는지를 보여주는 지점이 된다.

[표 12]는 [표 11]과 연결된 풍습과 관련된 부분이다. 또한 당시 교단의 조직체계와 권위구조를 확인할 수 있는 중요한 기록이다.

[표 12] (其後)寧海人朴夏善

水	寧海人朴夏善聞而作狀往見 先生曰吾必受命得題遂　執筆停息俄而降題 題書曰得難求難實是非難心和氣和以待春和 **先生曰君知得道之日降書之理乎　夏善對曰不知也　先生曰愼不漏也** **又曰去歲吾欲尋靈友於西北而今無其人也　然後必有與我比之者** **其人在於完北湖西之地而善於敎誨君其安心相從也**
因	濱海人朴夏善聞而爲狀往見　先生 先生曰吾必受命得題遂　執筆停息俄而降題 　書曰得難求難實是非難心和氣和以待春和

| 道 | 其後寧海人朴夏善 作爲狀往見於先生
先生曰吾必受命得題遂以執筆停息俄而降題
題書曰得難求難實是非難心和氣和以待春和 |

　[표 12]를 [표 11]과 연결해 보면, 『수운문집』과 『대선생주문집』에서는 풍습과 관련하여 천주에게 호소할 소지(所志)를 지어 오라는 수운의 명을 듣고 박하선이 글을 지어 수운을 찾아온다. 이에 비해, 『도원기서』에서는 북도중의 풍습과 명확한 연계 없이 박하선이 글을 지어 수운을 찾아온다.[139]

　북도중 접의 접주 박하선이 해월을 거치지 않고 수운을 찾았다는 기록은 '북도중주인'이라는 지위와 관련된 당시 교단의 조직체계와 권위구조를 확인해 준다. 위의 내용에서 박하선은 수운이 직접 포덕한 인물이기에 해월 휘하의 접주가 아니다. 그렇지만 영해가 경주 이북이므로 그의 접은 북도중에 포함된다. 『도원기서』 맥락에서 본다면 '북도중주인'인 해월의 허락 없이 관할 접주가 수운을 찾는 상황이다.

　『도원기서』는 『수운문집』과 『대선생주문집』과 달리 풍습과 박하선 관련 기사를 분리하여 박하선의 방문을 개인적 차원으로 기록하고 있다. 이는 해월의 위상이 도통연원으로 확립되고 이에 따른 도

139　이러한 차이는 "얻기 어렵고 구하기도 어렵지만 실로 이는 어려운 것이 아니로다. 심기를 화하게 하여 봄의 화를 기다리라. [得難求難實是非難·心和氣和以待春和]"라는 제서가 지니는 의미 해석의 차이로 이어질 수 있다. 『수운문집』과 『대선생주문집』의 맥락에서 보면 풍습 치료 청원에 대한 천주의 답이 되고, 『도원기서』의 맥락에서 보면 강화가 끊어진 후 수운이 다시 명을 받고자 할 때 천주가 준 답이 된다.

통 전수를 확고하게 하고자 모순되거나 부합되지 않는 기사를 편집한 흔적일 가능성이 크다. 그에 비해 『대선생주문집』은 해월 중심으로 기사를 편집하면서도 도통 전수와 모순되는 기사들을 수정하거나 삭제하지 않았다. 이는 『대선생주문집』이 편찬되던 시기에 도통전수에 따른 조직과 그 권위구조에 대한 해석이 명확하지 못한 상황에서 기인한 것으로 볼 수 있다.[140]

[표 12]에서 주목할 것은 『수운문집』에만 유일하게 수록된 다음의 기사이다. 내용은 수운과 박하선의 대화이다.

> 선생께서 이르시기를 "너는 득도의 날과 강서의 이치를 아는가?"이르시니 하선이 대답하기를 "모릅니다."라고 하였다. 선생께서 "신중히 하여 누설하지 말라." 하시고 다시 이르시기를 "지난해 내가 서북에서 영우를 찾고자 하였으나 지금은 그 사람이 없었다. 그러나 후에 반드시 나에 비할 사람이 있을 것이니 그 사람은 완북호서(完北湖西)의 땅에 있고 가르침에 능하리라. 너는 안심하고 따르라." 하셨다.

이 기사는 수운이 박하선에게 비밀리에 전한 예언으로, 자신에 비견되는 인물인 영우(靈友), 즉 영적 친구를 서북쪽에서 찾았으나 당시에 없었고, 앞으로 완북호서(完北湖西; 완주의 북쪽 의림지의 서쪽)에서 나타날 것이니 그를 따르라는 것이다.[141] 자신의 뒤를 이을 후인이 나타

---

140 『대선생주문집』은 친견 제자와 접주 대부분이 사라지거나 해월의 지도체제에 귀속되면서 그가 동학 교단의 지도자로 자리 잡아가던 1875년 이후 편집된 것으로 추측해 볼 수 있다. 해월 중심의 단일 지도체제의 형성 시기에 관해서는, 박맹수, 앞의 논문(1995a), 78~83쪽 참조.

나면 따르라는 비밀스러운 가르침을 1863년 말에 내린 것인데, 이
부분은『대선생주문집』과『도원기서』에서 수운이 해월에게 도통을
전수한 것과 모순된다. 따라서『도원기서』와『대선생주문집』이 이
일화를 배제할 가능성은 절대적이다.

　문제는 이 일화의 후대 가필 가능성이다. '서북영우'를 수운이 언
급한 근거가『동경대전』에 있기에 이 기사가『수운문집』에만 있다
는 이유로 가필이라고 할 수는 없다. 경진(1880) 인제판『동경대전』의
강결(降訣)에는 "問道今日何所知 意在新元癸亥年"으로 시작되는 시
가 있는데 7구와 11구에 '서북영우'와 '영우'가 나타난다.[142] 경진판
이후의 동경대전에서 주로 결(訣)로 지칭되는데, 현재 천도교 내에서
는 주로 접주제의 실행과 교단의 장래를 읊은 것으로 해석된다.[143]

---

141 1871년의 영해민란에서 박하선의 아들인 박사헌이나 영해의 동학 교도들이 연원
　　이 불확실한 이필제를 따르게 된 원인 중 하나가 서북영우에 대한 예언일 수도 있
　　다. 수운 이후에 그와 비견될 서북영우가 올 것임을 영해 교인들은 박하선을 통해
　　알고 있었을 것이다. 따라서 영해의 동학도들은 이필제를 수운이 예언한 서북영
　　우로 믿었기에 이필제의 변란에 적극적으로 참여했을 가능성이 크다.

142 "問道今日何所知 意在新元癸亥年 成功幾時又作時 莫爲恨晚其爲然 時有其時恨
　　奈何 新朝唱韻待好風 去歲西北靈友尋 後知吾家此日期 春來消息應有知 地上神
　　仙聞爲近 此日此時靈友會 大道其中不知心."『동경대전』(1880, 독립기념관 소장
　　1-012968-000) 卷之五 降訣.

143 표영삼은 접주로 임명된 많은 제자가 찾아와 세배를 올리고 도의 장래를 묻자 이
　　들에게 계해년에는 어떤 결단과 장래를 타개할 조치를 하겠다는 뜻을 비치고, 모
　　인 접주로서 능히 대도의 앞날을 기약할 수 있다는 확신을 나타낸 시로 해석한다.
　　윤석산은 접주제의 실행과 미래를 읊은 것으로, 라명재는 대도의 장래를 읊은 것
　　으로 보았다. 비결시이기에 다양한 해석이 가능한데, [표 26]의『수운문집』기사
　　를 참고하면 다른 해석이 가능하다. 즉 '去歲西北靈友尋'를 '작년에 서북에서 영
　　우를 찾았는데'로 해석하여 기존 해석과 달라지는 것이다. 기존의 해석은 주로 '지
　　난해 서북에서 영우가 찾아오니'이다. 천도교중앙총부(편), 앞의 책, 90~91쪽; 김
　　대권(편저),『동학 천도교 용어사전』, 신지서원, 2000, 234쪽; 동학농민혁명 종합
　　지식정보시스템(http://www.e-donghak.or.kr/index.jsp, 경주판 동경대전 해제,

『수운문집』, 『대선생주문집』, 『도원기서』에는 모두 1863년 정월 초하루 흥해 손봉조의 집에서 수운이 공표한 강결로 기술되어 있어서 결보다 강결이 정확한 이름이다. 각처의 접주를 임명하고 난 다음날 천주로부터 받은 강결을 공표한 것이다.

만약 『수운문집』이 해월의 역할을 축소하고 남접의 정통성을 확보하기 위해 가필된 것이라면 영우(靈友)의 존재를 경주의 북쪽인 서북지역, 구체적으로 완북호서에 있다고 할 이유는 없다. 오히려 영우가 남쪽에 있다고 가필해야 한다. 수운의 도통을 계승하였다고 알려진 해월과 의암 모두 경주 서북쪽 출신이며, 특히 표영삼이 『수운문집』의 성립 시기라고 주장하는 20세기 초에 동학의 공식 도통은 청주 출신으로 완북호서(完北湖西)의 기준에 부합하는 의암에게 있었으므로 가필이라는 주장은 비합리적이다.

『수운문집』 맥락에서 본다면 이 일화는 다른 기사와 모순되지 않으며 그 관련 내용도 『동경대전』에 있다. 따라서 『도원기서』에 없다는 이유로 후대에 가필된 것이라는 주장은 성립되기 어렵다. 또한 『수운문집』이 박하선의 관점에서 취합된 정보를 토대로 집필되었기에 박하선만이 알고 있는 내용이라는 이유로 신빙성이 떨어진다는 문제를 제기할 수도 없다.

[표 13]은 1864년 수운의 처형과 안장까지의 과정을 기술한 '수운행장'의 마지막 부분이다. 세 문헌 가운데 『수운문집』과 『대선생주

2021.1.7.); 윤석산(역주), 『동경대전』, 도서출판 모시는사람들, 2014, 105~106쪽; 라명재, 『천도교 경전 공부하기』, 도서출판 모시는사람들, 2010, 94~95쪽 참조.

문집』의 내용이 유사하다. 그에 비해『도원기서』의 내용은 두 문헌
과 차이를 보인다.

[표 13] 三月十日

水	三月日巡使遂以啓教十日施威嚴刑 先生直受而歿 越三日巡使招致先生妻子卽爲白 放 分付收屍其 斂襲人 　　金敬弼鄭用瑞郭德元林益理尙州金德元等數人也 　　　　　　　反柩之路天地慘愰而諸道人見之者痛爲何如也 喪行 到慈仁縣西後淵酒店日已夕矣　　　　請夜之止宿 主人曰自何而來　朴夏善曰自大邱來 店主 知其事機 請尸入房 一禁行客 撫屍體有溫熱之氣 幸或有回蘇之理料以三日之驗守 屍 而待留 雙虹起淵亘天雲霧繞淵及店五色玲瓏連蔽三日 先生上天 雲捲而虹解 其後尸臭卽出更爲斂襲 翌日發行 到于龍潭 先生長侄孟倫　　　　安葬于龍潭西原
大	三月日巡使遂以啓教十日施威嚴刑 先生眞受而歿 越三日　招致先生妻子卽爲白 放 分　其　斂襲人 　　金敬弼鄭用瑞郭德元林益　商州金德元四五人也 　　　　　　　反柩之路天地慘愰而諸道人見者之痛爲如何也 喪行 到慈仁縣西後淵酒店日已夕矣　　　　請夜 止宿 主人曰自何而來　朴夏善曰自大邱來 店主人知其事機 請尸入房 一禁行人 撫 體 濕熱 幸或有回蘇之理料理三日之驗守 　留待 雙虹起淵互天雲霧繞淵及店五色玲瓏連弊三日 先生上天 雲捲 虹解 其後尸臭卽出更 斂襲 翌日發行 到 龍潭 先生長侄孟倫　　　　安葬于龍潭西原

道	巡使遂以啓教三月初十日施威嚴刑 先生授辱別世 越三日巡使招致先生妻子卽爲白頉放送分付收尸其時斂襲人 金敬叔金敬弼鄭用瑞郭德元林益瑞尙州人金德元也 其餘罪人各爲定配各道各邑白士吉姜元甫李乃兼崔秉哲李景華成一龜 趙常彬兄弟朴仲叔佺新寧人丁生名未詳 其白放人李民淳朴春華寧海人朴生名不知朴明汝其時獄死 先生長子 世貞使金敬弼金敬叔金德元將爲返柩哀哉痛哉此地形狀豈可言豈可言 發行抵到慈仁縣西後淵酒店日之夕矣 問主人日今夜止宿如何 主人問日自何以來至 世貞日自大邱來 主人知其實一喜一悲 入尸於房中一禁行客 尸體有溫熱之氣故 幸或爲回還之理料以三日之驗守其尸 而待留 雙虹起淵連天雲霧繞淵繞屋五色玲瓏連蔽三日 先生上天而雲捲 虹解 其後尸臭卽下更爲歛襲 翌日發行卽到 龍潭 先生長佺孟倫從後而來到 安窆于龍潭西原

위의 내용에서 『도원기서』에만 있는 부분은 여러 가지이지만 크게 세 부분에 주목할 수 있다.

첫째, 수운의 죽음을 표현한 부분이다. 『수운문집』에 '직수이몰(直受而歿)', 『대선생주문집』에 '진수이몰(眞受而歿)', 『도원기서』에 '수욕별세(授辱別世)'로 표기되어 있는데, 『대선생주문집』의 진(眞)은 직(直)의 오기이므로 『도원기서』만이 다르다.[144] 『수운문집』의 '직수이몰'에서 '직수'는 『시전(詩傳)』과 『중용집주(中庸集註)』의 주자 주에서 유래한 용어이며, 조선조 문헌에서 주로 충직(忠直)하여 기꺼이 왕명을 받거나, 횡역(橫逆)이 올 때 피하지 않고 받음을 표현하는 말이다.[145]

---

144 '직수이몰(直受而歿)'에서 직수는 적절하게 사용되었지만, '진수이몰(眞受而歿)'에서 진수는 뜻이 통하지 않는다.

145 "군자는 허물이 없으면서도 충직함으로써 화를 받음을 비유한 것이다. [君子無辜而以忠直受禍也]" 『詩傳』 國風 王 兎爰. "무도(無道)함에 보복하지 않는다는 것은 횡역(橫逆)이 옴에 한갓 받기만 하고 보복하지 않는 것이다. [不報無道 謂橫逆之來 直受之而不報也]" 『中庸集註』 中庸章句 十章.

『수운문집』은 수운이 죄가 없지만 충직하게 왕명을 받들어 죽음에 이르렀다고 표현하여, 왕명 중심으로 일화를 서술하면서 수운의 충직(忠直)을 부각하고 있다. 이에 비해 『도원기서』는 수운이 "욕을 주어 (이를 받아) 별세했다."라는 식으로 왕명을 부정적으로 표현하였다. 이는 『수운문집』의 집필 방향이 유교적 사유에 기반했다는 점과 『도원기서』가 유교적 질서보다 수운에 대한 신앙에 기반했다는 점을 시사한다.

둘째, 『도원기서』가 수운과 같이 체포된 이들의 상황을 자세히 묘사한 부분이다. 『수운문집』과 『대선생주문집』이 수운의 처형 사실과 그 시신을 수습한 인물들만을 간략히 소개했다면, 『도원기서』는 유배, 방면, 옥사로 나누어 일일이 설명하고 있다. 이 부분은 『대선생주문집』이 『도원기서』 앞부분만을 그대로 편집한 것이라는 주장이 성립하지 않는다는 점과 함께, 『도원기서』가 동학의 교단 조직이 정비되어 교조인 수운만이 아니라 접주나 교인의 상황에 관해 서술해야 할 필요성이 증대된 환경에서 편찬되었음을 시사한다.

셋째, 『도원기서』가 수운의 운구를 수운의 장자인 세정을 중심으로 서술한 데에 비해 『수운문집』과 『대선생주문집』이 세정보다 영해 접주 박하선을 중심으로 서술한 부분이다. 수운의 시신을 모시고 용담으로 갈 때 주막 주인이 물은 말에 대해, 『도원기서』는 수운의 아들 세정이 대답한 것으로, 『대선생주문집』과 『수운문집』은 영해 접주 박하선이 대답한 것으로 기술하고 있다.

표영삼은 이 기사와 관련하여 『수운문집』에만 박하선이 나타난다며 해월의 정통성과 관련된 대목에 이르면 어김없이 『수운문집』이 박하선을 등장시키고 있다고 주장한다.[146] 그렇지만 『도원기서』만이 세정을 중심으로 기술하고 있을 뿐, 『대선생주문집』도 운구 과정을 세정을 중심으로 기술하지도 않았으며 주막 주인의 물음에 답한 이도 박하선이라고 기술하여 『수운문집』과 같다. 이 맥락에서 보면, 오히려 『도원기서』가 박하선의 역할을 축소하고 해월의 역할을 강화하는 방향으로 편집되었다는 주장이 개연성을 갖는다.[147] 실제로 수운의 친견 제자 박하선은 영해 접주로 임명된 바 있으며 동학의 초기 역사에서 매우 중요한 인물이다.[148] 『도원기서』에도 수운이 체포되어 대구 감영에 있을 당시, 장질인 맹륜 및 여러 접주와 함께 감영에 와 있었고, 그의 접인 영해접이 영덕접과 함께 육백 금을 내었다는 사실도 기록되어 있어 그가 운구 과정을 주도하였을 가능성은 크다.[149] 다만, 『도원기서』의 편찬자인 강수에게 스승의 운구와 안장을

---

146 표영삼, 앞의 책(2014), 228~230쪽 참조.

147 박하선이 수운 사후인 1869년경 탄압으로 죽음에 이르렀고, 그의 아들 삼 형제 모두 1871년 해월이 참여한 교조신원운동인 영해민란에 관련되어 죽었으므로 그와 관련된 기록 축소는 동학에 대한 부정이나 배신에 근거하지는 않았을 것이다. 기록 축소의 실마리는 그의 장자인 박사헌이 해월을 영해민란에 끌어들이는 데 주도적인 역할을 했으며, 강수도 그가 박하선의 아들임을 밝히지 않았다는 점에서 찾아야 할 것이다. 표영삼, 앞의 논문(2989), 149~151쪽; 박맹수, 앞의 논문(1995a), 63쪽; 성봉덕, 앞의 논문; 김기현(편저), 앞의 책, 40쪽, 66쪽; 「최선생문집도원기서」, 『한국학자료총서9−동학농민운동편−』, 한국정신문화연구원, 1996, 227~228쪽 참조.

148 『수운문집』에서 해월보다도 더 많이 언급된 인물이 박하선이다. 『도원기서』를 따르더라도 수운이 천주로부터 마지막 제서를 받는 일화는 박하선이 관련되어 있다. 『대선생사적』을 통해 보더라도 1863년 8월 30일 청하인 이경여 문제가 발생했을 당시 해월보다 먼저 수운에게 가 있었던 인물로 박하선·백사길·이사겸·박대여·이무중·최중희가 언급되어 있다. 「대선생사적」, 『한국학자료총서9−동학농민운동편−』, 한국정신문화연구원, 1996, 355쪽 참조.

149 「최선생문집도원기서」, 『한국학자료총서9−동학농민운동편−』, 한국정신문화연구원, 1996, 216쪽 참조.

옆에서 지키지 못한 해월과 이를 주도한 박하선이 대비되는 것을 피하려는 의도가 있었다고 가정한다면, 장자인 세정을 내세워 수운의 운구가 이루어졌다고 기술한 부분은 이해될 수 있다.

이상의 각 문헌의 선후 관계와 여러 고증 결과를 종합하면 다음과 같은 비정이 가능하다.[150] 첫째, 『수운문집』은 동학의 세계관이 성립되기 전인 수운의 서거 직후부터 동학도들의 최초 반란인 1871년의 영해민란 사이, 유교적 기반에서 수운을 따랐던 지식인 출신의 친견 제자가 집필한 '수운 행장'의 필사본일 가능성이 크다. '수운 행장'은 이 조건에 부합하는 영해 접주 박하선의 관점에서 기술된 일화를 많이 수록하고 있기에 박하선과 수운의 장질 맹륜과의 공동 저작으로 비정할 수 있다.[151] 이는 조선의 유교적 전통에서 자손이나 친족이 주도해 사후 문집을 수집 정리하고, 제자나 지인이 행장을 편찬했다는 점을 고려할 때 신빙성이 있다.

둘째, 『대선생주문집』은 해월 단일 지도체제의 정당성 확보를 위해 해월 중심으로 『수운문집』 계열의 문헌을 수정 편집한 것이다.[152] 해월이 수운의 수제자로 인정되면서 생존한 친견 제자들은 해월을 교단의 지도자로 옹립하였고, 교단의 또 다른 구심점이었던 수운의

---

150 고증의 과정과 결과 중 중요한 부분은 뒤에서 제시할 것이다.
151 상주동학교당에 소장된 수운문집 필사본의 마지막에는 孟胤(世祚), 林益瑞가 표기되어 있다. 장질 최세조는 맹륜(孟倫) 또는 맹윤(孟胤)으로 표기되고, 임익서는 동학교도로 해월의 매부이다. 이 기록은 수운문집이 맹륜, 임익서를 거쳐 필사 전승되었을 가능성을 시사한다. 『대선생연혁사』(상주동학교당소장), 1쪽 참조.
152 해월 단일 지도체제 성립에 대해서는, 박맹수, 앞의 논문(1995a), 48~101쪽 참조.

두 아들이 사망한 1875년 이후 해월의 도통 승계가 확립되기 시작하였다. 『대선생주문집』에서 해월의 지위인 '주인'과 가장 일치도가 높은 '도주인'의 지위가 공식 사용된 시기가 1875년 10월이고, 1877년 11월부터 '도포덕주(道布德主)'의 지위가 사용된 점을 고려할 때 『대선생주문집』은 1875~77년에 편집되었을 가능성이 크다.[153] 이때는 해월이 도통 계승자로 수운의 역할을 대신하기 시작한 시기였다.[154] 다만, 『대선생주문집』에 해월의 도통 전수와 모순되는 내용이 담긴 부분은 당시 수운이 구축한 조직체계를 해월의 도통 계승을 중심으로 해석하지 못했다는 데에 기인한다.

셋째, 『도원기서』는 수운의 가르침을 전하기 위해 문집을 편찬하고 그 부록으로 행장과 발문을 첨부하려는 목적에서 기획되었다. 전통에 따라 1879년 수단소를 설치하고 관련 정보를 수집한 후 『대선생주문집』 또는 『수운문집』을 저본으로 삼아 해월 중심으로 수정 편찬하였고, 수운 서거 이후의 교단사를 해월 중심으로 추가하였다. 1878년 해월의 개접을 전후로 종래 유교적 사유와 차별화된 동학의 신앙체계가 자리 잡으면서 기존의 기록 중 동학의 신앙체계와 모순되는 부분은 수정되었다. 1880년의 『동경대전』이 문집 형태이면서도 행장 없이 경전의 위상을 갖게 되고, 동학이 종래 유교적 학파에서 신종교로 전환한 것도 『도원기서』의 편찬 방향과 일맥상통한다.[155] 동학의 세계가 해월을 중심으로 구축되면서 이와 모순되는 행

---

153 「최선생문집도원기서」, 『한국학자료총서9 – 동학농민운동편 – 』, 한국정신문화연구원, 1996, 263, 277쪽 참조.
154 해월에 의한 의례 변화와 그 배경은 박맹수의 연구를 참조해야 한다. 박맹수, 앞의 논문(1995a), 89~94쪽.

장의 일화는 수정, 삭제되었으며 수운 중심의 기사까지 해월을 중심으로 편집되었다.

좀 더 구체적으로, 문헌 고증 내용에서는 연원 조직인 접의 태동 시기에 대한 추론과 접 책임자(연원주)를 중심으로 한 연원 조직의 체계와 권위구조([표 2]), 수운-접주·접 책임자-교인의 조직체계와 권위구조 및 접 단위의 교인 활동([표 3]과 [표 8], [표 9]~[표 12]), 접주의 종교적 권위([표 11], [표 12]), 해월 관련 '북도중주인'의 위상과 역할([표 4], [표 11], [표 12]), 해월의 도통 전수([표 5], [표 6], [표 7], [표13]), 유교적 세계 질서에 기반했던 학파 또는 문중에서 신종교 교단으로의 전환 시기 ([표 13]) 등을 파악할 수 있다. 그 외에 『대선생주문집』과 『도원기서』를 통해 1870년대 중반 이후 해월의 연원 정점 구축 작업, 특히 1880년 이전 해월의 도통 승계 작업 등을 파악할 수 있다.

이상의 고증 결과에 따라 본 연구에서는 동학의 연원제 연구에서 1860~1864년 시기는 『수운문집』의 기사를, 1864~1880년 시기는 『도원기서』의 기사를 주로 활용한다. 1880년~1900년 시기의 경우에는 가장 이른 시기에 쓰인 기록 중 『수운문집』과 유사도가 가장 높은 『대선생사적』과 교단 공식 기록을 주로 활용하고자 한다.

---

155 윤석산은 경전이라기보다 문집에 가깝다고 평가하지만, 이는 바꿔 말하면 문집으로 보기도 어렵다는 의미이다. 제목을 경전으로 하고 행장을 첨부하지 않은 것은 오히려 전통적 관습에서 벗어난 것으로 유교적 질서에의 편입을 거부하고 새로운 세계를 구축한 것으로 보아야 한다. 윤석산, 앞의 논문, 213~217쪽 참조.

2. 1920~30년대 관변 기록의 비교 고증

1920~30년대 천도교와 보천교에서 발행한 기관지 등 교단 내 기록은 현재까지 보존되어 있지만, 무극도 교단의 내부 문헌은 남아있는 것이 없다. 당시를 기록한 공식 문헌은 1956년에 발간된 『태극도통감』이 최초라고 할 수 있는데 도주의 행적을 간략하게 담은 도주약력에 무극도의 설립, 해산, '태극도'로의 교단 명 변경 등을 정확한 시점 없이 설명하는 정도이다.[156] 무극도가 활발한 활동을 했던 1920~30년대 무극도의 종교적 세계를 투영한 내부 기록은 없다고 할 수 있다.

따라서 단편적인 신문 기사를 제외한다면 1920~1930년대에 무극도의 종교활동을 종합적으로 기술한 거의 유일한 문헌은 일제 관변 기록이다. 1920~30년대 무극도를 외부인의 관점에서 조사한 자료가 당시의 무극도를 이해하는 거의 유일한 통로가 되었다. 도청과 경찰, 조선총독부 촉탁 학자가 일제 식민 지배의 효율성을 위해 조사 기록한 『무극대도교개황(無極大道教概況)』과 『보천교일반(普天教一般)』 및 『조선의 유사종교(朝鮮の類似宗教)』가 바로 그것이다.[157] 천도교와 보천교도 내부 문헌이 존재하지 않는 영역에서는 이 문헌들을 참고할 필요가 있다.

---

156 『태극도통감』, 태극도본부, 1956, 17~18쪽 참조.

157 보천교와 관련하여 상당히 중요하다고 평가되는 자료로는 1924년 6월 평안남도에서 작성된 『洋村及外人事情一覽(양촌 및 외인 사정 일람)』이 있지만, 이 문헌에는 무극도 관련 내용이 없다. 『洋村及外人事情一覽』(日本學習院大學東洋文化研究所所藏資料 請求記號 M2-100), 1924 참조.

그러나 이 문헌들을 연구에 활용하려면 각 문헌에 있는 오류나 왜곡을 교정하는 작업을 반드시 거쳐야 한다. 이 문헌의 생산자가 식민 지배자의 관점에서 각 교단을 조망하고 기술했다는 점을 고려해야 하기 때문이다. 이를 위해 본 연구에서는 해당 문헌들을 후대의 교단 문헌과 당대의 다른 여러 기사와 교차 검증하여 그 한계를 명확히 하고, 조직과 관련된 정보를 세밀하게 평가해 연구에 반영하고자한다.

1) 『무극대도교개황』 분석

1963년의 태극도 『수도요람』에 따르면, 무극도의 공식적인 창립은 1918년 4월이며, 대순진리회의 문헌에 따르면 1925년 4월이다.[158] 이러한 차이는 태극도 『수도요람』은 종교활동을 기준으로 삼은 데 비해, 『대순진리회요람』은 신앙 대상의 정식 봉안을 기준으로 삼으면서 발생한다. 모두 우당(牛堂) 박한경(朴漢慶, 1917~1996, 이하 우당)이 최고 지도자로 해당 교단을 영도할 당시에 편찬된 문헌임에도 차이를 보이는 것은 교단 창설의 기준이 조직 태동에서 성소 설립으로 전환되었기 때문이다.[159]

---

158 『수도요람』의 경우 초판은 1963년에 발행되었으나 현재 열람할 수 있는 것은 재판이다. 『대순진리회요람』의 경우 1969년에 발행된 것이 공식적이지만 1974년에 간행된 전경을 인용하고 있다. 따라서 1974년 이후 간행된 것이다. 교화부편찬실, 『수도요람』 재판, 태극도교화부, 1967, 15쪽; 『대순진리회요람』, 대순진리회교무부, 1969, 12쪽 참조.

159 무극도의 창설자인 정산(鼎山) 조철제(趙哲濟, 1895~1958)는 증산으로부터의 종통(宗統) 계승의 계시를 받고 1917년 9월 만주에서 귀국, 안면도에서부터 종교활동을 시작하였기에 그 교단 조직은 1918년부터 본격적으로 이루어졌다고 볼 수 있다. 교화부편찬실, 앞의 책, 15쪽; 『대순진리회요람』, 대순진리회교무부, 1969,

무극도의 성립 시기를 1918년~1925년으로 본다면『무극대도교개황』은 무극도에 대한 당대의 기록이다. 뒤에 살펴보겠지만 그 생산 시기가 1924년~1925년이기 때문이다. 이 문헌은 당대의 기록이라는 점에 더하여 교단의 조직 원리가 연원제였음을 보여주기에 상당히 중요하다. 또한 탐문 정보와 창설 당시의 도규(道規), 간부일람표(幹部一覽表) 등이 수록되어 있어 조직의 구성 원리뿐만 아니라 작동 방식도 대략 살펴볼 수 있기에 교단 초기의 연원제 조직에 대해 많은 시사점을 준다. 하지만 그 생산 의도를 명확히 인지하고 연구에 활용할 필요가 있으므로 문헌에 대한 면밀한 고증 및 해제가 필요하다.

『무극대도교개황』은 일제강점기에 전라북도 도청이 만든 내부 문건으로, 일본 도쿄(東京)에 있는 학습원대학 동양문화연구소에 소장된 우방문고(友邦文庫) 자료이다.[160] 우방문고에는 전라북도 관련 자료가 대략 3가지 있는데 ① 1926~1929년에 전라북도 지사를 역임한 와타나베 시노부(渡邊忍, 1883~1955)가 재임 기간에 수집한 '와타나베 시노부 문서', ② 젠쇼 에이스케(善生永助)의『조선사회경제사진집』, ③ 전라북도 도세 안내 책자 및 기타자료이다.『무극대도교개황』은 마지막 ③에 포함된다.[161]

③의 자료 가운데 빠른 것은 1910년, 늦은 것은 1933년인데,『무극대도교개황』은 대략 1925년에 작성 완료된 것으로 판단된다.[162]

12쪽; 대순진리회교무부,『전경』, 서울대학교 출판부, 1974, 192~193쪽 참조.

160 민병훈,「일본학습원대학 동양문화연구소 소장 友邦文庫의 전라북도 관련 자료 소개」,『전북의 역사문물전Ⅵ 정읍』, 국립전주박물관, 통천문화사, 2006, 256, 264~265쪽 참조.

161 위의 논문, 256~269쪽 참조.

문헌 마지막 〈무극도간부일람표〉의 시점이 1925년 11월 5일이기 때문이다.[163] 첫째 항목인 〈무극대도교연혁(無極大道敎沿革)〉에 무극도 본부 대지의 구매 시기를 '본월 초순(本月 初旬)'이라고 기재하고 있어, 작성 시작 시점은 1924년이라고 볼 수 있다.[164] 1936년에 간행된 『정읍군지』에서도 무극도장의 시공을 1924년 3월로 기록하고 있다.[165] 무극도 전통의 교단 문헌 중 해당 기사를 수록한 1974년의 대순진리회 『전경』에서 도장 터의 매입과 조성 시점을 1924년 4월이라고 기록한 것도 이를 방증한다.[166]

　『무극대도교개황』 전반부의 5개 항목은 일본어로 된 자료인데, 그 맥락을 보면 경찰의 탐문 및 정보 수집을 통해 작성된 것으로 추

---

162 위의 논문, 264~265쪽 참조.

163 『무극대도교개황』(日本學習院大學東洋文化硏究所所藏資料 請求記號 M2-87), 37쪽 참조.

164 『무극대도교개황』의 '무극대도교연혁'이 1923년까지는 명확히 연도를 표기하고 있다. 그렇지만, 그 후 연도 표기 없이 '본월 초순(本月 初旬)'과 같이 현재 시점으로 사건을 기술한 것은 바로 1924년에 쓰였음을 보여주는 증거이다. 위의 책, 1~8쪽 참조.

165 "無極道 本司. 同面 泰興里 一等道路邊에 2, 3層의 朱樓畵閣이 半空에 屹立하여스니 이것이 卽 無極道 本司이다. … 그 建築은 大正 13年 3月에 始工하야 同 15年 4月까지 滿 2個年에 竣工하여스니 總 工費는 約 7萬圓에 達하엿다 한다. 建物의 名稱은 中央 3層은 兜率宮, 2層은 靈臺라하고 附屬建物 數十棟이 有하니 그 裝置의 燦爛함이야 말노 참으로 壯觀이다." 장봉선, 『井邑郡誌』, 履露閣, 1936, 20~21쪽.

166 태극도의 『진경전서』(1987)와 『진경』(1989) 역시 1924년을 대지 매입 및 정지 시점으로 기록하고 있다. 본부터의 매입 시점은 등기부 등본상 1925년 5월 4일이지만 매입 행위의 법률 문서상 반영은 실제 매입 시점과 차이가 있을 수 있다. 원소유주의 등기도 1925년 6월에 소급하여 이루어진 사실을 본다면 매매와 등기 시점의 편차는 클 것이다. 대순진리회교무부, 앞의 책(1974), 200쪽; 태극도편찬위원회, 『진경전서』, 재단법인태극도, 1987, 299~301쪽; 태극도편찬위원회, 『진경』, 태극도출판부, 1989, 410~412쪽; 대순종교문화연구소, 「무극도 해산시기에 대한 고찰」, 《대순회보》 제85호, 대순진리회교무부, 2008년 7월, 23~25쪽 참조.

측된다.[167] 그에 비해 후반부는 강령, 도규, 취지서, 간부일람표 등으로 한국어 및 한자로 된 자료이며, 단순히 탐문 등으로 알 수 없는 내부 정보가 자세히 기재되어 있어서 교단 내에서 정리한 문서로 추정할 수 있다. 노출되면 교단 전체를 위험에 빠트릴 수 있는 정보를 교단 내에서 정리했다고 추측하는 것은 1920년대에 이르러 조선총독부가 신종교에 대한 표면적인 유화 전술로 교단 공개를 유인 또는 강제하여 신종교를 이용하거나 기술적으로 탄압을 가해 해체하려고 한 정황이 보이기 때문이다. 즉 1915년 〈포교규칙(布敎規則)〉 제정, 1920년 〈포교규칙〉 개정, 1920년 법인·조합 설립 허가 등을 통해 조선총독부는 표면적으로 신종교에 대한 정책 전환을 표방하여 교단 공개를 유인·강제하고, 교단이 공개되면 기존의 강력한 통제 법령을 적용하여 신종교를 탄압한 것이다.[168] 관공서 기록인 『무극대도교개황』

---

167 와타나베 시노부 문서의 『大正十五年六月 高等警察ニ関スル管内状況』(日本學習院大學東洋文化研究所所藏資料 請求記號 B244)와 『大正十五年三月 管内状況』(日本學習院大學東洋文化研究所所藏資料 請求記號 B246)은 각각 전라북도와 전라북도 고등경찰과가 편저자로 되어 있지만, 종교유사단체 부분의 내용은 거의 같다. 당시 도청의 자료가 주로 경찰 자료를 인용했고, 종교유사단체를 경찰에서 관리했다는 사실로 본다면 『무극대도교개황』의 전반부는 경찰의 조사 결과로 보는 것이 합리적이다.

168 1915년의 〈포교규칙〉은 1906년의 〈종교선포에 관한 규칙〉(통감부령 제45호)과 달리 종교선포자에 대한 인가제를 신고제로 전환하여 그 절차를 간소화했다는 점에서도 중요하지만, 종교유사단체를 공식화했다는 점에서 중요하다. 즉 〈포교규칙〉 제15조 1항에서 '총독은 필요한 경우 종교유사단체로 인정한 단체에 본령을 준용할 수 있음'이라고 하여 종교유사단체로 인정되면 포교규칙을 준용하여 종교와 같이 취급할 수도 있음을 명확히 한 것이다. 이는 신종교들이 유사종교로 인정될 때 종교와 동등하게 취급될 가능성을 공식화했다는 점에서 중요하다. 물론 총독의 결정에 따른 조건부에 해당하고 강한 법적 규제를 받을 수 있다는 점에서 본다면 교단 공개의 유인책으로는 부족하였다.
하지만 대종교가 1915년 12월 21일 포교규칙에 의거 신청서를 조선총독부에 제출하고 기각된 일이 있다는 사실은 〈포교규칙〉 15조가 신종교에게는 교단 공개의에서 1920년 말 보천교가 '종교유사단체'로 공인되었다고 기술된 것도 조선총독부가 통제 차원에서 신종교의 신고와 등록을 강요했다는 점을 잘 보여준다.[169] 이러한 맥락에서『무극대도교개황』후반부의 별지는 1925년 교단 내부에서 작성된 것으로 볼 수 있다. 이와 관련해, 다음의 두 기사는 무극도가 1924년~25년 탄압을 받았고, 이

유인책으로 작용했음을 잘 보여준다. 여기에 더하여 1919년 3·1운동의 영향으로 1920년 〈포교규칙〉이 개정되면서 종교시설의 설립 허가제가 신고제로 전환되고 엄격한 여러 신고 조항도 축소되면서 〈포교규칙〉 15조는 신종교 입장에서 교단 공개에 대한 강한 유인책으로 작용했을 것은 틀림없다. 물론 '안녕질서를 문란하게 할 우려가 있을 경우 종교시설의 사용을 금지시킨다'는 새로운 규정이 있었지만, 불교와 기독교 등의 종교와 동등하게 인정받으면서 조선총독부의 간섭을 피할 수 있다는 점에서 '종교유사단체' 인정은 큰 유혹이었을 것이다. 1920년 5월 '종교유사단체'에 해당했던 숭신인조합이 허가를 신청하고 활동하기 시작한 점은 이러한 분위기를 방증한다.(김철수는 이 신청이 허가된 것으로 주장하지만, 고병철은 허가되지 않았다고 주장한다.)

또한 조선총독부의 종교 정책 기조가 1920년부터 종교 법인 설립 허가로 전환된 것은 신종교 교단 공개에 대한 강한 유혹이 되었을 것이다. 즉〈법인의 설립 및 감독에 관한 규정(法人ノ設立及監督ニ関スル規定)〉(부령 제71호)의 실질적인 적용으로 조선총독부의 정책이 전환되면서 종교단체의 법인화가 실제 가능해지면서 신종교 역시 우회적인 법인화를 시도할 수 있는 길이 열렸기 때문이다. 〈법인의 설립 및 감독에 관한 규정〉은 민법 34조에 의해 총독의 허가를 받아 사단 또는 재단을 법인으로 하도록 하고 있고, 민법 34조는 '제사, 종교, 자선, 학술, 기예, 기타 공익에 관한 사단 또는 재단으로 영리를 목적으로 하지 않는 것은 주무관청의 허가를 얻어 법인으로 할 수 있음'을 그 내용으로 하기에 신종교 단체는 종교적인 내용을 삭제하거나 산하의 학술, 공익 조직을 내세워 법인화를 시도할 수 있는 것이다. 천도교의 청년당, 원불교의 전신인 불법연구회 등의 조직이나 명칭이 생겨난 동인을 이상의 정책과 연관하여 파악해 보아야 할 필요가 있다. 필자와 관점은 다르지만 일제하의 종교 관련 법규와 정책에 대해서는 주로 고병철의 연구를 참조하였다. 고병철,『일제하 종교법규와 정책, 그리고 대응』, 박문사, 2019, 62~64쪽, 107~121쪽, 130~166쪽, 524~551쪽; 윤이흠, 앞의 책(2007), 43~48쪽; 김철수,『잃어버린 역사 보천교』, 상생출판, 2017, 38쪽 참조.

169 『무극대도교개황』의 '종교유사단체' 공인이 의미하는 바가 정확히 무엇인지는 알 수 없지만, 보천교 교단 공개 논의가 1921년 10월부터 진행되어 1922년 초에 이루어졌음을 본다면 보천교의 단체 신고와 등록이 1921년 말 있었을 가능성을 배제할 수는 없다.『무극대도교개황』, 3쪽 참조.

에 대응하여 조선총독부의 공인을 받기 위해 활동하면서 교단 관련 문서를 만들었음을 잘 보여준다.

시내 도염동에 사는 조모(某)라는 사람이 교주가 되여잇는 무극교라 하는 종교 단톄는 이미 창설된지가 오래인 것이나 창설 이래 그 포교 수단이 치안방해가 되는 뎜이 만타하야 경무당국에서는 교주 조모를 불러가지고 그 교단의 해산을 명하고 일절 그 존재를 업새고자 하얏든 바 이 무극교인 일동은 당시에 경무당국에 향하야는 해산을 하게다 연명하고 그 간판까지 떼어 표면으로 보면 과연 무극교는 업서진 것가티 보히나 사실 그리면에잇서 디당의 어리석은 사람들을 꼬여가지고 아즉도 성히 포교와 선면을 하는 것이 다시 경무국의 귀에 드러가게 되여 경무국에서는 각도경찰에 비밀한 통렵을 발하고 무극교의 박멸책을 엄명 하얏는대…[170]

경인선 오류동역 압해 사는 일인 소봉원작(小峰源作)이란 자는 그 성명 김재현이라고 고처 조선 사람 행세를 하고 … 시내 도염동 칠십번디에 있는 무극교 간부 조용모와 리우형을 작년 십월에 차저보고 자기네는 경북경찰부장과 총독부 당국자와는 절친한 터인데 그들로부터 들은즉 무극교는 혹세무민과 치안방해 등의 혐의가 잇서 오래지 아니하야 해산을 명할 터미라 함으로 과연 해산이 될는지도 모르게스니 만일 그대들이 우리의 려비와 운동비만 당하여 주면 당국자에게 교섭을 원

---

170 「无極敎解散命令」, 《조선일보》, 1925년 3월 27일자 참조.

만히 하야 해산이 되지 안토록 하여 주겠으며 … 조용모와 리우형은 이 말에 속아 무극교 집문서와 밋 수백원의 현금까지 합계 천여원의 거액을 주엇섯든바 [171]

결국 유사종교의 인정을 조건으로 신종교 교단의 신고와 등록을 유도하고 이를 통해 신종교를 이용하거나 통제하고 해체하려 한 조선총독부의 전술은 신종교 교단이 그 내부 정보를 일정한 수준에서 식민지 관청에 제출하도록 강제로 유도했다는 것은 분명하다. 이러한 문헌 대부분은 신종교를 통제하고 탄압, 해체하는 용도로 활용되었을 가능성이 크다.[172] 『무극대도교개황』의 후반부도 이러한 유도와 강제의 과정을 통해 관에서 입수한 내부 문서로 추측된다.

신종교들은 위험 상황에서 자신을 보호하려고 종교적인 부분이나 체제를 부정하는 것으로 해석될 수 있는 내부 정보나 교리의 노출을 지양한다. 『무극대도교개황』의 후반 부분은 이를 잘 보여준다. 강령이나 취지에 종교적으로 비칠 수 있는 용어들이 대부분 삭제되고 수행 단체의 정체성이 강조되고 있기 때문이다. 그에 따라 『무극대도교개황』의 교리 관련 기록은 전승되어 내려오는 당시의 교리체계와 편차를 보인다. 취지에는 신앙의 대상인 증산이나 상제라는 표

---

171 「無極教徒속혀 사긔한자피소」, 《조선일보》, 1925년 5월 28일자 참조. 기사에 등장하는 김재현은 1919년 제세교, 1920년 제화교를 만들어 동학과 태을교 신도들을 유인하다가 1920년 숭신인조합을 결성하여 경무국에 허가를 신청하였다. 하지만 결국 허가되지 않았다. 고병철, 앞의 책, 547쪽 참조.

172 이러한 가장 명확한 예를 1922년 보천교의 교단 공개에서 볼 수 있다. 안후상은 이에 관해 상세한 연구를 한 바 있다. 안후상, 「식민지시기 보천교의 '공개'와 공개배경」, 『신종교연구』 제26집, 2012, 166~176쪽 참조.

현이 전혀 없으며, 신앙 대상도 천(天)이나 도(道)로 표현되고 있을 뿐이다. 종지와 목적은 수록되지 않고 '사강령'과 '삼요체' 일부만이 강령으로 종합되어 요약되어 있다. 또한 도규에 성직자를 직원으로 지칭하고 있어 마치 법인의 사원(社員)과 같은 형식을 보인다. '무극도 간부일람표(無極道幹部一覽表)'도 직원을 대상으로 하고 있다.[173] 후반부가 사실상 교단 공개의 압력 속에서 작성된 문서임을 추측하게 한다.

이상을 통해 본다면 고등 경찰의 탐문과 정보원을 통해 수집 작성되었다고 보이는 일본어로 기재된 전반부는 일부 사실이 부정확하고 왜곡될 가능성이 있기에 여러 다른 문헌을 교차 검증하여 활용할 필요가 있다. 하지만 내부에서 만들어져 외부로 유출되었다고 보이는 후반부의 자료는 1925년 당시의 무극도 실정에 관해 내부에서 생산된 문헌으로 볼 수 있어 무극도 세계의 이해를 위해 적극적으로 활용할 수 있는 문헌으로 평가할 수 있다. 그 정확성에 대한 평가를 위한 직접적인 문헌 비교 결과는 이후에 다시 세밀하게 제시할 것이다.

2) 『보천교일반』 분석

보천교에 관한 비밀문건인 『보천교일반』은 『무극대도교개황』처럼 일본의 학습원대학 동양문화연구소에 소장된 우방문고 자료이지만, 『무극대도교개황』과 달리 '와타나베 시노부 문서'에 포함된다.[174] 전라북도 도청이 1926년 6월 만든 『관내 최근 상황설명자료

---

173 『무극대도교개황』, 19~52쪽 참조.
174 『보천교일반』(日本學習院大學東洋文化研究所所藏資料 請求記號 B393), 1926;

(管內最近ノ狀況說明資料)』의 60번째 항목이 별책이 된 것으로, 당시까지 조사된 보천교에 대한 모든 자료를 종합한 문헌이다.[175] 무극도에 관한 내용은 약 2쪽에 불과하며,『무극대도교개황』의 연혁 부분을 일부 요약한 것으로 보인다.[176] 무극도의 장래를 상당히 예의 주시해야 한다고 기술하면서 따로 기록을 작성할 필요가 있다고 마무리한 정도이므로 무극도 조직 연구에 직접적으로 큰 도움은 되지 않는다.[177]

그렇지만 이 자료는 증산이 구축한 원시적인 교단 조직이 그의 서거 후 어떠한 과정을 거치면서 재구축되고 변화되었는지, 그리고 보천교 등 여러 교단 조직이 무극도 조직에 어떠한 영향을 주었는지를 확인하는 데에 도움이 된다는 점에서 무극도의 연원제를 살펴보는 데에 반드시 분석해야 하는 중요한 자료이다. 특히 당시의 시점에서 보천교의 내부 조직과 교단의 분열상, 교헌과 각종 규정까지 자세히 수록하고 있어 식민 지배자의 시각으로 인한 왜곡을 교정하면 연원제 조직의 성립, 작동방식, 변동, 특징 등을 분석해 볼 수 있는 자료이다. 또한 이영호가 편찬한『보천교연혁사』와 이정립이 간행한『증산교사』가 각각 1948년과 1977년에 간행되었다는 점을 고려할 때『보천교일반』은 당대의 보천교 역사 기록으로서 가치를 지닌다.[178]

민병훈, 앞의 논문, 257~262쪽 참조.

175 위의 논문, 259~261쪽 참조.

176 『보천교일반』, 1926, 23~25쪽;『무극대도교개황』, 1~8쪽 참조.

177 『보천교일반』, 1926, 25쪽 참조.

178 물론 1935년 월곡(月谷) 차경석(車京石, 1880~1936)에 의해『보천교연혁사』가 직접 진술되고 교정되었다는 저자 이영호의 주장이 속편에 있다는 것을 근거로 『보천교연혁사』를 동시대의 문헌으로 주장할 수 있겠지만, 이 주장을 인정하더라도『보천교연혁사』는 1935년의 보천교의 세계에서 과거의 보천교를 조망한 것이라는 한계를 지니기에『보천교일반』이 지니는 가치에 미치지 못한다. 이영호,『보

『보천교일반』에 수록된 일부 자료가 교단 공개 과정에서 내부적으로 만들어진 것이라는 점에도 주목할 필요가 있다.

따라서 『보천교일반』은 교단 기록 및 일제 공문서와 신문 자료 등과 교차 검증하여 사용된다면, 1910~30년대 보천교에서 연원제 조직이 구축되고 작동한 방식을 재구성할 수 있는 주요한 문헌이다. 본 연구가 무극도의 연원제 조직을 기술할 주요 문헌으로 같은 시기에 동일한 의도에서 만들어진 『무극대도교개황』을 활용하기 때문에 보천교와 무극도의 조직 비교 차원에서도 『보천교일반』의 문헌적 가치는 중요하다. 그 외에 보천교 조직을 분석할 때 『보천교일반』과 함께 사용되어야 하는 중요 자료로 1924년 6월 평안남도에서 작성된 『양촌 및 외인 사정 일람』이 있다.[179] 두 문헌은 그 내용상 유사하지만, 상세한 부분이 다소 차이가 있기에 상호 보완적으로 사용할 필요가 있다.

3) 『조선의 유사종교』의 관련 내용 분석

『조선의 유사종교(朝鮮の類似宗敎)』는 1935년에 조선총독부가 발행한 조사자료 42집으로 조선총독부 촉탁이었던 무라야마 지준(村山智順)이 편찬한 문헌이다. 전 13장으로 되어 있는데, 신종교를 유사종교로 취급하여 동학계, 훔치계, 불교계, 숭신계, 유교계, 계통불명 등으

천교연혁사 상』, 보천교중앙총정원, 1948; 이영호, 『보천교연혁사 하』, 보천교중앙총정원, 1948; 이영호, 『보천교연혁사 속편』, 보천교중앙총정원, 1958, 13a~13b쪽; 이정립, 『증산교사』, 증산교본부, 1977.

179 『洋村及外人事情一覽』(日本學習院大學東洋文化研究所所藏資料 請求記號 M2-100), 1924 참조.

로 분류하고 교조의 약력, 기본 교의, 교단의 연혁 그리고 분파를 소개하고 있으며, 교단 분포와 교세, 신앙 의식, 영향, 교도, 교적(敎跡) 등을 종합하여 다루고 있다.[180]

그 가운데 본 연구와 직접 관련되는 부분은 천도교, 보천교, 무극도 관련 내용이다.[181] 그 내용은『무극대도교개황』,『보천교일반』과 차이가 있는데,『조선의 유사종교』가 1933~34년 무렵의 조사를 바탕으로 작성되었기 때문이다.[182] 일부 내용이 부정확하기도 한데, 이는 1920년대의 보천교와 무극도 문헌이 대외비로 폐기되었거나 이미 일본으로 반출되어 참고하지 못했기 때문으로 추측된다.[183]

무라야마와 같이 조선민속학회에서 활동했던 한국인 민속학자 손진태(孫晋泰, 1900~?)는 1933년 무라야마의 조사를 각지의 경찰에 의뢰하여 수행된 것으로 평하고 학술상 자료로서의 가치를 인정할 수 없다고 한 바 있다. 그렇다면 1934년의 조사 역시 경찰에 의지하였을 가능성이 크다.[184] 무라야마는『조선의 유사종교』서언(緖言)을 통해 "기록과 정보가 부족하여 당시 성황을 이루는 단체에 대해서 외부적 관찰에서 유래하는 세평에 의존하였고, 교세와 내력에 대해 경무국의 출판물을 참고하고 각도 경찰부에 의뢰해 조사하였다."라고

---

180 村山智順,『朝鮮の類似宗教』, 朝鮮總督府, 1935. (무라야마 지준,『한국근대 민속 인류학 자료대계 5 朝鮮の類似宗教』, 민속원, 2008).

181 위의 책, 18~172쪽, 293~340쪽 참조.

182 일부 자료의 기준이 1934년 8월 말을 기준으로 하고 있다는 점에서 본다면 그 이전의 조사로 볼 수 있다. 위의 책, 340쪽 참조.

183 예를 든다면 무극도 도장의 건립을 1922년으로 기술하고 있다. 1920년대의 자료는 1924년부터 도장 건립이 시작된 것을 명시하고 있다. 1920년대의 자료를 참조할 수 없었음을 시사한다. 위의 책, 332쪽 참조.

184 손진태,「書評, 村山智順氏の民間信仰四部作お読みて」,『民俗学』, 1933, 11쪽.

하여 이를 인정하고 있다.[185] 그렇지만 손진태의 비판을 의식한 듯 현지 조사도 일부 병행한 듯하다. 실제 교단 본부에 가서 지방 교구의 실상을 거듭 조사한 바도 적지 않다고 서술하였기 때문이다.[186]

주목할 점은 이 문헌에 1925년 이후의 무극도 활동과 도장의 구조와 종교적 의미에 대한 상세한 설명이 있다는 점이다. 그러므로『무극대도교개황』으로 알 수 없었던 1920년대 후반부터 1930년대의 무극도의 세계를 어느 정도 유추하는 데에 도움이 된다. 또한 본문 뒤에 부록으로 '무극도 취지'와 '무극도 강령'을 일본어로 첨부하였는데, 이는『무극대도교개황』의 '〈무극도 취지서〉, 〈강령 및 도규〉와 상응한다. 도규에 많은 차이를 보이지만, 나머지 부분은 한국어와 일본어라는 차이점 외에 큰 차이가 없다. 도규에서 보이는 차이는 1934년 8월 이전 무극도의 도규가 변화하였음을 말해주는 것으로, 조직 변동과 그 원인을 추론해 볼 수 있다는 점에서 중요하다.

『조선의 유사종교』는 1930년대에 기록된 무극도 조직에 대한 거의 유일한 문헌이다. 또한 천도교와 보천교의 조직에 대한 1930년대의 정보를 부분적으로 획득할 수 있기에 본 연구에서 유용한 비교 자료로 활용할 수 있다. 다만, 이 문헌은 무라야마가 스스로 시인했듯이 '외부적 관찰에서 유래한 세평'에 의존한 데서 오는 부정확성과 경찰 조직을 활용한 조사, 그리고 지금까지 학계에서 지적된 무라야마의 한국 신종교에 대한 시각 등을 고려하면서 다른 문헌과의 교차검증을 통해 신중하게 활용되어야 한다.[187]

---

185 村山智順, 앞의 책, はじがき 1~2쪽 참조.
186 위의 책, はじがき 1쪽 참조.

4) 문헌의 비교 고증

무극도는 당대의 교단 내 문헌이 존재하지 않기에 이상의 세 자료의 정확성이 담보되지 않으면 연구가 어려워질 수 있다. 따라서 이들을 여러 자료와 비교하여 그 기록의 정확성을 확인하는 작업은 중요하다. 특히 무극도의 조직체계를 보여주는 정보에 대해 그 정확성을 검토하는 작업은 중요하다. 세 자료 중 문헌 간 비교를 통해 더욱 엄밀하게 정확성을 검토해야 하는 대상은 『무극대도교개황』과 『조선의 유사종교』이다. 『보천교일반』에 기록된 무극도 관련 내용이 극히 적고 대부분 『무극대도교개황』과 같기 때문이다.

『무극대도교개황』은 고등경찰과를 활용해 자료를 수집하고 기록하였기에 특정한 종교적 입장을 내세운 종파적 편향성은 없는 것으로 보인다. 특히 『무극대도교개황』의 뒷부분은, 일본어로 기록된 앞부분과 달리, '강령 및 도규(綱領及道規)', '무극도 취지서', '무극도 간부일람표' 등 내부에서 작성된 1차 문서 또는 그 필사본이며, 한문 및 한글로 기록되어 있다. 한국어를 모르는 일본인을 위하여 한글 조사 옆에 일본어 조사를 후에 부기하였다. 이는 해당 문서들이 원래

---

187 김홍철은 "이 책은 일제가 우리 민족을 말살시키기 위한 그들의 식민정책을 보다 철저하게 수행하는 책략으로 이루어진 연구물이다. 그러기 때문에 이 책에 흐르는 전반적인 사상은 한국에서 새로 창립된 모든 신종교는 종교 비슷하나 실은 종교가 아닌 유사종교(類似宗教)라 본 것이다. 책 이름이 보여주고 있는 바와 같이 일고의 가치가 없는 미신 사교라는 평가를 바닥에 깔고 엮어지고 있다."라고 평가하고 있다. 또한 강돈구는 학자들의 연구 경향이 『조선의 유사종교』의 범위를 크게 벗어나고 있지 못하다고 비판하며 무라야마의 연구 목적이 식민지 정책 수립을 위한 유사종교 파악에 있었다는 점을 반드시 고려하면서 그의 연구를 수용해야 함을 지적한다. 김홍철, 「한국 신종교연구의 현황과 과제」, 『한국종교』 제36권, 2013, 20쪽; 강돈구, 「신종교연구 서설」, 『종교학연구』 제6권, 1987, 184쪽, 201~202쪽 참조.

보고용이 아니었음을 의미한다. 『조선의 유사종교』역시 이에 상응하는 부록을 지니고 있지만 모든 자료가 일본어로 되어 있다는 점에서 교단이 생산한 1차 자료로 보기는 어렵다.

비교를 통해 반드시 그 정확성을 검증해야 하는 것은 무극도 도규이다. 도규를 통해 조직 구성 원리와 그 체계 및 작동 방식을 확인해야 하는데, 두 문헌이 상당한 차이를 보이기 때문이다. 도규의 정확성을 검토하기 위해서는 교단 내 문헌과 신문 기사, 판결문 등 동시대의 다른 문헌을 교차 비교할 필요성이 있다. 무극도 도규가 수록된 문헌은 재인용한 경우를 제외한다면『무극대도교개황』, 『조선의 유사종교』, 『증산교사』, 『진경』등 네 가지이다.[188] 이 가운데『무극대도교개황』의 도규는 나머지 세 기록과 많은 차이를 보인다.『증산교사』와『진경』의 도규는『조선의 유사종교』의 내용과 일치한다.[189] 이런 점에서『조선의 유사종교』에 수록된 도규가 더 정확하다고 착각할 수 있지만, 교단 문헌인『증산교사』와『진경』이 각각 1977년과 1989년에 발행된 점을 고려하면 두 문헌의 정확성을 담보할 수 없다. 두 문헌이 오히려『조선의 유사종교』를 활용했을 가능성도 있다. 따라서『조선의 유사종교』발행 이전 문헌과 비교 검토가 필수적이다.

---

188 『증산교사』의 경우는 저자인 이정립이 친형인 이상호와 자신의 보천교, 동화교 및 대법사 활동을 정통으로 전제하고 이를 중심으로 증산계 교단 전반의 역사를 기술하였기에 교단 자료라고 할 수 있다. 이정립, 앞의 책, 90쪽, 95~96쪽, 136~141쪽, 169쪽, 191~192쪽, 328쪽 참조.

189 이정립의『증산교사』는 1977년에 간행되었기에『朝鮮の類似宗敎』를 자료로 활용했을 가능성이 있다. 위의 책, 138~141쪽; 태극도편찬위원회, 앞의 책(1989), 418~420쪽 참조.

타 문헌과의 비교 이전에『무극대도교개황』과『조선의 유사종교』를 먼저 비교해보면 다음과 같은 사실을 알 수 있다. 앞서 해제 작업을 하면서 지적했듯이 1925년까지의 정보 부분에서는『무극대도교개황』이 더 정확하며, 1925년 이후의 정보 부분에서는 조사 시점상『조선의 유사종교』의 내용이 더 많다. 1925년 이전 사안에 대해『조선의 유사종교』가『무극대도교개황』보다 정확하지 않은 이유는 이 문헌이 무극도 창설 이후 10여 년이 지난 시점에서 편찬되어 관련 정보를 얻기 어려웠기 때문이다.

『무극대도교개황』의 경우에도 일본어로 기술된 연혁, 조직, 주문, 치성, 간부 이름(幹部氏名) 등의 부분에서 소문에 의존한 정보를 활용하여 명확한 사실관계를 잘못 기술하고 있고, 한자 사용 부분에서 동음이자(同音異字)나 유사 한자를 잘못 사용하고 있다. 그 예로 무극도 창설자인 정산의 탄생지를 밀양으로, 증산의 생몰 일을 반대로 기재하면서 6월 24일이 아니라 23일로, 주선원(周旋元)이라는 직책을 주시원(周施員)으로, 연락(聯絡)을 연락(連絡)으로, 부분(府分)을 부분(部分)으로 오기한 점 등을 들 수 있다.[190] 이러한 오류들은 대부분 교단

---

190 조정산의 탄생지는 경상남도 함안군 칠서면 회문리이다. 이에 대한 잘못된 정보는 교단에서 의도적으로 유포했을 가능성도 존재한다. 즉 1905년 독립운동을 위해 만주로 망명한 가족사적 배경과 이에 따른 탄압을 피하고자 신분을 은폐하려는 의도로 다른 출생지를 유포했을 가능성도 있다. 연락(聯絡)은『무극대도교개황』의 조직 부분에는 연락(連絡)으로 되어 있지만, 도규와 간부일람표에는 연락(聯絡)으로 되어 있다. 연락(聯絡)이 연락(連絡)으로 오기되었을 가능성이 크다. 부분(部分)은 도규와 간부일람표에는 부분(府分)으로 되어 있다. 부분(府分)이 전달 과정에서 부분(部分)으로 오기되었을 가능성이 크다.『무극대도교개황』, 9~13쪽, 16쪽, 20~23쪽, 37쪽, 40쪽, 47쪽, 52쪽; 대순진리회교무부, 앞의 책(1974), 190쪽 참조.

내부자가 아니면 정확히 알 수 없는 정보와 관련되어 있다.

이에 비해 내부 문서로 보이는 '도규', '무극도 취지서', '무극도 간부일람표' 등은 (뒤에서 다른 문헌과 비교하겠지만) 그 정확도가 높다. 1925~26년 무극도가 공산주의 단체라는 오해를 받기도 하고 본부가 수색받기도 했다는 점에서 본다면, 당시에 교단 내부자가 아닌 외부자가 도규나 간부일람표에 접근하는 것은 어려웠을 것이다.[191] 이러한 점들은 이 자료가 내부 문건이라는 사실을 방증한다.

『무극대도교개황』과 『조선의 유사종교』에 실린 도규를 다른 문헌의 기록과 비교할 경우, 객관적이면서 비교적 정확하게 활용할 수 있는 기록은 당대의 신문 기사나 판결문 등이다. 1925~31년간의 신문 기사와 판결문에는 무극도 조직의 중요 직책으로 도주(道主), 도장(道長), 주선원(周旋元), 주선가(周旋家), 찰리(察理), 순동(巡動), 종리(從理), 연락(聯絡), 부분(部分), 포덕(布德), 운동원(運動員), 운동가(運動家) 등의 명칭이 나타난다.[192] 이 명칭들은, '도주'와 '포덕'을 제외하면, 『무

---

191 "'지금은 공산주의를 실시하고 래년이면 고관영작을 얻는다' 大道團幹部 三名被捉 …… 이세상은 공산주의가 제일인즉 재산잇는대로 공산하여 쓰다가 ……" 「惑世誣民하는 無極大道團」, 《동아일보》, 1925년 7월 6일자. "…지난봄에 경북 안동경찰을 긔롭게한 무극도장조용모(無極道長趙鏞模)의 사건….(태인)" 「無極道本部를 檢事隊가 大搜索」, 《동아일보》, 1926년 9월 21일자.

192 포득(布得)은 포덕(布德)의 오기이다. "…그 교중에는 운동원(運動員) 운동가(運動家) 주선가(周旋家)를 두어….(안동)" 「無極으로統一天下」, 《동아일보》, 1925년 2월 25일자; "…지난봄에 경북 안동경찰을 긔롭게한 무극도장조용모(無極道長趙鏞模)의 사건….(태인)" 「無極道本部를 檢事隊가 大搜索」, 《동아일보》, 1926년 9월 21일자; "… 조철제는 … 당연 동도의 도주(道主)라 하였다. 동시에 용모(鏞模)는 도장(道長)에, 용서(鏞瑞), 우형(佑衡)은 주선원(周旋元)에 태로(泰魯)는 주선보(周旋補)가 되어 … 동도의 최고(最高) 간부(幹部)를 조직(組織)하고 부하(部下)에 찰리(察理) 연락(聯絡) 및 지방연락(地方聯絡) 등의 제 기관을 설치… " 「判決文」, 大邱地方法院 安東支廳, CJA0001575, 1927년 6월 21일,

극대도교개황』에만 수록되어 있다. 이러한 사실은 1931년까지『무극대도교개황』의 도규 및 조직 관련 기록이 실제와 일치했음을 의미하며 상당한 객관성과 정확성을 가졌음을 보여준다.[193]

여러 직책 중 특히 도장(道長)에 주목할 필요가 있다.『조선의 유사종교』의 도규에는『무극대도교개황』의 직책에 상응하는 명칭이 모두 변경되어 나타나는 데 비해, 도장의 직책에 상응하는 것만 없기 때문이다. 1926년의 기사와 1927년의 판결문은 정산의 부친인 조용모(趙鏞模, 1877~1951)가 도장의 직위에 있음을 분명히 하고 있다. 그 명칭이 지니는 의미나 관련 기사 및 판결문 등을 보더라도 도장인 조용모가 1920년대 많은 영역에서 도주인 정산을 대리하여 활동하였다.[194]『무극대도교개황』의 무극도 도규 4조에 "본도(本道)의 도장(道長)은 도중내외사무(道中內外事務)를 총할(總轄) 함"이라는 내용과 일치한다.[195] 이는『무극대도교개황』의 도규가 상당히 정확함을 잘 보여

1018~1019쪽; "…그 조직이 도주 조철제 미테 주선원(周旋元)이니 찰리(察理) 순동(巡動) 종리(從理) 련락(聯絡) 부분(部分) 포득(布得)이니 하는 부하가 잇어서 이미 륙칠만이나 된다는 교도로부터…" 최용환,「伏魔殿을 차저서(8) 無極敎正體」,≪동아일보≫, 1929년 7월 26일자; "【밀양】경남밀양경찰서에서 무극도(無極道) 교원들을 취조중…찰리(察理工道重役) 김용국(金容國)등 三인은 엄중한 취조를 밧는 중인데 동검사국에서는 무극도(無極道)의 본부인 전북정읍군태인면태흥리(全北井邑君泰仁面泰興里)로 조철제(趙哲濟)와 그 부하에 중요간부인 주선원(周旋元) 리우형장득원(李佑衡,張得遠)등 四명을 호출하얏든바…"「無極道敎主 二名 또 拘引 교주는 잠적?」,≪동아일보≫, 1931년 6월 11일자.
193 『무극대도교개황』, 9~11쪽, 14~16쪽, 20~23쪽, 37~52쪽 참조.
194 이러한 추측은『무극대도교개황』내의 "당국의 허가를 얻기 위해 움직이는 중에도, 도주 조철제는 여전히 소재 불명이었으므로 형식상 부친 조용모를 도주로 칭하고 있었다. 하지만 조종은 조철제가 뒤에서 하고 있었을 것이 자명하다."라는 기록을 통해서도 입증된다.『무극대도교개황』, 7쪽; 배문준,「復宇公 鏞模 墓碣銘」,『咸安趙氏 斗巖公派世譜』권1, 咸安趙氏 斗巖公派宗中, 1996, 178~179쪽 참조.
195 "…무극도장조용모(無極道長趙鏞模)의 사건…"「無極道本部를 檢事隊가 大搜

준다.

 '도장(道長)'이라는 직책의 존재와 권한이 『조선의 유사종교』에 나타나고 있지 않다는 점은 이 문헌의 도규가 『무극대도교개황』에 비해 더 후대의 것임을 보여준다. 『조선의 유사종교』의 도규에 도장에 관한 규정이 빠진 것은 도장 조용모의 부재와도 관계없다. 조용모는 1951년에 사망했기 때문이다. 따라서 『조선의 유사종교』의 도규는 1934년 이전에 개정된 것으로 보아야 한다. 『조선의 유사종교』에 수록된 무극도 간부 직책 중 1925~31년 신문 기사와 일치하는 것은 '도주'와 '포덕(布德)'밖에 없는데, 이는 도규가 1932~34년 사이에 개정된 것임을 시사한다.

 이러한 문헌 비교의 결과는 1920년대와 1930년대의 무극도 조직을 이해하는 데에 각각 『무극대도교개황』과 『조선의 유사종교』를 주로 활용하는 것이 적절하다는 점을 보여준다. 이 문헌들에 수록되지 않은 부분들은 여타 다른 문헌들을 통해 재구성하는 방법을 통해 해소할 수 있다.

索」, ≪동아일보≫, 1926년 9월 21일자; "… 조철제는 … 당연 동도의 도주(道主)라 하였다. 동시에 용모(鏞模)는 도장(道長)에 … " 「判決文」, 大邱地方法院 安東支廳, CJA0001575, 1927년 6월 21일, 1018쪽. 태극도의 경전인 『진경전서』, 『진경』은 조용모를 모두 도장(道丈)으로 표기하고 있다. 1980년대에 편찬되어 정확한 한자를 알 수 없었기 때문으로 보인다. 태극도편찬위원회, 앞의 책(1987); 태극도편찬위원회, 앞의 책(1989); 「무극대도교개황」, 20쪽 참조.

3. 1970~80년대 교단 기록의 비교 고증

대순진리회의 전신인 무극도의 연원제 조직을 연구하기 위해서는 반드시 해당 교단 내 문헌을 활용할 필요가 있다. 특히 내부인의 시각에서 그 신앙체계와 교단사를 정리한 부분을 유의해서 보아야 한다. 종교적 세계에서 조직이 어떻게 구축되고 작동되었는지를 자세히 알 수 있기 때문이다. 당시의 교단 기록이 존재한다면 이를 활용하는 것이 가장 좋지만, 무극도의 경우 1960년대까지도 그 교단사를 기술한 내부 문헌이 나타나지 않아 후대의 기록에 의존할 수밖에 없다. 무극도의 역사와 신앙체계에 대한 본격적인 정리작업은 1960년대 후반에 시작되어 1974년에 처음 공식적으로 출판되었고, 1980년대까지 진행되었다. 따라서 본 연구에서는 1970~80년대에 이루어진 증산 종단의 무극도 기록을 검토하여 고증하고 이를 무극도에 관한 연구에 활용한다.

교단이 분열할 경우, 그 역사 또한 다양한 관점에서 서술된다. 따라서 교단 역사 기록이라고 하더라도 종파적 관점의 차이를 고려하여 활용되어야 한다. 게다가 지도자의 교체나 교리적 분열 등으로 신앙체계가 급격히 변동되거나 파편화되면 과거의 종교적 세계를 해석할 때 굴절의 문제를 간과할 수 없다. 따라서 교단사 관련 문헌은 그 문헌이 작성된 신앙체계의 토대를 명확히 하여 활용되어야 한다. 여기서는 교단 문헌 중 무극도, 태극도의 조직에 관한 정보를 지니는 대표적인 세 문헌이 각각 어떤 신앙체계에서 무극도를 기술했는지를 검토하고 문헌 간 비교를 통해 그 특성을 분석하면서 자료적 의의를 살펴보고자 한다.

1)『전경』의 무극도 기록

대순진리회의 설립이 태극도의 분열과 동전의 양면이라는 점은 의외로 잘 알려지지 않았다.[196] 이것은 대순진리회와 태극도 모두 태극도가 두 개의 종파로 나뉘었다는 시각이 아닌 정통과 비정통의 이분법에 의존해 서로를 부정한 것에 연유한다.

『전경』,『증산교사』,「태극진경」의 세 문헌 중 가장 앞서 출판된 것은 대순진리회의 경전인『전경』이다. 초판은 1974년 4월 1일 발행되었는데, 대순진리회 교무부가 편찬하고 서울대학교 출판부에서 발행하였다.[197] 대순진리회 초기에 간행되어 교단의 역사를 담고 있지 않아 대순진리회 조직 연구에서 활용도가 높지 않지만, 증산과 정산의 행적을 모두 다룬 최초의 경전이기에 무극도와 태극도 연구에서 중요한 문헌이다.

무극도를 기원으로 삼는 교단의 최초 경전은 태극도 교화부가 편찬한『선도진경(宣道眞經)』이다. 초판은 1965년 12월 1일 청문사(靑文

---

196 새로운 단체를 설립하고 교단의 명칭을 차별화하면서 두 교단이 하나의 뿌리에서 기원하였다는 사실은 대외적으로 잘 알려지지 않은 편이다. 두 교단의 분열을 간략히 정리하면 다음과 같다. 1958년 음력 3월 정산이 서거하자 도전이었던 우당 박한경(朴漢慶, 1917~1996)이 태극도의 최고 지도자가 되었다. 그 후 태극도는 1967년까지 약 10년간 큰 내홍 없이 우당의 지도하에 단일 조직으로 유지되었다. 하지만 1968년 우당의 지도체제에 반대하는 세력이 등장하며 내홍에 휩싸이고 결국 우당 추종 세력과 반대 세력으로 분열된다. 우당은 교단을 떠난 뒤 서울로 근거지를 옮긴 후 추종 세력을 이끌고 1969년 대순진리회를 창설하면서 태극도를 계승함을 표방하였다.

197 대순진리회교무부, 앞의 책(1974), 341쪽 참조.

社)에서 발행되었다.[198] 대순진리회 설립자인 우당 박한경(朴漢慶, 1917~1996)이 도전(都典)으로 태극도를 총괄하던 시기였으므로 이는 『전경』과 동일하게 우당의 기획이다. 신앙 대상인 증산 강일순(姜一淳, 1871~1909)의 행적을 주제별로 총 9장으로 기술하였지만, 태극도의 전신인 무극도를 창립한 정산에 관해 기술한 내용은 없다.[199] 그 연유는 경전 제목의 '선도(宣道)'의 개념을 통해 알 수 있다.

선도라는 개념이 문헌상 처음 등장하는 곳은 1963년에 간행된 태극도『수도요람』이다. 이에 따르면 태극도의 역사는 선도기(宣道期), 창도기(創道期), 수도기(修道期)로 나뉜다. 증산의 탄생(1871년)부터 서거(1909년)까지를 선도기(宣道期), 정산이 만주로 망명한 1909년 이후부터 무극도의 설립 및 해산을 거쳐 회문리로 귀향하여 홀로 수도하던 1945년 해방 전까지를 창도기(創道期), 그리고 해방 후 정산이 종교활동을 재개한 후부터 부산 감천에 수도장을 건설하고 우당에게 도의 운영 전반을 맡기고 서거하기까지를 수도기(修道期)로 구분하고 있다.[200] 1960년대 태극도의 세계에서 증산은 창도(創道)에 앞서 이 세상에 도를 펼친 선도주(宣道主)이고, 정산은 증산이 펼친 도를 이어 교단을 세운 창도주(創道主)이기에 증산의 행적을 기록한 경전이 『선도진경』으로 명명된 것이다.[201]

---

198 태극도교화부,『선도진경』, 청문사, 1965, 283쪽 참조

199 강세(降世), 삼계공사(三界公事), 율령(律令), 법론(法論), 암시(暗示), 풍유(諷諭), 인연방편(因緣方便), 제중(濟衆), 화천(化天)의 9개 장으로 증산의 행적과 언행을 수록하고 있다. 위의 책 참조.

200 교화부편찬실, 앞의 책, 12~20쪽 참조

201 증산을 선도주, 정산을 창도주로 지칭한 기록은 1966년의『태극도안내서』이다. 『태극도안내서』, 태극도본부교화부, 1966, 3~4쪽 참조.

『선도진경』이라는 명칭은 우당이 정산의 생애를 기록한『창도진경(創道眞經)』을 편찬할 계획을 지니고 있었음을 추측하게 한다. 이러한 추측은 문헌에서 사실로 확인된다. 이와 관련된, 1967년 2월 발행된 ≪태극도월보≫ (구) 제2호의 「국문판 선도진경 발간; 창도진경도 금년에 발간계획」 기사는 다음과 같다.[202]

> ③『창도진경』 발간계획;『창도진경』은 도주님께서 득도하셔서 오십년간 설법하신 도리를 내용으로 하여『선도진경』과 같이 수록할 것인데 원고수집이 매우 어려울 뿐더러 문헌중에 누락된 것이 많아서 현재 재료수집에 온갖 심혈을 기우리고 있다고 한다.[203]

위 기사는 1967년 2월 이전에『창도진경』의 편찬이 시작되고 있었고 정산의 행적을 정리한 일단의 문헌이 있었음을 알려준다.『창도진경』의 편찬 작업은 1968년 4월 큰 전기를 마련한 것으로 보인다. 이와 관련해, 1968년 4월에 발행된 ≪태극도월보≫ 제10호에는 무극도 초창기의 자료 미흡으로 부진했던『창도진경』편찬 작업이 획기적으로 진전되는 전기가 마련되었다는 기사가 게재되어 있다. 무극도 초기에 정산을 모신 유일한 생존자를 찾아 귀중한 자료를 얻

---

202 ≪태극도월보≫는 1967년 1월호부터 5월호까지 발행되었지만, 그 후 공보부 정식 등록을 마친 후 새롭게 1호부터 다시 발행하였다. 공보부 등록 전 월보는 호수 앞에 (구)를 표기한다. 「편집후기」, ≪태극도월보≫ (구)제4호, 1967년 4월, 태극도본부, 16쪽.
203 「국문판 선도진경 발간; 창도진경도 금년에 발간계획」, ≪태극도월보≫ (구)제2호, 1967년 2월, 태극도본부, 14쪽.

을 수 있음을 밝힌 내용이다.[204] 이상의 사실들은 태극도가 분열되기 이전 이미 정산의 행적에 관한 자료가 수집되어 정리되고 있었음을 잘 보여준다.

『창도진경』편찬 작업은 1968년에 시작된 태극도 내홍과 분열 때문에 진척되지 못한 것으로 추측된다. 20년 가까이 흐른 1987년이 되어서야 태극도에서 정산의 행적이 기록된『진경전서』의「태극진경」이 출판되었던 사실은 이를 잘 보여준다.[205] 그에 비해 대순진리회는『창도진경』편찬 작업을 위해 정리된 문헌을 활용하여 증산의 행적과 언행을 중심으로 한『전경』에 정산의 행적을 한 장(章) 할애하여 교단사에 해당하는 교운에 배치하였다.[206] 이는 앞서 살폈듯이 애초 계획한『창도진경』을『선도진경』과 함께 모아 발간하려던 계획을 완료한 것으로 볼 수 있다.

이상의 여러 사실은『전경』의 정산 관련 기록들이 대순진리회 창설(1969년)부터『전경』출판(1974년) 시기까지 새롭게 수집된 자료를 주로 하여 구성된 것이 아니라, 1968년의 분열 전후에 이전의 전승과 조사 내용을 결집한 데서 기원함을 의미한다. 이는『전경』편찬위원의 인터뷰 자료로도 확인할 수 있다.[207] 이에 따르면 정산의 행적

---

204 「창도진경 편찬에 서광; 무극도 당시 자료를 얻게 돼」, 《태극도월보》 제10호, 태극도월보사, 1968년 4월 25일, 14쪽.

205 『진경전서』는 증산의 생애를 다룬 '무극진경'과 정산의 생애를 다룬 '태극진경'으로 구성되어 있으며 각각 연도순으로 9개의 장이 배정되어 있다. 태극도편찬위원회, 앞의 책(1987) 참조.

206 교운 1장은 증산의 행적이고 2장이 정산과 관련된 기록이다. 대순진리회교무부, 앞의 책(1974), 152~220쪽 참조.

207 1980년대 대순진리회 교무부장과 여주수도장 소장을 역임한 이순범(이학녕) 2011년 6월 16일 인터뷰 참조. 이순범은 1956년 태극도에 입도하고 호장을 역임

에 관한 기록인『전경』교운 2장의 경우, 대부분 우당으로부터 전달받은 문헌을 그대로 정리한 것이다. 결국『전경』의 정산 관련 기록은 1960년대 태극도의 종교적 세계에서 바라본 무극도의 역사임을 알 수 있다.[208]

『전경』편찬에서 가장 주목할 부분은 교단 외의 관계자와 학자들이 참여한 편찬위원회의 구성이다. 이는 객관성과 정확성의 제고(提高)를 추구한 것으로, 타 교단의 역사 기록과 차별성을 띠며,『전경』의 무극도와 태극도 관련 기록의 활용도를 높인다는 점에서 중요하다.[209] 따라서 본 연구에서는 무극도 관련 기록의 경우『전경』을 중요한 사료로 활용할 것이다.

2)『증산교사』의 무극도 기록

『증산교사』는 보천교나 무극도에 비판적인 교단에서 정리한 증산

한 후 태극도 분열 이후 우당을 보좌하였다.

208 대순진리회의 세계에서 바라본 무극도와 태극도의 역사는 1960년대의 관점과 크게 다르지 않다. 하지만 태극도 분열의 한 원인이 되었던 도전의 위상에 대해서는 다른 입장을 지닌다. 이는 대순진리회의 시기 구분으로 알 수 있다. 대순진리회에서는 선도기, 창도기, 수도기로 교단의 시대를 구분하지 않는다. 대신 구천대원조화주신(증산), 도주 조정산, 도전(우당)의 종통 계승으로 시기를 구분하여 증산, 정산, 우당의 종통 계승을 중심으로 교단사를 정리하고 있다. 또한 정산을 창도주로 칭하기는 하지만 증산을 선도주로 칭하지는 않는다. 이는 증산과 정산의 위상을 더욱 확실하게 구분하는 변화라고 할 수 있다. 물론 이러한 변화들이 무극도와 태극도에 대한 기록에 미친 영향은 제한적이었을 것이다.『대순진리회요람』, 대순진리회교무부, 1969, 9~13쪽;『도헌』, 대순진리회, 1972, 제2조 참조.

209 증산의 사후양자(死後養子)인 강석환이 그 대표를 맡음으로써 증산 관련 기록에 대한 분쟁의 소지를 없애면서 증산의 문중 자료가 추가될 수 있었고, 서울대학교 종교학과의 장병길 교수가 편찬위원으로 참여함으로써 기존 자료들이 지닌 종파적 입장에서의 해석이 배제될 수 있었다. 강석환,「『전경』발간에 즈음하여」, 1974 참조.

종단의 역사 문헌이다. 총 37개의 장(章) 중에 보천교와 무극도 관련 기록이 많은 장에 실려 있어 활용 가치가 있다.[210] 1977년에 출간되었지만, 원고는 1968년 이전에 탈고가 된 것으로 추측된다. 저자인 이정립(李正立, 1895~1968)이 1968년에 사망한 후 그 유고가 1977년에 출판되었기 때문이다.[211] 1949년까지의 기사가 수록되었다는 점에서 원고는 1949년 이후에 집필된 것이지만, 그 내용을 보면 1953년 이후에 집필된 것으로도 볼 수 있다. 1장에서 증산이 중요시한 주자의 무이구곡가를 교단의 미래에 대한 비결로 보고 계사년(1953)까지의 증산 종단의 교단사로 해석하였기 때문이다.[212]

그렇지만 교사 편찬을 위한 자료는 이전에 수집되었을 가능성이 크다. 저자가 1919년 보천교에 입교하여 1922년 교경 편찬위원으로 임명되어 월곡 차경석(車京石, 1880~1936)으로부터 증산의 일화를 듣고 기록한 바 있고, 보천교에서 축출된 이후 친형인 이상호(李祥昊, 1888~1967)와 함께 『대순전경』의 편찬에 참여하였으며, 1930년대에 동화교(동화교), 1940년대에 동아흥산사(東亞興産社) 및 대법사의 주요 간부로 활동하였기 때문이다. 다만, 이러한 교단 활동으로 인해 이정립은 『증산교사』에서 증산 종단들의 역사를 편파적으로 기술한다. 자신과 친형인 이상호의 보천교, 동화교 및 대법사 활동의 정통성을

---

210 10장의 '신기도난사건', 15장의 '성묘도굴사건', 20장의 '무극대도교', 28장의 '무극대도교의 말로', 31장의 '일정의 대폭압과 신도들의 투쟁' 등 5개 장에 정산과 무극도 관련 기록이 있다. 이정립, 앞의 책 참조.
211 『증산교사』의 책 앞에는 이정립의 아들 이영옥이 쓴 글이 있는데 유고임이 밝혀져 있다.
212 위의 책, 35쪽 참조.

전제하는 입장에서 증산 종단의 역사를 기록하였다.[213] 따라서 여기에 기술된 보천교와 무극도 관련 기록에 대해서는 이정립의 종파적 입장을 고려하여 활용할 필요가 있다.[214] 즉 무극도와 보천교 관련 기록이 여러 장에 걸쳐 존재하지만, 그 당파성을 고려하여 타 문헌과의 비교를 통해 자료를 활용해야 한다.

3) 「태극진경」의 무극도 기록

「태극진경」은 태극도의 경전인 『진경전서』(1987)와 『진경』(1989)의 후반부로 정산의 행적과 언행에 대한 기록이다. 『진경전서』와 『진경』은 1965년의 『선도진경』 이후 20여 년만의 태극도 경전으로, 『전경』처럼 교단이 분열된 후 출판되었다.[215] 증산 관련 기록은 「무극진경」으로 전반부에, 정산 관련 기록은 「태극진경」으로 후반부에 있으며 모두 연대순으로 배치되어 있다.

---

213 이상호, 이정립의 종교활동에 대해서는 『증산교사』 외에도 박인규의 논문을 참조할 수 있다. 위의 책, 90쪽, 95~96쪽, 136~141쪽, 169쪽, 191~192쪽, 328쪽; 박인규, 앞의 논문(2019b), 140~162쪽 참조.

214 『증산교사』의 당파성은 이정립의 연원이면서 종교적 동지인 친형 이상호가 편찬한 『증산천사공사기』(1926)와 『대순전경』 초판(1929)~6판(1965)이 지닌 증산의 제자에 대한 기록 변경으로도 어느 정도 그 개연성이 입증된다. 이상호가 처한 종파적 상황에 따라 차경석, 박공우, 김형렬, 고판례 등에 대한 기록이 추가되거나 변경되기 때문이다. 여기에 관해서는, 김탁, 『증산교학』, 도서출판 미래향문화, 1992, 203~222쪽 참조.

215 『선도진경』은 1967년 2판, 1983년 3판이 발행되었다. 2판은 한글판이라는 차이 이외에는 초판과 내용 대부분이 같다. 하지만 3판의 경우 주제 별로 장을 구분하지 않고 연대순으로 배열하여 순서가 초판과 아주 다르다. 또한 초판과 재판에 수록되지 못한 기사들이 일부 추가되었다. 그러나 교리상으로 중요한 변동은 발견되지 않는다. 태극도편찬원, 『도학원론』 재판, 태극도출판부, 1992, 289쪽; 태극도교화부, 앞의 책(1965), 청문사, 1965; 태극도교화부, 『선도진경』 재판, 동아대학교출판사, 1967; 태극도편찬위원회, 『선도진경』 3판, 재단법인태극도, 1983 참조.

「태극진경」을 살피기 전에 이 경전에서 먼저 주목해야 할 부분은 교리 변화 부분이다. 이는 그 경전의 명칭에서도 드러나는데, 바로 1960년대의『선도진경』,『창도진경』이라는 명명법이「무극진경」과「태극진경」으로 변화된 것이다. 1980년 출판된『태극도요람』에서 증산과 정산이 각각 선도주와 창도주로 명명되고 있고, 1983년에『선도진경』3판이 출판되었기에 1983년까지 1960년대의 교리체계에 특별한 변화는 없었다.[216] 그렇지만 1987년의『진경전서』는 그 제목에서부터 증산을 선도(宣道) 대신 무극(無極)으로, 정산을 창도(創道) 대신 태극(太極)으로 연결하고, 둘의 관계를 '이도일체(以道一體)'로 설정하여 변화를 보인다. 1989년『진경』에서는 증산과 정산의 신격 앞에 각각 무극주(無極主)와 태극주(太極主)를 부가하여 교리적 변화를 공식화한다.[217] 증산과 정산의 관계가 선도(宣道)와 창도(創道)라는 역사적 역할에서 무극(無極)과 태극(太極)이라는 형이상학적 본체론 및 무극주와 태극주라는 신학의 영역으로 확장되어 변동되었다.

이는 태극도의 '기원(起源)' 부분에서 증산의 신격인 구천응원뇌성보화천존에 관한 서술 내용이 변경되었다는 사실에서 명확히 알 수 있다. 즉 1956년『태극도통감』초판과 1980년『태극도요람』의 '기원(起源)'에서는 구천응원뇌성보화천존이 '관령주재태극지천존[管領主宰太極之天尊; 태극을 관령주재하는 천존]'이었지만, 1987년『진경전서』, 1989년『진경』의 '기원(起源)'에서는 '관령주재무극지천존[管領主宰无

---

216 『태극도요람』, 태극도신도회, 1980, 38~39쪽; 태극도편찬위원회, 앞의 책(1983) 참조.

217 태극도편찬위원회, 앞의 책(1987), 229쪽; 태극도편찬위원회, 앞의 책(1989), 1 쪽, 315쪽 참조.

極之天尊; 무극을 관령주재하는 천존]'이다.[218] 1950년대 이후부터 유지된 '모든 것의 근원인 태극을 구천응원뇌성보화천존상제가 주재한다' 라는 태극도 교리체계는 1987년에 이르러 무극과 태극을 분리하면서 단층을 보인 것이다.

이 교리적 단층이 형성된 원인을 정확히 분석하기 어렵지만, 그 중심에 '이도일체(以道一體)'라는 새로운 교리체계가 있음은 쉽게 알 수 있다. 이 용어는 1980년 이전의 태극도 문헌에 나타나지 않는다. 증산과 정산의 관계에 대한 '이도일체(以道一體)' 교리는 결과적으로 증산과 정산을 대등하게 놓아 정산과 우당의 차별화를 강화하고 우당의 정통성과 그가 교단을 총괄한 시기의 교리 해석 및 신앙 체계의 정당성을 부정하는 데에 효과적으로 활용된다. 핵심 교리 변경의 한 원인이 태극도에 남겨진 우당의 흔적을 지우는 것이었음을 시사한다.[219]

앞서 살폈듯이 이 교리 변동은 창도주인 정산이 남긴 문헌의 수정으로까지 이어졌다. 태극도의 '기원'에만 자구 수정이 가해진 것이 아니라 '취지서'에도 기존에 없던 글자를 추가해 수정이 이루어졌다. 즉 "…사도로써 내세 하신 분은 공자, 석가, 노자이고 이제 우리

---

218 1966년에 간행된 『태극도안내서』에도 태극이 우주 진리의 원천이며 우주 생명의 주이고 구천상제가 태극의 주재임이 기술되어 있다. 『태극도통감』, 태극도본부, 1956, 7쪽; 『태극도안내서』, 태극도본부교화부, 1966, 8~9쪽; 『태극도요람』, 태극도신도회, 1980, 27쪽; 태극도편찬위원회, 앞의 책(1987), 406쪽; 태극도편찬위원회, 앞의 책(1989), 584쪽 참조.

219 1971년 이후 우당을 추종하던 태극도 교인들의 모임인 태극도 정신회를 비롯하여 간부들의 상당수가 대순진리회로 대거 이탈하자 태극도의 우당에 대한 비난은 첨예해졌고, 교단의 경전이나 공식 문헌에도 우당에 대한 부정적 평가와 비난을 수록하였다.

증산성사이시다.[…以師道而來者는 釋迦孔子老子而今我甑山聖師也시라.]"를 "…사도로써 내세 하신 분은 공자, 석가, 노자이시며 무극으로 내세 하신 분은 이제 우리 강성(甑山)상제이시다.[…以師道而來子는 釋迦孔子老子也요 以無極而來者는 今我姜聖(甑山)上帝시라]"로 변경한 것이다.²²⁰ 무극과 태극을 구분하여 증산과 정산을 각각 무극주와 태극주로 설정한 교리 변경을 명확히 확인할 수 있다. 신앙 대상에 대한 신학적 변화는 신앙과 의례의 체계 전반에 변화를 동반할 것이 틀림없었고, 이는 「태극진경」에 수록된 정산의 행적과 언행 기록에도 영향을 미쳤음이 분명하다.²²¹ 「태극진경」의 기록이 1980년대 후반에 변동된 태극도의 신앙체계에서 서술된 무극도의 역사라는 것을 의미한다.

이에 더하여 1970년대와 80년대에 수집 정리된 자료들의 신빙성 문제에도 주목해야 한다. 앞서 살폈듯이 1968년 출판을 계획했던 정산 관련 기록은 1974년 대순진리회의 『전경』에 대부분 수록되었다. 「태극진경」을 『전경』과 비교하면 차이가 나는 부분과 추가된 부분이 적지 않다. 이것은 「태극진경」이 1970~80년대 발굴 수집 정리된 자료를 중심으로 한 문헌임을 의미한다.²²² 1967~68년에도 1차 자

---

220 『태극도통감』, 태극도본부, 1956, 2쪽; 태극도편찬위원회, 앞의 책(1987), 405쪽; 태극도편찬위원회, 앞의 책(1989), 582쪽 참조.

221 특히 「태극진경」이 우당 관련 기술에서 대순진리회의 『전경』이나 『대순진리회요람』과 반대되는 입장에서 서술되었음을 주목해야 한다. 교리적 변화가 우당에 대한 입장과 관련되어 있기에 「태극진경」의 우당 관련 기록에서는 그 역할과 위상에 대한 비판적 입장에서 사실관계를 해석하고 정리한 측면을 충분히 고려하여 활용해야 할 필요성이 있는 것이다.

222 이것은 1968년 ≪태극도월보≫ 편집인으로, 『진경전서』 및 『진경』 편찬을 주도한 황○○의 2006년 12월 2일 인터뷰에서 확인할 수 있다. 황○○는 태극도에서 공식적으로 1981년에 편찬위원회를 구성하고 3~4년간 안면도를 비롯한 유적지 답사를 통해 자료를 확보했다고 진술하고 있다. 이 인터뷰에서 주목할 점은 『전경』 출

료의 부족으로 어려움을 호소하던 상황이었던 점을 고려한다면 「태극진경」에 추가되거나 수정된 부분은 1차 자료를 기반으로 했다기보다 대부분 구전과 전승에 따른 2차 자료를 기반으로 했을 가능성이 크다.[223] 따라서 「태극진경」의 기록, 특히 무극도 관련 기록은 여러 다른 문헌들과 교차 검증하여 사용되어야 한다. 이를 위해 다음 단락에서는 이상에서 언급한 여러 문헌을 교차 검증하여 그 신빙성에 대해 간략하게 평가해 보고자 한다.

4) 문헌의 비교 고증

세 문헌의 무극도 관련 기록을 비교하면, 『전경』과 달리, 『증산교사』와 「태극진경」 사이에 유사도가 높다. 『전경』의 기록은 1920년

판 이후 황○○가 대순진리회 측에 공동으로 정산의 역사에 대해 출판할 것을 제안하였지만 대순진리회 측에서 『전경』의 내용은 고증된 것이므로 공동 출판의 의사가 없음을 알린 것이다. 인터뷰 자료는 대순진리회교무부에서 제공받았다.

223 2006년 12월 2일 황○○ 인터뷰에 따르면 「태극진경」은 윤금현의 자료를 근거로 한 것이다. 윤금현은 1952년경 정산을 처음 대면한 것으로 알려져 있다. 1968년 12월 전도부 차장, 1969년 8월 전도부장에 임명되었는데, 1968년 말 우당을 추종하던 태극도 정신회가 대순진리회로 옮겨가기 시작하면서 태극도 집행부가 모두 우당 반대파에 의해 장악되었으므로 윤금현 역시 우당 반대파에 속한다. 그가 1969년 《태극도월보》에 기고한 글에는 무극도 당시의 사건을 기록하고 있다. 그 내용이 「태극진경」 내용과 유사하지만, 연대와 사실관계에 오류가 있고 「태극진경」과도 다르다. 증언을 고증 없이 기록하였음을 알 수 있다. 이 부분은 후술할 것이다. 「국문판 선도진경 발간; 창도진경도 금년에 발간계획」, 《태극도월보》 (구)제2호, 1967년 2월, 태극도본부, 14쪽; 「창도진경 발간에 최선을 다하기로」, 《태극도월보》 제3호, 1967년 9월 25일, 태극도월보사, 23쪽; 「창도진경 편찬에 서광; 무극도당시 자료를 얻게 돼」, 《태극도월보》 제10호, 태극도월보사, 1968년 4월 25일, 14쪽; 「1968년 재단 종단은 무엇을 했나」, 《태극도월보》 제18호, 태극도월보사, 1968년 12월 30일, 9쪽; 윤금현, 「도주님을 믿는 뜻 5호」, 《태극도월보》 제25호, 태극도월보사, 1969년 7월 25일, 4~5쪽; 윤금현, 「도주님을 믿는 뜻 6호」, 《태극도월보》 제25호, 태극도월보사, 1969년 8월 25일, 4~5쪽; 대순종교문화연구소, 앞의 논문(2008), 28쪽 참조.

대 문헌인『무극대도교개황』과 유사하고, 그에 비해『증산교사』와 「태극진경」의 기록은 1930년대 문헌인『조선의 유사종교』와 유사하다.[224] 앞서 분석했듯이 1920년대의 무극도에 관해 가장 정확한 정보를 제공하는『무극대도교개황』과『전경』의 일치도가 높다는 것은『전경』에 서술된 1920년대 기록의 신빙성이 높다는 것을 의미한다. 이와 관련해, 대표적으로 세 가지 사례를 들 수 있다.

첫째,『전경』에 나타난 '주선원(周旋元)'과 '주선원보(周旋元補)'의 직책이다. 정산이 1923년 전교(傳敎)의 임무를 담당하기 위해 두었다는 이 직책은『무극대도교개황』의 무극도 도규에 나타난 '주선원(周旋元)'과 '주선보(周旋補)'와 거의 일치한다.[225] 이에 비해『증산교사』와 「태극진경」에는 이와 같거나 유사한 직책이 나타나지 않는다. 주선원(周旋元)과 주선보(周旋補)는 도주와 도장 다음의 상급 직위로 당대의 신문 기사에도 등장하는 공식적인 명칭이다. 따라서 이 명칭의 수록 여부는 문헌의 작성 근거가 1920년대의 1차 자료였는지 그렇지 않은지를 판단하는 기준이 될 수 있다.

『전경』의 편찬 시점인 1974년 당시,『무극대도교개황』이 공개되거나 알려지지 않았기에『전경』이 이 문헌을 참고했을 가능성은 없다.[226] 우당이 태극도를 이끌던 1963년에 간행된 태극도『수도요람』

---

224 대표적인 것은 무극도 도규의 일치도이다.
225 『무극대도교개황』에는 주시원(周施員), 주시가(周施家), 주시보(周施補), 주선원(周旋元), 주선보(周旋補) 등의 명칭이 있지만, 주시원(周施員), 주시가(周施家), 주시보(周施補)의 경우 주선원(周旋元), 주선가(周旋家), 주선보(周旋補)의 오기이다. 대순진리회교무부, 앞의 책(1974), 197쪽;『무극대도교개황』, 9~11쪽 참조.
226 우방협회와 학교법인 가쿠슈인(학습원)의 우방문고 위탁계약의 체결은 1983년, 그 자료목록이 간행되어 연구자에게 이용되기 시작한 해는 1985년, 마이크로필

의 연혁에 주선원(周旋員)의 직책이 무극도의 간부로 나타난다는 점 등은 『전경』의 무극도 관련 전승이 교단 내에서 이어져 온 것이고 다른 계열의 전승에 비해 신빙성이 높다는 것을 시사한다. 1970~71년 대순진리회로 완전히 합류하는 태극도 정신회가 1970년에 발행한 태극도 『수도요람』 3판에도 주선원(周旋員)의 기록이 초판과 동일하게 유지되고 있다는 점은 태극도에서 수집된 무극도 관련 전승이 대순진리회까지 이어졌음을 방증한다.[227]

둘째, 증산의 친자 종도 문남용(문공신)에 의해 발생한 강도 사건 기록이다. 이 사건의 발생 시점에 대해 『무극대도교개황』은 1923년 3월 9일(음력 1월 22일), 『전경』은 1923년 2월 15일(음 1922년 12월 30일)로, 즉 둘 다 1923년 초로 기록하고 있다. 그에 비해 『증산교사』와 「태극진경」은 이 시점을 음력 1922년 정월, 즉 양력 2월로 기록하고 있다. 양자 사이에는 약 1년의 차이가 있다.[228]

『무극대도교개황』의 기록이 1924년의 경찰 정보를 바탕으로 작성되었음을 고려한다면 이 사건의 발생 시점은 『무극대도교개황』에서 명시한 1923년 3월(양력)이 명확하다. 다만, 사건 발생 시점에 대해 『전경』이 1923년 2월 15일(음 1922년 12월 30일)로, 『무극대도교개황』이 3월 9일로 기록하여 약 22일의 간극을 보이는 부분에서 시점의

름 촬영을 시작하여 귀중본들의 열람이 가능하게 된 시기는 1997년 이후이다. 우홍범, 「한국근대사 관련사료의 수집·편집현황과 전망－우방문고 조선총독부 관계자자료를 중심으로」, 『사학연구』 제70호, 한국사학회, 2003, 126~127쪽.

227 『수도요람』 3판, 태극도정신회, 1970, 16쪽.

228 대순진리회교무부, 앞의 책(1974), 197쪽; 『무극대도교개황』, 5쪽; 이정립, 앞의 책, 96쪽; 태극도편찬위원회, 앞의 책(1987), 286~287쪽; 태극도편찬위원회, 앞의 책(1989), 393쪽 참조.

오류를 지적할 수 있다. 문남용에 의한 강도 사건을 상세히 기록하고 있는 「태극진경」과 『증산교사』를 참고하면 이 사건은 시차를 두고 두 차례에 걸쳐 이루어졌다. 1차는 원평의 통사동에서 증산의 유골을 탈취한 것이고, 2차는 피신한 정산을 추적하여 대전에서 증산의 좌완 유골과 금전을 요구한 사건이다. 『무극대도교개황』은 2차 사건을 기준으로 기록하여 『전경』의 기록과 약 20여 일의 차이를 보인 것이다. 즉 『전경』과 『무극대도교개황』이 각각 사건 발생 시점과 사건 완결 시점을 기준으로 기록했음을 알 수 있다.[229] 결국 이 사건에 대한 1970년대 이후의 기록 중 『전경』만이 1923년 2월(양력)로 사건의 시점을 기록하고 있다는 점은 『전경』의 무극도 관련 기록이 다른 기록과 달리 상당히 정확성을 지니고 있음을 입증한다.[230]

한 가지 더 주목해야 할 점은 「태극진경」이 이상우의 관점을 중심으로 사건을 기록하고 있다는 점이다.[231] 1968년 태극도에서 안면도

---

229 1926년 9월 11일의 동아일보 기사를 통해서도 사건이 발생한 시점을 추리할 수 있는데, 이 기사에 따르면 증산의 유족과 정산에 의한 증산 유골 수습사건과 강도 사건의 시차는 2년이다. 증산 유골의 발굴은 『무극대도교개황』에 따르면 1921년이므로 강도 사건은 1923년에 일어났다고 보아야 한다. 이 기사는 당시 도난당한 금전이 3,000여 원이라고 했는데 『무극대도교개황』은 이를 3,800원으로 특정하고 있어 상당히 정확한 정보를 참조했음을 알 수 있다. "… 사년전 강도상인범으로 체포하였다는데 그는 훔치교도로서 약 육년전에 … 조철제가 … 교조 강증산의 뼈를 발굴하여 간 것을 알고 … 현금 삼천여원을 빼앗고 …." 「太乙敎徒强盜 경찰에잡히여」, ≪동아일보≫, 1926년 9월 11일자.

230 대순진리회교무부, 앞의 책(1974), 197쪽; 『무극대도교개황』, 5쪽; 이정립, 앞의 책, 96~97쪽, 태극도편찬위원회, 앞의 책(1989), 393~401쪽 참조.

231 『전경』, 『진경전서』, 『진경』의 기록을 종합하면 이상우는 정산이 귀국 후 처음 정착한 안면도에서 교도가 된 이정율의 아들이며 무극도 창도 이전에는 정산을 가까이에서 모신 것으로 보인다. 하지만 이상우가 1924년 12월 정산을 고발했다는 신문 기사를 본다면 그가 정산의 측근으로 활동한 시기는 1918~1924년경이라고 볼 수 있다. 「태극진경」은 문남용(문공신)에 의한 강도 사건 외에도 많은 기사가 이상

에 생존해 있던 이상우를 찾아내어 그의 기억과 증언을 '창도진경' 편찬에 활용하려고 한 기록에 비추어 본다면, 「태극진경」의 해당 기사는 1968년 이후 채집된 정보에 근거했음을 알 수 있다. 문제는 이상우의 증언이 사건 발생 시점으로부터 40여 년이 지난 후에 채집되어 정확성을 지니지 못하였다는 사실이다. 이는 「태극진경」 편찬 시 관련 자료를 제공한 윤금현의 글에서 명확히 확인할 수 있다. 윤금현은 태극도 분열 이후인 1969년에 정산과 관련된 글을 ≪태극도월보≫에 게재하면서 해당 사건 시점을 1924년으로 기술하고, 문남용 (문공신)이 그 사건으로 투옥되어 사망하였다는 잘못된 사실을 게재한 바 있다.[232] 이는 이상우의 증언을 기존에 수집된 정보와 비교하지 않고 고증 없이 활용하면서 발생한 문제이다.[233]

1987년에 편찬된 「태극진경」은 사건 시점을 1922년으로 수정하고, 문남용이 당시 옥사했다는 기록을 삭제하였지만, 이 수정 역시 결과적으로 사실과 차이를 보인다. 이는 「태극진경」이 『증산교사』를 참고하여 관련 기록을 고증하였을 가능성을 시사한다. 결국 「태극진경」의 내용 전반에 대해 제기되는 신빙성 문제는 무시하기 어

우의 시각에서 기록되어 있는데 1924년 이후의 내용은 그 신빙성을 철저히 검토하여 사용해야 한다. 「無極敎가 詐欺敎化」, ≪조선일보≫, 1924년 12월 2일자; 대순진리회교무부, 앞의 책(1974), 192~197쪽; 태극도편찬위원회, 앞의 책(1987), 254쪽, 285~293쪽; 태극도편찬위원회, 앞의 책(1989), 392~401쪽 참조.

232 사건 발생 시점이 1923년 2~3월이었음은 앞서 밝힌 바 있다. 문남용은 1954년 사망하였다. 윤금현, 「도주님을 믿는 뜻 5호」, ≪태극도월보≫ 제25호, 태극도월보사, 1969년 7월 25일, 4~5쪽; 홍범초, 앞의 책, 268쪽 참조.

233 이상우가 1924년 무극도를 이탈하여 정산을 고발했었다는 사실은 「태극진경」의 편찬 과정에서 전혀 고려되지 않았다. 「無極敎가 詐欺敎化」, ≪조선일보≫, 1924년 12월 2일자 참조.

렵다.[234]

셋째, 증산의 유골 발굴 시점이다.『전경』은 정산이 1921년 9월(양력 10월) 증산의 유골을 수습하였다고 기록하고 있다.[235] 그에 비해『증산교사』는 그 발굴 시점을 1921년 2월로 기록하고 있다.[236]『무극대도교개황』이 이 시점을 보천교의 공인과 관련하여 1921년 말로 기록하고 있음을 본다면『전경』의 기록이 정확하다.[237]「태극진경」의 기록도『전경』의 기록과 같지만, 그 편찬 시점이『전경』보다 15년 늦은 1989년이므로 이 기록으로 신빙성을 평가하기는 어렵다.[238]

이상 논의된 사실과 각 문헌에 대한 해제는『증산교사』와「태극진경」의 무극도 관련 기록이 당대보다 최소 30~40년이 지난 후대의 증언이나 간접 자료에 의존하여 집필되었음을 시사한다. 그에 비해『전경』의 기록은 그 내용이 간략하지만 사건 관련자들의 직접적인 진술을 기록한 전승 자료에 근거하여 집필되었음을 추측할 수 있다. 따라서 본 연구에서는 무극도 관련 내용에 대해『무극대도교개황』과『전경』을 기본적인 자료로, 나머지 자료를 보조적인 자료로 활용할 것이다.

---

234 대순진리회 측의 기록이지만,「태극진경」의 신빙성에 대해 지적한 다음과 같은 연구 결과가 있다. "'「태극진경」 즉『진경』의 저자인 황진규의 진술에 따르면 윤금현의 기록을 참조해서 썼다고 한다. 윤금현은 1952년에 도주님을 처음 뵈었고, 당시 직위가 호령(지금의 교정)이었다고 한다. 따라서 일단 1952년 이전의 내용은 알 수가 없는 상황이었고, 1952년 이후도 도주님을 계속 가까이서 시봉할 위치는 아니었다." 대순종교문화연구소, 앞의 논문(2008), 28쪽.

235 대순진리회교무부, 앞의 책(1974), 196쪽; 태극도편찬위원회, 앞의 책(1987), 254, 285~293쪽; 태극도편찬위원회, 앞의 책(1989), 392~401쪽 참조.

236 이정립, 앞의 책, 95쪽 참조.

237 『무극대도교개황』, 3쪽 참조.

238 태극도편찬위원회, 앞의 책(1989), 393쪽 참조.

제3장

연원 조직의 태동과 제도화

1. 유불선 전통과 연원제

연원(淵源)이라는 개념은 한국 유불선의 종교 전통에서 일반적으로 쓰이던 것이다. 벽이단론(闢異端論)의 입장에서 도통(道統)을 강조하는 주자학 중심의 한국 유교, 이심전심을 통한 사자상승(師資相承)의 법통(法統)을 중요시하는 선종(禪宗) 중심의 한국 불교, 도맥을 강조하는 한국 수련 도교의 전통에서 도통·법통의 개념은 상당히 중요했는데 연원 역시 이 개념들과 거의 같은 의미를 지니며 사용되었다.[1]

조선 시대의 통치 이념이었던 주자학에서 사승(師承) 관계를 의미하는 연원 개념이 중요하게 자리 잡은 것은 도통(道統)을 중시하는 주자학의 특징 때문이다. 특히 도통을 중심으로 그 역사를 정리하여 학안(學案)을 기술하는 전통인 '연원록(淵源錄)' 편찬은 주자학 일변도의 조선 유교에서 연원이 중심 개념으로 자리 잡게 한 주요한 원인의 하나이다. 학안사(學案史)의 원조라고 할 수 있는 주희(朱熹)의 『이락연원록(伊洛淵源錄)』이 도학사(道學史)의 전범으로 여겨지며 조선 중기 이후 붕당 및 학파의 도통 정립을 위한 연원록(淵源錄)과 사우록(師友錄) 편찬에 큰 영향을 준 것은 이를 잘 보여준다. 그 결과 조선 후기에는 사상 간의 논리적 인과 관계보다 사승 관계에 더욱 주목하면서 붕당의 도통과 더불어 특정한 학파 또는 특정한 지역의 도통을 반영한 연원록도 등장한다.[2] 사승 관계에 기반한 인적 계보를 뜻하는 연원 개념

---

1 근대 신종교의 연원제와 기존 전통 종교의 연원 개념이 관련되어 있음은 이진구에 의해 이미 지적된 바 있다. 그는 연원이라는 개념이 신종교 고유의 것이 아니며 수행을 강조하던 유불선의 전통에서 매우 중요한 개념이었던 도통, 법통 등의 개념과 상통하고 있음을 주장하였다. 이진구, 앞의 글, 69쪽 참조.

이 붕당 및 학파의 정체성 확립의 중심에 자리 잡은 것이다.

조선의 주류였던 유생(儒生)의 조직, 즉 붕당과 학파가 연원 계보를 중심으로 구축되고 현실 정치와 사회에서 영향을 행사하였다는 점은 중요하다. 주류 사회에서 연원 관계를 통한 조직 구축, 권력 획득, 이익 실현의 과정이 일반적이며 필수적이었다는 의미이기 때문이다. 동학도 유교적 사유를 토대로 구축되었기에 그 정체성을 확보하고 조직을 구축하고 확산하는 과정에서 유생들의 조직 원리인 사승에 의한 연원 관계를 적극적으로 수용하고 변용하였을 가능성이 크다. 이것은 오지영(吳知泳, ?~1950)의 다음과 같은 글로도 충분히 입증된다.[3]

호사(好事)는 다마(多魔)라고 동학당(東學黨)은 본래(本來)붓허 소위(所謂) 연원(淵源) 당파(黨派)의 폐풍(弊風)이 만핫섯고 겸(兼)해 지방적(地方的) 편벽샛채(偏僻色彩)까지 업지 아니하엿섯다. 이것이 엇지 동학(東學)의 본의(本義)라고 하겟느냐다만 조선(朝鮮)사람의 전래(傳來)의 관습성(習慣性)이라고 볼 수가 잇는 것이다. 유도(儒道)의 폐풍(弊風)인 뉘연원(淵源) 뉘연원(淵源)이라는 습성(習性)과 쏘는 동인(東人) 서인(西人) 남인(南人) 북인(北人) 중인(中人)라는 등(等)의 당파별(黨派別)갓흔 것 등(等)을 가장 조흔 것인 줄을 밋어왓든 까닥인가 한다.[4]

---

2 연원록에 관한 연구는 김태년과 노관범의 연구를 참조하였다. 김태년, 「학안에서 철학사로」,『한국학 연구』, 제23집, 2010, 44~50쪽; 노관범, 「연원록에서 사상사로－장지연의 「조선유교연원」과 현상윤의 『조선유학사』를 읽는 방법－」,『한국 사상사학』 56권, 2017, 214~220쪽 참조.

3 오지영은 동학혁명 당시 양호도찰(兩湖都察)의 중책으로 활동하였고, 1920년대 천도교 혁신운동의 지도자로 활동하였다.

4 오지영,『東學史(草稿本) 三』, 483쪽. 동학농민혁명 종합지식정보시스템(http://

수운은 벽이단의 분위기가 팽배했던 시기에 학파와 붕당의 조직 구축 원리로 활용된 연원 개념을 동학의 조직 원리로 활용하였다. 초기 동학에서 지식인 계층의 입도와 포덕 활동이 활발하였다는 점에서 보더라도 연원 개념의 도입은 포교 전략상 자연스러웠다. 수운이 제자와 교인을 위해 저술한 「도수사」의 다음과 같은 구절은 이를 잘 보여준다.

성경현전(聖經賢傳) 살폈으니 연원도통(淵源道統) 알지마는 사장사장 (師丈師丈) 서로전(傳)해 받는것이 연원(淵源)이오 그중(中)에 가장높아 신통육예(身通六藝) 도통(道通)일세 공부자(孔夫子) 어진도덕(道德) 일관 (一貫)으로 이름해도 삼천제자(三千弟子) 그가운데 신통육예(身通六藝) 몇몇인고 칠십이인(七十二人) 도통(道通)해서 전천추(前千秋) 후천추(後千秋) 에 일관(一貫)으로 전(傳)차해도 일천년(一千年) 못지나서 전자방(田子方) 단간목(段干木)이 난법난도(亂法亂道) 하였으니 그아니 슬플소냐 어질다 이내벗은 자고급금(自古及今) 본(本)을받아 순리순수(順理順受) 하였어라[5]

수운은 공자에서 칠십이 제자로 전해진 육예(六藝)의 예시를 통해 연원이 주자학의 도통(道統) 개념인 스승에서 스승으로 전해지는 사승임을 명확히 하였고, 유교적 사유를 차용하여 동학과 유교의 유사성을 부각하였다. 유교의 연원 개념으로 동학의 연원을 정의한 것은

---

www.e-donghak.or.kr/index.jsp, 2021.5.15).

5 해석상의 논란이 없는 부분은 현대 경전을 인용하였다. 천도교중앙총부(편), 앞의 책, 190~191쪽.

수운의 조직 원리가 주자학의 도통 연원 개념을 활용하고 있다는 것을 잘 보여준다.

또한 수운이 당시 선불교 전통에서 법통과 관련되어 사용된 '사사상전(師師相傳)'을 '사장사장(師丈師丈) 서로 전(傳)해 받는 것'으로 풀어 설명하고, 연원과 같이 보고 있어, 당대의 불교의 법통 개념에서도 영향을 받았다고 볼 수 있다. 사사상전은 동한(東漢)의 왕충이 쓴 『논형(論衡)』에서 처음 쓰인 말로, "뜻을 완벽히 이해하기보다는 대물림한다."라는 부정적 맥락에서 사용되었던 말이다.[6] 사사상전은 불경의 한역에 활용될 때까지 육사외도(六師外道)에서 법을 전수하던 방법이나, 상호 간 교섭이 어렵고 스스로 만족하여 밖에서 구하지 않는 폐쇄적 진리 전수 방법을 지칭하였다.[7] 사사상전의 개념이 이심전심(以心傳心)의 심법 전수 계보, 즉 법맥을 의미하게 된 것은 중국 선종(禪宗)이 성립되면서 법맥 계승을 상징하는 의발(衣鉢) 전수와 관련되어 사용되면서부터이다.[8]

---

6 "諸子尺書, 文明實施. 設章句者, 終不求解扣明, **師師相傳,** 初為章句者, 非通覽之人也. [제자(諸子)의 경서는 문구가 명료하고, 서술이 진실하였는데 경서를 해석함에 있어 깊이 탐구하지 않고, 대대로 스승에서 스승으로 전해졌다. 이렇게 경서를 해석한다면, 통달한 사람이 아니다.]" 王充, 『論衡』 第八二卷 書解篇.

7 "爾時有梵志 是外道六師門徒. 六師者 一師十五種教 以授弟子 為教各異. 弟子受行各成異見 如是一師出十五種異見. 師別有法 與弟子不同師與弟子通為十六種 如是六師有九十六. 師所用法 及其將終 必授一弟子 如是**師師相傳** 常有六師." 『薩婆多毘尼毘婆沙』 卷第五 第二十事; "夫道之極者 非華非素 不即不殊 無近無遠. 誰捨誰居 不偏不黨 勿毀勿譽 圓通寂寞 假字曰無. 妙境如此 何所異哉. 但自皇義以來 各弘其方 **師師相傳** 不相關涉 良由彼此兩足 無復我外之求." 『弘明集』 卷第七.

8 "相公借問小師等 合有承後弟子 僧人得衣鉢者. 小師答 亦無人承後. 和上在日有兩領袈裟 一領衡山寧國寺 一領留淨衆寺供養. 相公不信. 又問諸律師 鴻漸遠聞金和上是大善知識. 承上已來 **師師相傳授** 付囑衣鉢. 金和上既化. 承後弟子何在."

한국에서는 고려 시대 이후 승려들의 사승 관계 및 계보 정리와 불교 문중(門中)의 정체성을 확보하는 용어로 보편적으로 사용되었고, 조선 후기에 유생들의 사승 관계에서 사용되기도 하였다.[9] 당시 선불교의 심법 전수를 의미하는 사사상전의 개념이 잘 알려져 있었고, 유불의 전통에서 도(道), 법(法), 심(心)의 전수(傳授)와 이에 따른 도통(道統)과 법통(法統)의 계보를 의미하는 용어로 사용되었다는 것을 잘 보여준다. 사사상전 개념의 보편화는 벽이단을 중심으로 양명학 등 주자학 이외의 사유체계를 비판했던 조선 주자학과, 교종(敎宗)을 비판하면서 선종(禪宗) 우위를 표방한 조선 중기 이후의 조선 선불교가 공통으로 보여준 '정체성 확립 전략'과 관련되었다고 볼 수 있다.[10] 조선 선불교의 사사상전과 사자상승(師資相承) 개념은 주자학의 도통 개념과 결합하여 연원 개념의 주요한 토대가 된 것이다.

수운은 사사상전 대신 사사상수(師師相授)라는 표현을 쓰지만 같은 의미이다. 「흥비가」에는 "사사상수(師師相授) 한다해도 자재연원(自在

『大正新脩大藏經』第五一冊 第十九卷 歷代法寶記; "正法以衣相密為心印也 凡有難及難信處 即衣法同傳也 正法眼藏者 師師相傳之法眼也"『三峰藏和尚語錄』卷第十一 五宗原.

9 목은(牧隱) 이색(李穡, 1328~1396)이 쓴 글에 사사상전은 불가의 사승 계통을 의미하는 말로 사용되었고, 노사(蘆沙) 기정진(奇正鎭, 1798~1879)의 학맥을 이은 월고(月皐) 조성가(趙性家, 1824~1904)는 배움에서 꼭 필요한 것으로 사사상전(師師相傳)과 심심상수(心心相授)를 언급한다. "…樓吾師所起也 如此可乎 吾師師師相傳凡五代 所以留意山門者至矣 樓今亡 責將誰歸 … 其師弟子之相承 載在寺籍 故不書" 李穡, 『牧隱文藁』卷之三 記 長城縣白巖寺雙溪樓記; "…願學叟更往請益于子之師門則磨以成器之方必有師師相傳心心相授…" 趙性家, 『月皐先生文集』卷之十二 記 琢广記.

10 조선 중기 이후 선종 우월주의에 대해서는 추만호, 「나말려초 선사들의 선교양종 인식과 세계관」, 『國史館論叢』 제52집, 1994, 223~230쪽 참조.

淵源) 아닐런가 일일이 거울해서 비야홍야(比也興也) 하였으니 범연간

과(凡然看過) 하지말고 숙독상미(熟讀嘗味) 하였어라"라고 되어 있다.[11]

일견 「흥비가」에서 사사상수를 부정적 의미로 사용했다고 주장할

수도 있지만, 『도원기서』를 통해 수운의 친견 제자인 강수(강시원)가

다음과 같이 사사상수를 사용한 예를 본다면 「흥비가」의 해당 구절

을 부정적으로 독해할 이유는 없다.

> 전에 선생의 포덕 초기에 차제 도법은 오직 21자가 있을 따름이어서
> 말이 흘러 닦고, 주문이 흘러 외우는 일이 많으니 성덕이 공경히 전해
> 지는 것이 아니었다. 그러므로 스승이지만 가르침을 받음이 없었던 스
> 승이기에 예와 의가 어찌 나타날 것인가? 자고로 스승에서 스승으로
> 차례로 주는 것은 스스로에 연원이 있으니 어찌 잘못 전하여 감히 성
> 덕을 그르치리오? 참으로 닦는 것에 실이 있고, 물음으로 닦는 것에 허
> 가 있으니 시일이 지난 후의 허실은 또한 그 사람의 위인 됨에 있으며
> 또한 그 사람의 정성 됨에 있는 것이다.[12]

『도원기서』 내용을 본다면 수운에게 사사상수의 의미는 단순히

주문을 대물림하는 것이 아니라 스승으로부터 도와 덕이 전수되는

---

11 천도교중앙총부(편), 앞의 책, 230~231쪽.

12 "先時先生布德之初次第道法有二十一字而已 而流言而修之流呪而誦之者太 非
聖德之敬傳也 是故師無受訓之師 則禮義安效 自古師師相授者 自在淵源 則豈以
誤傳 敢違聖德也哉 眞修者有實 問以修者有虛 則日後之虛實 亦在於斯人之爲人
也 又在於其人之爲誠也"「최선생문집도원기서」,『한국학자료총서9 - 동학농민
운동편 - 』, 한국정신문화연구원, 1996, 204쪽.

불교적 전등(傳燈)이었다.[13] 따라서 「흥비가」의 사사상수 구절은 "사사상수로 참된 법이 전해지면 스스로 연원이 있게 되니 자재연원(自在淵源)이며, 따라서 전해진 가르침을 스스로 궁구할 수 있다."라는 의미로 독해 된다.[14] 수운의 사사상수 개념이 선불교의 사사상전 개념과 상통함이 드러난다.

한국 도교, 특히 17세기 초부터 그 존재를 명확히 드러낸 수련 도교 또한 연원 개념을 그 조직적 배경으로 한다. 조선의 수련 도교인 단학파는 연단 수련에 직접적으로 종사하면서 여러 도교서를 만들어 냈다. 『해동전도록(海東傳道錄)』을 비롯하여 정렴(鄭磏, 1506~1549)의 『단가요결(丹家要訣)』·『용호결(龍虎訣)』, 곽재우(郭再祐, 1552~1617)의 『양심요결(養心要訣)』, 장유(張維, 1587~1638)의 『음부경주해(陰符經注解)』, 권극중(權克中, 1585~1659)의 『주역참동계주해(周易參同契註解)』, 홍만종(洪萬宗, 1643~1725)의 『해동이적』, 조여적(趙汝籍, ?~?)의 『청학집(靑鶴集)』, 서명응(徐命膺, 1716~1787)의 『참동고(參同攷)』, 강헌규(姜獻奎, 1797~1860)의 『주역참동계연설(周易參同契演說)』 등이 대표적이다.[15] 수련 도교는 『동의

---

13 「흥비가」에서 잘못된 포덕의 행태를 지적하는 대표적인 예는 다음과 같다. "말은 비록 아니하나 심사(心思)를 속여내어 이운수(運數)가 어떠할지 탁명(托名)이나 하여보자 모든친구(親舊) 유인(誘引)하여 흔연대접(欣然待接) 하는듯다" 천도교 중앙총부(편), 앞의 책, 226쪽.

14 교단 내에서도 1970년대까지 이러한 해석이 수용되었음을 다음 글을 통해 알 수 있다. "이 법훈을 음미할수록 우리는 '자재연원'이 사사상수에만 있지 않다는 것을 깨달을 수 있다. 즉 '한다해도'에 뜻이 있는 것이다. 바르게 받고 지키고 바르게 전하면 '자재연원'이요 바르게 받았다 할지라도 바르게 지키지 못하고 바르게 전치 못하면 이것은 난법난도자가 되기 때문이다" 박응삼, 「연원갱시조직에 부쳐」, ≪신인간≫ 통권 312호, 1973년 12월, 45쪽.

15 김낙필, 「해동전도록에 나타난 도교사상」, 『도교문화연구』 제1집, 1987, 135~143; 송항룡, 「한국도교사상의 전개추이」, 『國史館論叢』 제45집, 1993, 22~23쪽;

보감』 등 의서에도 많은 영향을 주었으며 사용된 구결은 민간에 널리 유포되어 조선 후기로 갈수록 그 존재감을 뚜렷이 하였으며 그 사상들은 새로운 교리와 수련 방법으로 이어져 신종교의 기반이 되었다.[16]

한국 최초의 도교 도맥서로 후대에 큰 영향을 끼친 것으로 평가되는『해동전도록』이 한국 도교의 연원을 중국의 신선인 종리권(鍾離權)에 두면서 사제 간에 비전된 구결을 수록하고 불교 선종의 법통 관념과 유교 성리학의 도통 관념에 부응하여 한국 도교의 정통 도맥을 확립하고자 했다는 점에서 본다면 수련 도교인 내단학파 역시 사사상전의 사승 관계를 중시했음은 명확하다.[17] 조선 수련 도교의 사승 개념과 이를 통해 구축된 인적 계보는 근대 신종교의 연원 개념의 배경이 되었다.

이상에서 살펴본 것처럼 근대 한국 신종교의 연원 개념은 전통 종교, 특히 수행 중심의 유불선 전통에서 기원한 사사상전의 연원 개념을 그 배경으로 하고 있다. 따라서 연원제 조직 역시 수행 중심의 유불선 전통에서 구축되었던 학파, 교문, 문중 등과 유사하게 중층적, 다선적인 사제관계에 기반하여 형성되고 작동되었음을 추측할 수 있다.

박병수, 「도교 단학파의 저술과 그 수련 유형」, 『원불교학』 제4집, 1999, 885~888쪽, 895쪽 참조.

16 김윤경, 「조선 시대 내단(內丹) 구결서(口訣書) 고찰 - 「단서구결(丹書口訣)」과 「동국전도십육결(東國傳道十六訣)」을 중심으로 - 」, 『동양철학연구』 제70집, 2012, 161~162쪽 참조. 김수인은 성명쌍수의 도교 내단학의 전통이 어떻게 신종교의 기틀이 되었는지를 동학, 증산 종단, 원불교의 선가적 요소를 통해 입증하고 있다. 김수인, 「한국신종교의 선가적 요소」, 『종교연구』 제57집, 2009, 275~306쪽 참조.

17 박병수, 앞의 글, 888~897쪽 참조.

이것은 다음과 같은 사실을 알려준다. 첫째, 연원 개념은 신과 인간의 관계가 일차적인 신앙 중심의 종교적 세계가 아니라, 스승과 제자 사이의 관계가 일차적인 수행 중심의 종교적 세계를 토대로 하고 있다는 점이다.[18] 둘째, 연원 개념은 신과 인간을 매개하는 성소나 성직자의 거주지를 중심으로 한 지역적 세계가 아니라, 사제(師弟)라는 인간관계를 중심으로 한 인적 계보의 세계를 토대로 하고 있다는 점이다.

2. 동학의 연원 조직과 제도화

1) 동학 접조직의 태동

19세기 후반, 연원(淵源) 개념은 붕당, 학파, 교문, 문중 조직의 구성 원리로 기능하면서 때에 따라서 혈연에 버금갈 정도로 현실 세계에 강력한 영향을 미치고 있었다. 유불선을 종합하여 새로운 세계를 구축하기 시작한 수운이 연원 개념을 조직 구성 원리로 활용한 것은 필연이었다.

동학 연원제가 조직 보호를 위한 비밀 유지의 목적에서 자연스럽게 발생하였다는 기존의 주장은 연원 개념이 당시의 세계에서 지녔던 중요성과 실재성을 파악하지 못한 결과로,[19] 동학 조직이 비밀결

---

18 이진구, 앞의 글, 69쪽 참조.
19 선구적으로 동학의 연원제와 전통적 연원 개념의 연관성에 관해 지적한 이진구도 연원제라는 속인제 원리가 조직 보호를 위한 비밀 유지와 관련되어 있다고 주장하고 있다. 위의 글, 76~77쪽 참조.

사체의 성격을 강하게 지닐 수밖에 없었던 1864년 이후의 상황을 수운 당시의 동학까지 소급 적용한 것이다.[20]

수운은 전통적인 연원 개념을 활용했지만, 그대로 수용하지 않았다. 그의 사유는 갑작스럽게 찾아온 상제, 즉 천주의 계시로 급격히 변화했기 때문이다. 그는 을묘년(1855) 신인으로부터 얻은 서(書)의 가르침에 따라 49일간의 기도를 여러 번 시도하였고, 마침내 경신년(1860) 4월 5일 상제의 계시를 접하였다.[21]

계시를 통해 수운과 직접 교통하며 인류와 세계의 구원을 위해 적극적이고 능동적인 모습을 보이는 상제의 등장은, 천(天)과 리(理)라는 이름의 '숨은 신(deus absconditus)'을 중심으로 한 수운의 유교적 사유에 큰 변동을 가져왔다. 수운은 계시라는 신성 경험을 통해 한가한 신, 일하지 않는 신을 의미하는 'deus otiosus'와 상반되는, 일하는 신인 'deus industrius'을 만났고, 그의 세계는 '숨은 신(deus absconditus)'의 세계에서 '현현하는 신(deus revelatus)'의 세계로 전환된 것이다.[22]

---

20 동학 조직은 점조직이 아니다. 속인제 조직이지만 인맥 간에 서로에 대한 정보가 공개되고 공유된 개방적인 조직이다. 점조직 형태는 특수한 상황에서만 운영되었던 것으로 보아야 한다.

21 "適至乙卯歲三月春 春睡自足 如夢如覺之間 有何禪師自外而至 訪主人…其後深察透理 則書有祈禱之敎 轉至丙辰仲夏之節 謹奉幣帛 與一箇僧入 梁山通度寺 天上山 結築三層壇 計爲四十九日 而祝願心所恒念與天主降靈只望有命敎矣…庚申四月初五日 卽長侄孟倫之生日也 送其冠服請來 先生不負其情 强參會筵 未幾身有戰寒之氣 未得安心 仍爲起來 而精神渾迷 如狂如醉 顚沛倒之 抵至廳上 則身踴氣聳 疾不得執症 言不得形狀之際 自空中完如有聲 頻聞耳邊 莫知其端 向空而問曰 聞空之聲誰也 上帝曰 余是上帝 汝不知上帝耶…"上帝曰 余是上帝 汝不知上帝耶…" 「수운행록 – 원제 수운문집 –」, 『아세아연구』 제7권 1호, 고려대학교 아세아문제연구소, 1964, 178~179쪽.

22 최종성, 앞의 책, 69~71쪽 참조.

이렇게 나타난 영성적 단층을 바탕으로 수운이 만난 상제가 다신론 체계에서 제사나 기원을 받는 최고신의 수준을 넘어 확실한 믿음을 요구하는 일신론의 모습을 보인다는 주장이 전개되기도 한다.[23] 또한 이와 결은 다르지만, 전통적인 신관념과 다른, 의지를 지닌 인격적 유일신이라는 주장 또한 광범위하게 수용되고 있기도 하다.[24]

그렇지만 이러한 주장에 전적으로 동의하기는 쉽지 않다. 수운이 접한 상제나 기화(氣化)의 관념은 도교적이었고, 신에 대한 신앙을 통한 구원은 조선 후기 민간에 광범위하게 유포된 도교적 신앙체계와 관련해서도 나타났기 때문이다.[25] 이것은 1860년대부터 1877년경까지의 동학 신앙체계를 반영한 『수운문집』과 『대선생주문집』이 1870년대 말 이후의 동학 신앙체계를 반영하는 『도원기서』와 신관의 차이를 보인다는 점에서도 입증된다. 다음은 이와 관련된 '수운행장'의 두 기사이다.

---

23 이에 관해서는 최종성의 연구가 가장 대표적이다. 위의 책, 75쪽 참조.
24 이에 관해서는, 조경달, 앞의 책, 48~58쪽; 표영삼, 앞의 책(2004), 112~113쪽 참조.
25 수운이 만난 상제가 상제천이 아니라 도교의 상제이며 기의 개념이 도교적이라는 것에 대해서는 다음의 논문을 참조할 수 있다. 김용휘, 「동학에 나타난 도교적 요소 재검토」, 『도교문화연구』 제24집, 2006, 234쪽; 신일철, 「동학사상의 도교적 성격문제」, 『한국사상』 제20집, 1985, 378~380쪽. 조선 후기 민간에서 유행한 뇌성보화천존 신앙은 믿음을 통해 재액을 피하고 해탈에 이를 수 있다는 『옥추보경』을 기반으로 하였으며, 관묘의 도관들은 조선 초기부터 최고신이었던 옥황상제에 대해 중시하였다. 여기에 관해서는 다음의 연구를 참조할 수 있다. 구중회, 『옥추경 연구』, 동문선, 2006, 267~275쪽; 이정재, 「『옥추경』의 성립과 활용 및 사상사적 의의」, 『한국종교』 제42집, 2017, 147~171쪽; 김윤경, 「조선후기 민간도교의 전개와 변용」, 『도교문화연구』 제39집, 2013, 116~118쪽; 차선근, 「대순진리회 상제관 연구 서설(I)－최고신에 대한 표현들과 그 의미들을 중심으로－」, 『대순사상논총』 제21집, 2013, 111~117쪽.

[표 14] 自是(由來)罷脫衣冠

水	自是　　罷脫衣冠 深盟泉石不出門庭 休息且退 可笑滔滔之世態 不妨閒閒之幽居 遊弄歲月 樂在亭潭
因	自是　　罷脫衣冠 深盟泉石不出門庭 休　　且退 可笑滔滔之世態 不妨閒閒之幽居 遊弄歲月 樂在亭潭
道	自是 由來罷脫衣冠 心盟　　　不出　　　休息且退 可笑滔滔之世態 不妨寂寂之閑居 娛遊歲月 樂在亭潭

　　[표 14]를 보면, 수운의 맹세와 관련하여 『수운문집』과 『대선생주
문집』은 '문안의 뜰을 나가지 않을 것을 천(泉)과 석(石)에 깊이 맹세
하고[深盟泉石不出門庭]'로, 『도원기서』는 '나가지 않을 것을 마음으로
맹세하고[心盟不出]'로 표현하고 있다.[26] 수운이 자연물을 대상으로
맹세했다는 『수운문집』과 『대선생주문집』의 표현은 절대적 상제 신
앙보다 자연물을 신성화하는 도교적 신앙체계가 1870년 중반 이전
의 동학 저변에 있었음을 시사한다.[27]

---

26 『도원기서』의 '心盟不出[나가지 않을 것을 마음으로 맹세하고]'보다 『수운문집』
　과 『대선생주문집』의 '深盟泉石不出門庭[문안의 뜰을 나가지 않을 것을 천(泉)
　석(石)에 깊이 맹세하고]'이 『용담유사』의 「교훈가」의 해당 내용과 표현상 일치도
　가 높다. 수운은 『용담유사』 「교훈가」에서 '불출산외 빙세ᄒ니 긔의심장(其意深
　長) 아일넌가[불출산외 맹세하니 그 뜻이 깊고 장구하지 않은가]'라고 하였다. 천
　(泉)은 물과 깊음을, 석(石)은 산과 장구함을 은유하는 문학적 표현이기에 천석에
　맹세한다는 것은 그 맹세가 깊고 장구함[심장(深長)]을 의미한다. 이것은 『수운문
　집』과 『대선생주문집』이 수운의 저술을 더 충실하게 반영했다는 것을 의미한다.
27 『대선생주문집』이 『도원기서』보다 『수운문집』과 같은 단어나 구절을 활용하고
　있다는 것은 그 편찬 추정 시기인 1875~77년까지도 교단 내에서 절대적인 상제 신
　앙이 확립되지 않았음을 방증한다.

[표 15] 上帝曰 汝不然

水	上帝曰 汝不然則受我造化以 **參**造化 先生受教以試之 皆是有世之造化也 先生不應
因	上帝曰 汝不然則受我造化以 **參**造化 先生受教以試之曰 皆是有世之造化也 先生不應
道	上帝曰 汝不然則受我造化以**見於**造化 先生受教以試之 皆是有世之造化也 先生不應

[표 15]를 보면, 상제의 명에 대해 『수운문집』과 『대선생주문집』은 "나(상제)의 조화를 받아서 그 조화에 참여토록 하라"로, 『도원기서』는 "나(상제)의 조화를 받아서 그 조화를 보라"로 다르게 기술하고 있다. 신의 조화에 참여한다는 것과 본다는 것의 차이는 신의 절대성에 대한 인식 차이로 볼 수 있다. 『수운문집』과 『대선생주문집』이 인간이 신의 권능을 받아 행할 수 있는 도교적 신앙체계를 드러낸다면, 『도원기서』는 인간이 신의 조화를 볼 수 있을 뿐이라는 절대적 신관을 드러내고 있다.

이것은 『수운문집』과 『대선생주문집』이 편찬된 1870년대 중반까지 절대적 상제관이 확립되지 않았으며 해월에 의해 경전이 간행된 1880년을 전후한 시기에 절대적 상제관이 정립되기 시작했다는 것을 의미한다. 이와 관련해서는 『동경대전』 경진(1880) 인제판과 계미(1883) 목천판을 비교하여 동학 교단이 1880년 최초 경전 간행 시까지도 신봉하고 또 존중해야 할 대상에 대한 확고한 신념을 지니지 못한 상태였다는 점을 지적한 윤석산의 연구를 참고할 수 있다.[28]

---

28 윤석산은 옛글이 임금이나 절대자의 앞에 한 자를 띄어 쓰는 규칙을 통해 이러한

수운의 우주론은 성리학의 이기론 패러다임 안에서 전개되고 있다
는 점에서도 전통적이다.[29] 이는 수운이 기존의 세계 질서를 부정하지
않으면서 동학이라는 새로운 유교로 혁신하려 한 것이며, 따라서 영
성적 단층보다 전통사상의 발전 맥락에서 수운의 사상이 연구되어야
한다는 주장이 그 개연성을 확보하는 중요한 근거가 된다.[30] 이는 아
래의 표에 담긴 '수운 행장'의 내용상 차이를 통해서도 방증된다.

결론을 내렸다. 계미 목천판에서 한울님을 뜻하는 '천주나 상제', 그리고 수운을
지칭하는 '선생'의 두 경우에 띄워서 기록했지만, 경진 인제판의 경우에 이 두 경
우는 물론이고 '영(靈)', '교(教)', '천령(天靈)', '천도(天道)', '강령(降靈)', '왕
(王)', '선고(先考)', '시(侍)' 등의 앞에서도 띄어쓰기를 하고 있다는 것을 통해서
였다. 즉 1880년 최초의 경전 간행 시 동학에서 신봉하는 상제, 천주, 수운 외의 대
상인 '천도', '천령', '영', '교', '시', '강령', 심지어는 '왕'이나 '수운의 부친' 앞에
도 띄어쓰기를 하고 있다는 것을 통해 당시 동학 교단은 그 체제나 의례를 완전하
게 이루지 못하고, 한 종교의 가르침으로서 신봉하고 또 존중해야 할 대상에 대한
확고한 신념 또한 지니지 못한 상태였다고 본 것이다. 윤석산의 분석을『수운문집』
및『대선생주문집』과『도원기서』의 관계에 적용하면,『수운문집』과『대선생주문
집』은 신앙 대상을 절대화하지 않았다는 점에서 경전 성립 전의 신앙체계를 반영
하고,『도원기서』는 절대적인 상제관을 담았다는 점에서 경전 성립 이후의 신앙
체계를 반영한 것으로 설명할 수 있다. 따라서 동학 내에서 상제에 대한 절대적 신
앙이 확립되던 1880년 전후를 기점으로, 그 이전에는『수운문집』과『대선생주문
집』이, 그 이후에는『도원기서』가 편찬되었다고 볼 수 있다. 신학적 관점에서『대
선생주문집』의 내용은『도원기서』보다『수운문집』의 내용과 같다.『대선생주문
집』이『도원기서』의 '수운 행장' 부분만 떼어내 거의 그대로 간행한 것이라는 주
장은 입증되지 않는다.『수운문집』과『대선생주문집』이『도원기서』를 원본으로
삼았다기보다 그 반대일 가능성이 크다. 강수는『수운문집』과『대선생주문집』에
반영되어 있던 상대적 상제관을 1870년대 중반 이후 해월이 구축하기 시작한 절
대적 상제관으로 수정해『도원기서』를 편집한 것으로 볼 수 있다. 윤석산, 앞의 논
문, 221~223쪽 참조.
29 박성주,「東學의 창도와 기존 宗教와의 관계」,『동학연구』제28집, 2010, 43쪽; 김
　용휘,「최제우의 시천주에 나타난 천관」,『한국사상사학』제20집, 2003, 238쪽
　참조.
30 이에 대해서는 조용일, 배상현, 박성주의 글이 자세히 다루고 있다. 조용일, 앞의
　논문, 110~112쪽; 배상현, 앞의 논문, 129~156쪽; 박성주, 앞의 논문, 23~28쪽
　참조.

[표 16] 而察(其各)理之凡術

水	而察　　　理之凡術　則必是**欺世誤人**之理　故一笑**唾棄**又爲反武
因	而察**其各**理之凡術　　必是**欺人誤世**之理　故一笑打棄又爲反武
道	而察**其各**理之凡術　則必是**明世誤人**之理　故一笑打棄又爲返武

위의 [표 16]에서 주목할 부분은 '察(其各)理之凡術' 부분이다.[31] 『수운문집』에만 '기각(其各)'이 빠진 것처럼 보이지만 이 부분은 누락이 아니라 뜻이 다른 것이다. 『수운문집』의 문구는 '리(理)를 살피는 범술이 반드시 세상을 속이고 사람을 그르치는 이치라 여겨 일소에 부쳐'라는 뜻이고, 『대선생주문집』과 『도원기서』의 문구는 '각각의 리가 지닌 범술을 살펴보니 반드시 사람을 속이고 세상을 그르치는 이치라 여겨 일소에 부쳐'라는 뜻이다. 『대선생주문집』과 『도원기서』의 '각각의 리가 지닌 범술[各理之凡術]'이라는 부분은 유(儒)까지

---

31 『수운문집』의 정확성은 다른 차이에서도 잘 나타난다. 첫번째는 『도원기서』의 '明世誤人之理' 부분이다. '세상을 밝히고 사람들을 그르치는 이치'라는 뜻인데, 글의 맥락에 따른다면 『수운문집』과 『대선생주문집』의 '欺世(人)誤人(世)之理', 즉 '세상(사람)을 속이고 사람(세상)을 그르치는 이치'가 더욱 적절하다. (조선조 문헌상의 사용 빈도를 분석하면 『대선생주문집』보다 『수운문집』의 표현이 자주 나타난다.) 『수운문집』에 '欺世誤人'으로 표기되어 있지만 상주동학교당 필사본에 '明世誤人'으로 되어 있다는 점을 본다면 『도원기서』의 표기는 '기(欺)'를 '명(明)'으로 필사한 결과로 보인다. 두번째는 『도원기서』와 『대선생주문집』에서 사용된 '타기(打棄)'와 『수운문집』의 '타기(唾棄)'이다. '타기(打棄)'는 잘 사용되지 않는 단어로 '구타하고 유기한다'라는 뜻이지만 '타기(唾棄)'는 '혐오한다', '더럽게 생각하여 돌아보지 않고 버린다'라는 뜻을 지닌 관용어다. 조선왕조실록의 경우 '타기(打棄)'는 '구타하고 유기한다'라는 뜻으로 1회 사용되었지만 '타기(唾棄)'는 '더럽게 생각하여 돌아보지 않고 버린다'라는 뜻으로 9회 사용되고 있다. 『수운문집』의 용법이 가장 바르다. 『대선생연혁사』(상주동학교당소장), 1쪽 참조.

포함하지만, 『수운문집』의 '이치를 살피는 범술[察理之凡術]'이라는 표현은 선도(禪道)와 점(占) 및 역수(易數) 등을 의미한다.[32] 『대선생주문집』과 『도원기서』에 나타난 유교에 대한 부정적 견해는 1930년대의 교단사 기술에서부터 공식적으로 반영되었다.[33] 이는 동학이 유교 학파에서 독립된 신종교로 정체성을 완전히 세우는 일이 쉽지 않았음을 시사한다.

수운이 효용성의 측면에서 전통적 유불 체계의 종말을 선언하면

---

32 조선에서 왕명으로 사사(賜死)된 이들에 대한 행장의 집필 방향은 기본적으로 유교적 질서 안에서 그 억울함을 신원(伸冤)하는 것이었다. 따라서 수운이 유교까지 비판했다고 기술한 『대선생주문집』과 『도원기서』의 표현보다, 선도·점·역수 등의 술(術)을 수운이 부정했다는 『수운문집』의 표현은 1860년대 관과 유생들의 동학 탄압이 엄중했던 상황과 부합한다. 수운을 신원하려 했다면 자칫 유교에 대한 비판으로 해석될 수 있는 표현을 사용하지 않았을 것이기 때문이다. 후대의 관련 기록 중 가장 이른 것은 1920년의 『천도교회사초고』, 『천도교서』인데, 그 내용 역시 『수운문집』과 유사하다. 『천도교회사초고』에는 '뜻을 선도(禪道)와 역수(易數)에 두었으나'로, 『천도교서』에는 '일찍 선도와 점(占)과 역수에 뜻을 두시다가 작다고 여겨서 하지 아니하시고'로 되어 있다. 이 두 문헌이 1930년대 이후의 기록과는 달리 유교를 포함하지 않았다는 것은 1920년대까지도 유교적 신앙체계가 천도교에도 영향을 미치고 있었음을 의미한다. "의(意)를 선도(禪道)와 역수(易數)에 유(留)하였으나" 「천도교회사초고」, 『동학사상자료집』 제1권, 아세아문화사, 1978년, 391쪽; "일즉禪道와 卜數에 留意하시다가 小하다하야 爲치 안이하시고" 「천도교서」, 『아세아연구』 제5권 제1호, 고려대학교 아세아문제연구소, 1962, 211쪽.

33 1933년에 간행된 『천도교창건사』에는 "그날로부터 조선 이래로 숭봉(崇奉) 하든 유학(儒學)을 숙고하엿으나 아무 소득이 없음으로 보든 유서(儒書)를 화중(火中)에 던져버리고 … 다시 불서(佛書)를 연구한 후에 이어 같으되 … 최종으로는 당시 서양으로부터 새로 수입된 기독교를 연구하엿으나 또한 소득이 없음으로 … 음양(陰陽)복술(卜術)의 글까지도 연구하엿으나 필경은 하나도 창생을 건질 큰 도(道)가 아니라 하시고 …"라 기록되어 있고, 1940년에 간행된 『동학사』에는 "… 일찍 유도(儒道)와 불도(佛道)와 선도(仙道)와 야소설(耶蘇說)이며 제자백가서(諸子百家書)를 모도다 섭렵하여보왔다 그러나 한가지도 일찍 마음속에 허락(許諾)을 받지 못하여…"로 기술되어 있다. 이돈화, 『천도교창건사』, 천도교중앙종리원, 1933, 3~4쪽; 오지영, 『동학사』, 영창서관, 1940, 2쪽 참조.

서, 초월적인 신의 강령을 중심으로 동학의 세계를 구축했다는 점에서 본다면, 당대 세계의 중심에 있던 천과 확실히 구별되는 영성의 단층이 존재했다는 것을 부인하기는 어렵다.[34] 당시 수운에 의해 직조된 신앙체계는 스승과 제자 간의 관계가 중요했던 유불선 전통이 지니는 수행 중심의 체계보다 현현한 신과 인간의 관계가 일차적 중요성을 지니는 신앙 중심의 체계였고, 이는 필연적으로 전통적 연원 개념의 약화로 나타날 가능성이 있었다.

그런데도 수운은 전통적 연원 개념을 약화하기보다 오히려 확장하고 변환한다. 수행적 성격이 강한 한국의 유불선 전통에 의해 배양된 연원 개념을 강화하고 확장하여, 현현한 신과 교인의 만남이 수운 자신으로부터 시작되는 인적 계보에 의해 중재되는 체계를 구축한 것이다. 이는 기존의 유교적 질서를 중심으로 한 체계를 인정하고 활용하려는 의도에서 비롯되었다고 볼 수 있다. 수운과 제자들이 동학에 대해 주자학을 혁신하는 새로운 유교라는 자기 정체성을 가졌을 가능성이 컸기 때문이다.[35] 종교적 정체성과 관련된 동학이

---

34 "侍者 內有神靈 外有氣化", "유도불도(儒道佛道) 누천년(累千年)에 운(運)이역시(亦是) 다했던가" 천도교중앙총부(편), 앞의 책, 34쪽, 124쪽; 최종성, 앞의 책, 82~87쪽; 김용휘, 앞의 논문(2003), 237~39쪽 참조.

35 주자학을 혁신하는 신유교로서 동학을 바라본 연구로는 박성주, 김용휘, 조경달, 조용일, 배성현의 논문이 대표적이다. 동학의 우주론이 성리학의 전통적 이기론 패러다임 안에서 전개되고 있다는 점에서 유교적이라는 지적은 박성주와 김용휘가 지적한 바 있다. 박성주는 전통 유교 사상의 발전 맥락에서 수운의 사상이 연구되어야 한다고 했는데 이는 조용일, 배상현의 주장과 동일하다. 조경달은 수운의 동학이 주지주의적 주자학에 대한 비판을 담고 있으나 결코 반 유교적이지 않았고, 유교의 인의예지와 삼강오륜을 선험적으로 절대화하였음을 주장한다. 즉 중심 윤리 사상이 유교에 의존하고 있으며, 공자에 대립하기보다는 자신을 공자의 계승자라고 여기고 있었다고 보는 것이 자연스럽다는 것이다. 또한 수운이 자신의 고향 구미산을 소중화라고 한 것으로 본다면, 동학이라는 명칭에서 보이는 동

라는 교단 명이 명확히 수록된 것은 1880년에 편찬된『도원기서』이며, 그 이전에 편찬된『수운문집』과『대선생주문집』에서 동학이라는 명칭이 수운을 죄인으로 규정했던 왕의 전교를 인용하는 곳에서만 사용되고 있다는 점은 이를 방증한다.[36]

국 의식은 탈중화라기보다 소중화의 재생으로 해석해야 한다고 보았다. 조경달의 주장은 수운이 기존의 세계를 부정하지 않으면서 동학이라는 새로운 가르침으로 이를 혁신하려 한 것이며, 따라서 전통 유교 사상의 발전 맥락에서 수운의 사상이 연구되어야 한다는 주장과 일맥상통한다. 박성주, 앞의 글, 23~28, 43쪽; 김용휘, 앞의 논문(2003), 238쪽; 조용일,「근암에서 찾아본 수운의 사상적 계보」,『한국사상』제12집, 1974, 80~115쪽; 배상현,「水雲 최제우의 思想考」,『동학연구』제2집, 1998, 129~156쪽; 조경달, 앞의 책, 48~52쪽 참조.

36 『수운문집』과『대선생주문집』에서 동학(東學)의 명칭은 수운이 체포된 후 '罪人 東學先生崔某'라는 전교를 인용하면서 처음 나타난다. 이에 반해『도원기서』에서는 1861년 6월 포덕을 시작한 즈음 수운이 '동학'이라는 교단 명과 자신의 이치가 유교와 대비되는 절대적 진리라고 선언했다고 기술했다. 하지만『동경대전』에서 보듯이 수운은 자신의 도가 유교처럼 천도에서 기원했다고 선언하면서 자신의 도학(道學)이 서학(西學)이 아니라는 의미에서 동학 개념을 사용했을 뿐이다. 수운의 행장이 지어졌다고 추측되는 1860년대 말, 동학은 서학과 유사한 사문난적을 의미하는 부정적 개념이었다. 동학이 수운의 도를 추종하는 조직의 이름임을 공식적으로 사용한 것은 조직이 재건되고 해월이 개접을 선언하며 교단의 정체성을 확립하기 시작한 이후이다.『도원기서』에서 서학에 대립하는 동학이라는 교명과 유교와 차별화되는 교리의 절대적 성격을 명시한 것은 경전이 간행된 1880년을 전후로 동학이 신유교 학파에서 신종교 교단으로 전환되기 시작하였음을 보여준다. "先生名其道曰天道所修以敎者 一曰食告 出必告入必告 不爲用藥 修心正氣 去惡爲善物慾自去 不貪他利不取有夫之女 不言人之過不食惡肉 以誠敬信三字爲主也"「수운행록-원제 수운문집-」,『아세아연구』제7권 1호, 고려대학교 아세아문제연구소, 1964, 179쪽; "先生名其道曰天道 又名曰東學 實乃無往不復之理 而又是自然之理也 無爲之化也所修以敎者 一曰食告 一曰出必告入必告 不爲用藥 修心正氣去惡爲善物慾自去 不探他利不取有夫之女 不言人之過不食惡肉 以信敬誠三字爲主也"「최선생문집도원기서」,『한국학자료총서9-동학농민운동편-』, 한국정신문화연구원, 1996, 188쪽; "…吾亦幾至一歲修而度之則亦不無自然之理 … 轉至辛酉四方賢士進我 而問曰今天靈降臨先生何爲其然也 曰受其無往不復之理 曰然則何道以名之 曰天道也 … 曰吾道無爲而化矣 … 曰同道言之則 名其西學也 曰不然 吾亦生於東 受於東 道雖天道 學則東學況地分東西 西何謂東 東何謂西 孔子生於魯 風於鄒 鄒魯之風 傳遺於斯世 吾道受於斯布於斯 豈可謂以西名之者乎…"「동경대전」,『동학사상자료집』제1권, 아세아문화사, 1978년, 13~

수운이 유교를 비판적으로 언급했다는 점을 근거로 유교에 토대를 둔 동학 교문의 성립이라는 주장을 반박할 수 있을 것이다. 그렇지만 수운의 유교 비판은 사상 자체에 대한 비판이라기보다 현실을 이끌어가는 지도 이념의 기능을 상실한 주자학에 대한 비판이다. 이를 유교에 대한 부정으로 해석하는 것은 유교적 세계와 결별하기 시작하는 1880년대 이후의 동학 사유체계에서 수운의 설법을 해석한 결과이다. 수운 당대 그의 사유체계가 유교를 바탕으로 하고 있음은 저술한 경전을 통해 분석해 보면 쉽게 알 수 있다. 대표적으로 수운은 자신의 도가 하은주 삼대의 이치와 통하며 공자의 도와 대동소이함을 밝힌 것을 들 수 있다. 이는 유학의 성인들이 내놓은 천도를 다시 실천하자는 맥락으로도 독해된다.[37]

유생, 승려, 도교 수행자 등의 종교 전문가나 성직자 간에 적용

18쪽 참조. 동학이라는 명칭이 절대적인 것이 아니었다는 사실은 천도교와 대립했던 시천교의 『시천교종역사』가 수운이 "도는 비록 천도이나 서학에 대비하여 굳게 이름하여 동학이라 하였다. [道雖天道以其對西學强名之曰東學]"라고 기술한 데 비해, 천도교 측 기록인 『천도교서』와 『천도교회사초고』에는 동학이라는 명칭이 보이지 않는다는 점으로도 입증된다. 천도교는 해월-의암의 도통을, 시천교는 해월-구암(김연국), 해월-이용구의 도통을 주장하였다. 따라서 천도교로 개칭한 의암의 입장에서 동학이라는 명칭은 절대적인 것이 아니었고, 천도교에서 분립한 시천교는 이에 비판적인 입장에서 동학이라는 명칭을 중요하게 여겼을 가능성이 크다. 동학이라는 명칭은 절대적인 것이 아니며 시대 상황과 종파적 입장에 따라 자신을 타자와 구별하는 이름이라는 것을 알 수 있다. 박창동, 앞의 책, 13쪽; 「천도교서」, 『아세아연구』 제5권 1호, 고려대학교 아세아문제연구소, 1962, 214쪽; 「천도교회사초고」, 『동학사상자료집』 제1권, 아세아문화사, 1978년, 396쪽 참조.

37 그의 사유가 근본적으로 유교적이었음을 밝히는 연구로는 조용일, 배상현, 조경달, 박성주의 논문이 있다. 천도교중앙총부(편), 앞의 책, 48~49쪽; 조용일, 앞의 논문, 80~115쪽; 배상현, 앞의 논문, 129~156쪽; 조경달, 앞의 책, 48~54쪽; 박성주, 앞의 논문, 23~28쪽 참조.

되던 연원의 개념은 수운에 의해 혁명적으로 전환되어 모든 포교 관계로까지 확장되었다.[38] 동학 초기 포덕이 시작되면서 성립된 의례에서 이를 확인할 수 있다. 바로 포덕식이라는 의례를 통해서이다. 포덕식이 시작된 시점은 정확히 알 수 없지만, 포덕의 시작은 1861년 6월이다. 당시에 대해 『수운문집』은 다음과 같이 기록하고 있다.

> 신유년 봄이 되어 포덕문을 지었다. 유월에는 장차 덕을 펴려는 마음을 가지고 사람들 가운데 어진 이를 얻으려 하니 자연히 소식을 듣고 온 사람이 이루 헤아릴 수 없이 많았다. 혹 불러서 입도하게 하고 혹 명하여 포덕 하게 하니 전해 준 것은 단지 스물한자 뿐이었다.[39]

위의 기록은 수운이 득도한 지 1년이 지날 즈음 「포덕문」을 지어 자신이 포덕을 시작하는 취지를 분명히 하고 그 실행을 준비했음을 알려준다. 이 기간 포덕식이나 입도식의 의례가 정비되었음을 추측할 수 있는데, 여기서 주목할 점은 입도와 포덕을 구분하고 있다는 점이다. 즉 '불러서 입도하게 하고 혹 명하여 포덕하게 하니'라는 맥락으로 본다면 입도와 포덕은 다른 것이며, 이미 입도를 한 이에게

---

38 오지영은 그 전도 방법으로 유도의 법과 불도의 법을 모방하여 연원의 계통이 있었으며 도를 펴는 방편이었다고 하여 유불의 연원 개념이 동학의 전도 방법으로 변용되었음을 지적하였다. 오지영, 앞의 책(1940), 201쪽 참조.

39 "適至辛酉春 作布德文 時唯六月 將有布德之心 而欲得見時人之賢者 自然聞風以來者 不計其數也 或招而入道 或命而布德 所傳者 只二十一字而已"「수운행록－원제 수운문집－」, 『아세아연구』제7권 1호, 고려대학교 아세아문제연구소, 1964, 179쪽.

포덕을 명한 것으로 보아야 한다.[40]

이점은『동경대전』의 포덕식에 대한 설명을 통해서 확인할 수 있다.『동경대전』은 '포덕식'을 "입도를 원하는 사람이 있어 선입자가 전도할 때 의관을 정제하고 예로써 준다.[人有願入者則先入者傳道之時正衣冠禮以授之事]"라고 규정한다. 선입자에 의해 입도를 원하는 사람에게 베풀어지는 의례이므로 입도 이전에 반드시 포덕식이 있게 된다.[41] 모든 입도자에게는 선입자, 즉 전도인(傳道人)이 존재하게 된다.[42]

중요한 점은 포덕식이 도(道)를 전하는 의례라는 점이다. 전통적 연원 개념이 스승과 제자 간 도와 법의 상승(相承)에 기반한다는 점에서 본다면 수운에서 시작되어 인적 계보를 통해 전해지는 도(道)는 선입자(先入者)와 원입자(願入者), 즉 전도인(傳道人)과 수도인(受道人)을 스승과 제자로 만든다. 포덕식, 입도식, 치제식을 입도 의례의 절차로 분석하여 하나의 의식으로 다루기도 하지만, 해당 의식의 절차나 성격으로 본다면 각각 독립적이며, 필요할 때 결합할 수 있는 의식이라는 것이 필자의 판단이다.[43]

---

40 표영삼은 이에 대해 다른 견해를 제시한다. 즉 1862년 3월 수운이 해월에게 포덕을 허하면서 제자들이 각자 포덕하게 되었다는 주장이다. 하지만 이 주장은『수운문집』이나『도원기서』의 "或招而入道 或命而布德" 기록으로 본다면 개연성이 떨어진다. 해월에게 포덕을 허한 것을 전체 제자들에게 한 것으로 확대하여 해석한 결과이다. 박맹수가 동학은 입도 후 어느 정도 시간이 지나간 이후 스승이 포덕을 허가하는 전통이 있었다고 주장한 것은 필자의 의견과 일치한다. 표영삼, 앞의 책(2004), 209쪽; 박맹수, 앞의 논문(1995a), 37쪽 참조.

41 「동경대전」,『동학사상자료집』제1권, 아세아문화사, 1978년, 51쪽.

42 수운이 입도시킨 이에게도 수운이 선입자가 되기에 전도를 통해서 모든 교도에게 선입자가 존재하게 되는 것이다.

43 천도교는 포덕식, 입도식, 치제식을 하나의 의례로 보고 절차라고 주장한다. 최종성은『동경대전』,「도원기서」의 기록을 근거로 입도와 치제가 결합한 것으로 보았

이에 관해서는 1893년 동학에 입도하여 수백 명의 연비를 만들고 해월을 친견하여 친히 접주 임명을 받았던 백범 김구(金九, 1876~1949)가 입도한 절차를 참고할 필요가 있다. 백범은 17세였던 1892년 말 동학에 관심을 두게 되는데, 당시 동학 교인과 접촉하기 위해서는 목욕하고 새 옷으로 갈아입어야 하는 예절이 필요하다는 말을 들었다. 그래서 의관을 정제하고 선입자 오응선의 집으로 가 동학에 대한 문답을 나누고 입도 절차를 알아낸 후, 집으로 와서 아버지의 허락을 얻은 후 예물을 갖추어 입도하였다.[44]

포덕식이 독립된 의례였다면 전해진 것은 무엇이었을까? 「포덕문」의 내용으로 본다면 전해진 것은 수운이 천도라고 지칭한 동학의 기초적인 가르침, 영부나 주문, 시운(時運)에 대한 상제의 강화 등일 것이다.[45] 천도교로 전환한 후 종래의 포덕식에 해당하던 전교식이

다. 이는 일견 합리적인 해석이지만 포덕식을 입도식과 결합할 근거는 되지 않는다. 『수운문집』과 『도원기서』는 입도와 포덕을 구분하고 있기 때문이다. 임운길, 「東學・天道敎의 儀禮와 修行」, 『동학연구』 제4집, 1999, 127쪽; 최종성, 앞의 책, 125~129쪽 참조.

44 김구, 『백범일지』, 돌베개, 2007, 40~43쪽

45 백범은 1893년 정초 동학을 알아보기 위해 목욕재계하고 푸른 도포에 녹대를 매고 황해도 포동의 오응선을 찾아가 동학의 취지에 대하여 문답을 나눈다. 오응선은 후에 대접주와 천도교의 교령에 이르는 인물이다. 백범은 오응선으로부터 입도 절차를 듣고 『성경대전』(『동경대전』)과 『팔편가사』(『용담유사』) 등의 경전을 열람하였다고 한다. 이로 본다면 포덕식에서 전해진 것은 동학의 취지나 기본적인 가르침, 또는 목적 등으로 추측할 수 있다. 포덕식 뒤에 이루어지는 입도식이 초입 주문을 받는 의례였기에 포덕식에서 전해진 것은 주문은 아니라 새로운 천도의 출현 소식이나 영부 등으로도 추측해 볼 수 있다. 포덕이 시작되기 전에도 수운이 영부를 물에 타서 복용하는 법을 주변에 베푼 것이 「포덕문」을 통해서도 확인된다. 위의 책, 40~41쪽; 천도교중앙총부(편), 앞의 책, 18~22쪽; "入道式 入道之時 或向東或向北設 位致誠行祀焚香四拜後以初入呪文敬以受之事" 『동경대전』, 『동학사상자료집』 제1권, 아세아문화사, 1978년, 51쪽 참조.

전교사(傳敎師)가 수교인에게 진리를 설명하는 의례였다는 점을 감안하면 동학의 취지나 기초 교리를 설명한 것이었을 가능성도 있다.[46]

전해지는 것이 무엇이었는지와 별개로 포덕식은 세속적인 관계를 떠난 전도자(傳道者)와 수도자(受道者)의 인적 계보가 구축되고, 이를 통해 현현한 신과 인간이 연결되는 의례였다는 점에서 중요하다. 그 이전의 세속적 관계와 명확히 구별되는, 현현한 신의 도가 전해지는 성스러운 인맥이 구축되는 것이다. '전도할 때 의관을 정제하고 예로써 주는' 포덕식 의례는 신에 대한 의례는 아니지만, 신과 인간을 중재하는 인적 계보를 전통적 예법으로 성화(聖化)하였다. 유교에서 제자가 스승을 처음으로 뵐 때 예폐(禮幣)를 가지고 가서 경의(敬意)를 나타내는 집지(執贄)의 예와 유사한 방식으로 스승과 제자의 관계를 맺었다고 볼 수 있다.

이 포덕식을 통하지 않고는 동학의 세계에 정식으로 진입할 수 없었으며 그 도법의 정수라고 할 21자의 주문과 관련 수행법을 받을 수 없다는 점에서 본다면, 포덕에 의해 스승과 제자의 연원 관계가 구축된다는 수운의 발상은 전통적 관점에서 이질적이지 않았다. 수운의 가르침과 주문이 자각을 통해 얻은 사유나 인위적 법이 아니라 상제로부터 받은 강화(降話)이고 그 성덕(聖德)을 인세에 실현하는 신성하고 현묘한 도법이었기에, 포덕식에 전도(傳道)라는 표현이 사용된 것이다. 수운은 상제와의 직접 대화를 통해 천도를 얻었고 그 덕을 인세에 펼치는 것이 주문이었기에 주문을 전한 것은 곧 천도를 전

---

46 이동초(편), 『天道敎會宗令存案』, 도서출판 모시는사람들, 2005, 15쪽 참조.

한 것이다. 따라서 포덕은 교나 학을 전하는 것이 아니라 도와 법이 전해진 전등(傳燈)의 의미를 지닌 전도(傳道)가 되어 연원 관계를 만들었다. 수운의 동학에서는 전도를 의미하는 포덕에 의해 도통(道統)을 의미하는 연원 관계가 자연스럽게 형성되었다.

주문이 도(道)나 법과 동일한 위상을 지녔음을 알 수 있는 것은 『수운문집』과 『도원기서』를 통해 확인할 수 있다. 『수운문집』은 포덕 시 전해진 것이 스물한 자뿐이라고 하였고, 강수 또한 『도원기서』를 통해 "선생의 포덕 초기에 차제(次第) 도법은 오직 21자가 있을 따름"이었다고 하였다.[47] 주문과 그 수행법을 전하는 것이 곧 전도(傳道)를 의미한다는 인식이 1890년대에 이르러서 광범위하게 확산하였다는 것은 황현(黃玹, 1855~1910)이 쓴 다음 기록을 통해서 확인할 수 있다.[48]

> 이러한 주문을 다른 사람에게 가르쳐주는 것을 '포덕'이라고 하는 데, 이를 '전도(傳道)', '창도(倡道)', '행도(行道)'라 하였다. 따라 배우는 것을 '수도(受道)', '입도(入道)', '봉도(奉道)'라 하였고, 비방하는 것을 '훼도(毁道)'라 불렀다.

수운은 전통적 연원 개념을 충실히 포덕에 적용하면서도 그 대상

---

47 『수운문집』은 포덕 시 전해진 것이 스물한 자뿐이라고 밝히고 있고, 『도원기서』에서 강수 또한 '전에 선생의 포덕 초기에 차제 도법은 오직 21자가 있을 따름'이라고 하였다. 「수운행록 ─ 원제 수운문집 ─」, 『아세아연구』 제7권 1호, 고려대학교 아세아문제연구소, 1964, 179쪽; 「최선생문집도원기서」, 『한국학자료총서9 ─ 동학농민운동편 ─」, 한국정신문화연구원, 1996, 204쪽 참조.
48 황현, 김종익 옮김, 『오하기문』, 역사비평사, 1994, 129쪽.

에 거의 제한을 두지 않았다. 전통적 유불선의 사승 방식인 '비인부전(非人不傳)'과는 다른 방식이다. 이는 주문을 통한 천주와의 합일로 민중의 신선화가 곧 실현될 것이라고 믿었던 수운의 사유에서 기인하였다. 가까이 다가온 서양 세력의 위협과 전염병으로부터 나라와 민중을 구하여야 한다는 보국안민의 계책에서 본다면 수운의 이런 판단은 필연적이었다.[49] 이것은 전통적 연원 개념이 성직자나 전문 지식인이 아닌 모든 입도자로 확대되는 혁명적 변화로 연결되었다.

이상에서 살펴본 결과는 연원제 조직이 수운의 포덕 초기부터 공식적으로 제도화된 것이라는 사실을 잘 보여준다. 기존 연구 대부분에서 주장된 연원제의 비밀 유지 기원설은 재검토될 필요가 있다.[50] 수운은 자신의 도(道)가 선대 성현(聖賢)의 것과 다르지 않다고 확고하게 인식하고 있었으므로 은밀한 포교나 비밀조직을 계획할 이유가 없었다. 연원제의 성립을 탄압에 대한 대응이라는 종교 외적 기원에서 찾는 것은 후대의 관점에서 당대의 세계를 피상적으로 바라본 해석이다. 유주(流呪), 즉 유출된 주문으로 수행하는 것을 막기 위해 사사상수의 연원제를 마련하여 주문이 올바르게 전해지도록 했다는 조경달의 주장만이 기존의 연구 중에서 본 연구의 견해와 궤를 같이 한다.[51]

---

49 이에 관해서는, 조경달, 앞의 책, 43~47쪽 참조.
50 교단 내 연원제 전통에 관해 연구한 교학자인 표영삼도 지하 시대의 선교활동에 필연적으로 요청되는 비밀 유지를 위해서 폐쇄적인 인적 조직을 구성할 수밖에 없었다는 결론을 내리고 있으며, 연원제에 대해 종교학적으로 연구한 이진구 역시 유사한 결론을 내리고 있다. 표영삼, 앞의 논문(1999), 103쪽; 이진구, 앞의 논문, 76쪽 참조.
51 조경달, 앞의 책, 57쪽 참조.

수운은 당대 조선의 유불선 연원 개념을 상제로부터 받은 주문 중심의 종교활동에 충실히 적용하면서 기존 연원 개념을 확장, 강화한 것이다. 이에 더하여 보국안민이라는 당면한 목적을 위해 전도의 대상을 차별하거나 제한하지 않고 자연스럽게 모든 신앙인이 연원 관계로 연결되는 연원제 조직을 제도화하였다.[52] 따라서 인맥 조직의 구성 원리였던 연원제는 포덕이 시작된 1861년 6월 이전에 수운이 제도화하였으며, 포덕이 시작되자 작동되었고, 연원 조직은 수운이 직접 입도시킨 인물들에 의해 형성되었다고 보아야 한다.

연원제 조직의 명칭인 접은 교세가 확장되고 연원의 규모가 커지면서 그 관리를 위한 단위조직 책임자를 임명하면서 공식화되었다는 것이 기존 주장이다. 수운에 의한 접주 임명은 1862년 12월 29일 최초로 이루어지므로 이를 접조직의 제도화나 명칭 공식화로 보는 견해이다.[53] 하지만 접은 그 이전부터 연원 조직의 명칭이었음을 『수운문집』에서 확인할 수 있다. 『수운문집』은 수운이 탄압을 피해 1862년 11월 9일 흥해 손봉조의 집으로 거처를 옮긴 후의 상황에 대해 '여러 제자와 함께 지냈으며 아이들과 글을 읽고 쓰는 것으로 공과(工課)를 삼았다'라고 기술하였다. 그리고 당시 해월과 여러 도인이

---

52 수운이 보국안민이라는 목적을 위해 포덕을 시작했음은 「포덕문」에서 볼 수 있으며 그의 공초 내용에서도 확인할 수 있다. 또한 수운이 일반 민중을 대상으로 질병과 병화를 피하는 방법으로 주문 수련과 영부 탄복을 가르쳤음은 잘 알려져 있다. 대표적인 연구로는 박맹수의 연구가 있다. 천도교중앙총부(편), 앞의 책, 21쪽; 『高宗實錄』 1년(1864) 2월 29일(http://sillok.history.go.kr, 2021.1.18.); 박맹수, 앞의 논문(1995a), 32~37쪽 참조.

53 교세의 성장에 따른 조직관리의 관점에서 접이 제도화되었다는 견해는 표영삼에 의해 제시되고 있다. 표영삼, 앞의 논문(1999), 105쪽 참조.

이불 한 채와 의복 한 벌을 수운에게 바치자 "접내(接內)에 빈한한 사람이 많은데 어찌 이리 애쓰는가?[接內多貧寒 何爲竭力乎]"라고 기록하고 있다.[54]

1862년 11월 이전 이미 수운은 조직 단위의 이름으로 접(接)이라는 용어를 사용하였다. 이를 통해 본다면 해월과 같이 온 여러 도인은 해월을 연원으로 하는 접의 교인이었으며, 접의 교인은 접의 책임자를 중심으로 서로 돕고 힘을 합하였음을 알 수 있다.[55] 당시 수운이 가족의 생계를 걱정하자 부서접(府西接)에서 쌀과 고기 그리고 금전을 마련하였다는 기록 역시 당시 이미 접이 제도화되었음을 뒷받침한다.[56] 접주 임명 이전에 연원 조직의 활동과 연락 체계가 접으로 제도화되어 있었다는 것을 알 수 있다.[57] 기존 연구는 『수운문집』 기록의 중요성을 간과하여 수운에 의한 접의 제도화를 포착하지 못했

---

54 "十一月初九日先生處所定于興海梅谷孫鳳祚家 翌日各處道人往拜紛紛與群弟同爲留連而共樂甘苦…其後日與童子或書或筆以爲工課…是時慶翔與諸道人衾一件上下衣裁納于先生 先生日接內多貧寒何爲竭力乎"「수운행록－원제 수운문집－」, 『아세아연구』 제7권 1호, 고려대학교 아세아문제연구소, 1964, 180쪽.

55 표영삼은 이에 대해 접내의 도인들은 한 가족처럼 지냈으며 일가친척이 많아 서로 돕는 유무상자(有無相資)의 전통이 생겨났다고 보았다. 박맹수는 이를 유무상자의 경제공동체적 생활로 주장한다. 표영삼, 앞의 논문(1999), 103쪽, 107쪽; 표영삼, 앞의 책(2004), 224쪽; 박맹수, 앞의 논문(1995a), 34~35쪽 참조.

56 "先生又日 吾家之妻子所食乏艱君可救急之計耶 府西接中卽備米肉與錢四五十金竝先生內書而付送本家"「수운행록－원제 수운문집－」, 『아세아연구』 제7권 1호, 고려대학교 아세아문제연구소, 1964, 180쪽.

57 『대선생주문집』과 『도원기서』는 접주 임명 이전의 접에 대한 기록이 나타나지 않는다. 이것은 앞서 살펴보았듯이 접과 관련된 해당 기사를 모두 해월 개인의 활동으로 대치했기 때문이다. 표영삼은 1862년 9월 수운이 관에 체포되어 풀려난 이후 관의 지목을 피하면서 동학을 유지 발전시키기 위해 고안한 제도적 종단조직이 접이라고 주장하였다. 하지만 이는 접주 임명과 접의 제도화가 동일한 시기에 이루어졌다는 가정을 필수조건으로 한다. 표영삼, 앞의 책(2004), 221~223쪽 참조.

다고 볼 수 있다.

접이라는 명칭의 기원에 대해서는 여러 주장이 있지만, 크게 두 가지로 나누어진다. 첫째, 서당이나 유생들의 무리, 개강(開講) 등을 의미하는 유교 문화에서 기원했다는 것과 둘째, 보부상 조직에서 기원하였다는 것이다.[58] 전자의 주장은 오래전부터 제기되어 오던 것인데 반하여, 후자의 주장은 1990년대 이후 제기되고 있다.

접은 원래 단체, 무리라는 뜻이지만 수운 당대에 조직 차원에서 사용된 접의 의미는 서당의 동급 학도 무리, 과거에 응시하는 유생의 무리, 그리고 보부상 무리 등이었다.[59] 이러한 여러 용례 중에서 수운은 동급의 학도 무리라는 용례를 변용한 것으로 보인다. 당시 지방의 과시(科試)에서 서당별로 자신의 접 이름을 쓴 백포기(白布旗)를 높이 들고 모였다는 일화는 학맥을 의미하는 무리를 접으로 지칭하였다는 것을 보여준다.[60] 또한 수운이 심문 과정에서 아이들을 가르쳤다고 진술한 것으로 본다면, 동학의 수용성과 조직 보호를 위해 서당의 학생들이나 유생 무리를 의미하는 접을 변용하였을 가능성이 크다.[61] 동학의 본부인 용담정 역시 그의 부친 근암이 수하의 학

---

58 김상기는 서당이나 학사의 개강을 의미하는 접에서, 김용덕, 목정균, 신복룡은 서당이나 유생의 무리를 뜻하는 접에서 기원하였음을 주장하였다. 표영삼은 두 가지 모두 가능하다는 견해이었지만, 최종적으로 보부상 조직 기원설에 무게를 두었다. 김상기, 앞의 책, 74~75쪽; 김용덕, 앞의 논문, 237쪽; 목정균, 앞의 논문, 231쪽, 신복룡, 『전봉준평전』, 지식산업사, 1996, 209~210쪽; 표영삼, 앞의 논문 (1999), 105쪽; 표영삼, 앞의 책(2004), 221~222쪽 참조.

59 무리나 조직을 의미하는 접은 개강을 의미하는 접과 사용 맥락이 다르다. 개강을 의미하는 접은 개접, 폐접이라는 용어에서 사용되었다. 여기서는 무리나 조직을 의미하는 접만을 논의할 것이다. 김용덕, 앞의 논문, 237쪽; 한국민족문화대백과 (http://encykorea.aks.ac.kr, 서당, 2021.3.23) 참조.

60 김구, 앞의 책, 36쪽 참조.

인을 가르치던 곳이었다는 점도 이를 뒷받침 한다.[62] 앞서 살펴보았 듯이 수운이 자신의 가르침을 유교적 개념을 통해 전하였고, 자신의 학문을 공자의 학문인 추로지풍(鄒魯之風)에 대비하며 동학이라고 지칭하면서 대동소이하다고 하였으며, 연원을 공자의 도통(道統)으로 설명한 점 등도 이를 방증한다.

조선 시대 서당의 규모가 큰 경우, 일정 수의 학생을 몇 개의 '접'으로 묶어 접장(接長)을 세웠다. 학력과 나이가 많은 학생이 접장이 되어 자신이 속한 '접'의 동료나 하급생들을 훈장 대신 가르치면서, 자신도 훈장에게 수업받는 일을 동시에 한 것이다.[63] 수운이 사설 교육 기관인 서당 체계를 변용하여 동학 학도, 즉 교인들을 접으로 조직화하였을 가능성은 크다.[64] 훈장(訓長)에 해당하는 수운으로부터 도와 법을 전해 받은 이들이 사사상전의 원리로 접장(接長) 격의 접주

---

61 "則福述, 以慶州民, 訓學爲業矣. 聞洋學出來, 以衣冠之類, 不忍見洋學之熾行, 以敬天順天之心, 做出'爲天主顧我情永世不忘萬事宜'十三字, 名之曰'東學', 取東國之義. [최복술은 경주 백성으로서 아이들에게 공부를 가르치는 것을 직업으로 삼아 왔습니다. 그런데 양학(洋學)이 나왔다는 말을 듣자 의관(衣冠)을 갖추고 행세하는 사람으로서 양학이 갑자기 퍼지는 것을 차마 보고 앉아 있을 수 없어서, 하늘을 공경하고 하늘에 순종하는 마음으로 '위천주고아정 영세불망만사의(爲天主顧我情永世不忘萬事宜)'라는 13자로 된 말을 지어서 동학(東學)이라고 불렀는데, 동쪽 나라의 학문이라는 뜻에서 취한 것입니다]"『高宗實錄』 1년(1864) 2월 29일(http://sillok.history.go.kr, 2021.1.18.).

62 표영삼, 앞의 책(2004), 30~34쪽, 43~44쪽; 천도교중앙총부(편), 앞의 책, 168~169쪽 참조.

63 최윤용, 「서당(書堂)의 교육방법(敎育方法)과 현대적(現代的) 의의(意義)」, 『한문고전연구』 제17집, 2008, 345쪽; 이항재, 「충남지역 서당교육에 대한 연구(Ⅰ)」, 『교육사학연구』 제18집, 1996, 171~172쪽 참조.

64 당시 서당에 대한 국가의 통제력은 거의 상실되고 서당계가 확산하면서 서당이 지배계급의 전유물이 아니었음도 주목해야 한다. 당시의 상황에 대해서는 다음의 논문과 책을 참조할 수 있다. 정순우, 「18세기 서당 연구」, 한국정신문화연구원 한국학대학원 박사학위논문, 1985, 53~261쪽; 김구, 앞의 책, 30~34쪽.

가 되고, 이 접주 밑에서 동학을 학습하는 교인들이 학동(學童)이 되어 차례로 사제관계의 연쇄가 형성되기에 서당의 접이 연원제 조직에 가장 부합하였다.

이에 비해 부상 조직을 본뜬 것이라는 주장은 수운이 한때 장사를 했었다는 점을 근거로 한다.[65] 물론 보부상 조직에 도접장, 접장이라는 직위는 있지만, 그 기본 단위는 임방(任房)이며 비방, 본방, 대방, 도본방 등의 명칭이 주를 이룬다.[66] 부상 조직에서 접장은 여러 읍을 의미하는 통(統)의 두목이고, 지역 단위를 그 기준으로 하였기에 인맥 조직을 의미하지는 않았다.[67] 부상 조직은 이러한 점에서 본다면 동학의 접과 규모나 기준에서 큰 차이가 있어 접조직의 기원으로 보기는 어렵다.

2) 동학 접조직의 성립과 제도화

연원 조직인 접은 동학의 포교가 시작되면서 포덕식과 입도식을 통해 제도화되었다. 그렇지만 그 조직이 제대로 작동하기 위해서는 접 책임자의 임명 역시 제도화되고 그 권위구조의 성화(聖化)가 뒤따라야 했다. 수운은 접의 규모가 커지고 자신을 대신하여 기초적인 교법을 전수할 수 있는 인물들이 등장하자 이들을 접주로 임명하였다. 1861년 6월부터 1862년 12월까지 1년 6개월의 기간은 접의 규

---

65 표영삼, 앞의 책(2004), 221~222쪽 참조.

66 전경묵, 성봉헌, 임선빈, 이해준, 안승준, 김경수, 정승모, 김소은, 박병련, 『호서지방의 고문서』, 한국학중앙연구원 출판부, 2012, 262쪽.

67 조영준, 김봉좌, 오창현(역해), 『장돌뱅이의 조직과 기록: 저산팔읍 상무우사 편』, 한국학중앙연구원 출판부, 2019, 24~28쪽 참조,

모와 책임자들의 수준을 높이기에는 충분한 기간이었다. 1862년 말까지 수운이 저술하여 배포한 글이 동학의 교리를 포괄하고 있었다는 점에서 본다면, 지식인 계층은 이를 활용하여 동학을 학습, 전파하고 있었다고 할 수 있다.[68]

접주 임명은 조직 제도화의 1차 완성을 의미하기도 했지만, 교단의 존립을 위해서도 필수적이었다. 수운은 보수 유생들의 배척으로 1862년 9월 말 관에 피촉되어 10월 초 풀려난 후, 10월 14일 교인들에게 통문으로 도를 버리도록 지시해야만 했다.[69] 이는 수운을 중심으로 한 활동이 비밀리에 이루어져야 그 존립이 보장됨을 의미했다. 상제의 강화는 질병과 병화(兵禍)가 장래에 도래할 것임을 명확히 하고 있었기에 수운은 포덕과 교화를 멈출 수 없었다.[70] 따라서 그는

---

68 『동경대전』 중 교리의 핵심이라고 할 수 있는 「포덕문」은 1861년 봄, 「논학문」은 1861년 12월, 수덕문은 1862년 6월에 완성되었다. 박맹수, 앞의 책(2009), 88쪽 참조. 『용담유사』 중 「도덕가」과 「흥비가」를 제외한 대부분 역시 접주 임명 이전에 저술되었다. 「수운행록 — 원제 수문집 —」, 『아세아연구』 제7권 1호, 고려대학교 아세아문제연구소, 1964, 178~181쪽 참조.

69 「동경대전」, 『동학사상자료집』 제1권, 아세아문화사, 1978년, 45~46쪽 참조.

70 수운이 1863년과 1864년에 화난이 도래할 것이라는 예측을 한 정황은 공초를 통해 알 수 있다. 다음의 공초 번역문을 참조하라. "… 제가 경신년(1860) 경에 듣건대, 양인(洋人)이 먼저 중국을 점령하고 다음에 우리나라로 오면 그 변(變)을 장차 헤아릴 수 없다고 하기 때문에, 13자로 된 주문(呪文)을 지어 사람들을 가르쳐서 양인을 제어하기 위함입니다. …이정화(李正華)의 두 번째 공초에, 「최복술이 제사를 지낼 때, 저는 귀신을 내리게 하는 글을 외우고 최복술은 칼을 휘둘렀습니다. 글씨를 잘 써서 병을 빨리 낫게 하였는데 『염병 귀신은 달아나고 학질 귀신은 사라져라』는 주문이었습니다. 이른바 약이라고 하는 두 개의 궁(弓) 자를 혹 불태워 마시기도 하고, 혹 씹어서 삼키기도 하는데, 최복술이 그 뜻을 해석하기를, 『옛날 임진년(1592)이나 임신년(1812?)에는 이(利)가 송송(松松)에 있다고 하고 가가(家家)에 있다고 하였지만, 갑자년(1864)에는 이가 궁궁(弓弓)에 있기 때문에 궁자를 불태워서 마시면 제어하기에 충분하다』고 말했습니다.』라고 하였습니다. … 「계해년(1863) 12월 19일에는 양인이 나올 것이고, 갑자년(1864) 1월에는 응당 들려

활동의 중심을 자신에게서 제자들로 옮겨 관의 지목을 피하면서 조직의 기반을 튼튼히 해야 했다.

　동학의 규모는 관의 시각에서도 수운의 피촉에 항의하는 교도들이 수백 명에 이를 정도로 커져 있었다.[71] 그런데도 수운이 동학을 버리라는 통문을 공개적으로 보내야 할 정도로 사회 주류계층을 중심으로 한 탄압과 박해의 분위기는 엄중하였다.[72] 이는 수운에게 교단을 보호하고 그 기반을 확고하게 해야만 한다는 압력이 되었다. 그 결과 수운은 자신을 일정 정도 대리할 수 있는 이들을 조직의 책임자인 접주로 임명하였다고 볼 수 있다. 『수운문집』에 접주 임명 이후

오는 이야기가 있을 것이다. 계해년(1863) 12월 19일이라는 기한이 되었는데도 아무런 소식이 없으므로 학도들이 사실이 아닌 것으로 여길까 봐 다시 갑자년(1864) 10월 11일 운운하였습니다. 만약에 이달도 그냥 지나면 다시는 공부를 하지 말자는 뜻으로 서로 약속하였습니다. 돈이요, 양곡이요, 갑옷이요, 병기요 하는 등의 문제에 대해서는 서양 도적이 나오더라도 주문과 칼춤으로 도적을 막을 것이고, 하늘 귀신의 도움을 받을 것이니 무슨 준비가 필요하겠습니까?'라고 하였습니다. …"『高宗實錄』1년(1864) 2월 29일(http://sillok.history.go.kr, 2021.1.18.).

71　정운귀의 장계는 1862년 10월 당시의 상황을 기록하면서 수운의 제자가 수백 명이라고 하였다. 『수운문집』에는 600~700명으로 기록하고 있다. "작년에 최가가 잡혀 진영(鎭營)에 갇히게 되자 며칠 되지도 않아서 제자 수백 명이 진영에 와서 호소하기를 '저희의 공부가 본래 백성을 해치거나 풍속을 파괴하는 것이 아니니, 저희 선생님을 속히 풀어주소서.'라고 하여, 진영에서 즉시로 놓아주었다고 하니, 그 도당의 수효가 수백 명이라고 할 수 있겠습니다. [昨年崔漢 捉囚於鎭營, 而不幾日弟子數百名, 來訴鎭營, 謂以渠輩之學, 本非害民敗俗, 則速放渠師亦爲置, 自鎭營即爲白放, 則徒黨數爻段, 可以謂之數百名]"『備邊司謄錄』고종 즉위년(1863) 12월 20일(http://db.history.go.kr, 2021.1.18); "先生退入府中於焉間四方來者六七百人突入官門"「수운행록-원제 수운문집-」, 『아세아연구』제7권 1호, 고려대학교 아세아문제연구소, 1964, 180쪽 참조.

72　"…而曾者傳道之人 竊查極覓 通于此意 盡爲棄道 更無受辱之弊…. [앞서 전도한 사람들도 은밀히 살펴 힘껏 찾아내어 이 뜻을 알려주어서 모두 도를 버리도록 하여 다시는 모욕을 당하는 폐단이 없게 하라]"「동경대전」, 『동학사상자료집』제1권, 아세아문화사, 1978년, 45~46쪽 참조.

의 기사 대부분이 접의 책임자나 접을 중심으로 기술되어 있다는 사실도 이를 방증한다.

접주 임명은 수운이 1차 피촉에서 풀려난 지 2개월여 만에 단행되었다. 현재 전해지는 접주 인원은 16명이지만 더 있었을 가능성도 있다.[73] 접주 임명의 기준에 대한 당대의 기록이 존재하지 않아 정확히 알 수 없지만, 열성적인 교인들을 1,000명으로 잡고 당시 접의 수를 20개로 산정하면 한 개 접의 기준은 50인이 된다.[74] 동학농민혁명 당시의 자료에 따르면 한 접의 최소 인원은 약 60~70인으로 추측할 수 있다.[75] 당시의 기준으로 호(戶) 단위를 사용하였을 가능성이 크기에 아마도 당대에는 50호 이하를 한 접으로 하였을 가능성이 크다.

접주 임명이 공식화된 바로 다음 날인 계해년(1863) 정월 초하루에 상제의 강결(降訣)이 있었던 사실은 접주의 권위를 신성화하는 중요한 근거가 되었다. 강결 중 '뒤에 알았노라 우리 집 이날 기약을[後知吾家此日期]'이나, '이날 이때 영우가 모였으니[此日此時靈友會]'라는 시구는 접주가 영우(靈友), 즉 수운의 영적 동지임을 의미하고 있기 때문이다. 상제에 의해 영우로 인정된 접주의 권위는 접내에서 수운을

---

73 영천 접주의 경우 『수운문집』은 "永川金先達"로, 『도원기서』는 "永川金先達名未詳"으로 기록되어 있다. 실명 대신 선달(先達)로 표현되어 있는데, 이는 수운 사후 몇몇 제자의 기억에 의존한 것임을 방증한다. 표영삼은 30개 접으로 추정하였다. 표영삼, 앞의 논문(1999), 103쪽 참조.
74 표영삼은 1985년 연구에서 30~50명으로 추정한 바 있다. 표영삼, 앞의 논문(1985), 111쪽 참조.
75 『오하기문』에 따르면 한 접의 최소 단위는 수십 명이었고 『나암수록』에 따르면 60~70인이다. 황현, 앞의 책, 128쪽; "相望設接 大接數三百人 小接六七十人" 박대주, 『한국사료총서 제27 羅巖隨錄 全』, 국사편찬위원회, 1980, 381쪽 참조.

대리하기에 부족함이 없었으리라 볼 수 있다. 접주 임명의 원리가
된 연원제 역시 상제가 내린 법이라는 것이 확고해졌으므로 접주가
곧 도통이라는 종교적 권위도 확립되었다.

영우, 즉 영적 친구라는 표현으로 본다면 접주 임명이 단순히 연
원 조직의 규모를 기준으로만 결정된 것은 아니라고 볼 수 있다.[76]
이는 당시 접주 임명에서 해월이 제외된 사실로도 알 수 있다. 영덕
접주와 연일(延日) 접주로 임명된 오명철과 김이서가 해월을 연원으
로 하였으므로 당시 해월 휘하 교인의 규모는 접주 임명 기준에 부족
함이 없었다. 그런데도 해월은 당시 접주로 임명되지 않았고 그를
연원으로 하는 오명철, 김이서는 접주가 되었다.[77]

---

76 강결시의 의미에 대해서 필자의 해석과 천도교 측의 해석은 차이가 있지만, 해당
  구절의 경우엔 같다. 필자는 이 강결시의 해석에 대해, 앞의 2장에서 『수운문집』을
  참고하여 다르게 해석될 수 있음을 제시하였다. 즉 "지난해 서북에서 영우가 찾더
  니, 뒤에야 알았노라 우리 집 이날 기약을."이라는 기존 해석보다 "지난해 서북에
  서 영우를 찾았는데, 뒤에야 알았노라 우리 집 이날 기약을."이 『수운문집』의 맥락
  에서 더욱 개연성이 크다는 것이다. 이렇게 해석하면 수운은 영우(靈友)가 서북에
  서 나타날 것이라는 상제의 강화에 따라 1862년 완북호서에서 영우를 찾았지만
  때가 아니었음을 알았고 접주들도 영우임을 이제야 알았다는 것으로 해석된다.
  천도교중앙총부(편), 앞의 책, 90~91쪽; "先生日 君知得道之日 降書之理乎 夏善
  對日不知也 先生日愼不漏也 又日去歲吾欲尋靈友於西北而今無其人也 然日後必
  有與我比之者其人在於完北湖西之地而善於敎誨 君其安心相從也"「수운행록-
  원제 수운문집-」, 『아세아연구』 제7권 1호, 고려대학교 아세아문제연구소,
  1964, 181쪽 참조.
77 오명철과 김이서를 수운이 직접 포덕한 인물로 기록하는 문헌이 있는 것은 당시
  접주로 임명되었기 때문일 가능성이 크다. 『천도교회사초고』에 따르면 오명철과
  김이서는 수운이 직접 입도시킨 인물이다. 오명철, 김이서는 해월이 포덕한 인물
  로도 기록되어 있어 자체 모순을 지닌다. 하지만 「해월선생문집」에는 오명철의 경
  우 해월이 포덕한 이로 기록되어 있어 오명철의 연원이 해월임은 명확하다고 할
  것이다. 김이서는 해월의 친우로 포덕을 위해 벼 100석을 청하자 120석을 보낸 인
  물로 기록되어 있는데, 『천도교서』에는 명확히 해월의 제자로 기록되어 있다. 「천
  도교회사초고」, 『동학사상자료집』 제1권, 아세아문화사, 1978년, 397~398쪽; 「대

그렇다면 포덕 수효 이외에 접주 임명 조건은 무엇이었을까? 그 조건은 접장으로 수운을 대신하여 동학의 가르침을 전할 정도로 동학에 대한 이해도가 깊거나, 문서로 만들어진 수운의 가르침이나 명을 이해할 수 있는 지적 능력이었다고 볼 수 있다. "스승이지만 가르침을 받을 수 없는 스승이라면 예와 의가 어찌 나타날 것인가?[是故師無受訓之師 則禮義安效]"라는 강수의 주장은 올바른 스승이 되기 위해서는 동학의 가르침을 받아야 한다는 의미로, 동학에 대한 이해도가 접주의 기준이었음을 시사한다. 또한 접주로 임명된 이들 상당수가 유생이나 다소의 사회적 신분을 지닌 지식인 계층이라는 점으로 본다면 지적 능력도 그 기준임을 알 수 있다.[78]

박맹수는 해월이 당시 접주가 되지 못한 연유를 한문에 대한 낮은 지식수준과 휘하 교인의 부족 및 경제적 빈곤으로 설명하였는데, 휘하 교인의 부족 부분을 제외하면 개연성이 있다.[79] 당시 경제적 수준과 교육 기회 사이의 비례 관계를 가정한다면 해월이 접주로 임명되지 못한 가장 중요한 이유는 수운의 가르침을 접의 도인들에게 전달

선생사적」,『한국학자료총서9 – 동학농민운동편 –』, 한국정신문화연구원, 1996, 373쪽; 「천도교서」,『아세아연구』 제5권 1호, 고려대학교 아세아문제연구소, 1962, 218~219쪽 참조.

78 「해월선생문집」에는 부서 접주 백사길은 좌수(座首), 영덕 접주 오명철은 유생이었다고 기록되어 있고, 공초에 따르면 또 다른 부서 접주 강원보는 지상(紙商), 본부 접주 이내겸은 은퇴한 아전이다. 영해 접주 박하선은 신향(新鄕), 즉 유생임을 추측할 수 있는 증거가 있다. 「대선생사적」,『한국학자료총서9 – 동학농민운동편 –』, 한국정신문화연구원, 1996, 371, 374쪽;『高宗實錄』 1년 (1864) 2월 29일(http://sillok.history.go.kr, 2021.1.18.); 박맹수, 앞의 논문 (1995a), 63쪽 참조.

79 휘하 연비가 기준에 미흡했다는 추론은 아마도 영덕 접주 오명철, 연일 접주 김이서의 연원이 해월임을 간과했기 때문으로 보인다. 위의 논문, 40쪽 참조.

할 수 있는 지식수준, 특히 한문 이해 능력의 부족이다. 해월의 예로 본다면 당시 접주의 임명 기준에 휘하 교인의 규모와 함께 동학에 대한 이해도와 문서로 만들어진 수운의 명교를 이해할 수 있는 지적 능력이 포함되어 있음은 확실하다.[80] 해월이 입도 9개월 후에 포덕을 시작할 수 있었다는 기록을 통해 보더라도 접주의 자격 평가에 수운의 주관적 기준이 존재했을 것이며, 당대의 사회 문화적 환경으로 본다면 동학 교학의 전달 능력이 접주의 기본 조건임을 추측할 수 있다.

당대의 지식 정보에 대한 이해력이 접주가 지녀야 할 필수적 요건이었다는 점과 관련해, 수운이 양반의 생활 규범을 이상화하고 유교적 우민관(愚民觀)을 지녔으며 현실적으로 체제 순응적이었다는 조경달의 지적은 타당하다.[81] 1860년대 동학의 체제 순응적 모습은 『도원기서』와 달리 아래의 내용처럼 『수운문집』과 『대선생주문집』이 유교적 질서에 따라 수운의 체포와 서거를 다루었다는 데서도 찾아볼 수 있다.

---

80 접이 강학과 집단 의례를 위한 모임에서 출발하였다고 본 한국종교연구회의 분석 역시 접주의 지적 능력이 임명 기준이 될 수밖에 없다는 것을 잘 보여준다. 한국종교연구회, 앞의 책, 283쪽 참조.

81 조경달, 앞의 책, 50쪽, 52쪽.

[표 17] 當是時(及此)

水	當是時　宣傳官鄭龜龍奉命而　到本邑府多率羅將不意突入 以御命招　捉　先生顏色自若曰旣犯御命順受捉去 其時光景不可忍言　同時被捉者十餘人　竝到　本府 翌日發行至永川　奉習之惡侮陷之風甚於厄末困蔡之日 先生常坐馬上馬足　接地移不得步 數十下隸大驚惶惶急告曰小人等未不知先生也 惟望先生平安行次少須臾之間馬忽移足疾行　　　　　　　到大邱營宿所 翌日　　宿所善山又　　發行至商州宿所　奉命龜龍初意作程於鳥嶺 聞道人數千聚會嶺路心甚大怯以化寧作路到公忠道報恩宿所 其邑首吏卽道人也　　善待支供需資五緡奉上先生　早　發行到靑山宿所 又行到　　淸州宿所　發行數三日艱到果川 歲十二月初七日卽哲宗朝昇遐之日也　今當宁代理之初各道頒布遲滯多日 先生始聞國恤之報哀　先生曰我雖罪人設哭班之位北向拜哭哀痛須甚 留府數日傳敎內慶尙道慶州罪人東學先生崔某　　還　　該營 招考下敎云云
丙	當是時　宣傳官鄭龜龍奉命而忽到本　府多率羅將不意突入 以御命招致捉去 其時光景不可忍言　時被捉　十餘人　　竝到　本府 翌日發行至永川　奉習之惡侮陷之風甚於厄末困蔡之日 先生常坐馬上　足不接也移不得步 數十下隸大驚惶惶告急曰小人等果不知先生也 惟望先生平安行次少須臾之間馬忽移　疾行　　　　　　　到大邱營宿所 翌日　　宿所善山又　　發　至商州宿所　奉命龜龍初意作程　鳥嶺 聞道人數千聚會嶺路心甚大怯以化寧　　作路到公忠路報恩宿所 其邑首吏卽道人也　　善待支供需資五緡奉上先生　早　發　到懷仁宿所 又作　　忠州宿所　發行數　日艱到果川 歲十二月初七日卽哲宗朝　昇遐之日　今當于代理之初各道頒布遲滯多日 先生始聞國　之報哀　先生曰我雖罪人設哭班　位北向再拜哀痛須甚 留府數日殿敎內慶尙道慶州罪人東學先生崔某　　還　　該營 招考　　云云

道	及此　　　　龜龍　　　　　　　多率將羅不意突入 以御命招　捉　先生以御命之致勢無奈何而順其命捉去 其時曠境不可勝言 同時所捉者十餘人也 竝到于本府而 翌日發行至永川也 所屬下卒言辭不恭蔑視無常 先生乘坐馬上馬足　接也撓動不移 數十下人大驚惶惶急告日小人等果不知先生也 惟望先生平安行次於斯之際　馬忽　疾行 宿所永川翌日發行到大邱營宿所 翌日發行至善山宿所又明日發行至尙州宿所　　　龜龍意爲作程於鳥嶺 聞道人數千人屯聚云心爲大怯以華嶺發行作路到忠淸道報恩宿所 其邑吏房則道人也 故朝夕支供善待錢五緡奉上先生 翌日發行到靑山宿所 明日發行到淸州宿所 發行數　日抵到果川 及此哲宗廟十二月初七日昇遐　　　今當爲代理後頒布各道故中滯多日 先生始聞國恤之哀報 先生日我雖罪人國哀之痛尤是不幸也哀極不已 留　數日傳敎內慶尙道慶州東學先生罪人崔諱濟愚還送于該營 招考狀啓云云

위의 [표 17]을 보면, 『수운문집』과 『대선생주문집』의 문장 형식과 내용이 거의 같지만 『도원기서』는 중요한 차이를 보인다.[82] 체제 순응적 태도와 관련해 주목해야 할 부분은 세 곳이다.

첫째, 수운이 영천으로 체포되어 가는 상황에 대해 『수운문집』과 『대선생주문집』이 "포졸들 습속의 악독하게 모욕하는 기풍이 (공자가)

82　『대선생주문집』의 경우 오탈자로 추측되는 부분을 제외하면 『수운문집』과 거의 같다. 하지만 이동 경로 부분은 『도원기서』와 『수운문집』이 유사하며 『대선생주문집』이 다소의 차이를 보인다. 『대동여지도』상으로 본다면 가장 정확한 이동 경로를 제시하고 있는 문헌은 『수운문집』이다. 장영민은 『수운문집』의 이동 경로 중 보은−청산−청주의 경로가 잘못된 것으로 주장했지만, 이는 조선 시대 보은 북쪽의 주성부곡(酒城部曲) 지역이 청산현에 소속되어 있었던 월경지이며 행정구역상 청산 소속이었음을 간과한 결과이다. 『대동여지도』에는 보은의 남북 양쪽에 모두 청산이 존재한다. 조선 시대 주성부곡에는 사창(社倉)과 역이 있었다. 따라서 보은−청산(주성)−청주의 경로는 정확하다. 장영민, 앞의 책, 69쪽; 『대동여지도』, 진선출판사, 2019년, 十五─三 聞慶 槐山 報恩, 十六─三 尙州 善山 茂朱; 한글학회, 『한국지명총람 3』, 한글학회, 1970년, 146쪽; 『世宗實錄』地理志 忠淸道 淸州 牧(http://sillok.history.go.kr, 2021.1.18.) 참조.

송국에서 겪은 액과 (진국과) 채국(사이)에서 당한 곤욕보다 심하였다[奉熠之惡侮陷之風甚於厄宋困蔡之日].”라고 기술하고, 『도원기서』가 “소속 하졸들의 언사 불경함과 멸시함이 범상함이 없었다[所屬下卒言辭不恭蔑視無常].”라고 기술한 부분이다. 『수운문집』과 『대선생주문집』은 수운의 고난을 공자의 고사에 비유하여 체제에 대한 비판을 피했지만, 『도원기서』는 제도권의 박해에 대해 적나라하게 묘사한 부분이다.

둘째, 선전관 정운귀를 지칭하는 방식이다. 『수운문집』과 『대선생주문집』은 ‘봉명귀룡(奉命龜龍)’, 『도원기서』는 ‘귀룡(龜龍)’으로 표현했는데, 전자의 방식이 더욱 왕을 중심으로 한 유교적 질서에 순응하는 역사 기술이다.

셋째, 철종의 승하에 대해 『수운문집』과 『대선생주문집』은 “이해 12월 초이레에 철종 임금이 승하하였다. 이제 현 임금이 대리한 초여서 각도에 반포 지체됨이 여러 날이니, 선생이 비로소 국상(國喪) 상중(喪中)의 통지를 들었다[歲十二月初七日卽哲宗朝昇遐之日也 今當宁代理之初各道頒布遲滯多日先生始聞國恤之報哀].”으로, 『도원기서』는 “이에 이르러 철종이 12월 초이레에 승하하고 이제 현 당저(當宁)가 대리한 후 각도에 반포하여 중도가 막힘이 여러 날이니 선생이 비로소 국상 상중의 통지를 들었다[及此哲宗廟十二月初七日昇遐今當宁代理後頒布各道故中滯多日先生始聞國恤之哀報].”라고 기술한 부분이다. 『수운문집』과 『대선생주문집』은 임금이 승하한 날을 독립된 문장으로 표현하고 이를 기준으로 일화를 서술하지만, 『도원기서』는 수운의 과천 도착을 기준으로 사건을 기술하고 있다. 『수운문집』과 『대선생주문집』이 왕을 중심으로 한 체제 순응적 방식으로 유교적 질서와 사유를 반영한 조선조의 문

집 기준에 부합한다.[83]

위의 표 외에도 앞서 [표 13]에서 동학의 체제 순응적 모습이 드러난 바 있다. 수운의 죽음에 대해『수운문집』은 '직수이몰(直受而歿)', 즉 수운이 누명을 쓰고서도 충직하게 왕명을 받들어 죽음에 이르렀다고 표현하여, 왕명 중심으로 수운의 충직(忠直)을 부각한 바 있다. 이에 반해,『도원기서』는 '수욕별세(授辱別世)', 즉 수운이 "욕을 주어 (이를 받아) 별세했다."라는 식으로 왕명을 부정적인 말로 표현하였다.『수운문집』은 1860년대의 동학이 유교적 질서에 순응적이었음을 잘 보여준다.[84]

---

83 『도원기서』의 서술 방식은 현 황제나 임금을 의미하는 당저(當宁)를 당저(當苧)로 오기한 것과 결합되어 수운이 12월 7일 과천에 도착했다는 잘못된 해석으로 파급되었을 가능성이 크다. 12월 7일은 수운이 체포되기 전이다.『도원기서』의 기록으로도 수운이 체포된 시점은 12월 10일이다. 그런데도『도원기서』의 '及此'를 '이때에 이르러'로 해석하여 수운이 과천에 호송된 시점을 12월 7일로 번역하는 경우가 있다. 현대의 동학 문헌 연구자들조차도 이러한 실수를 한다는 점은 시사하는 바가 크다. 오역은 아마 오자로 인해 해석이 불가해지고 수운을 중심으로 사건을 기술하면서 발생했을 가능성이 크다.『대선생사적』이 수운의 과천 도착 시점을 12월 8일로 기록하고 이때 수운이 북쪽을 향해 곡을 하였다고 한 것 역시 이 영향으로 볼 수 있을 것이다. 수운이 체포되어 상경하던 도중 철종의 승하를 먼저 알고 통곡했다는 후대의 전설도 이러한 오역의 문제에서 기원하였을 것이다.『대선생주문집』의 당우(當于)와『도원기서』의 당저(當苧)는 모두 오자로『수운문집』으로 교감하지 않으면 해석할 수 없다. 현 임금을 의미하는 당저(當宁)를 오기한 것으로 본다면『도원기서』와『대선생주문집』편집자는『수운문집』의 저자보다 한학적 지식이 부족했음을 알 수 있다. 또한 이 문헌의 주 배포 대상이 유생이 아니었을 가능성이 크다. 임금을 의미하는 용어의 오기는 동학의 주류가 이미 유생을 중심으로 한 지식인에서 평민으로 전환된 시기에『대선생주문집』과『도원기서』가 편찬, 필사되었음을 시사한다. 「최선생문집도원기서」,『한국학자료총서9 ─ 동학농민운동편─』, 208쪽; 윤석산(역주), 앞의 책(2000), 97쪽 참조; 「대선생사적」,『한국학자료총서9 ─ 동학농민운동편─』, 한국정신문화연구원, 1996, 361쪽; 「천도교회사초고」,『동학사상자료집』제1권, 아세아문화사, 1978년, 408쪽; 이돈화, 앞의 책(1933), 51쪽 참조.

84 이외에도『수운문집』과『대선생주문집』은 심문 과정에서의 수운이 한 답변을『도

또한 신분 질서와 지식수준의 비례 관계가 1890년대보다 1860년
대에 더 강했다는 사실을 고려한다면 수운이 유교적 질서를 인정하
면서 신분 제도를 참고하여 접주를 임명했을 가능성은 더욱 커진다.
신분이 낮았던 해월이 교단 내에서 확고하게 도통 계승자로 인정받
고 있었던 1891년에도 신분 문제가 전라지역 편장(便長) 임명과 관련
된 갈등의 명분이 된 것을 본다면 접주 임명에 신분 제도가 영향을
미쳤을 개연성은 크다.[85]

『원기서』와 다르게 기술하고 있다. '무리를 모아 풍속을 어지럽힌바'를 묻는 심문
에 두 문헌은 "아이들에게 권하여 글을 쓰니 하늘이 내린 필법이었다. 내가 도인들
을 원한 것이 아니라 도인들이 나를 원한 것이니 멀리서 찾아옴을 또한 즐김이 아
닌가? 이것을 도로 삼았는데 어찌 풍속을 무너지게 했다고 하는가?"라고 한 데 비
해, 『도원기서』에는 "아이들에게 권하여 글을 쓰니 스스로 총명해졌다. 그런 까닭
으로 이를 업으로 삼아 세월을 보냈다. 여기에 풍속은 무슨 말인가?"라고 기술되
어 있다. 『도원기서』의 답변은 무리를 모았다는 수운에 대한 죄목이 근거가 없음
을 부각하여 수운에 대한 처벌이 부당하다는 직접적인 비판의 의도를 드러낸다.
이에 비해 『수운문집』과 『대선생주문집』의 답변은 멀리서 찾아온 이들에게 가르
침을 베푼 것은 공자가 말한 바이니, 풍속을 해침이 아니며 그 행적이 유교에 어긋
남이 없다고 해명하고 있다. 1860년대~70년대 중반까지 동학이 유교적 질서를 수
긍하며 그 안에서 수운의 신원을 추구했음을 잘 보여준다. 「수운행록-원제 수운
문집-」, 『아세아연구』 제7권 1호, 고려대학교 아세아문제연구소, 1964, 181쪽;
「대선생주문집」, 『한국민중운동사자료대계: 1894년의 농민전쟁 부(付) 동학관
계자료 1』, 여강출판사, 1985, 33~34쪽 참조; 「최선생문집도원기서」, 『한국학자
료총서9-동학농민운동편-』, 210쪽 참조.

85 「천도교회사초고」에 따르면, 1891년 3월부터 전라우도의 두령이던 윤상오와 좌
도의 두령인 남계천이 서로 용납하지 못하여 분쟁이 있자 해월은 남계천을 전라좌
우도의 편의장으로 임명한다. 이에 김낙삼이 호남좌우도 16개 포의 도인 100명을
이끌고 해월을 찾아 따를 수 없음을 표명한다. 이에 해월은 문벌이 천미해도 두령
의 자격이 있음을 명확히 하고 하늘은 문벌로써 사람을 차별하지 않음을 선언한
다. 유사한 내용이 『대선생사적』, 『본교역사』, 『시천교종역사』에도 있다. 「천도교
회사초고」, 『동학사상자료집』 제1권, 아세아문화사, 1978년, 434~435쪽; 「대선생
사적」, 『한국학자료총서9-동학농민운동편-』, 한국정신문화연구원, 1996, 408~
409쪽; 「본교역사」, 『한국학자료총서9-동학농민운동편-』, 한국정신문화연구
원, 1996, 501쪽; 박창동, 앞의 책, 78~79쪽 참조.

접주 중 이내겸, 백사길, 강원보, 박하선, 이무중, 김주서, 민사엽, 하치욱 등은 1861년 6월 포덕이 시작된 초기 수운이 직접 포덕한 이들이며, 최중희도 수운이 전라도로 피신할 당시 수행한 친족 제자이기에 역시 포덕 초기 제자이다.[86] 이에 비해 오명철과 김이서는 1862년 3월 해월이 포덕을 시작한 후 입도한 교인이다. 이러한 점에서 본다면, 입도의 선후나 수운을 직접 연원으로 하였는지는 접주 임명의 기준이 되지 않았다고 볼 수 있다. 또한 포덕이 시작된 시기에 입도하고 수운이 수제자로 인정한 최자원의 경우 접주로 임명되지 않았다는 점에서 본다면, 지식수준 외의 중요한 기준은 접의 규모 즉, 소속 교인의 수효였다고 볼 수 있다.[87] 이러한 점은 휘하 접의 규모, 즉 포덕 수효가 교단 내 권위 관계와 비례하였음을 말해준다.

수운의 연원제는 입도 후의 수행과 종교적 체험을 통해 동학에 대한 신앙과 이해도가 적절한 수준에 도달하면 포덕이 허가되고, 포덕을 통해 자신의 인맥을 구축하면 연원의 권위를 지니게 되어 휘하 교인을 통솔할 수 있고, 휘하 교인이 종교적 체험을 통해 교의에 대한 이해와 신앙 수준이 깊어지면 자연스럽게 전교인의 종교적 권위

---

86 「천도교회사초고」, 『동학사상자료집』 제1권, 아세아문화사, 1978년, 397쪽; 용담연원, 『동학 천도교 약사』, 보성사, 1990, 6쪽 참조.

87 표영삼은 최자원이 포덕 초기인 1861년 6월 입도하였다고 했는데 정확한 근거를 제시하지는 않는다. 정운귀 서계에는 수운이 최자원을 수제자로 칭하였다는 내용이 있다. 표영삼, 앞의 책(2004), 137쪽, 158쪽; "최복술이 말하기를, 「그렇다면 마을 아래로 가서 남문 밖 최자원(崔子元)과 이내겸(李乃兼) 두 사람을 찾아가서 내 말을 전하고서 쉴 숙소를 청하면 안온한 곳을 구하게 될 것이다. 최가는 나의 수제자이고 이가 역시 서로 익숙하며 내 일을 잘 아는 자이니 찾아가 보라」 하였습니다. [則福述曰, 旣如此則須往邑底, 訪問南門外崔子元李乃兼兩人, 傳吾言而求入舍館, 則當得安穩處矣, 崔是吾之首弟子, 李亦相熟而知吾事者, 第爲往覓云.]" 『備邊司謄錄』 고종 즉위년(1863) 12월 20일(http://db.history.go.kr, 2021.1.18).

가 강해지는 조직체계라고 볼 수 있다. 따라서 이 체계가 확립되고 작동하기 시작한 1863년 초부터 수운의 활동은 접주나 접의 연원주를 대면하는 것으로 전환되었다고 볼 수 있다. 공동체와 그 권위구조가 제도화되고 신앙체계에 통합된 결과이다. 이로써 후천 도래의 시운(時運)에 따라 성현(聖賢)의 개재(介在) 없이 인적 계보를 통해 천령(天靈)의 강림이 이루어져 만인의 신선화가 이루어진다는 동학의 구원관에 부합하는 연원제 조직이 성립되었다.[88]

수운은 전교인과 수교인의 관계를 도통(道統)으로 신성화하고 이를 기본적인 조직 원리로 활용함으로써 인맥 중심의 강력한 속인제 조직 교단을 구축하였다. 접은 전도자와 수도자의 인맥을 따라 초지역적으로 조직한 초기 동학의 단위조직이며, 현재의 천도교 연원 조직에서도 계승하고 있는데 이는 수운이 구축한 조직 원리가 큰 변동 없이 전승되었다는 것을 보여준다.[89] 스승과 제자 사이의 법과 진리의 전수라는 연원 개념을 변용하여 '전교(傳敎) 수교(受敎) 시(時) 시생(始生)하는 관계(關係)'로서 연원 개념을 정의하고, 그 함의를 '영생(永生)의 불변(不變)하는 은의(恩義)가 유(有)'한 '천분관계(天分關係)'로 확장하여 포교 인맥에 신성성을 부여하는 속인제 조직체계가 수운에 의해 기획되고 제도화된 것은 분명하다.[90] 그 결과 동학 조직은 수운

---

88 조경달은 동학이 성현의 개재 없이 천령의 강림으로 만인이 신선화된다는 새로운 담론을 구축했다고 주장하였다. 조경달, 앞의 책 47쪽 참조.

89 표영삼, 앞의 논문(1995), 364쪽.

90 여러 문헌을 통해 동학의 연원 개념과 연원제에 관해 확인할 수 있지만, 공식 문헌으로 그 의미가 명확히 성문화된 것은 1910년의 「천도교대헌」이다. 교단 내 불문법으로 작동했던 연원제가 1910년 성문화된 것은 연원제에 근거한 권위구조가 약화되고 있었기 때문이라고 생각된다. 「천도교대헌(1911)」, 『韓末天道敎資料集』,

당시부터 매우 응집력이 강한 공동체로 자리 잡았다.[91] 그리고 연원
제는 수운의 처형 이후에도 동학이 수십 년간 비밀결사적 조직으로
존립할 수 있었던 중요한 동력이 되었다.

접조직의 확립과 함께 논의해 보아야 할 중요한 문제는 수운이 접
주 이상의 직위를 제도화했는지이다. 이는 후계자와 더불어 해월 시
대의 연원제 조직과도 연관되는 문제이다. 『수운문집』에는 수운이
제자 중 누구에게도 접주 이상의 직위를 임명한 사실이 나타나지 않
는다. 해월에게 부여된 것으로 알려진 '북접 주인'이라는 직위는 후
대의 기록이다.[92] 후대의 기록 중 『수운문집』보다 늦지만 1870년대
후반에 편집된 『대선생주문집』과 『도원기서』에도 '북접 주인'이라
는 명칭이 나타나지 않는다. '북접 주인' 대신 '주인', '북도중주인'
의 직위가 나타나는데 1863년 7월의 일로 기록되어 있다.

박맹수나 조경달 등은 『수운문집』에 해월의 '북도중주인' 임명 기

　　2권, 국학자료원, 2005, 제188조, 제121조, 제124조.

91　박맹수는 수운에 의해 초기부터 시작된 유무상자의 가르침을, 표영삼은 혈연으로
　　얽힌 정이 통하는 인맥 조직이라는 특성을 동학 조직 결합력이 강하게 된 원인으
　　로 설명한다. 결국 연원제가 동학 조직의 결합력의 원천이었음을 의미한다. 1863
　　년에 이르면 동학의 공동체는 신앙 공동체를 넘어 경제 공동체적 성격까지 지니고
　　있었음이 확인된다. 1863년 12월 1일 도남서원에서 여러 서원으로 보낸 통문에는
　　"재물과 돈을 좋아하여 있는 사람과 없는 이들이 서로 도우므로, 가난한 이들이 기
　　뻐한다. [好財貨而有無相資卽貧窮者悅焉]"라는 기록이 확인된다. 표영삼, 앞의
　　책(2004), 224쪽, 272~274쪽; 최승희, 「書院(儒林)勢力의 東學排斥運動小考」,
　　『韓㳓劤博士 停年紀念史學論叢』, 지식산업사, 1981, 559쪽; 박맹수, 앞의 논문
　　(1995a), 35쪽; 박맹수, 「동학혁명에 있어서의 동학의 역할」, 『한국사상』 제20집,
　　천도교중앙총부출판부, 1995, 173~174쪽 참조.

92　북접이라는 명칭과 주인이라는 직위가 처음 나타나는 문헌은 『도원기서』이나 두
　　용어가 결합하여 나타나지는 않는다. 해월에게 수운이 북접주인의 지위를 주었다
　　는 기사는 『대선생사적』이 가장 이른 문헌으로 보인다. 「대선생사적」, 『한국학자
　　료총서9 – 동학농민운동편 – 』, 한국정신문화연구원, 1996, 351쪽 참조.

사가 없다는 점 등 여러 정황으로 보았을 때, 해월의 '북도중주인' 또는 '주인' 임명을 믿기 어렵다는 견해다.[93] 1862년 12월에 접주로도 임명되지 못한 해월이 1863년 7월 접주보다 상위직으로 보이는 '북도중주인'으로 임명되었다는 것은 비약이며, 1871년 이필제의 난에서 해월이 교단의 지도권을 이필제에게 거의 넘겨준 것을 근거로 해월의 도통 전수를 부정한 점은 개연성이 있다.[94] 성스러운 권위구조의 유지와 조직 안정의 관점에서 본다면 이미 공식화된 접주 제도를 우회하는 새로운 제도와 권위구조의 구축은 기존의 조직과 권위구조를 약화할 수 있는 중대한 문제이다.

그렇지만 연원제의 관점에서 접근해 본다면 수운이 해월을 '북도중주인'으로 임명하여 접주 이상의 지위를 신설했다는 『도원기서』의 기록에 대한 다른 해석도 가능하다.[95] 다음에서 이러한 해석을 제시해 보고자 한다.

해월은 1861년 6월 다른 접주와 같이 포덕 초기 입도한 서열이 높은 제자였고 1862년 12월 접주로 임명되지 못하였지만, 당시 휘하에 영덕 접주 오명철, 연일 접주 김이서를 배출할 정도로 많은 교인

---

93 박맹수, 앞의 논문(1995a), 44~47쪽; 조경달, 앞의 책, 61~68쪽 참조.

94 위의 논문(1995a), 45쪽; 위의 책, 62~66쪽 참조.

95 『대선생주문집』의 주인보다 『도원기서』의 '북도중주인'의 지위가 해월의 진술을 근거한 것임이 명확하다. 2장에서 살폈듯이 주인은 1870년대 중반 이후 동학 교문이 북도중의 접을 중심으로 재건되면서 해월 중심의 지도 체제가 시작되면서 '북도중주인'이 곧 교단의 도주와 동일한 위상이 되면서 사용된 지위로 보아야 한다. 또한 '북도중주인', 북접주인의 줄임말로도 사용되었을 것이다. 『도원기서』가 이후의 모든 기록에서 해월을 주인(主人), 도주인(道主人), 도주(道主), 도포덕주(道布德主)로 지칭하고 있기에 오히려 '북도중주인'이 수운이 해월의 권위를 인정하며 언급한 지위라는 추측이 신빙성이 크다.

을 거느리고 있었다. 『도원기서』에는 접주 임명 이전 해월이 수운을 자기 집으로 모시려고 한 기사가 있다. 손봉조의 집에 있던 수운에게 해월과 그 휘하 도인들이 이불과 의복을 올리자 수운이 해월에게 가족의 호구지책을 부탁하였으며, 이에 해월의 주선 하에 부서접에서 미육(米肉)과 금전을 마련한 기사도 『수운문집』에 있다. 이상의 기사는 접주 임명 이전에도 해월이 휘하 접의 책임자로서 다른 접에 협조를 구할 수 있는 자격을 인정받고 있었다는 것을 시사한다. 또한 접주 임명 이후인 1863년 8월 13일 영해 접주 박하선이 6~7인의 제자들과 함께 수운을 찾아왔을 때 접주가 아닌 해월도 함께 왔으며, 중요한 교의를 전수했다. 이 사실로 본다면, 해월은 접주와 대등한 관계에 있었음을 알 수 있다.

이상의 정황들은 해월이 비록 지식인 계층이 아니어서 교육을 담당하는 접주가 될 수는 없었지만, 접주와 대등한 권위를 지니고 있었다는 것을 보여준다. 해월의 한학적 지식수준이 접주의 업무를 홀로 해 나가기엔 부족했을 수 있지만, 휘하 접주나 지식인의 도움이 있다면 접주와 대등하게 활동하는 것은 가능한 일이다. 이는 『대선생사적』의 다음과 같은 일화를 통해서도 엿볼 수 있다.

그믐날 선생(해월)이 또 장석(丈席, 수운)에 갔더니 박하선・백사길・이사겸・박대여・이무중・최중희가 이미 와있었다. 대선생이 이르되 "청하에 사는 이경여가 사람의 음해를 입어서 귀양을 가는 지경에 이르렀으니 마땅히 납속(納贖)을 해서 귀양살이를 풀어주어야 할 텐데 누가 이를 처리하는 게 좋은가?"라고 하였다. 선생이 가로되 "마땅히 제가 조치하겠습니다"라고 말하고 이내겸과 함께 영덕 접주 오명철의 집에 가서 3백여의 돈을 모아 2백 50냥을 납속하고 비용으로 50여 냥을 사용했다. 이렇게 이경여의 귀양살이를 풀어주고 장석에게 아뢰었다.[96]

『수운문집』과 『도원기서』에서 해당 사건을 영덕 도중에서 모은 2백여 금으로 해결하였다고 하였으므로 당시 해월이 자신의 휘하 접인 영덕접에 그 해결을 지시한 것은 분명하다.[97] 이 일화는 오명철의 영덕접 등 해월을 연원으로 하는 접의 교인들에게 해월이 연원의 권위를 가지고 있었다는 점을 잘 보여준다. 1863년 10월 28일의 수운 생일 연회와 관련된 기사를 본다면 해월이 지닌 지위는 더 분명해진다. 『도원기서』는 주인(主人)인 해월이 비밀리에 영덕에 위탁하여 잔치를 준비했다고 하였고, 『수운문집』은 영덕 도인들이 은밀히 생일연을 준비했다고 하였다. 해월의 명으로 영덕접이 은밀하게 수운의 생일 연을 준비했음을 알 수 있다.[98] 이 내용은 영덕접의 교인에게

96 「대선생사적」,『한국학자료총서9-동학농민운동편-』, 한국정신문화연구원, 1996, 355쪽.

97 "獨下盈德 道中收合二百餘金納贖解配 先生聞之 特爲稱讚矣"「수운행록-원제 수운문집-」,『아세아연구』제7권 1호, 고려대학교 아세아문제연구소, 1964, 181쪽; "獨盈德道中收合二百餘金納贖解配 先生聞之 特爲讚稱矣"「최선생문집도원기서」,『한국학자료총서9-동학농민운동편-』, 한국정신문화연구원, 1996, 185쪽 참조.

98 "冬十月二十八日卽先生之誕辰也 若爲通文則四方從者數甚多 故先生本意設宴之事先有未安之動靜 於是盈德道人 各密備宴禮設爲大宴 其數其然不可勝數"「수운행록-원제 수운문집-」,『아세아연구』제7권 1호, 고려대학교 아세아문제연구소, 1964, 181쪽; "冬十月二十八日卽先生之生辰也 若爲通文則四方從者數甚夥多 故先生本意設宴之事先有未安之動靜 主人密寄盈德各備譔禮設爲大宴 其數

해월이 상당한 권위를 가지고 있었다는 점을 잘 보여준다.

이처럼 1863년 12월 수운 체포 당시에 수제자로 알려져 있었던 해월이 1863년 7월경에도 교단의 유력한 지도자 중 한 사람이었다는 것은 여러 기록으로 입증된다. 따라서 수운이 파접 후 찾아온 해월을 다른 접주가 없는 비공개적 자리에서 '북도중주인'으로 임명한 『도원기서』의 기록은 비공식적이었다는 점에서 어느 정도 개연성이 있다. 수운과 해월 사이에서만 비공개적으로 이루어졌다는 점에서 충분히 가능한 것이다.[99]

이 임명은 수운이 해월을 접주 이상의 지위에 공식 임명하였다기보다 연원제에 따라 연원주의 권위를 인정해 준 것으로 보아야 한다. 연원제의 원리와 권위구조를 확인한 것이다. 공식화된 제도를 우회하는 새로운 조직 제도를 구축하기보다는 연원제의 원칙을 확인하여 연원제 권위구조를 통한 조직 운영의 효율성과 통일성을 확보했다고 볼 수 있다. 접주로 임명되지 않아도, 그 휘하에 접주가 있으면 연원제 원리에 따라 휘하 접주나 교인을 관할할 권한이 당연히 있다는 것을 확인해 주어 해월이 휘하의 여러 접을 아우를 수 있도록 한 것이다. 휘하에 여러 개의 접이 형성될 경우, 그 연원주는 여러 접의 주인이라는 권위를 지니면서 접주 이상의 역할을 할 수 있었다고 보

其然不可勝數" 「최선생문집도원기서」, 『한국학자료총서9 – 동학농민운동편 – 』, 한국정신문화연구원, 1996, 185쪽 참조.

99 수운이 해월에게 접주 이상의 지위나 권위를 부여했다는 사실은 『대선생주문집』과 『도원기서』가 편찬되는 1870년대 후반까지 교단 내에서 알려지거나 인정된 적이 없었다. 하지만 비공식적 권위나 지위의 확인은 포덕의 동기를 강화하여 조직 확장의 동력을 확보할 수 있으므로 해월 이외에도 다른 증인들이 존재할 수 있다.

아야 한다.

이러한 관점에서 보면 표영삼이 북도중(北道中)이라는 말을 경주 이북 지역으로 해석한 것은 논리적이다.[100] 하지만 '북도중주인' 임명을 경주 남쪽은 수운이 직접 관할하고, 북쪽은 해월이 관할하여 분담한 것으로 해석해 2인 지도체제로 보는 것은 수운이 해월에게 도통을 전수했다는 전제하에서 '북도중주인'을 후계자로 해석한 것으로 동의하기 어렵다. 연원제 원리에도 부합하지 않으며, 조직 원리에 의해 구축된 권위구조를 흔들어 교단의 분열을 초래할 수 있는 일이라는 점에서도 비상식적이다. 더 나아가 신분 질서를 전복하려 한다는 고발의 위험을 수운이 무릅쓸 상황도 아니었다. 해당 기록은 경주 북쪽인 북도중의 해월 휘하 접에 대한 관할권을 해월이 지니고 있다는 것을 수운이 비공식적으로 확인해 준 것으로 보아야 한다.

북도중을 중심으로 한 해월의 포덕으로 북도중에 해월 휘하의 접이 다수 존재했지만, 북도중에 해월을 연원으로 하지 않는 접과 접주도 있었다. 『수운문집』, 『도원기서』에는 실제 해월 휘하가 아닌 북도중의 접과 접주의 활동이 해월과 관계없이 나타나는데 영해 접주 박하선이 대표적이다.[101] 그렇다면 『대선생사적』의 다음 기사는 해월

---

100 표영삼, 앞의 책(2004), 233쪽 참조.
101 해월 휘하의 접이 아니면서 경주 북쪽에 있는 접은 연일, 영해, 영천, 안동, 단양, 영양, 신녕 등이다. 『도원기서』와 달리 『수운문집』은 '북도중주인' 임명 기록이 없으며, 이 시점 이후에도 해월 휘하의 접에 소속되지 않은 북도중의 교인과 접 책임자들의 활동이 나타난다. 이에 반하여 『도원기서』는 '북도중주인' 임명 이후 해월 이외의 북도중 지역 접 책임자들의 활동은 거의 나타나지 않는다. 하지만 북도중 지역인 영해의 접주 박하선 관련 기사가 존재하는 것으로 본다면, 영해접이 '북도중주인'의 관할 접이 아니라는 것을 알 수 있다. '북도중주인'을 후계자로 해석하는 주장은 적절하지 않음을 시사한다.

의 도통 전수를 의미하는 것이 아니라 연원제 조직의 권위구조가 어떻게 작동했는지를 보여주는 사건으로 재해석되어야 한다.

> 4월… 대선생 이르기를 '지금부터 최경상을 북접 주인으로 정하였
> 으니 이후로는 내왕하는 이들은 매번 먼저 검곡을 경유하고 오라'고
> 하였다. 5월에 이르러 영해에 사는 이진사가 곧바로 용담으로 들어오
> 니 대선생이 검곡을 거치지 않고 온 걸 알고서 크게 꾸짖기를 "그대의
> 자세와 긍지가 이렇게 무례한가?"라고 하니 이진사가 사죄하고 주인
> 댁에 가서 사과하고 갔다.[102]

위의 기사는 도통 전수의 증거가 아니라 북도중의 접중에서 해월 휘하 접의 교인들은 해월의 승인에 따라 수운을 만날 수 있다는 것을 명확히 한 것으로 해석되어야 한다. 수운은 철저하게 연원제 원리에 따라 공동체의 권위구조를 구축하여 자신과의 대면에서도 인적 계보의 중재를 필요조건으로 세웠다고 볼 수 있다.

수운은 연원제에 기반하여 조직을 구축하였으며 신성한 인적 계보를 통해 동학의 세계를 교인들에게 실현했다. 수운은 당시의 사회문화적 맥락에서 가장 효율적이고 수용되기 쉬웠던 서당의 조직체계와 연원 개념을 결합하여 접과 접장 제도를 연원제 접과 접주제로 변용하여 동학의 공동체와 그 권위구조를 확립하였다. 그리고 이를

---

102 "四月…大先生曰今以崔慶翔定北接主人自此以後來往之士每先由劍谷而來也 至
五月寧海李進士直入龍潭 大先生間知不由劍谷主人家而來大責曰君藉勢孙文能
無禮乎李進士謝退往主人宅謝過而去"「대선생사적」, 『한국학자료총서9-동학
농민운동편-』, 한국정신문화연구원, 1996, 352쪽.

통해 종교적 세계를 구현하여 접(接)을 상제의 성스러움이 현현되는 공동체가 되도록 하였다. 또한 연원제에 배치되는 조직 운영을 배제하고 연원 관계의 위상을 도통 계보로 확고하게 하여 교단의 분열을 방지하였다.[103]

3) 동학의 연원제 정비

(1) 연원 정점 승계: 도통 계승

세계의 중심으로 존재하는 교조나 정통성 있는 후계자의 부재는 신도들에게 현실 세계의 성화(聖化) 단절과 구원 부재로 이어져 종교 공동체의 권위구조에 심각한 영향을 미친다. 특히 성스러운 도통 인맥으로 그 권위 구조가 유지되는 연원제 조직의 경우 최고 정점이 부재할 때 그 분열과 축소는 불가피하다. 동학의 경우 후계자가 명시적, 공개적으로 지명되지 못하고 그 선정 방식 또한 제도화되지 못한 상태에서 정점에 있던 수운이 부재하게 되었다. 종교사에서 후계자가 지명되었거나 그 선정이 제도화되었음에도 경쟁자가 등장했을 때 교단 분열이 초래된 일이 다수 있었다는 사실을 고려한다면, 수운의 부재 이후에 동학의 접조직이 대부분 붕괴하거나 연원별로 분열될 것은 예측할 수 있는 일이다.

1863년 12월 수운의 체포와 함께 시작된 동학에 대한 탄압은 1864년 3월 수운의 처형과 중요 지도자들의 유배 등으로 공식화되고 최고조에 이르렀다. 수운 체포 당시 전후 상황을 상세히 기술한

---

103 연원제와 이단의 관계에 관해서는, 조경달, 앞의 책, 56~58쪽 참조.

정운귀의 서계(書啓)는, 후대의 교단 측 기록과 달리, 수운이 자신의 체포를 예측하지 못하였다는 것을 보여준다. 서계에 따르면 당시 용담정에는 30~40여 명의 교인과 입도자가 모여 있었고, 수운은 별다른 확인도 없이 초면의 인물을 접촉하였으며, 제자들에게 동학의 가르침을 설파하고 있었다.[104] 당시 경상도 지역에서 펼쳐진 동학의 압도적 전파 양상으로 본다면 수운과 주요 지도자들의 방심은 자연스러운 것이다.[105] 무극대도의 출현과 서양인의 내습이 예정된 갑자년(1864)을 앞두고 있었으므로 수운에게는 보국안민을 위해 포덕을 강화하는 것이 중요한 일이었다.[106] 1863년 7월의 파접(罷接) 이후 약 5개월 동안 눈에 띄는 탄압이 없자 수운과 접주들이 종교활동을 재개했

104 정운귀의 서계(書啓)는 당시의 상황을 상세히 기술하고 있다. 『備邊司謄錄』 고종 즉위년(1863) 12월 20일(http://db.history.go.kr, 2021.1.18) 참조.

105 정운귀의 서계는 조령부터 경주부까지의 동학 전파 상황을 잘 보여준다. "조령에서 경주까지는 4백여 리가 되고 주군(州郡)이 모두 10여 개나 되는데 거의 어느 하루도 동학에 관한 이야기가 귀에 들어오지 않는 날이 없었으며, 경주 주변의 인근 여러 고을에서는 그에 대한 말들이 더욱 심하여 주막집 여인과 산골 아이들까지 그 글을 외우지 못하는 자가 없었습니다. 그것을 '위천주(爲天主)'라고 명명하고 또 '시천지(侍天地)'라고 명명하면서 편히 하여 조금도 괴이하게 여기지 않고 또한 숨기려고도 하지 않았습니다. 신이 감히 사람마다 모두 그 동학 교도라고는 말하지 못하겠지만 점차 동학에 물든 지가 얼마나 오래되었고 얼마나 번성한 지를 이를 통해서 알 만합니다. [自鳥嶺至慶州, 爲四百餘里, 州郡凡十數, 東學之說, 幾乎無日不聞, 而環慶州隣近諸邑, 其說尤甚, 店舍之婦, 山谷之童, 無不誦傳其文, 名之曰爲天主, 又曰侍天地, 恬不爲怪, 亦不得掩是白乎, 則臣非敢曰, 人人皆學其學, 蓋其漸染之久而熾盛, 於斯可知是白只.]" 위의 책, 같은 쪽 참조.

106 수운은 상원갑, 즉 1864년 무극대도가 이 세상에 날 것이며 태평성대가 오래지 않아 도래할 것임을 〈몽중노소문답가〉(1861)를 통해 예언한 바 있고, 1861년 〈도수사〉를 통해 '자신의 도가 삼 년 내 불성(不成) 하면 헛말이 아닌가?'라고 하여 1864년에는 성과가 있을 것임을 자신한 바 있다. 또한 최수운의 공초에 따르면 수운은 1864년 10월 서양인이 내습할 것을 예언했다고 한다. 「용담유사」, 『한국학자료총서9－동학농민운동편－』, 한국정신문화연구원, 1996, 138쪽, 141~142쪽; 『高宗實錄』 1년(1864) 2월 29일(http://sillok.history.go.kr, 2021.1.18.) 참조.

을 수도 있다.

현실 상황에 대비하지 못한 상태에서 교조와 주요 지도자가 체포되어 처형, 유배되고 남은 지도자들이 탄압 정국에 따라 그 활동을 중지하거나 지하로 숨게 되자, 동학의 조직 전반은 괴멸적 타격을 입었다. 수운은 처형되었고, 경주부의 접주 백사길, 강원보, 이내겸과 수제자로 알려졌던 최병철(최자원)은 정배(定配)되었으며, 단양 접주 민사엽은 1865년에, 영해 접주 박하선은 1869년경에 사망하였다.[107] 현현한 상제의 조화와 의지를 전하며 동학 세계의 중심축 역할을 하던 수운을 대신할 권위구조는 사실상 존재하지 않았다. 그 권위를 계승하여 상제의 현현을 실현하여 동학의 세계를 유지할 공식적인 후계자도 없었다. 수운 처형 이후의 교단 상황을 기록한 「도원기서」가 수운이 임명한 접주가 아니라 수운의 가족과 신앙을 지키던 교인을 중심으로 기술된 것은 동학 교단 조직이 입었던 타격의 강도를 잘 보여준다.[108]

강수는 『도원기서』에서 "갑자년 이후 소위 도인이라는 이들이 혹 죽고 혹은 생존하고 혹은 도를 버렸는데, 막혀서 서로 통하지 않고 오래도록 발길이 끊어져 피차 서로 보기를 원수 보듯이 하니 자연히

---

107 표영삼은 청하 접주 이민순도 죽었다고 했지만, 이는 『도원기서』의 해당 구절을 잘못 해석했기 때문이다. 윤석산은 해당 구절을 이민순이 석방된 것으로 해석하였다. 문맥의 구조로 보면 윤석산의 해석이 적절하다. 『천도교회사초고』 역시 이민순은 석방된 것으로 되어 있다. 표영삼, 앞의 책(2004), 320쪽; 윤석산(역주), 앞의 책(2000), 105쪽; 「천도교회사초고」, 『동학사상자료집』 제1권, 아세아문화사, 1978년, 410쪽 참조.
108 1880년까지의 교단 역사인 『도원기서』에는 수운 처형 이후 기존 접주의 교단 활동에 대해서는 거의 기록된 바가 없다.

서로 상종할 수 없었다."라고 당시의 상황을 전하였다.[109] 남은 접조직은 붕괴하거나 접별로 독립하여 지하로 숨어들었다. 해월 역시 지목을 피해 여러 곳을 전전하다가 1865년 3~4월 영양의 용화동으로 은거하였다. 여기서 오래도록 산 밖으로 나가지 않을 것을 맹세했다는 기록으로 본다면, 동학 조직의 재건은 물론이고 휘하 접의 재건조차 생각할 수 없었던 상황이었다.[110]

그러나 북도중에 여러 인적 계보를 형성하여 수운에 의해 접주 이상의 지위를 인정받았던 해월의 생존은 동학 교단 조직이 다시금 구축되고 정비되어 체계화될 수 있는 중요한 불씨가 되었다.[111] 해월은 후계자나 접주가 아니었지만 휘하에 접주를 거느린 수운의 수제자로, 때에 따라 접주 이상의 권위를 지닌 지도자로 교단 내에서 활동했었기 때문이다. 특히 1862년 수운이 가족의 호구지책을 해월에게 부탁하고 1863년 자신의 글을 출판하라는 명을 해월에게 한 것으로 본다면, 해월은 후계자에 가장 근접한 제자였다.[112] 해월이 수운 가

---

109 "自甲子以後所謂道人者或死或存或棄閉無相通永爲絶跡而彼此相見如見仇讐自不能相從也"「최선생문집도원기서」, 『한국학자료총서9 - 동학농민운동편 - 』, 한국정신문화연구원, 1996, 218쪽.

110 "移遷英陽龍化洞永以不出山外之意誓以隱跡云云" 위의 책, 같은 쪽; 박맹수, 앞의 논문(1995a), 56쪽 참조.

111 한국종교연구회는 교단 사료를 통해 당시 해월의 위상을 '유력한' 일개 접주로 평가한다. 한국종교연구회, 앞의 책, 285쪽 참조.

112 『수운문집』과 『도원기서』에는 1862년 11월경 수운이 이불과 의복을 마련해 해월에게 가족의 생계를 부탁하는 내용이 있으며, 계미(1883) 목천판 『동경대전』에는 수운이 계해년(1863) 친히 해월에게 침재(鋟梓)의 가르침을 주었다는 발문이 있다. 「수운행록 - 원제 수운문집 - 」, 『아세아연구』 제7권 1호, 고려대학교 아세아문제연구소, 1964, 180쪽; 「최선생문집도원기서」, 『한국학자료총서9 - 동학농민운동편 - 』, 한국정신문화연구원, 1996, 195~196쪽; 『東經大全』 木川版, 通諭. 한국사데이터베이스(http://db.history.go.kr, 2021.1.5).

족의 생계를 책임졌기에 수운에 대한 제사권을 지닌 가족과 돈독한 관계를 맺을 수 있었고, 정통성 있는 제자에게 주어진 '문집' 간행의 명을 받은 바 있었기 때문이다. 해월은 교단의 구심점이 되기에 적절한 조건을 지니고 있었다. 따라서 대부분의 접주가 부재한 상황에서 그의 교단 내 책임과 위상은 수운 사후 오히려 강화되었을 가능성이 크다. 수운과 함께 체포된 20여 명 대부분이 남도중(南道中)인 경주 남쪽 지방의 인물들이었기에 이후 교세의 중심 기반은 북도중(北道中)의 접이 되었다.[113] 북도중에 휘하 접을 다수 두었던 해월의 위상은 상승할 수밖에 없었다.

수운의 가족은 그 생계를 지원하던 단양 접주 민사엽이 사망하자 1865년 7월 영양 용화동에 있던 해월을 찾아 생계를 의탁하였다. 이를 계기로 1866년 3월 10일 수운의 탈상 제사에 상주접의 책임자였던 황문규를 비롯한 여러 도인이 참여하였고, 해월 주변으로 교인들이 이주해 왔다.[114] 수운의 가족과 해월의 결합은 교단 재건의 도화선이 되었다. 1866년 8월의 병인양요로 인해 교단 재건은 현실화하였는데 동학도들에게 양요는 수운이 예언한 서양인의 내습이 실현된 것으로 수운의 신성성과 정당성을 확인할 수 있었던 계기가 되었기 때문이다. 『도원기서』에는 병인양요 이후 도인들 가운데 연원을 잃은 사람들이 해월을 찾았다고 기술하고 있다. 연원제 조직의 경우 전도인이 사라지거나 교를 버렸을 때 신앙을 지속할 수 있는 길은 새

---

113 박맹수는 『도원기서』의 수운 체포 후 옥바라지 상황 등을 분석하여 이를 합리적으로 설명하고 있다. 박맹수, 앞의 논문(1995a), 49~51쪽 참조.
114 「최선생문집도원기서」, 『한국학자료총서9 - 동학농민운동편 - 』, 한국정신문화연구원, 1996, 218쪽.

로운 연원을 찾는 것이었다.[115] 수운의 수제자로 알려진 해월이 그 대상이 된 것은 자연스러웠다.

수운에 대한 제사권이라는 제도적 권위를 지닌 가족과 수제자라는 종교적 카리스마를 지닌 해월이 이원적 지도체제를 형성하였다는 관점은 당시의 상황으로 본다면 개연성이 있다.[116] 공식 지위가 없었던 해월에게는 제도적 권위가 없었고, 수운의 가족에게는 수운의 카리스마를 대신할 수 있는 종교적 권위가 없었다. 따라서 수운의 가족과 수제자 해월이라는 두 구심점의 결합은 연원제 교단 조직의 관점에서 본다면 중요한 사건이었다. 비록 이원적이지만, 제사권을 통해 구현되는 제도적 권위와 해월의 카리스마를 통한 종교적 권위의 결합으로 연원제의 토대라고 할 수 있는 연원 정점이 형성된 것이기 때문이다. 물론 상제와 인간 세계를 연결하는 제사장의 위상을 지녔던 수운을 이원적인 지도체제가 완벽히 대신할 수는 없었지만, 연원을 상실한 교도들과 분립하여 독립적으로 활동하는 접들이 하나의 교단 조직으로 포괄될 수 있는 연원제 조직의 중핵이 만들어졌다고 할 수 있다.

1866년 3월 상주접의 교인들을 필두로 교인들이 수운 가족 주변으로 모이는 현상은 병인양요를 기점으로 증폭되었고, 1866년 10월 수운의 생일을 기점으로 교단의 재건은 본격적으로 시작되었다. 『도원기서』는 그 무렵부터 수운의 가족을 대가(大家)로 불렀으며 수운의 제사를 위해 계(契)를 조직한다는 통문을 각처로 보냈다고 기록

---

115 위의 책, 221쪽 참조.
116 조경달은 이를 이원적인 지도체제로 분석한다. 조경달, 앞의 책, 62쪽 참조.

하고 있다.[117] 해월은 수운에 대한 제사권을 활용하여 흩어진 접조직을 통합하려 시도하였다. 이러한 노력에 힘입어 1870년까지 동학의 많은 잔존 조직은 대가(大家)와 해월을 중심으로 집결하였다.[118] 자신의 연원을 잃거나 알지 못했던 이들은 해월과 해월 휘하 교인을 연원으로 하여 조직화 되었다.[119] 해월을 따르는 조직은 교단 내에서 무시할 수 없는 규모로 성장하였다.[120] 영해민란의 주모자인 이필제가 봉기를 위해 집요하게 해월을 설득하려 했던 것도 이 때문이었다.[121]

그렇지만 잔존하던 접이 해월을 연원 정점으로 바로 받아들이지는 않았다. 수운의 가족들이 생존해 있었고 해월의 권위가 비공식적이었기 때문이다. 강원 양양 지역의 동학도들은 1870년 수운의 가족을 영월로 이주시키면서 양양 지역의 포덕을 활발히 진행하였고,[122]

---

117 「최선생문집도원기서」, 『한국학자료총서9 – 동학농민운동편 –』, 한국정신문화연구원, 1996, 219~222쪽 참조.

118 위의 책, 220~225쪽 참조.

119 『도원기서』에는 1869년 2월 양양의 도인 최희경, 김경서가 해월을 찾아 수도절차를 묻자, 해월이 그들의 연원을 확인하려고 하였으나 그들이 연원을 알지 못한다고 하자 입도시켰다는 기록이 있다. 이후 해월은 자신의 연비인 박춘서와 더불어 양양으로 가서 30여 호를 포덕하였다. 위의 책, 224~225쪽; 「천도교회사초고」, 『동학사상자료집』 제1권, 아세아문화사, 1978년, 413쪽 참조.

120 조경달은 영해민란 시 해월에 의해 11개 지역의 접에서 교도가 동원되었음을 주장한다. 표영삼은 해월의 동원령에 따라 16개 지역의 접조직에서 5백 명이 동원되었다고 추정했다. 성봉덕은 수운 생존 시 접주가 있던 16개 지역 중 4곳을 제외한 여타 지역에서 모두 참가했다고 분석했다. 성봉덕, 앞의 논문, 135~136쪽; 조경달, 앞의 책, 65쪽; 표영삼, 앞의 책(2004), 397쪽 참조.

121 1870년 10월부터 2월까지 4~5명의 영해 교도들이 해월을 찾아와 이필제를 만날 것을 설득하였다. 「최선생문집도원기서」, 『한국학자료총서9 – 동학농민운동편 –』, 한국정신문화연구원, 1996, 226~229쪽 참조.

122 1870년 10월 공생이 수운의 장남 세정을 찾아와 양양의 도인들이 대가(大家), 즉

경북 영해 지역의 동학 교인은 연원이 불확실한 이필제라는 인물을
지도자로 수용하면서 변란을 주도하였다.[123]

접들의 독자적 활동은 교단 조직을 다시 큰 위기로 몰아갔다. 다
원적 지도 체제 아래에서는 이필제의 난, 즉 영해민란과 같은 반란
에 동학의 접이 참여하는 일이 발생할 수밖에 없었기 때문이다. 영해
민란의 전개 과정에 관해서는 많은 연구가 있으므로 본 연구에서 다
루지 않는다.[124] 다만 영해 접주 박하선의 아들이었던 박사헌(박영관)

수운의 가족들을 모시기를 원하니 영월로 이주할 것을 권하였으며, 세정이 이를
받아들여 영월의 소밀원으로 옮겼다는 기록이 있다. 공생은 양양에서 활동한 교
인이지만 강수는 도를 바르게 전하지 않는 인물로『도원기서』에서 평가하고 있다.
하지만 공생의 입장에서 본다면 양양의 교인은 자신이 포덕한 이들이며 해월은 자
신이 포덕한 이들을 가로채고 양양에서 자기 휘하의 조직을 만든 인물이다. 아마
도 공생은 자신의 정통성을 확보하기 위해 수운의 가족을 모시기로 하고 해월을
견제하기 위해 수운의 가족을 영월로 이거 시켰다고 볼 수 있다. 공생이 세정에게
영월에 수운의 가족이 오면 상종하기 편하고 생계가 좋아질 것이라고 한 점으로
본다면 공생은 동학의 정통성을 수운의 가족인 대가에 두었음을 알 수 있다. 영월
의 소밀원에서 대가를 주로 지원한 이는 장기서로 추정되는데 그의 연원은 수운과
함께 체포되어 후에 영월로 정배된 이경화이다. 이로 본다면 양양 지역 교인들은
해월을 연원으로 하지 않았음을 알 수 있다. 이후 1873년 세정이 체포된 후 해월이
그 옥사를 파악하기 위해 양양을 찾았을 때 상황을『도원기서』에서는 "난도(亂道)
가 극심하여 서로 간의 투기로 재물을 쏨과 권세를 행하는 류(類)가 천에 이르러 군
과 현, 그리고 4~5개의 읍에 이르니 포덕이 장석(丈席, 수운) 때보다 심하였다."라
고 기록하고 있다. 이를 본다면 세정을 중심으로 한 종교활동이 상당히 커졌다는
것을 알 수 있다. 후에 해월의 사위이자 수제자가 되는 구암(김연국)은 수운의 차
남 세청의 처당숙 김병내(김광문)의 조카이다. 김병내는 세청과 사돈 간이 되면서
동학에 입도한 것으로 추정된다. 이는 대가, 즉 수운의 가족을 연원으로 하는 포덕
이 활발하였음을 잘 보여준다. 위의 책, 224~226쪽, 250~251쪽; 박맹수, 앞의 논
문(1995a), 78쪽 참조.

123 박맹수는 영해민란을 교조 신원을 명분으로 한 변란으로, 조경달은 교조 신원, 조
선왕조의 타도와 창업을 명분으로 한 민란으로 보았다. 박맹수, 앞의 논문(1995a),
66쪽, 조경달, 앞의 책, 63~66쪽.

124 표영삼, 박맹수, 성봉덕, 조경달 등의 연구를 참조할 수 있다. 특히 표영삼의 연구
는 1989년 이전의 선행연구와 관련 사료를 자세히 분석하고 있고, 박맹수와 성봉

과 여러 영해 교인이 이필제에게 적극적으로 협력하고 해월 역시 이
필제에게 설득되어 휘하의 조직 지휘 권한을 그에게 일시적으로 넘
겼다는 사실을 기억할 필요가 있다.[125]

영월로 이주한 수운의 아들은 이필제의 난으로 쫓기는 해월을 멀
리하려고 했다.[126] 영월과 양양 지역 접의 노선이 민란 참가 접과 차
이가 있었다는 것을 알 수 있다. 박맹수는 영해민란의 결과 1860년
대 말 동학 교단의 주요 기반이던 경북 북부지역의 교세가 거의 와해

덕 역시 관련 사료를 세밀히 분석하여 그 성격을 규명하고 있다. 조경달은 여러 선
행연구를 참고하여 그 성격을 동학 내의 이단 운동으로 분석한다. 표영삼, 앞의 논
문(1989), 125~154쪽; 박맹수, 앞의 논문(1995a), 57~66쪽; 성봉덕, 앞의 논문,
121~150쪽; 표영삼, 앞의 책(2004), 351~397쪽; 조경달, 앞의 책, 61~68쪽.

125 당시의 상황은『도원기서』에 자세히 수록되어 있다. 조경달은 해월이 이필제에게
지휘권을 빼앗긴 상황으로서, 일시적이지만 동학의 주도권이 이필제에게 넘어간
것이라고 주장했다. 「최선생문집도원기서」,『한국학자료총서9 – 동학농민운동
편 – 』, 한국정신문화연구원, 1996, 226~240쪽; 조경달, 앞의 책, 63~66쪽 참조.
『도원기서』에는 박사헌이 박하선의 아들이라는 것이 기록된 바가 없다. 하지만
성강현은 표영삼, 박맹수, 성봉덕 등의 연구를 종합하여 박사헌에 관하여 다음과
같이 기술하고 있다. "이필제가 영해로 들어온 후 박사헌과 특히 친했는데 박사헌
의 아버지는 영해 접주 박하선이었다. 영해의 신향(新鄕)이었던 박하선이 동학에
입도해 동학 세력을 늘려나가자 구향(舊鄕)들은 박하선을 관에 고발하였다. 박하
선은 이때의 고문 후유증으로 사망하였다. 이필제는 박사헌처럼 관에 불만을 품
고 있는 사람들에게 접근해 세력을 확장해갔다. 해월에게는 동학 교단을 교조 신
원의 명분으로 끌어들였다. 해월을 비롯한 지도부는 교조 신원이라는 명분에 찬
성해 동학도를 동원하였지만, 이필제는 영해부를 습격한 이후 교조 신원에 관한
내용은 언급하지 않았다. 그러나 관에서는 동학도들이 난리를 일으켰다고 동학
탄압에 들어갔고 해월도 어쩔 수 없이 피신해야 했다." 성강현, 「해월 최시형 평전:
교조신원운동의 여파로 일월산을 떠나 강원도로」,《울산저널i》, 2018년 3월 21
일자.(http://www.usjournal.kr/news. 2021.5.21).

126 수운의 차남인 세청은 당시 영월을 중심으로 활동하던 장기서의 말에 따라 해월과
강수의 청을 거절하고 이들을 빨리 집에서 내보내려 하였다. 수운의 직계 제자로
영월로 유배 온 이경화가 장기서의 연원이다. 「최선생문집도원기서」,『한국학자
료총서9 – 동학농민운동편 – 』, 한국정신문화연구원, 1996, 242~243쪽; 박맹수,
앞의 논문(1995a), 65쪽 참조.

되었고 주요 기반이 강원도로 이전되었다고 분석했는데, 이는 강원도 지역의 동학 조직이 영해민란에 적극적으로 참여하지 않았다는 것을 의미한다. 또한 표영삼은 영월, 정선, 양양, 인제 지역의 교인들이 수운의 아들과 상종하였으며 해월과 거리를 두었다고 지적하였다.[127] 각 지역에 남아있던 접조직은 1875년경까지 독자적인 활동 속에서 나름의 종교적 노선을 추구하고 있었다고 볼 수 있다.[128]

연원제 조직에서 연원을 달리하는 조직들이 하나로 규합되기 위해서는 각 연원주가 연원 정점의 존재를 수용해야 한다. 하지만 당시의 이원적 지도 체제와 해월의 비공식적 지위, 잔존 접조직의 독자 활동 등은 이를 불가능하게 만들었다. 그러나 영해민란 이후 동학에 대한 집요하고 광범위한 탄압은 오히려 해월의 단일 지도체제가 성립되는 계기를 만들었다.[129] 탄압으로 인하여 1872년 1월 수운의 장남 세정은 체포되어 1872년 5월 장살되었다. 또한 지목을 피해 정선으로 거처를 옮기면서 극심한 생활고로 인해 수운의 부인이 1873년 12월 사망하였고, 차남 세청이 1875년 1월 병사하였다.[130] 동학 지도자 대부분도 지목을 피하여 활동을 중지하거나 은신하였다.[131] 수

---

127 표영삼, 앞의 책(2005), 66쪽 참조.
128 박맹수는 신분이나 학식 면에서 해월보다 상층에 있던 인물들이 동학을 변란의 이념으로 수용하였으며 영해민란으로 교문 안의 변란 세력들이 거의 사라졌다고 하였다. 이는 동학 내의 노선 차이가 존재하였음을 시사한다. 조경달은 이필제의 난을 정감록의 영향을 받은 동학 내의 이단 운동으로 평가한다. 박맹수, 앞의 논문(1995a), 65쪽; 조경달, 앞의 책, 65~68쪽 참조.
129 한국종교연구회는 영해민란이 해월의 교단 내 위상변화에 중요한 계기로 작용하였으며 그 결과 1870년대 중반 해월은 세습 카리스마의 확고한 권위를 확보하였다고 주장하였다. 한국종교연구회, 앞의 책, 285~286쪽 참조.
130 「최선생문집도원기서」, 『한국학자료총서9 – 동학농민운동편 – 』, 한국정신문화연구원, 1996, 247쪽, 254쪽, 259~261쪽 참조.

운에 대한 제사권을 주장할 수 있는 권위를 수제자로 인정된 해월이 지니게 되는 상황이 자연스럽게 도래하였다. 도피 과정에서 이루어진 해월과 수운의 친견 제자와의 의형제 결의(結義)로 해월의 권위는 더욱 강화되었다.[132] 친견 제자의 관점에서 해월을 의형으로 둔다는 서약은 자신의 연원은 수운이지만, 해월이 교단의 유일한 지도자이며 수운의 후계자라는 것을 인정한다는 뜻이었다. 각 연원주가 해월을 도주(道主)로 인정할 수밖에 없는 상황이 도래하였으며, 이는 해월이 동학 접조직을 포괄하는 연원 정점의 권위를 인정받을 가능성이 커졌다는 것을 의미했다.

그렇지만 수운이 해월에게 도통을 전수했다는 것이 교인에게 명확히 입증되지 않는다면 접조직을 하나로 묶을 수 있는 도통연원으로서의 해월의 위상은 언제나 도전받을 수 있었다. 도통의 계승이 상제와 수운의 뜻인지를 확인받지 못했기 때문이었다. 수운과 해월 사이에 있었던 일화에 대한 새로운 해석이 시작된 것은 바로 여기에서 연유한다고 볼 수 있다. 한다. 해월이 여러 북도중 접의 연원주임

---

131 당시 난에 참여했다가 피신한 이 중에는 수운이 울산 접주로 임명한 서군효가 있다. 이후에는 어떠한 기록에도 등장하지 않는다. 「최선생문집도원기서」, 『한국학자료총서9 – 동학농민운동편 –』, 한국정신문화연구원, 1996, 239쪽 참조.

132 강수와의 의형제 결의는 1871년 5월, 전성문과의 결의는 1873년 1월이다. 박맹수는 해월 중심의 단일지도체제 확립의 토대가 된 사건을 적조암 수련, 결의형제, 제사권 장악, 새 의례 창설과 개명(改名)의 네 가지로 제시하였다. 강수나 전성문의 교단 내 위상이나 그 역할에 대해서는 박맹수의 견해를 참조할 필요가 있다. 하지만 전성문(全聖文)이 수운 체포 시 옥바라지에 참여한 전석문(全碩文)과 동일인이라는 박맹수의 주장에 대해서 필자의 견해는 조금 다르다. 이에 대해서는 앞에서 설명한 바 있다. 「최선생문집도원기서」, 『한국학자료총서9 – 동학농민운동편 –』, 한국정신문화연구원, 1996, 216쪽, 241쪽, 259쪽; 박맹수, 앞의 논문(1995a), 78~81쪽 참조.

을 인정하는 의미에서 수운이 비공식적으로 해월에게 준 '북도중주인'이라는 지위는 새롭게 해석되었다. 이를 확인할 수 있는 해월의 진술이 다음의『도원기서』기록이다.

　　예전에 선생이 항상 시형에게 말하기를 "이 도의 운은 오래도록 북방에 있다. 남북의 접을 택하여 정하라." 하셨다. 후에 말씀하시기를 "나는 반드시 북접을 위해 가리라."고 하셨다.[133]

　해월의 진술은 수운이 동학의 정통성은 남과 북의 접 중에서 북에 있다는 것을 명확하게 표명했다는 것이었다. 이 진술로 북도중이나 북접이라는 표현은 단순히 지역을 한정하는 것이 아니라 정통성을 의미하는 것으로 해석되었다.[134] 새로운 해석에 따라 '북도중주인'

---

133 "先時先生常謂時亨曰斯道之運永在於北方也 擇定南北之接後曰吾必爲北接去矣云云" 「최선생문집도원서」,『한국학자료총서9 – 동학농민운동편 –』, 277~278쪽.
134 박맹수는 '북도중주인'이라는『도원기서』의 표현부터 동학 도통의 정통성을 강조하기 위한 것이었으며, 해월이 동학 도통의 정통성을 상징하기 위하여 1880년대에 북도 대신 북접을 사용하였음을 주장하였다. 표영삼은 '북도중주인'이란 표현은 경주 이북 지역의 접을 관할하는 책임자라는 뜻이고, 북접이라는 표현은 동학이 곧 북접이고 북접이 곧 동학이라는 인식에서 사용되었다고 보았지만, '북도중주인'이라는 직명이 북접주인으로 되었음은 부정한다. 박맹수는 '북도중주인' 임명과 도통 전수가 실재하지 않았다는 전제에서, 표영삼은 실재했다는 전제에서 이러한 결론을 도출하는 듯하다. 박맹수의 전제는『수운문집』의 정확성을 인정하며, '북도중주인' 임명과 도통 전수가 후대의 주장이며 해월 추종 세력의 의도라는 것이고, 표영삼은『도원기서』의 정확성을 주장하며 이것이 모두 교단 내에서 수용된 공식적인 일이라는 것이다. 필자는 앞서『수운문집』이 공식적인 사실 기록에 부합하고,『도원기서』는 해월의 기억에 의존한 수정 기록임을 여러 증거를 통해 밝힌 바 있다. 이에 따르면, 수운은 해월을 '북도중주인'으로 인정했지만, 비공식적인 일이었고, 해월에 대한 공식적인 도통 전수는 없었다고 판단할 수 있다. 이 견해는 두 사람 주장이 지니는 모순점을 해결할 수 있다. 지역을 의미하는 북도중이 해월의 지도체제 아래에서 정통성의 상징으로 재해석되면서 북접으로 대치되었

의 줄임말이었던 '주인(主人)'은 교단의 교주(敎主)와 동일한 의미로 사용되었다. 『도원기서』보다 앞서 편찬된 것으로 고증되는 『대선생 주문집』에 '북도중주인'이 아니라 '주인'의 지위가 사용된 사실과, 『도원기서』가 이후의 모든 기록에서 해월을 주인(主人), 도주인(道主人), 도주(道主), 도포덕주(道布德主)로 지칭한 것은, 해월의 진술에 근거하여 '북도중주인'을 새롭게 해석한 것으로 볼 수 있다.

또한 1863년 8월 15일 새벽 수운이 여러 제자 앞에서 외워 준 결시(訣詩)인 "용담수류사해원 검악인재일편심(龍潭水流四海源, 劍岳人在一片心)"의 '검악인'은 해월을 의미하는 것으로 해석되었다. 따라서 이 결시는 심법 전수의 전법시로 여겨지기 시작했고 도통 전수의 증거가 되었다.[135]

이와 같은 해석을 가능하게 한 해월의 종교적 체험에도 주목해 볼 필요가 있다. 1872년 10월 해월은 정선의 사찰인 정암사 적조암에서 강수, 전성문 등과 함께 49일간의 수련에 들어갔다. 수운의 천성산 기도를 참고하여 49일간 수련을 통해 수운이 걸었던 구도의 길을 재현한 것이다. 수제자라는 권위만으로는 영해민란에서처럼 지휘권 이양에 따른 조직 붕괴를 또다시 겪을 수 있고, 수운을 대신할 연원 정점으로서의 종교적 권위를 확보하지 못하면 교단의 재건이나

고, 수운과 해월에 관련된 다른 일화들이 도통 전수의 의미로 해석되었다는 의미이다. 박맹수, 「동학과 동학농민혁명 연구에 대한 재검토」, 『동학연구』 제9·10합집, 2001, 111~112쪽; 표영삼, 앞의 논문(1999), 116~117쪽 참조.

135 해월이 살던 곳을 검골, 검등골이라 하여 검악을 해월을 상징하는 것으로 해석하지만, 실제 해월이 살던 곳의 지명은 금등골, 금등골이었다. 한글학회, 『한국지명총람 6』, 한글학회, 1970년, 203쪽

통합이 불가하다는 것을 해월이 인식한 결과라고 할 수 있다. 해월은 이 수련을 통해 미래에 대한 계시로 해석되는 현몽을 얻었는데[136] 이러한 체험은 수운의 남긴 가르침과 강결 등에 대한 새로운 해석을 촉발하였다고 볼 수 있다.

1875년 8월 15일 해월은 수운이 행하던 치제를 재현하면서 강화(降話)의 가르침이 자신에게 일어났다는 것을 공표하고, 소고기를 빼고 제례를 행하도록 했다. 해월이 자신의 도통 전수를 확신했다는 것을 보여준다.[137] 연원 정점이던 수운만이 받을 수 있었던 강화가 해월에게 시작된 이 사건은 해월이 스스로 수운을 대신하여 연원 정점에 올랐음을 선언하는 것이었다. 1875년 10월 선도(仙道)의 복식으로 만든 예복을 도입한 새로운 제사 의례를 창설하며 공식적으로 자신을 도주인(道主人)으로 명명한 것, 1878년 7월 수운의 접(강론)을 계승하여 개접을 선언하며 그 의미를 새롭게 해석한 것, 1879년 치제(致祭)였던 구성제를 인등(引燈) 의식으로 대체한 것 등으로 본다면 이는 명확히 입증된다.[138]

---

136 이에 대해서는, 최종성, 박병훈(역주), 『시천교조유적도지』, 도서출판 모시는사람들, 2020, 147~148쪽 참조.

137 박맹수는 이 치제를 새 제사 의례의 창설로 평가하지만, 표영삼은 기존의 치제를 수정한 것으로 평가한다. 필자는 표영삼의 견해에 동의한다. 당시 해월의 권위는 새로운 의례를 만들 정도로 강할 수 없었다. 이는 1879년 4월에 해월이 구성제를 인등제로 변경하기 전 도차주인 강수에게 의견을 물은 바로도 입증된다. 박맹수, 앞의 논문(1995a), 84쪽; 표영삼, 앞의 책(2005), 66~68쪽, 92쪽 참조.

138 1875년 10월의 제사에서 의복을 선도 복식으로 변형한 것은 수운 당대에는 없었던 것이며 수운의 유불선에 대한 가르침을 해석한 것이다. 또한 1878년 7월, 수운 당대에는 서당의 개강, 집단적인 학습활동, 문사들의 사장 모임의 맥락에서 활용되었던 접을 천명과 천운에 따라 도를 강하고 토론하는 모임으로 재해석하였다. 1877년 10월 해월이 구성제를 새롭게 실행하였는데 이는 수운 당시의 치제를 재

해월이 자신을 연원 정점으로 인식했다는 것을 보여주는 다른 근거는 접주에게 사제(司祭) 권위를 부여했다는 것이다. 해월이 집단 의례를 시작한 시점은 1875년이며, 접을 단위로 하여 접주를 의례에 주도적으로 참여시킨 시점은 1877년 기존의 고천(告天) 제례를 구성제(九星祭)로 바꾸면서이다. 1879년 해월이 구성제를 인등제(引燈祭)로 변경하여 의례가 간소화되자 여러 지역에서 소규모 의례가 가능하게 되었다.[139] 이때부터 해월의 명과 감독하에 접주가 사제의 역할을 할 수 있었다고 볼 수 있다. 이것은 앞서 [표 11]에서 보았듯이 1880년에 편찬된 『도원기서』에만 수운이 접 단위에서 천주에게 소지를 올리도록 하였다는 것이 기록된 점으로 방증된다.[140] 1870년대 후반 편찬되었다고 추측되는 『대선생주문집』이 수운의 파접일(罷接日)을 특정하면서 중요한 의미를 부여하고, 수운과 제자들 사이의 여러 일화를 수운과 해월 간의 일화를 중심으로 수정한 것 또한 해월의 연원 정점 승계를 보여준다.[141]

1870년대 중반 이후 해월의 단일 지도체제가 시작되면서 동학 교문은 해월을 중심으로 재건되었고, 이후 '북도중주인'이었던 해월을

현한 것이라고 보아야 한다. 하지만 1879년의 인등제의 경우 인등 의식으로 제사를 대신한 것으로 수운의 의례를 새롭게 해석한 것이다. 해월은 수운의 친전 제자였던 강수에게 인등제에 관한 의견을 물었고 이에 대해 강수는 "도의 진원이 형(해월)에게 있다"라고 하였다. 「최선생문집도원기서」, 『한국학자료총서9－동학농민운동편－』, 263쪽, 269쪽, 275쪽; 표영삼, 앞의 책(2005), 83~95쪽 참조.

139 해월에 의해 의례가 정립되고 변경되는 과정에 대해서는 박맹수, 앞의 논문 (1995a), 89~94쪽; 표영삼, 앞의 책(2005), 73~95쪽 참조.
140 1875년 이후 해월이 도통을 확립하며 수운의 가르침과 의례를 재해석하여 새로운 의례를 정비하고 정착시킨 결과가 '수운 행장'에 반영된 것으로 볼 수 있다.
141 『대선생주문집』이 파접일을 특정하면서 중요한 의미를 부여한 것과 관련해서는 [표 3]과 [표 4]에서 분석하였다.

주인, 즉 도주로 옹립하면서 학파적 교문에서 종교 교단으로 재탄생하였다. 수운의 의도와 별개로 그의 서거 후에도 유교적 정체성을 유지하던 동학 교문(教門)은 해월의 종교적 체험과 이에 따른 교의 재해석으로 유교적 사유를 벗어나 새로운 교단이 된 것이다.[142] 이것은

---

142 『도원기서』에는 『수운문집』과 『대선생주문집』에 없는 내용, 즉 당시 상황과 민심을 상세히 설명하면서 양학, 즉 천주교가 세력을 확장하는 중에 동학의 이치를 서학으로 곡해하여 음해하는 이들이 있었다고 기술한 내용이 추가되어 있다. 1880년을 전후로 동학이 서학에 대비되는 종교적 정체성을 확보하는 증거의 하나라고 볼 수 있다. "是時 四方紛撓人心乖傷俗不秉彝洋學滿世虛無之說不可取信 而世人徒知陰害之端然 而時人未知東道之理歸之於西學而害之惜乎彼何人兮入則心非出則巷議實爲難防而甚可畏也 [이때에 사방이 어지럽고 인심이 흉흉해서 세속은 강륜을 중히 여기지 않고 양학이 세상에 가득 찼다. 이러한 허무지설을 취해 믿는 것은 불가한 바이지만 세인들은 음해의 단초로만 알고 동도의 이치를 알지 못하여 이(동도)를 서학으로 돌려 이를 해치니 슬프도다. 그들은 누구인가? 들어와서는 마음으로는 아니라하고 나가서는 길거리에서 수군거리니 실로 방책이 어렵고 가히 두렵도다.]" 또한 『도원기서』만이 수운의 체포라는 불길한 징조에 대해 선전관 정귀룡(이하 정운귀)이 경주부에 도착한 시점인 12월 9일과 관련하여 기술한 것을 본다면 이는 더 확실해진다. 『수운문집』은 "바로 그때 선전관 정귀룡이 봉명하였고[當是時 宣傳官鄭龜龍奉命]"라고 기술하여 선전관 정운귀가 왕명을 받은 날을 중심으로 사건을 기술하여 징조와 왕명을 연결하여 왕명의 특별함을 드러내고 있기 때문이다. 이는 1880년을 전후로 왕명이 내려진 11월 20일보다 12월 9일~10일의 수운 체포가 더 중요해졌으며 유교적 질서를 넘어서는 동학의 세계가 명확히 구축된 것을 상징한다. 이후 1930년대까지의 동학 교단 문헌들은 정운귀가 왕명을 받은 날을 대부분 수록하지 않고 있다. 정운귀가 왕명을 받은 시점에 대해 정확히 알고 있었다는 사실로 『수운문집』의 가필을 주장할 수도 있다. 하지만 당시 왕명은 승정원에서 각 관아로 보내지던 기별(奇別)을 참고할 수 있었다. 1900년을 전후한 기록인 『대선생사적』이 불길한 징조가 있었던 날을 11월 25일로 기록하고 있기에 『수운문집』의 전승을 후대의 가필로 보기는 더욱 어렵다. 『대선생사적』은 "25일에 이르러 대선생이 여러 제자를 물리치고 홀로 골방에 앉아서 촛불을 켜놓고 밤을 지새우면서 앉았다 누웠다 불안해하였다. [至二十五日大先生屛退諸生獨處挾室明燭達夜坐臥不安]"라고 기술하고 있다. 1940년에 간행된 『동학사』에서부터 『승정원일기』를 인용하여 11월 20일을 선전관 정운귀가 봉명한 날임을 확인하고 있기에 『수운문집』이 다른 문헌의 정보를 활용하여 20세기 초에 가필되었을 가능성도 없다. 1940년에 간행된 오지영의 『東學史』가 『승정원일기』를 인용한 20세기 최초의 문헌이다. 『고종실록』은 정운귀의 서계를 인용하면서 봉명의 날을 11월 12일 기록하고 있는데 『승정원일기』, 『비변사등록』을 참고하면 11월 20일

해월의 도통 승계로 연원 정점이 지니는 강한 구심력이 작동하고, 도통 계보가 복구되면서 포교가 활성화되어 교단이 통합되고 확장된 결과이기도 했다.[143]

연원제 조직에서 연원 정점은 성속의 매개자, 진리와 구원의 담지자라는 권위를 지니면서 벼리처럼 인적 계보의 그물망에 강력한 구심력을 가한다. 동시에 인적 결사의 연쇄 사슬은 도통 계보의 지위를 얻어 조직의 원심력은 한층 강화된다. 해월의 도통 승계는 수운 서거 후에 멈춰 버린 연원 정점과 연원제 인적 결사의 상호 보완적 체계를 작동하여 흩어진 접과 교인들을 교단에 흡수하고 도통 계보의 그물망 확장으로 이어졌다.[144] 해월이 단일 지도체제가 성립 5년 만에 수

─────────

을 12일로 오기했을 가능성이 크다. 『고종실록』에는 생략된 내용인 『승정원일기』, 『비변사등록』의 "… 바삐 성 밖으로 나갔습니다. 이튿날인 22일에 출발하여 신분을 감추고서 밤낮을 가리지 않고 달려가서 … [忙出城外, 翌日是在二十二日, 發行藏蹤秘跡, 星夜馳往]"라는 기록을 본다면 20일이 명확하다. 「수운행록 - 원제 수운문집-」, 『아세아연구』 제7권 1호, 고려대학교 아세아문제연구소, 1964, 181쪽; 「대선생주문집」, 『한국민중운동사자료대계: 1894년의 농민전쟁 부(付) 동학관계자료 1』, 여강출판사, 1985, 31~32쪽; 「최선생문집도원기서」, 『한국학자료총서9 - 동학농민운동편 -』, 206~207쪽. 『高宗實錄』 즉위년(1863) 12월 20일 (http://sillok.history.go.kr, 2021.1.18.); 『備邊司謄錄』 고종 즉위년(1863) 12월 20일(http://db.history.go.kr, 2021.1.18.); 『承政院日記』 고종 즉위년(1863) 12월 20일(http://sjw.history.go.kr, 2021.1.18.); 『備邊司謄錄』 고종 즉위년(1863) 12월 20일(http://db.history.go.kr, 2021.1.18.); 「대선생사적」, 『한국학자료총서9 - 동학농민운동편 -』, 한국정신문화연구원, 1996, 359쪽 참조.

143 목정균은 동학에서 해월이 지녔던 구심력을 포착하고 이것이 집단의 응집력을 강화하여 동학의 운동역량을 고도로 결집하였다고 평가한다. 이 구심력에 의한 반발로 원심력이 발생하여 1893년 교단 노선의 분열이 발생하였고 결국 동학혁명에 이르렀다고 분석하고 있다. 목정균, 앞의 논문, 242쪽 참조.

144 1875년 9월 해월은 결의형제인 강수, 전성문과 함께 수운의 초기 제자인 신녕접주 하치욱을 방문했고, 용담으로 가서 역시 초기 제자인 수운의 장질인 맹륜을 만났다. 이러한 행보는 정통성을 확보하여 흩어진 접과 교인들을 통합하는 의미를 지닌다고 할 것이다. 『동경대전』 각판 시 수운의 친견 제자인 강수, 전시황 그리고 전

운이 남긴 가르침을 경전으로 간행하면서 유교 학파의 틀을 벗어난 동학의 독자적 정체성을 확보할 수 있었던 것은 도통의 승계에 따라 연원 정점이라는 권위가 확보된 결과였다.[145]

해월은 수운의 시천주 신학을 물물천(物物天) 사사천(事事天) 사상을 통해 인즉천(人卽天)의 명제로 이끌어 사인여천(事人如天)과 양천주(養天主)의 교의로 전개하고, 시천주 천주를 상제로 변경하여 '봉사상제 일편심조화정만사지(奉事上帝一片心造化定萬事知)'로 고쳐 약 1년간 사용하였다.[146] 이렇게 할 수 있었던 것은 교인들의 신앙생활이나 의례에서 시천주 주문이 차지하는 비중이나 절대적인 권위를 고려할 때 연원 정점의 승계를 통해 해월의 종교적 권위가 수운의 카리스마에서 벗어나 독자적으로 구현되었음을 보여준다.[147]

시봉이 감역과 교정으로 참여했고, 정선접, 인제접, 청송접 등 수운 당시 접이나 접주가 존재하지 않던 지역의 접들이 발문에 이름을 올린다. 「최선생문집도원기서」, 『한국학자료총서9 - 동학농민운동편 - 』, 262쪽, 279쪽 참조.

145 수운의 대구 심문 기록과 관련하여, 『도원기서』만이 동학도들의 수운에 대한 존경심, 해월의 수운 옥바라지, 해월의 도피, 수운의 해월 도피 명령 등을 상세히 설명하고 있다. 해월의 도통 전수를 명확히 하는 『대선생주문집』이 이 내용을 고의로 삭제할 이유가 없으므로 『도원기서』가 정보들을 추가하면서 문구를 수정하였다고 볼 수 있다. 해월과 극소수만이 알 수 있었던 일이 『도원기서』에만 수록되었다는 점과 그 내용이 해월이 위험을 무릅쓰고 마지막까지 수운의 곁을 지키려 하였고, 이에 수운이 해월의 도피를 명한 것이라는 점에서 본다면, 『도원기서』는 도피한 해월의 행보를 정당화하는 입장에서 편집되었다고 할 수 있다. 이것은 『도원기서』의 편찬 시기에 해월의 권위가 명확해졌음을 의미한다. 「최선생문집도원기서」, 『한국학자료총서9 - 동학농민운동편 - 』, 209~210쪽 참조.

146 「최선생문집도원기서」, 『한국학자료총서9 - 동학농민운동편 - 』, 265~266쪽. 275~276쪽; 「천도교서(Ⅱ)」, 『아세아연구』 제5권 2호, 고려대학교 아세아문제연구소, 1962, 298쪽, 302쪽; 황선희, 『동학·천도교 역사의 재조명』, 도서출판 모시는사람들, 2009, 54~65쪽; 박창동, 앞의 책, 66쪽 참조.

147 한국종교연구회, 앞의 책, 286쪽 참조. 『도원기서』가 편집된 1879년~1880년은 주자학적 유교를 혁신하는 신유교로서의 동학 교문(敎門)과, 유교를 초월하는 무

(2) 중앙조직 제도화: 육임

해월은 수운을 대신하여 연원 정점으로 자리 잡았다. 물론 1875년 강수를 도차주(道次主)로 임명한 것을 2인 지도체제로 보는 견해도 있다. 하지만 당시 해월이 지식인 강수의 도움이 필요했다는 측면에서 본다면, 이는 비공식 보좌 조직을 제도화한 것으로 보아야 한다.[148]

교단의 의례는 1875년부터 수정되고 새롭게 제정되기 시작했으나,[149] 조직의 개편은 그보다 늦은 1884~85년에 이르러 시작되었다. 연원제 조직의 변화가 본격적으로 시작되는 시기는 동학의 교세가 수운 당대보다 더욱 커진 1884~85년이다. 해월이 연원 정점으로 자

극대도로서의 동학 교단(敎團) 중에서 후자로 무게 중심이 이전되던 시기였다. 즉 동학 교문에서 유교적 사유를 넘어 새로운 진리를 선포하고 이를 실행하는 도문인 종교 교단으로의 전환이 이루어지던 때였다. 『도원기서』가 전통적인 행장의 집필 방식에서 벗어나 경전 간행에 이르기까지의 과정을 후계자인 해월의 여정을 통해 상세히 기술한 것은 해월의 독자적 카리스마가 1880년을 전후로 확립되었음을 의미한다.

148 표영삼은 강수의 도차주 임명을 해월의 '북도중주인' 임명과 대비하여 2인 지도 체제로 주장한다. 하지만 『수운문집』에 따르면 해월에 부여된 '북도중주인'의 지위는 공식적인 것으로 볼 수 없고 수운의 서거 전까지 교단 내에서 공개된 바가 전혀 없다고 할 것이다. 따라서 수운이 2인 지도체제를 구축했다는 주장은 근거가 부족하다. 만약 '북도중주인'의 임명이 실재했다고 하더라도 '북도중주인'은 지역의 다수 접 책임자로 연원제 원리에 의해 임명되었다는 점에서 도차주와 위상이 다르다. 강수는 휘하 접의 규모보다 수운의 친견 제자라는 권위와 학문적 능력에 의해 도차주로 발탁되었기에 그 지위를 '북도중주인'처럼 연원제 원리에 따른 지위로 볼 수 없다. 따라서 표영삼이 강수의 도차주 임명을 수운이 해월을 '북도중주인'에 임명한 전례와 유사한 것으로 파악하고 2인 지도체제라 주장한 것에 동의하기 어렵다. 표영삼, 앞의 책(2005), 76쪽 참조.

149 해월에 의해 수정되고 제정되는 의례에 관해서는 박맹수와 표영삼의 연구를 참조할 수 있다. 박맹수는 후대의 기록인 「해월선생문집」과 「본교역사」를 참고하여 종합하고, 표영삼은 『도원기서』를 중심으로 분석함으로써 서로 다른 결과를 얻었는데, 필자의 판단으로는 『도원기서』에 근거한 표영삼의 연구가 보다 논리적으로 보인다. 박맹수, 앞의 논문(1995a), 82~94쪽; 표영삼, 앞의 책(2005), 73~94쪽 참조.

리 잡으면서 안정적으로 성장한 동학 교단은 1880년 『동경대전』을 간행한 이후 비약적으로 성장하였다. 충청도 지역까지 그 교세가 급격하게 확장되자, 기존 접과 접주 체계만으로는 조직의 관리가 어려운 상황이 도래하였다.[150] 해월은 이 무렵 두 가지 조직 개편을 계획하였다. 첫째는 도주이자 연원 정점인 자신의 업무를 보좌하면서도 부분적으로 대신할 수 있는 중앙조직의 설치였다. 둘째는 연원제 원리로 운영되는 접조직을 보다 효율적으로 관리할 수 있도록 하는 조직 체계화였다.

새로운 중앙조직의 설치는 연원제 조직과 큰 관계가 없어 보일 수 있다. 하지만 중앙조직의 설치가 연원제 조직의 중층적·다선적 확장에 대응하여 연원 정점의 구심력을 강화하는 조치라는 측면에서 본다면 연원제 조직의 정비라 할 수 있다. 다시 말해서 조직의 확장으로 인해 연원 정점의 부담이 가중되어 연원 정점과 접주 간의 분리 수준이 증가하자 연원 정점의 부담을 줄이면서 그 권한을 강화하기 위해 중앙조직을 신설하고 체계화한 것이다. 지부의 접조직 체계화 역시 인적 계보를 연원제 원리에 따라 중층의 다선 조직으로 체계화하여 조직의 파편화를 통제하고자 하는 의도에서 이루어졌다고 해

---

150 충북 단양에서 최초로 『용담유사』가 간행되었고, 1882~83년에 걸쳐서 후에 교단의 중요한 지도자로 활동한 손천민을 비롯하여 서인주, 손병희, 황해일, 박인호 등 충청 출신의 교인들이 입도하였다. 1883년 2월 계미 목천판 『동경대전』이 목천접 주도로 천원군 목천에서, 1883년 5월 계미 경주판 『동경대전』과 『용담유사』가 공주접 주도로 목천에서 간행되었다. 이러한 기록들은 청주와 목천 지역을 중심으로 한 충청도 지역의 교세가 비약적으로 성장한 것을 잘 보여준다. 박맹수는 1880년대 전반에 충청도, 후반에 전라도 지역에서 교세가 크게 확대되었음을 문헌을 통해 상세히 입증하고 있다. 표영삼, 앞의 책(2005), 108~113쪽; 박맹수, 앞의 논문(1995a), 106~128쪽 참조.

석할 수 있다.

급속도의 중층적·다선적 조직 확장에 대한 해월의 대응은 중앙 조직에서 육임제, 지부 조직에서 포와 포 육임의 신설로 나타났다고 할 수 있다. 『도원기서』는 1880년 이후를 기록하지 않았기에 1880~1906년까지는 비교적 앞선 기록이라고 할 『대선생사적』과 『해월문집』[151] 및 천도교 측의 『본교역사』, 『천도교서』, 『천도교회사초고』 및 시천교 측의 『시천교종역사』를 비교 분석하여 활용할 것이다.

육임제는 1885년 해월의 강필(降筆)로 발표되었다.[152] 동학에서 강 필은 천부적이라는 것을 의미한다. 따라서 육임의 설치는 천명이기 에 반드시 행해져야 하며 그 지위가 지닌 권위 역시 천부적이다. 실 제 실행된 것은 1887년 5월인데, 1885년 5월경 시작된 충청지역의

---

151 1994년 『해월문집』을 발굴한 박맹수에 따르면 이 문헌은 1880~90년대의 동학 교 단 동향과 1894년 이전의 전라도 지역을 중심으로 한 조직화 과정을 상세하게 밝 혀주고 있는 자료이다. 동학의 조직 연구에서 필수적으로 검토되어야 하는 문헌 임이 분명하다. 포덕식과 입도식 등 의례에 대한 기록이 있어 모두 해월의 저작이 아니라고 박맹수는 주장했다. 1880년 최초 간행된 경진 인제판 『동경대전』의 경 우 의례에 관한 내용이 없지만, 1883년 목천판 『동경대전』에는 의례에 관해 최초 로 기록하면서 1863년 8월 수운이 의례에 육류를 쓰지 말라고 했다고 기술하고 있 다. 해월이 수운의 가르침을 근거로 해당 기록을 1883년 작성했다는 것을 알 수 있 다. 따라서 『해월문집』은 1883년부터 1892년까지의 해월 저술을 모은 것이라고 보아도 문제가 없고, 그 편찬 시기는 1893년경으로 볼 수 있다. 「해월문집」, 『한국 학자료총서9-동학농민운동편-』, 한국정신문화연구원, 1996, 293~332쪽; 박 맹수, 앞의 논문(1996), 11~12쪽; 윤석산, 앞의 논문, 211쪽; 『동경대전』(1880, 독 립기념관 소장 1-012968-000); 박맹수, 앞의 책(2009), 169~172쪽; 「동경대전」, 『한국학자료총서9-동학농민운동편-』, 70~73쪽 참조.

152 『해월문집』으로 본다면 육임은 1885년 육임강필(六任降筆)로 선포되었다고 볼 수 있다. 『시천교종역사』와 『본교역사』는 1884년 10~11월경의 강화로 기록하고 있다. 『해월문집』이 『시천교종역사』와 『본교역사』보다 당대에 더 근접한 기록이 므로 본 연구에서는 그 시점을 1885년으로 비정한다. 「해월문집」, 『한국학자료총 서9-동학농민운동편-』, 304~305쪽; 「본교역사」, 『한국학자료총서9-동학농 민운동편-』, 497쪽; 박창동, 앞의 책, 66쪽 참조.

동학 탄압으로 인한 피신, 1886년 6~8월의 콜레라 유행, 1887년 2월의 김씨 부인 사망 등으로 인해 그 시행이 보류되었기 때문으로 추측된다.[153] 육임이라는 중앙 직제가 자리 잡기 위해서는 연원 정점인 해월의 거처와 생활이 안정되고 이를 중심으로 한 본부의 안전 확보가 선행되어야 했다는 것도 원인 중 하나였다.

1875~80년까지 동학 교문의 활동은 주로 강원도 인제와 정선을 중심으로 이루어졌다. 해월은 1878년 7월 정선 접주 유시헌의 집에서 개접을 선포하였다.[154] 그 당시 해월의 집은 단양이었다.[155] 당시 본부는 교주의 거처보다 접의 소재지였음을 알 수 있는데, 교단의 규모가 중앙 본부와 지부를 명확하게 구별할 필요가 없었던 상황에서 종교활동을 효율적으로 할 수 있었기 때문으로 추측된다.

1880년대에 이르러 충청지역의 교세가 커지고 경전이 단양과 천안 등의 충청도 지역에서 간행되면서 해월의 집이 본부의 역할을 하기 시작하였다. 해월이 주로 기거하면서도 여러 접의 교인들이 접근하기 쉬운 곳이 중앙 본부의 역할을 한 것이다. 단양 지역의 동학 탄압으로 해월이 피신한 이후, 해월의 집이 상주 화령 전성촌으로 옮겨지자 여기에 교인들이 몰리고, 1887년 1월 상주의 김씨 부인이 사

---

153 당시의 상황에 대해서는 『대선생사적』을 참고할 수 있다. 표영삼 역시 여러 기록과 조사를 통해 당시의 상황을 자세히 서술하였다. 「대선생사적」, 『한국학자료총서9 - 동학농민운동편 - 』, 한국정신문화연구원, 1996, 401~404쪽; 표영삼, 앞의 책(2005), 118쪽, 129쪽, 138~141쪽 참조.

154 「최선생문집도원기서」, 『한국학자료총서9 - 동학농민운동편 - 』, 한국정신문화연구원, 1996, 269쪽 참조.

155 1874년 1월 해월은 단양의 대강면 절골에 이주하였고, 손씨 부인을 찾지 못해 1874년 4월 김씨 부인과 결혼하여 그곳에서 가정을 이루었다. 표영삼, 앞의 책(2005), 60~62쪽 참조.

망하고 2월에 해월이 손씨 부인이 있는 보은 장내리로 이거를 하자 이곳에 대택(大宅)이 마련되고 육임소가 설치된 것을 본다면 교세의 확산에 따라 해월의 거소가 본부가 되었음을 알 수 있다.[156]

1885년의 육임 강필은 다음과 같다.

六任降筆

敎長 以質實望厚人之

敎授 誠心修道可以傳授人爲之

都執 有風力明紀綱知境界人爲之

執綱 以明是非可執紀網人爲之

大正 持公平勤厚人爲之

中正 能直言剛直人爲之[157]

교장과 교수는 교(敎)를, 도집과 집강은 집(執)을, 대정과 중정은 정 (正)을 중심으로 한다. 따라서 교장과 교수는 포교와 교육을, 도집과 집강은 체계 질서를 뜻하는 기강을, 대정과 중정은 공정(公正)을 담당

---

156 표영삼, 앞의 책(2005), 99~100쪽, 109~113쪽, 116~119쪽, 129~132쪽, 140~147 쪽 참조.

157 이 기록은 『해월문집』 이외에도 『본교역사』, 『시천교종역사』, 『동학도종역사』, 『천도교서』 등 1910년대 이후 동학 계열의 여러 교단사에 실려 있다. 본 연구는 『해월문집』을 당대의 기록으로 보고 이를 주로 활용한다. 해석하면 다음과 같다. "교장은 진실하고 덕망 있는 사람으로 삼는다. 교수는 성심으로 도를 닦아서 다른 사람에게 도를 전수할 수 있는 사람으로 삼는다. 도집은 위엄이 있고 기강을 밝히 며 경계를 아는 사람으로 삼는다. 집강은 시비를 밝혀서 기강을 잡을 수 있는 사람 으로 삼는다. 대정은 공평하고 근엄한 사람으로 삼는다. 중정은 직언하고 강직한 사람으로 삼는다." 「해월문집」, 『한국학자료총서9 - 동학농민운동편 - 』, 305쪽.

하는 지위로 볼 수 있다.[158] 교화, 체계, 공정의 3개 분야에서 상하관계, 즉 책임자와 실무자로 나뉘어 육임이 됨을 알 수 있다. 연원 정점인 해월의 책임과 권한을 3개 분야로 나누고 그 권위를 부분적으로 이양한 것이다.[159] 조직의 중층적·다선적 확장에 따라 해월의 책임과 역할이 증대하자 이를 3개 분야로 나누어 그 권한 중 일부를 이양하고, 이양된 권한으로 육임이 해월을 보좌하였다고 볼 수 있다.

당시 구체적인 육임 인선에 관하여 확인할 수 있는 유일한 문헌은 권병덕(權秉悳, 1867~1944)의 자서전이다. 여기에 따르면 1885년 입도한 권병덕은 1886년 휘하 교인이 200여 명에 이르자 청주 접주로 차정(差定) 되었는데, 1887년 해월이 보은 장내에 육임소를 설치하고 육임원을 둘 때 중정으로 임명되었다.[160] 입도 2년 만에 접주가 되고 3년도 되지 않은 시점에 육임이 된 것으로 본다면, 당시 육임은 규모가 큰 접의 접주로 해월의 측근에서 활동하며 깊은 신임을 받은 이들이 맡았을 가능성이 크다.[161] 기록으로 명확히 확인할 수 있는 육임

158 육임을 교, 집, 정으로 나누는 것은 해월이 쓴 기축(1889) 삼월 초십일(3월 10일) 신정(新定) 절목(節目)의 4번째 조목에 나타난다. 표영삼은 교를 가르치는 직분, 집을 기강을 세우는 직분, 정을 자문하고 직언하는 직분으로 보았다. 「해월문집」, 『한국학자료총서9 – 동학농민운동편 –』, 309쪽; 표영삼, 앞의 책(2005), 127쪽 참조.

159 김용덕은 교세의 발전과 교단 조직의 팽창에 따른 업무 분담 제도로 보았다. 김용덕, 앞의 논문, 242쪽 참조.

160 「청암권병덕선생자서전(청암권병덕의 일생)」, 『한국사상』 제15집, 1975, 320~323쪽 참조.

161 이진구는 육임을 일종의 명예직으로 보았고 모범적인 접주에게 명예스러운 칭호를 부여함으로써 교단의 활성화를 의도한 것으로 추측하였다. 육임을 접주로 임명했다고 추측한 것은 연원제 원리에 부합하기에 적절하지만, 명예직이라고 한 것은 이후의 1889년 3월의 신정 절목을 검토하지 않은 결과로 보인다. 표영삼은 당시 해월의 측근에서 활약하던 김연국, 서인주, 손천민, 손병희, 임규호, 권병덕

의 역할 가운데 하나는 장석(丈席)인 해월을 만나러 교인들이 법헌(法軒)으로 오면 그 출입 인가를 결정하는 일이었다.[162] 연원 정점인 해월을 보호·보좌하는 일에 그 역할의 무게 중심이 있었다고 할 수 있다.

1889년 3월 10일 새롭게 정해진[新定] 절목(節目)으로 육임 체계는 더욱 세밀하게 정비되었다. 관련된 중요사항을 몇 가지 나열하면 다음과 같다.

> ○ 해월이 자리에 있을 때[장석시(丈席時)] 장로(長老)와 법사장(法師丈, 해월)을 한 예로 존경한다.
>
> ○ 육임이 법헌(法軒, 육임소)에서 도를 강론하며 교, 집, 정 3인이 매월 15일씩 교대한다.
>
> ○ 육임이 만약 사리에 밝지 못한 일이 있으면 즉시 교체한다.

등이 육임을 맡았으리라 추측한다. 육임 조직이 해월의 보좌 조직이라는 관점이다. 필자는 연원제 원리, 즉 휘하 교인 수가 임명의 중요한 기준이 되었다고 보았다. 따라서 규모가 큰 접의 접주 중 육임소에 장시간 머물 수 있는 이들이 임명되었을 것이다. 이는 1889년 3월 10일의 신정 절목을 통해서 간접적으로 확인할 수 있다. 육임이 3명씩 한 달 2교대 근무를 하도록 규정하고 있기 때문이다. 또한 전봉준 공초를 통해서도 육임이 휘하 교인 수에 따라 임명되는 것임을 확인할 수 있다. "問 東學中領率名色接主接司샌이냐 供 接主接司外에도敎長敎授執綱都執大正中正等六種이외다…問 以上六種之稱은何事를行ᄒᆞᄂᆞ냐 供 敎長敎授는愚民을敎導ᄒᆞ니요 都執은有風力明紀綱知經界요 執綱은明是非執紀綱요 大正은持公平謹厚員이요 中正은能直言剛直이라ᄒᆞ나다…問 以上許多名色은 誰가 差出ᄒᆞᄂᆞ냐 供 法軒으로붓터 敎徒에 多少을 視ᄒᆞ야 第次로 差出ᄒᆞᄂᆞ니다." 『전봉준공초』乙未二月十一日全琫準再招問目. 동학농민혁명 종합지식정보시스템 (http://www.e-donghak.or.kr/index.jsp, 2021.5.15); 이진구, 앞의 논문, 74~75쪽; 표영삼, 앞의 책(2005), 145쪽; 「해월문집」, 『한국학자료총서9 - 동학농민운동편-』, 309~310쪽 참조.

162 권병덕의 자서전이 『시천교종역사』나 『천도교서』보다 1885년의 상황에 부합한다고 판단하여 이를 근거로 하였다. 「청암권병덕선생자서전(청암권병덕의 일생)」, 『한국사상』 제15집, 1975, 323쪽 참조.

○ 수신행도가 만약 올바르지 못하면 해당 접주와 범한 사람을 같이 벌한다.

○ 충효가 남보다 뛰어나면 특별히 상을 후히 준다. 벌은 법헌으로 초치(招致)하여 육임이 대면하여 책하고 상은 법헌에 앉도록 청하여 경중에 따라 상금을 준다.

○ 법사장(法師丈)으로부터 육임 및 제 접주까지 각각 준표(準標)를 둔다.

○ 춘추향례를 봉행한다. 비록 육임이지만 시임(時任)이 아니면 일반 도인과 같은 예로 준표에 따른다.[163]

이상을 통해 본다면 육임제가 자리를 잡아가던 1889년 3월에는 매월 1회 접주들이 법헌인 육임소로 와서 육임으로부터 강론을 듣는 것이 정착되었고, 육임 중 교, 집, 정 3인이 15일씩 2교대로 법헌에 상주하며 사법적 권위를 지니고 상벌하였으며, 현임(現任)이면 중요 의례에서 접주 이상의 특별한 권위를 가졌음을 알 수 있다.[164] 육

---

163 이에 대한 해석에서 박맹수와 표영삼은 차이를 보인다. 박맹수는 법헌을 육임소로, 표영삼은 해월로 해석하는데, 신정 절목 내에서 해월은 법사장 또는 법헌장으로 기록되어 있어 문법과 문맥으로 본다면 박맹수의 해석이 적절하다. 절목의 해석에 대해서는 여러 의견이 있지만 본 연구에서는 직역하여 적용하였다. "一.法師丈座席不敢比肩雜談事 一.丈席時長老與法師丈一例尊敬事 一.六任若有事理不明者即爲改定事 一.六任講道于法軒而教執正三人十五日式遞代 一.修身行道若有不正者則該接主與犯科人同爲施罰事 一.忠孝卓異之行則特施重賞事罰則招致法斬六任面責事賞則請座法軒輕重施金事 一.自法軒丈以至六任及諸接主各置準標事 一.春秋享禮奉行事雖六任非時任與凡吾道人同例準標"「해월문집」,「한국학자료총서9−동학농민운동편−」, 309~310쪽 참조; 박맹수, 앞의 논문(1995a), 103~105쪽; 표영삼, 앞의 책(2005), 150쪽.

164 『시천교종역사』와『천도교서』에는 육임소가 설치된 1887년 4월경부터 매월 두목, 두령들이 번갈아 와서 청강토록 하였다고 기록하고 있다. 여기서 두목, 두령은 접주를 뜻한다. 처음에는 해월이 접주를 대상으로 강론을 하다가 1889년에는 육

임으로 임명된 이는 자신의 접이나 거처를 떠나 법헌에 상주할 때 해월의 권위를 일부 이양받아 접주까지 교육하고 처벌할 수 있었으며, 중요 의례에서도 특별한 역할을 하였다. 연원 정점인 해월이 지닌 권위나 권력의 분산으로도 보이지만, 육임과 접주의 임면권을 모두 해월이 지녔다는 점에서는 보면 오히려 권력의 강화였다. 친위조직의 체계화와 정비로 교단의 모든 부분에서 해월의 직간접적인 통솔을 실현할 수 있었기 때문이다.

이외에 주목할 점은 법사장(법헌장)인 해월과 거의 동등한 권위를 인정받는 장로가 있었고, 교단 본부의 운영 및 해월 가족의 생계 등을 도집이 전담했다는 점이다.[165] 장로를 둔 것은 수운을 연원으로 하는 친견 제자의 권위를 인정하되 권한을 부여하지는 않음으로써 교단의 분열을 막기 위해 취해진 조치로 볼 수 있다. 당시까지 생존해 있었던 것으로 파악되는 강수, 전시황, 전시봉 등이 장로였을 것으로 추측된다. 교단 본부의 운영과 포덕 금지 권한을 도집이 주재하도록 한 것은 도집의 권한을 강화한 것이라기보다 도집의 책임하에 교단의 경제적 토대를 강화하여 연원 정점의 활동을 지원하고 관의 지목으로부터 효율적으로 연원 정점을 보호하려는 조치로 해석할 수 있다.

임이 일부 강론을 한 것으로 볼 수 있다. 「천도교서(Ⅱ)」, 『아세아연구』 제5권 2호, 고려대학교 아세아문제연구소, 1962, 300쪽; 박창동, 앞의 책, 73쪽 참조.

165 "一.丈席時長老與法師丈一例尊敬事 … 以下六條都執主宰 一.道中公用一一擒察事 一.法軒丈宅凡百事務亦爲惚察事 一.或有貧窮之友隨宜救急事 一.各處所來之物勿論多寡明白錄用事 一.丈席時長老歲釀每於八月初十日 臘月二十日 葉錢五 師式無 違封送事一.嚴禁德使無指日事" 「해월문집」, 『한국학자료총서9 – 동학농민운동편 –』, 309~310쪽.

박맹수는 물리적 중앙 본부의 공개적 설치를 제도종교로의 전환으로 보면서 육임소 설치를 동학의 제도종교로의 전환으로 보았다.[166] 속지제의 관점에서 본다면, 육임소는 법헌(法軒)이라는 성소(聖所)를 물리적으로 설치하여 교단 내에 공개하고 그 기능을 공식적으로 제도화하는 것이라고 할 수 있어 제도종교의 완성으로도 비친다. 하지만 속인제, 즉 연원제 관점에서 본다면 육임소 설치는 본부의 제도화로 볼 수 없다. 1878년 7월, 해월이 정선의 유인상의 집에서 수운을 계승하여 개접(開接)을 선언한 이후에 해월이 장석(丈席)에 앉아 도를 펴는 곳이 곧 법헌이며 본부였다. 박맹수가 제도종교의 면모라고 본 육임소를 통한 지방 조직 결속, 교리문답, 상벌 시행, 신앙 생활 지도 역시 해월이 개접 이후 장소를 옮겨가며 행하던 일이다. 이미 제도화되었다고 보아야 한다.

따라서 육임소 설치는 이미 제도화된 본부의 위상과 역할을 보다 강화하고 지원하기 위해 연원 정점의 보좌조직을 체계화하고, 조직의 안정적인 거점을 확보하는 과정에서 나타난 결과에 불과하다. 연원제의 관점에서 본다면 연원 정점과 육임이 상주하는 장소는 모두 그 기간에 성소인 법헌이 되기에, 특정 장소에 육임소가 설치된 것을 교단 공개나 제도화로 볼 수는 없다. 육임소의 공식 명칭이 법사장인 해월이 도를 펼치는 곳이란 뜻의 법헌이므로 육임 임명 이전에 해월이 강론하는 장소가 모두 법헌으로 칭해질 수 있었고 그의 이동에 따라 옮겨졌을 것이다.[167]

---

166 박맹수, 앞의 논문(1995a), 105쪽 참조.
167 『해월문집』에는 을유년(1885)의 강결이 법헌강결로 표기되어 있다. 법헌(法軒)

인적 계보에 의해 성속의 만남이 중재되는 연원제 조직을 토대로 구성된 교단은 성소나 성직자를 중심으로 특정한 곳에 고정된 본부를 설치하는 속지제 조직과 근본적으로 다른 관점에서 접근해야 한다. 육임 조직의 신설과 정비는 교세 확장에 따라 연원 정점의 업무 가중과 접조직의 원심력 증대을 보좌 조직 체계화를 통한 업무 분담과 연원 정점 권한 강화로 해결하는 조직 안정화 과정으로 보아야 한다.

(다) 인맥 조직 제도화: 포 및 포 육임, 접사, 편장

하나의 인적 계보가 다선적·중층적으로 증가하면, 다시 말해, 동일 연원 내에서 여러 계보로 중층적인 접이 파생되면 법헌과 접주라는 체계만으로는 이들을 묶어내기가 쉽지 않다. 육임의 보좌가 있다고 하더라도 접간의 갈등, 반목과 이로 인한 분열을 효율적으로 정리하기 어렵기 때문이다.[168] 마치 하나의 가문이 여러 대를 거쳐 다선적·중층적 혈연 계보를 만들 때 여러 독립된 문중으로 분열하기 쉬운 것과 같다. 해월은 이미 1871년의 영해민란을 통해 접의 분립이 교단에 큰 타격을 줄 수 있음을 체험한 바 있었기에 이에 대한 대응을 생각했다고 볼 수 있다. 교단의 분열을 방지하기 위해 해월은 휘하에 많은 접주를 둔 대접주에게 연원 정점인 법헌의 권한과 권위

이 1885년경 이미 해월을 의미하는 명칭으로 사용되었을 가능성이 있다. 『해월문집』, 『한국학자료총서9 - 동학농민운동편 -』, 297쪽 참조.

168 "당시 동학의 조직은 사람을 중심으로 비밀리에 이루어져 한 마을에도 몇 개의 접이 만들어지기도 했다. 호남지역에 접조직이 늘어나자 접과 접 사이에 문제가 발생하기도 했다." 성강현, 「여성이 후천 세상의 주역」, ≪울산저널i≫, 2018년 7월 18일자.(http://www.usjournal.kr/news. 2021.5.21).

를 일부 이양하여 휘하 접주를 관장하게 하는 방식을 구축하였다.

이러한 방식은 특별한 제도화 과정 없이 자연스럽게 시작되었다. 정확한 시기를 알 수 없지만, 문헌이나 전승으로 본다면 '수접주'와 '도접주', '큰접주', '대접주' 등이 1880년대 중반 이후 공식적 제도화 없이 서서히 정착되었다고 추측된다.[169] 연원제에서는 그 기본 원리를 벗어난 지위에 대해 별도의 제도화가 필요하지만, 기본적으로 인적 계보 틀 내의 지위와 권위구조는 자연스럽게 정해진다. 마치 혈연 계보인 부-조부-증조부-고조부와 유사한 체계가 자연스럽게 작동하는 것과 같다.[170]

교단 조직 전체가 총동원된 수운에 대한 신원 운동 과정에서 1893년 3월 대접주 임명이 공식화되면서 접주-수접주(부접주)-대접주(도접주)-법헌(해월)의 체계로 최종 제도화되었다.[171] 대접주 임명과 동시

---

169 큰접주는 교단 내의 구전 전승에서 확인된다. 도접주(都接主)는 『시천교종역사』의 1891년 기사에, 수접주는 1882년 11월 12일의 경통(敬通)에 등장한다. 박창동, 앞의 책, 79쪽; 표영삼, 앞의 논문(1999), 110~111쪽; 표영삼, 앞의 책(2005), 301~302쪽; "동학의 조직은 해월이 기거하는 육임소-대접주-접주-일반교도의 계통으로 체계화되었다." 성강현, 「전라도 북부에 호남 포덕의 교두보를 마련」, ≪울산저널i≫, 2018년 7월 4일자(http://www.usjournal.kr/news. 2021.5.21); 이현종, 앞의 논문(1971b), 60쪽 참조.

170 1920년의 기록인 『천도교서』는 수운이 1862년 12월 접주를 임명한 것을 대접주(大接主), 수접주(首接主), 해당 접주 체계의 기원으로 설명한다. 즉 연원제에 의해 접주가 임명되면 수접주, 대접주 체계는 자연스럽게 구축됨을 말한 것이다. "12월 제도인이 각지에 산재하여 권선(勸善) 익인(益仁)의 정소(定所)가 무한지라 대신사가 이에 친히 각처 접소(接所)를 정하시고 그 지위와 덕망이 초유(稍裕)한 인(人)을 명하여 사업(事業)을 장(掌)케 하시니 오도의 대접주(大接主), 수접주(首接主), 해접주(該接主)의 칭(稱)이 차(此)로부터 시(始)하니라." 「천도교서」, 『아세아연구』 제5권 1호, 고려대학교 아세아문제연구소, 1962, 215쪽.

171 표영삼은 1893년 3월의 보은취회에서 포조직이 강화되어 동원 능력이 높아졌다고 지적한 바 있다. 1893년 2월에 수운의 복권을 요구했던 복합상소(伏閣上疏)가 실패하자, 정부는 동학을 강경하게 탄압하기 시작하였다. 그러자 동학 지도부는

에 대접주가 관할하는 연원에 대한 명칭도 공식화되었다. 연원 조직을 지칭하던 접은 인맥 조직의 기본 단위가 되었고, 동일한 연원에서 기원한 여러 접을 포괄하여 지칭했던 포가 연원 조직의 공식 명칭이 되었다. 한 묶음 또는 포괄한다는 의미[포(包)]와 기원 또는 형제라는 의미[포(胞)]로 자연스럽게 사용되던 포는 접을 대신하여 인적 계보의 대간(大幹)을 지칭하는 공식 용어가 된 것이다. 대접주의 연원은 포라 칭해졌고 인명으로 불리던 관례에서 벗어나 고유한 공식 명칭을 지니게 되었다.

수접주나 대접주는 연원제 원리에 따라 해월에 의해 처음 제도화된 직위이다.[172] 그 기원은 수운이 해월에게 준 '북도중주인'의 지위라고 볼 수 있다. 앞서 살펴보았듯이 수운은 1863년 7월 해월이 북도중의 주인임을 확인하여 북도중의 해월 휘하 접들에 대한 관할권을 인정하였다. 수운은 해월이 그 휘하의 접주와 접내 교인을 관리하도

1893년 3월에 충북 보은에서 대규모 집회를 개최하였다. 이전까지의 교조 신원 운동에서 더 나아가 '척왜양창의(斥倭洋倡義)'의 기치를 세우고, 탐관오리와 세도가를 비판하였는데 여기서 포명을 정하고 각 포의 대접주가 임명되었음이 여러 문헌으로 확인된다. 대표적인 기록은 관변 기록인 『聚語』로 다음과 같은데 명시된 포 깃발이 20여 개이다. "二十日探知二十一日發報 連爲別遣詳探則又有各旗號大旗斥倭洋倡義 五色旗各立五方 旗樣小中旗忠義 善義 尙功 淸義 水義 廣義 洪義 靑義 光義 慶義 咸義 竹慶 振義 沃義 茂慶 龍義 楊義 黃豐 金義 忠岩 江慶 其餘旗小小者不可計數" 『聚語』 癸巳三月二十日 探知 二十一日 發報. 동학농민혁명 종합지식정보시스템(http://www.e-donghak.or.kr/index.jsp, 2021.5.3); 「천도교서(Ⅱ)」, 『아세아연구』 제5권 2호, 고려대학교 아세아문제연구소, 1962, 308쪽; 박창동, 앞의 책, 98~99쪽; 「동학도종역사」, 『동학농민전쟁사료총서 29』, 사예연구소, 1996, 321쪽; 「천도교회사초고」, 『동학사상자료집』 제1권, 아세아문화사, 1978년, 454쪽 참조.

172 『천도교서』에는 수운 당대부터 제도화된 것처럼 서술하고 있지만, 기원을 말한 것으로 보인다. 「천도교서」, 『아세아연구』 제5권 1호, 고려대학교 아세아문제연구소, 1962, 215쪽 참조.

록 하여 해월을 연원으로 하는 모든 접들이 해월을 중심으로 통합되도록 하였다. 접이 형성되고 접주로 임명되었다고 하더라도 기존의 연원 관계나 권위구조를 벗어나지 못하도록 함으로써 그 인적 계보를 다층적으로 체계화한 것이다. 수운 당대에는 해월의 연원만이 거의 유일하게 중층적 체계화가 필요한 규모를 지니고 있었다. 따라서 수운이 '북도중주인'과 같은 접주 상위의 직위를 공식적으로 제도화할 필요는 없었다. 그렇지만 수운의 비공식적 '북도중주인' 임명은 분명 해월이 접을 포괄하는 대접주의 직위와 포 조직을 설치하는 데에 영향을 주었다고 볼 수 있다.

1880년대 중반에 이르면 동학의 교세는 수운 당시보다 더 커졌고 많은 연원에서 중층적·다선적으로 접이 파생되었기에 접보다 상위의 조직체계가 구축되어야 할 필요성이 있었다. 그러나 현존하는 1880년대 동학의 공식 문헌에는 포에 대한 기록은 보이지 않는다.[173] 1883~92년의 교단 공식 문헌을 모은 『해월문집』에도 포가 나타나지 않는다.[174] 1900년을 전후한 기록인 『대선생사적』과 1910년대 전반의 기록인 「본교역사」에는 1891년 기사부터 포가 나타난다.[175] 1910년대 이후의 편찬된 여러 문헌에서 빠르게는 1866년 기사부터 동학의 지부 조직을 접을 대신하여 포로 기술하지만, 이는 포라는 용

---

173 포는 1880년대에 간행된 『동경대전』 발문이나 통문 등에도 나타나지 않는다.

174 「해월문집」, 『한국학자료총서9 - 동학농민운동편 - 』, 294~332쪽 참조.

175 "十二月初搬移于忠州外西村辛在淵家卽孫秉熙胞中也" 「대선생사적」, 『한국학자료총서9 - 동학농민운동편 - 』, 한국정신문화연구원, 1996, 410쪽; "布德三十二年辛卯…金洛三이 率湖南左右道十六包道人百餘人 ᄒ고 至神師所 ᄒ야" 「본교역사」, 『한국학자료총서9 - 동학농민운동편 - 』, 501쪽.

어가 교단에서 연원을 의미하는 용어로 정착된 이후이기에 신뢰하
기 어렵다.[176]

교단 공식 기록인 경통(敬通), 통문의 경우『시천교종역사』에 수록
된 1892년 1월의 통유문에 포(包)가 나타나지만, 이것은『해월문집』
이나 관몰 기록(1900년 필사)에는 없는 통문이다.「본교역사」에도 해당
통유문은 없다.『시천교종역사』와 이를 참고한『동학도종역사』,『천
도교회사초고』등에 수록된 기록이『해월문집』과「본교역사」등의
더 앞선 기록에 없다는 점으로 본다면, 해당 통유문이 실존했는지는
보다 면밀한 검토가 필요하다.『시천교종역사』는『해월문집』의
1892년 8월 '신약 10조' 통문을 1891년 10월의 '통유 10조'로 잘못
기록하고 있고,[177]『해월문집』의 1891년 9월 통문을 누락하고 있으

---

176 표영삼은『시천교종역사』의 1884년 기사에서 처음으로 포라는 용어가 사용되었
   다고 주장하였다. 하지만, 실제로는 1866년 기사에서 최초로 사용되었다. 연구자
   대부분이『시천교종역사』의 1884년 기사를 최초라고 보고 이때부터 비공식적으
   로 포가 있었다고 주장하지만, 이는 잘못된 것이다.『시천교종역사』는 접과 포를
   혼용하고 있기 때문이다. 이를 참조했다고 평가되는『동학도종역사』는 1866년,
   『천도교서』는 1882년,『천도교회사초고』는 1883년 기사부터 포를 사용하고 있
   다. 박창동, 앞의 책, 41쪽; 표영삼, 앞의 책(2005), 301~302쪽;「동학도종역사」,
   『동학농민전쟁사료총서 29』, 사예연구소, 1996, 237쪽;「천도교서(II)」,『아세아
   연구』제5권 2호, 고려대학교 아세아문제연구소, 1962, 297쪽;「천도교회사초고」,
   『동학사상자료집』제1권, 아세아문화사, 1978, 429쪽 참조.
177 『해월문집』의 1892년 8월경의 신약(新約) 10조 통문을『시천교종역사』의 1891
   년 10월의 통유 10조와 비교하면 두 통문은 10개 조로 되어 있다는 점뿐만 아니라
   그 취지를 설명하는 내용이 거의 같다는 것을 알 수 있다. 하지만『해월문집』이 더
   욱 정확하며 자세하다.『시천교종역사』의 통유 10조는『해월문집』의 신약 10조의
   요지를 한 단어로 정리한 것으로『시천교종역사』는 자체적으로도 요약본임을 인
   정하고 있다.『해월문집』의 1892년 8월의 신약 10조 통문이『시천교종역사』의
   1891년 10월의 통유 10조로 오기되었음을 알 수 있다. 따라서『시천교종역사』의
   1891년 10월 통유 10조는『해월문집』의 1892년 8월경의 신약 10조 통문의 맥락
   을 이해하는 참고자료로만 활용해야 한다. 또한『시천교종역사』가 당대의 기록이
   아님을 고려하여 1892년 1월 통유문 역시 당시의 상황에 대한 간접 자료로만 활용

며, 1891년의 기사를 1월, 10월, 5월, 12월의 순서로 나열하고 있다. 특히 유사한 통문의 경우『해월문집』이 형식상 원문에 더 가깝고 누락이나 후대의 해석으로 보이는 변형이 없다.[178] 이상의 사실은『시천교종역사』가 불완전한 여러 전승을 합쳐 편집하면서 종파적 관점 등 후대의 상황을 반영했음을 시사한다.『시천교종역사』를 고증 없이 활용하면 착오가 발생할 수 있는 것이다.[179]

당시의 교단 공식 기록 중 포와 관련된 것 중 가장 앞서는 것은, 관몰 기록 중의 1892년 10월 27일 자 경통으로 전라도 삼례 도회소 명의로 발송되었다. "각포 제접장(各胞 諸接長)은 일제히 이곳에 와서 모

해야 한다. 신약 10조 통유문의 취지는 다음과 같은데, 비교해보면『해월문집』이 원문임을 명확하게 알 수 있다. 굵은 글씨는 많은 차이를 보이는 부분이다. "其略日 竊以天運循環 始創五萬年大道 世魔降盡 永孚三七字靈呪 應運而生 待時而隱 蓋認道而修道者 道專在於誠敬信三字 事天而奉天者 天必佑於恃定知一語 夫何世衰而運晦 道微而訛興 傳道者不明 修道者不信 或有妄言僞呪 以致亂道蔑法 興言及此 不遑寧處 嗟爾敎徒 一乃心力 於此十條 居常拳拳服膺 恪遵勿失可也" 박창동, 앞의 책, 77쪽; "通文 右文爲通論事 伏以天運循環 始創五萬年大道 世魔降盡 永孚三七字靈圖 應運而生 待時而隱 認道而修道者 道專在於誠敬信三端 事天而奉天者 天必佑於時定知三字 夫何世衰而運晦,道微而訛多 傳道者不明 修道者不愼 或間流言流呪 或至亂道亂法 此何人斯敢不惻然 伏願僉君子 一念靡懈 念不已 於守其心正氣 萬事惟宜 無事窮於合其德受其知 取可退否 必定再思之心 去慾懺咎 願遄一切之善 須存日夕之惕念 以俟陽春之回焉 新約諸條 羅列如左 伏請" 「해월문집」,『한국학자료총서9 - 동학농민운동편 - 』, 320~321쪽.

178 박창동, 앞의 책, 76~84쪽; 「해월문집」,『한국학자료총서9 - 동학농민운동편 - 』, 323~332쪽 참조.

179 박맹수 등 연구자 대부분이『시천교종역사』의 1891년 10월 통유 10조와 1892년 1월 통유문을 근거로 논지를 전개하고 있다. 고증을 통해 1910년대의 관점을 제거할 필요가 있다고 판단된다. 박맹수는 신약 10조의 통문을『시천교종역사』를 근거로 하여 1891년 10월에 공지된 것으로 보았다. 하지만『해월문집』의 맥락으로 본다면 1892년 윤6월 2일에서 8월 29일 사이의 통문으로 보아야 한다.『해월문집』에는 통문의 날짜는 수록되지 않았다. 박맹수, 앞의 논문(1995a), 138~141쪽, 148~149쪽 참조.

이도록 하라."는 내용이 있어 1892년 10월에 이르러야 포(胞)라는 명칭이 공식 사용되었음을 알 수 있다. 포는 1880년대 말 90년대 초에 이르러 충청·전라지역의 교세가 폭발하면서 사용되기 시작하였고 1892~93년 교단의 조직 동원 과정에서 공식적으로 제도화되었음을 알 수 있다.[180]

공식화된 포와 대접주 제도는 이후 더욱 정교하게 체계화되었는데 『시천교종역사』와 『천도교서』의 다음과 같은 기록을 통해 알 수 있다.

이때 교문이 크게 열려 장석을 법소(法所)라 일컫고 또 법헌(法軒)이라고도 일컬었다. 김연국은 포소(包所)를 문암에 정하고, 손병희와 이용구는 포소를 충주군 외서촌 황산리에 정하고, 손천민은 포소를 청주군 송산리에 정했으며, 그 밖에 옥천 박석규, 보은 임규호, 예산 박희인, 문의 임정재, 청산 박원칠, 부안에 김낙철, 무장에 손화중, 남원 김개남, 청풍 성두환, 홍천 차기석, 인제 김치운 등은 각자 해당 군에 본포(本包)를 조직하고 따로 도소(都所)를 두었다. 전봉준은 교도를 모으면서 전라도 금구군 원평에 머물렀다.[181]

---

180 표영삼 등 많은 연구자가 포제가 1883~4년 나타났고 1893년 공식화된 것으로 보았는데 이는 『시천교종역사』 등 후대 문헌을 고증 없이 활용한 결과다. 표영삼, 앞의 논문(1999), 110쪽; 표영삼, 앞의 책(2005), 300~303쪽 참조.

181 원문에 대한 해석 차이가 있지만 본 연구에서는 필자의 해석을 사용한다. "是時教門大闢 稱丈席爲法所又稱法軒 金演局定包所于文巖 孫秉熙李容九定包所于忠州郡外西村黃山里 孫天民定包所于淸州郡松山里 其餘沃川朴錫奎 報恩任奎鎬 禮山朴熙寅 文義任貞宰 靑山朴元七 扶安金洛喆 茂長孫華仲 南原金開南 淸風成斗煥 洪川車基錫 獜蹄金致雲等 各自該郡組織本包另實都所 全琫準募教徒駐在於全羅道金溝郡院坪" 박창동, 앞의 책, 100쪽.

신사 각 포 도접주(都接主)로 도강장(都講長)을 겸케 하고 부접주(副接
主)로 부강장(副講長)을 겸케 한 후 안(安) 월(月) 일차(一次) 대전(大全) 급
(及) 가사(歌詞)를 개강(開講)하여 그 의난(疑難) 문답(問答)의 구어(句語)를
부강장이 수(收)하여 도강장에게 보(報)하고 도강장은 법소(法所)에 다
시 보고하게 하시며 우(又) 4개월에 각 포 도강장이 상회(相會) 강연케
하시다.[182]

위의 기록에 따르면 대접주가 있는 곳에 상시적인 포소(包所)를 설
치하거나, 군 단위로 포를 조직하고 도소(都所)를 두었다. 또한 포소
나 도소에서는 접주를 대상으로 월 한 차례 『동경대전』, 『용담유사』
를 강론하였고, 대접주는 4개월에 한 번씩 해월이 있는 법소로 와서
강론 중 문답 내용을 토론하도록 하였다. 상시 운영되는 포소와 도
소의 설치는 1893년에, 포소와 도소의 월 1회 접주 교육 및 법소의 4개
월 1회의 대접주 모임은 1894년 청일전쟁 이전에 제도화된 것으로
기록되어 있다. 동학에 대한 탄압이 지속되었기 때문에 포소나 도소
는 특정 지역에 고정되어 운영되지는 않고 법소처럼 이동하였을 것
이다.

법헌과 그 보좌 조직인 육임에 의해 법소에서만 이루어지던 월 1
회 접주 교육이 다수의 거점, 즉 포소와 도소에서 대접주의 책임으
로 동시다발로 이루어진 것은 더 많은 동학 전문가의 배출이 가능하
게 된 것을 의미한다. 특히 대접주들이 4개월에 1회 강론 내용을 법

---

182 「천도교서(Ⅱ)」, 『아세아연구』 제5권 2호, 고려대학교 아세아문제연구소, 1962,
    309쪽.

소에 와서 토론했다는 것은 교리의 통일성과 이단을 방지할 수 있는 중요한 제도였다.

대접주에게 법헌의 권한 중 하나인 접주 교육 권한이 이양되었지만, 대접주, 수접주, 접주에 대한 임명권은 철저하게 해월에게 있었으므로 오히려 해월의 권위는 더욱 강해졌다. 해월의 가르침과 명령은 신속하고 정확하게 군 단위의 포소나 도소를 통해 읍 단위의 각 접으로 전해졌고, 해월의 견해와 다른 이단적인 경전 해석의 위험성을 사전에 확인하고 통제할 수 있는 4개월 1회의 대접주 강연회가 제도화되었기 때문이다.

조직 규모의 증대로 나타나는 원심력과 분열을 통제할 목적으로 제도화된 것은 포와 접주 교육 권한 이양만이 아니다. 앞서 이미 원심력을 통제하기 위해 법헌을 보좌하는 중앙의 육임을 제도화했지만, 해월은 1891년경에 이르면 육임을 포 조직으로까지 확대 설치한다. 자신이 순회하며 머무른 지역에 대접주의 추천으로 육임을 임명함으로써 추후 대접주가 육임의 지원 아래 휘하의 접을 관할하도록 했다. 해월이 1891년 5월 호남지역을 순회하면서 태인 김낙삼의 집에서 육임첩을 발급한 사실로 이를 확인할 수 있다.[183] 해월이 육임첩을 발급했으므로 임명권은 법헌인 해월에게 있었지만, 추천은 대

---

183 『대선생사적』은 '出差敎任'으로, 『시천교종역사』는 '差出六任帖'으로, 『천도교회사초고』는 '六任을 選任'으로, 『천도교서』는 '六任帖을 差出'한 것으로 기록하고 있다. 『해월문집』이나 『본교역사』에는 해당 기록이 없다. 「대선생사적」, 『한국학자료총서9 −동학농민운동편−』, 한국정신문화연구원, 1996, 409쪽; 박창동, 앞의 책, 78쪽; 「천도교회사초고」, 『동학사상자료집』 제1권, 아세아문화사, 1978년, 435쪽; 「천도교서(II)」, 『아세아연구』 제5권 2호, 고려대학교 아세아문제연구소, 1962, 302쪽 참조.

접주가 한 것이므로 사실상 대접주의 보좌 조직이 구축되었다.[184] 접주를 통제 관장했던 법헌의 권한을 포 육임 임명을 통해 대접주에게 일부 이양한 것으로, 육임이 교, 집, 정 체계 아래 교화, 운영, 사법의 권한을 지니고 있었다는 점에서 본다면, 이제 대접주에게 휘하 접에 대한 권한 상당 부분이 위임되었다고 할 수 있다. 보좌 조직 설치와 그 구성 권한이 대접주에게 부여되어 많은 지부에서 실시되었다는 것은 1892년 2월 통문을 통해서 확인할 수 있다.[185] 이는 『해월문집』에 다음과 같이 수록되어 있다.

---

184 표영삼은 육임첩의 차출이 기명하지 않은 첩지를 대접주나 접주에게 주는 것이라고 설명하고 있다. 홍기조가 1928년 쓴 「사문개로실기(師門開路實記)」라는 글을 통해서 보면 그가 1896년 말 문경에서 해월과 의암을 만나 2개월간 수도 범절과 포덕 방법을 배운 후 용강으로 돌아오면서 접주첩과 육임첩을 받았다고 한다. 1896~97년경에도 접주와 육임의 임명권은 명확히 법헌인 해월에게 있었음을 알수 있다. 표영삼, 앞의 책(2005), 146쪽; 홍기조, 앞의 글, 38~39쪽 참조.

185 『시천교종역사』는 해당 통문을 명확히 육임의 차정에 관한 것으로 기술하고 있다. 내용이 유사하나 오자나 자의적인 해석이 보인다. 또한 하루의 날짜 차이가 있다. "當初六任員之差定 擇其各包敎徒中有碩望篤行之人 一以爲調濟之方 一以爲勸學之道 挽近以來 規模解弛 奬源滋蔓 各該接主 或循情面而妄薦 或拘事勢而徑差 甚至於家家有帖 人人得任 而不但昨入今差 例有兼帶之弊 惹人指斥 安知不由於此乎 從玆以往 差任一款 姑爲停輟 灼知望實俱隆然後 鱗次陞遷矣 咸須體諒 星速布諭. [당초에 육임을 가려 정할 적에 각 포의 교도 중에서 명망이 있고 행실이 돈독한 사람을 골라, 한편으로는 조제(調濟)의 방법으로 삼고 한편으로는 권학(勸學)의 방도로 삼게 하였다. 근래에 와서 규모가 해이해지고 장려의 근원이 점점 늘어서 각 해당 접주들이 혹 정의에 끌려서 망령되이 추천하기도 하고 혹 사세에 구애되어서 멋대로 뽑아서 집집마다 첩지(帖紙)가 있고 사람마다 소임을 얻어 어제 들어왔는데 오늘 임명될 뿐만 아니라, 으레 겸대(兼帶) 하는 폐단까지 있다. 사람들의 지탄과 배척을 야기함이 여기에서 나온 줄 어찌 알겠는가? 지금부터 임원을 가려 뽑는 한 가지 일은 잠깐 정지하되 인망과 실지가 갖추어져 있음을 잘 알아본 뒤에 차례로 올려줄 것이다. 모두 이를 잘 알아 속히 널리 알려라]" 박창동, 앞의 책, 84쪽.

통문

우(右)를 삼가 통지할 것. 각처의 도유들 중에 명망이 있고 행실이 두터운 사람을 선택하여 임명한 것은 한편으로는 접제(接濟)의 방책과 한편으로는 권학(勸學)의 강령으로서였습니다. 근래에 와서 폐단의 근원이 점점 늘어서 퍼져 각각의 접주들이 혹 사정(私情)에 따라 제멋대로 천거하고 혹 사세(事勢)에 구속되어 가볍게 차정(差定)합니다. 체통과 법도를 고려하지 않고 우열을 논의하지도 않으니 집집마다 첩지가 있고, 사람마다 임명되어 어제 입도한 사람이 오늘 임명되고, 심지어 겸하여 천거됨도 있습니다. 근일 지목됨이 이것에서 연유됨이 아님을 어찌 알 수 있겠습니까? 이후로는 차출하여 임명하는 일관(一款)을 잠시 정지하고 단지 인망을 보아 마침내 높이 올려 천거하는 법도가 있을 것입니다. 이것으로 남김없이 헤아려 화급히 포유해 주면 매우 다행이겠습니다. 1892년 2월 28일[186]

위 통문에 따르면 1892년 2월에 이르러 포 육임에 대한 임명이 남발되어 본래 취지를 상실하자 이를 일시적으로 정지했다는 것을 알 수 있다. 이로 본다면 1891년 5월 호남지역에 최초로 나타나는 포 육임은 기록 상 최초이며, 더욱 이른 시기 충청 또는 강원 지역의 포 육임 설치가 실제로 먼저 이루어졌을 가능성도 있다.[187] 아마도 해월이

---

186 "通文 右敬通事 各處道儒中 以碩望篤行之人 擇出任命者 一以爲接濟之方策 一以爲勸學之網領矣. 近日以來 規模疎濶 弊源滋蔓 各該接主 或因私情而妄薦 或拘事勢而輕差 不顧體法 勿論優劣 家家帖文 人人任名 昨日入道 今日差任 甚至有兼帶之擧. 近日指目 安知不由於此乎. 自今以後 差任一款 姑爲停止 第觀人望 終有陞薦之道矣. 以此諒悉 火速布論之地幸甚. 壬申 二月二十八日"「해월문집」,『한국학자료총서9 - 동학농민운동편 -』, 318~319쪽.

1889년 7월 보은 장내의 육임소를 파한 후 피신하면서 여러 지역을 순회할 때 해당 포에서 육임을 임명하여 자신을 보좌하도록 하다가 해월이 다른 곳으로 가면 육임은 따라가지 않고 포의 육임이 되어 대접주를 보좌하게 되었을 것이다. 법소의 육임과 달리, 포의 육임은 그 인적 자원이 더 한정적이었을 것이므로 휘하 교인 수를 그 임명의 필수 기준으로 하는 연원제를 엄격하게 적용하지 못하였고 따라서 대접주의 추천으로 그 임명이 이루어졌다고 볼 수 있다. 해월은 이를 제도화하면서 무기명으로 된 육임첩을 차출하여 포 육임의 임명권을 사실상 대접주에게 이양하였다고 추측된다.

포 육임은 포덕을 활성화하면서도 교리적 통일성을 지켜 동일 연원 내의 접을 응집시키려는 의도에서 시작되었지만, 1892년 2월에 이르러 본래의 의도와 달리 사정(私情)이나 사세(事勢)에 따른 임명으로 조직의 근간인 연원제를 혼란하게 할 정도가 되었다. 결국 연원제를 벗어난 포 육임 임명은 포덕의 동력을 약화했고 포덕의 목적이나 방법, 교리에 대해 잘 알지 못하는 이들이 간부가 됨으로써 동학의 조직이 쉽게 노출되는 일이 발생하였다. 이러한 혼란의 와중에서 발표된 아래와 같은 1892년 8월의 '신약(新約) 10조' 통문은 동학 조직의 문제와 조직 제도 변화에 대해 매우 중요한 내용을 담고 있다.

---

187 「천도교회사초고」는 1889년 7월 지목을 피하고자 각처 육임소를 파했다고 기록하고 있다. 만약 사실이라면 1889년 7월 이전에 이미 각지에 육임을 두고 육임소를 설치했다는 뜻이 된다. 표영삼은 1893년 교조신원운동 이후 큰 포 대부분에서 포 육임을 설치했다고 보았다. 「천도교회사초고」, 「동학사상자료집」 제1권, 아세아문화사, 1978년, 433쪽; 표영삼, 앞의 논문(1999), 113쪽 참조.

통문

　… 무릇 어찌 세운이 쇠하고 어두워지니 도가 미미해지고 잘못됨이 많아져 전도자는 밝지 못하고 수도자는 삼가지 않으니, 혹 유언과 유주(流呪)를 듣고, 혹 난도난법에 이르니 이것이 누구이든 모두 감히 민망하지 않을 수 있으리오 … 신약의 제 조항을 좌(左)와 같이 나열하여 삼가 청한다.

　一. … 혹 입도하는 이가 그 리를 전혀 모르고서 오로지 탁명 하는 것이라면 우리가 말하는 바의 도가 아니다. …

　一. … 동도(同道)의 사람으로서 입도로써 곧 적(籍)으로 삼아 그 생업을 지키지 않고 그 집안을 돌보지 않으며 도로에서 편안하고 한가로우며 방랑, 방탕하며 법을 지키지 않으면 우리가 말하는 바의 도인이 아니다. …

　一. … 환난과 빈궁에 서로 구휼하는 것은 또한 선현의 향약이고 우리 도에 이르면 그 도리가 더욱더 중하다. 무릇 우리 동도(同道)의 사람은 약속을 한결같이 지켜 서로 사랑하고 서로 도와서 혹 규정을 어김이 없어야 할 것이다. …

　一. … 하물며 우리 도의 제례와 도법은 본래의 순서가 있음에도, 근래 들으니 도를 전함에 착오가 많아 제례가 같지 않고 도법이 분명하지 않다고 하니, 이것은 우리 스승과 우리 도에서 연유하여 베풀어진 바가 아니다. 혹 자존과 자시(自恃)로 각자 분립하여 일어남에 이르니, 이것은 도를 함께하는 도리도 아니고 하나로 돌아가는 이치도 아니다. 오직 바라건대 이후로는 자존의 마음을 갖지 말고, 전하는 자나 받는 자가 그 이치를 잘 밝혀 무릇 예법과 절차에 있어 한결같이 정해진 방식을 따르고 서로 어긋나는 일이 없도록 해야 할 것이다. …

一. 각 읍의 도중에서 접주 한 명을 특정하여 입도자는 반드시 본 읍의 접주로부터 도를 받게 하여 연원을 바르게 하여 올바름에 돌아가는 데 힘쓰라. 무릇 수도의 여러 범절에 있어 동일하게 접주의 지도에 따르고, 접주가 곧 도를 전할 때에는 그 사람이 어진지 아닌지를 자세하게 살펴 지극히 유념하고 신중하여 경홀함에 이르는 일이 없도록 해야 할 것이다.

一. 도중에서 특별하게 편장, 네 명을 차정하여 이들이 각처를 순행하고 여러 접을 두루 살피게 하되, 지목되는 자가 있으면 아울러 모두 안전하게 응대하고, 의아한 자 있으면 각별히 효유하여, 일정함이 없이 번번이 출입할 때마다 깨우침으로써 참과 바름에 돌아가도록 해야 할 것이다.

一. 제 접에서 가르침과 깨우침을 따르지 않는 자는 엄히 벌을 시행하고 편장이 각처를 순행할 때 깨우쳐 주지 못하고 도리어 혼탁하게 어지럽히고 협잡하는 폐단이 있으면 오히려 중벌을 면치 못할 것이며 즉시 바꾸어 차정할 것이다.[188]

---

[188] "通文 …夫何世衰而運晦 道微而訛多 傳道者不明 修道者不愼 或聞流言飛呪 或至亂亂法 此何人斯敢不憫然…新約諸條 羅列如左 伏請 一. …或入道之民 全昧其理 唯事托名 則非吾所謂道也… 一. …凡同道之人 玆以入道爲籍 不守其業 不顧其家 優遊道路 流蕩不法 則非吾所謂道人也… 一. …患難相救 貧窮相恤 亦有先賢之鄕 約 而至於吾道 其誼尤重 凡我同道之人 遵一約束 相愛相資 無或違規事… 一. …吾道之祭禮道法 本有次序 而近聞傳道者 多有誤錯 祭禮不同 道法不明 此非吾師吾道之所由設也 或有自尊自恃 至於各立之擧 此非道同之誼也 亦非歸一之理也 惟願從玆以往 勿有自尊之心 傳者受者 克明其理 凡於禮法節 一遵定式 毋至相貳事… 一. 各邑道中 特定接主一員 使入道者必爲受道於本邑接主 以正淵源務歸於正 凡於修道等節 一從接主之指導 而接主則其於傳道之際 詳察其人之賢否 克念克愼 無至輕忽事 一. 道中特差便長四員 俾爲巡行於各處 周察於諸接 有指目者 并

이상의 내용은 1892년 8월 교인 가운데 동학의 교리와 도법에 밝지 못한 이들이 많아지고 교리에서 벗어난 유언비어와 떠돌아다니는 주문을 전해 듣고 수도하는 일이 확산하여 동학의 교법이 혼돈되는 상황이 다소 발생했다는 것을 보여준다. 또한 동학의 교리에 관한 관심보다 그 명성에 의지해 자신도 유명해지려는 의도를 지닌 입도자와 동학을 이용하여 방탕한 생활을 하는 교인이 많아졌다는 사실도 알려준다. 특히 의례와 여러 수도 규정 및 제도가 전도 과정에서 서로 달라져 때에 따라서는 접의 분립 움직임이 나타났다는 사실을 보여주고 있다. 교세 확산에 따른 인적 계보의 다선화와 중층화로 연원제 조직의 원심력이 커지자 교리, 법, 제도 등에서 혼란과 이질화가 증폭했음을 알 수 있다.

이러한 문제점을 극복하기 위하여 해월이 제도화한 방안은 첫째, 읍마다 접주 한 명을 정하고 입도하려는 자는 반드시 읍의 접주에게 도를 받고, 접주가 입도하려는 자를 잘 살펴 선별적으로 입도시키는 것이었다. 이 조치는 수운 당시부터 문제시되던 연원이 불확실한 전도 및 불순자 입도 문제를 근본적으로 방지하고, 동일 지역 내 다수 접 구축으로 인한 갈등과 분규를 제도적으로 해결하는 방안이다.

정식으로 도를 받지 않은 이들의 유언(流言)이나 유주(流呪)를 통해 동학이 전파되어 이질적인 교리나 법이 교단에 유입되면 이단이나 분립이 나타나 교단의 통일성과 응집력이 약화한다. 교단을 이용하

全安接 有疑訝者 各別曉喻 無常頻數 出入以曉 歸眞歸正事 一. 諸接之不順敎喻者 嚴來施罰 便長之各處循行之時 不能曉喻 反有濁亂挾雜之弊 則亦不免重罰 卽令改差事" 「해월문집」, 『한국학자료총서9 - 동학농민운동편 - 』, 320~326쪽.

거나 해칠 목적을 지닌 이들이 교단에 입도하게 되면 파벌이 발생하거나 조직이 노출되어 교단 조직을 붕괴시킬 수 있다. 한마을 내에 여러 인적 계보가 형성되어 서로 경쟁적으로 포덕을 하면 접간 갈등이 나타나 연원 간의 분쟁으로 발전할 수 있다. 해월은 이상의 여러 문제를 해결하기 위해 마을 단위 내의 포덕, 전도 권한을 특정된 1인의 접주에게 허가해 주는 제도를 시행하였다.

이 조치가 읍 단위의 조직 원리를 속인제에서 속지제로 변화시킨 것이라 해석하기도 하지만[189] 연원제의 맥락에서 본다면 조직 원리의 변화라고 보기 어렵다. 연원이 서로 다른 인적 계보를 강제로 통합하거나, 연원이 다른 교인 간의 소속 이동을 허가해 준 것이 아니기 때문이다. 철저하게 전도로 인적 계보가 형성되는 연원제 원리는 유지되었다. 읍에 동학이 처음 전파될 경우, 마을 내에서 가장 동학에 대한 이해도가 높은 이를 접주로 임명하여 이를 중심으로 인적 계보가 형성되도록 하고, 이미 한 읍에 여러 접의 인적 계보가 형성된 때에는 접 간의 경쟁을 피할 수 있도록, 교법에 대한 이해가 더 높은 접주를 중심으로 마을의 인적 계보가 형성되도록 하여 더 이상의 소모적인 경쟁을 중지하는 제도이기 때문이다. 오히려 연원제의 근간을 손상하지 않으면서 인가된 스승으로부터 도를 전해 받는 연원제의 근본 취지를 제도적으로 확고히 하는 조치로 볼 수 있다. 물론 지역 단위와 일치하는 속인제 조직 형성이 나타나 결과적으로 동학 교

---

189 조성환과 박맹수는 이를 인맥 중심에서 지역 중심으로 재편되는 과도기적 단계로 평가한다. 조성환(편), 「동학의 사상과 한국의 근대 다시 보기 – 해월문집을 통해 본 최시형의 동학 재건 운동(10)」, ≪개벽신문≫ 제74호, 2018년 5월, 33쪽.

단이 읍 단위에서 교구제의 특성을 일부 내포하기 시작한 것은 분명하다. 하지만 생업을 포기하고 포덕, 수도하는 행위를 금한 것으로 본다면, 전업 성직자를 중심으로 하여 일대다(一對多)의 체계를 구축하는 교구제로 보기는 어렵다.

1읍 1접주제와 함께 접사(接司) 제도 역시 제도화되었다고 볼 수 있다. 1894년 동학혁명 때 이미 접주의 명을 받아 실행하는 접사가 있다는 것을 확인할 수 있기 때문이다.[190] 『전봉준공초』는 접사의 역할을 다음과 같이 알려준다.

間 接主司는 何名色고?
供 領率之稱이외다.

---

190 1894~95년의 기록인 『先鋒陣日記』, 『巡撫使呈報牒』, 『전봉준공초』, 『駐韓日本公使館記錄』 등으로 접사의 존재를 확인할 수 있다. 또한 1923년의 기록이지만 남원지역 동학 교단 인물들의 약력을 기록한 『순교약력(殉敎略歷)』에도 접사가 기록되어 있다. 류병덕은 접사를 리와 동을 담당한 책임자로 파악하였다. 속인제 조직을 지방 행정 조직과 일치시키려는 관점에서 비롯된 것이다. 표영삼은 접사를 포의 사무를 전담한 직위로 파악하였다. "接司李晚榮等三漢牢囚本陣"『先鋒陣日記』甲午十一月二十九日 官報. 동학농민혁명 종합지식정보시스템(http://www.e-donghak.or.kr/index.jsp, 2021.5.15); "捉得都執柳鴻九尹敬善接司李承一禹範孫査覈罪狀不可容貸故卽爲梟警"『巡撫使呈報牒』其二十八. 동학농민혁명 종합지식정보시스템(http://www.e-donghak.or.kr/index.jsp, 2021.5.15); 『전봉준공초』乙未二月十一日全琫準再招問目. 동학농민혁명 종합지식정보시스템(http://www.e-donghak.or.kr/index.jsp, 2021.5.15); "道主는 大先生이라고도 부르는데 즉, 崔時亨이다. 校長・奉敎・執綱・大正・中正・奉道 등의 6종은 소위 官名이며, 大接主・小接主・私接・接司・省察・禁察 등은 職名이다." 『駐韓日本公使館記錄』 6권 各地東學黨 征討에 관한 諸報告 東學黨騷亂原因調査結果 報告書 送付의 件, 한국사데이터베이스(http://db.history.go.kr. 2021.5.15.); 「순교약력(殉敎略歷)」, 『동학농민혁명신국역총서 1』, 동학농민혁명기념재단, 2015, 64쪽, 67쪽, 80쪽; 류병덕, 앞의 책, 383쪽; 표영삼, 앞의 논문(1994), 158쪽 참조.

問 東學中 領率名色 接主 接司 뿐이냐?

供 接主 接司 外에도 敎長 敎授 執綱 都執 大正 中正 等 六種이외다.

問 接主란 거션 平居에는 何事를 行ᄒᆞᄂᆞᆫ냐?

供 以行之事가 別노 無ᄒᆞ니다.

問 接主 接司는 職責이 同ᄒᆞ냐?

供 接司는 接主에 指揮을 聽行ᄒᆞᄂᆞᆫ 者니이다.

問 以上 許多名色은 誰가 差出ᄒᆞᄂᆞᆫ냐?

供 法軒으로붓터 敎徒에 多少을 視ᄒᆞ야 第次로 差出ᄒᆞᄂᆞ니다.[191]

접사는 접 계통의 임첩으로 임명되었으므로 대접주−수접주−접주 계열의 직위임을 알 수 있다.[192] 1894년 8월 해월에 의해 각 포에 공표된 11조 중 "각 포의 사무는 한결같이 해당 주사(主司)와 별임(別任)이 명령을 내려 알려주는 것을 따르도록 할 것"이라는 조항으로도 확인된다.[193] 주사는 접주와 접사이고 별임은 육임 등의 보좌 조직을 의미하기 때문이다. 따라서 그 제도화 시기가 1읍 1접주제보다 이른 시기였다면 접내에서 접주 다음으로 많은 연비(聯臂)를 거느린 이가

---

191 『전봉준공초』乙未二月十一日全琫準再招問目. 동학농민혁명 종합지식정보시스템(http://www.e-donghak.or.kr/index.jsp, 2021.5.15).

192 표영삼은 접주계 직위 임첩서식과 육임계 임첩서식이 다르다는 점으로 접사를 접 계통 임직으로 보았다. 접 계통은 북접 대도주 명의로, 육임이나 기타직은 북접법헌 명의로 발행했다는 사실로 접 계통 임첩은 도통의 형식을, 육임은 임명권자가 선정하는 형식이라고 주장한다. 필자는 포덕 공과와 관련된 연원제 임직인 지가 기준에 더 적절하다고 본다. 즉 접주계 임직은 포덕의 성과에 연계되는 연원제 임직이며, 육임계 임직은 포덕의 성과가 필수조건이 아닌 직으로, 접 계열 임직은 육임계 임직을 겸할 수 있지만, 육임계 임직만 있는 이는 포덕 공과가 없으면 접주계 임직에 임명될 수 없다는 의미이다. 표영삼, 앞의 논문(1994), 159~160쪽 참조.

193 "各包事務 一遵當該主司 及別任知委事" 박창동, 앞의 책, 108쪽.

임명되었을 것이다. 만약 접사가 1읍 1접주제의 시행과 동시에 제도화되었다면 접주를 보좌하여 접의 실무적인 사무를 담당하였을 것이기에 읍의 하위 단위인 동, 리 단위에 두고 접주의 명을 수행하도록 했을 가능성이 크다.[194]

해월이 제도화한 두 번째 방안은 편장 제도이다. 통문에 따르면 편장은 '각처를 순행하고 여러 접을 두루 살펴서 지목되는 자를 안전하게 하고 의심스러운 자는 타이르고, 가르침을 따르지 않는 자는 엄히 벌을 주는' 직책이다. 편의장(便義長)이라고도 하였는데, 각 접을 지도하고 조정하며 교도들의 신앙 활동을 지도하는 일을 행한 것으로 보기도 한다.[195]

『해월문집』에 따르면 1892년 8월경 편장을 둔 것으로 되어 있지만, 다른 기록으로 본다면 그 시작은 1891년, 빠르게는 1889년까지 소급되기도 한다.[196] 1889년 7월 육임소를 파한 후 해월이 홀로 여러

---

194 동학혁명 당시 접주 다음의 지위로 공사장(公事長)이 있었고 공사(公事)를 총괄했다는 기록으로 본다면 접사가 공사장과 동일한 지위라고 볼 수도 있다. 김용덕은 접사와 공사장을 동일한 것으로 보았다. 하지만 공사장의 경우 포덕 실적과 관련 없는 이가 맡는 사례가 확인된다. 접 계열 임직이 없어도 임명될 수 있다는 점에서 본다면 접사와 공사장은 다른 직위였다고 판단된다. 접사는 접 계열 임직이라는 점에서 본다면 포 육임처럼 보좌 조직으로만 볼 수 없다. "南氏之部下省察童蒙等 自在見辱之時 甚尊敬之 及至同行 衆皆歡悅 左右護衛 過於南氏 呼余以公事長 蓋公事長者 接主之亞位 總管公事者也 可呵可呵[남씨의 부하인 성찰·동몽들도 욕을 당하고 있는 나를 매우 존경하였다. 심지어는 함께 동행하게 되자, 무리들이 모두 매우 기뻐하였고 남씨보다 나를 더 좌우에서 호위하였다. 그들은 공사장(公事長)으로 나를 불렀다. 대개 공사장은 접주 다음의 지위로 공사를 총괄하는 사람이니, 우습도다 우습도다]."『甲午略歷』敍金三默之關係. 동학농민혁명 종합지식정보시스템(http://www.e-donghak.or.kr/index.jsp, 2021.5.15); 김용덕, 앞의 논문, 245쪽 참조.

195 표영삼, 앞의 책(2005), 166쪽; 박맹수 앞의 논문(1995), 136쪽 참조.

196 문헌 대부분은 1889년 5월경 편의장에 대해 최초로 기록하고 있다. 박맹수는 성봉

지역을 순회하며 각 접을 지도하기에는 체포의 위험과 물리적 한계가 있었으므로 필요한 지역에 자신을 대리할 수 있는 직책을 두었을 가능성이 있었다. 하지만 그 직책이 처음부터 편장이었는지에 대해서는 검토가 필요하다. 왜냐하면 1891년 3월 이전에 편장이 있었다는 기록이 없기 때문이다. 가장 앞선 기록인『해월문집』의 편장과 관련된 시기는 1892년 8월이며, 「본교역사」, 『시천교종역사』, 『천도교회사초고』는 1891년 3~5월이다.[197] 오지영의『동학사』가 1891년 2월경 이미 호남 좌도편의장과 우도편의장이 있었다고 기록하고 있지만, 이는 호남 좌도두령, 우도두령을 의미하는 것이기에 편의장은 1891년 5월경 설치된 것으로 보아야 한다.[198]

편의장이 처음 임명된 연유는 호남 우도두령 윤상오와 좌도두령 남계천 간의 갈등으로 기록되어 있다. 즉 1890~91년 호남지역의 교세가 커지자 해월은 호남 우도두령에 윤상오를 임명했고, 호남 좌도두령에 익산의 남계천을 임명하였다.[199] 윤상오는 원래 공주에 살던 제자였지만, 해월은 부안에 집을 마련하게 하여 그 지역의 동학 조직을 관리하게 하였다.[200] 이후 두 세력 사이에 분쟁이 발생하고 갈등

덕의 주장을 수용하여 1889년부터 시행된 것으로 보았다. 박맹수, 앞의 논문 (1995a), 136쪽; 성봉덕, 「해월신사의 통유 10조」, ≪신인간≫ 통권 497호, 1991년 8월, 49쪽 참조.

197 「본교역사」, 『한국학자료총서9 - 동학농민운동편 - 』, 501쪽; 박창동, 앞의 책, 78~79쪽; 「천도교회사초고」, 『동학사상자료집』 제1권, 아세아문화사, 1978년, 434쪽 참조.

198 오지영, 앞의 책(1940), 69쪽 참조.

199 정확히 알 수는 없지만 「본교역사」에는 1891년 이미 남계천과 윤상오가 호남 좌도 우도 두령이었음이 기록되어 있다. 「본교역사」, 『한국학자료총서9 - 동학농민운동편 - 』, 501쪽.

이 심해지자 해월은 남계천을 좌우도 편의장으로 임명해 전라도 전체를 관장하게 한 것이다.[201] 당시의 갈등 원인은 '문지(門地) 상현(相懸)'으로 『천도교서』에 나타난다. 같은 지역에 두 연원의 인적 계보가 겹쳐져 구축되었다는 의미로 해석할 수 있다.[202] 편의장이 접주나 교인들을 지도하고 접간의 분쟁을 조정하기 위한 직위였다는 것을 알 수 있다.[203]

편장과 관련하여 주목해야 할 점은 해월이 호남 좌도두령 남계천을 호남 전체의 편의장으로 세우자 호남의 많은 교인이 반발했다는 것이다. 지금까지 이는 교단 내의 차별 타파를 위해 해월이 취한 조

---

200 「대선생사적」, 『한국학자료총서9-동학농민운동편-』, 한국정신문화연구원, 1996, 407~408쪽; 표영삼, 앞의 책(2005), 160~161쪽, 164~165쪽, 성강현, 「해월 최시형 평전: 여성이 후천 세상의 주역」, ≪울산저널i≫, 2018년 7월 18일자 (http://www.usjournal.kr/news. 2021.5.21) 참조.

201 「대선생사적」, 『한국학자료총서9-동학농민운동편-』, 408~409쪽; 「본교역사」, 『한국학자료총서9-동학농민운동편-』, 501쪽; 박창동, 앞의 책, 78~79쪽; 「동학도종역사」, 『동학농민전쟁사료총서 29』, 사예연구소, 1996, 297쪽; 「천도교서 (II)」, 『아세아연구』 제5권 2호, 고려대학교 아세아문제연구소, 1962, 302쪽 참조.

202 위의 책, 같은쪽; "당시 동학의 조직은 사람을 중심으로 비밀리에 이루어져 한마을에도 몇 개의 접이 만들어지기도 했다. 호남지역에 접조직이 늘어나자 접과 접 사이에 문제가 발생하기도 했다." 성강현, 「해월 최시형 평전: 여성이 후천 세상의 주역」, ≪울산저널i≫, 2018년 7월 18일자 (http://www.usjournal.kr/news. 2021.5.21) 참조.

203 호남지역 접 간의 갈등을 조정하기 위해 처음에 호남 좌우도 편의장을 따로 두었고 편의장 간에 갈등이 발생하여 좌우도 편의장을 겸하게 하였다는 것이 기존 연구자들의 기본적인 견해로 보인다. 하지만 이 주장은 좌도, 우도 편의장을 따로 두었다는 주장의 근거가 약하다는 점을 간과하고 있다. 오지영의 『동학사』만이 앞선 기록과 달리 두령을 편의장이라고 주장하여 좌도, 우도 편의장의 존재를 말하고 있다. 1920년대까지 동학 교단의 모든 기록은 좌우도 두령이라고 하였을 뿐 편의장이라고 하지 않았다. 1920년대까지 호남 좌우도 두령인 남계천과 윤상오 및 양쪽 교인 간 갈등으로 해월이 호남 편의장으로 남계천을 세웠다는 것이 모든 문헌에서 나타난다. 박맹수, 앞의 논문(1995a), 136쪽; 표영삼, 앞의 책(2005), 166~169쪽; 성강현, 「해월 최시형 평전: 여성이 후천 세상의 주역」, ≪울산저널i≫, 2018년 7월 18일자 (http://www.usjournal.kr/news).

치라는 관점에서 주로 분석되었다. 하지만 호남지역에 윤상오보다 남계천을 연원으로 하는 접이 더욱 많았다는 점을 고려해야 한다. 윤상오는 자신의 포덕에 의해서가 아니라 해월이 신임하는 제자로서 부안으로 파견되어 호남 우도두령이 되었다. 해월은 두 두령 간의 인적 계보가 얽히면서 분쟁이 일어나자 남계천을 호남 전체의 편의장에 임명했는데, 이것은 여러 접주가 그 신분을 문제 삼기 이전이다. 다시 말해, 교단 내의 신분 차별을 타파하려는 목적에서 편의장 임명이 이루어졌다기보다 동일 지역 내에서 여러 인적 계보가 얽혀 접간에 분쟁이 일어나자 그 지역 출신이면서 포덕을 통해 두령이 된 남계천에게 이를 조정할 권한을 주었다고 보아야 한다. 해월은 신분이나 능력이 아닌 휘하 교인의 수를 기준으로 하는 연원제 원리에 기반하여 편장을 임명하여 조직의 토대를 굳건히 하였다고 볼 수 있다. 편장이 각 접을 순행하며 그 역할을 다하기 위해서도 연원제에 따른 임명은 중요하다. 연원제 교단에서 교인 간의 갈등을 해결할 수 있는 종교적 권위는 휘하 교인의 수와 비례 관계에 있기 때문이다. 인적 계보의 실제 문제점에 대한 이해에서도 그 지역에서 포를 구축한 대접주보다 더 뛰어난 이가 없기 때문이기도 하다.

편장은 동학혁명 이후 도 단위로 설치되었고 중앙에는 이를 총괄하는 오도편의장까지 두었다. 교단 내에서 가장 큰 지역 단위인 도(道)를 책임지는 지위가 된 것이다. 각 접을 순행하며 그 역할을 다하기 위해, 남계천의 예를 통해 알 수 있듯이, 도내 가장 규모가 방대한 포에서 맡았을 가능성이 크다. 포 간의 분쟁을 조정하는 역할을 하였으므로 여러 포를 아우르는 지역 단위인 도(道)를 기준으로 선정되었다. 일견 교구제 조직으로 보이지만, 임명 기준이나 역할로 본다면 속인제 조직이 규모가 커질 때 여러 인맥 단위로 설치되는 직위의 대표적인 예이다. 속인제 조직에서는 동일 지역 내 연원 조직 간 분쟁을 피할 수 없다. 따라서 갈등으로 인한 조직의 분열을 방지하는 기능을 지닌 조직은 여러 인적 계보를 포괄하는, 지역 단위로 이루어질 수밖에 없다. 1891년 5월 시험적으로 호남에 설치된 편장은 '신약 10조'를 통해 1892년 8월 교단의 공식 조직으로 공표되지만, 포나 접간의 분쟁을 조정하는 권한이 명확하게 명시되지는 않는다. 1읍 1접주제의 시행을 통해 동일 지역 내의 접 간 갈등을 해결하기 위한 명이 하달되었고, 접에서 편장의 가르침을 수용하지 않을 때 처벌이 가능하게 하였으므로 그 분쟁 조정 역할을 성문화하지 않은 것으로도 볼 수 있다.

해월은 연원제 조직의 기초 단위인 접이 중층적으로 확장되자 교인−접사−접주−수접주(부접주)−대접주(도접주) 체계를 구축하였다. 대접주 휘하의 모든 접을 포로 묶어 대접주가 총괄토록 하였다. 대접주는 수접주와 포 육임의 보좌를 받으며 포소나 도소를 중심으로 포를 지휘 통솔할 수 있도록 하였으며 포나 접간 분쟁이 발생하면 지역별로 도입된 편장이 이를 해결하는 체계를 제도화하였다. 해월에 의해 동학 교단은 접포의 연원제 조직을 기반으로 통일성 있는 전국 조직으로 체계화되었다.[204] 접포의 연원제 조직은 동학혁명과 이후

---

204 해월의 시대 동학이 분열하였고 이것이 동학군 패인의 하나라는 주장은 주로 남북접 간의 갈등이 있었다는 기록을 근거로 한다. 하지만 이에 대해서는 이미 깊은 연구를 통해 사실과 다르다는 점이 밝혀졌다. 문헌을 통해 철저하게 분석하여 이를 입증한 연구자는 대표적으로 박맹수를 들 수 있을 것이다. 박맹수, 앞의 논문(1994); 박맹수, 앞의 논문(2001) 참조.

의 일진회, 천도교 등의 조직 기반이 되었다.

3. 증산 종단의 연원제 수용

1) 보천교의 연원제와 월곡

수운에 의해 세워진 연원제 종교 공동체는 성직자가 따로 없이 교인 대부분이 성직자의 역할을 할 수 있으며, 교인 상호 간을 도통(道統)으로 연결하는 강력한 유대를 지니는 접포의 운명 공동체로 발전하였다. 이 공동체가 이후 동학혁명과 일진회를 통해 한국 사회 저변에 강력한 조직 문화적 영향을 미쳤다는 사실은 부인할 수 없다.

동학이 한국 사회에 강력한 영향을 미치던 19세기 말 20세기 초 자신의 종교활동을 시작한 증산이 동학의 조직문화를 변용한 것은 당연한 일이었다. 특히 증산이 태어나고 자란 지역은 동학혁명이 시작된 전북의 고부였다. 20대의 시기에 그 지역의 동학 교세가 폭발적으로 커졌던 사실을 고려한다면 증산과 동학은 많은 접점을 가질 수밖에 없었다. 혁명에 참여하지는 않았지만, 증산이 농민군의 북진을 따라 움직이며 정세를 살핀 바가 있고 주변인 다수가 동학혁명에 참여하였다는 사실이 명확하게 확인되기 때문이다.[205]

증산에게 연원제는 수용이나 변용의 대상만이 아니었다. 증산의

---

205 대순종교문화연구소, 『증산의 생애와 사상』, 대순진리회출판부, 1979, 43~55쪽 참조. 증산이 동학군을 따른 행위는 종군으로 오인되어 증산 종단을 동학의 분열에서 비롯된 교단으로 분류하는 근거가 되기도 하였다. 오병무, 「동학의 교단 분열과 한국 신흥종교」, 『신종교연구』 제2집, 2000, 117쪽 참조.

사유에서 수운이 대면한 상제는 증산 자신이었다.[206] 증산은 수운이 증산 자신의 뜻을 제대로 밝히지 못하였다고 주장하였고 자신을 따르는 것이 '참동학'이라고 선언하였다.[207] 따라서 수운과 그의 계승자들에 의해 뿌리 내린 연원제는 바로 자신이 상제로서 수운에게 내려 준 도(道)와 주문(呪文)을 토대로 하여 구축된 조직 원리였다. 증산이 '육임(六任)', '두목(頭目)' 등 연원제와 결합하여 동학에서 사용되던 조직 개념들을 활용한 것은 자연스러운 것이었다.[208]

그런데도 증산은 자신을 따르는 종도를 연원 조직으로 편성하지는 않았다. 증산이 제자들에게 주문과 부(符)를 전하고 이를 중심으로 한 수행과 의례를 전수했다는 점에서 본다면 이례적이다. 이러한 주문과 부의 전수는 사사상수의 연원 조직으로 자연스럽게 이어질 수밖에 없기 때문이다.[209] 증산은 천지공사(天地公事)라는 의례를 중

---

206 "天師께서 大法國天啓塔게시다가 西洋에서 失敗한 利瑪竇를 다리시고 天下에 大巡하시다가 金山寺三層殿金彌勒에 臨御하사 三十年을 經한後 崔濟愚의게 濟世大道를 啓示하섯더니 濟愚가 能히 儒家典憲를 超越하야 大道의 眞趣를 闡明치못함으로 드듸어 天命을 거두시고 甲子로부터 八卦에 應하야 八年을 經한後 辛未에 親히 誕降하시니 東經大全과밋 歌詞中에 이른바 「上帝」는 곳 天師를 이름일진저 (此節은 車京石傳述)" 이상호, 『증산천사공사기』, 상생사, 1926, 11쪽.

207 증산 종단의 경전 『증산천사공사기』와 『대순전경』의 내용이 『전경』과 유사할 경우 정확한 의미 전달을 위해서 『전경』을 활용하기도 하였다. "제우가 능히 유교의 전헌을 넘어 대도의 참뜻을 밝히지 못하므로 갑자년(甲子年)에 드디어 천명과 신교(神敎)를 거두고 신미년(辛未年)에 강세하였노라.", "나를 좇는 자는 영원한 복록을 얻어 불로불사하며 영원한 선경의 낙을 누릴 것이니 이것이 참 동학이니라. 궁을가(弓乙歌)에 「조선 강산(朝鮮江山) 명산(名山)이라. 도통군자(道通君子) 다시 난다」라 하였으니 또한 나의 일을 이름이라 동학 신자 간에 대선생(大先生)이 갱생하리라고 전하니 이는 대선생(代先生)이 다시 나리라는 말이니 내가 곧 대선생(代先生)이로다." 대순진리회교무부, 앞의 책(1974), 155쪽, 266쪽.

208 위의 책, 41쪽, 171쪽, 172쪽, 322쪽 참조.

209 한국 민간의 수련 도교 전통에서 주문이나 구결, 부의 사사상전이 연원의 인적 계보를 형성했음은 앞서 밝힌 바 있다. 증산의 종교활동이 수련 도교적 특징을 지니

심으로 한 활동을 주로 하였을 뿐, 공동체를 만들어 자신의 사상을 당대의 세계에 구현하려는 적극적 의도를 지니지 않았던 것도 하나의 원인이다.[210] 또한 증산이 자신의 주문인 태을주를 제자들에게 내려 주고 전교를 명하는 시기가 증산이 서거하기 몇 개월 전인 1909년 2월경이었다는 점도 그 원인이라고 할 수 있다.[211] 증산은 인세에 강세한 상제로서 자신을 인식하였다. 따라서 그는 현실 세계의 구조적 모순을 신계와 인계에 회부하여 해결책을 결정하고, 의례와 법술로 구현되는 조화술로 세계의 미래를 조율하고 직조하고자 하였다.[212] 따라서 포덕이 아니라 공사(公事) 의례를 수행하거나 보좌하는 제사원, 즉 의례의 수행을 주요 임무로 하는 제자들을 필요로 하였다. 증

고 있음은 여러 연구에서 지적되고 있다. 김낙필은 증산이 도교적 신관을 수용하면서 주문이나 부를 활용하는 도교적 수련을 수용하였음을 지적하고 있으며, 박종천은 증산이 다양한 민간 도교의 신격들을 과감하게 포섭하였고 도교적 신앙과 술법 전승을 종교적으로 재전유하였다고 주장한다. 차선근과 박용철은 증산의 종교적 세계의 기초에는 도교의 기문둔갑이 존재하고 있음을 지적하고 그의 행적이 기문둔갑의 주문과 부적 등을 활용한 법술과 연관이 있음을 주장하였다. 증산 자신도 제자들에게 '이곳은 곧 선방(仙房)'이라고 하여 자신의 가르침이 선, 즉 수련 도교에 기반하고 있음을 밝힌 바 있다. 김낙필, 「증산사상과 도교」, 『도교문화연구』 제16집, 2002, 139~149쪽; 박종천, 「한국의 뇌신(雷神) 신앙과 술법의 역사적 양상과 민족종교적 의미」, 『대순사상논총』 제31집, 2018, 75~83쪽; 차선근, 박용철, 「기문둔갑, 그리고 강증산의 종교적 세계」, 『종교연구』 제77집 3호, 2017, 193~223쪽; 이상호, 『대순전경』 초판, 동화교회도장, 1929, 210쪽 참조.

210 증산 종단의 경전들은 증산의 일대기를 주로 천지공사와 도수 조정을 중심으로 기술하고 있다. 최초의 경전으로 평가되는 문헌이 『증산천사공사기』로 명명되고 있다는 것은 이를 잘 보여준다.

211 이상호, 앞의 책(1926), 125~126쪽 참조.

212 천지공사에서 공사는 조선 시대 관공서의 재판이나 공적 사안 결정 체계에서 기원한 용어이다. 증산은 천지인 삼계의 공적 사안을 신명, 귀신, 인간이 함께 참여한 회의를 통해 결정하고 이를 의례와 법술을 통해 세계에 구현되도록 하였다고 선포했으며 이 같은 자신의 법을 무위이화(無爲而化), 즉 무위의 조화라고 설명하였다.

산을 중심으로 한 공동체가 조직화와 체계화가 필요한 규모에 이르지 못한 주요한 원인의 하나는 바로 증산의 종교운동이 지니는 의례 중심적 특성이라 할 수 있다.

증산 사후인 1910년대 초반 증산이 남긴 주문, 즉 태을주를 통한 치병과 신비체험이 확산하면서 증산의 친견 제자의 활동이 시작되었고 이들에 의해 증산에 대한 신격화가 시작되면서 종교 공동체가 형성되었다.[213] 주문을 통한 치병과 신비체험을 통해 증산을 신앙하는 공동체가 산발적으로 형성되자 이 공동체들을 통합하여 관리하려는 움직임이 시작되었다. 일제하 식민지 시대였기에 외재적이며 강제적인 근대화가 진행되던 상황이었지만, 증산의 주문과 이를 중심으로 한 수련이 포교의 주요 수단이 되었기에 전통적인 연원제 조직의 구축은 필연적이었다.[214]

보천교를 세운 월곡(月谷)이 방주(方主)를 중심으로 연원 체계를 조직하였고, 증산 종단 교인들이 연원과 연비 관계를 중시했으며, 여러 증산 종단에서 연원제와 연원 체계를 엄수하는 규정이 있었다는 점 등은 증산 종단 내에서 연원제의 위상을 잘 보여준다.[215] 연원제가 증산 종단들의 일반적인 조직 원리였음은 교단 내부 자료와 구술

---

213 이정립, 앞의 책, 40~51쪽 참조.
214 김철수는 가장 대표적인 증산 종단인 보천교가 비밀포교 조직, 즉 속인제 조직이라고 주장하지만, 비밀포교를 위해 의도적으로 속인제 조직이 되었다는 점은 부정한다. 그는 민족종교들이 포교와 조직구성을 연원제를 바탕으로 하기에 비밀조직이라는 입장이다. 김철수, 「『보천교일반(普天敎一般)』과 『양촌및외인사정일람(洋及外人事情一覽)』의 내용과 자료적 의의」, 『일제강점기 보천교의 민족운동 자료집 Ⅱ』, 도서출판 기역, 2017, 29쪽 참조.
215 이정립, 앞의 책, 59쪽, 112쪽, 165쪽 참조.

을 통해 저술된 홍범초의 『범증산교사』가 각 교단의 연원, 즉 포교 인맥을 최대한 소상하게 밝히면서 연원, 연비, 연원주 등의 용어를 사용하고 있다는 사실에서도 방증 된다.[216]

증산을 신봉하는 공동체를 통합하기 위해 적극적 활동을 시작한 증산의 제자는, 월곡과 수부(首婦) 중 1인이었던 고판례(1880~1935)였다.[217] 월곡은 다른 제자들보다 비교적 늦은 1907년에 증산을 만나 제자가 되었지만, 증산이 그의 집을 포정소(布政所)로 정하여 활동의 중심지로 삼을 정도로 증산에 대한 충성도가 높았던 제자였다.[218] 특히 1907년 말에서 1908년 초, 증산과 제자 20여 명이 의병 혐의로 고부 경무청에 체포되었다가 석방된 사건 이후 많은 제자가 증산을 떠났지만, 월곡은 그의 곁에 남았으며, 증산 서거 이후 장례까지 그 중심적 역할을 하였다.[219] 고판례는 월곡의 이종매로 1907년 월곡의 천거로 수부로 선정되었고, 이후 증산의 여러 공사에서 중요한 역할을 담당함으로써 증산의 부인으로 제자들에게 인식되어 있었다.

증산이 남긴 태을주를 중심으로 한 종교활동이 산발적으로 확산하자, 1911년 4월 월곡은 고판례를 추동하여 증산의 대원사 공부를

---

216 홍범초, 앞의 책, 207쪽, 234쪽, 238~242쪽, 259쪽, 278쪽, 281쪽, 284~287쪽, 510쪽, 567쪽, 726쪽, 861~867쪽 참조.

217 증산에 의해 수부로 정해진 인물은 2명이다. 『대순전경』 3~5판까지는 수부가 1907년 월곡의 이종매인 고판례 단 한 명으로만 기록되어 있다. 6판부터는 1909 년 김형렬의 딸도 수부로 선정되었다는 기록이 추가되었다. 이상호, 『대순전경』 3 판, 대법사편집국, 1947, 107쪽; 이상호, 『대순전경』 6판, 동도교증산교회본부, 1965, 116~117쪽, 191~192쪽, 412~413쪽; 이정립, 앞의 책, 38~39쪽 참조.

218 "十一月 二十八日에 先生이 井邑 大興里 車京石의 집에 이르사 布政所를 定하시고 公事를 行하시니 大略 如何하니라." 이상호, 앞의 책(1929), 181쪽.

219 대순종교문화연구소, 앞의 책(1979), 187~195쪽 참조.

재현하고, 9월에는 증산의 탄강치성을 시행하였다.[220] 이후 고판례
가 증산이 강령한 모습을 나타내자 월곡은 그녀를 증산의 대리자로
선포하여 교단의 구심점으로 삼았는데, 이는 명확한 도통의 승계가
없었던 상황에서 증산의 강화(降話)를 전하는 고판례가 교단의 연원
정점이 될 수 있었기 때문이다.[221] 증산의 후사가 없었던 상황에서
정식 부인이었던 정씨가 이미 증산 서거 전부터 부인으로 인정받지
못하였으므로, 고판례는 증산에 대한 제사권을 지닌 유일한 인물이
었기 때문이기도 하다.[222] 고판례의 권위를 통해 친견 제자들을 모은
월곡은 그녀의 후견인으로서 교단의 제도적 권력을 장악하여 이원
적 지도체제를 구축하였다.[223] 연원제 조직의 관점에서 본다면 동학

---

220 이정립은 『증산교사』에서 1911년 9월 19일의 증산 탄강치성을 고수부가 주도한
것으로 기록하고 있지만, 보천교의 기관지인 보광 편집인으로 활동할 당시에는
월곡에 의해 이루어진 것으로 기록하고 있다. 이정립, 앞의 책, 47~49쪽; 「손의 질
문에 대답함-答客難」, 《보광》 제3호, 1924년 1월 27일, 30쪽 참조.

221 이는 의암이 해월의 강화를 통해 자신의 도통 전수를 증명하려 했던 예와 비교될
수 있다. 1911년 당시 상황은 이정립의 『증산교사』에 기술되어 있지만, 이 문헌이
고판례를 증산의 정통성을 지닌 후계자로 보는 관점에서 서술되었다는 점을 참고
하여 독해할 필요가 있다. 월곡을 정통으로 하는 관점에서 서술된 『보천교연혁사』
는 1909년 1월 3일 증산이 월곡에게 도통을 전수한 것으로 되어 있다. 이정립, 앞
의 책, 44~52쪽; 이영호, 앞의 책(1948a), 1a쪽 참조.

222 증산의 부인 정씨는 증산의 모친과 관계가 좋지 않았다고 알려져 있다. 증산 종단
에는 1904년 증산이 부친의 명에 따라 이혼했다는 주장이 존재한다. 『대순전경』
6판에는 1904년 증산의 부친이 증산에게 부인 정씨와 헤어지라고 요청했다는 기
록이 있다. 고판례는 1911년 9월 19일 증산의 탄생일에 제사를 행했는데, 이정립
은 이를 교단 최초의 증산에 대한 탄강치성으로 보고 있다. 이상호, 앞의 책(1965),
191~192쪽; 이정립, 앞의 책, 38~39쪽, 48쪽 참조.

223 고판례가 월곡의 교단을 이탈하기 전인 1916년, 월곡이 조직체계를 구축하여 교
무를 분장하였다는 점에서 본다면, 당시 종교적 권위는 고판례가 지니고 있었지
만, 제도적 권력은 월곡이 지녔던 2원적 지도체제가 성립되었다고 보아야 한다.
이정립은 교단의 창립이 월곡보다 고판례에 의해 주도되었다는 관점에서 교단사
를 기술하지만, 이는 종파적 관점의 결과로 보아야 한다. 이후 교단의 구심점이 월

의 사례처럼 명확한 도통 계승이 없을 때, 제사권을 지닌 가족과 수제자의 결합에 의한 이원적 지도체제 구축은, 연원 정점을 구축하는 과정에 필연적으로 수반되는 일이었다.

증산은 명시적으로 도통이나 후계 지도체제를 구축하지 않았으므로 친견 제자 대부분이 도통 연원이 될 수 있었다. 이것은 교단의 규모가 커지고 본격적으로 증산의 도통(道統) 승계와 관련된 문제가 대두되면 교단이 나뉠 수 있다는 것을 의미했다. 실제 교단의 규모가 커지고 월곡이 단일한 도통 연원을 구축하려 하자 연원별 분립은 가시화되었다. 가장 오랜 기간 증산을 보좌했던 수제자 김형렬이 1914년 자신의 연비를 월곡이 가로채려 했다는 명분으로 분립하고, 1915년에는 안내성이, 1916년에는 채사윤, 김송환, 이치복(이영로)이 분립하였다. 특히 이치복은 고판례를 끌어들여 함께 분립을 시도하였지만 실패하였다.[224] 이로써 월곡과 합동했던 친견 제자 대부분은 자신의 연원을 이끌고 독립된 교단 활동을 시작하게 되었다.

2) 무극도의 연원제와 정산

증산의 친견 제자가 아니면서 독립된 교단을 형성한 인물은 적지 않다. 그중 1910년대 후반 교단을 설립하고 보천교에 비교될 정도로

곡으로 옮겨지면서 교단이 급속도로 성장한 점에서 본다면 교단 창립과 조직 구축은 월곡에 의해 주도되었을 가능성이 크다. 동학과 일진회의 간부 경력이 있었던 월곡이 조직관리에 탁월한 능력을 발휘하였을 것이라는 추론은 박종렬에 의해서도 제기된 바 있다. 이정립, 앞의 책, 51~52쪽; 이영호, 앞의 책(1948a), 1a~6a쪽; 박종렬, 『차천자의 꿈』, 도서출판 장문산, 2001, 90~92쪽 참조.

224 고판례는 당시 이치복과 함께 분립하려 하였지만 변심하였고 1918년 최종 분립한다. 이정립, 앞의 책, 52~60쪽, 63~69쪽; 이영호, 앞의 책(1948a), 1a쪽 참조.

교세를 형성한 사례는 정산 조철제(趙哲濟, 1895~1958)가 대표적이며 거의 유일하다. 또한 정산은 해월, 의암, 월곡과 달리, 연원 정점과의 직접적인 접점 없이 연원제 조직을 기반으로 한 교단을 설립하였다는 점에서 본 연구 대상 중에서 독특하다. 연원제 조직의 형성, 유지, 확장을 위해서 연원 정점의 구축이 필수적이라는 점에서 본다면 정산의 경우는 다른 이들과 분명한 차이를 보일 수 있다.[225]

교단 내 전승에 따르면 정산이 증산의 계시를 처음 접한 시기는 1909년 4월 만주로 망명을 하던 길이었다. 그 후의 활동을 보면, 정산은 당시의 체험을 도통 계승으로 생각하지 않았다고 볼 수 있다. 교단 전승에서는 이후 정산이 독립운동에 참여하였다고 기록하고 있기 때문이다.[226] 정산의 교단을 계승한 종파는 정산이 만주로 망명한 날인 1909년 4월 28일을 봉천명일(奉天命日)로 기념하는데,[227] 오히려 이 사건과 관련해, 아래의 인용문처럼, 정산보다는 증산과 관련된 1909년의 일화가 증산 종단에 전승되고 있다.

---

225 무극도와 정산의 종교활동에 관한 다수의 문헌이 있지만, 박인규의 연구가 학문적 기반에서 다양한 자료를 검토하고 동시대의 다른 증산 종단, 특히 보천교와 비교한 거의 최초의 것이다. 따라서 무극도의 조직 전개 과정을 기술할 때 논쟁의 소지가 있는 부분에서는 박인규의 연구를 주로 참고하였다. 박인규, 앞의 논문 (2019b), 170~188쪽 참조.

226 대순종교문화연구소, 「전경 다시 읽기: 도주님의 구국운동」, ≪대순회보≫ 제177호, 2016년 1월, 32~41쪽 참조.

227 1909년 4월 28일이 봉천명일로 기념되기 시작한 것은 1969년 대순진리회 창설 이후이다. 1971년 5월 21일(양) 정산님 봉천명 62회 기념치성이 약 280명의 인원이 참석한 가운데 서울 중곡동의 대순진리회 도장에서 치러졌다. 태극도 분열 이전에 4월 28일은 창도일로 기록되어 있다. 『태극도안내서』, 태극도본부교화부, 1966, 14쪽; 『성재일지』, 1971년 5월 21일(대순진리회교무부 제공); 교화부편찬실, 앞의 책, 14쪽 참조.

4월 28일에 김보경 등 몇 명의 성도를 거느리시고 태전(太田)역 근처의 철도 주변에 가시어 동서남북으로 오가시며 혼잣말씀으로 '올 때가 되었는데….' 하고 멀리 바라보시며 누구를 기다리는 표정을 짓고 계시니라. 성도들이 이상히 여겨 여쭈기를 '누구를 그렇게 기다리십니까?' 하니 아무 말씀을 않으시고 바라만 보시더니 마침 이 때 달려오는 기차를 보시고 반기시며 말씀하시기를 '이제 나의 일은 다 이루었도다. 남아 15세면 호패(號牌)를 차나니 무슨 일을 못하리요.' 하시고 한참 동안 서 계시며 공사를 행하시니라.[228]

(4월) 28일에 김보경을 비롯한 몇 종도들을 앞세우고 들판에 나가서 기차가 지나가는 것을 보시고 『남아 15세면 호패를 찬다 하느니, 무슨 일을 못하리오.』라고 하셨다. 어떤 공사를 하시려는 것이었다.[229]

사실 여부와 상관없이 위와 같은 전승의 존재는 증산이 자신의 후계자를 명확하게 지명하지 않았으며, 친견 제자가 아닌 3자에게 도통을 전수하였다는 담론이 증산 서거 후부터 서서히 확산하였다는 것을 시사한다. 3자 도통론의 기반이 된 것은 위의 전승만이 아니었다. 관련된 또 다른 전승 중 가장 대표적인 것은 『선도진경』재판, 『천지개벽경』, 『소설 강증산』 등에 수록된 1903년 경의 서사이다. 증산이 자신을 이을 진인(眞人)이 이미 세상에 태어나 있으며 어린 나이의 소년이라고 밝혔다는 일화이다.[230] 이러한 전승은 "그럼으

228 증산도 도전편찬위원회, 『증산도 도전』, 2쇄, 대원출판사, 1996, 505~506쪽.
229 대순종교문화연구소, 앞의 책(1979), 265쪽.

로 판밧게서 成道하게 되얏노라"고 한 증산의 예언과 조합되면서, 친견 제자가 아닌 3자에게 도통이 전수 되었다는 담론으로 발전하였다.[231]

연원제에 기반한 다른 신종교 전통보다 증산 종단이 강한 분립 양상을 보이는 것은 친견 제자 대부분이 자신이 참여한 증산의 공사와 의례를 도통 전수로 해석했기 때문이다. 하지만, 더욱 주요한 원인은 3자 도통론으로 인하여 증산과 직접적인 접점이 없었던 추종자도 자신이 경험한 종교 현상을 도통 전수로 해석할 수 있었다는 것이다. 태을주 주문 수행을 통한 종교체험을 계기로 친견 제자를 찾아 증산의 가르침을 탐구했던 이들 중 상당수가 독자적인 교단을 형성하고, 증산 종단의 많은 연원주가 분립했던 현상은 3자 도통론 없이 논리적으로 설명하기 어렵다.

정산은 1917년 2월 만주 봉천성 유하현에서 상제 증산으로부터 받은 계시부터 이어진 일련의 종교체험을 득도(得道)와 도통 계승으로 인식하였고, 귀국한 이듬해인 1918년 본격적으로 종교활동을 시작하였다.[232] 정산의 종교활동 역시 3자 도통론에 기반하고 있었지만, 다른 이들과 시작부터 차이를 크게 보였던 점은 태을주를 매개로

---

230 태극도교화부, 앞의 책(1967), 152쪽; 이중성(편),『천지개벽경』, 대도연수원부설 용봉출판, 1992, 114~115쪽; 정현웅,『소설 강증산』, 문학출판공사, 1986, 84쪽 참조.

231 "天師가라사대圖畵臨本은鬼神의길이라 이世上에學校를넓이세워 사람을가침은 將次天下를크게文明하야 써天地의役事를붓처神人의解冤을식히랴함인데 現下의學校敎育이學人으로하여곰 官吏俸祿等卑劣한功利에싸지게하니 그럼으로 판밧게서成道하게되얏노라" 이상호, 앞의 책(1926), 63~64쪽.

232 대순진리회교무부, 앞의 책(1974), 191~192쪽; 교화부편찬실, 앞의 책, 15쪽;『무극대도교개황』, 1~2쪽 참조.

한 종교체험과 수도(受道)를 하지 않았다는 사실이다. 1910년대 증산
을 신앙 대상으로 했던 종교운동이 모두 태을주를 중심으로 이루어
지고 있었던 상황을 고려한다면 이는 이례적이다.

정산은 읽는 순서가 도치된 동학 주문을, 계시를 통해 상제 증산
으로부터 받았다고 선포하였다.[233] 그리고 이를 기도주로 명명하고
교단의 대표적인 주문으로 사용하였다.[234] 이는 무극도 해산 시까지
유지되었는데 다음과 같은 1920년대 중 후반의 신문 기사와 1930년
대 총독부의 현지 조사에서도 확인할 수 있다.

> … 입회금 일원오십전식 바더 …… 입회금 오백여원과 긔부금 이천
> 여원을 정읍 조철제에게 보내고 또 백로지 여섯장을 사다가 그것을 긔
> 백매 만들어 가지고 교도들에게 팔어 그 수입으로 경비를 써 왓스며
> 또 매일 주문을 세 번씩 외이고 세 번씩 소지를 올릴때에 侍天主造化
> 定永世不忘萬事知라는 주문과 그의 횡설수설한 주문칠 종합하야 팔
> 종의 주문쓴 종이를 한번에 여덜장 하루 스물넉장씩 소지를 올리면
> …… [235]

---

233 정산이 수도(受道) 시 받은 주문에 관하여 태극도와 대순진리회의 경전은 차이를
    보인다. 문헌 비교를 통하여 무극도 시기의 기사에서 대순진리회의 경전이 더 정
    확하게 당대의 실상을 반영했음을 고증한 바 있으므로 본 연구에서는 『전경』을 활
    용한다. 대순진리회교무부, 앞의 책(1974), 191쪽 참조.
234 증산은 동학도들의 주문을 시천주 또는 동학주로 지칭하였지만, 기도주라고 한
    적이 없으므로 이는 정산의 명명으로 보아야 한다. 1925년 당시 무극도의 주문은
    태을주가 아니라 "시천주조화정영세불망만사지 지기금지원위개강"으로 나타난
    다. 『무극대도교개황』, 12쪽 참조.
235 「惑世誣民하는 無極大道團」, 《동아일보》, 1925년 7월 6일자.

무극도의 교당을 차자가니 도주 조철제의 삼촌이라는 조용서씨가 친절이 안내해 준다. 보련교에서 보든 그것과는 범위가 자못 적은데 치성소라는 삼층루각에는 별달리 위해 노흔 제단이 업고 그림 몇조각 부처노흔 바람벽 엽헤 소반에 청수한 그릇, 향불 화로 한개가 노혀잇다. 안내하는 이십내외의 초립동신랑이 향불을 부처노코 북향사배를 한 후 주문을 불태워 버린다. 그 주문은 侍天主造化定 永世不忘萬事知 至氣今至願爲大降 이라는 것이다. 이것이 안심(安心) 경천수도(敬天修道)하라는 강증산 선생의 유훈을 이은 한울 공경하는 법이라 하며 그 알에층으로 나려와서 역시 가튼 례배를 돌이는 이는 만물의 덕(德)은 칠성(七星)에 잇다하야 칠성을 숭배하는 것이라 한다.[236]

　　본교에서는 한편으로는 우선 근로생활에 의해 경제생활의 안정을 도모하고 한편으로는 일상 주문을 외며, 여가가 있을 때는 경문을 읽어서 안심양성에 노력하고 연후에 통령(通靈)하는 노력을 쌓아 신명(神明)의 영역에 도달하여 천덕에 합하는 것을 그 수도법으로 한다. 이 목적에 따르는 주문에는 태을주와 기도주가 있다. 태을주는 김경소가 신으로부터 받은 훔치 운운하는 신주(神呪)이고 이 주문도 '만사무기주(萬事無忌呪)', '포덕천하주(布德天下呪)', '소원성취주(所願成就呪)'로서 중요한 것이지만, 보천교가 이 주문을 주로 하는 데 대하여, 본교에서는 이 주(呪) 보다도 오히려 기도주에 중점을 두고 안심의 최적주로써 외우고 있다. 이 기도주라는 것은 최제우가 득도하여 신으로부터 받은

236　최용환, 「伏魔殿을 차저서 無極敎正體-8-」, ≪동아일보≫, 1929년 7월 26일자.

소위 3·7자의 주문으로써 천도교 등에서 사용되고 있는 것이지만, 본교에서는 강일순이 여기에 기도주라는 명칭을 붙여 가장 중요한 주문으로 여긴 정신에 따라 이 기도주를 외는 것이다. 그러나 주문은 동일하더라도 동학계 교단이 이것을 외는 것은 최제우를 목적으로 삼는데 반하여 본교에서는 강일순을 대상으로 하는 점에 그 상이점이 있는 것이다.[237]

근대 한국 신종교에서 전도(傳道)의 대표적 매개체는 주문과 그 수행법이었다. 증산이 친견 제자들에게 알려준 태을주는 전도의 핵심적 매개체였고, 결국 태을주의 전수를 통해 수도(受道)한 이들이 3자 도통론에 근거하여 독자적으로 활동하더라도 연원제에 따라 모두 친견 제자를 연원으로 인정할 수밖에 없었다.

하지만 정산의 경우는 여기에 해당하지 않았다. 수도의 매개가 된 주문이 태을주가 아니라 기도주였기 때문이다. 전해진 주문으로 본다면 친견 제자 누구도 정산의 연원이 될 수 없었다. 증산 종단의 신앙체계에서 볼 때 정산이 받은 주문은 상제 증산이 수운에게 내려 준 주문이었다.[238] 정산은 종교활동을 시작할 때부터 자신의 연원이 증산이라는 것을 주장할 수 있었다.

계시를 통해 기도주를 전수하고 그 수행을 통해 상제와의 대면

---

237 村山智順, 앞의 책, 334쪽.
238 "崔濟愚의게濟世大道를啓示하섯더니 濟愚가能히儒家典憲을超越하야 大道의 眞趣를 闡明치못함으로 드듸어天命을거두시고 甲子로부터八卦에應하야 八年을經한後 辛未에親히誕降하시니 東經大全과밋歌詞中에이른바「上帝」는곳 天師를이름일진저 (此節은車京石傳述)" 이상호, 앞의 책(1926), 11쪽 참조.

을 체험한 정산은 상제가 증산임을 확인한 후에는 스스로 수운과 같은 출발 선상에 자신을 위치시키고 독자적인 종교활동을 시작하였다. 연원 정점으로서의 자기 위상을 확신하고 있었기에 정산은 친견 제자를 통해 증산의 가르침을 접하였어도 그들을 연원으로 한 교단에 참여하지 않고 독립을 유지하였다.[239] 정산이 자신의 위상을 수운과 동일하게 인식하였다는 것은 다음과 같은 전승으로도 확인할 수 있다.

> 도주께서 통사동 재실에서 어느날 「오도자 금불문고불문지도야(吾度者 今不聞不明之度也)라 믿고 닦기가 어려우니라. 그리고 최수운의 동경대전(東經大典)이 오도지사(吾度之事)이로다」고 추종하는 여러 사람들을 앞에 모으고 도를 다시 밝히셨도다.[240]

---

[239] 『무극대도교개황』과 『보천교일반』은 무극도를 김형렬의 태을교 계에서 분파된 것으로 분류하고 있다. 이에 따르면 정산은 1918~19년경 김형렬과의 제휴를 통해 교세를 확장하였지만 독립하였고, 1921년경 이치복의 합동 제안은 거부하였다. 하지만 1918년 시작된 정산의 활동을 주로 증산 유족과의 관계를 중심으로 기록하고 있다. 비교적 정확하다고 평가되는 교단 내의 문헌인 『전경』에 따르면 정산은 1918년 가을 안면도를 떠나 증산의 활동지였던 원평을 최초로 방문하였고, 10월경에 대원사에서 3개월간 머물렀으며, 1919년 1월에 이치복을 통해 증산의 가족을 방문하였다. 이에 따르면 김형렬과 제휴하여 종교활동을 할 수 있는 기간은 없었다. 1919년 2월에는 김제 원평 황새마을(전북 정읍시 감곡면 계룡리)에 집을 구하여 가족들을 이사 거주하게 하였으며 이곳을 포덕 활동의 중심지로 삼으면서 독자적인 교단 활동에 돌입했는데, 이는 『증산교사』를 통해서도 입증된다. 『증산교사』의 저자인 이정립은 정산이 이치복을 통해 증산의 행적을 접했고 1918년 김형렬의 교단에 가입하였다고 기술하고 있지만, 정산이 이미 1919년 여름 독자적인 교단 활동을 계획하였다고 기록하고 있다. 정산이 이치복이나 김형렬을 연원으로 인정하고 종교활동을 한 것을 확인할 수 있는 당대 증산 종단의 기록은 없다. 『무극대도교개황』, 1~5쪽; 에미코(역), 「번역문『보천교일반』」, 『일제강점기 보천교의 민족운동 자료집 Ⅱ』, 185~186쪽; 대순진리회교무부, 앞의 책(1974), 192~193쪽; 이정립, 앞의 책, 70쪽 참조.

수운은 「동학론」(「논학문」)을 통해서 자신의 도를 "금불문 고불문지사(今不聞 古不聞之事) 금불비 고불비지법(今不比 古不比之法也)"라고 설명하였다.[241] 위의 교설은 1919년 정산이 증산의 조화궤를 얻은 후 자신의 도에 관해 설명한 것으로 수운의 글을 변용한 것이다. 정산의 설법은 수운이 『동경대전』에서 논한 도와 법은 상제 증산이 자신에게 계시한 것과 동일하며, 따라서 자신이 수운과 같은 교조의 위상에 있다는 선언이었다.

정산은 1918년 가을 증산이 서거한 동곡 약방을 방문한 후, 10월에는 천지공사의 종교활동을 시작한 곳으로 알려진 대원사에 3개월 가량 머물렀다. 증산의 생애 전반을 거슬러 추적하는 이러한 행보는 자신의 도통 계승을 확인하고 연원 정점으로 자신을 인식하는 과정이었다.[242] 안면도에서 김제 원평 황새마을(전북 정읍시 감곡면 계룡리)로

---

240 대순진리회교무부, 앞의 책(1974), 195쪽. 전경의 이 구절은 1976년의 2판에서 다음과 같이 변경된다. "도주께서 통사동(通士洞) 재실에서 어느날 「오도자 금불문 고불문 지도야(吾道者今不聞古不聞之道也)라 믿고 닦기가 어려우니라」 하시고 다시 추종하는 여러 사람들을 앞에 모으고 무극대운(无極大運)의 해원 상생대도(解寃相生大道)의 진리를 설법하시여 도(道)를 밝혀주셨도다." 대순진리회교무부, 『전경』, 2판, 대순진리회, 1976년, 195쪽.

241 "우리 도는 지금도 듣지 못하고 옛적에도 듣지 못하던 일이요 지금도 비교하지 못하고 옛적에도 비교하지 못하는 법이라." 천도교중앙총부, 앞의 책, 38쪽.

242 원불교 2대 종법사인 정산 송규(宋奎, 1900~1961)도 증산의 도통을 얻기 위해 고판례를 모시려고 노력하다 실패하고, 증산의 누이인 강율과 3개월에 걸친 수행을 고향인 성주에서 시행하였다. 이후 1917년 11월경 대원사에 3개월 이상 머물렀는데 이는 당시 대원사 공부가 증산에서 기원한 종교적 권위를 확보하는 주요한 매개였음을 보여준다. 정산(조철제)은 대원사에 머물면서 "개벽후 후천(後天) 五만년의 도수를 나는 펴고 너는 득도하니 그 아니 좋을시구"라 선언하여 자신이 증산의 도를 세상에 펴는 포덕의 주장자임을 명확히 하여 연원 정점으로서의 위상을 확고히 한다. 이러한 관점은 대순진리회 교단 내에서도 주장되고 있다. 송인걸, 「교사이야기 10. 정산종사, 전라도를 가다」, ≪원불교신문≫, 2015년 3월 20일자(https://www.wonnews.co.kr. 2021.6.30); 송인걸, 「교사이야기 11. 정산종사, 대원사에 머물다」, ≪원불교신

이주한 1919년 초부터 1921년 9월까지 정산이 자신의 도통 계승을 확인하는 일은 계속되었다.[243] 1919년 1월 정산은 증산의 가족을 만나 증산의 유언과 유품을 확인하였고, 이후 유족인 모친, 누이, 딸 등의 생계를 책임지면서 정씨 부인을 찾아 돌보면서 후견인의 지위를 얻었다.[244] 이어, 1919년 9월에 후견인의 지위를 통해 보천교에서 보관하고 있었던 증산의 유품 중 하나인 조화궤를 회수하고, 1921년 9월 증산 모친의 동의하에 초빈(草殯)된 증산의 유골을 찾아 증산의 생일에 기념 치성을 행하였다.[245]

문≫, 2015년 3월 27일자(https://www.wonnews.co.kr. 2021.6.30); 송인걸, 「교사이야기 12. 정산종사, 화해리에 가다」, ≪원불교신문≫, 2015년 4월 3일자(https://www.wonnews.co.kr. 2021.6.30); 대순진리회교무부, 앞의 책(1974), 192~193쪽; 대순종교문화연구소, 「전경 다시 읽기: 후천(後天) 五만년의 도수를 나는 펴고 너는 득도하니」, ≪대순회보≫ 제188호, 2016년 12월, 32~39쪽 참조.

[243] 『전경』에는 1918년 말 정산이 안면도의 거소를 황새마을로 이전할 것을 명했다고 되어 있고, 일제가 작성한 『보천교일반(普天敎一般)』에는 1919년 2월에 이사한 것으로 되어 있다. 황새마을이 1925년 4월 무극도를 창도하기 전까지 포덕 활동의 중심지로 삼았던 본부(本部)가 있었던 곳임은 일제강점기 대구지방법원 안동지청의 판결문 자료를 통해 확인할 수 있다. 이 자료에 따르면 1923년 이곳이 무극도의 본부로 나타난다. 대순진리회교무부, 앞의 책(1974), 193쪽; 에미코 번역, 「번역문 『보천교일반』」, 『일제강점기 보천교의 민족운동 자료집 Ⅱ』, 186쪽; 「判決文」, 大邱地方法院 安東支廳, CJA0001575, 1927년 6월 21일, 1021쪽; 종단역사연구팀, 「전경 지명 답사기: 황새마을을 찾아서」, ≪대순회보≫ 제191호, 2017년 3월, 22~29쪽 참조.

[244] 교단 내 전승에 따르면 정산에게 남겨진 유언과 유품은 증산의 누이였던 선돌부인(강율)이 보관하고 있었으며 1919년 1월 15일 정산에게 전해졌다. 당시 정산은 이치복의 안내로 정읍 마동에 살고 있던 증산의 모친, 누이, 딸을 찾았던 것으로 전해진다. 증산의 딸인 강순임(강이순)은 정산이 자신의 모친, 즉 증산의 부인이었던 정씨를 찾아 함께 살 수 있도록 해 준 것으로 기록하고 있다. 정씨 부인과 강순임은 부인이 사망하는 1928년까지 정산의 지원 아래 태인의 무극도 본부 주변에 살았음을 확인할 수 있다. 1927년도의 판결문에서도 정산이 증산의 유족을 맡아서 돌보았다고 기록되어 있다. 대순진리회교무부, 앞의 책(1974), 192~193쪽; 『화은당실기』, 대한증산선불교회본부, 1960, 8~10쪽; 「判決文」, 大邱地方法院 安東支廳, CJA0001575, 1927년 6월 21일, 1017쪽 참조.

정산이 1918~21년 동안 보인 행적을 해월이 연원 정점을 계승해 나가는 과정과 비교해 본다면, 동일한 부분도 있지만 차이도 존재한다. 정산의 행적은 해월이 수운의 후계자로 자리 잡아가는 과정에서 유족과의 연대를 통해 제사권 등을 확보한 것과 유사하지만, 유품과 유골을 통해 종교적 권위를 확보하는 면에서 볼 때 차이가 있다. 이러한 차이는 수운과 증산의 개인적 특수성에 기인하는 측면도 있지만, 구축된 신앙체계 내에서 수운과 증산의 위상이 명확하게 다르다는 점에서 주로 발생한다.

해월의 종교적 세계에서 수운은 신앙 대상이 아닌 스승이며 연원 정점이었지만, 정산의 종교적 세계에서 증산은 스승이라기보다 신앙의 대상이었다. 해월은 수제자의 입장에서 수운이 구축한 신앙체계를 토대로 그의 가르침을 체계화하고 이를 재해석하여 교법을 정비함으로써 연원 정점을 승계하였다. 정산은 수운과 같은 교조의 입장에서 상제 증산의 계시, 유물, 유골을 통해 신성성을 확보하여 스스로 연원 정점이 되어야 했다.[246] 따라서 성물인 조화궤와 성골 등을 매개로 한 정산의 의례는 연원 정점의 신성성을 확보하여 연원제 조직의 중핵으로 자신의 위상을 자리매김하고, 교조로서 독자적 신앙체계를 구축하기 시작하는 과정으로 해석할 수 있다.[247]

---

245 대순진리회교무부, 앞의 책(1974), 192~193쪽; 『무극대도교개황』, 3쪽 참조.
246 월곡의 경우는 수운과 정산의 경계에 있었다. 증산은 월곡에게 스승이면서 신앙의 대상이 되었다. 월곡이 동곡 약방의 기물을 보천교의 본부와 성전에 보관하였으며 증산의 유골에 대한 권리를 주장한 것은 정산의 행보와 유사하다. 에미코 번역, 「번역문『보천교일반』」, 『일제강점기 보천교의 민족운동 자료집 II』, 266~267쪽; 이정립, 앞의 책, 97~98쪽 참조.
247 성물과 성골에 대한 신앙이 근대 신종교 가운데 증산 종단에서 강하게 나타나는

정산의 도통 승계를 통한 연원 정점 구축과 함께 교단의 교세는 급속도로 커졌다. 1921년 3월경의 자체적인 집계에 따르면 교도가 수만에 이르렀다고 할 정도였다.[248] 1921년 제화교를 설립한 친견 제자 이치복이 정산에게 합동을 제안하고, 1923년 초 친견 제자 문공신(문남용)이 정산의 교단 성장 원인을 증산의 성골 때문이라고 판단하여 이를 탈취하려 하였다는 사실은 정산의 교단이 증산 종단 중에서 보천교 다음가는 교세를 확보했기 때문이었다.[249]

것은 증산 종단의 대표적 교단인 보천교와 무극도가 증산을 최고신의 화신으로 신앙했기 때문이었다. 특히 무극도의 경우 성육신의 신앙이 강했다. 이는 무극도의 신앙체계를 계승한 대순진리회의 사유체계, 즉 대순사상에 성육신의 개념과 유사한 '성신(聖身)' 개념이 중요한 위상을 차지하고 있다는 사실로 입증된다. 여기에 대해서는 다음의 장병길의 글을 참고하라. "대순은 상제께서 성신(聖身)을 감추시고 순회하신 것과 그 성신을 나타내시고 순회하신 것과 그 나타내신 성신을 거두시고 본디에 복귀에로 화천하신 세 가지 대순으로 되어 있다." 장병길, 「대순신앙의 구조」, 대순종교문화연구소, 『대순사상의 현대적 이해』, 대순진리회출판부, 1983, 60쪽.

248 『무극대도교개황』, 3쪽 참조.
249 위의 책, 4~5쪽 참조.

제4장

연원제의 변용과 전개

1. 천도교와 연원제의 변화

1) 의암의 연원제 변용

해월이 체계화한 동학의 연원제 조직은 조선 전역을 인적 계보의 그물망으로 연결하였다. 따라서 그물망 일부에서 발생한 동학혁명이라는 충격파는, 연원 정점인 해월에 의해 촉발된 것은 아니었지만, 그물망 전체를 흔들었다. 최종적으로 그 파장은 인적 그물망을 부분적으로 손상했지만, 연원제를 변동시킬 정도로 강력하진 않았다. 혁명과 전쟁이라는 특수한 상황에서 이루어진 변화였기에 그 여파가 잦아들자 대부분 본래의 모습으로 돌아간 것이다. 동학혁명 과정에서의 연원제 조직의 역할 및 변화는 본 연구에서 다루지 않는다. 여기에 대해서 이미 적지 않은 직간접적 연구가 이루어졌기 때문이다. 그러나 그 파장으로 인한 영향만큼은 의암에 의한 연원제 조직 정비를 다루기 전에 언급할 필요가 있다.

첫째, 교조신원운동과 이후의 동학혁명은 교단 조직을 상시적인 동원 체제로 만들면서 그 속인제적 성격을 약화시켰다. 상비군이나 관료라는 전문 직업 집단이 아닌 농민 등을 조직하여 실력 행사에 동원하고 효율적으로 지휘하기 위해서는 속인제 조직인 포와 접에 속지제적 요소를 도입하여 국가 행정 단위처럼 편제할 필요성이 있었다. 특히 집강소 등 지역 단위의 행정 조직을 설치 운영하기 위해서는 연원제의 속인제 체계로는 무리가 따를 수밖에 없었다. 따라서 연원제 조직을 행정 단위에 합치되도록 조정해야 했다. 혁명 이전에 시작된 1읍 1접주제를 통해 촉발된 연원과 교구 일치화 작업은 혁명의 와중에서 더욱 가속화되었을 가능성이 크다. 또한 혁명에 따른 동리 단위의 집단 입도 등도 이러한 변화의 촉매로 작용하였다.[1] 혁명에 따른 상시 동원 체제와 부분적 행정 통치 권한의 획득은[2] 동학 교단에 속인제와 속지제, 즉 연원제와 교구제를 어떻게 조화하고 절충해야 하는지를 숙제로 남겼다.

둘째, 교조신원운동과 혁명에 따라 동학 교단 조직인 포접(抱接)이 신앙조직으로서뿐만 아니라 사회정치조직으로까지 그 기능이 확대되면서 조직의 이원성이 강화되었다.[3] 물론 전근대 세계에서 엄격한 정교분리가 불가능하기에 종교운동이 정치와 분리될 수 없지만, 신앙에 기반하여 전국적인 사회 정치 운동을 펼친 교단은 조선 시기 동학이 거의 최초였다. 교조 신원이라는 신앙 활동에서 출발한 종교 공인 운동은 척왜양과 전면적인 사회 개혁이라는 적극적 사회정치 운동과 결합하였다. 자연스럽게 동학 조직은 본래의 신앙조직과 행정 및 대외 조직으로 이원화되었다. 이 이원화는 1900년을 전후한 시기에 가속화된 조선의 외재적 근대화와 맞물리며 연원제에 또 다른 변화를 촉구하고 있었다.

---

1 집단적인 입도 상황에 대해서는 김용덕이 밝힌 바 있다. 또한 당시의 문헌에서도 찾아볼 수 있다. 김용덕, 앞의 논문, 239~241쪽; "본 읍의 동학 접주인 이석보가 가속시(佳束市)에 들렀는데, 민도사 경효(敬孝)가 나가서 몸소 맞이하여 윗자리에 예우하였다. 그 집안의 사람들과 마을의 상민들이 모두 그 무리에 들어갔다. 아! 고립되어 이웃이 없고 우리 도가 궁박하구나." 「남유수록(南遊隨錄)」, 『동학농민혁명국역총서 4』, 동학농민혁명참여자심의위원회, 2008, 236쪽.
2 행정 통치 권한의 획득은 집강소 설치로 대표될 수 있는데, 이에 대해서는 다음의 글을 참조하라. 노용필, 『『동학사』와 집강소 연구』, 국학자료원, 2001, 159~210쪽; 최효식, 「1894년 집강소의 설치와 그 운영」, 『동학연구』 13집, 2003 참조.
3 이에 관한 대표적 연구는 이희근의 다음 논문을 참조하라. 이희근, 「1894년 동학 교단의 포접제」, 『사학지』 제30집, 단국사학회, 1997 참조.

(1) 의암의 도통 계승과 조직 재건

1900년을 전후로 한 시기, 갑작스럽게 조선 사회에 전개된 근대적 종교환경은 동학혁명보다 더 깊이 동학의 연원제 조직에 큰 충격을 안겨주었다. 최종성은 이 충격파를 크게 세 가지로 요약하였다. 첫째는 종교 자유이고, 둘째는 정교분리, 셋째는 종교 간 경쟁이다.[4] 1896년 해월이 구암 김연국(金演局, 1857~1944), 송암 손천민(孫天民, ?~1900), 의암 손병희 3인에게 교권을 넘긴 후 이 도전에 대한 응전은 온전히 해월의 후계자 세 사람 몫이었다.[5] 하지만 세 후계자 중 송암이 1900년 체포되어 스승을 따라 순도의 길을 걸었고, 구암이 1901년 체포되어 1904년에야 석방되었으므로 그 응전은 의암에 의해 주도될 수밖에 없었다.[6] 따라서 의암의 도통 계승이 공식화되지 않으면 교단 조직의 통합과 정비는 쉽지 않은 일이었다.[7]

---

4 최종성, 앞의 책, 169쪽 참조.
5 1896년 1월경 해월이 3인을 후계자로 지명하였다는 것을 짐작할 수 있는 기사는 천도교 측의『천도교서』,『천도교회사초고』,『이종훈약력(李鍾勳略歷)』등과 시천교 측의『시천교종역사』등에 있다. 일부 차이가 나는 부분은 김연국이 구암이라는 도호를 받은 시기인데 시천교 측은 1893년 11월이지만 천도교 측은 1896년 1월경으로 주장한다. 이는 도통 전수와 관련된 첨예한 견해차에서 비롯된 것이다. 「천도교서(Ⅱ)」,『아세아연구』제5권 2호, 고려대학교 아세아문제연구소, 1962, 311쪽; 「천도교회사초고」,『동학사상자료집』제1권, 아세아문화사, 1978년, 475쪽; 「이종훈약력(李鍾勳略歷)」,『동학농민혁명신국역총서 1』, 동학농민혁명기념재단, 2015, 143쪽; 박창동, 앞의 책, 125쪽 참조.
6 최기영, 「한말 동학의 천도교로의 개편에 관한 검토」,『한국학보』, 20권 3호, 일지사, 1994, 93~94쪽 참조.
7 당시 도통 전수가 공식적, 공개적인 것이 아니었음을 천도교, 시천교 양측 기록을 통해서 알 수 있다. "神師ㅣ在時에道統淵源으로써不肯한余의게付하사曰此ㅣ私意난이라卽天命의定한바라하시며神師ㅣ諸君의게謂曰三人이비록幹事할지라 道主張이不無할지니義菴으로써北接大道主를삼노라하시잇나니神師의此言을 君我뿐안이오諸人이同席에서聽한지라君은반듯이歧貳할바無하나그러나其外 諸道儒는想必周知치못하엿으리 [신사가 살아계실 때 도통연원(道統淵源)으로

교세 팽창으로 인한 접조직의 원심력 증가가 분열로 귀결될 조짐은 이미 1896년 2월 해월의 명으로 구암, 송암, 의암 3인이 보낸 통문을 통해서도 확인할 수 있다. 흔히 '도통연원'과 '포덕연비'를 혼동하지 말라는 통문으로 알려졌지만, 이러한 내용은 『시천교종역사』이후의 문헌에서 나타나기 시작한다. 1900년 필사된 관몰 문서의 원문에는 없는 내용으로 맥락에서 차이가 크다.[8] 따라서 해당 통문인 입의근통(立義謹通)을 다시 자세하게 살펴볼 필요가 있다.

써 불초(不肖)한 나에게 주시며 말씀하시기를, '이는 사사로운 뜻이 아니라 바로 천명(天命)에 따라 정한 것이다'라고 하시며 신사가 여러분에게 이르기를, '3인이 비록 일을 주간할지라도 주장(主張)이 없을 수 없으니 의암(義菴)으로써 북접대도주를 삼노라'라고 하셨다. 신사의 이 말을 그대와 나뿐만 아니라 모든 사람이 같은 자리에서 들었으니 그대는 반드시 이견이 없겠지만, 그 외의 여러 도유(道儒)는 반드시 두루 알고 있지 못하리라 생각되니]" 「천도교서(Ⅲ)」, 『아세아연구』 제6권 1호, 고려대학교 아세아문제연구소, 1963, 446~447쪽; "義庵이與松庵春庵으로 釀出祕計ㅎ야云曰丁酉十一月分에往于先生宅ㅎ니先生主病中分付曰前三年은 如此如此後三年은如此如此라ㅎ시드라고ㅎ고又汝之三人이一心ㅎ되主張은汝가爲之ㅎ라드라고吾가主張ㅎ다ㅎ고又松庵은丁酉八月分의永爲黜出이어늘 如此無禮之祕計을釀出ㅎ니天何不懼乎아는故心氣不平ㅎ야累累退帖ㅎ되義庵 與諸兄이累累勸勉故로不得已受之義庵이與松庵春庵으로釀出祕計ㅎ야云曰丁酉十一月分에往于先生宅ㅎ니先生主病中分付曰前三年은如此如此後三年은如此如此라ㅎ시드라고ㅎ고又汝之三人이一心ㅎ되主張은汝가爲之ㅎ라ㅎ고吾가主張ㅎ다ㅎ고又松庵은丁酉八月分의永爲黜出이어늘如此無禮之祕計을釀出ㅎ니天何不懼乎아는故心氣不平ㅎ야累累退帖ㅎ되義庵與諸兄이累累勸勉故로不得已受之 [의암이 송암 및 춘암과 함께 비밀 계략을 만들어 내어 말하기를, "정유년(丁酉年) 11월경에 선생님 댁에 갔더니 선생님이 병중에서 분부하시기를, '앞의 3년은 이렇게 이렇게 하고 뒤의 3년은 이렇게 이렇게 하라. 또한 너희 세 사람이 한마음으로 하되 주장은 네가 하라'고 하셨다"라고 하며 자신이 주장을 하겠다고 하고, 또한 송암은 정유년(丁酉年) 8월경에 해월 선생님께서 영원히 쫓아내셨는데, 이렇게 무례한 비밀계획을 만들어 내니 하늘이 어찌 두렵지 않는가? 이 때문에 심기가 불편하여 여러 차례 체지를 물렸으나 의암과 여러 형(兄)들이 여러 번 권면했기 때문에 어쩔 수 없이 받았다.] 『金洛喆歷史』庚子六月初一日. 동학농민혁명 종합지식정보시스템(http://www.e-donghak.or.kr/index.jsp, 2021.5.15.).

8 관몰 문서의 통문은 발송 일시가 없다. 이로 인해 주목받지 못하였지만, 내용을 비교해보면 원문임을 알 수 있다.

입의근통(立義謹通) [입의 한 것을 삼가 통문함]

오도(吾道) 근본 창시의 단서가 하나가 아니지만, 그 급선무 여러 건을 우선 초(抄)하니 하나로 돌아가고 참으로 돌아갈 노정과 성실히 준행할 바로 삼으면 천만다행이겠도다.

一. 아버지와 스승과 임금을 똑같이 섬기어야 함은 천추에 바뀌지 않는 대경대법이다. … 그러므로 개벽(開闢)의 운과 무극(無極)의 도는 스승 존경하기를 하늘과 같이하고 하늘 존경하기를 스승과 같이하여 하늘의 덕과 스승의 은혜를 똑같이 존경한 연후에, 비로소 천리(天理)의 근본을 알아 마침내 '너를 만나 공을 이루게 되었다는 명교(命敎)를 저버리지 않게 될 것이다. 이 한 가지 도리를 밝게 살펴 환하게 의심할 것이 없게 되면, 도의 연원이 자연히 그 가운데 있을 것이요, 도를 이루고 덕을 세우는 것을 이 밖에서 구할 수는 없을 것이다. 그런데 근래 도인들의 행동이 그렇지 아니하여 한번 두목(頭目)으로 선정되어 하늘의 이치로서 포덕하면 이것은 내 연원이라 하고, 약간의 재물로써 위에 올리면 이는 자기 수단(手段)이라 하여 덕색(德色)이 있다고 여긴다. 이러한 일이 날로 점점 늘어나 난도난법이 이르지 않는 곳이 없다. 이를 참는 것이 가한가? 이를 어찌 차마 볼 수가 있겠는가? 지금부터 여러 두목은 공정한 마음에 이르러 이를 몸에 체화하고, 나의 가고 머물고 앉고 눕고 말하고 멈추고 움직이고 정(靜)하는 것이 모두 천덕(天德)이며 사은(師恩) 아님이 없다고 말함으로써 천의 녹(祿)으로 하늘을 공양하고 스승을 받들며, 수명과 복록[福]을 하늘과 우리 스승에게 돌리라. 자긍, 자존의 마음을 일체 엄금하여 사제(師弟) 간의 대의를 밝혀야 할 것이다.

一. 포덕으로부터 포덕하고 연원으로부터 연원하는 것이니 통론(統論)하여 말한다면 방금 천하의 수십만 제자가 모두 우리 해월 선생의 제자이니, 이외의 포덕 두목은 누구를 막론하고 우리 스승의 교훈을 이어받아 천지의 도를 밝히고 음양의 이치를 통달하여 함께 감화의 열에 참여하는 것이 가하다. 그런데 지금 그렇지 아니하여 선생의 도법에 몽매하면서 감히 연원이라 칭하고 있으니 어찌 안타깝지 않으리오. 도법을 모르는 두목은 통리(通理)는 고사하고 그 아래에 딸린 도인들이 장차 이치를 보지 못하고 미치지 못함을 면치 못할 것이다. 이 같은 통문으로 단단히 타일러 이후에 마침내 통일된 바에 돌아오면 가하나 만약 전처럼 따르지 않는다면 다른 사람으로 다시 두목을 선정하여, 과화존신(過化尊神)[9] 아래로 옮기도록 단호한 조처를 하지 않을 수 없는 것이다. 화육(化育)에 들지 않으면 단지 포덕만 할 따름이니 어찌 도통 연원으로 칭하고 말할 수 있을 것인가? 연원을 엄숙하게 교정할 것이니 이것으로써 자세히 알아야 할 것이다. … [10]

---

9 맹자에서 유래한 말로 과화(過化)란 성인은 덕이 성대하여 지나가는 곳의 사람들이 모두 그에 감화된다는 뜻이고, 존신(存神)이란 성인이 마음에 보존하고 있는 것은 신묘하여 헤아릴 수 없다는 뜻이다.

10 "立義謹通 吾道根本之叛始 不一其端 而爲先抄其最急是務者數件 以爲歸一歸眞 路程 其實遵行之地 千萬幸甚 一、生三事一 千秋不易之大經大法也 … 故曰開闢 之運 無極之道 所以尊師如天 敬天如師 天德師恩 尊敬如一然後 始可知 天理之根 本 終不負遇汝成功之命敎矣 此一段道理 明而祭之 怳若無疑則道道淵源自在 其中 道成德立不外乎此 挽近道人行事不然 一差頭目以天理布德則 此吾之淵源 以略干財物供上則 此吾手段之如有德色 其漸日長 亂道亂法無所不至 是可忍也 就不可忍也 從今以後 各其頭目 以至正公心 體之於身日吾之行住坐臥 語黙動靜 莫非耐天德師恩也 以天之祿 供天奉師 壽命福祿、歸之於斯天 吾師自矜自尊之心 一切痛禁 以明師弟間大義事 一、布德自布德 淵源自淵源 統而言之 方今天下數 億十萬弟子 吾海月先生之都是弟子也 其他布德頭目 無論誰某 承吾師之敎訓 明 天地之道 達陰陽之理 共參薰陶之列 可也 今也不然 全昧先生道法 敢稱淵源 寧不

위의 통문은 1896년 당시 두목들의 독립된 활동이 극심해지고 해월의 권위조차 무시되는 일이 비일비재한 정황을 잘 보여준다. 해월의 명을 받은 구암, 송암, 의암은 해월의 도법에 따르지 않은 채 이루어진 포덕이 도통연원, 즉 정통성이 있는 연원이 될 수 없으며, 해월의 가르침에 따르지 않는다면 해월이 정하는 두목으로 바꾸어 연원을 엄정하게 바로 잡을 것이라는 특별 조치를 포고하였다. 주목할 것은 기존 연구에서 자주 인용된 '도통연원(淵源)'과 '포덕연비(聯臂)'의 구분 문제가 나타나지 않는다는 점이다. 다시 말해, 대접주 등의 두목이 해월의 가르침과 명에 따르지 않으면 정통성이 없는 연원으로 간주하여 그 지위를 박탈하고 휘하 교인들의 연원을 옮기도록 한다는 것이지, 두목을 연원이라고 칭하지 못하도록 한 것이 아니다. 이는 연원제 원리를 유지하면서 해월이 지닌 임면권으로 대접주들이 지닌 원심성을 견제하는 조치였다.

이진구는 1896년 도통연원과 포덕연비가 구분되었다는 문헌 자료에 근거하여 포접제를 연비제 원리로 규정하고 있다.[11] 이영호 역시 동일한 문헌에 근거하여 1896년 해월에 의해 연원-연비가 천주-피천주로 변경되었다고 주장한다.[12] 그러나 1900년까지 공식 문

憫然 不知道法頭目通理 姑舍 其下所付之道人 將未免不見不及之歎 如是通飭之後 終歸一統則可也 若一向不遵 更定頭目 移其過化尊神之下 斷不可已也 不入化育者 只布德而已 安能以道統淵源 稱之道之 淵源嚴肅較正 以此知悉事 …" 이현종, 앞의 논문(1971a), 32~33쪽; 『東學書』卷二 水雲齋文集 通章 立議謹通, 18b~20a.(https://kyudb.snu.ac.kr. 2021.5.15).

11 이진구는 도통연원과 포덕연비가 구분된 천주-피천주 관계의 연원제를 연비제로 표현하였고 천주, 연비의 개념이 제거되고 자유의사에 따라 연원을 선택하는 제도를 연원제로 정의하였다. 류병덕 또한 연원제와 연비제를 이진구와 같이 구분하였다. 이진구, 앞의 논문, 76~77쪽; 류병덕 앞의 책, 384쪽 참조.

헌에서 '연원이 아니라 천주(薦主)'라고 하거나, 도통연원과 포덕연비(聯臂)를 구분하거나, 수도자(受道者)를 연비라고 한 예는 없다. 천주(薦主)는 1906년 2월의 천도교 종령 제3호에 처음 사용되었고, 연비(聯臂)를 처음으로 공식 사용한 문헌은 1906년 2월 공표된『천도교대헌』이다.[13] 1900년까지 동학 조직에서는 인도(引導) 관계에 기반한 천주(薦主)-피천인(被薦人)의 원리보다 전도(傳道)로 형성되는 사제(師弟) 원리인 사사상전의 연원제를 고수했다고 보아야 한다.

따라서 1896년을 전후로 동학 교단 내에서 도통연원과 포덕연비를 명확히 구분하면서 천주(薦主) 개념을 도입하였다는 주장은 1910년 이후에 편찬된 교단사를 고증 없이 사용하여 발생한 착오이다. 이것은 1896년 12월의 '경심법' 통문으로도 확인할 수 있다. "연원이 자재(自在)하니 차례차례로 연원을 상종하여 미급지탄에 이르지 말도록 하여야 할 것"과 "우리 스승의 도와 법을 만약 털끝만큼이라도 어긴다면 난도난법을 면할 수 없다."라는 통문 내용은 해월에서 전 교인으로 연원 계보를 통해 정법이 전달되면 계보 내의 모든 이에게 연원이 자재(自在)한다는 의미로 연원제 원리를 담고 있다.[14]

1900년 1월 의암이 서북지역에서 독자노선을 천명한 도접주(都接主) 김유영과 관련하여 관서포에 보낸 경통에서 "용담수류사해원은 포

---

12 이영호, 앞의 책(2020), 221쪽 참조.

13 『시천교종역사』는 연비를 연비(緣比)로 쓴다. 「천도교대헌(1906)」,『韓末天道教資料集』, 2권, 국학자료원, 2005, 13~14쪽, 30쪽, 37~38쪽, 41쪽, 50~53쪽; 이동초(편), 앞의 책, 14~15쪽; 박창동, 앞의 책, 128~129쪽 참조.

14 "…淵源自在 次次淵源相從 無至未及之歎事…吾師道法外 若違毫末 未免亂道亂法 毋至毫差干違事"『東學書』卷二 水雲齋文集 通章 敬心法, 58a~58b. (https://kyudb.snu.ac.kr. 2021.5.15).

덕천하의 리(理)요, 사사상수(師師相授) 자재연원(自在淵源)의 명교(命敎)
는 오백 명 도통의 리(理)니 어찌 명념치 아니하리요."라고 한 사실
역시 연원제가 조직 원리로 강고하였음을 잘 보여준다.[15] 대접주의
분립 문제가 대두된 상황에서도 연원제를 기반으로 한 인적 계보의
정립을 통해 문제를 해결하려 했기 때문이다.

혁명의 실패와 탄압으로 교단 조직의 원심력이 더욱 커진 상황에
서 1896년 해월과 교단 지도자들은 이를 접주 임면권으로 제어하려
했지만, 1898년 해월이 체포되어 처형되자 이 조치는 타격을 받았
다. 다음 기록은 당시의 교단 내 상황을 잘 보여준다.

> 그 뒤에 소식을 차차 알아보니, 해월 선생님이 돌아가신 뒤에 쓸모
> 가 없다고 생각하여 반신반의(半信半疑)해서 도(道)를 저버리는 자가 태
> 반(太半)이었다.[16]

> 강건회가 구암 어른을 마주하여 연죽(烟竹)을 함께하며 말하기를,
> "이 운(運)은 선생님이 떠나가셔서 도(道)에 주장(主張)이 없다. 누구를
> 주장이라 하겠는가? 아무아무도 주장을 하면 주장이 될 수가 있다"라
> 고 하고, 스스로 명암(明菴)이라고 하니, 구암 어른께서 "그렇다"라고

---

15 의암은 청강으로 연원 계보를 설명하고 청강에 탁류가 섞일 수 있지만, 청강의
  덕을 이기지 못한다고 설명한다. 김유영 문제의 해결에 관해서는 이영호의 연구
  를 참조하여야 한다. 『東學書』 卷十 東學敬通文 敬通于西關胞中, 7b~8a.
  (https://kyudb.snu.ac.kr. 2021.5.15); 이영호, 앞의 책(2020), 199, 221~222쪽.
16 "其後의次次探之則海月先生主仙化ㅎ셔신니無用이라ㅎ고或半信半疑ㅎ야反道
  者太半이라"『金洛喆歷史』戊戌七月十三日. 동학농민혁명 종합지식정보시스템
  (http://www.e-donghak.or.kr/index.jsp, 2021.5.15.).

하셨다. 그러니 그 불경(不敬)스러움은 눈으로 차마 볼 수가 없었다.[17]

　　앞서서 해월의 예에서 살펴보았듯이 연원제 조직의 경우 도통 승계를 통해 연원 정점을 확보하는 것이 교단 존립의 중요한 조건이다. 하지만 1898년 해월의 서거 이후 교단 내의 교인 대다수가 인정하는 연원 정점은 존재하지 않았다. 해월에 의해 성립된 3인 지도체제가 1900년까지 작동했지만, 그 권위는 종교적이라기보다 제도적이었다. 1900년 7월 북접 법대도주(北接法大道主) 의암, 신도주(信道主) 구암, 성도주(誠道主) 송암, 경도주(敬道主) 춘암의 명의로 발포한 다음 경통을 통해서도 이를 알 수 있다.

경통(敬通)

　　'용담수류사해원(龍潭水流四海源)'은, 천이 일생수로 근원임을 뜻하고, '검악인재일편심(劍岳人在一片心)'은 끝이 없는 화생(化生)과 화육(化育)의 대덕(大德)을 의미하고, '하몽훈도전발지은(荷蒙薰陶傳鉢之恩)'은 이것이 인성의 벼리[綱]임을 의미한다. … 용담수류사해원, 수운 대선생은 천황씨(天皇氏)로 고명(高明)의 근원이다. 검악인재일편심, 해월 선생은 지황씨(地皇氏)로 박후(博厚)의 은덕(恩德)이다. 하몽훈도전발지은, 개벽(開闢) 이후 차차로 전수하여 성심(聖心) 5백 명이 도통하는 연원이다. 이 어찌 도통(道統)이 아니면서 설법이 맥을 이을 수 있겠는가. 이른

17　"姜健會對龜菴丈同烟竹日此運先生이 去ᄒ셧시니 道無主張이라 誰何有主乎아ᄒ고 謀某도爲主則爲主라고 自稱明庵云云ᄒ니 龜庵丈게셔 唯唯라 然이ᄂ 其所不敬은 目不忍見이라"『金洛喆歷史』戊戌八月十二日. 동학농민혁명 종합지식정보시스템(http://www.e-donghak.or.kr/index.jsp, 2021.5.15.).

바 가르침을 받들어 다시 두 선생님에게로 들어가는 것이다. 차례로 사람을 고르는데, 우선은 5백 명 중에 좋은 인재 5십 명을 먼저 고른다는 뜻이다. 천지가 쪼개진 후에, 다시 포태(胞胎)의 수(數)를 정하여, 특별히 인황씨의 도를 펴니 강령(綱領)의 법이다. 삼가 무리 중에서 잘 뽑기를 바라나이다. 여러 군자는 성실을 다하고 공경을 다 하고, 보호하기를 어린아이같이 하고, 대자대비(大慈大悲)하고, 수련하여 도를 이루고, 하나로 그것을 꿰뚫어, 함께 대운(大運)에 참가하기를 천만번 바라나이다.

북접법대도주 의암, 신도주 구암, 선도주 송암, 경도주 춘암

一. 그전에는 다만 천주에게 입도하였고, 두 선생에게 입도하지 않았으니, 사문의 도통의 뜻이 과연 어디에 있겠는가. 사람은 하늘이고, 사람의 도는 큰 선생님의 도이니, 또한 어디에 있는가. 이처럼 바로 잡지 않고 만들어 간다면 5백 대(代)가 지난 다음에 5백 인이 나와서 용담(龍潭)과 검악(劍岳) 두 분 선생의 훈도 아래에서 상중하의 5백 명이 나오지 못한다는 지금의 명교가 헛된 것이 되니 이것이 옳겠는가. 선각(先覺)이 깨달은 뒤에 천리(天理)가 저절로 그러함을 알게 된다. 만약 이와 같지 않다면 멍하니 벼리가 없는 벼리로 참[眞]으로 돌아가고 하나[一]로 돌아가는 길이 없게 된다. 이로써 각각 모두 법에 따라 삼가 따르고 빨리 대도(大道)를 통할 일이다.

一. 이번 설법은 비록 방금 두목(頭目)이 되었거나 혹은 상재(上材)에 참여하지 못한 사람을 위해서이다. 비록 아래에 있어 우선은 맡은 일이 없는 사람은 장차 뽑혀서 입도하게 될 것이다. 어찌 유독 두목만이겠는가. 이로써 헤아리고 두목을 믿지 말며, 자신을 높이지 말며, 각각

모름지기 마음을 지키고 기(氣)를 바르게 하여, 선생이 전수한 심법(心法)을 게을리하지 말 일이다. 하나. 비록 각 도(道)에 편의장이 있으나 각 도의 대접주(大接主)는 이 설법으로부터 두 선생의 법석(法席)에서 골고루 입도하기를 이로써 알릴 일이다.

一. 비록 선각(先覺)과 후각(后覺)의 분별이 있고, 또한 상중하로 인재를 품평하였지만, 모두 용담의 연원에 있고, 검악의 도통 아래에 있으므로 5백 명은 동열(同列)과 동품(同品)으로 형제처럼 행동하여야 한다는 것이 설법의 뜻이니 이로써 분명히 알려줄 일이다.

一. 이번 설법의 입규(立規)는 해월 선생님의 유훈과 가르침을 받들어 이어서 행하는 것으로, 참으로 사사로운 뜻이 아니다. 삼가 바라건대 여러 군자는 이로써 각각 경명(敬命)과 순리(順理)를 다 알아서 큰 선생님의 대도(大道)와 대의(大義)를 밝힐 일이다.[18]

18 『천도교회사초고』에는 의암이 발포한 것으로 되어 있지만 『동학도종역사』에는 손천민이 1900년 7월 발포한 것으로 되어 있다. 관몰 문서는 북접법대도주 의암, 신도주 구암, 성도주 송암, 경도주 춘암, 4인의 명의로 되어 있다. 본 연구에서는 가장 이른 시기에 필사된 관몰 문서를 원본으로 비정하고 활용한다. "敬通 龍潭水流四海源 天一生水之根源 劍岳人在一片心 无極化生化育之大德 荷蒙薰陶惟在傳鉢 此人性之綱也…龍潭水流四海源 水雲大先生主天皇氏 高明之根源 劍岳人在一片心 海月先生主地皇氏博厚之恩德 荷蒙薰陶傳鉢之恩 開闢以后次次傳授 聖心五百名道通之淵源也 此豈非道統設法之連脈乎 所以奉承命敎更入於兩位先生前 次第擇人爲先五百名中上材五十名先出之意也 天地剖判后更定胞胎之數特設人皇氏人道綱領之法也 伏願出類拔萃之 僉君子 盡誠盡敬 保若赤子大慈大悲 修煉成道一以貫之 共參大運之地千萬幸甚 北接法大道主 義菴 信道主 龜菴 誠道主 松菴 敬道主 春菴 一、其前則只爲入道于天主前不爲入道於兩位先生前 師門道統之義果安在人是天人 道是大先生主之道亦在安乎 如是不矯而做去則過去五百代然后 似出五百人當場 龍潭 劍岳兩先生薰陶之下 上中下五百名沒出之命敎 歸於虛地可乎 先覺覺后知天理之自然而若不如是則恔若無綱之網 歸眞歸一無路 以此各悉依法恪遵速通大道事 一、今此設法雖方今頭目或有未參上材者雖在下姑無任之人將有拔薦入道者矣 奚獨頭目乎 以此諒悉勿恃頭目 勿使自尊 各須守心正氣無參 先生傳授心法事 一、雖各道便義長 各道大接主 自此設法兩位先生法席

이 경통에서 수운은 천황(天皇)으로, 해월은 지황(地皇)으로 규정되지만, 인황(人皇)은 500명, 또는 50명의 도통하는 연원이다. 500명, 또는 50명이 비록 선각(先覺)과 후각(后覺), 상중하의 분별이 있지만, 모두 용담(龍潭)의 연원에 있고, 검악(劍岳)의 도통 아래에 있으므로 같이 행동하여야 한다는 것이 해월의 설법이었다. 네 명의 도주를 인황(人皇)으로 규정하지 않았고 다른 대접주들과의 종교적 위상을 구분하지 않고 있기에 공식적으로 도통 전수, 즉 연원 정점 계승을 표방하지 않았다고 볼 수 있다. 모든 교인을 수운과 해월의 법석(法席) 앞에서 다시 입도하도록 대접주에게 명령한 것은 수운과 해월의 권위를 기반으로 교단의 단합을 꾀한 것이다.

도통 계승을 통한 연원 정점의 승계가 쉽지 않았다는 사실은 의암, 송암, 구암 3인 명의로 발송된 경통이 1896년 3월부터 1899년 10월까지 나타난다는 점으로도 방증된다.[19] 1896년부터 1900년 송암의 순도(殉道) 전까지는 3인 집단 지도체제가 해월의 대도주로서의 제도적 권위를 대신하는 시기로 볼 수 있으며, 의암의 도통 전수와 연원 정점 승계가 인정되거나 수용되기 어려웠다.[20]

濟濟入道矣 以此知悉事 一、雖有先后覺分別 亦有上中下材之品都在於龍潭淵源 劍岳道統之下五百名 同列同品 兄弟之行設法之意也 以此諒燭事一、今此設法立規奉承承海月先生主遺訓命教而奉行者也　實非私意也伏願僉君子以此各悉敬命順理以彰大先生大道大義事"『東學書』卷十 東學敬通文 敬通, 10b~13a. (https://kyudb.snu.ac.kr. 2021.5.15).

19 『東學書』卷二 水雲齋文集 通章.(https://kyudb.snu.ac.kr. 2021.5.15);『東學書』卷十 東學敬通文.(https://kyudb.snu.ac.kr. 2021.5.15) 참조.

20 물론 1898년 해월이 서거하기 전까지 남긴 것으로 주장되는 통문과 여러 조치가 있지만, 조직상의 중요 변동은 발견되지 않는다. 또한 대부분이 정치적 종파적 입장에서 쓰여 당대의 맥락을 파악하기에는 어려움이 있다. 박맹수는『시천교종역사』등의 문헌이 분파적이어서 객관적이지 않으며 2차 사료임을 지적하였고, 이

물론 송암은 이미 1900년 1월 수접주-대접주-편의장-도주(송암, 구암)-도주장(道主長, 의암)의 연원 체계를 통문으로 공식화하면서 자신이 북접의 성도주(誠道主)임을 밝혀 의암이 교주임을 수용하였다.[21] 그러나 의암의 도통 전수가 1897년 12월에 있었다고 명시하는 천도교 측 기록에서조차 당시 교단 내 의암의 도통 전수가 모든 연원에 수용되지 못했다는 사실을 보여주는 기사들이 나타난다. 1900년 5월 의암의 설법식에 구암이 불참하였고, 이에 의암이 7월 설법식에서 각지의 대두목을 모이게 하여 강서(降書)로써 해월의 뜻을 다시 확인하여 종통 연원을 정하자는 제안을 했다는 기사가 대표적이다.[22] 이에 대해『시천교종역사』에는 당시 의암이 스스로 대도주가 되고 설법식을 하였기에 구암은 해월의 유명(遺命)이 아니라는 명분으로 참여하지 않았다는 기록이 있고,『김낙철역사(金洛喆歷史)』에는 의암이 해월의 유명에 따라 4명의 도주를 정하자고 하여 법도주가 의암, 신도주가 구암, 성도주가 송암, 경도주가 춘암(박인호, 1855~1940)이 되었다는 기록이 있다.[23]

보다 앞선 1차 사료를 활용하면 정반대의 결론에 도달할 수 있음을 실증적으로 밝힌 바 있다. 박맹수, 앞의 논문(2001) 참조.

21 『東學書』卷十 東學敬通文 敬通平安道中一敬通淸北首接主李貞漸各該邑接主, 8b~10a. (https://kyudb.snu.ac.kr. 2021.5.15).

22 「천도교서(Ⅲ)」,『아세아연구』제6권 1호, 고려대학교 아세아문제연구소, 1963, 447쪽; 「천도교회사초고」,『동학사상자료집』제1권, 아세아문화사, 1978년, 494~495쪽 참조.

23 "歲庚子三月 義庵孫秉熙 於砥平之大旺垈 行設法式 自任爲大道主 金演局謂非先師之遺命不應 [경자년(1900) 3월에 의암 손병희는 지평(砥平)의 대왕대(大旺垈)에서 설법식(設法式)을 행하고 스스로 임명하여 대도주(大道主)가 되었는데, 김연국은 선사(先師)의 유명(遺命)이 아니라고 하며 응하지 않았다.]" 박창동, 앞의 책, 137~138쪽; "海月先生日後時의誠敬信法四道主가有ㅎ다ㅎ엿스니

이러한 첨예한 견해차는 연원제 조직의 도통 계승에서 분열의 문제가 피하기 어려운 과정이라는 사실을 시사한다. 대접주, 즉 거대 인적 계보를 구축한 연원주가 경쟁적일 경우 도통 계승을 통한 후계 승계가 쉽지 않으며, 설혹 후계 구도가 선명할 때도 연원별 분립이 나타나는 연원제 조직의 특징이 확인된다.[24]

그렇지만 의암은 1898년 해월 서거 직후부터 천황(수운)―지황(해월)―인황(의암)으로 동학의 도통을 설명하는 교리를 가다듬고 있었

今日은四道主五偏義長을定ᄒ자ᄒ고余은法道主로ᄒ자ᄒ고松庵日我은　海月先生이誠字로ᄒ라ᄒ엿다ᄒ고又松庵은敬字로홀가ᄒᄃ義庵日否라龜庵은信字로ᄒ고朴寅浩은敬字로ᄒ고號은春庵ᄒ니龜庵丈은默默而無言ᄒ시다良久의義庵이日五偏義長을定ᄒ되非任一道라統八域偏義長인니一名을言ᄒ라ᄒᄃ龜庵丈이日金洛喆로爲之ᄒ라ᄒᄃ義庵이五名을已爲書之라가出ᄒ면셔意思ᄂ同이라ᄒ고出帖而各授ᄒ다 ["해월선생이 '나중에 성경신법(誠敬信法)의 4도주(四道主)가 있다'고 하셨는데, 오늘 사도주와 5편의장(五偏義長, 偏은 便의 오식)을 정하자."하고 "나는 법도주(法道主)로 하자"고 하였다. 송암은 말하기를, "나에게 해월선생이 성자(誠字)로 하라고 했다."라고 하였다. 또 송암이 "경자(敬字)로 할까?"하니, 의암이 말하기를, "아니다. 구암은 신자(信字)로 하고, 박인호는 경자(敬字)로 하고 호(號)는 춘암(春庵)이다."라고 하니, 구암 어른은 묵묵히 말이 없으셨다. 한참 뒤에 의암이 말하기를, "5편의장(五便義長)을 정하되 일개 도를 맡기는 것이 아니라 8역(八域)을 통괄하는 편의장이니 이름 하나를 말하라."라고 하였다. 구암 어른이 말씀하시기를, "김낙철로 하자"고 하였다. 그랬더니 의암이 5명의 이름을 이미 써놓았다가 내어주면서 생각이 같다고 하며 체지를 내어주어 각각 받았다.]"『金洛喆歷史』庚子六月初一日. 동학농민혁명 종합지식정보시스템(http://www.e-donghak.or.kr/index.jsp, 2021.5.15.).

24 해월은 자신의 도통 승계가 명확하지 않았던 문제를 인식하고, 대접주 중 자신의 가르침에 뛰어난 3명의 연원주인 구암, 송암, 의암에게 도통을 전수함으로써 집단지도체제를 구축하여 이러한 문제를 극복하고자 했다. 하지만 결국 교단은 시천교와 천도교로 분열된다. 해월이 1896년 3인에게 도통을 전수했음을 추측할 수 있는 기사는 많지만, 다음의『천도교서』기록이 대표적이다. "十二月十一日에聖師ㅣ師命(事見二編)을承하사孫天民金演局으로더부러三人의名을一圖章에刻하야大宗布行의文字에捺하시다. [12월 11일에 성사가 스승의 명(2편에 보인다)을 받들어 손천민, 김연국과 함께 3인의 이름을 도장 하나에 조각하여 '대종포행(大宗布行)'의 문자에 찍으셨다.]"「천도교서(Ⅲ)」,『아세아연구』제6권 1호, 고려대학교 아세아문제연구소, 1963, 444쪽.

고, 1899년에 천주의 명으로 육식, 술, 연초를 금하는 통문을 발포하고, 박인호에게 춘암이라는 암(菴)자 호를 주고, '각세진경'이라는 글을 지어 경으로 이름하였으며, 1900년에 자신을 따르는 춘암 등의 대접주에게 수운과 해월에게 다시 입도하도록 하는 의례를 거행하게 하면서 자신이 지은 주문을 외우게 하였다.[25] 또한 송암과 함께 강서(降書)를 받기도 하였으며 일반 교인에게까지 북접 대도주 명의의 명첩을 발행하였고 모든 교인이 수운과 해월에게 다시 입도식을 시행하라는 통문을 발포하고, 구암을 설득하여 4도주와 5편의장을 주도적으로 구성하였다.[26] 또한 도를 단위로 임명되었던 편의장의 관할 지역을 확대하여 대접주를 통솔하는 지위로 격상하고 편의장 이만식(이용구)을 동생 손병흠과 함께 순접주에 임명하여 접주-수접주-대접주-편의장(편의사)·순접주-성·경·신도주-법대도주의 지휘 체계를 구축한다.[27] 이상의 조치들은 의암이 자신의 위상을 집단 지도체제의 최상위에 두었고 자신을 연원 정점으로 인식하였다는 것을 잘 보여준다.

대접주를 비롯한 모든 교인이 수운과 해월에게 입도식을 다시 하

---

25 천도교의 『각세진경』은 선서(善書)의 하나인 각세진경(覺世眞經)과는 이름만 동일하며 내용은 전혀 다르다. 「천도교회사초고」, 『동학사상자료집』 제1권, 아세아문화사, 1978년, 487~488쪽, 493쪽 참조.

26 『동학도종역사』에는 1900년 4월 법대도주 의암에 의해 차정된 오편의장 5인과 8도 대도주 58명이 기재되어 있다. 「천도교회사초고」, 『동학사상자료집』 제1권, 아세아문화사, 1978년, 494~497쪽; 「동학도종역사」, 『동학농민전쟁사료총서 29』, 사예연구소, 1996, 377~378쪽 참조.

27 『東學書』卷十 東學敬通文, 8b~10a, 21b. (https://kyudb.snu.ac.kr. 2021.5.15.); 이영호, 앞의 책(2020), 199~201쪽; 『金洛喆歷史』庚子六月初一日. 동학농민혁명 종합지식정보시스템(http://www.e-donghak.or.kr/index.jsp, 2021.5.15.).

도록 하고 북접대도주 명의의 명첩을 발행한 조치는 결과적으로 의암을 연원으로 하지 않았던 대접주들을 모두 북접 법대도주인 의암을 연원으로 하도록 만들었다. 의암이 만든 입도문은 북접 법대도주가 무극의 대도대덕을 입도자에 전수(傳授)함을 명확히 하였고, 명첩(名帖)도 북접 법대도주가 수운을 상징하는 용담연원과 해월을 의미하는 검악포덕의 명을 받들어 대도를 전수(傳授)함을 명확히 했기 때문이다.[28] 새로운 입도식은 결과적으로 의암이 연원 정점을 승계하여 모든 인적 계보의 근원임을 명확히 하고 이를 통해 단일 지도체제의 권위구조를 확립하는 의례가 되었다.

이 같은 상황에서 송암이 순도하고 구암이 체포되자 의암은 도주 중에서 주장이었던 '법대도주'에서 연원 정점인 '북접대도주'의 지위 승계를 공식화하면서 본격적으로 동학 교단을 총괄하고 혁명의 실패와 탄압으로 타격받았던 교단 조직을 재건하였다. 남쪽보다 손실이 적었던 북쪽의 동학 조직이 1901~2년에 급성장하자 의암은 일본과 중국으로 피신을 다니면서 조직을 재건하였으며, 1903년 2월에는 일본에서 국내 교단 조직을 정비하였다.[29] 급격한 교세 팽창에 대응하면서 망명지에서도 교단을 총괄할 수 있도록 연원제 조직을 더욱 고도화한 것이다.

그 특징은 기존의 연원제 조직 중 대접주의 상위에 1만 명을 관할

---

28 「천도교회사초고」, 『동학사상자료집』 제1권, 아세아문화사, 1978년, 493~497쪽 참조.
29 평안도를 중심으로 한 동학 조직의 재건과 신장에 관해서는, 조규태, 「구한말 평안도지방의 동학─교세의 신장과 성격에 대한 검토를 중심으로─」, 『동아연구』 제21집, 1990, 49~93쪽 참조.

하는 의창대령(義昌大領), 5만 명을 관할하는 해명대령(海明大領), 10만
명을 관할하는 수청대령(水淸大領)을 둔 것이다.[30] 대령(大領)의 지위에
교단의 연원 정점인 수운-해월-의암의 앞 글자를 활용하여 자신

---

30 『동학도종역사』의 해당 경통으로 그 조직 개편의 맥락을 확인할 수 있으며 새롭게
설치된 수청, 해명, 의창 대령의 임명 기준을 알 수 있다. "敬通 … 大抵觀其政而得
其位하고治其法而得其號하나니書曰萬夫之長이여可以觀德者此之謂也이라夫
吾道授受之業은寔出於龍潭淵源之洋洋이니豈有一毫歇休之端乎哉아夫吾各處
大頭領은多年勤苦困之餘에只以接主로稱之而已이니到今事緒가益進에不可不
次序而定制故로肇錫四字之號하오니豈非至公重大者乎아 … 萬夫之長니可以階
次로五萬長之位하고五萬長之而可以階次로十萬長之位난試其德而褒揚其位也
라夫如是則人之所歸의德之所在無疑可觀이니此無乃公平正直之大政乎아所以
로各其大頭領號字之帖라圖署符節之式을臚列于左하오여 布德四十四年 二月十
二日 北接法大道主 … 附則解義 夫水字之稱은特明其運하니實是 大先生主精力
幹涉也 次海字稱之은其運數之明하니 海月先生主精力幹涉也 到若義字之稱은本
人이雖其不敏이오나多年于薰陶之下하야荷蒙傳鉢之恩故로忘其僭竊하고敢諭
相孚之緣하오니望須 僉君은勿嫌自尊之妄齒하고窮究於大事就緒之地如何如
何… [경통 … 대저 그 정치를 보고 그 자리를 얻고, 그 법을 다스리고 그 칭호를 얻
는다. 『서경』에 이르기를 '만부(萬夫)의 우두머리에게서 정사를 관찰할 수 있다'
라고 하였으니, 이것을 이르는 것이다. 무릇 우리 도를 주고받는 일은 참으로 용담
연원 넓은 곳에서 나오니, 어찌 하나의 터럭이라도 멈추고 쉴 수 있는 단서가 있겠
는가. 무릇 우리 각처 대두령은 여러 해 동안 애를 써도 다만 접주로 부를 뿐이다.
지금 일의 단서가 더욱 나아가매 차례대로 제도를 정하지 않을 수 없으므로 처음
으로 네 글자로 된 호를 내려 주니, 어찌 지극히 공정하고 중대하지 않겠는가. … 만
부의 우두머리가 오만 부의 지위 다음의 자리가 될 수 있고, 오만 부의 우두머리가
십만 부의 지위 다음의 자리가 될 수 있음은 그 덕을 시험하고 그 지위를 포양하는
것이다. 무릇 이와 같다면 사람이 돌아가야 할 곳은 덕이 있는 곳이라는 것을 의심
하지 않고 볼 수 있을 것이니, 이것이 공평하고 정직한 대정(大政)이 아니겠는가.
그런 까닭으로 각각 대두령의 호자(號字)의 첩(帖)을 주고, 도서(圖署)와 부절(符
節)의 식을 아래에 나열한다. … 포덕 44년(1903) 2월 12일 북접법대도주 … 아래
에 붙인 것은 뜻풀이다. 무릇 수(水)자의 칭호는 특별히 그 운(運)을 밝힘이니, 참
으로 대선생 정력의 간섭(幹涉)이다. 다음 해(海)자라고 칭한 것은 그 운수(運數)
를 밝힘이니 해월 선생 정력의 간섭이다. 마지막에 의(義)자로 칭한 것은 본인이
비록 민첩하지 못하나 다년간 훈도를 받으며 의발을 전수한 은혜를 입었기 때문에
참람함을 잊고 감히 서로 믿는[相孚] 인연을 알리고자 하니 여러 군자는 망령되게
스스로를 높인다고 혐의하지 말고 큰일의 단서가 있는 곳을 궁구하는 것은 어떠하
고 어떠한가.]" 「동학도종역사」, 『동학농민전쟁사료총서 29』, 사예연구소, 1996,
384~388쪽.

의 도통 계승을 명확히 하였다.[31] 의암은 대접주를 대령과 대접주로 구분하고 대령 간의 위계 서열도 나누어 거대 연원주의 권위와 권력을 확보해 주었는데, 조직을 더욱 중층화하여 연원주 사이의 위계를 철저히 하면서도 자신에게 반발할 수 있는 거대 연원에 일부 권력을 이양하여 분립을 방지한 것이라고 할 수 있다.

의암은 또한 대접주가 1천 명, 수접주가 5백 명, 접주가 105명 이상의 휘하 교인을 두도록 규정하여 포덕 공과에 비례하는 종교적 권위와 제도적 권력의 확보를 세밀히 제도화하였다.[32] 『동학도종역사』에 따르면 당시 수청대령은 이만식(이용구) 1인, 해명대령은 7명, 의창대령은 37명, 대접주 36명, 수접주 106명이었다.[33] 연원제 조직은 많게는 최대 9단계의 인적 계보로 연결되었다. 교인－접사－접주－수접주－대접주－의창대령－해명대령－수청대령－북접대도주라는 체계인데, 만약 1900년에 설치된 법(法)·성(誠)·경(敬)·신(信) 도주의 4도주 체계까지 서열화된다면 인적 계보는 총 10단계로 중층된다. 교인에서 도주까지 6단계였던 1902년 이전의 체계가 최대 10단계로 심화하면서 실제 신앙 활동과 관련된 영역을 대도주가 직접

31 의암은 의창대령에 자신의 도호인 의암의 의자를 활용한 것에 대하여 비난의 소지가 있을까 염려하였다. 교단 조직 내부에 의암의 도통 계승을 수용하지 않는 대접주들이 존재했다는 사실을 추측할 수 있다. "到若義字之稱은本人이雖其不敏이오나多年于薰陶之下하야荷蒙傳鉢之恩故로忘其僭竊하고敢諭相孚之緣하오니望須 僉君子은勿嫌自尊之妄齒하고窮究於大事就緖之地如何如何"「동학도종역사」,『동학농민전쟁사료총서 29』, 사예연구소, 1996, 388쪽.

32 접주 기준이 105명인 것은 동학 염주의 수 105와 연관이 있다고 추측되지만, 교단의 문헌에 그 근거가 제시된 바는 없다. 천도교중앙총부교서편찬위원회,『천도교약사』, 천도교중앙총부출판사, 2006, 122쪽 참조.

33 『천도교약사』는 당시 수접주를 200명이었다고 분석하고 있다. 위의 책, 같은 쪽 참조.

관할할 필요가 없어져 의암이 국외에서도 교단을 총괄할 수 있는 형태임을 짐작할 수 있다. 하지만 이 체계의 단점은 대령에게 많은 권한이 위임됨으로써 교단의 분열이 더욱 쉽게 발생할 수 있다는 것이었다.[34]

의암은 1903년 2월 대령 설치로 교단 상충부, 즉 대접주 이상 간부의 권위구조를 조정하고 수접주 이상 간부들의 임명을 완료하면서 연원 정점의 권위로 교단을 장악하였다. 3월에는 신도의 수가 10만에 이르렀으므로 그 규모에 따라 새로운 체계를 세우기 위해 장정(章呈)을 제정하였다.[35] 장정의 가장 큰 특징은 교구제 도입으로 속인제와 속지제를 절충하려 했다는 점이다. 이것은 "당해 접주는 다른 이름

---

34 실제로 이 문제는 현실화한다. 의암과 수청대령 이용구가 민회와 사회운동을 두고 갈등하면서 연원 간의 이합집산이 1907년 현실화하는 것이다.

35 "法令刑戮과禮樂敎化은人道之綱領也라吾道創始四十餘載에已布八域하야數至幾十萬名이오니規模를不可不立故로爲先依規定制하야次次定式으로以明萬法하며以顯萬古之籍矣니此五萬年初創之呈規이라豈非重大乎아爲先立此規模하야以後若有違法이면愛莫助之也니伏願僉君子은無如前日之事는更爲勿論하고彼胞此胞之說른一人도自己布德으로知치말시고以明潭潭淵源으로劍岳布德하야銘心刻骨하고倍加修煉하야聖訓聖令을畏乎雷霆하여隨此章呈規法을勿爲泛然看過하시고共創大道하야以顯萬古聖德之意로立規하심물千萬幸甚이라 [법령(法令)의 형륙(刑戮)과 예악(禮樂)의 교화(敎化)는 인도(人道)의 강령(綱領)이다. 우리 도는 창시한 지 40여 년에 이미 팔역(八域)에 포고하여 신도의 수가 거의 십만 명에 이르니 규모를 세우지 않을 수 없다. 그러므로 먼저 규모에 따라 제도를 정하여 차차 정식으로 모든 법을 밝게 하면 만고의 바탕이 드러나는 것이다. 이것이 오만 년 초창(初創)의 정규(呈規)이다. 어찌 중대하지 않겠는가. 먼저 이러한 규모를 세우고 이후 만약 법을 어긴다면 아껴서 도와주지 않음이 없게 하라. 삼가 바라건대 여러 군자는 전에 일어났던 일은 다시는 논하지 말고 피포차포(彼胞此胞) 하면서 한 사람이라도 자기 포덕으로 알지 말고, 용담연원임을 명확히 하여 검악포덕하여, 각골명심하고 수련을 배가하여 성훈과 성령(聖令)을 뇌정(雷霆)에 두려워하듯 범연하게 간과하지 말고 함께 대도 창시하여 만고에 성덕의 뜻을 드러나게 법규를 세운다면 천만다행이로다]." 「동학도종역사」, 『동학농민전쟁사료총서 29』, 사예연구소, 1996, 391~392쪽.

으로 개차하여 각 군에 각각 접주 한 사람을 두어 일을 보게 하되 그 포원(胞員)이 상종(相從)함을 논하지 말고 각 그 지방을 통괄하여 살펴보되 도(道)를 행함을 변별하여 혹 군을 서로 바꾸도록 할 것"이라는 규칙을 통해 잘 드러난다.[36] 상종(相從) 관계인 연원에 따른 인적 계보에 상관없이 접주가 지역 단위로 교인을 관리하며 때에 따라 다른 군으로 부임할 수 있도록 한 것이다. 다섯 군의 5인 접주를 관리하도록 한 오군경리원(五郡經理員)을 두고 '천망(薦望)'에 따라서 번갈아 순회하여 일을 보게' 한 것과 법소에서 정한 대두(大頭), 즉 '도(道) 두령' 8인을 1년마다 각 도를 순회하도록 한 것도 연원과 관계없이 지역별로 조직을 관리하도록 한 조치이다.[37] 군 단위의 소교구, 5개 군 단위의 중교구, 도 단위의 대교구로 전국을 나누고 교구별로 접주, 경리원, 도두령이라는 책임자를 두면서 지역 순환 및 이동을 가능하게 한 것인데, 외견상 교구제로 볼 수 있다. 접주가 없는 군의 경우 연원과 관계없이 인근에 있는 접주가 관리하도록 한 규칙을 통해서도 교구제를 확인할 수 있다.[38]

그렇지만 교구 책임자인 접주, 경리원, 도두령의 임명이 연원제에

---

36 "該接主은 改差他任名하야 各郡에 一置 各接主하야 看事하되 無論其胞員相從하고 各其地方으로 統爲看驗하되 隨其行道處卞하야 或此郡을 相換하미 有할事" 「동학도종역사」, 『동학농민전쟁사료총서 29』, 사례연구소, 1996, 393~394쪽.

37 "自法所로擇定한大頭八人을一年一次式一道을巡回看驗事 … 經理員을差하되 其前大包數多處의兼任하야五郡을摠察하기로五郡經理員差出하야看事하되行道善不善라隨其薦望으로遞代巡回看事할事" 「동학도종역사」, 『동학농민전쟁사료총서 29』, 사례연구소, 1996, 393~394쪽.

38 "每郡에百名以下로은勿置接主하고百名未滿郡은爲先付之隣郡接主하고看事하되無論某包하고彼此勤勉布德하되…" 「동학도종역사」, 『동학농민전쟁사료총서 29』, 사례연구소, 1996, 394쪽.

기반하여 이루어졌고, 용법(用法) 규칙에는 접주-수접주-도접주-대접주-편의장-도주-법대도주의 기존 지휘 체계를 분명히 하였으며, 다른 접의 교인을 유인하여 끌어오는 사람은 엄중히 처벌하도록 하였다. 연원제를 기반으로 하면서 교구제적 요소를 도입하였다는 것을 알 수 있다.[39] 접주와 경리원의 지역 이전이나 순환이 강제적이지 않았다는 것 역시 연원제의 원칙을 유지하면서 교구제를 접목했다는 점을 보여준다. 동학 교단의 접과 포 대부분이 접주 토착 지역을 기반으로 확장되었고, 1892년 1읍 1접주제 시행으로 동일 지역 내 여러 인맥이 발생하는 상황이 대부분 해소되었기에 연원제 조직을 교구제로 편제할 때 속인제와 속지제의 차이로 인한 문제는 그리 크지 않았다고 볼 수 있다. 또한 대접주 휘하의 수접주와 포 육임이 오군경리원이나 도접주(道接主) 역할을 겸임한다면 사실상 인적 계보에 큰 변동은 발생하지 않는다.

실제 실행 여부는 확인되지 않지만, 의암의 장정은 자신을 연원 정점으로 인정하지 않고 있던 구암 휘하 대접주 및 다른 연원 계보 접주의 권위를 약화해 자신으로 권력을 집중시키려는 방안으로 볼 수 있다. 연원제의 원심력에 따른 지부의 권한 강화를 효과적으로 통제하기 위해서는 대접주가 지닌 권위의 핵심인 사제관계의 모멘텀을 자신에게로 옮겨야 할 필요가 있었다. 동학혁명과 그 이후의

---

39 "布德數多員으로接主을差出하야六任라同看事할事 … 該接主은首接主의指揮 首接主은大接主에指揮 大接主은便義長에指揮 便義長은四道主에命敎 四道主은 法大道主에命敎을 恪遵協議依하야 施行할事…無論某包하고自猜之僻과自尊之 心으로 丈席遠近之說로道人을誘引하며自己布德은誠力치안코他接道人을甘言 利說携提하는者는誰某는勿論하고亂法亂道하는人은嚴重用法할事" 「동학도종 역사」, 『동학농민전쟁사료총서 29』, 사예연구소, 1996, 394쪽, 396쪽, 398쪽.

탄압으로 인해 수십에서 수백 인에 달하던 거대 연원주가 2~3인만이 남고 연원 계통을 잃은 접주 대부분이 의암이나 구암 휘하로 복속된 상황에서, 구암까지 체포되어 단일 지도체제가 안착하자 의암이 연원 정점의 권위를 확보하기 위해 조직의 혁신을 단행했다고 해석할 수 있다.[40]

교구제 도입은 교조신원운동과 동학혁명 과정에서 촉발된 교단 조직의 행정단위화, 교구제에 기반을 둔 서구 종교의 확산으로 큰 반발 없이 시도되었다고 볼 수 있다. 그런데도 "이러한 규모를 세운 이후 … 권면 포덕에 잘하고 못함이 있고, 윗사람을 받들고 아랫사람을 접하는 것이 분명하지 않아 도인의 민심이 어지러운 폐단이 있고, 전에 했던 습속을 그대로 따라 하여 법규에 어김이 있다면 … 특별히 징벌을 부과할 것"[41]이라고 했다는 사실은, 사사상전의 인적 계보에 기반한 신앙 공동체가 교구제적 제도로 인해 이원화되는 상황에 대해 의암이 적지 않은 부담을 느꼈다는 것을 잘 보여준다.

(2) 의암의 연원제 변용

민회 운동을 기반으로 동학을 종교로 공인받고자 했던 의암은 동학의 민회 조직을 일진회와 합병하여 친일적 행위를 한 수청대령 이

---

40 동학혁명 이후의 접주들의 연원 문제와 도주와 연원주 선생님, 즉 연원 정점의 겸임에 관해서는 오지영이 비판적으로 설명한 바 있다. 오지영, 앞의 책(1940), 205~206쪽 참조.

41 "立此規模以後前大接主及首接主該接主六任該道人이라도勸勉布德善不善하여承上接下不明하야道人人心이眩亂之弊가有하며前習으로遵行하여規法의違角이有하여此은大先生主无極大道에聖訓聖德을陋臭至境에난別般付科懲罰이有할事" 「동학도종역사」, 『동학농민전쟁사료총서 29』, 사예연구소, 1996, 395쪽.

용구와 충돌하였다. 그 상세한 과정에 관해서는 여러 자세한 연구가 있어 본 연구에서 이를 재론하지는 않는다.[42] 하지만 의암이 동학을 천도교로 개신한 주요한 이유 중 하나가 친일 세력이었던 일진회와의 결별이었다는 점에는 주목할 필요가 있다.

의암은 일본 망명 중 동학이 반국가적 비적(匪賊), 동비(東匪)라는 낙인에서 벗어나 기독교와 같이 신앙과 포교의 자유를 얻을 길을 모색하였고, 근대적 민회를 통해 동학을 종교화하고, 더 나아가서는 국교화할 계획을 세웠다.[43] 하지만 예상외로 친일 집단이라는 국민적 비난을 받자, 이에 결국 민회를 통한 정교일치의 종교 공인의 길을 멈추고 정교분리에 기반한 근대 종교 창립을 실행할 수밖에 없었다.[44]

따라서 조직 개편의 방향은 동양의 전통적 세계를 토대로 탄생한 학파적 속인제 공동체를 근대 서구 종교의 형태로 전환하는 것이었다. 이는 민회를 통해 정치성까지 강해진 연원제 조직을 성직자 중심의 비정치적, 중앙집권적 교구제로 어떻게 전환할 것인지의 문제였다.[45] 의암은 기존의 경통이나 통문이 아닌 『천도교대헌』이라는

---

42 가장 대표적인 연구로는 이용창의 연구가 있다. 이용창, 「동학 · 천도교단의 민회 설립운동과 정치세력화 연구」, 중앙대학교대학원 사학과 한국사 전공 박사학위 논문, 2004 참조.

43 이에 관해서는, 최기영, 앞의 논문, 98~113쪽; 고건호, 「천도교 개신기 '종교'로서의 자기 인식」, 『종교연구』 제38집, 2005, 248~249쪽 참조.

44 최기영, 위의 논문, 113~120쪽; 고건호, 위의 논문, 245~247쪽 참조.

45 이에 관해서 이영호의 연구를 참조할 수 있다. 이영호는 연원제에서 교구제로의 변화를 개인적 대외비 형태의 연원제에서 개방적 공개적 형태의 설교와 강연으로의 전환으로 설명했고 이를 대부분의 근대 종교가 취하는 방식으로 주장한다. 또한 서북지역의 기독교 성장에 자극을 받아 교회당, 성화실, 강습소의 설치가 이루어졌고 이를 기반으로 지역 단위의 포교가 활성화되었으며 기독교와 형태상 유사

근대적 정관과 종령(宗令)에 의거하여 강력한 중앙총부 구축, 중앙
집권화, 연원제 조직의 교구화, 그리고 전문 성직의 도입을 추진하
였다.[46]

먼저 의암은 기존의 법소를 장실(丈室)로 명하고, 육임소를 중앙총
부로 개편하여 업무에 따라 고문실(顧問室), 현기사(玄機司), 이문관(理
文觀), 전제관(典制觀), 금융관(金融觀), 서응관(庶應觀)의 6개 기관을 구성
하여 담당 책임자와 직원을 배치하였다.[47] 그리고 접주-수접주-대
접주-의창대령-해명대령-수청대령-도주-북접법대도주 체계
를 6등 선교(연비 100인 이상)-5등 선교(연비 300인 이상)-4등 선교(연비
500인 이상)-3등 선교(연비 1천인 이상)-2등 선교(연비 2천인 이상)-1등 선
교(연비 3천인 이상)-소교령(연비 4천인 이상)-중교령(연비 2만인 이상)-대
교령(연비 10만인 이상)-천도교대도주의 단계로 재편하였다. 대·중·
소 교령이 각 교구장을 맡고, 대교구 아래에 휘하 연비에서 포교된 5
개의 중교구가, 중교구 아래에 휘하 연비에서 포교된 5개의 소교구
가 조성될 수 있도록 하여 연원을 교구로 편제하였다.[48] 이런 방식으
로 280여 개의 지방 교구를 주관하는 72개의 대교구를 조직해 일련
번호를 부여하였다.[49] 3단계 교구에 각기 공실(公室)을 두고 중앙총부

한 신앙생활을 통해 천도교의 신앙체계가 지역을 기반의 교구제로 전환되었음을
입증한다. 이영호 앞의 책(2020), 219~227쪽, 238~251쪽 참조.

46 최기영은 『천도교대헌』과 종령을 통해 의암이 교회조직의 근대화, 대도주로의 교
권 집중을 추구했고 결국 합법적인 권위를 통해 교권을 장악했다고 보았다. 『천도
교대헌』은 1906년 2월 10일 종령 제5호로 공표되었다. 최기영, 앞의 논문, 101쪽;
이동초(편), 앞의 책, 19쪽 참조.

47 「천도교대헌(1906)」, 『韓末天道敎資料集』, 2권, 15~16쪽.

48 위의 책, 13~14쪽, 17~19쪽, 37쪽, 41쪽 참조.

49 천도교중앙총부교서편찬위원회, 앞의 책, 131쪽; 이동초(편), 앞의 책, 38~40쪽

와 유사한 기구를 편제하였는데, 포소(도소)와 포 육임 및 접사 등을 근대적으로 편제한 것으로 볼 수 있다.[50] 중앙총부가 장실, 즉 대도주 직접 통솔하에 있으므로 기구상으로 중앙총부-대교구-중교구-소교구의 체제라고 할 수 있어 부구제라고 불리기도 한다.[51]

부구제는 1903년 시행한 군(郡)-5군(郡)-도(道)의 3단계 교구제와 유사하지만, 보다 연원제가 강화된 교구제로 볼 수 있다. 교령이나 선교(宣敎)가 철저하게 포덕연비의 수효를 기준으로 임명되었으며, 교구의 행정 구역과의 일치도 수준이 높지 않아 광역 행정 구역 내에 여러 연원의 교구가 존재할 수 있었고, 교령인 교구장의 교구 이전이나 순환이 강제되지도 않았기 때문이다.[52] 오히려 교령이나 교인이 이주할 때 당사자가 교구 이동을 원하면 교구의 중의(衆意)나 교령의 의견을 구한 후 사유를 총부에 보고하여 공인을 얻어야 했다.[53] 또한 중앙총부에 직접 연결된 연원주가 교령의 자격 기준이 되지 않아 교구를 형성하지 못할 경우라도 인근 교구의 관리를 받지 않고 임시 교구를 형성하여 교구장 사무를 대리할 수 있도록 했다. 1903년보다도 연원제 원리가 강화되었다.[54] 이것은 1903년의 교구제 도입에 따른 문제점을 고려한 결과였다고 볼 수 있다.

참조.

50 대·중·소 교구 모두 공실(公室), 이문재(理文齋), 전제재(典制齋), 금융재(金融齋), 서응재(庶應齋)를 두고 각기 책임자와 직원을 두었다. 위의 책, 32~37쪽 참조.
51 총부내에 장실이 있지 않고 장실 휘하에 총부를 두었다. 이진구는 이 시대를 부구제/ 연원제 시대로 분류하였다. 위의 책, 41쪽; 이진구, 앞의 논문, 78쪽 참조.
52 「천도교대헌(1906)」, 『韓末天道敎資料集』, 2권, 37~38쪽.
53 위의 책, 50~52쪽 참조.
54 위의 책, 20쪽, 41~42쪽 참조.

성직은 원직(原職)과 주직(住職)의 이원 체제로 구성되었는데, 이는 교조 신원 운동과 동학혁명의 영향에서 시작된 교단 조직 이원화의 결과이다. 원직은 그 종교적 공과인 수행, 신앙, 인품, 포덕에 연계되어 주어지는 직위로 종교적 권위를 상징했고, 주직은 직무에 연관된 보직으로 원직이 없으면 주직에 선임되지 못하였다.[55] 원직이 일반 교인이 전문적인 성직자가 되기 위한 자격이 되면서 교인과 성직자의 구분이 모호하던 체제에서 명확한 구분이 이루어지는 체계로 전환되었다. 교구의 일부 주직에 대해 투표를 통한 선출하도록 명시되어 있지만, 원직과 주직의 교첩은 모두 대도주의 결재를 얻어야 하였으므로 대도주는 성직 임명권을 독점하였다.[56]

원직은 크게 천선(天選), 도선(道選), 교선(敎選)의 세 가지로 나누어졌다. 그리고 이 가운데 천선 원직은 성령(性靈) 수련의 단계에 따라 성도사(成道師), 경도사(敬道師), 신도사(信道師), 법도사(法道師)의 4급으로 나누어졌다. 대도주를 제외하면 교단 최상위 직급이었던 성도사에 임명된 이가 1900년 신도주(信道主)를 맡았던 구암이었기 때문에 1900년 성립된 성, 경, 신, 법의 4도주를 4도사로 편제한 것으로 보아야 한다.[57] 도선 원직은 종래의 육임(六任)을 편제한 것인데, 대도주나 대접주의 업무를 보좌하는 직위에서 신앙과 인품 등에 연계된 직

---

55 "… 原職이 無한 人으로 住職選任이 不妥한 故로 …" 이동초(편), 앞의 책, 19쪽.

56 대도주가 교직을 선임하게 되어 있었는데, 총부 부원은 영선(靈選)이나 특선(特選)으로 장실인 대도주가 선정하고, 교령 이외의 교구원은 교구의 의회투표를 통해 선정하였다. 하지만 모든 교첩은 장실에서 발행되었다. 「천도교대헌(1906)」, 『韓末天道敎資料集』, 2권, 11쪽, 39쪽, 52쪽.

57 법대도주였던 의암이 연원 정점을 의미하는 대도주가 되었고 기존 법도주에 해당하는 법도사는 성·경·신도사 아래에 위치하게 되었다.

위로 전환되었다.[58] 동학에 입교한 지 오래되지 않았지만, 의암에 의해 영입된 개화파 유력인사였던 오세창, 양한묵, 권동진 등과 일진회의 주요 간부였던 송병준이 임명된 사실로 본다면 명예직으로 전환된 것으로도 볼 수 있다.[59] 이는 교단 내에서 육임이 포덕의 공과나 능력보다는 도주나 대접주의 측근 중에서 임명되던 관례가 제도화된 것으로 볼 수도 있다. 교선 원직은 포덕 연비에 따라서 3단계로 나누어졌고, 휘하 교인 10만 명 이상은 대교령(大敎領), 2만 명 이상은 중교령(中敎領), 4천 명 이상은 소교령(小敎領)이 되었다. 주직은 장실, 총부 각 기관과 교구 각 부서에 업무에 따라 두었다. 원직이 임기의 제한이 없고 다른 원직을 겸임할 수 없었다는 점과 비교해, 주직은 임기가 있었고 겸임할 수 있었다. 또한 급을 두어 원직에 따라 맡을 수 있는 주직의 한계를 정했으며 직급에 따라 연봉과 여비를 받았다는 점에서 본다면 직업적인 성직자라고 할 수 있다.[60] 이는 교구에 두는 강사의 경우 시험을 통해 선발했다는 점으로도 알 수 있다.[61]

의암에 의해 이루어진 연원제 조직의 근대적 제도화는 동학 조직의 연원제를 유지하면서도 전문 성직자를 중심으로 한 교구제를 결합한 것이다. 연원제는 연원 정점의 구심력과 인적 계보의 원심력을 만들어 내는 핵심 동력이었기에 이를 전면적으로 폐기하는 것은 교

---

58 "道選은 信敎人의 資格을 準하야 … 육임을 선함" 「천도교대헌(1906)」, 『韓末天道敎資料集』, 2권, 12쪽; "原住職이 無하야도 功勞義理信仰이 卓越한 人은 六任을 授함" 「천도교대헌(1911)」, 『韓末天道敎資料集』, 2권, 125쪽.

59 이동초(편), 앞의 책, 20쪽; 최기영 앞의 논문, 117~118쪽 참조.

60 「천도교대헌(1906)」, 『韓末天道敎資料集』, 2권, 39~41쪽, 54~57쪽 참조.

61 「천도교대헌(1906)」, 『韓末天道敎資料集』, 2권, 47쪽 참조.

단의 존립이 달린 사안이었다. 의암이 이를 인식하고 있었다는 것은 1908년의 다음과 같은 언행을 통해서 잘 알 수 있다.

나도 연원 관계에 대하여 머리 아픈 일이 많았고 여러 두목의 폐지론도 없지 아니하므로 몇 날을 두고 다시 꼼꼼히 생각해 보았으나 연원제를 아주 폐하면 천도교회도 따라서 망하겠기에 그 제도만 고치는 것이오[62]

따라서 의암은 기존의 직위를 원직(原職)으로 존속시켜 연원제를 유지하면서 그 직무 및 운영 체계만을 주직(住職)으로 새롭게 분리 설치하는 방식으로 조직을 근대화하였다. 도 단위로 두었던 편의장 역시 대헌에는 없지만, 대교령 이상의 인물들을 지역이나 교구 단위의 순독(巡督)으로 임명하여 계승하게 하였다.[63]

그렇지만 포교와 주문 전수만으로 사제 관계가 성립되는 연원제의 기본 원리에 대해서는 전면적인 재해석이 필요했다. 주문 전수를 사사상전의 전도로 보는 기존 해석은 연원 정점과 인적 계보로 연결된 교인이 포덕을 하면 도통 연원의 자격이 부여되고 스승의 지위가 자연스럽게 주어지는 조직 원리였다. 따라서 도통의 다원화로 조직의 원심력이 커진다. 교단의 규모가 10만 명을 넘는 상황에서 이 조직제도가 유지된다면 대도주 중심의 중앙집권화, 전문 성직을 통한 교리 통일, 근대적 지식인의 입교를 통한 교단 근대화 등이 어려울

---

62 박응삼, 앞의 논문, 47쪽.
63 이동초(편), 앞의 책, 95~97쪽, 115쪽, 117~118쪽.

수 있었다. 따라서 주문을 전수하는 포교를 전도(傳道)로 보는 기존 교법은 재해석되어야만 했다. 물론 이전에도 교단 내에서 이 제도의 불합리성을 지적한 이들이 없지는 않았다. 하지만 수운과 해월에서 이어진 인적 계보가 존재하고 그 정통성이 인정되면 '자재연원(自在淵源)', 즉 스스로에 연원이 있었기에 스승으로서의 전교인의 권위는 수교인에게 절대적이었다. 이러한 연원제는 입교의 선후와 이에 따른 포교 공로에 따라 계층적 권위 구조가 영구적으로 고착된다는 면에서 일종의 봉건적인 신분제로 느껴질 수 있었다.

의암은 연원제를 재해석하여 먼저 포덕연원이 많더라도 종교적 수행이나 깨달음 없이는 성직을 맡을 수 없다는 것을 종령 2호로 명확히 한다.[64] 그리고 전도(傳道)를 전교(傳敎)로 전환하고 포덕식을 전교식, 입도식을 입교식, 치제식을 치성식으로 변경한다. 또한 포덕을 인도(引導)와 전교의 두 단계로 나누어 인도인을 천인(薦人)으로 정의하고 전교식과 입교식 절차에서 배제하였다. 즉 인도가 이루어지면 인도자가 아니라 교구에서 선임된 전교사에 의해 교가 전수되도록 전교식, 입교식, 치성식 의례를 정비한 것이다.[65] 인도자는 천인

---

64 "宗令 第二號 … 現時 入敎라도 天然한 性靈을 具하며 兼하야 人界上 文明에 關한 外交 及 內地情形에 爛熟한 人은 原職 及 住職에 適宜할지오. 布德淵源이 久遠하야 管內敎人이 甚繁한 人이라도 性靈과 肉身關係에 通鍊한 果驗이 無한 人은 淵源에 關한 正脈뿐 自承할지오. …" 이동초(편), 앞의 책, 13~14쪽.

65 "宗令 第三號 入敎文에 揭明한 淵源次序에 直接薦引한 人의 氏名이 不載하야 薦人 及 被薦人의 兩間淡泊이 亦係人情小缺이라 自今으로 大敎領命 布德之下에 薦人의 氏名添入하는 另例를 左具 公宣하니 準此照驗하야 俾爲敎門定規어다. … 淵源 某 (薦人 姓名) 傳敎規例 選任 一, 傳敎師는 眞理를 洞解하며 品行이 端正한 人으로 選함. 保薦 一, 受敎를 自願한 人이 有한 時에는 薦主가 該自願人 姓과 年齡 住址를 六任員에게 通報하야 認準을 요함. 認準 … 一, 六任員이 該被薦人 姓名을 傳敎師에게 通諭함. 傳敎 一. 傳敎師가 道場을 設하야 傳敎式을 行함. 一. 傳敎師

(薦人)의 자격만을 지닐 뿐 전도인이 될 수 없어 스승의 권위를 지니지 못하도록 제도화되어, 도통 연원이 될 수 없었다.[66]

또한 의암은 종령 13호를 통해 자신을 대종연원(大宗淵源)으로, 종래의 전도인—수도인을 천인—피천인으로 재정립하면서 전도인과 수도인의 사제관계에 기반한 종래의 지휘 통솔체계를 교규가 미비할 때 권도(權道), 즉 임시방편으로 정해진 것이라고 천명하였다. 이는 연원제가 아닌 다른 제도적 기반에서 지휘 통솔체계가 구축되어야 한다는 것을 의미했다. 연비라도 그 지위가 열등한 것이 아니라는 종령은 바로 연원과 연비 간의 지휘 통솔체계가 더는 유효하지 않다는 선언이었다.[67]

의암의 의도와 관계없이 그의 연원제 해석은 조직의 근본적인 변

가 受教人에게 對하야 眞理를 說明함. 入教式 一. 入教式을 行하는 日에 傳教師와 教人이 立齋沐浴함. 一. 傳教師가 事務爛熟한 人으로 執事를 選하되 臨時一或 傳教師가 攝行함도 가함. … 一. 執事는 傳教師를 延하야 禮席南에 坐하며 受教人을 延하야 禮席北에 升坐케 함. 但執事가 無할 時에는 此限에 不在함, 一. 傳教師와 受教人이 竝東向跪坐함. 傳教師가 香을 焚한 後에 受教人을 向하야 入教文을 解說 함. (入教文見下) 傳教師가 入教文 一通을 奉한 後에 受教人을 要하야 聖呪文을 三回竝誦함. ….” 위의 책, 14~17쪽.

66 박응삼은 이를 접주제를 타파하고 천주제를 실시한 것으로 보았다. 1907년 7월 종령 16호로 대도주, 차도주 다음의 지위로 천주가 공식 임명되면서 기존의 천주는 해천주(該薦主)로 변경된 것으로 추측된다. 박응삼, 앞의 논문, 47쪽; 이동초(편), 앞의 책, 123쪽, 131쪽.

67 "宗令 第十三號 吾教 大旨를 精通하야 天의 靈感으로 繼承한 人은 曰 大宗淵源이오 薦主와 被薦人의 交涉은 曰 敎門聯臂라 此聯臂人이 被薦人을 句管하기는 敎規未備時에 權定한 敎例라 現今 中央總部를 組織하야 敎門 大小事를 總管케하며 舊時句管하던 大頭目으로 中央總部 重要한 敎職을 選하니 該部는 大宗淵源下의 中心地라 此에 被選한 人이 舊時 聯臂資格에 比하면 是優等任이라 故로 舊時 聯臂의 劣等資格을 消汰하니 是는 面目을 改良함이라 自今으로 舊時 聯臂人 句管下에 在하던 敎領資格이 有한 人은 總히 中央總部에 直接安排함이 加하도다." 위의 책, 33쪽.

화를 초래할 수밖에 없었다. 공동체 전원을 연원—연비라는 사제관계의 권위구조로 연결하여 이를 매개로 상제와의 합일을 실재화한 동학의 신앙체계는 인준된 성직자를 중심으로 한 지역 공동체로 서서히 전환될 수밖에 없었기 때문이다. 이는 일진회와의 분립으로 인한 교세 축소 과정에서 가속화되었다. 1906년 12월 대교구가 대폭 축소되면서 그 명칭이 번호에서 소재 지역으로 변경되고, 1907년 11월에는 교구의 통합이 가능해진 조치는 이를 반영한다.[68] 물론 지역 공동체의 토대가 성직자와 교인 간의 연원 관계였고, 성직자 간의 인적 계보는 여전히 연원제의 권위구조를 유지하였으며, 휘하 교인 수가 성직자의 임명 기준의 중요 요건이었으므로 연원제가 폐기된 것은 아니었다. 하지만 교인 간에 존재했던 지휘 통솔의 연원제 권위구조는 약화되고, 따라서 일반 교인도 성직자와 유사한 권위를 지닐 수 있었던 특성이 사라져 포덕의 동력은 감소할 수밖에 없었다.

의암의 연원제 약화와 이를 통한 대도주 권한 강화 및 중앙집권화는 의암을 연원 정점으로 완벽히 수용하지 않았던 연원 계통의 반발을 불러와 교단의 분열로 귀결되었다. 1906년 의암의 귀국 당시부터 천도교는 문명파로 대별되는 의암파, 보수파로 대별되는 구암파, 친일파로 대별되는 이용구의 일진회, 세 세력이 대립하고 있었다.[69] 이 세 파의 대립은 사상적인 것으로 해석되기도 하지만 사실상 해월 서거 이후의 연원 간의 분립을 그 원인으로 하고 있었다.[70] 후에 연원

---

68 위의 책, 104~105쪽, 108쪽 참조.
69 오지영, 앞의 책(1940), 198~208쪽; 최기영, 앞의 논문, 118쪽 참조.
70 오지영은 구암파와 의암파의 분열을 '주의의 불상합'이 아니라 '연원제에 의한 당파적 관계'로 발생하였음을 지적하였다. 오지영, 앞의 책(1940), 205쪽.

제 폐지론을 적극적으로 주장했던 오지영이 삼암(三菴) 세력의 대립과 분열을 다루면서 "도의 사람이라고 하지 않고 도를 전해준 그 사람의 사람이라고 하는 악습적 연원제"로 동학이 사람에 대한 싸움으로 합심하지 못하였고 '도주'를 겸하여 '연원주 선생님'의 자리까지 "도(都, 모두) 차지하는 전례(傳例)"로 큰 싸움이 되었다고 한 것은 갈등의 본질이 연원제에 있었다는 사실을 보여준다.[71]

따라서 일진회 분립 원인을 1906년 9월의 정교분리 노선으로만 보는 것은 동학의 세계가 연원제에 기반한 인적 계보를 중심으로 구성되었다는 사실을 간과한 결과이다. 두령들은 '자재연원'이었으므로 그 결정은 수운, 해월의 뜻으로 해석될 수 있었고 휘하 교인에게 절대적이었다. 두목급이 62명 출교되고 72개 대교구가 23개가 될 정도로 교인이 이탈한 이유는 정교분리 노선에 반발하는 두목이 많았다는 이유로도 볼 수 있지만, 이용구가 해월 서거 이후 북쪽 지역을 근거로 가장 큰 연원 조직을 구축한 연원주였다는 점에서도 찾아야 할 것이다.[72]

의암의 교단 근대화 조치인 정교분리 노선이 교단 내에서 실행되자 거대 파벌인 이용구의 추종 세력이 일진회를 중심으로 분립하였고, 연원제 약화로 그 권위 유지에 위협을 느끼던 많은 두목이 친일 세력의 보호를 명분으로 일진회에 합류하였다. 이러한 움직임이 의암의 교단 내 권위에 큰 타격을 준 것은 충분히 예측할 수 있다.[73] 의

---

71 위의 책, 205~206쪽 참조.
72 박창동, 앞의 책, 145~146쪽 참조.
73 이용창은 진보회 설립과정에서 일진회에 참여한 동학계열은 의암 단일체제를 인정하지 않는, 그중에서도 구암의 정통성을 인정하는 세력이 주를 이루고 있었으

암이 1907년 7월 16일 종령 제16호를 통해 구암을 차주(次主)로, 박
인호, 이종구, 홍병기, 김낙철, 권병덕 등의 5인을 천주(薦主)로 임명
하고, 7월 22일에는 대도주 직을 구암에게 이양한 것은, 권력 분점을
통하여 구암 등 다른 연원 계열의 교단 이탈을 막으려는 조치였다고
볼 수 있다.[74] 즉 수운과 해월에 비견되는 연원 정점의 종교적 권위
를 확고하게 하여 이를 토대로 권위를 강화하면서도 제도적 권위는
대도주와 천주 등에게 넘겨 이원적 지도체제를 구축하여 더 이상의
교단 분열을 막으려는 의도였다.[75]

문명파와 보수파의 권력 분점으로 연원제는 다시 강화되었다.
1907년 11월 봉교(奉敎)를 연비 30인, 70인, 100인, 150인, 200인,
250인을 기준으로 6등급으로 선정하고, 교령 임명 기준을 대교령은
10만 인에서 1천 인으로, 중교령과 소교령은 교령으로 통합하여 4천~
2만 인이던 기준을 300인으로 차감한 것은 과거의 조직 단위 규모로
돌아가 연원제를 복원하기 위해서였다고 할 수 있다.[76] 임명 기준을

며, 이들 가운데 중요 지도자 9명이 일진회와 시천교에 참여하였음을 지적하였다.
또한 이들이 동학혁명과 같은 급격한 개혁보다 일본의 후원을 통한 지속적인 개혁
을 지향한 이용구를 지지했을 가능성이 컸다고 주장하였다. 이용창, 앞의 논문,
206~207쪽 참조.

74 이에 대해 오지영은 "불상합(不相合)되는 것을 강연(强然)히 융합(融合)코자하는
의미(意味)에서 나온 계책(計策)"이라고 평가하였다. 오지영, 앞이 책(1940), 207
쪽 참조.

75 의암은 1906년 10월 교정합분설(敎政合分說)에서 제1세 신인(神人), 제2세 신인
을 이어 하늘이 성인(聖人)을 내어 종교의 면목을 갖추게 하였음을 주장하였다. 자
신이 성인임을 공표한 것이다. 이동초(편), 앞의 책, 100쪽 참조.

76 봉교의 원직을 설치하는 것에 관해서는 대헌이나 종령에는 나타나지 않는다. 하
지만 1907년 5월 종령 제11호에 따르면 두령, 구장(區長), 교령(敎令), 봉교(奉敎)
가 나타난다. 즉 1907년 5월 이전 봉교가 있었음을 알 수 있다. 대헌상의 선교(宣
敎)를 봉교로 불렀음을 추측할 수 있는데, 그 임명 기준이 명확히 재설정되는 것은

현실화한 것은 교세의 축소에 대응하여 포덕 동기를 부여하려는 목적을 지니지만, 인맥 조직의 규모를 수운과 해월 시대로 환원하여 과거의 인맥 조직 운영 방식을 유지하려는 보수적 조치로 보아야 한다. 또한 거대 연원주 5인을 천주(薦主)로 임명하여 대교구들을 관리하고, 정주(定住) 교사와 순회(巡廻) 교사를 교령과 봉교 중 선임한 것은 전도인이 스승이 되는 연원제를 더 철저하게 복원한 것이다. 결국 조직이나 직제의 명칭만 변경되었을 뿐 천도교의 조직은 포접제의 기본 구조로 돌아간 것이다.

그렇지만 연원 정점 의암과 대도주 구암의 이원적 지도체제는 연원제 특성상 오래 유지되기 어려웠다. 특히 경쟁적인 두 연원 계통이 권력을 분점하는 이원 체제의 경우는 사실상 연원 정점을 두고 갈등을 겪을 수밖에 없었다. 의암의 연원 정점 승계는 송암의 순도와 구암의 체포로 인해 어쩔 수 없이 교단 내에 수용된 측면이 강하였기에 구암이 이를 인정한 것은 표면적이었을 뿐이다.[77] 해월이 의암을 북접대도주로 임명했다는 것을 인정했던 오지영조차 이를 도통 전수로는 해석하지 않았다는 사실은 시사하는 바가 크다.[78] 구암파의 입장에서 도통 승계의 문제는 미완결의 문제였고 그들의 연원 정점은 제자리를 찾지 못하고 있었다.[79] 결국 의암의 연원 정점 승계가 교단

1907년의 종령 제7호를 통해서였다. 일진회와의 분립으로 1906년 9월 두목급 출교인이 62명에 달하였고 12월에는 72개의 대교구를 23개의 대교구로 통폐합한 상황 역시 기준 하향의 중요 원인이다. 위의 책, 118쪽, 129~130쪽 참조.

77 이에 관해서는, 이용창, 앞의 논문, 32~41쪽 참조.

78 오지영은 도주와 연원주 선생님의 자리를 구분하였고 의암이 치리(治理)와 교화만을 하고 연원계(淵源界)의 계통 등을 말하지 않았다면 당시 교인들이 단합할 수 있었다고 주장하였다. 오지영, 앞의 책(1940), 191쪽, 206쪽, 208쪽 참조.

내에서 공고해질수록 구암파 신앙체계는 흔들렸으므로 그 원심성이 증대될 수밖에 없었다.

　두 권력은 의암이 연원 정점의 권한을 행사하는 문제를 놓고 충돌하였다.[80] 결국 구암은 1908년 1월 천도교를 이탈하여 이용구의 시

79　구암파였던 김낙철의 기록은 이를 잘 보여준다. "同年 月의各處教徒가師門의嫡傳이龜菴先生게在ᄒ흠을一般了知ᄒᄂ바이라義菴丈이教務를總管ᄒ이諸般事가進就치못흠을爲憾ᄒ야衆心이不服ᄒ니其時天道教顧問權東鎭吳世昌과金融觀長尹龜榮等이與余之兄와權貞菴으로더부어協議ᄒ되師門의宗統을嫡傳ᄒ龜菴先生으로大道主를崇奉치안니ᄒ고義菴丈이道主를自稱ᄒ然故로教務가發展치못흔다ᄒ야義菴丈의게辭免흠을勸告ᄒ고 [병오년(丙午年) 어느 달에 각 처의 교도들이 사문(師門)의 적통(嫡統)이 구암 선생에게 있는 것을 모두 알고 있는 바인데 의암 어른이 교무(教務)를 총괄하여 모든 일이 진행되지 못하는 것을 유감으로 여겨 사람들의 마음이 복종하지 아니하였다. 그리하여 그때 천도교 고문(顧問) 권동진(權東鎭)·오세창(吳世昌)과 금융관장(金融觀長) 윤귀영(尹龜榮) 등이 우리 형제 및 권정암(權貞菴)과 협의하고, 사문(師門)의 종통(宗統)에 있어 적통인 구암 선생을 대도주(大道主)로 모시지 아니하고 의암 어른이 도주(道主)를 자처하기 때문에 교무가 발전하지 못한다고 하여 의암 어른에게 사퇴를 권고하였다]." 『金洛喆歷史』丙午正月初一日. 동학농민혁명 종합지식정보시스템(http://www.e-donghak.or.kr/index.jsp, 2021.5.15.).

80　구암은 대도주의 승계를 연원 정점의 이양으로, 의암은 도주의 제도적 권위만이 이양된 것으로 인식했다고 볼 수 있다. 오지영이 구암과 의암의 갈등 원인을 도주와 연원 정점을 겸하는 동학, 천도교의 '도주제'에서 찾고 도주가 교인을 통솔하되 연원 정점임을 주장하지 않았다면 문제가 없었을 것이라 한 것은 당시의 갈등이 연원 정점이 누구인지를 두고 일어난 것임을 잘 보여준다. 오지영, 앞의 책(1940), 206쪽, 208쪽 참조. 구암 측의 유력 인물인 김낙철의 다음 기록은 당시 구암이 자신을 연원 정점으로 인식했다는 것을 보여준다. "義菴丈이教中公議을因ᄒ야大道主에任을辭免ᄒ엿스나亨需金을私捧ᄒ며龍宗圖章을祕密私列ᄒ야教中에頒布ᄒ야人心을眩惑케ᄒ며大教領을暗召ᄒ야自意로賜號ᄒ며 海月大神師게셔祕密이 龜菴에게遺傳ᄒ신教史를使梁沃默으로變更著述ᄒ야天約宗正이라名稱ᄒ야祕密刊行ᄒ며其心服人을奉ᄒ고自意擅便ᄒ야教務와宗統을紊亂케ᄒᄂ故로龜菴先生主게與舍弟洛鳳及權秉悳으로相議ᄒ야師門에遺訓과教宗에眞經을違反흘가慮ᄒ야 龜菴先生前에稟稟히稟告矣러니 [의암 어른이 교중(教中)의 공론에 따라 대도주(大道主)의 직임을 사퇴하였으나 향수금(享需金)을 개인적으로 받아 용종도장(龍宗圖章)을 몰래 사사로이 새겨서 교단 안에 반포하여 인심을 현혹하고 대교령(大教領)을 몰래 불러 제멋대로 호를 내렸다. 해월 대신사께서 비밀리에 구암 선생에게 물려주신 교사(教史)를 양옥묵(梁沃默)으로 하여금 변경하여

천교로 합류한다. 천도교에서는 이 사건을 구암 개인의 야심에 따른 변절과 배신으로 해석한다. 그렇지만 5명의 천주 중 김낙철, 권병덕 2인이 구암과 함께 이탈한 것은 의암의 연원 정점 승계와 이를 동력으로 전개된 문명파의 교단 근대화 조치에 대해 보수파의 반발이 상당하였다는 것을 시사한다.

"일진회를 주도하던 이용구와 해월의 최측근이었던 구암이 위력을 떨치고 있던 상황"에서 의암이 "도통론을 세워 종교조직의 권위와 위상을 강화한 것"은 피할 수 없는 선택이었지만 연원제 조직의

저술하게 해서 천약종정(天約宗正)이라고 이름하여 몰래 간행하였다. 그 심복들을 데리고 제멋대로 바꿔서 교무(教務)와 종통(宗統)을 어지럽히기 때문에 구암 선생님께 동생 낙봉 및 권병덕과 상의하여 사문(師門)의 유훈(遺訓)과 교종(教宗)의 진경(眞經)을 어길 것을 걱정하여 여러 차례 아뢰었다]."『金洛喆歷史』丁未十月. 동학농민혁명 종합지식정보시스템(http://www.e-donghak.or.kr/index.jsp, 2021.5.15.); "義菴이 來而辭過日義之事을 自玆以后로는 斷當勿行ᄒ리이다ᄒ되先生主게ᄂ은 儼然不聽ᄒ시다其后義菴丈이 更使洪秉箕李鍾救로 書簡二度와 幾個人에 證約書를 竝呈而其書意則從今以後로ᄂ은 敎中大小事와 菴號一款의 全權을 專히 大道主게 委任ᄒ노이다ᄒ고 又證約書를 送ᄒ엿ᄂ은디 金洛喆朴寅浩李鍾球洪秉箕權秉悳連名ᄒ고 吾敎全體에 平和前進ᄒ기爲ᄒ야 左開諸條을 證約홈…龜菴先生이 永永不出ᄒ시고 大道主에 任引退却ᄒ시다 故로 天道敎中央總部에서 大道主ᄂ은 朴寅浩가 되엿스나 敎中事ᄂ은 尙히 義菴丈이 專制ᄒ더라 自稱聖師   [무신년(戊申年) 1월 15일에 의암이 와서 사과하기를, "의롭지 않은 일은 지금 이후로는 절대로 하지 않겠다"라고 하였으나 선생님께서는 전혀 듣지 않으셨다. 그 뒤에 의암 어른이 다시 홍병기(洪秉箕)와 이종숙(李鍾淑)으로 하여금 서간(書簡) 2통과 몇 사람의 증약서(證約書)를 함께 보냈는데, 그 내용은, "지금 이후로는 교단 안의 크고 작은 일과 암호(菴號)에 관한 모든 권한을 대도주에게 위임한다"라고 하였다. 또한 증약서를 보냈는데, 김낙철·박인호·이종구·홍병기·권병덕의 이름을 연이어 적고 우리 교단 전체가 평화롭게 앞으로 나아가기 위해 왼쪽에 여러 조항을 열거하여 약속을 증거한다고 하였다. … 구암 선생이 영영 나오지 않으시고, 대도주의 직임에서 물러나셨기 때문에 천도교중앙총부에서 대도주는 박인호가 되었으나 교단의 일은 여전히 의암 어른이 전적으로 처리하였다. 의암은 성사(聖師)를 자칭하였다]."『金洛喆歷史』戊申. 동학농민혁명 종합지식정보시스템 (http://www.e-donghak.or.kr/index.jsp, 2021.5.15.).

본질적 문제를 남겼다고 할 수 있다.[81] 1908년 이후 천도교에는 의암의 도통 승계를 수용하는 문명파를 중심으로 한 연원 계열만이 남게 되었고, 이는 결국 의암 도통론의 강화와 연원제 약화로 귀결될 수밖에 없었다.

2) 연원제와 교구제의 이원화

대도주 구암의 이탈과 시천교 합류를 전후로 한 의암 도통론 강화에 대해서는 이미 연구된 바 있어 본 연구에서는 이를 자세히 언급하지 않을 것이다.[82] 하지만 도통론의 확립 과정에서 교리 재해석과 의례 변화로 동학·천도교의 신앙체계에 큰 단층이 발생했음은 기억할 필요가 있다.[83] 앞서 해월의 경우에서도 살펴보았듯이 연원 정점의 승계 과정에서 동일하게 반복되는 패턴이다. 분열된 인적 계보를 하나로 수렴하기 위해 전대 연원 정점의 유산을 재해석하고 변용하여 연원 정점의 카리스마를 통해 종교적 권위를 확보하려는 의도였다. 하지만 의암의 경우 교리 재해석, 의례 변경 외에도 조직 원리의 재해석 문제가 있었다는 점에서 해월과 차이가 있다. 의암에게 연원

---

81 의암에 의한 도통론 확립에 대해서는, 최종성, 앞의 책, 176~181쪽 참조.

82 대표적으로는 이용창과 최종성의 연구가 있다. 이용창, 앞의 논문, 14~32쪽; 최종성, 앞의 책, 176~188쪽 참조.

83 최종성은 의암의 인내천 개념이 천주의 인격성이 상실되는 변화로 천인합덕의 실천이 아닌 천인동덕(天人同德)의 자각이 신학적 관건이 된 교리임을 지적한다. 타력적이고 의뢰적인 신앙인 지고신의 신성함을 강조한 수운의 신학에서 인간의 신성함을 역설하는 의암의 신학으로 전환됨으로써 자심자배(自心自拜)로까지 진행되는 사상적 단층이 존재함을 잘 보여준 연구라고 할 수 있다. 이에 더하여 수도의 전통은 유지되었지만, 주술적 의례는 배제되고 희생 및 제사의 전통은 예배의 형식으로 급격하게 변모하였고, 이는 기독교의 영향이었음을 밝히고 있다. 최종성, 앞의 책, 181~197쪽 참조.

제는 교단 근대화와 통합의 장애 요인이었기에 연원제 약화에 반발했던 보수파가 이탈한 1908년 이후 이에 대한 재해석은 더 미룰 수 없는 문제였다.

1908년부터 천도교의 대도주는 춘암이었으므로 이후의 제도 변화는 그에 의한 것으로 보아야 한다는 주장이 있다.[84] 형식상 정확한 견해이지만, 춘암이 의암의 충실한 추종자였고[85] 의암이 성사(聖師)의 지위를 지니고 연원 정점으로서 종교활동을 하는 상황이었기에 교단의 중요한 제도 변화에 의암의 의견이 절대적으로 반영되었음을 부인하기 어렵다.[86] 의암은 이미 1906년 연원 개념을 약화해 기존의 전도인을 연원에서 천주로 지칭토록 한 것에서 한발 더 나아가 1908년 11월 종령 16호를 통해 천주—연비라는 용어를 공식적으로 쓰지 못하도록 폐지하였다. 더불어 과거의 상종 관계를 불문에 부치면서 자유의사에 따라 연원을 재조직하도록 했는데[87] 이는 사사상수라는 연원제의 근본 개념을 뒤흔드는 파격적인 조치였다. 한번 전도인이 정해지면 계보의 변경은 불가하거나 특별한 경우 연원 정점이나 그 권한을 위임받은 연원주의 명에 따라 이루어졌을 뿐이기 때

---

84 이와 관련된 대표적인 연구로는 다음의 논문을 참조할 수 있다. 정을경, 「일제강점기 박인호의 천도교 활동과 민족운동」, 『한국독립운동사연구』 제33집, 2009.

85 이용창, 앞의 논문, 38~39쪽 참조.

86 1922년 신제도 도입과정에서도 의암의 의견은 교단 내에 절대적인 영향을 행사하였다는 사실은 이를 잘 보여준다. 이에 대해서는 후술할 것이다. 당시 구암파의 천주 김낙철의 다음과 같은 기술은 의암에 의해 천도교의 중요사항이 결정되었다는 것을 시사한다. "대도주는 박인호가 되었으나 교단의 일은 여전히 의암 어른이 전적으로 처리하였다. 의암은 성사(聖師)를 자칭하였다." 『金洛喆歷史』戊申. 동학농민혁명 종합지식정보시스템(http://www.e-donghak.or.kr/index.jsp, 2021.5.15.).

87 이동초(편), 앞의 책, 142쪽.

문이다.

한시적으로 교인의 자유의사에 따라 연원 계보의 변경이 가능하게 된 것은 교단 역사상 없었던 일이었다.[88] 교인의 자유의사에 따라 선택된 연원주는 도통(道統)이라는 연원의 개념이 소거되어 주간(主幹), 전도사(傳道師) 등의 공식 명칭을 가졌고 도통 연원이라는 종교적 권위를 상실하게 되었다.[89] 도통으로서의 연원 개념은 1909년 4월의 연원 단위의 계보 이동 허가로 인해 더욱 약화되었다.[90] 물론 계보를 이동할 때 이유서와 더불어 휘하 교인의 연명 날인을 총부에 제출하여 공인을 득하도록 하는 절차를 두었지만, 이전에는 거소 이전할 때 당사자가 원하면 연원주의 허락을 얻어 개인 단위로만 연원 변경이 가능하였다는 점에서 본다면, 조직 단위의 인적 계보 이동이 한시적으로 자율화된 것이다.

한시적인 연원 재편성이 진행되면서 동시에 1909년 1월에는 기존 연원제 원직인 6등급의 봉교와 교령, 대교령의 8단계 체계가 3단계로 단순화되어 봉훈(奉訓, 30호) − 교훈(敎訓, 300호) − 도훈(道訓, 1,500호)으로 재편되고, 1910년 12월에는 도령(道領, 5,000호)이 추가되어 최종 4단계로 정립되었다.[91] 30호의 소규모 연원주인 봉훈까지 총부에 직

---

88 이를 천도교에서 '연원갱시조직'이라고 하는데 이후에도 연원 계보를 정리하기 위하여 한시적으로 실시하였다. 이에 대해서는, 박응삼, 앞의 논문, 44~51쪽 참조.

89 이동초(편), 앞의 책, 142, 182쪽; 「천도교대헌(1911)」, 『韓末天道教資料集』, 2권, 121~122쪽 참조.

90 "宗令 號外 宗門如何 小淵源主를 勿論하고 此淵源範圍로 從하야 彼淵源範圍에 歸屬코저한 人은 自己 理由書에 帖聯한 自己所管內 各個人이 聯名捺章한 志願書를 總部에 報明하야 總部公認을 得한 後에 彼淵源範圍에 歸屬함을 得함. 右籍 玄機司長 梁漢默 布德 五十年 四月 九日" 이동초(편), 앞의 책, 147쪽.

91 위의 책, 144~145쪽; 「천도교대헌(1911)」, 『韓末天道教資料集』, 2권, 123쪽 참조.

접 연결된 연원 조직으로 허용했는데, 이는 기존의 거대 연원을 분립할 수 있게 하여 연원 정점의 구심력을 강화한 것이다.[92] 소속을 변경할 때 상위 연원주의 허가 권한을 없애고 총부가 연원 계보의 재편에서 절대적인 권한을 행사하게 된 것 역시 연원 정점의 권력 강화와 연관해 볼 필요가 있다. 연원 계보 재편과 동시에 1909년 1월 기존 고문실의 권한을 강화하여 총인원(叢人院)이라는 의결기구를 만들고 의사원 10인을 임명하여 연원 정점인 성사와 대도주를 중심으로 한 집단 지도체제를 구축하였는데,[93] 이 역시 대도주 춘암에게 집중된 제도적 권위를 분산함으로써 결과적으로 연원 정점인 성사 의암의 권력을 강화하는 조치로 볼 수 있다.

기존의 연원 계보를 무시하고 자유롭게 연원을 정하도록 한 조치는 교단의 조직 원리인 연원제 및 이를 기반으로 구축되고 유지되었던 권위구조와 공동체의 신성성에 균열을 발생시켰다. 상제와의 합일을 매개하고 가르침을 전하던 공동체와 그 권위구조가 인간에 의해 변화될 수 있게 되었기 때문이다. 따라서 도통 계보에 의해 매개되어야만 했던 상제와의 합일은 지역에 상주하는 성직자에 의해 중재될 수 있었고 도통 계보의 신성성은 소멸하였다. 인적 계보는 교인의 소속 교구를 확인하고 성직자의 원직 주직 임명 자격을 판단하는 종무 행정상의 정보로서만 그 의의를 유지하게 된 것이다.[94] 천도교

92　이동초(편), 앞의 책, 147~150쪽 참조.

93　위의 책, 143~144쪽 참조.

94　주직은 원직의 직급을 필수 기준으로 삼았기에 대부분의 주직이 휘하 연비의 규모에 따라 임명되었지만 육임 등 일부 원직은 연비 규모를 필수적인 기준으로 하지 않았다. 위의 책, 183쪽; 「천도교대헌(1911)」, 『韓末天道敎資料集』, 2권, 109쪽,

의 공동체는 연원 정점과 그 권위를 일부 이양받은 성직자, 그리고 지역에 구축된 성소를 중심으로 구축되기 시작하였다.

이는 1910년 12월의 새로운 『천도교대헌』으로 명확해졌다. 새로운 대헌에서 크게 달라진 것은 먼저 교구가 100호 이상의 구역에 설치되어 종교활동의 중심 공간이 되었다는 부분이다.[95] 교구와 연원이 연계되지 않았으며 대교구와 교구 간 소속 관계는 인적 계보보다 지역적 기준에 따랐다.[96] 이 부분은 연원과 교구를 일치하도록 편제한 기존의 대헌과 큰 차이를 보인다. 교구장 이하 교구원이 연원제와 관련된 원직자로 구성되는 것은 같았지만 연원주와 교구장을 일치시키는 규정은 폐기되었고, 따라서 교구 내에 서로 다른 인적 계보가 공존할 수 있었다. 교구장의 자격 조건에 원직이 명시되었지만, 그 선임은 공선제도인 교구회의 투표에 따라 이루어져 지역의 원주직 성직자들의 의사를 반영하였다.[97] 또한 구역 내의 각 면에 전교실과 전교사를 두어 교구의 포덕 활동을 지원하도록 하여 지역 성직자를 중심으로 한 종교활동을 강화하였다.[98] 대교구에는 도사, 교구에는 강도원(講道員)을 두어 종교교육을 전문화한 제도 역시 교구제 강화로 평가할 수 있다.[99] 결국 교단의 모든 활동은 교구제 체제로 전환되었으며 전문 성직이라 할 수 있는 주직의 임명 기준에만 연원제

122~127쪽 참조.
95 「천도교대헌(1911)」, 『韓末天道教資料集』, 2권, 111쪽 참조.
96 연원 계보와 관계없이 교구가 10개 이상인 구역에 대교구를 설치하도록 하였다. 위의 책, 116쪽.
97 위의 책, 115~116쪽, 119~120쪽 참조.
98 위의 책, 112쪽 참조.
99 위의 책, 113~114쪽, 118~119쪽 참조.

의 원직이 연계된 이원적 조직 제도가 성립되었다.[100]

의암이 연원 계보를 재편하고 교구제를 강화한 목적은 동학혁명, 해월의 서거, 이용구와 구암의 이탈로 혼란해진 연원 계보를 정리하여 모든 인맥이 연원 정점과 신성한 관계를 지니게 함으로써 조직의 구심력을 강화하면서, 연원제의 계층적 권위구조를 약화시키고 이를 통해 조직문화를 근대화하여 포덕을 활성화함으로써 조직의 확장성을 높이려는 의도였다. 그러나 인적 계보를 기반으로 했던 공동체와 그 권위구조의 신성성이 또한 약화되어 기존 조직체계를 지탱하던 토대가 붕괴할 가능성이 컸다. 이러한 문제를 보완하기 위해 의암은 교단 연원제의 신성한 원리를 다음과 같이 새로운 대헌에 성문화한다.

第四編 淵源及原住職

第一章 淵源

第一百十八條 淵源은 傳敎受敎時 始生而關係니 宗門大道大德하에 入하야 大道主統理下에 在한 敎人의 正系를 云함

第一百二十一條 傳道師는 宗門淵源下에 在하야 甲이 乙의게 傳敎하며 乙이 丙의게 傳敎하난 天分關係가 有한 인을 云함

第一百二十四條 傳道師와 受道人의 關係는 永生의 不變하난 恩義가 有함 (但)傳道師가 反敎한 時난 此限에 不在함[101]

---

100 이에 대해서 이영호는 연원제를 폐지하지 않고 긍정적인 측면을 흡수하여 행정 조직을 뒷받침하도록 하였다고 평가한다. 이영호, 앞의 책(2020), 225쪽 참조.
101 「천도교대헌(1911)」, 『韓末天道敎資料集』, 2권, 121~122쪽 참조.

이상의 조항은 연원이란 전교 수교 시 발생하는 하늘이 정해 준 관계이고, 갑이 을에게, 을이 병에게 전교하면 갑은 전도사(傳道師)라고 할 수 있으며, 이때 전도사인 갑과 수도인인 을, 병 사이에는 평생 변하지 않는 은의가 생긴다는 의미이다. 대헌의 위 조항은 그동안 불문법으로 내려오던 수운의 연원제 원리를 성문법으로 명확히 한 것으로 큰 의의가 있다. 물론 스승의 자격 조건을 3단계의 계보 성립으로 설정한 것은 '사사상수(師師相授)'나 '사장사장(師丈師丈) 서로 전(傳)해 받는 것'이라는 경전 문구를 직역한 것으로, 수운이 본래 의도한 것보다 강화되었다고 볼 수도 있다.[102] 하지만 수운 당시에도 비정상적 포덕으로 인한 사제관계를 배제했다는 점에서 본다면 오히려 수운의 본뜻에 부합한다고 할 수 있다.

경전에 나타난 조직 원리가 지닌 의미를 근대적 정관으로 명확히 한 것은 교구제 강화로 나타날 수 있는 속인제 공동체의 권위구조 와해를 방지하기 위해 그 기반이었던 연원제 원리의 성스러움을 재확인한 것이다. 연원제의 기본적 개념과 조직 원리가 현재까지 계승된 하나의 요인이 1910년의 대헌으로 이루어진 성문화라는 점에서 본다면 이는 성공적이었다. 하지만 근대화되고 있던 현실 세계에서 전근대적 기원을 지닌 이 원리는 험난하고 지난한 도전을 받을 수밖에 없었다.

천도교는 1906년 연원제를 기본적인 조직 구성 원리로 하면서 교구제를 절충하여 교단의 근대화를 이루려고 하였다. 하지만 연원제

---

102 두 문구 모두 스승에서 스승으로 전해졌다고 하여 두 단계의 스승을 말하고 있다.

의 원심력을 극복하기 위하여 1910년 말에 이르면 성소와 성직을 중심으로 한 교구제를 그 기본 조직체계로 채택하고 연원제를 성직 임명의 기준으로 전환하였다. 교구제와 연원제를 병행한 이원화가 천도교 조직의 원리가 되었다. 연원 정점인 의암의 휘하에 대도주를 중심으로 한 중앙총부(中央總府)가 최상위 접점이 되어 대교구-교구-전교실(傳敎室)로 이어지는 교구제가 연원제와 연동되면서 병행된 것이다. 그 결과 속지제인 교구제에 의해 속인제 연원 조직이 약화되어 연원 간 교류가 촉진되었고 천도교의 교리적, 조직적 통일성과 중앙집권화가 가속화되었다. 교단 초기부터 권위의 기반으로 자리 잡았던 연원 조직은 교구 내에서 독립적인 활동을 지속할 수 있었으며 그 권위구조 역시 교구 내에서 비공식적으로 큰 영향을 지녔었기에 교구제와 충돌하였다. 이는 결국 천도교 분열의 중요 원인이 되었다.

3) 연원제 폐지

연원제와 교구제를 절충하여 병행하던 천도교는 1914년 8월에 이르면 전교실을 포함한 191개의 교구를 지역별로 관할하는 37개의 대교구 체제로 변경되었다.[103] 1907년의 23개 대교구에서 37개 대교구로 교세가 성장하자, 10명의 의사원(議事員)으로 구성된 총인원으로는 교단의 중의를 모으기 어려워졌다. 이에 따라 1914년 8월 대교구별로 의사원을 1인씩 선발하여 총인원에서 근무하도록 하다

---

103 이동초(편), 앞의 책, 202~211쪽 참조.

가, 1921년 7월에는 총인원을 의정회(議正會)로 확대 개편하였다.[104] 의정회는 500호를 기준으로 하는 60개 선거구에서 선출된 의정원 (議正員)으로 구성하였고 입법과 예산 편성의 권한을 가졌는데, 1922년 1월에 의정회에서 입법, 사법, 행정의 삼권 분립 체제를 실시할 것을 결정하면서 이를 반영한 종헌을 제정하고 기존의 대헌을 폐지할 것을 의결하였다. 의정회는 종의원(宗議院)으로, 의정원은 종의사(宗議士)로 변경되고 종의원은 기존 의정회의 권한에 더하여 교단 운영과 감사에 관한 권한까지 가지게 되었다.[105]

특히 기존의 대도주를 교주로 변경하고 선출직으로 전환한 것은 혁명에 가까운 변화였다.[106] 도통 승계로 정해지는 대도주를 교주로 전환하면서 교인들이 선출한 선거인단이 교주를 선출하고, 교주는 종헌에 따라 교단을 통괄하도록 한 것은 사실상 더 이상의 연원 정점을 인정하지 않는다는 것으로 모든 종교적 권위의 원천을 교인에게 두는 것이었다. 이는 왕권 신수 사상에 근거한 봉건 왕정에서 주권재민(主權在民)의 공화정으로의 체제 전환에 비유될 수 있다. 시행될 경우, 교단의 권위구조는 전면적인 변화를 맞이하게 될 것이 명확했다. 도통연원으로서의 대도주가 사라지면 상제와 교인을 이어주는 연원제라는 인적 계보의 원리는 그 교리적 가치를 완벽히 상실하기 때문이다.

104 천도교중앙총부교서편찬위원회, 앞의 책, 153쪽; 이동초(편), 앞의 책, 143~144쪽, 221~223쪽; 김병로, 「우리교회의 제도개선에 대하야」, ≪천도교회월보≫ 제138호, 1922년 2월 15일, 19~20쪽 참조.
105 「중앙총부휘보」, ≪천도교회월보≫ 제137호, 1922년 1월 15일, 121쪽.
106 이돈화 편, 「천도교종헌초안」, 대동인쇄주식회사, 1922, 17쪽 참조.

새로운 종헌을 입법화시킨 신제파와 이를 반대한 보수파의 갈등은 연원제를 중심으로 전개되었다. 신제파는 연원제의 핵심적인 기반이 대도주에 있다는 점을 인식하고 대도주직을 선출직 교주로 전환하려 하였다. 이는 더 이상의 도통 계승을 인정하지 않겠으며, 연원 정점에서 비롯된 인적 계보를 중심으로 한 교단의 종교적 권위 체제를 교인들의 공의를 중심으로 한 체제로 혁신하겠다는 의미였다.[107] 따라서 신제파는 연원제를 고쳐서 용담연원만을 인정하고 연원록을 교적(敎籍)으로 전환하고 직접 포덕한 호수만을 원직 임명에 반영하여 중층적 연원 연비 관계로 권위가 발생하는 것을 차단하는 안을 통과시켰다.[108] 이들의 명분은 연원제가 연원 간의 문호(門戶)를 만들어 분열을 초래하며, 수직적 계통을 구성하여 계급의 폐해가 나타나 인내천의 교리나 자유와 평등이라는 시대정신과도 맞지 않는다는 것이었다.[109] 이에 비하여 교권을 장악하고 있던 보수파는 의정회 설치 등 의회제 도입에 동의했지만, 비록 폐해가 없진 않더라도, 교단 초기부터 교도를 관리해 오던 연원 연비의 제도를 폐지하면 연원주가 교인 관리를 소홀히 하여 결국 교회 전체의 기초가 동요될 수

---

107 혁신파의 오지영은 인도 관계에 의해서는 도가 전해진 것이 아니며, 따라서 사제 관계가 성립될 수 없고, 천주를 모시면 자재연원이 되니 용담연원만이 유일한 연원임을 주장하면서, 연원의 정신은 존중하지만, 연원제의 폐해는 혁거해야 함을 강조하였다. 이에 반하여 보수파의 이종린은 연원 문제는 교주 문제에 부속한 일이며 교주는 삼세 신성의 내원(來源)으로 삼백만 천도교인의 총 발원이기에 교주가 존재하는 한 연원제는 그대로 있을 수밖에 없음을 주장한다. 오지영, 「연원문제」, 《천도교회월보》 제127호, 1921년 2월 15일, 36~39쪽; 이종린, 「六月十二日의 其日」, 《천도교회월보》 제143호, 1922년 8월 15일, 14쪽 참조

108 「중앙총부휘보」, 《천도교회월보》 제137호, 1922년 1월 15일, 121쪽; 이동초 (편), 앞의 책, 233쪽 참조.

109 김병로, 앞의 글, 16~17쪽 참조.

있다고 주장하였다. 따라서 보수파는 교주 선거제와 연원제 개정에 반대하였다.[110]

의회제와 분권화, 그리고 지방 교구의 재정 자립을 위해 성미 1/3을 지방 교구에 사용하자는 안(案) 등 신제파의 교단 민주화 방안에 의암까지 동의를 표하자 여론은 신제파로 돌아섰다. 이는 상대적으로 교권에 소외되어 있었던 서북지역 지도자들의 지지로 인한 것이었다.[111] 결국 개혁안은 통과되었는데 새로운 종헌의 제1조는 '천도교는 천도교인의 전체 의사로 차(此)를 호지(護持) 함'이라고 하여 모든 권위가 교인에게 있다고 명시하였다. 이에 보수파 연원이 성미 납부를 거부하면서 반발하고,[112] 대도주 춘암이 신제파 인사들의 종의원 상임위원 인준을 거부하면서 충돌하였다.[113] 신제파가 춘암을 불신임하자 보수파는 의암을 설득하여 특명을 받아 결국 교주 종신제와 연원제를 원상회복하면서 신제파를 제명하였다.[114] 이 과정에서 중도파 및 신제파를 지지하던 전도사회까지 보수파에 가담하게

---

110 위의 글, 16쪽; 김정인, 「1920년대 전반기 천도교단의 노선갈등과 분화」, 『동학학보』 제5호, 2003, 234쪽 참조.
111 교단 민주화로 지칭되는 일련의 움직임은 1920년대 초반 문화운동과 계급운동의 여파로 사회 전반에 민주주의, 특히 자유와 평등을 구가하는 시대 풍조가 확산하면서, 기존의 문화운동이 사회주의로 무장한 좌파 진영의 도전을 받기 시작하자, 천도교 내에서 계급운동에 동조하는 지도자들이 등장하며 시작되었다. 그 중심에는 해월의 장자인 최동희를 중심으로 한 청년 지도자들이 있었는데, 이들은 보수파를 무력화하기 위해 중앙의 원로와 지방의 유력 지도자들을 모아 종법회를 결성하였고 이를 전도사회로 제도화하여 서북지방 출신의 장로와 도사들과 연대하였다. 위의 논문, 231~236쪽 참조.
112 「중앙총부휘보」, 《천도교회월보》 제141호, 1922년 5월 15일, 98쪽.
113 김정인, 앞의 논문, 236쪽 참조.
114 위의 논문, 231~236쪽 참조.

되면서 교단은 다수의 보수파와 소수의 혁신파로 분열되었다.[115]

이러한 보수파와 혁신파의 대결 과정에 관한 기존 연구는 이들의 대립을 주로 사상적 경향의 차이로 분석하는데,[116] 연원제의 관점에서 본다면 다른 해석이 가능하다. 대헌 체제가 연원주의 원심력을 약화시키고 연원 정점인 의암의 구심력을 강화하는 것이었으므로 연원 조직으로 구성된 교구의 권한은 약해져 있었고 모든 인적 물적 자원은 중앙으로 집중되어 있었다. 일부 연원주는 합법적으로 교권을 분점하기 위해 의회 기구 강화와 지방 재정의 자립을 주장한 혁신 운동 세력인 신제파와 연대하였지만, 연원제의 폐지가 도통 계보를 부정하여 연원주의 권위를 약화시키고 인적 결사의 공동체에 기반한 전통적 신앙체계를 흔들 수 있다는 것을 파악하면서 보수파와 타협을 한 것이다. 연원 정점인 의암의 지지가 보수파로 기울면서 연원주의 여론이 급속도로 변화된 것은 당시 천도교의 신앙체계가 연원 정점을 중심으로 한 연원제 권위구조에 기반하고 있음을 잘 보여준다. 중앙과 지방의 성미 수입 분할 비율이 5:5로 조정되어 더 이상 연원주와 교구 지도자가 신제파를 지지할 이유가 없어졌기 때문이기도 했다.[117]

하지만 연원제를 둘러싼 혁신파와 보수파의 대결 과정에서 의암

---

115 혁신파 지도자로 분류되었던 23명도 결국 보수파에 가담하였다. 위의 논문, 235~237쪽, 241쪽 참조.
116 1920년대의 천도교단의 사상에 따른 노선 갈등과 분열에 관해서는 김정인의 연구를 참조할 수 있다. 위의 논문, 225~259쪽 참조.
117 이돈화 편, 앞의 책(1922a), 16쪽; 이돈화 편, 『天道敎敎憲 附 敎規』, 1922, 부록 5쪽 참조.

이 서거하고 춘암이 교주직에서 사퇴하자 연원 정점의 부재로 인해 교단은 무교주제 상태가 되면서 연원제가 사실상 폐지되는 반전이 전개되었다.[118] 전교 수교 시 생성되는 것으로 규정된 연원에 관한 대헌 조항이 1922년 5월의 종헌 초안에서 삭제되었고, 1922년 9월 교헌에서는 '대신사 심법의 자재연원'으로만 규정된 것이다. 연원제는 포덕 교인 수에 따른 장로-도사-도훈-교훈-봉훈의 원직과 훈위(勳位)만으로 남았고, 1923년 5월에 교헌이 폐지되면서 제도적으로도 소멸하였다.[119] 의암의 서거에 따른 종교적 구심점 약화로 인해 교단의 분열이 가속화될 수 있다는 것을 보수파가 인지하면서 혁신파의 요구를 대폭 수용한 결과였다. 1922년 9월 교주제 폐지가 교헌으로 제도화되자 연원 정점이 소멸하였고, 인적 계보는 더는 상제와 교인을 연결하는 역할을 할 수 없게 되었다. 사사상전이 배제된 자재연원의 교리에 따라 도통의 지위를 상실한 연원주의 권위로는 연원제 조직의 원심력과 구심력을 유지할 수 없었다. 연원제는 천도교의 세계에서 사라질 운명이었다.[120]

1923년 5월 교헌이 폐지되고 중앙총부가 중앙종리원으로, 교구가 종리원으로 변경되면서 중앙 및 지방의 종리사로 종리사총회를 구성하여 교단의 중요 사안을 결정하는 불문법 제도가 시행되었다. 이것은 1922년 12월 중앙집권제 폐지를 주장하며 천도교연합회를

---

118 김정인, 앞의 논문, 236~237쪽 참조.
119 이돈화 편, 앞의 책(1922a), 19~21쪽; 이돈화 편, 앞의 책(1922b), 5~6쪽, 부록 5~6쪽; 천도교중앙총부교서편찬위원회, 앞의 책, 206~207쪽 참조.
120 교학자인 조기주는 이에 대해서 수운의 '법신종통(法身宗統)인 연원직제가 폐지되었다'라고 표현하였다. 조기주(편), 『동학의 원류』, 보성사, 1979, 364쪽 참조.

조직하여 분립한 오지영을 중심으로 한 강경 혁신파의 영향이지만,[121] 연원 정점의 부재로 접점을 잃은 연원주가 연합할 수밖에 없었던 교단의 현실을 반영한 것으로도 해석할 수 있다. 연원 정점이 존재하지 않는 중앙 본부는 종교적 권위의 원천이 될 수 없었고 제도적 권위만을 지니면서 지역 교구들의 연합본부적 성격을 지니게 되었다.

4) 연원제 복구

종리사 총회의 결의로 1924년 11월 포덕제를 실시하여 연원제를 부활시키려 한 것은 연원제 폐지로 인한 포교 활동 위축이 심각하였다는 것을 잘 보여준다. 포덕제는 지역과 관계없이 100호를 최소 단위로 하여 한 개의 포를 구성하여 포덕 기관을 만드는 제도로, 과거 연원제의 폐해를 피하려고 개인의 자유의사에 따라 포(布)를 결성하고 그 주관자로 교체가 가능한 포덕사를 둔 것이다.[122] 이에 대해 보수파의 이종린은 "포덕제가 속인제, 속지제, 속주제, 연원제 등의 무엇이든지 간에 천도교의 수면을 깨워 포덕만 증가시킬 수 있다면 가하다."는 주장을 한 바 있다.[123] 교주와 연원제 폐지의 영향은 심각했다. 당시 연원제를 통해 급격히 성장하고 있었던 보천교를 비롯한 증산 종단의 교세 확산이 천도교 연원주에게도 영향을 미쳤다는 것

---

121 천도교중앙총부교서편찬위원회, 앞의 책, 206~207쪽 참조.

122 이동초(편), 앞의 책, 275~279쪽 참조.

123 속주제는 교인들이 접주에 소속되어 있는 제도를 의미한다고 해석할 수 있다. 이종린, 「포덕제와 종법실의 설치」, 《천도교회월보》 제173호, 1925년 2월 15일, 5~6쪽 참조.

을 시사한다.

이후 중앙 간부직을 완전히 장악한 최린(崔麟, 1878~?)계 세력이 1925년 4월 춘암의 승통 기념일을 의절에서 삭제하였다. 이것은 변형된 연원제인 포덕제 하에서 춘암이 연원 정점으로 복귀할 가능성을 차단하고, 선출 권력인 최린을 중심으로 한 중앙종리사가 정통성을 지닌 의암의 적자라는 선언이었다.[124] 춘암은 1910년 대도주를 승계하였지만 1922년 교단의 통합을 위해 교주를 사직하였기에 언제라도 연원 정점의 승계를 주장할 수 있는 정통성 있는 후계자였다. 따라서 이 조치는 오히려 연원 정점으로서의 교주의 필요성을 주장하던 일부 종리사의 반발을 초래하면서 다시 교단 분열을 초래한다. 중앙종리원 측이 승통 기념일 삭제 조치에 대해 춘암의 양해를 얻었지만, 오영창을 중심으로 교주제 부활과 지방자치제 시행을 주장하는 동지회가 조직되어 신파와 구파로 나뉘게 된 것이다.[125] 이종린 (李鍾麟, 1883~1950)을 중심으로 '천도교통일기성회'가 조직되어 양파를 중재했지만, 교섭은 결렬되었다. 결국 통일기성회는 교주제 부활을 수용하면서 구파에 가담하여 천도교는 교주제의 찬반을 기준으로 신구파로 명확히 양분되었다.[126]

김정인은 이들의 분열이 일제하에서 자치제를 목적으로 천도교

---

124 김정인은 공식 기념일에서 춘암의 승통 기념일을 제외한 것을 서북계와 최린계가 의암의 적자로서 천도교의 정통성을 계승해 나가겠다는 의지를 대내외에 천명한 것임을 지적하였다. 김정인, 앞의 논문, 242쪽, 250쪽 참조.
125 이동초(편), 앞의 책, 288~291쪽; 김정인, 앞의 논문, 250~251쪽; 천도교중앙총부 교서편찬위원회, 앞의 책, 218~219쪽 참조.
126 김정인, 앞의 논문, 251~253쪽; 천도교중앙총부교서편찬위원회, 앞의 책, 219~220쪽 참조.

를 정치세력화하려 했던 최린계의 신파, 비정치적 순수종교로의 회
귀를 주장하는 오영창의 구파, 그리고 비타협적 민족운동 노선을 지
향한 이종린의 중도파 등의 정치적 노선 차이에 의한 것이라고 주장
하였다.[127] 천도교단의 분열이 교권을 둘러싼 이해 세력 간의 정치적
노선 차이에서 기인한다는 해석이다. 하지만 연원 정점을 중핵으로
한 인적 계보를 통해 공동체와 그 권위구조를 만들어 신앙체계를 구
현해 왔던 근대 한국 신종교에서 교주제와 연원제는 동전의 양면과
같았다. 이 분열의 원인은 교권이 아니라 신앙체계의 한 축이었던
연원제의 복원을 둘러싼 갈등으로 보아야 한다.

　도통의 계보가 존재하지 않는 현실이 새로운 해석으로 정당화되
지 않는다면 연원제는 끊임없이 재소환될 수밖에 없었다. 1927년 8월
구파의 교주 춘암이 '종문심법을 일인에게 전하지 않고 전체 교인에
게 전수한다'고 선언하자, 구파의 중심이었던 오영창이 이에 반발하
여 영변에서 '천도교육임소'로 분립한 후 황해도 사리원에서 '천도
교중앙총부'로 독립한 것은 이를 잘 보여준다.[128] 신에서 기원한 주
문의 전수를 중심으로 하는 종교에서 연원 정점의 승계를 의미하는
심법 전수가 교인 모두에게 전해진다는 것은 연원제를 부정하는 것
으로 해석될 수밖에 없었고, 이는 연원제에 따른 도통 계보를 신앙
체계의 중심에 둔 일부 연원주의 반발을 초래할 수밖에 없었다.

　1925년 8월의 신구파 분열 이후 천도교는 몇 차례의 합동과 분열
을 계속하였지만, 양파 모두 교구제를 중심에 둔 연원제 병행을 꾸

127　김정인, 앞의 논문, 253~255쪽 참조.
128　천도교중앙총부교서편찬위원회, 앞의 책, 226쪽 참조.

준히 주장하였다. 신파는 1925년 초부터 본격적으로 시행된 포덕제를 유지하면서 중앙종리원—지방종리원(부·군)—부(리) 체계의 교구제를 병행하고, 1928년 12월 성문법인 천약(天約)을 제정하여 이를 제도화하였다. 천약은 집단 지도체제를 도령 일인의 단일 지도체제로 전환하여 교주제와 유사하였고, 포를 교인 관리의 기본 단위로 삼아 30호의 세포(細布)에 포덕사, 300호의 포에 주간포덕사를 두고 포의 책임자인 주간포덕사가 의회라고 할 수 있는 법회의 구성원이 되도록 하였다. 세포나 포 모두 자유의사로 구성되고 포덕사와 주간포덕사는 세포의 교인과 포덕사의 투표로 선출되었다.[129] 주간포덕사의 경우에 임기 제한이 없어 자신을 중핵으로 한 인적 계보의 형성이 가능했지만, 연원의 개념이나 그 권위구조에 관한 조항은 없었다.[130] 연원제를 응용하여 인적 계보를 통해 교단 조직을 관리하는 제도로 그 권위구조는 종전의 연원제에 비해 약했다.

구파의 경우 『의절』 기념일에 춘암의 승통 기념일과 생일이 명확히 규정되어 연원 정점의 존재를 명확히 하였지만, 교주 없이 집단 지도체제와 중앙종리원—지방종리원의 교구제로 교단을 운영하였다.[131] 그러다가 1926년 8월 종덕사와 휘하의 포덕사를 임명하면서 이것이 연원제 직위인 원직이라는 것을 명확히 하여 신파와 달리 연

---

129 천약은 천도교회, 교인, 포, 법회, 중앙종리원의 순으로 되어 있어 포를 기본 단위로 하고 있음을 알 수 있다. 「천약」, 1928, 1~7쪽, 9~10쪽, 18쪽, 21~23쪽 참조.
130 위의 책, 2~3쪽, 10쪽 참조.
131 천도교중앙총부교서편찬위원회, 앞의 책, 225쪽; 「천도교교무규정」, ≪천도교회월보≫ 제194호, 1927년 2월 15일, 21~22쪽; 「천도교의절」, ≪천도교회월보≫ 제194호, 1927년 2월 15일, 29쪽 참조.

원제를 부활시켰다.[132] 1926년 11월 종덕사와 포덕사의 인적 계보를 확인할 수 있도록 구체화할 것을 지시한 점이나, 1927년의 교무규정에서 교인-포덕사-종덕사-사문(師門)의 체계를 명확히 하면서 포덕사를 20호, 종덕사를 200호 이상의 연비가 있는 이로 임명하도록 한 점으로 보더라도 연원제를 복원한 것은 분명하다.[133] 또한 종덕사가 의회인 총회 구성원이 되도록 하여 연원주의 권위를 확고하게 하였다.

연원 조직의 성장에 따라 교단이 분열할 위험성을 제거하기 위해 교구 활동을 활성화하는 조치도 취해졌다. 1928년 12월부터 기관포덕을 강화하기 위해 중앙포덕부-지방포덕부-부원회 제도를 시행한 것이다. 연원제에 따른 계층적 권위구조 강화와 분립 위험성에 관한 부정적 평가는 신구파 모두에 공통되었음을 알 수 있다.[134]

신파와 구파 모두 연원제를 변용하여 교구제와 병행하였으므로 조직 체계상 큰 차이점은 사실상 춘암의 연원 정점이라는 상징적 권위를 인정할 것인지의 문제밖에 없었다. 춘암의 상징적인 권위를 인정한다면 신구파의 합동은 어려운 일이 아니었다. 실제 1930년 10월 신파가 춘암의 승통 기념일을 인정하면서 12월 신구파는 일시 합동을 이루었다. 신파의 천약 체계를 기본으로 개정된 새로운 천약 체제

---

132 이동초(편), 앞의 책, 313~315쪽, 317쪽; 천도교중앙총부교서편찬위원회, 앞의 책, 226쪽 참조.
133 「천도교교무규정」, 《천도교회월보》 제194호, 1927년 2월 15일, 22쪽 참조.
134 「휘보」, 《천도교회월보》 제217호, 1929년 1월 20일, 22쪽; 「3층형식으로 포덕부가 조직되다-부원회가 기본조직-」, 《천도교회월보》 제218호, 1929년 2월 20일, 2~5쪽; 이동초(편), 앞의 책, 348~349쪽 참조.

는 춘암을 4세 선생으로 인정하였다. 하지만, 교주 없이 대령에 의해 교단이 주도되는 단일 지도체제로, 대령은 선출제였으므로 연원 정점과 같은 권한을 지니지는 못하였다.[135] 신구파의 조직이 기본적으로 일치하였기에 조직 결합이 어렵지 않았는데, 포 조직의 경우 구파의 기준인 200호를 기준으로 포가 성립되어 주간포덕사가 임명되었다.[136]

춘암의 모호한 위상이 연원제 조직에서 핵심적인 문제임을 신구파 모두 간과했다는 것은 1932년 4월의 재분열로 입증된다. 춘암은 구파 입장에서 도통을 전수한 연원 정점이었지만 신파 입장에서 의암의 심법을 공동으로 받은 제자 중 1인에 불과했다. 1914년 4월에 있었던 심법 전수식을 신파와 구파가 그 입장에 따라 다르게 해석했기 때문이다. 이에 대해서는 신파 입장의 역사서 『천도교창건사』와 구파 입장의 역사서 『천도교회사초고』의 다음 내용을 비교해보면 알 수 있다.

> 포덕 五十四年 甲寅 四月 二日에 聖師ㅣ 直接頭目 七十四人을 불러 共同傳授心法을 行하시니 그 法文에 曰 汝必天爲天者 豈無靈性哉 靈 必靈爲靈者 常存不一乎라 하시고 이여 갈으되 兩位神師의 心法은 單傳密符로 내려왔으나 나는 이제 三百萬敎徒에게 共同히 心法을 傳授하노니 君等은 歸鄕한 後에 이 式을 家家에 設하고서 내의 心法을 傳

---

135 「휘보」, 《천도교회월보》 제241호, 1930년 1월 20일, 72~76쪽 참조.

136 세포의 기준은 정확히 알 수 없지만 20~30호로 추정된다. 당시 90개의 포가 완성된 것으로 보인다. 천도교중앙총부교서편찬위원회, 앞의 책, 235~236쪽; 「휘보」, 《천도교회월보》 제241호, 1930년 1월 20일, 72쪽 참조.

하라 하시니 이로부터 吾敎의 道統淵源은 一人에게 單傳하는 法이 끈
어지고 大衆의 心에 直接傳播케 되었다 대개 聖師는 이 法을 設하기 爲
하야 미리부터 敎徒에게 이에 對한 說法을 많이 한 바 있으니 曰『너의
는 다ㅣ 大神師가 되었으니 大神師는 달은 데 잇는 것이 아니오 너의의
靈性에 出世 되엿나니라』하신 말슴과『우리 敎의 運數는 後天開闢의
運임으로 天皇 地皇 人皇이 다시 나서 그 始祖가 되고 그 後는 共和制
로 五萬年을 傳하리라』하섯으며『道主는 一種의 事務職이니 順次로
宿德을 따라 하게되리라』하심이 다 後日 共同心法傳授를 意味하시고
말슴하신 것인데 이에 와 그 法을 實施하시니 때에 그 法席에 參與한
人의 氏名은 如左하다.[137]

同年 四月 二日 下午 五時 二十五分에 義庵聖師 牛耳洞 鳳凰閣으로
還宅하시사 即席으로 春庵上師를 命하사 筆를 執케 하시고『汝必天爲
天者 豈無靈性哉 靈必靈爲靈者 天在何方 汝在何方 求則此也 思則此
也 常存不二乎』의 法文草橋을 書케하신 後 此를 먼저 頭目 七十三人에
게 傳케하여 一般敎人에게 此를 書持케 하라 하시며 又曰 此는 비록 余
가 思한 바이나 實은 春庵道主가주는 것이라 하시다. 春庵上師 께서
仍히 七十三人을 召集하사 淸水를 奉奠하고 此를 授與하시다.[138]

춘암이 '정수월집의춘(正水月執義春)'의 법문을 발표하고 부인들에
게 재(齋)자 호를 수여하자 신파는 춘암이 자신을 연원 정점으로 선

---

137 이돈화, 앞의 책(1933), 70쪽.
138 「천도교회사초고」, 『동학사상자료집』 제1권, 아세아문화사, 1978, 525~526쪽.

언한 것으로 보았다.[139] 춘암의 법문은 포(布) 조직을 기반으로 하는 교단의 지휘 체계가 춘암을 중심으로 재편될 가능성을 현실화시켰는데, 이는 신파의 권위구조에 위협이 되었다. 수운, 해월, 의암이라는 신성한 도통 연원에 교인 각자가 영적으로 연결되고, 포 조직이 이 영적 연결을 지원, 관리하는 구조를 지닌 신파의 체계는 수준이 낮은 연원제였다. 그에 비해 수운-해월-의암-춘암의 도통 계보에 교인의 인적 계보가 연결되어 인적 계보가 도통 계보가 될 수 있었던 구파의 체계는 연원 정점이 존재하는 수준이 높은 연원제였다.

1932년의 분열은 8년간 지속되었다. 외적인 합동의 조건이 성숙하지 않았다면 분열 상태는 계속될 수도 있었다. 춘암이 일인(一人)에게 심법이 전수되는 일은 없을 것이라고 선언했지만, 신파의 입장에서 생존한 연원 정점이 권력과 권위의 원천이 되는 것을 수용하기는 어려웠다. 하지만 도통을 둘러싼 교리적 분열이 신구파의 연원제 변용과 교구제 병행 기조를 흔들지는 않았다. 도통에 대한 교리적 차이와 관계없이 오히려 신구파는 분열 기간에 연원제를 강화한다. 연원제의 비밀결사적 특성이 식민지 민족운동의 본산 역할을 하던 천도교에는 큰 도움이 되었기 때문이라고 추측할 수 있다.

정치결사체의 성격을 강하게 지녔던 신파가 1932년 8월부터 12월까지 기존의 연원 조직인 포(布)를 500호로 확대하며 종정(宗正, 25호)

---

139 '정수월집의춘(正水月執義春)'의 법문은 수운-해월-의암-춘암의 도통을 상징한다. 부인들에게 재(齋)자 호를 준 것은 1931년 4월 중앙종리원에서 당(堂) 호를 수여하기로 한 결정을 무력화하는 것으로 종리원의 종교적 권위를 부정하는 것으로 해석될 수 있었다. 천도교중앙총부교서편찬위원회, 앞의 책, 241~241쪽 참조.

-선정(宣正, 50호)-신정(新正, 100호)-교정(敎正, 250호)-도정(道正, 500호)으로 체계화하고, 도정회를 의회로 삼아 연원 조직을 중심으로 교단을 운영한 것은 신파 조직이 교구 기관을 연원 조직 지원 기구로 전환하였다는 것을 시사한다.[140] '전도인과 수도인의 은의를 영수불망하여야 한다'라는 조항과 원직과 주직의 구분이 명문화된 것은 이를 방증한다.[141] 1937년 포(布)를 '연원 계통'으로 전환하면서 신정(10호)-교정(100호)-도정(200호)의 체계로 축소하여 재조직하고 연원록을 작성하도록 한 것은,[142] 식민지 전시체제에 따른 탄압으로 인해 교단의 공개 조직인 교구의 활동이 축소되자 비공개 조직인 연원제 조직을 강화하면서 연원제의 기본 원리를 회복한 결과였다. '용담 연원을 천하에 포덕하기 위하야 연원 계통을 치(置)'하고 '도인은 포덕의 결합으로 자재연원(自在淵源)이 되며' 기존의 도인도 '갑을(甲乙)이 필히 청수(淸水)를 봉전(奉奠)하여 서천식(誓天式)을 행(行)'하도록 명시한 제도의 취지와 절차가 이를 입증한다. 이 전환을 '기관적 법규적인 인위적 결속에 의한 기관결합을 심법적 정신적 천명적 자연결합으로 전환'한 것이라고 하고 '천명과 인사의 합치'로 평가한 것은 종래의 연원제 원리가 복원되었음을 의미했다.[143]

구파 역시 분열 이후 연원제를 강화했다. 1932년 8월 수운을 천종

---

140 도정회에서 중앙종리원의 대도정, 상무도정, 대령, 부대령, 감사정 등의 입법, 행정, 사법 기관의 임원을 선정한 것을 본다면 교구제보다 연원제가 주가 되었음을 알 수 있다. 이동초(편), 앞의 책, 392~393쪽; 村山智順, 앞의 책, 76~90쪽; 천도교 중앙총부교서편찬위원회, 앞의 책, 245~246쪽 참조.
141 村山智順, 앞의 책, 76쪽, 80~82쪽 참조.
142 이동초(편), 앞의 책, 461~462쪽 참조.
143 앞의 책, 461쪽 참조.

(天宗), 해월을 도종(道宗), 의암을 교종(敎宗)으로 명명하면서, 춘암을 법종(法宗)으로 추가한 입교문을 발표하여 춘암이 연원 정점이라는 것을 명확히 했다. 연원 조직의 중심인 교주를 부활시키고 춘암을 연원 정점인 교주로 복귀시킨 교주제의 부활은 연원제의 핵심인 연원 정점을 회복하는 조치였다.[144] 12월에는 교헌을 제정하여 기존의 변형된 연원제인 포(布)제를 동학 시대의 포(包)로 되돌리면서 포가 정신적 결합이라고 천명하고 봉훈(奉訓, 30호) - 교훈(敎訓, 150호) - 도훈 (道訓, 300호)의 원직 체제로 연원 조직을 구성하였다.[145] 원직은 임기가 없었으므로 연원 정점인 교주와 포 간의 인적 계보가 구축되었고 연원 연비 간 권위구조가 명확해졌다.[146] 당시 천도교 조직의 장점이 연원제와 교구제의 병행에 있으며 '여기에 천도교의 위력이 있다'라는 주장, 그리고 포(包) 조직은 '사람과 사람의 관계로 결성되는' 것으로 개인 세력화의 단점만 배격하면 그 '힘이 위대할 것'이라는 주장은, 구파 내에서 천도교 조직의 핵심 동력을 연원제로 인식했다는 것을 잘 보여준다.[147] 결국 구파에서 연원 정점인 교주로 인정된 춘

144 이종린은 춘암의 직접적인 통제와 교화가 아니면 신앙의 부활과 교회의 부흥이 불가능하다고 주장하였다. 박승룡은 대령제와 교주제가 유사한 듯 보이지만, 대령제는 공화제를 모방한 것이며 교주는 선생으로서 교회의 정신기관으로 기관을 통리하는 천도교 고유의 제도이며 따라서 수운의 법이라고 주장하였다. 이러한 주장은 연원 정점으로서 교주가 부활한 것임을 잘 보여준다. 이종린, 「교주제 부활」, ≪천도교회월보≫ 제259호, 1932년 9월 15일, 7쪽; 박승룡, 「우리교의 제도개정에 대하여」, ≪천도교회월보≫ 제259호, 1932년 9월 15일, 11쪽; 「천도교임시대회회록」, ≪천도교회월보≫ 제259호, 1932년 9월 15일, 56~59쪽 참조.
145 村山智順, 앞의 책, 150쪽, 154~155쪽, 159쪽; 단정, 「교헌해석」, ≪천도교회월보≫ 제264호, 1933년 3월 20일, 59쪽 참조.
146 村山智順, 앞의 책, 155쪽 참조.
147 단정, 「교헌해석」, ≪천도교회월보≫ 제264호, 1933년 3월 20일, 57쪽 참조.

암은 1936년 10월 삼권 분립을 골자로 하는 교헌 수정안을 폐기하고 1910년의 대헌 체제로 돌아가 연원제는 완전히 복원되었다.[148]

1940년의 4월의 신구파 2차 합동의 원인이 일제의 전시체제 강화로 인한 외적 압력에 있었다는 것은 명확하다.[149] 하지만 분열의 원인이 된 대도주 춘암이 건강 악화로 1938년 2월 사실상 일선에서 물러난 후 1940년 4월 서거하였고, 신구파 모두 일제의 탄압으로 교세의 침체를 겪으면서 연원제를 강화하고 있었다는 사실 역시 합동을 촉진한 원인이라고 할 수 있다.[150]

교주제 및 연원제에서 신구파의 갈등이 존재하는 부분이 사라지자 교단의 합동은 자연스럽게 이루어졌다. '전교인의 은의를 영수불망'하고, '전교 수교에 의하여 자재연원의 상종관계'가 성립된다는 연원제 원리가 명확히 성문화되었고, 포나 연원 계통으로 명명되던 연원제 조직은 '연원집단'으로 규정되었다. 1940년에는 연원제 조직은 신훈(20호)－교훈(50호)－도훈(100호), 1945년에는 신훈(20호)－교훈(100호)－도훈(200호)으로 체계화되었다.[151] 총부 현기실에 직접 연결된 도훈과 교훈은 연원회의 구성원이 되었고, 연원회는 장로, 선도사, 현기사의 상주선도사 등 교단의 중추적 임원을 선출하는 권한을 지니고 있었다.[152] 신훈, 교훈, 도훈, 선도사, 장로는 원직으로 임

---

148 이동초(편), 앞의 책, 454쪽; 천도교중앙총부교서편찬위원회, 앞의 책, 255~256쪽 참조.
149 천도교중앙총부교서편찬위원회, 앞의 책, 363~369쪽 참조.
150 춘암의 일선 후퇴와 서거는 다음을 참조하라. 위의 책, 257쪽, 374~375쪽.
151 조기주(편), 앞의 책, 364~365쪽;『교약』, 1945, 2~3쪽.
152 위의 책, 3쪽, 10쪽, 14쪽 참조.

기 제한이 없었으므로 연원제의 직위는 성직이라고 할 수 있었고, 대부분의 주직이 원직을 지녀야 임명될 수 있는 체계였기에 교단은 사실상 내적으로 연원제, 외적으로 교구제의 구조였다. 교구의 중요 사항을 결정하는 교구회가 신훈, 교훈, 도훈과 전교사, 순회전교사로 구성되었다는 점에서도 그 절충적 구조를 알 수 있다.[153] 중앙총부-교구-전교실-부의 교구 체계는 주로 연원 조직의 활동을 지원하는 보조적 역할을 행하였다. 폐지되었던 연원제는 복원되었으며, 그 이후에도 현재까지 천도교의 조직체계에서 작동하고 있다.

1910년을 전후한 시기에 이루어진 본격적인 교구제 도입이 연원제라는 속인주의 원칙에 미친 영향은 사실 1920년대의 연원제 폐지와 변형에 비한다면 매우 약한 것이었다. 1920년대에 이루어진 연원제의 약화와 폐지는 연원제로 인해 천도교 내에 누적된 비민주적, 권위적, 파벌적 문화에 대한 반발에서 기인한 바가 크다. 연원제를 고수하려는 연원주의 반발과 이를 따르는 교인이 있었으므로 천도교의 분열은 시작되었다. 이후 천도교 조직체계는 외견상으로 각 지역 선거구에서 교인들의 자발적인 선거에 의해 피선된 종리사(宗理師)들이 협의제로 운영하는 종리원(宗理院) 체제로 변화되었다. 연원주와 교인 사이의 인적 결사의 연쇄를 토대로 했던 속인제 중심의 부구제가 지역을 매개로 하는 속지적인 종리원제로 대부분 대체된 것이다. 이러한 변화가 연원제 조직의 원심력을 약화시켜 천도교 교세의 정체와 위축을 가져왔으며, 연원 정점의 구심력에 의해 유지되던

---

153 위의 책, 15쪽 참조.

천도교 조직의 통일성에 타격을 준 것은 분명하다.

이후 천도교는 교세 약화를 극복하고 조직의 구심력을 회복하기 위해 포부제라는 변형된 연원제 조직을 도입하였다. 하지만 이 제도는 연원제의 핵심 요소인 천부적 인맥이라는 요소를 거의 반영하지 못한 채 포의 선택을 자유의사에 맡긴 형식상의 연원제에 불과하였다. 그러다가 1930년대에 이르러 연원제는 서서히 복구되었고 1940년대에 이르러 연원제를 중심으로 교구제를 병행하는 체제로 돌아오게 되었다.

2. 보천교와 연원제의 변화

1) 월곡의 연원제 변용

증산의 친견 제자 대부분이 자신들의 연비를 이끌고 분립하자 월곡은 1916년 동지(冬至)를 기해 교단 조직을 정비하고 체계화하였다.[154] 교단 내에 자신의 권위를 위협할 만한 증산의 친견 제자가 더는 없었으므로 연원 계보를 정비할 수 있었다. 월곡은 이치복이 고판례와 연대하여 분립을 시도하는 과정에서 고판례의 강화(降話)와 제사권을 매개로 한 종교적·제도적 권위가 교단 내 분열을 심화시킬 수 있다는 점을 인식하였다. 월곡은 고판례가 지닌 연원 정점으로서의 상징성을 약화하기 위해 그녀의 거소(居所)를 예문(禮門)으로 명명

---

154 이영호, 앞의 책(1948a), 3b쪽 참조.

하고 출입 허가를 자신의 통제하에 두었다.[155] 이는 증산·고판례-월곡으로 연결되는 계보를 명확히 하여 자신을 연원 정점의 대리자로 자리매김하고, 이원화된 권위구조를 자신을 중심으로 한 단일 지도체제로 전환하는 조치였다.

기존 연원주는 월곡의 명에 따라 자신들의 연원을 방(方)으로 편제하여 월곡 휘하의 24방주가 되었다.[156] 동학의 연원제 조직이 접이었다면 증산 종단 최초의 연원제 조직은 방이다. 당시 방 하나의 규모는 명확하지 않지만, 월곡 교단의 1914년경 교인 수가 수천 명으로 추정되므로 초기 동학의 접보다 큰 규모였다고 짐작할 수 있다.[157] 연원주 중에 24방주로 임명되지 못한 3인에 대해서 24방주에 귀속되지 않고 단독으로 교무를 집행할 수 있도록 한 점으로 본다면, 방은 일정한 규모 이상의 연원 조직이어야 될 수 있었다는 것을 알 수 있다.[158]

월곡의 연원제가 지닌 특징적인 점은 첫째, 증산이 중시한 도수(度數)나 상수학적 수리(數理)와 결합하고 있다는 점이며 둘째, 독립 방주제라는 점이다. 24방은 24방위에서 온 것인데, 이것은 증산의 천지공사에서 도통(道通), 진인(眞人), 구원과 관련된 중요한 개념으로 활용된 바 있었다.[159] 따라서 월곡이 이를 조직 구성 원리로 활용한 것은

155 이정립, 앞의 책, 55~58쪽 참조.
156 이영호, 앞의 책(1948a), 3b~4a쪽 참조.
157 「손의 질문에 대답함-答客難」, 《보광》 제3호, 1924년 1월 27일, 30쪽 참조.
158 이영호, 앞의 책(1948a), 4a쪽 참조.
159 증산의 천지공사에서 24의 수리와 24방위와 관련된 금강산 일만이천 봉, 도덕군 자, 해인 등의 개념은 증산 종단에서 도통 및 구원에 관련된 중요한 상징이다. "天師께서 그곳에머무루사公事를行하실새 金亨烈을불너命하사대 金剛山一萬二千峯

자신이 증산의 도통(道統)을 계승하였음을 명확히 한 것이다. 이후 24 방위 외에도 동아시아의 시공(時空)에 관련된 수리와 도수가 연원제와 결합하여 월곡의 교단에서 중요한 조직 원리로 나타났다. 이는 증산이 구축한 도수적 신앙체계를 조직체계에 투영한 독특한 방식으로, 천인 합일적 세계관에 기원한 고대의 관직 제도와 유사성을 지녀 통치 체계의 특성을 내포하였다. 증산 종단 전체를 관통하는 도수적 신앙체계는 특히 월곡의 교단에서 연원제와 결합하여 통치 체계를 상징하는 독특한 수리적 연원제가 된 것이다.[160]

독립 방주제라는 것은 연원의 규모가 방에 도달하여 방주로 임명되면 연원 정점인 월곡의 직접적인 지휘를 받는 제도다. 다시 말해, 방주가 되면 자신의 연원이 되는 방주의 지휘를 받지 않고 월곡에 직접 연결되는 것으로, 연원 관계를 인정하지만, 지휘 통솔체계는 독립되는 제도이다.[161] 동학·천도교에서도 연원의 규모가 최대 조직

의劫氣를除去하리니 네가金光贊辛元一로더부러 白紙를一方寸식오려 侍字를써서四壁에붓치되 한사람이하로四百字식 열흘에쓰라 그리고그동안 朝夕으로淸水一盆씩질어 二十四器로난우아노코 밤에七星經三七遍을念誦하라 亨烈이命을쫏차行할새", "十二月에 天師께서洋紙一枚에二十四方位를돌녀쓰시고 中央에 『血食天秋道德君子』 라쓰신後가라사대 이는南朝鮮배질이라 血食千秋道德君子의神明이이배를運轉하고 全明淑이都司工이되니라 그君子神이千秋에血食하야 萬人의仰慕를밧음은 다맘에잇나니라 그럼으로一心을가진者가아니면 이배를타지못한다하시더라", "天師께서亨烈다려일너가라사대 六十四卦를점치며 二十四方位字를돌녀쓰라하시거늘 亨烈이命을쫏차 六十四卦를점치며 二十四方位字를써서올닌대 天師께서그조히를갓고 門外에나가사 太陽을向하야불살으시면서 가라사대나와갓치지내자하시고 亨烈을도라보아가라사대 나를잘미드면海印을 갓다주리라하시더라" 이상호, 앞의 책(1926), 77쪽, 119쪽, 131~132쪽.

160 수리적 연원제는 후에 불법연구회의 단 조직에 영향을 주었다고 추측된다. 보천교의 수리적 연원제와 불법연구회의 단 조직 원리의 관련에 대해서는 후술할 것이다.

161 독립 방주제는 1925년의 보천교 혁신운동에 대해 다루면서 다시 살펴볼 것이다.

단위에 도달하면 연원 정점의 지휘 통솔을 받게 되는 경우가 있으므로 월곡 교단만의 특징은 아니다. 그렇지만 이 제도가 월곡 교단의 경우 초기부터 명확히 제도화되었다는 점에서는 특징적이었다고 평가할 수 있다.

증산의 사유에 기반한 조직체계 구축은 1918년 고판례의 분립으로 인해 더욱 촉진되었다. 주문 수행을 통한 치병과 신비체험을 주된 교리와 포교 방법으로 삼았던 초기 교단은 성격상 그 연원을 증산이 강림한 고판례에 둘 수밖에 없었다. 하지만 그녀의 분립은 기존 신앙체계를 탈피하여 이를 대체할 새로운 교리의 정립을 촉진했다. 그 중심에는 고판례를 월곡으로 대체할 도통론과 이를 확증해 줄 수 있는 보다 체계화된 증산과 증산의 교법에 대한 해석이 존재해야 했다.[162] 따라서 증산과 월곡 사이에 이루어진 공사와 관련된 서사(敍事)는 월곡의 도통 전수를 축으로 하여 재해석되었고, 고판례를 통해 전해진 증산의 강화(降話)는 예정되어 있었던 하나의 과정으로 해석되었다. 공동체와 권위구조에는 월곡에 의해 해석된 증산의 도수적 세계가 투영되었다.

방주들은 고판례의 이탈을 시대가 전환되는 도수의 구현으로 해석함으로써 월곡의 도통 전수를 명확히 하고, 증산의 후천 개벽 사상을 전통적 참위설과 김일부의 정역에 결합시켰다.[163] 이는 정감(鄭鑑)

---

162 증산이 1909년 1월 친필 경전인 현무경 3부 중 1부를 제자 중 월곡에게 간수하도록 한 것 역시 증산이 월곡에게 도통을 전수한 것으로 해석되었다. 이상호, 앞의 책(1926), 121쪽; 이상호, 앞의 책(1929), 181쪽, 185쪽; 이상호, 앞의 책(1947), 226쪽; 대순진리회교무부, 앞의 책(1974), 182쪽 참조.
163 강돈구는 정감록의 비결신앙과 정역 등을 한국 신종교에 영향을 미친 대표적 역사

비결(祕訣)의 프리즘으로 증산의 사상을 굴절시키는 문제를 발생시켰지만, 월곡이 상제 증산이 내정한 구원자이며 진인이라는 담론을 형성하였다.[164] 이제 월곡은 민족을 구원할 진인을 기다리던 식민지 민중에게 상제 증산으로부터 지상 낙원을 실현할 수 있는 도법과 권능을 부여받은 구원자로 소개될 수 있었다.[165] 상제의 계시로 보국안민의 계책을 받고 이를 전한 대선생 수운에 비견될 새로운 선생이 나타난 것이다.[166]

월곡의 교단은 고판례의 분립을 계기로 신탁과 강화를 중심으로 한 신앙체계를 탈피하여, 보다 체계적이고 종합적인 교리를 통해 민족 독립의 희망을 제시함으로써 교세가 폭발적으로 증대하였다. 포교 공로와 구원의 비례 관계를 특징으로 하는 연원제 조직문화가 교

이론으로 제시하고, 보천교에 기원을 둔 증산도의 역사관이 정역과 미륵 사상을 지니고 있음을 지적하였다. 강돈구, 「한국 신종교의 역사관」, 『종교 이론과 한국 종교』, 박문사, 2011(『현대 한국종교의 역사 이해』, 한국정신문화연구원, 1997), 601~609쪽, 616~620쪽, 633~636쪽 참조.

164 이정립은 이를 서전(書傳)의 홍범도해, 김일부의 정역, 정감비결, 풍수설 등의 결합으로 설명한다. 월곡 교단, 즉 보천교와 관련된 정감록 관련 사건을 통해 보천교가 포교에서 정감비기를 활용한 정도를 살펴볼 수 있다. 이에 관해서는 김탁의 연구를 참조할 필요가 있다. 하지만 증산이 정감록과 이를 기반으로 한 예언 사상에 대해 비판적이었다는 부분은 박상규의 연구를 참조할 수 있다. 이정립, 앞의 책, 62쪽; 김탁, 『일제강점기의 예언사상』, 북코리아, 2019, 294~394쪽; 박상규, 「대순사상과 정감록의 관계: 증산이 변용한 한시 전거를 중심으로」, 『대순사상논총』 제36집, 2020, 1~34쪽 참조.

165 김탁은 월곡 교단의 교세 확장과 월곡의 천자 등극설이 민중들에게 받아들여졌던 이유를 1919년의 삼일 독립 만세운동의 실패에서 찾았다. 김탁, 앞의 책(2019), 297쪽 참조.

166 1919년 10월 60방주가 임명되자 방주들은 월곡을 선생으로 숭배하고자 하였다는 기록이 있고, 보천교 기관지 보광에는 월곡을 '중앙 선생님', '선생님'으로 표기하고 있다. 이영호, 앞의 책(1948a), 10a쪽; 「손의 질문에 대답함 ~쯤客難」, 《보광》 제3호, 1924년 1월 27일, 30~31쪽 참조.

단 조직 확산의 또 다른 동력으로 작용하였다.[167] 월곡이 증산의 도통을 계승한 연원 정점이라는 담론이 교단 전체에 확산 수용되면서 인적 계보의 권위와 공동체의 신성성이 강화된 것 또한 조직의 포교 활동을 증폭하였다.[168]

월곡은 교세가 증대하자 1919년 10월에 24방을 60방으로 확대하여 총 60명의 방주를 임명하였다.[169] 1918년 11월 다수의 방주가 체포된 교단 위기 이후 약 1년 만에 조직의 규모가 2배 이상 확장된 것인데, 이는 당시의 폭발적인 교세 증가를 잘 보여준다.[170] 기존의 24방에 더 추가된 36개의 방은 증산의 도수적 세계에서 씨줄과 날줄의 역할을 하던 것으로, 오행 중의 '수화목금'과 사방의 '동서남북', 사시(사계)의 '춘하추동'을 모두 합친 12방, 그리고 24절후의 24방이었다.[171] 증산이 구축한 도수적 세계의 씨줄과 날줄이 조직에도 철저하

---

167 포교와 구원의 비례 관계에 대해서는 식민지 경찰의 보고서를 통해 살펴볼 수 있다. 에미코 번역, 「번역문『보천교일반』」, 『일제강점기 보천교의 민족운동 자료집 II』, 도서출판 기역, 2017, 193~194쪽 참조.

168 월곡에 대해 부정적인 이정립도 당시의 신도 대부분이 월곡에 대해 신뢰를 하기 시작하였음을 기록하고 있다. 이정립, 앞의 책, 63쪽 참조.

169 『증산교사』와『보천교연혁사』의 관련 기록은 박인규가 자세히 분석하여 재구성한 바 있다. 박인규, 앞의 논문(2019b), 81~82쪽 참조.

170 1918년의 교단 위기에 대해서는『보천교연혁사』에 자세히 다루고 있다. 이영호, 앞의 책(1948a), 6b~7a쪽 참조.

171 "天師가라사대 八卦가운데五行의理가가초앗고 藥은곳五行의氣를應함인연고이라하시더라", "天師께서亨烈을命하사 글한장을高聲大讀하시니 그글은곳曳鼓神曳彭神石蘭(?)神東西南北中央神將造化造化云吾命令咋이라", "天師께서藥房壁上에『士農工商 陰陽』의六字를써붓치고 또『[氣東北而固守理西南而交通』을써붓치시고 各各白紙로褙附한後 自賢을불너가라사대 네가쏫가는대로 湯器를대이고덧붓친조희를오려쎼이라하시니 自賢이命대로施行한즉 陰字가낫하나는지라", "士之商職也農之工業也士之商農之工職業也其外他商工業有所(有關文)萬物資生 放, 蕩, 神, 道, 統, 春之氣放也夏之氣蕩也秋之氣神也冬之氣道也

게 반영되었다고 할 수 있다.

월곡은 주인장(主人長)이 되어 조직의 중심이 되었는데 이는 우주, 즉 시공의 축을 상징한 것이었다.[172] 이것은 월곡의 인장에도 반영되었는데, 외원내방(外圓內方)의 형태로 방형 중앙에 '토(土)' 자를 음각하고 방형 사방에 '무기일월(戊己日月)'의 네 자를 새기는 방식이었다.[173] 외원내방은 동아시아 고유의 세계관인 천원지방(天圓地方)을 모사하여 천지를 상징했고, 천간(天干)의 무기(戊己)는 오행의 중심인 토(土)와 24방위의 중심을 나타냈으며, 일월은 24절후의 기강(紀綱)을 의미했다.

토(土)의 자리에 있는 주인장 월곡을 중심으로 수화목금의 방이 최상위 단계로 배치되어 그 방주는 교정(敎正)이 되었다. 그다음 단계로 사방과 사시의 동서남북, 춘하추동의 방이 배치되어 그 방주는 교령(敎領)이 되었다. 그다음 단계로 24방위의 방이 배치되어 그 방주는 포주(胞主)가 되었으며, 그다음 단계로 24절후의 방이 배치되어 그 방주는 운주(運主)가 되었다.[174] 1916년의 24방주 체제에서 상위로 2단계, 하위로 1단계가 추가 배치되어 방주의 체계가 총 4단계로 구분된 것이다.[175] 방주 간에 연원 연비 관계에 따른 소속 관계가 있었

統以氣之主張者也", "쏘가라사대二十四節候文이됴혼글인데世人이다몰으나니라" 이상호, 앞의 책(1926), 43쪽, 64쪽, 117쪽, 134쪽, 140쪽.

172 이영호, 앞의 책(1948a), 10a쪽 참조.

173 민영국(편), 『도훈』, 보천교총정원 전문사, 1986, 16쪽; 이정립, 앞의 책, 76~77쪽 참조.

174 이영호, 앞의 책(1948a), 9a~10b쪽 참조.

175 월곡은 60방주를 고명하는 치성을 3차례로 나누어 행했으니, 10월 5일에는 수화금목・동서남북・춘하추동, 7일에는 24방위, 9일에는 24절후에 해당하는 방주였다. 이를 통해서 본다면 방주는 3단계로도 볼 수 있지만, 교정, 교령, 포주, 운주

는지는 정확히 알 수 없지만 존재하는 예도 있었을 것으로 추측된다.[176] 하지만 존재하더라도 그 인적 계보는 방주의 급을 나누는 기준으로만 활용되었을 가능성이 크다. 60방주는 모두 대리인과 육임을 둘 수 있었고 방의 교무(敎務)는 독자적으로 관할했기 때문이다. 연원 조직이 방의 규모에 도달하면 방주로서 직접 월곡의 지휘를 받았다고 볼 수 있다.

주목할 점은 상위 2단계의 12방주가 교정과 교령으로 지칭되었고, 하위 2단계의 방주들이 포주(胞主)와 운주(運主)로 지칭된 점이다. 상위 12방주의 역할은 연원주보다 교단 지도자에 방점이 있었고, 24방위와 24절후의 방주들은 지부에서 연원주의 역할을 주로 하는 체계라고 볼 수 있다.[177] 동학의 대접주들이 포주였던 점으로 유추해 본다면 24방위의 방 규모를 대략 추측해 볼 수 있는데, 월곡이 동학 교도와 일진회원으로 활동했던 시기였던 1903년 동학 포주인 대접주들이 1천 명의 연비를 휘하에 두었고, 대접주에 해당하는 1907년 천도교 대교령의 임명 기준이 연비 1천 명이었으므로 월곡 교단 방의 규모 역시 1천 명 이상으로 짐작된다.

방주 대리인을 임명하는 기준을 신언서판(身言書判)으로 한 것은 지

로 직위가 각각 다른 것으로 본다면 4단계 이상으로 보아야 한다. 같은 교령인 춘하추동 동서남북의 급에도 차이가 있음을 보여주는 기록이 있으므로 방주의 급은 총 5단계로 볼 수도 있다. [그림 2]의 육십방주도에도 총 4단계로 나누어져 있다. 위의 책, 9b~10a쪽, 39b쪽;『二師全書』, 1945, 53a쪽 참조.

176 서방주 이상호를 연원으로 하는 동생 이정립(이성영)이 동지 운주에 임명된 것을 확인할 수 있다. 이영호, 앞의 책(1948a), 9b쪽 참조.

177 1920년 8월 월곡은 방주 대표 16명을 불러 포교는 대리인과 육임에게 위임하게 하고 49일을 기한으로 정해 심법을 얻는 정신 수양의 수련을 명한다. 16명 중 12인은 교정과 교령이었다. 위의 책, 13b쪽 참조.

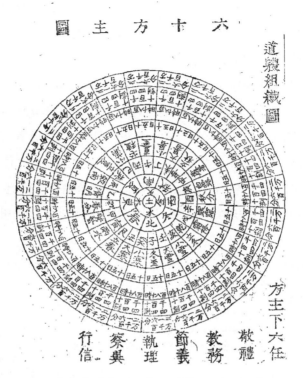

[그림 2] 육십방주도 (『二師全書』, 1945, 53쪽)

식인이나 유력자로 방주를 보좌하도록 함으로써 월곡과 방주 간의
소통을 원활하게 하고, 방주가 교단 본부의 일을 할 때 방주를 대신
하여 방을 운영하도록 한 조치였다. 대리인의 명칭에서도 증산의 천
지공사와 관련된 용어가 나타나는데 동서남북 방주의 대리인 명칭
을 동수(東守), 서교(西交), 남교(南交), 북수(北守)라 한 것이 그 예이다.[178]

---

178 수화목금 방주의 대리인은 사(司), 춘하추동 방주의 대리인은 섭(攝), 24방위 방주

이는 증산이 1908년 11월경 동곡 약방에서 행한 공사에서 사용한
『정역』의 "기동북이고수 이서남이교통(氣東北而固守 理西南而交通)"의
글귀에서 비롯된 것이다.[179]

육임은 그 임명 기준이 '포교근성자(布教勤誠者)', 즉 포교를 열심히
하는 것이었으므로 방주의 연비이지만 일정 규모의 연원을 이루어
연원주 자격을 갖춘 이들로 구성되었다.[180] 증산 종단의 육임은 증산
이 일진회 출신의 제자 박공우에게 육임을 추천케 하고 정해진 육임
에게 시천주를 읽게 한 공사와,[181] 1909년 태을주를 지은 직후 제자
들에게 포교를 명하면서 "매인이 육인씩 전하라."고 한 명령에서 기

의 대리인은 포감(布監), 24절후 방주의 대리인은 운독(運督)으로 지칭하였다. 위
의 책, 10b쪽 참조.

179 이상호, 앞의 책(1926), 117쪽 참조.

180 이영호, 앞의 책(1948a), 10b쪽 참조.

181 "翌日에 井邑大興里에 가시니 朴公又도 짜르다 京石의 집에 이르사 글을 써 西壁에
붓치시며 가라사대 나의 머무는 곳은 天地가 다 알아야 하리라 하시니 문득 雷聲이 크
게 發하는지라 公又는 크게 놀나고 村人은 쯧밧게 雷聲이 남을 이상히 녁이니라 이뒤
로 一進會員 朴公又 安乃成 文公信 黃應鍾 申京守 朴壯根等이 天師께 와 쑷더라" 이
상호, 앞의 책(1926), 73쪽; "그後에 朴公又에게 마음으로 六任을 定하라 하시거
늘 公又가 마음으로 六任을 생각하여 定할 때 한사람을 생각하니 先生이 문득 不
可하다 하시거늘 다시 다른 사람으로 바꾸어 定하였더니 이날 저녁에 公又의 心定
한 六人을 부르사 그들로 하여금 深夜에 燈燭을 끄고 房가운데서 돌아다니면서 侍
天呪를 읽게 하시니 문득 한사람이 거꾸러지거늘 모든 사람이 놀래어 呪聲을 그치
니 先生이 가라사대 놀래지 말고 如前히 돌며 呪聲을 繼續하라 하심으로 다시 繼
續하여 한 食頃을 지낸後에 呪聲을 그치고 불을 밝혀보니 孫秉旭이 거꾸러져 죽었
는지라. 先生이 가라사대 이는 몸이 不淨한 연고라 하시고 물을 머금어서 얼굴에
뿜으시니 秉旭이 精神을 겨우 돌이키거늘 불러 가라사대 나를 부르라 하시니 秉旭
이 목안소리로 겨우 先生을 부르니 기운이 곧 恢復되는지라. 이에 일러 가라사대
侍天呪에 큰 기운이 박혀 있도다 하시고 또 일러 가라사대 너를 그대로 두었으면
田畝(전무)사이에 엎드려져서 牛馬에 밟힌바가 되었으리라. 또 일러 가라사대 이
後에 怪病이 全世를 猛襲하여 몸 돌이킬 틈이 없이 이와 같이 人命을 죽일 때가 있
으리니 그 危急한 때에 나를 부르라 하시니라." 이상호, 앞의 책(1929), 173~174쪽.

원한다.[182] 따라서 월곡은 육임을 동학과 유사하게 연원주인 방주를 보좌하는 직위이면서도 동시에 여섯 계통의 인적 계보로 해석하여 60방주가 각각 포덕에 성실한 육임을 두어 방주가 지휘하도록 하였다. 해월이 육임의 명칭과 자격 조건을 명시한 것과 유사하게 월곡 역시 육임의 명칭과 자질을 정하였다. 하지만 해월이 육임을 교, 집, 정의 3부로 나누어 직무와 연계하고 급을 나눈 것과 달리, 월곡은 육임을 직무로 구분하거나 상하로 나누지 않았다.[183] 월곡이 동학교도로 활동할 당시 육임이 주로 명예직으로 활용된 데에서 영향을 받았다고 볼 수 있다.

월곡은 1920년 4월 육임에서 기원한 임(任) 개념을 확장하여 교단 연원제 조직의 기본 단위로 활용하는데, 이는 동학의 접 단계에 해당

---

[182] "三日에 天師께서여러弟子의게일너가라사대 只今은神明解寃時代니라 同一한 五十年工夫에 엇더한사람을解寃하리오 崔濟愚는庚申에得道하야侍天呪를어덧는데己酉까지五十年이오 김○○(忠南庇仁人未詳其名)은五十年工夫로太乙呪를어덧나니 그呪文을神明의게서어들째에 神明이이르되이呪文으로사람을만이살닌다하얏느니라 이兩人中누구를解寃하리요 光贊이對하야가로대 先生의處分을기달이나이다 天師가라사대侍天呪는이미行世되얏스니 太乙呪를쓰라하시고 닑어가르치시니 아래와갓더라 吽哆吽哆 太乙天上元君吽哩哆唖都來吽哩喊哩婆婆呵 天師께서柳贊明金自賢의게일너가라사대 各히十萬人의게布敎하라하시니 贊明은곳應諾하고 自賢은應諾치안타가 天師께서다시재촉하시니 비로소應諾하는지라 天師가라사대 平天下는내가 하리니 治天河는너히들이하라 治天下五十年工夫니라 每人이六人식傳하라하시더라 天師께서弟子다려일너가라사대 太乙呪와雲長呪를내가試驗하얏스니 너히들이만히닑어라 曾往金秉旭의厄은 太乙呪로풀고 張孝淳의難은雲長呪로글넛나니라 太乙呪는逆罪를犯하엿슬지라도獄門이自開하고 雲長呪는殺人罪에걸녓슬지라도獄門이自開하나니라" 이상호, 앞의 책(1926), 125~126쪽.

[183] 월곡의 육임은 경례(敬禮), 교무(敎務), 절의(節義), 집리(執理), 찰리(察異), 행신(行信)으로 그 명칭이나 설명으로 본다면 직무보다 개인의 종교적 성취나 능력과 연계되어 있어 천도교의 원직에 더욱 가까운 성격을 지닌 것으로 보인다. 이영호, 앞의 책(1948a), 11a쪽 참조.

한다고 볼 수 있다. 즉 방의 6임 아래에 12임, 12임 아래에 8임, 8임 아래에 15임을 조직한 것이다. 동학의 접사-접주-수접주-대접주-편의장-도주-대도주 체계처럼 전체 연원제 조직을 15임-8임-12임-6임-60방주-주인장(교주)의 편제로 중층 체계화한 것이다. 12임은 육임처럼 각각의 고유 명칭이 있었고, 8임은 모두 보수원(保守員)으로 지칭되었으므로 실제 공식적으로 임(任)으로 불린 조직원은 15임이었다.[184]

주목할 점은 동학의 기본 단위인 접에 해당하는 8임 이하의 임첩에 방주의 인을 사용하였기에 8임과 15임의 임명권이 방주에게 있었다는 사실이다.[185] 동학과 천도교의 모든 교직 임첩(任帖)에 연원 정

---

184 12임은 흥사(興思), 권업(勸業), 징위(懲危), 반환(叛還), 소청(掃淸), 관노(寬怒), 계단(稽斷), 훼복(毁復), 수정(需淨), 추양(推讓), 순행(詢行), 과서(寡舒)이다. 8임인 보수원 잠서(箴書)에 따르면 교훈을 받들어 지키며 근면하고 성실하게 포교와 교화에 전적으로 힘쓰며 보발, 즉 상투를 지키며 연죽, 담뱃대를 지니라고 되어 있다. 보수원이라는 명칭의 의미가 교법과 보발(保髮)과 연죽 휴대를 지키는 것으로 전통 예법 보호와도 연관되어 보천교의 보수성을 잘 보여준다. 증산은 천지공사에서 법술을 펴는 도구와 총을 상징하는 기물로 담뱃대를 사용하였는데, 이러한 관점에서 본다면 임(任) 조직은 비밀결사 군사 조직적 성격도 지녔다고 할 수 있다. 다음은 증산의 공사 중 연죽을 총으로 사용한 것이다. "또 公信의 집 門에 孔門을 뚫어 놓고 公又를 爲首하여 모든 從徒를 列立케 하시고 煙竹을 들며 가라사대 서로 替番하여 물초리를 門孔에 대고 입으로 북소리를 하며 돌라. 從徒들이 命하신 대로 몇번함에 四方에서 天피鼓聲이 大發하는지라. 이에 天地大神門을 열고 公事를 行하실 때 金亨烈, 金自賢, 文公信, 朴壯根, 李化春等 二十餘人의 從徒에게 일러 가라사대 너희는 文公信의 집에 있어 비록 官吏가 올지라도 畏怯치말고 나의 住所를 묻거든 隱諱치 말고 實告하라. 만일 官吏에게 붙들려서 禍厄을 當하기에 畏怯心이 있거든 各히 解散하라. 모든 사람은 다만 異常히 알 따름이더니 마침 所管面長 梁某와 同里 里長이 文公信의 집에 들어오거늘 先生이 문득 꾸짖어 가라사대 너희들이 어찌 이런 天地公事場에 들어오나뇨 하시거늘 面里長이 그 말씀을 듣고 義兵으로 誤解하여 官府에 告發하니라." 이상호, 앞의 책(1929), 160~161쪽; 이영호, 앞의 책(1948a), 11b~13a쪽; 민영국(편), 앞의 책(1986), 19쪽 참조.

185 이영호, 앞의 책(1948a), 11b~13a쪽; 민영국(편), 앞의 책(1986), 17쪽 참조.

점인 북접(대)도주나 북접법헌의 인장이 사용된 점과 비교해본다면, 월곡의 연원제 조직은 동학보다 연원주의 종교적 권위가 강했음을 알 수 있다. 이는 교단 조직의 원심력을 증폭하여 조직 확장을 촉진할 수 있지만, 구심력과의 균형이 깨지면 연원주의 분립 원인이 될 수 있다. 월곡의 교단에서 방주들의 분립이 거의 매해에 걸쳐 일어난 원인을 사상적, 경제적 관점에서도 찾을 수 있겠지만 종파적 분립이라는 관점에서 본다면 연원주인 방주들에게 이양된 연원 정점의 권한이 동학, 천도교보다 컸다는 점이 지적되어야 한다.

월곡의 연원제가 동학과 또 다른 점은 연원제와 수리의 결합이다. 다음과 같은 수리에 대한 설명을 통해 그 의미를 분석해 볼 수 있다.

> 任命의 制度는 方主 60人에 6任이 6人식 合 360인은 1年 360日을 應하고, 12任은 1日 12時를 應하니 合이 4,320人이오, 8任은 8刻을 應하니 合이 34,560人이오, 15任은 15分을 應하니 合이 518,400人이오 統計가 557,700人이러라.[186]

월곡은 방 내의 인적 계보인 6임, 12임, 8임, 15임을 각각 동아시아의 전통적 시간 단위인 일(日), 시(時), 각(刻), 분(分)에 대응시켰다.[187] 따라서 각 6임은 하루를, 각 12임은 한 시진(2시간)을, 각 8임은 일 각

---

186 이영호, 앞의 책(1948a), 13a쪽.
187 [그림 2]의 60방주도에 따르면 월곡은 전통적 시간 단위인 일, 시, 각을 활용하였는데 숙종 조에 도입된 시헌력 단위에 부합한다. 이에 따르면 하루는 열두 시진이 되고 한 시진은 8각으로 나누어진다. 이는 증산이 당대의 수리와 도수적 세계를 차용한 것에서 기인했다고도 볼 수 있다.

(15분)을, 각 15임은 일 분에 대응되었다. 이로써 월곡은 60방주를 각각 오행 중의 수화목금과 오행의 조화로 나타나는 천지의 방위 및 시간에 대응하게 하고, 방내 인적 계보의 접점이라 할 간부 모두를 각각 하나의 시간 도수에 대응하도록 조직을 편제하였다. 월곡의 우주적 도수에 기반한 수리적 연원제는 자신을 축으로 하는 교단 조직의 완성이 곧 새로운 시공, 즉 후천의 도래와 그 통치 체계를 은유하는 것이었다. 다시 말해, 조직의 완성은 구원의 도래를 의미하며, 그 구성원이 된다는 것은 도통(道通)이나 구원을 예정 받는 것이라는 담론이 포교 과정에서 작동되었다. 이는 연원제 조직의 세포분열을 극대화하여 그 원심성을 강화하였고 교세가 폭발적으로 증가하는 기반이 되었다.[188]

월곡이 체계화한 수리적 연원제 하에서 8임이 되기 위해서는 약 40명을 포교해야 했다.[189] 8임의 연비를 40명으로 계산하면 1개의 방은 23,695명의 규모를 지니며 15임 이상의 간부는 9,295명이 된다.[190] 60방의 방대한 조직을 완성하기 위해서는 간부만 대략 557,700명 이상이어야 했고, 일반 교인을 더해 대략 1,422,000명 이상이어야 했다. 이정립은 교단의 방·임 조직이 약 3년에 걸쳐 완성되었다고 하였는데, 이에 따른다면 1923년경 보천교는 최소 간부

---

188 1920년 8월 월곡은 각 방주 휘하에 약 만여 명이 수종하였음을 치하한다. 1924년 교단의 대외 홍보 기사에는 1919년 이후 1~2년 동안 교도의 수효가 수백만에 달했다는 기록이 있다. 위의 책, 13b쪽; 「손의 질문에 대답함-答客難」, ≪보광≫ 제3호, 1924년 1월 27일, 31쪽 참조.

189 에미코 번역, 「번역문 「보천교일반」」, 『일제강점기 보천교의 민족운동 자료집 II』, 199쪽 참조.

190 「答客難」, ≪보광≫, 창간호, 1923년 10월 25일, 27~28쪽 참조.

55만명에 교인 140만명의 공동체를 구축했다고 볼 수 있다.[191] 월곡 교단의 성장 원인을 참위설에 기댄 월곡의 천자 등극 담론으로 볼 수 있지만, 수리적 연원제를 통한 포교 동력 확보에서도 찾을 수 있다.

수리적 연원제는 1개 방의 간부 수가 정해져 있기에 교인이 일정 수준 이상으로 늘게 되면, 포교를 통해 더는 승급할 수 없는 문제가 있다. 즉 산술적으로 전체 교인 수가 1,422,000명 이상이 되면, 더 이상 포교를 통해 임(任)급의 간부가 될 수 있는 길이 없는 것이다. 승급 하려면 기존 직위에 빈자리가 생기거나 60방 체제 외의 조직체계가 신설되어야 했다. 방주 등 기존 간부의 이탈에 의존하는 것도 완성된 공동체의 성스러움에 균열을 주기에 적절한 해결책이 아니었다. 새 로운 조직 체제를 도입하는 것은 이미 예정되어 구축된 신성한 조직 원리에 균열을 줄 수 있는 민감한 사안이므로 명분과 시기가 맞지 않 으면 설치할 수 없었다. 결국 교단이 그 규모의 임계점에 도달하면 조직은 불안정 상태나 포화 상태가 되어 더 이상 활성화되지 못하고, 포교를 통해 도통이나 구원의 예정을 확인할 수 있는 수리적 연원제 의 암묵적 효과도 사라진다. 이때 수리적 연원제에 의해 유지되던 조직의 원심력이 급속도로 약화되어 교세의 정체 현상이 나타날 수 밖에 없다. 월곡이 1927년 천문의 이십팔수에 대응하는 이십팔 선 화사 체제를 도입한 것은 바로 이를 극복하기 위한 대응으로 해석할 수 있다.

---

191 이정립, 앞의 책, 80쪽 참조.

2) 연원제와 교구제의 병행

수리적 연원제를 통해 조직을 구축하여 교세를 급속도로 확장한 월곡은 교단의 전국적 조직화가 이루어졌다고 판단되자 1921년 정월, 교인을 효율적으로 관리하기 위해 지역별 기관 설치를 명령하였다. 이는, 앞서 의암의 예에서 보았듯이, 연원제 조직의 원심력이 강해질 때 연원 정점이 이를 제어하고자 교구제를 도입하여 연원주의 권위를 약화하는 조치에 비교될 수 있다. 월곡이 일제의 감시를 피해 정읍의 본소를 비우는 기간이 많았고 간부의 임명권도 방주들에게 많은 부분 이양되어 있었으므로 연원제로 인해 조직의 원심성은 커져 있었고, 이는 교단의 분열로 이어질 수 있었다.

의도와 상관없이 월곡의 조치는 시의적절한 것이었다. 월곡은 자신이 몸담았던 동학과 일진회를 통해 연원제 조직의 규모가 커지면 연원 연비 간 서열이 강화되고 연원 간 경쟁과 갈등의 증폭으로 인해 교리와 교법의 통일성이 약해져 교단 통합이 힘들어지는 사례를 직간접으로 확인할 수 있었을 것이다. 서구적 근대화, 천도교의 교구제 도입 그리고 일제의 신종교에 대한 강온 양면의 회유 정책도 월곡의 교구제 도입에 영향을 미쳤다고 보아야 한다.

월곡은 "현금(現今) 교도가 전 조선에 미만(彌滿)하야 수백만에 달하나 기관(機關)이 미비하였으니 자금(自今)으로 각처에 기관을 설립할 터이니 각도에 정리(正理) 1인 부정리(副正理) 1인과 각 군(郡)에 포장(布長) 1인 부포장(副布長) 1인을 신언서판(身言書判) 위주로 선택하야 금년 추석 전으로 보고하라."라고 지시하며, 방주 중 11인을 임시 정리로 선정하여 전남, 전북, 충남, 충북, 경기, 강원, 황해, 평안, 함경, 경남,

경북의 도 단위로 부임토록 하였다.[192]

　이러한 조치에도 불구하고 조직의 분열은 피할 수 없었다. 북방주 겸 경상남도 정리 김영두 등 일부 방주가 1921년 분립하여 경성에 태을교 본부를 설립하였다.[193] 사실 이 결과는 당시의 조치가 연원제를 그대로 둔 채 그 외피만을 교구제로 포장한 데서 기인했다고 볼 수 있다. 1921년 9월의 황석산 고천제를 통해 이를 알 수 있다.

　황석산 고천제는 옥황상제로 믿었던 증산에게 '보화교(普化敎)'라는 교명을 고하는 의식으로 교단의 창립을 선언하고 교주에 정식 취임한다는 의미를 지녔다.[194] 월곡은 추천된 12도(道)의 정리와 360군(郡)의 포장이 고천제에 반드시 참석하도록 명하였고 60방주와 360포장 각각의 자리에 초를 밝히도록 하였다. 이로 본다면 도와 군의 교구 책임자인 12정리와 360포장 임명은 고천 의례의 핵심 중 하나였다.[195]

　문제는 12정리와 360군의 수리인데 당시 실제 교구로 편제된 도나 군의 수가 아니라 12와 360이라는 수리에서 인위적으로 편제하였다. 즉 도별이나 군별로 교구를 만들기보다 12와 360이라는 수리에 맞춘 것이다. 월곡의 교구제는 연원 조직을 형식적으로 교구화한 것, 즉 60방주와 360육임의 인적 계보에 맞추어 교구를 편성한 것에 불과했다. 당시 월곡 교단의 조직체계는 동일 지역 내 여러 연원에

192　이영호, 앞의 책(1948a), 14a쪽 참조.

193　위의 책, 15a~19a쪽 참조.

194　"敎名을 告天하는 동시에 不可無敎主故로 先生께서 敎主의 位에 居하심을 許하시니 自是로 師弟의 規模가 성립되다." 위의 책, 14a쪽.

195　위의 책, 20a쪽, 23a~23b쪽; 이정립 앞의 책, 83쪽 참조.

기반한 다수의 교구가 존재할 수 있었던 1906년 천도교 대헌의 조직 체계와 비교될 수 있다.

당시 방주였던 이정립은 황석산 고천제가 국호를 시(時), 교명을 보화(普化)로 하면서 12명의 정리와 360명의 포장을 임명하는 의례 라고 밝힌 바 있다.[196] 이에 대한 일제 경찰의 정보 역시 일치한다.[197] 증산은 서거하기 하루 전에 행한 수부 공사에서 "대시태조(大時太祖) 출세(出世) 제왕(帝王) 장상(將相) 방백(方伯) 수령(守令) 창생점고(蒼生點考) 후비소(后妃所)"의 글을 월곡에게 쓰도록 하였다.[198] 월곡은 해당 공사 를 자신이 태조가 되어 대시국을 개국하고 제왕, 즉 천자에 등극하 여 장상, 방백, 수령 등을 임명하는 도수로 해석하였으며, 고천제를 통해 이를 실현하려고 했다.[199] 연원제에 기반한 60방주, 12정리, 360포장의 교단 조직체계를 새로운 국가의 통치 체계로 전환하려 한 것으로 60방주는 장상, 12정리는 방백, 360포장은 수령으로 정교 일치 국가의 관료에 대응하였다고 볼 수 있다.[200] 다음의 1922년 10월

---

196 후에 월곡과 대립한 이정립은 당시 60방주 중 1인이었고 형인 이상호가 서방주로 교령이었기에 당시의 상황을 정확하게 기록하였을 것으로 판단된다. 위의 책, 같 은 쪽 참조.

197 에미코 번역, 「번역문『보천교일반』」, 『일제강점기 보천교의 민족운동 자료집 II』, 180쪽, 256쪽 참조.

198 이상호, 앞의 책(1965), 412~413쪽.

199 이강오는 교인들에게 월곡의 조직이 곧 월곡을 제위로 하는 새 정부의 조각을 의 미했고 따라서 교첩은 관직 임명장이었기 때문에 포교와 성금은 놀라울 정도로 증 대하였다고 주장하였다. 박종렬도 당시 발행된 교첩이 일반인들에게는 왕이 수령 방백에게 내리는 직첩으로 받아들여졌으며, 이를 계기로 천자 등극설은 엄청난 세를 얻으며 확장되었다고 주장한다. 이강오, 앞의 논문, 17쪽; 박종렬, 앞의 책, 158쪽 참조.

200 일제 경찰의 조사에 따르면 월곡은 1918년부터 국권 회복을 표명하면서 자신이 왕위에 올라 도읍을 정읍에 두고 각 교도에게 각 계급에 응하는 관직을 수여하겠

의 ≪동아일보≫ 기사는 당시 월곡의 의도를 엿볼 수 있는 기록으로, 상기 관점이 신빙성이 있음을 잘 보여준다.

> 전라북도 정읍군(全北 井邑郡)에 근거를 둔 태을교의 교주 차경석(車京錫)은 이번에 새로운 국호(國號)와 관제(官制) 등을 발표하얏다는대 국호는 대시국(大時國)이라 하고 자긔가 친히 황뎨가 되고 관제는 한국시대의 대신제도(大臣制度)에 의하야 륙임(六任)이하에 이십팔임(二十八任) 륙판서(六判書) 등을 두고 십삼도에는 도지사(道知事) 대신에 도정리(道正理)를 두고 군수(郡守) 대신에 삼백륙십의 포당(包長)을 두고 그 다음 이천오백이십삼 면장(面長)을 둔다하얏스며 국새(國璽)는 대시국황뎨지새(大時國皇帝之璽)라 하얏다더라.[201]

박종렬은 월곡이 고천제 장소를 함양의 황석산으로 정한 것 역시 고천제가 천자 등극과 관련된 의례라는 것을 방증한다고 주장하였다. 그는 "진인자함양상림원출(眞人自咸陽上林院出)"이라는 전래의 비결과 증산이 월곡의 집에서 행한 공사 중에 사용된 "곤이내짐제지곤

─────────────────

다고 했다. 12도와 360군은 12달과 360일이라는 시간 도수에 지방 행정을 일치시킨 것이다. 대한제국 시기부터 1945년까지 13도가 유지되었으므로 12도는 실제 교구로 보기 어렵고 실제 군 역시 360개가 아니었다. 증산과 월곡 사이에 있었던 일화에 따르면 월곡은 열두 제국[十二諸國]을 원하였다고 한다. 12제국의 관념은 전설적인 임금인 순(舜)이 주변의 부족들을 통합하여 12주(州)로 편성하여 통치하였다는 이야기에서 비롯되었다. 또한 천문에 따라서도 12국으로 나누어진다. 따라서 12제국을 원한다는 것은 천자(天子)가 되길 원한다는 의미였다. 월곡이 12도의 12정리를 임명한 것은 이와 관련된다. 위의 책, 218~219쪽; 에미코 번역, 「번역문『보천교일반』」, 『일제강점기 보천교의 민족운동 자료집 Ⅱ』, 195쪽 참조.

201 「自稱 大時國 皇帝 태을교주 차경석이 국호와 관계를 발표하얏다는 풍설」, ≪동아일보≫, 1922년 10월 26일자.

이외장군제지(閩以內朕制之閩以外將軍制之)"라는 문구에 근거하여 월곡이 자신을 제위로 등극할 사람으로 여겼다고 분석하였다.[202] 이상의 여러 사실은 월곡이 1921년 도입하려 한 교구제가 정교일치의 국가 개창을 현현하기 위해 이루어졌다는 것을 잘 보여준다.[203] 그러므로 방주들이 실제 교구에 따라서 연원 조직을 통폐합하거나 책임자를 새롭게 선정할 필요는 없었다. 연원 조직을 그대로 둔 채 연원을 교구로 명명하는 수준에 머물렀을 가능성이 크다.

실질적인 연원제와 교구제의 병행은 1922년에 교단을 보천교로 공개한 뒤 약 1년 후에 이루어졌다고 할 수 있다. 1923년 1월 3일에 이르러 월곡이 각 도의 중요 도시에 진정원을 설치하도록 명을 내렸기 때문이다. 최초의 진정원은 1922년 2월 이상호에 의해 서울에 설치되었지만, 일제의 탄압과 1921년 본격화된 교단 공개 회유로 월곡이 1922년 초 교단 공개를 결정하면서 설치된 것으로 '보천교 진정

---

202 박종렬은 월곡이 진인이 함양에서 나온다는 비결과 "閩以內朕制之閩以外將軍制之"라는 문구가 황석산과 관련된 고사라는 점에 근거하여 고천제 장소를 함양 황석산을 택하였다고 추정하였다. 하지만 『삼국지연의』에는 손권이 육손을 대도독 우호군진서장군(大都督右護軍鎭西將軍)으로 임명하면서 "閩以內 孤主之, 閩以外, 將軍制之."라 하였다는 기록은 있지만, 그 의례가 황석산에서 있었다는 이야기는 존재하지 않는다. "天師께서京石家前柳樹下에서시고 모든弟子를列坐식히신後에 北으로向하야〈p.119〉 횟바람을하시더니 문득方丈山으로부터一條의雲霞가이러나 四方을둘너門턱갓치되거늘 天師가라사대閩以內朕制之閩以外將軍制之라하시더라" 이상호, 앞의 책(1926), 119~120쪽; 박종렬, 앞의 책, 154~155쪽 참조.

203 이강오는 이 고천제가 월곡의 천자 등극식이었고 황제위에 등극함을 고천하는 의례였음을 주장하였다. 박인규는 판결문 등 당대의 문헌을 분석하여 보천교가 독립을 꿈꾸며 새로운 국가 건설을 기도했으며 교도들은 자신의 직책에 따라 또는 납부한 고폐금에 따라 관직에 임명될 것이라는 희망에서 포교에 전념하였음을 입증하고 있다. 이강오, 앞의 논문, 19쪽; 박인규, 앞의 논문(2019b), 126쪽 참조.

원(普天敎 眞正院)'으로 명명되어 특정 지역의 교무를 담당하는 조직은
아니었다.[204]

　천도교의 경우에서 보았듯이 연원제 조직의 경우 교구제를 본격
도입하기 전에 고정적이며 물리적인 본부를 명확히 하여 중앙집권
화의 기반을 갖췄는데 보천교 역시 이러한 과정을 거쳤다. 월곡은
1922년 3월 교단의 자원을 집중하여 5월 치성실인 성전을 준공하여
천지, 일월, 성수(星宿)의 3단(壇)을 봉안하였으며, 부속 건물을 갖춤으
로써 성소를 중심으로 한 교단 본부를 명확히 설치하였다. 또한 7월
자기 모친 장례식을 교도 수만 명을 동원하여 왕자(王者)의 격식으로
행하고, 8월에 본부 주변에 각 방주의 공실(公室) 50여 동의 건축을 시
작하여 교주와 본부의 면모를 일신하면서 그 권위를 공고하게 하였
다.[205] 1923년 정월에는 60방을 수화목금, 북남동서, 동하춘추의 오

204　교단 공개와 진정원 설치 결정은 1922년 정월 오(五)일에, 실제 진정원 설치는 2월
　　1일(음)로 볼 수 있다. 월곡의 교단 공개 결정에 영향을 준 동광회 간부 김교훈과
　　노병희는 "비밀포교는 관헌의 오해를 사게 되어 박해를 받기 쉬우니 교의와 포교
　　방법을 공개하고 서울에 본부의 간판을 걸어 교단을 공개하여야 관헌의 박해도 없
　　고 교세가 크게 일어날 수 있다."라고 월곡을 설득하였다. 이를 통해 본다면 서울
　　의 보천교 진정원은 본부를 상징하는 의미로 설치된 것임을 유추할 수 있다. 1923
　　년부터는 경성 진정원, 또는 경기도 진정원으로 지칭되었다. 기관지인 보광에
　　1923년부터 정읍의 중앙본소가 직접으로 교무를 총할하게 되었고 각 도에 진정원
　　을 설치한다는 기사가 있다는 점으로 본다면 서울의 진정원 처음에는 대외적 본부
　　로 기획되었다고 할 수 있다. 이정립, 앞의 책, 86쪽; 이영호, 앞의 책(1948a), 31b
　　쪽, 35b쪽; 「손의 질문에 대답함－答客難」, ≪보광≫ 제3호, 보광사, 1924년 1월
　　27일, 31쪽; 「中央彙報」, ≪보광≫ 제3호, 1924년 1월 27일, 61쪽 참조.
205　이정립, 앞의 책, 95쪽; 이영호, 앞의 책(1948a), 34a~34b쪽; "전라남도 정읍군 립
　　압면(全南 井邑郡 笠岩面)에 잇는 보천교(普天敎) 본부에서 보천교주 차경석(車
　　京錫)의모친 령명대사모(靈名大師母)란 호를 가진 박씨(朴氏)의 장례를…발인하
　　는 행렬은 압흐로 좌호당(左護長) 한 사람이 말을 타고 가고 그다음 우호당(右護
　　長)이 역시 말을 타고 따르고 좌패당(左牌長) 우패당(友牌長)이거러서 따르고…
　　그 뒤로 방주(方主)가 륙십인이요 정리(正理)가 십이인이요 부정리(副正理)가 십

행 체계로 분류하여 15방씩 넷으로 나누었다. 각각 독립된 권한을 지녔던 60방의 지휘 체계를 네 계통의 사정방(四正方)으로 정리한 것이다. 또한 각 사정방의 15방들이 합동으로 각각 하나의 사무 기관을 세워 집리(執理), 연진사장(演眞司長), 감독(監督) 각 1인씩 두고 계절별로 3개월씩 본부를 유지하도록 하였다. 이는 연원 정점에 직접 연결된 계보를 줄이고 방의 자원을 본부에 집중시킴으로써 중앙집권화를 이루려는 조치로 해석된다.

여기서 한 가지 논의하고 넘어가야 할 부분은 보천교의 신앙 대상이다. 이정립은 봉안된 것이 삼광영(三光影)이며 삼성봉, 입암산, 방장산과 해, 달, 칠성이 그려진 벽화를 배경으로 12층 원형 탑과 9층 정방형 탑과 7층 칠각탑(七角塔)의 삼위(三位)를 봉안(奉安)하였다고 하였다.[206] 연구자 중 삼광영을 일, 월, 칠성이라고 주장하는 경우가 많은데, 1966년의 이강오의 논문에 있는 해석을 검증 없이 따르는 데서 발생한 오류이다.[207] 교단의 공식 문헌인 『보천교연혁사』, 『도훈(道訓)』, 『시감(時鑑)』에는 삼광영을 천지, 일월, 성수로 설명하고 있

이인이며 그 뒤로 교도가 수만 명이 따라 오후 일곱시에 묘디에 도착하야 아홉시에 하관고 십사일부터 분상을 만들기 시작하얏는대 교도와 구경군이 엇더케 만흔지 그 근처 집은 모다 차고 구경군에 대하야 그 교에서는 식표(食票)를 내이어 식사를 공급하얏는대 그 식표가 사십오만장이라 하며…" 「食票만 四十五萬張, 십만원을 드리엇다하는 보련교 사모의 장의상보」, ≪동아일보≫, 1922년 9월 19일자 참조.

206 이정립, 앞의 책, 103쪽 참조.
207 보천교의 신앙 대상을 설명하면서 이강오를 인용한 모든 연구가 이 주장을 답습하고 있다. 상당히 많은 연구자가 이 설명을 비판적인 검토 없이 따르고 있어 시정이 필요하다. 앞선 기록이나 교단 내 문헌과의 비교를 통한 고증 없이 보천교의 세계를 내부자가 아닌 외부자의 시각에서 바라본 연구를 사용한 결과이다. 이강오, 앞의 논문, 48~50쪽, 75쪽 참조.

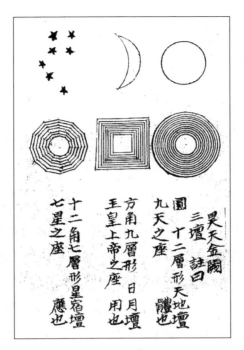

[그림 3] 일월성도 (『時鑑』, 1984)

다.[208] 특히 『시감』에는 3단에 대해 [그림 3]의 일월성도를 통해 다음과 같이 구체적으로 기술하고 있다.

昊天金闕

三壇 註曰

圓 十二層形天地壇

208 이영호, 앞의 책(1948a), 23b쪽, 34a쪽; 민영국(편), 앞의 책(1986), 28쪽; 민영국(편), 『時鑑』, 보천교, 1984, 일월성도 참조.

九天之座　　　體也

　　方角九層形日月壇

　　玉皇上帝之座　用也

　　十二角七層形星宿壇

　　七星之座　　　應也[209]

　　도안 아래의 설명에 따르면, 3단은 원 12층형 천지단(圓 十二層形 天地壇), 방각 9층형 일월단(方角 九層形 日月壇), 12각 7층형 성수단(十二角 七層形 星宿壇)이며, 각각 구천·옥황상제·칠성의 좌(座)로 체(體)·용(用)·응(應)의 관계에 있다. 1948년『보천교연혁사』의 천지, 일월, 성의 3단 설명과 일치한다. [그림 3]을 '일월성도'라고 한 것은 가장 위의 일·월·성 도안에서 따온 것으로 일·월·성과 삼광영은 특별한 관계가 없다. 가장 위의 도안은 호천금궐의 3단 뒤의 배경 그림을 단순화한 것에 불과하고, 아래 도안이 삼광영, 즉 3단을 상징하는 탑의 평면도이다. 따라서 보천교의 성전에 봉안된 것은 이강오가 주장한 일, 월, 성수의 삼광영이 아니라 천지, 일월, 성수의 3단이다.[210]『시감』은 성수단을 12각 7층으로 도안하고 묘사하여 이강오가 이를 7각 7층 탑으로 기술한 것과 다르다. 이강오의 주장이 교단 내의 설명에

---

209 민영국(편), 앞의 책(1984), 일월성도 참조.

210 월곡은 증산이 공사에 사용한 문구를 도수라는 관점에서 교리의 중심으로 삼았기에 천지, 일월, 성수와 관련된 문구를 삼광영의 봉안에 활용하였을 가능성이 크다. 증산이 일과 월을 분리해서 사용한 경우는 거의 없다는 점을 주목해야 한다. 증산이 지은 문구 중 천지, 일월, 성수가 모두 함께 사용된 대표적인 문구는 다음과 같다. "天地魍魎神主張 日月竈王神主張 星宿七星主張 是故侍天主造化定永世不忘萬事知無男女老少兒童詠而歌之" 이상호, 앞의 책(1926), 134쪽 참조.

기원하지 않았다는 것을 보여준다.[211]

1921년의 고천제를 묘사한 "단상에 일월병(日月屛)을 세우고 위목(位目)은 구천하감지위(九天下鑑之位), 옥황상제하감지위(玉皇上帝下鑑之位), 삼태칠성응감지위(三台七星應感之位)라고 대서(大書)하여 3위(位)를 설(設)하고 …"라는 교단 기록과 [그림 3]의 도안 및 설명을 비교하면 큰 틀에서 일치하여 [그림 3]은 신빙성이 높다.[212] 교단에서 신앙의 중심이 되는 3단이 신로(信路) 변경으로 비판받았던 월곡의 '무진 설법'이 있었던 1928년에도 변동이 없었고, 보천교 해산 시까지 유지되었다는 사실에 주목할 필요가 있다.

1922년 3월 월곡의 본소 귀환과 동시에 시작된 중앙집권화 조치가 궤도에 오르자, 월곡은 1923년 초 서울의 보천교 진정원이 지닌 본부로서의 특권을 해제하여 경기도를 담당하는 경성 진정원으로 전환하고,[213] 4월 진주성에 경남 진정원, 평양부에 평남 진정원, 제주성에 제주 진정원을 개원하였고, 8월 대구부에 경북 진정원, 10월 전주군에 전북 진정원, 대전군에 충남 진정원, 춘천군에 강원도 진정원, 1924년 5월 광주읍에 전남 진정원과 함흥읍에 함남 진정원을 차례로 개원하였다.[214] 또한 각 군에 정교부(正敎部)를 다수 설치하고 선포사(宣布士)를 두어 포교하도록 하였다.[215] 도와 군 단위의 교구 기관

---

211 보천교에 몸담았던 이정립은 성수단을 7층 7각 탑으로 잘못 기술하고 있지만, 삼광영을 명확히 일, 월, 성으로 규정하고 있지 않다. 이강오, 앞의 논문, 49쪽, 75쪽; 이정립, 앞의 책, 103쪽 참조.
212 이영호, 앞의 책(1948a), 23b쪽.
213 이정립, 앞의 책, 106쪽; 「中央彙報」, 《보광》 제3호, 1924년 1월 27일, 61쪽 참조.
214 이영호, 앞의 책(1948a), 36a~37a쪽 참조.
215 위의 책, 36b쪽; 「各眞正院及正敎部」, 《보광》, 창간호, 1923년 10월 25일, 59쪽,

이 1923년부터 본격적으로 설치되어 교구제가 도입되기 시작했다는 것을 잘 보여준다.

근대적 종교조직의 전범으로 인식되고 수용되었던 교구제는 근대 신종교 교단에서 성문화된 정관을 통해 실시되었다. 교법의 성문화를 통한 교구제 도입은 전통적인 연원제 문화를 극복하기 위해 필수적이었다. 보천교 역시 1923년 성문화된 교법을 통해 교구제 기관을 제도화하였다. 월곡은 1923년 5월 경성 진정원에 보광사를 설치하고 사장으로 근대적 교육을 받은 이정립을 임명하면서 8월에 교헌을 제정하게 하였다. 기관지인 ≪보광≫의 창간호와 제2호에 교헌이 수록되었는데, 두 교헌이 차이가 있는 것으로 본다면 교구제 제도화 과정에서 추가 시행된 조치를 반영하여 한 차례 개정이 있다는 것을 알 수 있다.[216] 제3호에 게재된 교헌 발포에 대한 글은 성문법과 불문법을 '성년과 유아', '진화된 문명과 원시 암흑기'로 비유하여 성문 교헌의 발포를 정당화하고 있다.[217] 성문화된 정관과 이를 통한

64쪽; 「地方通信」, ≪보광≫ 제2호, 1923년 12월 6일, 69쪽; 「地方通信」, ≪보광≫ 제3호, 1924년 1월 27일, 64쪽; 「地方通信」, ≪보광≫ 제4호, 1924년 3월 27일, 87쪽 참조.

216 이정립은 교헌에 따라서 여러 기관이 설치된 것으로 기술하고 있지만, 이는 사실과 다르다고 판단된다. 1차 교헌의 발포일이 1923년 8월 15일이므로 ≪보광≫ 창간호에 수록된 교헌이 1923년 10월(양력)까지는 유효했다. 따라서 9월 20일의 총정원, 총령원 설치가 교헌에 근거한 것이라는 이정립의 주장은 사실이 아니다. 1차 교헌에는 총정원이나 총령원에 관한 조항이나 규정이 없기 때문이다. 이정립, 앞의 책, 107쪽; 「癸亥一年教史의 槪要」, ≪보광≫ 제4호, 1924년 3월 27일, 90쪽; 「中央彙報」, ≪보광≫, 창간호, 1923년 10월 25일, 52~56쪽 참조.

217 「中央彙報」, ≪보광≫, 창간호, 1923년 10월 25일, 52~56쪽; 「普天教教憲」, ≪보광≫ 제2호, 1923년 12월 6일, 40~67쪽; 「教憲發布에 대하여」, ≪보광≫ 제3호, 1924년 1월 27일, 2~5쪽 참조.

교구제의 시행이 보천교에 이식되는 과정이 순탄하지 않았다는 것을 시사한다. 10년 이상 공동체의 기반이었던 신앙체계와 결합된 수리적 연원제의 강고한 틀에 교구제를 이식하는 일이 쉽지 않았다는 것은 충분히 짐작할 수 있다.

제1차 교헌은 중앙본소[정읍] - 진정원[도(道)] - 정교부[군(郡)]라는 교구제 기관만을 제도화하고 있어 교주의 권한이나 중앙본소의 조직체계, 의사 결정 구조, 권위구조 등 대부분을 불문법의 영역에 두고 있다.[218] 특히 연원제 조직에 관한 규정이 전혀 없어 그 권위는 교헌으로 보장받지 못하였다. 이는 교구제 도입을 주장하는 문명파 지식인 계층과 연원제 유지를 주장하는 보수파 방주들의 대립 구도로도 해석할 수 있다. 제2차 교헌은 불문법의 영역에 있던 연원제 조직과 관련된 제도와 교구제 도입과정에서 시행된 대부분의 조치를 모두 성문화하였다. 대표적인 사례로는 연원제 조직인 사정방위 등의 관련 직위를 모두 성문화하고, 천도교의 원직과 유사한 개념으로 휘직(徽職)을 둔 것을 들 수 있다.[219] 보천교 교헌의 특징은 연원제 조직과 교구제 조직을 병행하는 철저한 이원화라고 할 수 있다. 중앙본소에 연원제 조직인 사정방을 관리하는 총정원(總正院)과 교구제 기관을 관리하는 총령원을 대등하게 두어 이원화한 것이다.[220]

개정 교헌에 따른 총정원의 설치로 연원제 조직의 중층화는 더 심화되었다. 교주-60방주의 체계에서 교주-4정방-15방주로 변환

---

218 보천교교헌, 진정원, 참정원, 정교부 규정으로 교단의 정관이 이루어졌다. 「中央彙報」, 《보광》, 창간호, 1923년 10월 25일, 52~56쪽.

219 「普天敎敎憲」, 《보광》 제2호, 1923년 12월 6일, 43~44쪽 참조.

220 위의 글, 42~44, 47, 51쪽 참조.

된 것이 교주-총정원-4정방-15방주로 더욱 중층화 된 것인데, 이러한 중층적 구조는 일반적으로 연원 정점 권위를 공고하게 하지만 권력의 분점을 초래할 수 있었다. 연원제 권위구조 없이 교주의 보좌기관이 되어 그 권위와 권한을 강화해 주는 역할을 담당한 총령원의 경우와는 차이가 있다. 따라서 총정원의 중요 임원에 대한 임면권이 교주에게 있으면 총정원이 동학의 육임과 같은 보좌기구로 활용될 수 있어 교주의 권위와 권한이 강화되지만, 그렇지 않을 때는 연원 조직의 원심력이 증가하여 교주의 권위와 권한이 약화한다.

여기서 주목할 부분은 바로 중요 임원에 대한 선출 권한을 지닌 교의회이다.[221] 교의회는 강선회와 보평회 2종으로 구성되어 있는데, 중요 임원에 대한 선출 권한은 상원에 해당하는 강선회가 지니고 있었다. 강선회는 방주, 정리, 정령(正領), 선화사(宣化師)로 조직되었는데 모두 연원제와 관련된 직위이다.[222] 앞서 보았듯이 정리는 교구제 직위라기보다 광역을 담당할 수 있는 방주급 연원주에게 주어진 직위였다. 정령은 문헌을 통해 확인할 수 없지만, 교헌 상에 방주급의 휘직으로 표기되어 있어 상위 방주인 교정(敎正)과 교령(敎領)을 축약한 표현이라 할 수 있다.[223] 선화사는 1923년에 이르러 최초로 등장하는 직위로 교헌상 육임과 동등한 휘직으로 표기되어 있다. 따라서 교헌 제정될 당시에는 공석이 된 육임이 없을 때 육임 급의 연원주에게 수여하는 신설 직위였다고 추측된다.[224] 1924년에 월곡이 각 방

---

221 위의 글, 47~49쪽 참조.
222 위의 글, 41쪽 참조.
223 위의 글, 44쪽 참조.
224 위의 글, 같은 쪽 참조.

육임 중 공적이 우수한 자를 방주와 동등하게 대접하여 선화사에 임명했다는 기록이 있다. 따라서 후에는 방주 자리에 공석이 없을 때 포교 등 교단에 대한 공로로 방주로 승급되어야 하는 육임에게 방주 대신 수여하는 직위로 변경되었다고 추측된다.[225] 휘직이 모두 연원제에 기반한 직위이므로 선화사 역시 연원제 직위임은 분명하다.[226]

강선회는 거대 연원주로 이루어진 회의체이다. 따라서 강선회에 의해 연원제 조직을 총할하는 총정원과 교구를 통괄하는 총령원의 인사가 결정되었다. 방주급 연원주의 권한이 강해졌다고 할 수 있다. 하원에 해당하는 보평회의 구성 역시 144명 중 교구제 기관인 진정원 소속 20명을 제외한 전원이 방의 간부 중에 선출되도록 제도화되어 있어, 다수가 연원제 조직 소속이었다.[227] 2종의 교의회 모두 연원제 조직 간부들이 다수를 차지하고 있었기에 교단의 중요 인사나 중요 사안에 대한 방주들의 영향력은 컸다. 따라서 교구제 기관을 통해 중앙집권화를 강화하여 보수적 방주들의 권한을 약화시키는 것은 불가능에 가까웠다. 교구제 기관은 연원제 조직을 지원하는 역할에 머무를 수밖에 없었고 해당 교구 내의 연원 조직이 공동으로 활용하는 기관으로 기능하였다.[228] 이것은 천도교와 달리 연원제 조직 원리에 새로운 해석이 부재했던 결과였다.

조직의 원심력을 약화하기 위해서는 연원 정점인 교주의 권한을

---

225 이영호, 앞의 책(1948a), 37a 참조.
226 「普天敎敎憲」, 《보광》 제2호, 1923년 12월 6일, 44쪽 참조.
227 위의 글, 41쪽 참조.
228 교의회가 연원주 절대다수로 구성되었기 때문에 교구 기관의 대부분의 직위는 연원주가 겸임하였다고 볼 수 있다.

강화하고 이를 통해 연원 간의 경쟁을 유도하거나 연원제를 약화할 필요가 있었다. 교주가 도통 전수자임을 명시한 교헌 제1조, 교주가 교의회의 의결 사항을 승인하지 않을 수 있음을 명시한 제2조, 긴급을 필요로 할 때 교주가 교의회와의 협의 없이 교령을 발포할 수 있다는 제3조, 그리고 교주가 교의회와 협의하여 교직원을 임면할 수 있다는 제5조는 교주가 교단의 제반 사항을 임의로 할 수 없지만, 교주에게 모든 사안에 대한 거부권 및 긴급한 사안에 대한 임의 결정 및 집행 권한을 보장해 주었다.[229] 이것은 연원 정점인 교주의 절대적 권한을 성문화된 정관으로 공고히 한 것이다.

그러나 보천교 교헌 상의 교주 권한은 강력하지만, 과도한 것은 아니며 오히려 제한된 것이라고 해석하여야 한다. 교주가 연원 정점으로서 교단 내 대부분 사항을 임의로 결정하고 집행한 기존의 관행에서 벗어나 교의회와의 협의를 성문법으로 제도화한 것이기 때문이다. 천도교에 대비해 상대적으로 보수적이었던 보천교에서 성문법을 통해 근대적 의회의 설립과 교주 권한 견제가 가능했던 것은 교헌 제정을 주도한 이정립이 근대적 교육을 받은 지식인이었기 때문일 수도 있지만, 1921년부터 시작된 천도교의 조직 혁신의 영향일 가능성이 크다.[230] 천도교는 1921년 7월 의회인 의정회를 설치하고 1922년에 의정회를 종의원으로 전환하여 권한을 강화하면서 근대적 권력분립의 조직 모델을 교단에 도입하였다. 특히 연원제를 폐지하고 대

---

229 위의 글, 40쪽 참조.
230 이정립의 학문적 배경에 대해서는, 김홍철, 「이정립의 대순철학사상」, 『한국근대 종교사상사』, 원광대학교출판국, 1984, 1017쪽 참조.

도주를 교주로 변경하여 선출직으로 전환하고 의암 사망 후에 무교주제를 채택한 것은 교단 권위구조의 기반을 연원제에서 교인들의 선출로 구성되는 근대적 의회 체제로 전환한 것이다.[231] 전근대적 신앙 형태라는 세간의 비판을 의식한 보천교가 경쟁 교단인 천도교의 근대적 의회 제도 도입에 영향을 받았을 개연성은 크다.[232] 교의회 제도가 본격 시행된 1922년 5월에 간행된 『천도교종헌초안』의 종헌 제12조가 "교주(敎主)는 일체 공보 및 의결안(一切公報及議決案)을 인준 혹은 불인준(認準或不認準) 함"이라고 하여 보천교의 교헌 제2조와 같이 의회의 의결사항에 대한 교주의 거부권을 보장하고 있다는 점은 천도교의 변화가 보천교에 다소 영향을 주었을 가능성을 시사한다.[233]

---

231 이동초(편), 앞의 책, 221~223쪽; 「중앙총부휘보」, 《천도교회월보》 제137호, 1922년 1월 15일, 121쪽; 김병로, 「우리교회의 제도개선에 대하야」, 《천도교회월보》 제138호, 1922년 2월 15일, 19~20쪽 참조.

232 보천교가 천도교를 역할 모형으로 인식하고 있었을 것이라는 추측은 신빙성이 있다. 월곡이 최초에는 비결에서 취한 명칭인 진정교(眞正敎)를 제시했지만, 이상호가 보화(普化)의 보(普)에 천주교, 천도교의 천(天)을 조합하여 보천교로 공개하였다는 전승은 이강오가 1966년 소개한 바 있다. 교단을 공개하면서 보천교 진정원을 본부 명칭으로 한 것으로 본다면 진정교의 교명도 신빙성이 없지는 않다. 이상호와 이정립이 기관지를 발간한 것이나 근대적 지식인을 우호 세력화하고 국가의 근대 문명화에 이바지하기 위해 시대일보사를 인수하려 한 것 역시 천도교를 역할 모형으로 한 것으로 볼 수 있다. 이러한 보천교의 모방에 대해 천도교 측의 차별화 조치는 기관지를 통한 보천교 비판이었다. 두 교단의 갈등 관계는 보천교 기관지 《보광》 창간호 기사에서 살펴볼 수 있다. 천도교 측이 《개벽》을 통해 '흑막에 쌓인 보천교의 진상'이라는 기사로 보천교를 비난하자, 보천교 측에서 천도교 측의 보천교 비판 명분이 과거 천도교가 비난받았던 것과 같다고 주장하고, 서로 오해를 풀며 민족의 장래와 인류애를 위해 함께 노력하자는 당부를 한다. 《개벽》이나 별건곤 등의 천도교 매체의 보천교 비난에 대한 비판적 연구로는 노종상의 논문이 있다. 「答客難」, 《보광》, 창간호, 1923년 10월 25일, 44~47쪽; 박종렬, 앞의 책, 184~185쪽; 노종상, 「누가 '보천교 죽이기'에 가담하는가?」, 『보천교재발견 1: 보천교 다시보다』, 상생출판, 2018, 39~51쪽 참조.

233 당시 천도교의 종헌은 연원제 폐지의 결정을 되돌린 종헌으로 삼권 분립은 무효화

연원제의 관점에서 본다면 교의회는 방주 등 연원주의 대표 기관이며 총정원과 총령원은 연원 정점인 교주를 보좌하는 기관이었다. 1923년의 교헌 체제는 연원 정점과 방주 및 육임 등의 연원주 간의 권력 분점을 제도화함으로써 연원제 조직의 원심력을 강화하는 결과를 만들었다. 보천교의 내홍이라고 불리는 1924년부터 전개된 혁신운동과 연원주의 분립 및 배교의 시작점을 여기에 둘 수 있다. 표면적으로는 시대일보사, 시국대동단, 신로(信路) 변경의 문제를 중심으로 한 신앙 노선의 문제가 보천교 분열의 원인으로 지적되지만, 그 저변의 동인은 연원제 조직이 지닌 원심력을 제어하는 연원 정점의 권력이 교의회 제도화를 통해 제한된 것에 있었다고 볼 수 있다.[234]

월곡은 연원제 조직의 원심력을 제어하기 위해 여러 조치를 시행하였다. 먼저 1923년 동지를 기해 월곡의 부인을 중심에 둔 곤도(坤道) 방주, 즉 부인방위를 60방주제와 동일하게 구축하기 시작하여 여성으로 구성된 연원제 조직을 만들었다.[235] 여기에 대해 근대화의 관점에서는 종교 교단의 남녀평등 실현으로 평가하지만, 연원제의 관점에서는 기존 연원주와 경쟁할 수 있는 또 다른 연원제 조직을 월곡의 부인을 중심으로 하여 구축한 것으로 볼 수 있다.[236] 월곡은 사정

되고 교주는 종신직으로 일반 직원의 임면권을 지니면서 연원제 직위가 존재하는 형태였다. 즉 교의회만이 강화된 제도개선이 이루어졌다. 따라서 수리적 연원제가 교리적 수준으로 제도화된 보천교가 이를 참고했을 가능성은 크다. 이돈화 편, 앞의 책(1922a), 2쪽 참조.

234 시대일보사, 시국대동단, 신로 변경의 문제는 이미 많은 연구가 이루어져 있어 본 연구에서 재론하지 않을 것이다. 이와 관련해서는, 박인규, 앞의 논문(2019b), 92~113쪽 참조.

235 이영호, 앞의 책(1948a), 36b쪽; 민영국(편), 앞의 책(1986), 29쪽 참조.

236 에미코 번역, 「번역문『양촌및외인사정일람－평안남도(洋及外人事情 一覽─平

방 편제와 함께 시행된 사정방 사무기구의 본소 순환 근무제를 1924년 폐지했는데,[237] 이는 총정원과 총령원이 사정방을 대신하여 교주를 보좌하는 기구로 정착하였다는 것을 의미했다.

결과적으로 교단의 친일화로 비판받았지만, 교단 공인을 위해 시국대동단을 조직한 것 역시 연원 정점의 카리스마를 공고히 하여 조직의 구심력을 강화하려 한 시도였다.[238] 동양이 협력하여 서세동점을 저지하고 근대화를 통해 동학을 종교로 공인받으려는 목적에서 의암이 전개한 진보회의 활동이 친일 행위로 귀결된 것과 시국대동단 활동은 비교될 수 있다.[239] 천도교와 반대로 연원 정점 추종 세력이 친일로 비판받는 결과가 된 것은 교단 내 보수파와 문명파의 구도가 천도교와 반대였다는 점에서 원인을 찾을 수 있다. 월곡의 시국대동단 지원은 일제의 협조를 얻어 혁신파를 제거하려는 의도를 지녔었고, 따라서 연원제를 유지하려는 보수파를 대변하고 있었기 때문이다. 반면 문명파라 할 수 있는 보천교 혁신파는 연원제에 반대하고 시국대동단을 비판하면서 교권 확보를 시도하고 있었다.[240]

安南道)」」, 『일제강점기 보천교의 민족운동 자료집 Ⅱ』, 도서출판 기역, 2017, 97쪽 참조.

237 이영호, 앞의 책(1948a), 37a쪽 참조.

238 보천교의 관점에서도 시국대동단이 일제의 보천교에 대한 원조, 조선 총독과의 우호적 관계, 보천교에 대한 우호적 여론 조성, 보천교의 사상 소개 등 복합적인 목적에서 기획되었음이 기술되고 있다. 이는 월곡이 교단을 직간접으로 공인받고자 하는 목적에서 시국대동단을 추진했음을 잘 보여준다. 이영호, 앞의 책(1948a), 41b~42a쪽, 44b쪽, 46b쪽, 53a쪽; 박종렬, 앞의 책, 218~233쪽 참조.

239 대동단의 취지는 교단 내에서 동양을 한 가족 같이 보고 같은 동양 인종 간에 전쟁의 참화를 피하고 서세의 침해를 방지하여 평화 시대를 건설하는 것으로 정리되어 있었다. 이영호, 앞의 책(1948a), 51b쪽; 박종렬, 앞의 책, 231쪽 참조.

240 대표적 문명파인 이상호는 혁신운동의 명분을 연원제 폐지에 두고 있었다. 1924

1900년대와 달리 1919년 삼일운동 이후 문명파와 친일파가 명확히 구분되었기에 시국대동단은 교단 혁신파와 불만 세력들이 월곡을 중심으로 한 보수파를 친일로 공격하면서 분립을 할 수 있는 효과적인 명분을 제공하였다.

3) 연원제 폐지와 복구

1925년 7월에 해(亥) 방주로 총령원장을 역임한 임경호가 탈퇴하고 8월에 화(火) 방주 채규일이 탈교하는 등 방주들의 분립이 잇따랐다. 이어, 9월에 춘(春) 방주이자 경성 진정원장이었던 이달호에 의해 2차 혁신운동이 일어나 쌍방 간 고소에 이르는 등 교단의 내홍이 극심해졌고, 남(南) 방주 박종하와 평남 종리원장 채규상까지 탈교하자 연원제 조직의 분열은 극대화되었다.[241] 이에 월곡은 특단의 조치를 시행하는데, 그것은 1926년 정월에 60방주제를 폐지하고 포교 관할

년 9월(양) 방주제와 이에 수반하는 계급과 차별을 철폐할 것을 선포하였다. 에미코 번역, 「번역문 『양촌및외인사정일람－평안남도(洋及外人事情 一覽－平安南道)』」, 『일제강점기 보천교의 민족운동 자료집 Ⅱ』, 104쪽 참조.

241 채규상은 금(金)방주 겸 총정원장이었던 채선묵의 아들이었다. 채선묵이 사망하자 월곡은 그가 3년 안에 금방주를 대행할 수 있다고 명하였고, 1925년에는 평남 진정원장에 임명하였다. 1925년 11월(양)에는 이달호를 중심으로 한 2차 혁신운동이 시작되었다. 이들의 결의 사항은 교주를 성사(聖師)로 개칭하고, 여방주제와 독립 방주제를 폐지하여 연원제로 전환하며, 총정 총령의 양원을 폐지할 것 등이었다. 교주 월곡의 권한을 약화시킨 것인데, 주목할 것은 독립 방주제이다. 이는 연원제를 기반으로 방주가 되지만 방주가 되면 교주에 직접된 연원 조직이 되는 제도를 의미한다고 볼 수 있다. 이를 연원제로 전환하는 것은 방주 간 연원 계보를 인정함으로써 거대 연원주들의 권위와 권한을 강화하는 것이다. 이달호는 수(水) 방주로 총정원장을 역임한 문정삼, 해(亥) 방주로 총령원장을 지낸 임경호, 화(火) 방주 채규일 등과 같이 1926년 10월 경성 진정원을 차지하여 증산교로 분립한다. 에미코 번역, 「번역문 『보천교일반』」, 『일제강점기 보천교의 민족운동 자료집 Ⅱ』, 229~238쪽; 이영호, 앞의 책(1948a), 37b쪽, 62a쪽, 63a~68b쪽 참조.

기관을 남북으로 나누어 남선(南鮮) 사무소와 북선(北鮮) 사무소로 통합하는 것이었다.

방주 간 지방색에 따른 의견 불일치를 명분으로 하여, 원 거주지에 따라 대전을 경계로 남선회와 북선회로 나누어 포교 관할 기관을 설치했는데 삼남의 교도는 남선사무소에서, 이외의 교인은 북선사무소에서 담당하게 되었다.[242] 일제 경찰은 이를 종래의 간부를 일제히 해직하고 포교와 헌금 성적이 우수한 자를 새롭게 임명함으로써 서로 경쟁을 유도하여 위기를 돌파하려는 의도로 파악하고 있었다.[243] 하지만 지방의 진정원과 정교부는 대부분 방주와 연원주가 장악하고 있었으므로 60방주를 없애는 것이 이들을 해직하는 것은 아니었다. 또한 방주 등 연원제 조직의 간부 정원이 절대적으로 많았던 상황에서 새롭게 임명할 수 있는 직위가 사라지기에 정확한 분석이라고 볼 수 없다.

월곡의 60방주제 폐지는 연원제 조직의 원심력이 증대되자 교구제를 통해 연원 정점의 구심력을 극단적으로 강화하려는 의도로 본다면 쉽게 이해할 수 있다. 정읍 본소가 물리적으로 대략 완비되고 많은 교도가 본소 주변으로 이주하면서 각 교구 진정원이 정착하자 성소와 성직자를 중심으로 한 근대화를 전면 시행하였다고 해석해야 한다. 보천교의 맥락에서는 비밀 정치결사 조직의 성격을 지닌 연원제 조직을 폐지하여 공개된 종교조직만을 남겼으므로 철저한

---

242 이영호, 앞의 책(1948a), 68b~69a쪽 참조.
243 에미코 번역, 「번역문『보천교일반』」, 『일제강점기 보천교의 민족운동 자료집
　　Ⅱ』, 246쪽 참조.

정교분리의 시행이었다.[244]

이후 연원주들은 지역을 경계로 하면서 진정원 중심으로 이합집산을 할 수밖에 없었으므로 연원제 권위구조는 약화할 수밖에 없었다.[245] 지역을 중심으로 한 경쟁 체제가 시작되면서 기존의 연원제 계보는 손상되었고 그 원심력은 급속도로 약화되었다. 원심력의 약화는 교세의 유지와 확장에 부담이 될 수밖에 없었다. 월곡은 이를 지역 경쟁 체제로 해결하려 했지만, 수리적 연원제의 동력을 지역 경쟁 체제로 대치하기는 쉽지 않았다. 또한 이는 교단 내의 지역 갈

---

244 보천교의 연원제 조직 간부들은 스스로 국가 건설을 도모하는 비밀결사 조직원으로 인식하고 있었고, 조직의 이러한 성격은 교단 공개 이후에도 계속되었을 가능성이 크다. 이는 월곡의 천자 등극 담론이 1929년 기사년까지 교단 내에서 계속 작동하고 있었음을 확인할 수 있기 때문이다. 다음의 12임 권태추의 1921년 신문조서는 보천교 연원제 조직의 비밀결사적 성격을 잘 보여주기에 참고할 필요가 있다. "흠치교의 진짜 목적은 조선 독립운동의 자금모집에 있다. 이름은 종교를 빙자하여 널리 교도를 모으고 비밀리에 다액의 금액을 모집하였다. 일반 교도는 대정 13년(1924)에 이르러 조선은 독립한다고 확신하고 또 어떻게 해서도 독립한다는 신념으로 일치단결해 군자금의 모집 활동을 했다. 다른 하등의 목적은 없고, 이 비밀은 상급자로부터 점차 아래 계급자로 말해졌다. 최초 치성을 하는 데서 반드시 이 비밀을 전달받는다. 특히 야간 산중에서 밀회하고, 필요에 따라 수조류(戰鳥類)의 생피를 마시고 비단에 서명해, 조(組)를 와해할 수 있는 비밀을 남에게 누설하는 것을 막고, 조원은 일심동체가 되어 결코 변심하지 않을 것을 서약할 수밖에 없다. 12인조는 백 원 이상, 8인조는 오십 원이상의 철저한 출금의 의무를 지고, 가입 동시에 충분히 뜻을 알기 때문에 진실로 8인조 이상의 자로서 조선 독립운동의 목적을 알지 못하고 이치 없이 단지 질병을 언급하는 것 이외에 아는 바는 없다는 등의 말은 모두 책임을 회피하려고 꾸며서 하는 말이다.…8인조 이상에게는 당연 비밀을 전달하고 자신은 부하 8인조를 조직해 치성을 할 때 물론 비밀을 전달하였다." 「判決文」, 大邱覆審法院 刑事 第二部, 刑控 第六五六號, CJA0002172, 1921년 11월 26일, 592~596쪽; 박종렬, 앞의 책, 151~185쪽 참조.

245 당시의 남선과 북선의 동정과 중립파인 중앙진흥회의 성립이나 여방주들의 남북 분리 등의 상황을 살펴보면 연원 간 이합집산이 나타나고 있음을 확인할 수 있다. 에미코 번역, 「번역문『보천교일반』」, 『일제강점기 보천교의 민족운동 자료집 II』, 246~253쪽 참조.

등을 초래했기에 결국 3월에 이르자 남북선 사무소 간판을 폐지하고 성전 신건축사무소로 전환하였다. 포교의 동력을 새로운 성전의 건립이라는 명분으로 전환하고 교단 내의 갈등을 서둘러 봉합하려는 조치였다.[246] 월곡의 의도는 방주제를 폐지하고 전면적인 교구제를 실시함으로써 조직의 원심력을 약화시키고 연원 정점의 구심력을 강화하여 조직을 안정시키는 것이었다.

한편, 1926년 3월 사이토(齋藤實) 조선 총독이 보천교의 본소를 방문하여 월곡을 면담했다는 소문이 확산되어 후대의 교단사에 기록된 바 있는데, 그 사실 여부는 불분명하다.[247] 다만, 조선 총독의 방문 소문을 보천교의 공인과 연결시켜 연원 정점의 종교적 권위를 강화하고 연원제 약화로 인한 포교 동력의 손실을 최소화할 수 있었다는 관점에서 이해할 수도 있다.

교구제가 전면 시행되고 연원 정점으로서 월곡의 카리스마가 강화되면서 연원주들의 이탈도 발생하였다. 이전의 방주 이탈과 다른 각도에서 볼 필요가 있는데 보천교의 신앙체계가 급격하게 변화되

---

246 남북 조직 경쟁을 통한 종교활동에 대한 교단 내의 최종 평가는 부정적이었으며 일제의 분석 역시 같았다. 위의 글, 251~253쪽; 이영호, 앞의 책(1948a), 71b쪽 참조.

247 사이토 총독의 보천교 방문에 대한 총독부의 공식적인 기록이나 언론 보도는 없다. 1948년 간행된 『보천교연혁사』는 1926년 3월 사이토 총독이 남조선 시찰 도중 본소를 방문했으며 월곡과 만났다고 기록하고 있다. 하지만 동년 10월 아사리(淺利) 경무국장의 보천교 방문 사실이 기사화되었다는 점에 대비해 본다면 총독의 보천교 방문이 보도되지 않은 것은 이것이 사실이 아니었을 가능성을 시사한다. 또한 당시 조선 총독이 '종교유사단체'가 아닌 공인된 종교단체조차 직접 방문하여 교주를 면담한 예를 발견할 수 없다는 점에서 본다면 기록의 신빙성은 떨어진다. 1926년 1월, 사이토 총독이 보천교를 방문했다는 박종열의 주장 또한 그 근거가 제시되지 않아 신빙성이 없다. 위의 책, 69a~69b쪽; 박종렬, 앞의 책, 234쪽 참조.

어 발생한 일이기 때문이다. 8월 북선회장(北鮮會長)이며 손(巽) 방주인 임치삼, 10월 전 총정원장 수(水) 방주 문정삼 등 월곡의 측근들이 분립한 것은 이러한 관점에서 해석되어야 한다. 60방주의 연원제 조직은 증산이 예정한 후천으로 조선의 민중을 데려다주는 구원의 방주(方舟)였다. 따라서 60방주의 수리적 연원제 공동체가 월곡에 의해 붕괴하였기에 지금까지 이를 기반으로 작동했던 보천교의 구원 담론은 혼란에 빠질 수밖에 없었다.

방주들은 우주적 시공에 대응되는 세계의 중추에서 지역을 책임지는 성직자로 격하된 자신의 위상에 대해 수용하기 어려웠다. 또한 방주제의 폐지는 방주가 지니고 있었던 8임 이하 간부들에 대한 임명권을 박탈하는 것으로 연원제 권위구조와 포교 동력의 약화를 의미했다. 연원주가 진정원 등의 교구 기관을 확보하지 못하면 기존의 권위와 권력이 유지될 수 없었다. 더 이상 구원이 예정된 선민이 아니었기에 기존의 신앙도 붕괴되었다. 연원주는 월곡이 전환한 새로운 체제를 받아들이거나, 아니면 증산의 도통 계승을 표방하며 새로운 종파를 구축해야 하는 선택의 갈림길에 서게 되었다. 60방주 중 상위 방주로 총정원, 총령원장 등을 역임하고 시국대동단에서 중요한 역할을 했던 월곡의 측근들이 교단을 탈퇴하여 1926년 10월 경성 진정원을 차지하고 증산교의 간판을 걸게 된 것은 증산 종단의 구원 담론의 관점에서 분석되어야 한다.[248]

---

248 이들이 1927년 정월 보천교 본소를 습격하여 월곡을 해치려고 한 이유를 단순히 교권 다툼의 시각에서만 보는 것은 그들의 행위를 그 세계와 분리해서 이해하는 것이다. 그들은 증산이 예정한 도수를 월곡이 파괴하고 있다고 생각하였고, 이를 저지하기 위해서는 월곡을 그 중심에서 끌어내려야 했다.

1926년 5월의 월곡이 직접 일반교도를 접촉하는 등의 적극적인 활동으로 교세를 만회하려는 의향을 표명한 것은 전면적인 교구제 실시로 인한 교단 내의 반발이나 포교 동력 약화가 심각한 수준에 도달했다는 사실을 의미했다.[249] 결국 월곡은 1927년 6월, 1년 6개월 만에 교구제 이면에서 비공식적으로 존재하던 연원제를 양성화하여 60방주제를 복구하였다. 이는 수리적 연원제 조직이 보천교의 신앙 체제에서 중심축에 해당하는 위상을 지녔다는 사실을 잘 보여준다. 월곡은 60방주 체제를 복구하면서 기존의 선화사까지 천문의 28수에 대응하는 수리적 연원제 조직으로 추가함으로써 연원제를 통한 포교 동력 확보를 강력히 추진하였다.[250] 9월에 이르러 28선화사를 동서남북 7수로 나누어 사정방에 배속하고, 11월에 선화사 밑에도 6임

---

249 에미코 번역, 「번역문 『보천교일반』」, 『일제강점기 보천교의 민족운동 자료집 II』, 252쪽 참조.

250 천문의 28수 역시 증산의 천지공사에 중요한 상징으로 사용되었으므로 28선화사가 증산의 공사에서 연유한 수리적 연원제임은 분명하다. "하루는 贊明으로 하여금 卷紙에 二十八宿字를 左로부터 橫書한 後에 끊어서 자로 재게 하시니 一尺이 차거늘 이에 불사르시니라.", "이때에 泰仁 禾湖里 附近에 太乙呪가 喧籍히 傳播된다 하거늘 先生이 가라사대 이는 文公信의 所爲라. 時期가 尙早하니 그 기운을 걷으리라 하시고 藥房壁上에 "氣東北而固守, 理西南而交通"이라 쓰시고 門밖에 盤石위에 物形을 그리고 打點하신 後에 종이에 太乙呪와 金京訢을 써 붙이시고 일어나서 절하여 가라사대 내가 金京訢에게 받았노라 하시고 刀一, 筆一, 扇一, 墨一을 盤石위에 列置하시고 모든 從徒들로 하여금 뜻가는대로 들라 하시니 柳贊明은 刀를 들고 金亨烈은 扇을 들고 金自賢은 墨을 들고 韓公淑은 筆을 드는지라. 이에 四人을 藥房 四隅(사우)에 갈라 앉히고 先生은 正中에 서서 "二七六, 九五一, 四三八"을 한 번 읽으신 後에 從徒 三人으로 하여금 종이를 紙幣와 같이 切斷하여 硯匣(연갑)속에 채워 넣은 後에 一人으로 하여금 一片씩 집어내어 鄧禹를 부르고 他一人에게 傳하며 他一人도 그와같이 받은 後에 淸國知面이라 읽고 다시 이상과 같이 하여 馬成을 부른 後에 日本知面이라 읽고 吳漢을 부른 後에 朝鮮知面이라 읽어서 二十八人과 二十四人을 다 마치기 까지 紙片을 집으니 그 紙片數가 맞으니라." 이상호, 앞의 책(1929), 190쪽, 198쪽.

-12임-8임 체제를 두게 함으로써 수리적 연원제 체제는 남녀 60방주, 28선화사의 3각 편대를 이루어 방주제 폐지 이전보다 확대되었다.[251] 동시에 각 진정원에 있던 육사(六司) 조직을 총정원에 두고 육사장을 직접 임명했는데, 확대된 연원제 조직을 교주가 직접 효율적으로 관리하기 위해서였다.[252]

1927년에 복구된 연원제에서 수화목금의 사정방은 하위로 14개의 방과 7명의 선화사를 두게 되었다. 따라서 월곡은 총 88명의 방주급 임원과 528명의 6임을 임명할 수 있었다. 여기에 방주 대리, 여방주, 여성 6임 등을 합하면 약 1000명의 연원제 조직 간부에 대한 임명권이 월곡에게 있었다. 각 방주와 선화사는 12임 이하의 8임, 15임에 대한 기존 임명권을 회복하였다. 새로 구성된 선화사 역시 8임, 15임에 대한 임명권을 지니게 되어 수리적 연원제를 통한 포교 활성화는 강력하게 추진되었다.

월곡의 연원제 복구와 확대는 1925년에 시작된 새로운 성전 건축 사업을 위한 고육책이기도 하였다. 보천교 교단은 1924년 10월 성전을 개조하여 새롭게 할 것을 결정하고, 1925년부터 교주실, 총정원, 총령원, 방주실, 회관, 귀빈실 등의 증설을 계획한 후 본격적인

---

251 28선화사 하위 임에는 60방주의 육임과 다른 명칭의 사용되었고, 12임에는 동일한 명칭이 사용되었다. 12임의 기존 명칭인 보수원은 자강원(自强員)으로 변경되었다. 이영호 앞의 책(1948a), 76b쪽 참조.

252 교헌에 따르면 육사는 진정원 산하의 부서이다. 『보천교연혁사』는 육사를 총정원 산하의 기구로 기술하고 있다. 1923년 이후 각 지역 진정원장의 배신으로 진정원의 육사가 총정원으로 이관되었을 가능성이 있다. 총정원의 육사는 진정원의 육사와 달리 서무사와 형평사 대신 사도사(司度司)와 전문사(典文司)를 두었다. 이영호, 앞의 책(1948a), 76a쪽 참조.

건축을 시작했지만, 혁신운동과 시국대동단으로 인한 내홍으로 제대로 진행하지 못하고 있었다.[253] 이를 타개하기 위해 성전 신건축사무소를 설치하여 본소의 정비에 총력을 집중하였지만, 연원제 폐지가 포교와 헌금의 감소를 초래하자 결국 그 해결책으로 연원제 회복과 확대가 추진되었다고 할 수 있다.[254]

방주와 임제도 등 연원제 복구는 정교일치 노선으로의 복귀와 교단의 비밀조직 재건으로 오인되어 교단에 대한 전면적 탄압을 초래할 수 있었다. 또한 참위설에 기댄 천자 등극설의 광범위한 유포를 수반하여 교단에 대한 사회적 비난이 증폭될 위험을 내포하고 있었다. 월곡이 1928년 정월 보천교의 교리를 재정립한 것은 이에 대한 대응으로 보아야 한다. 일명 '무진 설법'으로 일컬어지는 새로운 교의 체계는 기존의 교리인 일심, 상생, 거병(去病), 해원, 후천 선경이라는 교리가 '혹자(或者)의 전도오류(傳道誤謬)'로 인한 것이며, 이로 인해 이전에는 헛된 미신에 경도되는 폐단이 있었음을 인정하면서, 재정립된 보천교의 원리가 동양 도덕의 정종(正宗)이라는 것이었다.

'무진 설법' 이후 월곡은 우주를 무극, 태극, 음양오행의 이치로 설명하고 태극에서 비롯된 복희팔괘, 문왕팔괘 등의 하도낙서 이치에 근거하여 앞으로 정음정양의 대동세계인 후천이 도래한다고 설명하였다.[255] 월곡의 반대파들이 주장하듯이 노골적으로 증산에 대

---

253 에미코 번역, 「번역문 『보천교일반』」, 『일제강점기 보천교의 민족운동 자료집 Ⅱ』, 203~206쪽 참조.
254 남북선 사무소를 폐지하고 이를 성전 신건축사무소로 전환한 것은 성전의 건축을 중심으로 한 교무활동으로 이에 교단의 총력을 집중한 것으로 볼 수 있다. 이영호, 앞의 책(1948a), 71b쪽 참조.

한 신앙을 폐기한 바는 없으며, 오히려 증산이 남긴 말과 명을 전하고 있는데,[256] 기존의 신앙체계를 유교식으로 변경했을 뿐 증산에 대한 신앙을 버린 것은 결코 아니라는 보천교 구파의 주장과 일맥상통한다.[257] 이는 1934년 이루어진 무라야마 지준과 월곡의 문답에서도 확인된다. 월곡은 인의(仁義)의 교리가 교조 증산의 가르침이었고 신앙 대상인 삼단 중 중앙의 일월(日月)이, 옥황상제인 증산을 상징한다고 하였다.[258]

당시 치성 의례에서 증산의 탄생과 화천 기념 치성이 제외된 것을 이유로 월곡이 증산에 대한 신앙을 포기하였으며 그 이유를 월곡이 자기 부친인 차치구를 삼황오제의 화신으로 여겼기 때문이라고 비난하는 주장도 있다.[259] 하지만 1933년 월곡의 법설에 따른다면 월곡은 "증산에 대한 제사권을 임의로 행사하는 것이 예가 아니며, 생일과 기일 제사가 불법(佛法)에 해당하기에 증산에 대한 기념치성을 폐지한 것"이었다.[260] 증산으로부터 월곡이 교통을 전수한 것을 기념하는 정월 3일 치성을 폐지하지 않았다는 점에서 본다면 이 기록

255 민영국(편), 앞의 책(1986), 36~62쪽 참조.
256 "天師가라사대文王은姜里에서三百六十四爻를지엇스며 太公은渭水에서三千六百釣를廣張하얏는데 文王의道術은만저낫하낫거니와 太公의道術은이쌔에나오나니라하시고『天地無日月空殼 日月無知人虛靈』이라일르시더라", "天師가라사대 선배가되야서는大學右經一章을알어야하나니라 쏘가라사대書傳序文을萬遍口誦하라 大運이그에잇나니라" 이상호, 앞의 책(1926), 115쪽, 140쪽; 민영국(편), 앞의 책(1986), 50쪽, 59쪽 참조.
257 이강오, 앞의 논문, 46~47쪽; 박종렬, 앞의 책, 240쪽 참조.
258 위의 책, 237~240쪽; 보천교중앙총정원, 『교전』, 보천교중앙총정원, 1981, 506~507쪽 참조.
259 이정립, 앞의 책, 122쪽; 이강오, 앞의 논문, 42쪽 참조.
260 민영국(편), 앞의 책(1986), 108~109쪽 참조.

역시 신빙성이 있다.

이상의 여러 사실을 종합해 본다면 월곡의 교리체계 변경은 연원제 복구로 야기될 수 있는 정교일치의 혁세적 교리 해석이나 참위적인 포교 형태를 제어하기 위해 전통적 유교 윤리와 의례를 축으로 하여 교리를 재해석한 것으로 보아야 한다.[261] 정교분리를 근간으로 하는 종교 교단으로의 전환이 교단 존립을 위해 필요하다는 것을 인지했던 월곡이 취할 수 있었던 조치는 교리체계의 전환을 통해 정치 결사적 연원제 조직을 종교적인 조직으로 전환하는 것이었다. 시천주에서 인즉천으로 재해석된 천도교의 교리 재해석 과정을 통해 알 수 있듯이, 연원제 조직의 경우 도통 계승자의 교리 재해석은 그 카리스마를 강화함으로써 조직의 구심력을 확보할 필요가 있었던 시기에 시도되었다. 월곡의 교리 재편과 의례 정비는 이러한 관점에서 본다면 '신로 변경'이라기보다 증산의 교법에 대한 월곡의 재해석이라는 관점에서 보아야 하며, 이렇게 볼 때 '무진 설법' 이후의 월곡의 여러 언행은 모순 없이 분석될 수 있다.[262]

보천교에서 분립한 연원주나 증산 추종자의 독자적인 교단 활동

---

[261] 이러한 조치가 월곡의 증산에 대한 신앙심에 대한 의문을 제기하였고, 결국 그의 진의를 떠나 증산에 대한 신앙과 월곡에 대한 신앙으로 보천교가 분열되는 단초가 되었음을 박인규는 지적하고 있다. 박인규, 앞의 논문(2019b), 165쪽 참조.

[262] 1934년 무라야마와 월곡의 대담을 중심에 두고 월곡의 교리 변경에 대해 재검토한 유철은 관련 문헌을 토대로 보천교의 전기 교리와 후기 교리를 분석하여 월곡이 증산의 가르침의 한계를 벗어나지 않았음을 지적하였다. 특히 교세가 확장되면서 배교자들이 증가하고 시국대동단으로 인한 내외부의 비판에서 유교적 도덕과 인의를 강조하여 조직의 안정을 꾀하려 한 것이 교리 변경의 목적이라고 주장한다. 유철, 「보천교 교리의 성립과 변경」, 『보천교재발견 1 - 보천교 다시보다』, 상생출판, 2018, 185~269쪽 참조.

도 월곡의 무진 설법에 영향을 미쳤다. 보천교 초기 교리 정립에 큰 영향을 끼쳤던 이상호는 1926년 교단의 최초 경전인 『증산천사공사기』를 간행하고 증산의 친견 제자들과 연대하거나 보천교에서 탈퇴한 방주들과 협동하여 새로운 교단 설립을 시도하고 있었다.[263] 또한 계시를 통해 증산의 도통을 계승하였다고 선언하며 원평을 중심으로 종교활동을 전개한 정산은 1925년 태인에 본소를 설치하고 무극도를 창도하여 본격적인 교단 활동을 시작하여 큰 교세를 형성하고 있었다.[264] 따라서 월곡이 도통 전수자라는 정통성을 명확히 하고 그 차별성을 드러내기 위해서는 기존의 증산 종단이 공유하고 있었던 증산의 교법 해석을 새롭게 재정립해야 했다.

여러 경쟁적인 연원 정점이 정읍의 보천교 주변에 포진하면서 보천교의 연원주들을 유인하는 상황에서 증산에 대한 신앙을 공식적으로 포기하는 것은 교단의 분열을 촉진하는 것이었으므로 월곡이 이를 선택하였다고 보기는 어렵다. 이웃 교단과의 철저한 차별화를 위해 월곡이 과거의 보천교를 포함한 기존 증산 종단의 교리체계를 전면적으로 비판하고 유교적 관점에서 증산의 교설을 해석하였다고 보는 것이 합리적이다.[265]

---

263 당시 이상호의 활동에 대해서는 이정립의 『증산교사』에 상세히 기술되고 있다. 이상호와 이정립 형제의 종교활동에 관해서는 박인규의 연구를 참고할 필요가 있다. 이정립, 앞의 책, 128~133쪽, 149쪽, 151~179쪽; 박인규, 앞의 논문(2019b), 140~160쪽.

264 당시 무극도와 보천교의 경쟁 관계에 대해서는, 『무극대도교개황』, 1~10쪽 참조.

265 박인규에 따르면 보천교의 전기 교리는 증산의 권능에 의한 정치적 변혁이었다고 할 수 있다. 즉 특정한 시점이 되어 증산이 출세하면 월곡이 증산의 도움을 받아 천자가 되며, 이때 월곡이 신통력을 발휘하여 일본을 물러나게 하고 조선을 독립시킨다는 것으로 조선이 독립되고 새로운 나라가 세워질 때 보천교의 간부와 신도들

보천교의 교세가 교리 재해석 이후에도 급격하게 줄지 않은 것은 교조 증산에 대한 교도들의 신앙이 깊지 않았고 신앙생활에도 문제가 되지 않았기 때문이었다기보다 교리체계 변경이 기존의 신앙체계를 전면적으로 재구축하는 수준이 아니었기 때문이라고 이해해야 한다.[266] 해월이 유교적 세계의 경계에서 벗어나면서 동학의 정체성을 구축했다면, 월곡은 반대로 증산의 세계에서 출발하여 유교적 세계의 경계 안으로 진입함으로써 보천교의 사회적 수용성을 높이려 했다. 이는 신종교에 대한 사회적 수용성의 문제가 시대에 따라 달라졌기 때문이라고 할 수 있다.

　교리를 차별화하여 수용성을 높임으로써 포교를 활성화하려 했던 월곡의 의도와는 달리 보천교의 교세는 계속 위축되었다. 교세 위축은 연원주의 이탈로 가속화되었다. 1929년 2월, 서(西) 방주 겸 총령원장 민영성과 유(酉) 방주 권중기, 류(柳) 선화사 정재흠이 이탈하였고, 의욕적으로 추진했던 3월 15일의 성전 봉안식도 관의 불허로 무산되었으며, 이탈한 연원주의 계속된 고소와 관의 탄압으로 인해 교단 본부의 혼란은 지속되었다.[267]

　1930년 2월, 60방주와 28선화사를 재정비하면서 50여 명의 지방

은 지위에 따라 관직을 받고 영화를 누리게 된다는 것이 핵심이었다. 따라서 보천교인은 교리와 사상보다 시운과 정치적 변혁에 더 관심을 가졌고 운세론에 입각한 증산의 시한부 출세론에 집중하였다는 것이다. 박인규, 앞의 논문(2019b), 165~166쪽 참조.

266　박인규는 상당수의 일반 보천교 교도들은 교조 증산에 대한 이해와 신앙이 깊지 않았으며, 교조에 대한 교리 이해가 그들의 신앙생활에 크게 문제가 되지 않았기에 교세의 급격한 감소가 나타나지 않았다고 주장하였다. 위의 논문, 117쪽 참조.

267　이영호, 앞의 책(1948b), 1b~12b쪽 참조.

선화사를 따로 두고, 방주와 선화사에게 12임 이하의 임명에 사용될 인장을 수여한 것은 군소 연원주의 권위를 제고(提高)하여 포교를 독려하려는 의도였다.[268] 하지만 1930년 6월 한로 방주 이중창과 수호사 사원 이중성이 문정삼의 혁신파와 내통하여 혁신파가 본소를 공격하고,[269] 11월에 28선화사 중 묘(昴) 선화사 김언수가 이탈하여 이미 분립한 채경대의 삼성교에 합류하였으며, 제주의 정(靜) 선화사 강상백(姜祥伯)이 탈퇴하여 수산교를 창립하였다. 또한 1931년 1월 소만(小滿) 방주 이용두가 삼성교의 채경대와 연락하다 면임되었으며, 4월 건(乾) 방주 강응규가 이상호의 동화교에 합류하는 일 등이 잇달아 발생했다.[270] 이를 본다면, 교리체계의 변동은 기존의 운세론에 입각한 시한부 천자 등극의 담론을 부정함으로써 연원 정점의 구심력과 수리적 연원제 조직 특유의 포교 동력을 동시에 약화했다고 볼 수 있다.

1931년 정월 4일 간부들이 모여 휘하의 연원주 중에서 임을 이루지 못한 이들이 자발적으로 사임할 것을 결의하였다. 월곡은 방주와 육임을 임명하는 교주의 무기일월(戊己日月) 인장(印章)을 봉하고, 7월에는 대전 진정원을 매각하였으며, 교세 부진을 이유로 총정원을 폐지하면서 육사(六司)를 직접 관할하였다.[271] 연원제 조직 재구축과 확대에도 불구하고 교세의 부진이 지속되었다는 것을 이상의 상황은

---

268 지방 선화사의 명칭은 대(大), 학(鶴), 계(鷄), 봉(奉), 하(河), 영(英), 임(臨) 등으로 도수 체계나 수리와 큰 연관이 없는 것으로 나타난다. 위의 책, 13a~14a쪽 참조.
269 이영호, 앞의 책(1948b), 16b~18b쪽 참조.
270 위의 책, 20b~21a, 22a쪽 참조.
271 위의 책, 21a쪽, 23a쪽 참조.

잘 보여준다. 도수론에 기반한 수리적 연원제가 태생적으로 지닌 시한부적 특성과 유교 윤리적 교리체계가 조화되지 못하면서 조직의 원심력이 작동하지 않자 수리적 연원제 조직은 완성되지 못하였다. 이는 연원 정점인 월곡의 카리스마를 약화로 귀결되었다. 월곡이 카리스마를 강화하기 위해 시도한 교리와 조직체계 변경이 오히려 카리스마를 약화해 연원 정점의 권위는 약화되었다. 연원제에 기반한 신앙체계에서 연원 정점의 종교적 권위가 흔들리면 인적 계보는 교인에게 더는 도통이나 구원의 동아줄이 될 수 없게 되고 결국 조직의 구심력과 포교 동력이 동시에 약화되는 악순환에 진입한다. 1930년대의 보천교가 보였던 모습이 이에 부합하였다.

그러나 월곡은 교세 정체의 원인을 교주와 직접 연결된 방주와 선화사의 문제로 보았으므로 1931년 8월 육임총무소를 총정원의 자리에 두면서 육임의 활동을 통해 교세를 만회하려 했다.[272] 이어, 11월에 방주와 선화사가 치성석에서 참배하지 못하게 하고 육임 및 일반 교인과 같이 제식 참관만을 하도록 하였다. 이것은 방주와 선화사에게 교세 정체의 책임을 묻는 조치였다.[273] 방주와 선화사의 인장을 본부의 창고에 보관하도록 한 것 역시 같은 맥락이다.[274] 월곡은 1932년 12월 교주의 무기일월(戊己日月) 인장을 새롭게 정립된 교리에 기반하여 인의유신(仁義有信)으로 다시 새기고 육임총무소를 인의사총무소로 개칭하면서, 방주가 아닌 인의사총무소의 추천에 따라

---

272 위의 책, 23a쪽 참조.
273 위의 책, 32b쪽 참조.
274 위의 책, 32b쪽 참조.

인의사(人義士)를 임명하기 시작하였다. 방주와 선화사를 뛰어넘어 육임 이하를 연원 정점이 직접 관리하는 이 체계는 교세 정체를 극복하기 위한 월곡의 고육책이었지만 오히려 수리적 연원제 조직의 손발에 해당하는 방주와 선화사의 권한 약화로 인해 연원제가 붕괴되어, 결국 교구제 중심의 교단 조직 재편을 초래할 수밖에 없었다.

4) 연원제 폐지와 교구제 전환

교구제 중심의 교단 조직 재편은 새롭게 시작된 유교식 집지(執贄)의례(儀禮)를 통해서도 촉진되었다. 집지례는 유교에서 제자가 스승을 처음으로 뵐 때 예폐(禮幣)를 가지고 가서 경의(敬意)를 나타내는 것으로 스승과 제자의 관계를 맺는 의식이다. 월곡은 1932년 11월 문인(門人) 홍택근과 성주의 유생 송홍눌로부터 집지례를 받은 후, 12월에 기존의 간부와 교인 87명으로부터 집지례를 받았다.[275] 간부와 교인이 동등한 자격으로 월곡과 사제관계를 맺는다는 것을 의미했다. 이후 집지례는 보천교 해산 시까지 사제관계를 맺는 교단의 중심 의례로 기능하였다. 포교에 따라 전교자와 수교자 사이에 형성되었던 사제 관계가 집지례에 의해 교주와 교인 간에 직접 성립되었다.[276] 따라서 전교자는 인도자, 즉 천인(薦人)의 위상만을 지니게 되었고, 휘하의 인적 계보에 속한 교인에 대해 스승이나 연원주가 될

---

275 위의 책, 34b쪽; 민영국, 앞의 책(1986), 113~124쪽 참조.
276 『보천교연혁사』하와 속편에는 1932년 11월 이후 다수의 집지례 관련 기사가 나타난다. 이를 통해서 당시의 교세를 추정하기도 한다. '보천교규절'에는 친자(親炙)를 원하는 교인은 집지례를 하여 사제의 의를 정한다고 되어있다. 村山智順, 앞의 책, 329쪽 참조.

수 없는 체계가 성립되었다. 연원제에 의해 구축된 인적 계보에 따른 지휘 통솔의 권위구조가 사라졌다고 볼 수 있다.

또한 월곡은 거의 절대적이었던 주문과 이를 중심으로 한 수행의 위상을 상대적 차원으로 격하시켰다. 주문 수행은 '허령선전시대(虛靈宣傳時代)' 또는 '태을주문시대'의 '신도(神道) 공부', '조화신통묘법', '교귀신(交鬼神)의 수행'으로 해석되어 자신을 귀신에 종속시키는, 더 이상 행해서는 안 되는 법술이 되었다.[277] 절대적 권위를 지니는 주문과 수행법이 존재할 경우, 연원제가 강화되어 조직이 분열되거나 정치결사로 발전할 수 있다는 판단에서 신앙체계를 재정립한 것으로 볼 수 있다.

월곡은 1933년 정월에는 유교적 향약 제도를 도입한 마을 단위의 교약소(教約所)를 본부에서부터 시작하여 각 군, 면, 리 단위로 설치하였고, 3월에 각 도 단위로 정리, 부정리, 포정을 선정하여 파송하고, 5월에 각 도의 선정사(宣正士)를 임명하면서 도의 정리소(正理所)에서 인의사를 추천하였다. 이것은 1933년을 기점으로 보천교가 교구제 중심의 교단으로 전환되었는 것을 의미한다.[278] 정리와 부정리, 그리

---

277 월곡은 1934년부터 집지 시의 훈사를 통해 주문을 통한 수행의 시대가 끝났음을 선포한다. "태을주문시대와는 다르다", "귀신을 사귀어서 시키는 대로 따라 하여 개안한다는 공부는 망신의 근본이라 신도공부는 자신을 귀신에게 헌납하고 자유가 없으니…신도에 침혹하면 망하지 아니하는 사람은 자고급금에 없음이라", "종전 허령선전의 때로 알고서 그 신기함을 희망하여 왔다가…", "후일의 공부가 있다함은 전일 허령선전하는 조화신통묘법이 아니라…", "주문을 일러서 귀신 사귐을 좋아하지 말고…귀신을 교제하여 별별 기기한 제주가 있더라도 신의 노예에 불과하고…" 민영국(편), 앞의 책(1986), 128쪽, 145쪽, 158쪽, 165쪽, 181쪽; "今則非復前日虛靈宣傳之時代로讀呪文而交鬼神이니雖或有奇妙難測之術이라도不過於神之奴隸而神若不從則朦然無知하야還爲失性之人야ㅣ라今後之工夫는非此之謂也ㅣ니"『대도지남』, 보천교중앙협정원총정원, 1953, 38b쪽.

고 포장이 개칭된 포정(布正)은 1921년의 교구제 도입 시기에 신설된 도와 군 단위 책임자로, 연원제에 기반하여 임명되었던 직위였지만 1933년에는 연원제 직위와 연동되지 않는 교구제 직위로 자리매김하고 있다는 점은 이를 방증한다.

1934년에 이르면 교단 대부분의 활동이 성직자와 행정 단위의 교구를 중심으로 이루어진다. 입추 치성에 방주나 선화사 등의 연원제 간부 대신 각도의 정리와 포정이 회집하여 치성 제석에 참배하고, 정리와 부정리 포정이 그 성적에 따라 사임, 승진, 이동하였으며, 각 도의 정리소를 설립하면서 각 도의 정리, 부정리, 포정, 선정사, 각 군의 약장(교약소의 장)을 모아 유교식 전통 예법을 교육한 것 등은 연원제의 폐지와 교구제의 전면적인 시행을 잘 보여준다.[279] 1934년 11월 육임의 인장까지 각 도의 정리가 관리하게 한 것은 수리적 연원제의 완전한 폐지를 상징하는 일이었다.[280]

월곡이 1935년부터 자신을 교주가 아닌 성사(聖師)로 부르게 한 것은 집지례에 따라 자신이 모든 교인의 직접적인 스승이 되었음을 의미했다.[281] 월곡이 모든 교인의 스승이 되었다는 것은 더 이상 연원제에 기반한 도통 계보는 없으며, 자신만이 도를 전할 자격과 위상을 지녔음을 의미한다. 1935년 협정원을 설치하고 각 도 임원중 활동이 어려운 연로자 등을 정의(正議)로 임명한 것은 교의회를 부활한

---

278 村山智順, 앞의 책, 329~332쪽; 이영호 앞의 책(1948b), 36a~36b쪽, 38a~40a쪽, 42a쪽 참조.
279 위의 책, 42a~44a쪽 참조.
280 위의 책, 48a쪽 참조.
281 이영호, 앞의 책(1958), 1a쪽 참조.

것이라기보다 은퇴를 앞둔 성직자에게 명예직을 수여한 것으로 해석해야 한다. 교단의 권위구조는 더 이상 인적 계보와 연동되지 않았고, 종교적 권위는 성전(聖殿)과 성사(聖師)인 월곡, 그리고 그 권위의 일부를 위임받은 지역 성직자에게만 존재하게 되었다. 인적 계보에 기반한 만인사제적 연원제 공동체는 성소와 성직자를 중심으로 한 지역 단위의 교인 공동체로 전환되었다.

1920년대의 보천교는 역성혁명의 참위설에 기반하여 독립과 국가 건설을 목적으로 한 정교일치의 결사 조직이었지만 1930년에 이르러서는 지역 단위로 유교적 도덕과 의례를 통한 수양을 도입하면서 향약, 상투, 보발(保髮) 등의 전통적 문화를 수호하여 유교적 이상향인 후천 대동세계에 가기를 염원하는 유교적 근대 종교로 전환되었다. 증산은 수운이 유교의 전헌(典憲)을 넘지 못하였다고 비판하며 진정한 동학을 주장하며 종교운동을 전개했다. 그러나 제자 월곡이 종국에 이르러 도달한 곳은 스승인 증산의 가르침이 유교의 전헌에 기반한다는 것이었다. 이러한 역설적 과정에서 작용한 중요한 변수의 하나가 연원제였다는 사실은 주목할 필요가 있다. 증산의 사유를 기반으로 하여 월곡에 의해 창안된 특유의 조직 제도인 수리적 연원제가 그 교리 재해석에 큰 영향을 주었음을 시사하기 때문이다.

3. 무극도와 연원제의 변화

1) 정산의 연원제 변용

1919년부터 1921년까지 정산 교단의 종교활동은 주로 원평을 중심으로 이루어졌다. 원평 황새마을(감곡면 계룡리)은 교단의 행정 중심지로, 감곡면(甘谷面) 통사동(通士洞)에 있었던 이준세의 재실은 의례 중심지로 자리 잡았다. 종교적 본소의 기능을 주로 한 곳은 통사동의 재실이었다. 증산의 유골과 유품이 모두 이곳에 보관되었고, 대부분의 종교 의례 역시 이곳을 중심으로 이루어졌기 때문이다.[282]

정산이 교단의 명을 무극도로 칭하게 된 것은 이 시기인 것으로 추측되는데, 일제의 조사에 따르면 증산이 남긴 유서에서 기원하였다. 즉 "무극대도덕야원형이정포교오십년공부(無極大道德也元亨利貞布敎五十年工夫)"라는 유서 내용을 토대로 교단의 명칭을 정하였다는 것이다.[283] 해당 유서는 『대순전경』 초판의 "무극신대도덕봉천명봉신교대선생전여율령심행선지후각원형이정포교오십년공부(无極神大道德奉天命奉神敎大先生前如律令審行先知後覺元亨利貞布敎五十年工夫)"의 글과 유사하다.[284] 무극도라는 교명은 정산이 증산의 공사를 자신에 대한 예언으로 인식하고 이를 실현하기 위해 종교활동을 하였다는 것을 잘 보여준다.

증산의 공사를 자신에 대한 예언으로 해석하고 이를 신앙체계에

---

282 통사동 재실과 관련된 서사에 대해서는, 대순종교문화연구소, 「지명 이야기: 통사동 재실」, ≪대순회보≫ 제59호, 1998년 5월 23일, 11쪽 참조.

283 『무극대도교개황』, 6쪽.

284 이상호, 앞의 책(1929), 232쪽 참조.

반영했다는 점에서 정산은 월곡과 공통점을 보인다. 그렇지만 정산은 증산의 공사를 해석하는 관점을 월곡과 달리하였다. 월곡이 증산의 도수를 예언된 통치 체계로 해석하여 조직 제도에 반영하였지만, 정산은 수행 체계로 해석하여 조직에 반영하지 않았다. 무극도의 조직은 보천교와 달리 수리적인 특징을 보이지 않는다. 1925년 조사된 무극도의 도규 가운데 특히 제6조~제8조를 통해 이를 확인할 수 있다.[285]

六. 本道의 職員은 左와 如함

　　本所職員

　1. 周旋元　二人

　1. 周旋補　若干人

　1. 察理　　若干人

　1. 巡動　　若干人

　1. 從理　　若干人

　　地方職員

　1. 聯絡, 次聯絡　若干人

　1. 府分　　　若干人

　1. 布德　　　若干人

七. 本道職員 任務는 左와 如함

---

285 무극도 도규의 원시적 형태는 1923년 제도화된 것으로 볼 수 있는데, 그 이유는 주선원이 1923년 임명된 기록이 있기 때문이다. 대순진리회교무부, 앞의 책(1974), 197쪽.

1. 周旋元은 本道의 全般道務를 總理함

1. 周旋補는 周旋元을 輔佐하며 代理함

1. 察理는 周旋補를 輔佐하야 道中業務를 分掌함

   (庶務 理簿, 整理等)

1. 巡動은 周旋補를 輔佐하야 各方 道人의 道務를 奬勵하며 視察함

1. 從理는 本所에서 地方에 派遣하야 聯絡과 該當 地方道務를 協

   理함.

1. 聯絡은 次聯絡과 府分과 布德을 管理하며 本所와 地方道人의

   聯絡事務를 掌함

   但 二個府分 以上으로 至百二十五府分까지 導率한 人을 聯絡

   이라 稱함

1. 府分은 道人 百二十人을 敎導管理함

1. 布德은 布德에 從事함

八. 本道의 職員은 修道의 實驗과 布德의 功效를 從하야 任命함[286]

위의 도규에 따르면, 지방직원 중 부분(府分)은 교인 120명을 기준
으로 임명되고, 연락은 부분 2명~125명까지 관리하게 되어 있어 포
덕, 부분, 연락이 연원제 직위임을 알 수 있다. 연원제 직위의 휘하
교인 수에 특별한 의미가 없고, 그 정원도 정해져 있지 않다. 이것은
『무극대도교개황』 조직 편에서 "정원(定員)을 두지 않고 신도의 수에
따라 적의증감(適宜增減)한다."는 기록을 통해서도 확인된다.[287]

---

286 『무극대도교개황』, 20~23쪽.
287 위의 책, 12쪽 참조.

당시의 도규에 따르면, 무극도는 본소와 지방을 구분한다. 이 가운데 도주 정산을 보좌하면서 종교행사 및 종무를 수행한 사람들은 본소 직원들이었다. 무극도 창설 전후 도주의 지시를 수행하고 수도 공부를 보좌하는 사람으로『전경』에 자주 등장하는 이들이『무극대도교개황』의 본소 직원들과 일치한다.[288] 1920년대 초부터 측근에서 정산의 명령을 실행한 인물로『전경』에 자주 등장하는 권태로, 이우형이 모두 주선원(周旋元), 주선보(周旋補)로 본소 직원이었고, 정산의 숙부인 조용서가 1923년경부터 주선원(周旋元)을 맡았다.[289] 도규에 나타난 본소 직원들의 역할을 분석하면 주로 도주의 지시를 실행 보좌하거나 본소와 지방 간을 원활하게 연결하는 것인데, 해월의 6임이나 월곡의 60방주와 같은 천부적인 수리 개념은 없다.

『무극대도교개황』의 '무극도간부일람표'에는 직원들의 인적 사항이 직명(職名), 성명[氏名], 연령(年齡), 본적(本籍), 비고(備考)로 구성되어 있는데 활동 지역이나 교구 관련 항목은 없다. 일람표는 부분(部分) 이상이 기재되어 있는데 지방직원의 경우 비고란에 관리하는 지방직원의 수를 기재하고 있다.[290] 이것은 지방직원들의 편제가 교구제에 의한 것이 아니라 연원제에 의한 것이었음을 잘 보여준다. '지방(地方)'이라는 용어는 교구의 의미가 아니라 연원 정점인 정산 및

---

288 간부일람표의 본소 직원 나이가 20~30대가 대부분인 사실은 본소 직원의 역할이 주로 도주를 보좌하며 그 지시를 행하는 데에 있었음을 시사한다. 대순진리회교 무부, 앞의 책(1974), 192쪽, 194쪽, 196~197쪽, 199~201쪽;『무극대도교개황』, 37~38쪽 참조.
289 위의 책, 14쪽, 37쪽; 대순진리회교무부, 앞의 책(1974), 192쪽, 194쪽, 196~197 쪽, 200~201쪽; 교화부편찬실, 앞의 책, 16쪽 참조.
290 『무극대도교개황』, 37~52쪽 참조.

보좌 조직을 의미하는 본소와 연원제 인적 계보를 구별하기 위해서 사용되었다고 볼 수 있다.

대다수 교인을 지휘 관리하는 지방직원들의 인적 사항에 관리 조직의 규모를 기재한 것과는 달리 본소 직원의 경우 이를 기재하지 않았다. "본도(本道)의 직원(職員)은 수도(修道)의 실험(實驗)과 포덕(布德)의 공효(功效)를 종(從)하야 임명(任命)함"이라는 도규 제8조를 통해 본다면, 본소의 직원들은 포덕의 성과보다 주로 수도(修道)의 실험(實驗)인 수행 수준에 연계되어 임명되었으며, 지방직원은 포덕(布德)의 공효(功效)인 포교 성과에 따라 임명되었다고 볼 수 있다.

1925~31년까지의 무극도 관련 신문 기사는 무극도의 종교활동이 본소가 위치한 정읍이 아닌 경성, 김제, 대구, 대전, 밀양, 부산, 삼척, 안동, 영덕, 예천, 의성, 평양 등에서 이루어졌고, 지부에 기관소, 교당, 사무소 등이 있었다고 기술하고 있다.[291] 도규 상 지역별 교구나 기관에 관한 규정이 없고, 지방직원들의 임명 기준이 '포덕의 공효'라는 것을 도규와 일람표로 확인할 수 있으므로 지부의 기관소와 교당 등은 인맥 조직의 집회소로 보아야 한다.

---

291 박인규, 앞의 논문(2019b), 180~182쪽; 「無極으로統一天下」, ≪동아일보≫, 1925년 2월 25일자; 「惑世誣民하는 無極大道團」, ≪동아일보≫, 1925년 7월 6일자; 「鄭鐵統이鄭道令 無極大道團主의 譫語」, ≪동아일보≫, 1925년 7월 10일자; 「안동 무극교도 근거를 철저 박멸」, ≪조선일보≫, 1925년 8월 20일자; 「예천지방에 무극교 준동」, ≪조선일보≫, 1926년 3월 14일자; 「의성 일대에 무극교가 만연」, ≪조선일보≫, 1926년 3월 31일자; 「영덕 보곡동 무극교도의 우매」, ≪조선일보≫, 1926년 7월 1일자; 「무극도에 밋쳐 파산자 속출, 허무맹랑한 풍설에 놀아나는 삼척군내의 어둔 백성들」, ≪조선일보≫ 1928년 3월 3일자; 「밀양에도 무극도의 준동」, ≪조선일보≫, 1928년 3월 4일자; 「無極道敎主 二名 또 拘引 교주는잠적?」, ≪동아일보≫, 1931년 6월 11일자 참조.

이를 더 명확히 확인하기 위해서는 다음의 『무극대도교개황』의
조직 편을 분석해 볼 필요가 있다. 조직 편은 도규와 비교하면 차이
가 있어 논의 전개의 주요 근거 자료로 사용하기에 문제가 있지만,
차이 대부분이 조직 편의 오인(誤認)이나 오기(誤記) 및 정보 분석 오류
로 인한 지엽적인 것으로 판단되기에 도규에 나타나지 않는 부분을
보완해 줄 수 있다.[292]

> 도주 아래에 상반(上班), 중반(中班), 하반(下班)의 3계급을 두었다. 상
> 반에는 주시원(周施員)·주시가(周施家)·주시보(周施補) 및 찰리(察理)라
> 는 것을 두고, 중반에는 연락원(連絡員)·연락가(連絡家)·연락보(連絡
> 補)·부분원(部分員)·부분가(部分家) 등을 두고, 하반은 지부원(支部員)
> ·해방원(該方員)·포덕원(布德員)·포덕가(布德家)·포덕보(布德補) 등
> 으로 한다. 일반신도는 수본자(守本者)라고 부르며[293] 수본자 5명을 입
> 교시키면 하반원 협의를 거쳐 포덕보(布德補)가 되고, 10명을 입교시키
> 면 포덕가가 되는 등 보천교의 방주제와 유사하다. 상반(上班), 중반(中
> 班)은 도주가 임명하는 듯하고, 그 원수(員數) 등이 아직 확정적이진 않

---

292 『무극대도교개황』, 8~12쪽.
293 일반신도를 무극도 시절 수본(守本)이라고 불렀는지는 정확하지 않다. 참고로 정
   산이 임원이 아닌 일반신도를 수본(修本)이라고 했다는 주장은 『진경전서』
   (1987)부터 시작되었는데, 이보다 앞선 태극도 문헌에는 이러한 용어는 발견되지
   않는다. 오히려 1960년대의 ≪태극도월보≫에서는 수반이라는 용어를 사용하고
   있다. 대순진리회에서는 수반(隨班, 修班)이라고 하는데 위의 기록과 관련하여 유
   추해 본다면 일반신도는 상중하 반과 구별되는 수행(修行)하는 반이라는 의미의
   수반(修班), 상중하 반을 따른다[隨]는 의미의 수반(隨班)에서 비롯되어 정착한
   말로 추측된다. 태극도편찬위원회, 앞의 책(1987), 447쪽; 「이제 우리는 무엇을 해
   야 할 것인가」, ≪태극도월보≫ 제10호, 태극도월보사, 1968년 4월 25일, 5쪽 참조.

지만 대략 별표와 같다. 그리고 이와 같은 조직은 강증산의 유서에 있었다고 하기도 하나 자세하지 않고, 중반(中班) 이상을 임명할 때는 같은 반원(班員)의 추천에 따라 도주가 왼쪽과 같은 문서에 의해 임명한다. 임명 후에는 신전(神前)에 예배하고 그 문서를 소각한다고 한다.[294]

위의 조직 분석과 도규 및 간부일람표를 종합해 보면 무극도 조직 체계는 아래에서부터 포덕(布德), 부분(府分), 차연락(次聯絡), 연락(聯絡), 수연락(首聯絡) 등으로 구성된 것을 알 수 있다. 일반신도 5명과 10명을 입교시키면 각각 포덕보(布德補)와 포덕가(布德家)가 되고, 수하 인맥의 합계가 20~50명이 되면 포덕원(布德員)이 되며, 이러한 인맥의 합이 120명 이상이 되면 부분(府分)이 되고, 부분을 2명 이상 거느리면 연락(聯絡)이 되는 체계였다.[295] 포덕, 부분, 연락은 각각 보(補), 가(家), 원(員)의 3단계로도 계층화되었을 수 있다는 사실도 알 수 있는데, 정확하지는 않지만 포덕보(차포덕)-포덕가(포덕)-포덕원(수포덕)-부분보(차부분)-부분가(부분)-부분원(수부분)-연락보(차연락)-연락가(연락)-연락원(수연락)의 9단계 체계로 볼 수 있다.

『무극대도교개황』의 조직 편에 있는 [그림 4]의 '무극대도교의 조직표' 내 하반(下班) '현재 인원'은 직책별 포덕 수효를 의미하는 것으로 볼 수 있다. 이에 따르면 하반에 속하는 포덕원의 경우 포덕 기준이 20명이며, 하반 최고위 직원인 지부원의 포덕 기준이 50명으로

---

294 『무극대도교개황』, 8~10쪽.
295 포덕보와 포덕가가 되는 포교 연원의 수효가 정확히 5명, 10명인지는 정확하지 않다. 『무극대도교개황』의 조직 편에 내용의 오기와 오류가 적지 않아 관련 내용을 전적으로 신뢰할 수 없기 때문이다.

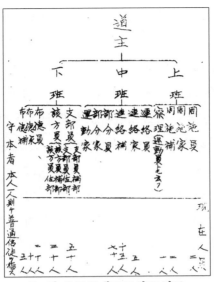

[그림 4] 무극대도교의 조직표
(『無極大道敎槪況』, 1925, 11쪽)

되어 있어, 하반을 대표하는 포덕의 임명 기준은 적어도 20명에서 50명이었다고 추측할 수 있다.[296] 따라서 무극도의 포덕은 동학의 접주와 보천교의 8임, 부분은 수접주나 12임, 연락은 대접주나 6임과 비교할 수 있을 것이다. 이상에서 살펴본 바로 본다면, 무극도는 창설 때부터 수도조직의 구성이 '포덕의 공효', 즉 자신으로부터 시작된 포교 인맥의 규모를 중심으로 이루어지는 연원제였음을 다시한번 확인할 수 있다.

『무극대도교개황』의 조직 편에 따르면, 본소의 직원들은 상반(上

---

296 위의 책, 11쪽 참조.

班), 지방의 직원들은 중반(中班) 혹은 하반(下班)으로 분류되어 상하관계가 있는 것처럼 기술되어 있다. 하지만 간부일람표를 보면, 지방직원인 연락(聯絡)이 본소 직원인 찰리(察理)와 순동(巡動)을 겸하고 있다.[297] 간부일람표의 본소 직원 인적 사항에 수하 연원의 규모를 기재하지 않은 사실 역시 본소 직원이 연원제 원리와 직접적인 관련이 없으며, 따라서 지방직원보다 상위가 아니라는 것을 시사한다. 연원제 원리로 조직된 무극도에서 연락(聯絡)은 필요에 따라 본소 직원도 겸할 수 있었던 최고위 직책이었다고 할 수 있다. 연락(聯絡) 중 수위의 15명은 수연락(首聯絡)으로 분류되어 있는데, 수연락 중 감리(監理)하는 부분(府分)의 수가 연락보다 적은 이도 있는 것으로 보아 수연락의 직접적인 연원은 정산이었다고 볼 수 있다.[298] 따라서 중앙직원을 상반(上班)으로, 지방직원을 중반(中班)이나 하반(下班)으로 쉽게 구별할 수는 없다. 지방직원은 천도교나 보천교의 원직 또는 휘직 같은 연원제 직책이며, 본소 직원은 일종의 보직(補職)으로 보아야 한다.

정산의 연원제 조직 구축과 확장은 원평을 중심으로 하였던 초기 교단의 본소를 태인 태흥리로 전환하는 과정과 동시에 이루어졌다고 볼 수 있다. 1923년 초 본소로 사용하던 통사동 재실을 문남용 등의 친견 제자가 습격해 성골과 금전 일부를 탈취한 사건은 본소의

---

297 연락 중 김용국과 박병규가 찰리와 순동을 겸하고 있으며, 일람표 상 수연락인 조원규, 김장회, 이수형 등은 조직에는 찰리로 기재되어 있다. 위의 책, 15~16쪽, 40~41쪽 참조.
298 연락 이수형의 비고란에 '이상 15명은 수연락'으로 기재되어 있다. 위의 책, 40~41쪽 참조.

이전을 촉진하였다.[299] 박인규에 따르면 정산이 본소를 이전하면서 새롭게 도장을 건설한 태인(泰仁) 도창현(道昌峴, 일명 돌챙이 고개)은 일찍이 증산이 자주 머물렀던 곳으로, 도통군자의 출현이 예정된 성지로 정산에게 인식되어 있었다.[300] 따라서 1923년 이전부터 새로운 성소의 건설이 계획되었을 가능성이 크다. 정산이 일제의 탄압에도 불구하고 대규모 성전을 계획하고 이를 시행한 이유는 보천교와의 경쟁 구도에서 찾을 수도 있겠지만, 연원으로서 자신에게 예정된 증산의 공사와 도수를 현실화하기 위한 것으로 이해해야 한다.

1924년 4월 조성되기 시작한 새로운 성소인 태인도장은 1925년 준공되었다. 이때 정산의 교단은 무극도를 교명으로 공식 선포하고, 신앙 대상인 증산을 '구천응원뇌성보화천존상제(九天應元雷聲普化天尊上帝)'로 봉안하였으며, 교의 종지(宗旨) 및 신조(信條)와 목적(目的)을 정하였다.[301] 도규에 본소 소재지가 태인 태흥리로 기술되어 있으므로 도규 역시 기존에 시행되던 조치를 제도화하여 당시에 선포한 것으로 볼 수 있다.[302] 1925년 4월 정산은 성소에 증산을 봉안하여 그 신격화를 완성하고, 자신을 연원으로 하는 교단을 공개하면서 연원제 조직을 성문화된 도규를 통해 제도화하였다.[303] 연원 정점의 종교적

---

299 위의 책, 5쪽.

300 박인규, 앞의 논문(2019b), 177쪽 참조.

301 교단 문헌과 『무극대도교개황』 등 일제의 문헌에 나타난 교리가 일부 차이를 보이는 것은 일제의 탄압을 피하려고 급진적이거나 혁명적으로 오인될 수 있는 종교 사상을 삭제하여 공개한 결과로 보아야 한다. 이에 대해서는 2장에서 다룬 바 있다. 『무극대도교개황』, 19쪽; 대순진리회교무부, 앞의 책(1974), 200~202쪽 참조.

302 『무극대도교개황』, 20쪽 참조.

303 기념 치성이 증산의 탄생일과 서거일로 제도화되어 있어 증산에 대한 신격화는 명확해졌다. 위의 책, 24쪽 참조.

권위를 강화하여 구심력을 높이고, 이를 통해 인적 계보의 신성화를 촉진하여 연원제 조직의 원심력을 강화한 조치였다.

정산은 태인에 무극도장을 조성하면서 증산을 봉안한 영전(靈殿) 외에 성전(聖殿)을 따로 조성하여 두 성소를 병렬로 배치하여 이원화 하였다. 이것 역시 연원 정점으로서 자신의 위상과 권위를 강화하기 위한 것으로 볼 수 있다. 신앙의 대상인 증산을 봉안한 영전과는 명확히 구분되는 성소인 성전에 증산 외의 모든 신명을 봉안하였고 그 곳에서 정산의 수행과 공부, 의례가 행해졌기 때문이다.

이를 자세히 설명하려면 아래 [그림 5]의 평면도를 통해 무극도장 의 구조적 상징체계를 분석할 필요가 있다. 왼쪽의 중심 건물은 영전(靈殿)으로 증산을 구천응원뇌성보화천존상제로 봉안한 영대(靈臺) 가 최상층에 있고, 오른쪽의 중심 건물은 증산을 제외한 모든 신명을 봉안한 성전(聖殿)으로 도솔궁(兜率宮)이 최상층에 자리 잡고 있었 다.[304] 영전은 5칸의 계단 위에 지어진 건물로, 1층은 정면 5칸·측면 3칸, 2층은 정면 3칸·측면 1칸의 규모였고, 외관상 2층이지만 실제 3층이었다. 3층 영대에 증산이 봉안되어 치성이 행해졌다.[305] 성전은 지하 1층, 지상 3층의 건물이었으나 지상 1층이 둘로 나뉘어 있었다. 지하층은 높이 1m 80cm 정도였고, 출입구가 네 군데였다. 1층은 정면 3칸·측면 3칸, 2층은 정면 2칸·측면 2칸, 3층은 정면 1칸

---

304 村山智順, 앞의 책, 332쪽, 336쪽; 이정립, 앞의 책, 135쪽 참조.
305 2013년에 대순진리회 여주본부도장에서 있었던 2차 종단 역사 사진전의 자료를 참고하였다. 대순진리회교무부는 이전된 건물과 정산의 장남인 조준래를 통해 무극도장에 대한 자료를 정리하여 역사 사진전에 이 평면도를 전시하였다. 영대는 한 칸이 6자였다. 이정립, 앞의 책, 135쪽.

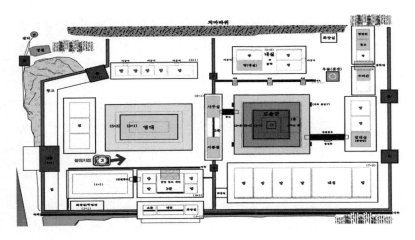

[그림 5] 무극도장의 건물 배치도

· 측면 1칸의 규모였다. 1층에 정산이 사용하는 수련실인 중궁(中宮)이 있었다.[306]

정산이 수련과 중요 의례를 행한 성전은 영전과 거의 동일한 크기였고, 봉안된 신격은 최고신인 증산을 제외한 모든 제신이었다.[307] 특히 4층 도솔궁에 모셔진 삼십삼천, 3층 칠성전(七星殿)에 모셔진 칠성, 2층 봉령전(奉靈殿)의 천지신명은 정산이 사용하였다고 알려진 주문에 나타난 제 신격과 밀접한 관련을 지니고 있다.[308] 영전은 신앙

---

306 도솔궁의 한 칸은 8자였다고 전해진다. 2013년에 대순진리회 여주본부도장에서 있었던 2차 종단 역사 사진전 자료를 참고하였다. 村山智順, 앞의 책, 336쪽.
307 강돈구는 영대가 48간이고 도솔궁은 72간이므로 도솔궁의 중요도가 더 컸다고 주장한다. 그 층수와 평면 구조로 본다면 이는 올바른 지적이다. 도솔궁이 무극도 종교활동의 중심으로 그 활용도가 높았다는 점에서 이견은 없다. 하지만 영전 3층의 영대 규모가 성전 4층의 도솔궁보다 2~3배가량 크다는 점에서 본다면 영대보다 도솔궁이 더 중요한 성소였다는 논리는 성립하기 어렵다. 강돈구, 앞의 논문 (2011), 243쪽 참조.

의 대상이며 무극도의 연원(淵源)인 증산을 모신 신앙의 중심, 성전은
무극도 연원 정점인 정산이 공부하며 증산의 도수와 명을 삼계에 구
현하는 수행의 중심이었다. 즉, 영전－성전, 영대－도솔궁의 배치 구
조는 증산－정산의 관계와 일치되는 것임을 알 수 있다.

성소의 이원 구조를 무극도의 신앙체계 중 천계와 종합하여 분석
하면 더욱 명확히 이해할 수 있다. 정산은 하늘이 36천이며 그 주재
자가 최고신 증산으로, 구천응원뇌성보화천존상제라 선언하였다.[309]
36천의 천계 구조는 도교에 나타나는 세계관이다.[310]

정산은 도교의 36천, 33천, 9천 체계를 종합 변용하여 최고신이
있는 천을 영대로 상징하여 증산을 구천응원뇌성보화천존상제로 봉

308 33천이 33개의 하늘을 각각 담당하는 33위의 신을 의미하는지, 33번째 하늘을 관
     할하는 최고위의 신명인지에 대해서 구체적으로 기록된 문헌은 없다. 하지만
     1929년 도솔궁을 참례한 기자에 따르면 청수 한 그릇과 향로 하나가 있었으며 북
     향 사배의 예를 행했다고 한다. 이것으로 본다면 33번째 하늘 도솔천을 관할하는
     1위의 신격을 봉안하고 4배의 예를 갖추었음을 추측할 수 있다. 최용환, 「伏魔殿
     을 차저서 無極敎正體－8－」, 《동아일보》, 1929년 7월 26일자; 村山智順, 앞의
     책, 336쪽; 이정립, 앞의 책, 135쪽; 대순진리회교무부, 앞의 책(1974), 206~210쪽
     참조.
309 "상제께서 해인을 인패라고 말씀하셨다고 하여 어떤 물체로 생각함은 그릇된 생
     각이니라. 해인은 먼데 있지 않고 자기 장중(掌中)에 있느니라. 우주 삼라만상의
     모든 이치의 근원이 바다에 있으므로 해인이요. 해도진인(海島眞人)이란 말이 있
     느니라. 바다물을 보라. 전부전기이니라. 물은 흘러 내려가나 오르는 성품을 갖고
     있느니라. 삼라만상의 근원이 수기를 흡수하여 생장하느니라. 하늘은 삼십육천
     (三六天)이 있어 상제께서 통솔하시며 전기를 맡으셔서 천지만물을 지배자양하
     시니 뇌성보화천존상제(雷聲普化天尊上帝)이시니라. 천상의 전기가 바닷물에
     있었으니 바닷물의 전기로써 만물을 포장하느니라." 대순진리회교무부, 앞의 책
     (1976), 216쪽.
310 사방 팔천의 32천 개념도 존재한다. 도교의 3천, 9천, 32천, 36천설에 대해서는, 최
     수빈, 「도교에서 바라보는 저세상: 신선(神仙)과 사자(死者)들의 세계에 반영된
     도교적 세계관과 구원」, 『도교문화연구』 제41집, 2014, 309~322쪽 참조.

안하고,[311] 삼계의 하늘인 33천 도리천을 도솔천으로 변경한 후 이를 상징하는 도솔궁을 영대와 병치하였다.[312] 그리고 도솔궁에는 삼계를 주재하는 옥황상제를 봉안하였다.[313] 이것은 무극도에서 간부를 임명할 때 사용된 다음의 글을 통해 명확히 확인할 수 있다.

중반(中班) 이상을 임명할 때는 같은 반원(班員)의 추천에 따라 도주가 왼쪽(다음)과 같은 문서에 의해 임명한다. 임명 후에는 신전(神前)에 예배하고 그 문서를 소각한다고 한다.

年　月　日　氏　名
部分員以表徵誠連絡補職責盡其心力至誠祭○于三十三天兜率天玉皇上帝聖灵之下敢告納名[314]

---

311 정산이 사용한 주문에는 옥청진왕과 삼청 등이 나타나고 있어 정산이 구축한 세계가 도교적 세계를 기반으로 하였음을 잘 보여준다. 위의 논문, 312~322쪽; 李叔還 編,『道敎大辭典』, 高雄: 巨流圖書公司, 2009, 19쪽; 대순진리회교무부, 앞의 책(1974), 210~211쪽 참조.

312 삼십삼천도솔천의 의미에 대해서는 미륵신앙의 지평에서 해석할 수 있지만 도교적 해석이 필요하다. 도솔천궁에서 옥황상제가 삼계를 통솔한다는 믿음은 도교와 그 영향을 주고받은 동아시아의 민간에 있던 신앙체계이기 때문이다. 이를 가장 잘 드러내는 문헌은 여조전서(呂祖全書)와 서유기(西遊記)이다. 여조전서에는 옥황상제가 도솔능소천궁(兜率凌霄天宮)에서 오로제군(五老帝君)을 비롯한 삼계의 진선을 회집하여 '개천황극보제묘법(開天皇極普濟妙法)'을 설한다는 내용이 있다. 서유기에는 옥황상제가 있는 천계에 태상노군이 거처하는 도솔궁이 있으며 이 도솔궁이 33천의 위에 있다는 이야기가 있다. 조선 시대 도솔궁은 옥황상제와 태상노군 등의 신선이 있는 곳으로 믿어졌다.『呂祖全書』(32卷本) 卷十 前八 品經.;『西遊原旨』中國哲學書電子化計劃(https://ctext.org/zh, 2021.7.4).

313 곽춘근,「폐백 도수에 대한 고찰」,≪대순회보≫ 제191호, 2017년 3월, 110쪽 참조. 도교의 도솔천은 불교와 다르다. 도교의 도솔천은 상위의 하늘이지만 불교의 도솔천은 상위의 하늘이 아니다. 불교 도솔천은 총 28천 중에서 아래에서 4번째에 위치한다. 하지만 미륵신앙의 영향으로 미륵이 거주하는 천상의 정토를 의미하게 되어 그 위상이 격상되었으므로 도솔궁은 미륵신앙으로 해석될 수도 있다.

위의 내용으로 본다면 이 소지는 부분원을 연락보로 임명하면서 올린 제례에서 사용한 축문으로 그 제례 대상은 삼십삼천 도솔천 옥황상제(三十三天兜率天玉皇上帝)이다. 도솔궁이 도솔천을 상징하므로 여기에 봉안된 신격이 옥황상제였다는 것은 명확하다.

무극도 도장의 영대에 증산 외의 다른 신격이 봉안되었다는 당대의 기록은 존재하지 않는다. 태극도에서 1987년에 출판한『진경전서』에는 1925년 영대에 증산을 봉안할 때 33천과 제대신명도 함께 봉안하였다고 기술하고 있지만, 1955년에 옥황상제, 석가여래, 관성제군, 칠성대제를, 1957년에 명부시왕, 오악산왕, 사해용왕, 사시토왕, 직선조, 외선조, 칠성사자, 우직사자, 좌직사자, 명부사자를 순차적으로 영대에 봉안하였다고도 기술하고 있어 모순점이 있다.[315] 무극도의 33천이 옥황상제였고 제대신명에 칠성이 포함되었으므로 옥황상제와 칠성대제가 1925년과 1955년에 반복되어 영대에 봉안된 것이 되기 때문이다. 이에 비해 대순진리회는 1925년 당시 영대에 증산이 봉안되었고 진법주의 나머지 14위 신격이 그 후 정산의 공부에 따라 순차적으로 영대에 봉안되었다고 보는 견해를 밝히고 있다.[316]

---

314 글씨가 보이지 않는 부분은 ○로 표시하였다. 원문은 兜가 荌으로 오기되어 있다.『무극대도교개황』, 10쪽.

315 태극도편찬위원회, 앞의 책(1987), 302쪽, 374, 437~438쪽 참조.

316 정산이 성소를 둘로 나누어 영대와 도솔궁을 건립하면서 두 곳에 동일한 신격을 봉안했다는 것은 당위성이 약할 뿐만 아니라 의례상 혼란을 발생시킬 가능성이 크다. 도장 건립 당시 정산은 증산을 최고신으로 영대에 봉안하였고, 이후 차례로 진법주의 신명을 영대로 옮겨 봉안한 것으로 보는 것이 논리적이다. 도솔궁은 진법주에 있는 신명을 최고신의 영역인 영대로 옮겨 봉안하기 전에 각각의 영역으로 분리하여 봉안한 신전(pantheon)으로 볼 수 있다. 이렇게 본다면 정산이 도솔궁에

무극도의 성소가 최고신인 증산을 봉안한 영전과 옥황상제 이하의 제신을 모신 성전으로 이원화되어 있었으며, 수행 활동의 중심이 성전이었다는 것은 당대의 기록을 통해서도 확인할 수 있다.『무극대도교개황』에는 간부 임명 의례와 매일의 기도 의례 대상이 도솔천의 옥황상제이며, 신자들의 치성 시 축문 또한 옥황상제를 부르는 '옥황상제 폐하'라는 말로 시작한다는 기록이 있다.[317] 1934년경 무극도를 조사한 무라야마는 증산이 자신을 '옥황상제와 미륵의 재생'이라고 하였으며 이를 무극도에서 수용하고 있다고 기술하여 무극도가 증산을 옥황상제로 신앙하는 것처럼 기록하였다. 하지만 이것은『무극대도교개황』의 기록처럼 옥황상제를 중심으로 한 무극도의 의례와 수행 등에서 비롯된 오류일 가능성이 크다.[318]

서 행한 수련이나 공부 중에는 증산이 설정한 도수에 따라 신명을 영대에 모으는 일도 포함되었을 가능성이 있다. 강돈구는 외부자의 관점에서 차선근은 교학자의 관점에서 학문적 분석을 통해 이를 입증하고 있다. 강돈구,「대순진리회의 신관과 의례」,『종교연구』제73집, 2013, 161쪽; 차선근,「대순진리회 상제관 연구 서설(Ⅱ)―15신위와 양위상제를 중심으로―」,『대순사상논총』제23집, 2014, 245~246쪽 참조.

317 『무극대도교개황』과 1927년의 조용모 판결문에는 정산이 증산을 옥황상제로 신봉했다는 기록은 없다.『무극대도교개황』, 10쪽, 13쪽;「判決文」, 大邱地方法院 安東支廳, CJA0001575, 1927년 6월 21일, 1019~1020쪽 참조.

318 村山智順, 앞의 책, 335 참조. 강돈구는 2013년 이 문제에 대해 합리적인 설명의 필요성을 제기한 바 있다. 강돈구, 앞의 논문(2013), 153쪽 참조. 1958년 정산의 서거 이후 정산은 조성옥황상제로 신앙이 되었다. 이 때문에 정산이 옥황상제를 도솔궁에 봉안하고 의례와 수행의 중심으로 삼은 것은 의례의 주관자와 의례의 대상이 같아 모순이라고 할 수 있다. 하지만 조성옥황상제와 옥황상제가 동일한 존재라는 근거는 없다. '조성옥황상제'로 봉안되기 전 정산은 '태극도주 조정산'으로 주문에 명시되어 염송되었고, 스스로 자신의 전생을 단주와 초패왕으로 밝힌 바 있었다. 따라서 교단 내에는 옥황상제와 조성옥황상제를 다른 존재로 보고 정산이 새로이 옥황상제라는 자리에 등극하여 조성옥황상제가 되었다는 담론이 존재한다. 기사년 3월 7일(양력 1989.4.12.) 박우당 훈시(대순종교문화연구소 제공); 차

신앙 중심인 영전과 수행 중심인 성전의 이원화 구조는 초월적 최고신인 증산이 가장 높은 하늘에서 삼계를 살펴보고 있고, 증산의 도통을 계승한 정산이 자신의 수련실인 성전 1층의 중궁에서 천지신명과 함께 증산의 공사와 도수를 실현하는 것을 의미했다. 교인들이 정산의 수련실인 중궁을 거쳐 천지신명, 칠성, 옥황상제 등의 제신을 접할 수 있는 성소 구조는 연원 정점으로서 정산의 위상과 권위를 강화하였다. 이는 정산에 대한 신비화와 신격화를 촉진했을 개연성이 높다. 정산의 도장 건립은 연원제 조직의 핵인 연원 정점의 권위를 극대화하여 구심력을 강화했고, 이를 통해 인적 계보를 도통의 위상으로 높여 포교의 활성화를 이룰 수 있었다. 도장 건립 이후 무극도 교세의 급성장과 이에 따른 일제의 탄압 강화는 이를 잘 보여준다.[319]

2) 연원제 강화

경쟁 관계에 있던 보천교가 1923년부터 교구제를 도입하고 1933년경 교구제를 전면 시행하였음에도, 정산은 무극도 해산 시까지 교구제를 도입하지 않았다. 교단 초기부터 연원제를 증산이 내려 준 법

선근, 앞의 논문(2014), 275~283쪽 참조.

319 교세 급성장의 단적인 예는 많은 보천교 신자가 무극도의 교인으로 전환된 것을 들 수 있을 것이다. 1926년 3월 조선일보의 기사는 의성 일대의 무극도 교인이 삼천 명에 이르렀는데, 사천 명의 보천교 교도 중 500명 외에는 대부분 무극도 신자가 된 것으로 분석하고 있다. 「義城一帶에 無極敎가 蔓延」, ≪조선일보≫, 1926년 3월 31일자 참조. "1928년 ≪조선일보≫ 3월 3일자 기사에서 신도 수가 3만여 명으로 추정되었는데, ≪동아일보≫ 1929년 7월 26일자 기사에는 6~7만이라고 추측하였다." 박인규, 앞의 논문(2019b), 182쪽. 1925년 이후 언론매체의 무극도 비판과 일제 경찰의 감시 감독이 강화에 대해서는 다음의 글을 참고하라. 위의 논문, 179~183쪽 참조.

으로 신봉한 데서 그 이유를 찾을 수 있을 것이다. "이와 같은 조직은 강증산의 유서에 있었다.", "임명 후에는 신전(神前)에 예배하고 그 문서를 소각한다."라는『무극대도교개황』의 기록은 1920년대 중반 무극도의 신앙체계 내에서 연원제 조직 원리가 증산의 유지이며 신성한 법으로 신봉되었음을 잘 보여준다.[320] 그러나 연원제 조직 원리에 대한 신앙은 보천교를 비롯한 타 교단에서도 발견된다. 따라서 무극도가 교구제를 도입하지 않은 이유를 이것으로만 설명하는 것은 충분하지 않다.

1930년대 무극도는 일제의 탄압에 대응하여 비밀결사적 교단 조직을 유지할 필요가 있었고, 그 교세가 동학이나 보천교와 같이 전국화되지 못하였기 때문이라는 주장도 제기될 수 있다.[321] 그렇지만 비밀교단을 유지할 필요가 없었던 해방 후에도, 교단이 전국 조직을 갖춘 뒤에도 정산은 교구제를 도입하지 않았다. 무극도가 교구제를 도입하지 않고 연원제를 중심으로 조직을 운영하게 된 데 대해서는 종교 내적 요인을 찾을 필요가 있다.

1920~30년대의 무극도 신앙체계의 특징은 당시 정산이 행한 여러 종교활동을 통해 살펴보아야 한다. 정산이 당시 가장 주력한 영역은 증산의 공사와 도수에 대응하는 공부, 즉 수행과 의례였다. 대부분의 수행과 의례는 도교적 과의와 연관되는데 대표적인 예로는 1923년 정산이 행한 '진인보두법(眞人步斗法)'을 들 수 있다.[322] 이는

---

320 『무극대도교개황』, 9~10쪽 참조.
321 박인규, 앞의 논문(2019b), 182~183쪽 참조.
322 대순진리회교무부, 앞의 책(1974), 199쪽 참조.

도교 도사들이 북두칠성을 땅에 그려놓고 우보(禹步)를 밟으며 행하는 술법의 하나이다. 수행과 의례에 사용한 주문에도 삼청(三淸), 옥청진왕 등 다양한 도교적 세계와 신격이 나타난다.[323] 정산은 증산을 '구천응원뇌성보화천존상제'로 봉안하였는데 '구천응원뇌성보화천존'은 도교 신소파(神霄派)의 최고신이었다.[324] 이 밖에도, 앞서 밝혔듯이, 도교의 천계설을 변용하여 성소를 배치하고, 공부를 행한 핵심 성소의 명칭을 도교에서 차용하였고, 옥황상제라는 도교적 신에게 간부 임명을 고하는 제례를 드렸다는 사실 역시 도교적 신앙체계를 방증한다. 증산의 공사에는 도교적 세계를 기반으로 한 것이 많았는데, 정산은 증산의 공사에 반영된 도교적 사유를 적극적으로 수용하면서 이를 변용하여 무극도의 세계를 구축하고 그 수행 체계를 세웠다고 볼 수 있다.[325]

도교적 신앙체계가 연원제 조직 원리와 결합하면서 무극도의 조직은 수련 도교적 인적 결사로 발전하였다. 당시의 신종교에 대한 탄압은 주문과 이를 중심으로 한 수행과 의례 등이 인적 계보를 통해 비밀리에 전달되고 시행되는 체계를 강화하였으며 이는 무극도 조

---

323 대순진리회교무부, 앞의 책(1974), 208~211쪽; 차선근 앞의 논문(2013), 117~131쪽 참조.

324 위의 논문(2013), 111~112쪽 참조.

325 증산의 사유가 도교를 토대로 하였다는 것에 대해서는 다음의 글을 참조할 수 있다. 김낙필, 앞의 논문(2002), 139~149쪽; 박종천, 앞의 논문, 75~83쪽; 차선근, 박용철, 앞의 논문, 193~223쪽 참조. 무극도를 계승한 교단인 대순진리회에 대해서 중국 종교학자인 金勳은 도교의 특색을 지닌 신도교라고 정의하였고 張志剛은 도교가 갱신된 교단 유형으로 분류하였다. 金勳,「韓國新道教大巡真理會的歷史與教理」,『中韓道教文化比較研究』, 宗教文化出版社(北京), 2017, 21~23頁; 張志剛,「"道教走出去"與世界宗教史規律」,『2021東亞人文國際論壇－東方文明與禮儀國際學術討會－論文集』, 北京大學宗教文化研究院, 2021, 69~70頁 참조.

직의 수련 도교적 성격을 더욱 강화하였을 개연성이 크다. 수련 도교의 인적 결사에는 연원 개념을 토대로 한 사제관계가 강하게 나타나며, 이 사제관계의 권위구조가 공동체를 유지하는 동력이 된다. 만약 이 관계를 약화시키면 공동체 자체가 붕괴할 수 있다. 무극도 조직은 수행 중심의 수련 도교적 성격을 띠고 있었으므로 교구제를 도입하면 연원제에 기반한 사제관계는 약화되고 조직이 와해될 가능성이 커진다. 정산이 교구제를 배제하면서 철저한 연원제 중심의 조직을 고수한 것은 무극도가 지닌 수련 도교적 특징으로 이해할 수 있다.

무극도와 같이 신앙 체계상 연원제를 유지할 수밖에 없는 조직에서는 교세가 커질수록 연원 정점의 구심력이 또한 커져야 한다. 조직이 확장될수록 증가하는 조직의 원심력을 제어할 다른 방법이 없기 때문이다. 1931년 이후 도규가 개정된 것은 이러한 관점에서 이해될 수 있다.[326] 도중의 내외 사무를 총괄하는 직책으로 정산의 부친이 맡았던 도장(道長)은 교단의 지도 체제를 단일화하기 위해서 폐지되었다. 도주를 대신하여 교단 내 교무와 대외 업무를 담당하던 도장제도는 종교적 권위와 제도적 권위의 이원화를 초래할 수 있었기에 취해진 조치였다. 주선원은 정위원(庭衛員)과 승정원(承正院)으로 이원화되고 주선보는 판정(判正)이 되면서 다수로 확대되었는데, 이

---

[326] 『무극대도교개황』의 찰리(察理), 주선원(周旋元) 직책들이 1931년 6월까지 신문 기사에 등장한다. 1935년에 편찬된 『朝鮮の類似宗教』에는 『무극대도교개황』의 직책 명칭이 대거 변경된 도규가 수록되어 있다. 따라서 무극도의 조직은 1931년 에서 1935년 사이에 개편되었다고 판단할 수 있다. 「無極道教主 二名 또 拘引 교주는 잠적?」, ≪동아일보≫, 1931년 6월 11일자; 村山智順, 앞의 책, 339쪽 참조.

는 도주 정산의 친위 보좌 조직이 더 체계화되고 강화된 것을 의미한
다. 또한 정산은 비공식 직위였던 수연락을 공식 직책인 수포감으
로 전환하였다. 규모가 커진 연원제 조직의 중층화 단계를 더욱 고
도화한 것으로, 이는 동학과 천도교, 보천교에서도 보았듯이 연원
주 간의 위계를 고도화하여 연원 정점의 권위를 강화함으로써 지휘
통솔의 권위구조를 뚜렷이 한 것으로 조직의 구심력을 강화하는 조
치였다.

무극도가 1920년대 중반부터 노동단체인 진업단을 조직하고 이
를 통해 수리조합, 삼림벌채, 개간사업 등을 장기간 전개하였던 것
역시 연원제를 통해 이해해 볼 수 있다. 동학의 접조직이 지닌 특징
으로 주로 제시되는 유무상자(有無相資)의 전통은 연원제 공동체 특유
의 인정적이며 가족적인 성향에서 기원하였음은 여러 연구를 통해
제시된 바 있다.[327] 무극도에도 이러한 연원제 공동체의 특징이 반영
되었다. 공동체 내 교인의 생계를 지원하기 위해 진업단을 결성하면
서 취로 사업을 벌여 교단의 자원을 집중시키고 이를 통해 장기적으
로 생산 수단을 만들어 공유하고 분배하였다.[328] 진업단과 그 활동은
연원제 조직의 인정적이며 가족적인 성향을 체계화된 조직과 사업

---

327 표영삼, 앞의 논문(1999), 103쪽, 107쪽; 표영삼, 앞의 책(2004), 224쪽 참조.
328 박인규, 앞의 논문(2019b), 183~184쪽 참조. 다음 기사의 문답 내용을 통해 무극
도 진업단의 활동 목적을 확인할 수 있다. "도주 조철제와의 면회를 재삼 청하얏드
니 … 초면 인사 후에 두 사이의 문답은 시작되엇다. … 문: 직원들의 생활이 그러고
보니 교인들의 생활이야 더 말할 것 업시 가난하겠지요? 답: 그러하기 때문에 무슨
산업 방면에 어떠한 회사라도 창립하야 그들의 생활을 안정시킬가 하고 수년전부
터 애를쓰나 그것 역시 맘대로 되지 아니함으로 그만 중지하얏습니다. 어쨋든 생
활의 안정을 엇게 한 연후엣 일이니까. 지금은 적극덕으로 포교도 안습니다." 최용
환, 「伏魔殿을 차저서 無極敎正體-9-」, 《동아일보》, 1929년 7월 27일자.

으로 제도화시킨 것이었다.

3) 연원제 계승

무극도의 연원제 조직은 신종교에 대한 전면적 탄압으로 인해
1936년부터 비밀스러운 수행 결사체로 운용될 수밖에 없었다. 그리
고 1941년경에 이르면 강화된 〈치안유지법〉에 따라 비밀조직까지
대부분 그 활동을 멈추고 잠복할 수밖에 없었다.[329] 하지만 무극도의
연원제에 기반한 수행 결사적 특성은 해방 이후의 교단 재건에 큰 도
움이 되었다. 식민지 말기의 종교적 암흑기에도 조직적 기반을 유지
하며 잠복할 수 있었고 해방이 되자 이를 기반으로 교단 조직이 급속
도로 재건될 수 있었기 때문이다.[330] 조직 재건에 대한 단편적인 교
단 기록은 다음과 같다.

도주 조정산님은 … 편력수도 중 도덕을 모앙(慕仰)하는 종도들이 일
가월증(日加月增)하며 사사상수(師師相授)하야 만연사방(蔓延四方)이라

---

[329] 박인규, 앞의 논문(2019b), 184쪽; 아오노 마사아키(저)/ 배귀득·심희찬(역),『제
국신도의 형성: 식민지조선과 국가신도의 논리』, 소명출판, 2017, 412~425쪽.
참조.

[330] 이에 대해서는 대순진리회『전경』에 간략하게 설명되어 있다. 우당의 훈시에 따
르면 1941년 이후에도 비밀리에 정산을 모신 것으로 알려진 이용직의 경우, 해방
후 태극도에서도 포감으로 활동하였음을 알 수 있다. 우당은 해방 후인 1946년 무
극도에 입도한 후 1957년 도전으로 임명되었고 정산 서거 후 태극도를 영도하다
가 대순진리회를 설립하였으므로 그의 훈시는 무극도와 태극도에 관한 정확한 정
보를 지니고 있다고 볼 수 있다. 대순진리회교무부, 앞의 책(1974), 211~212쪽;
"태극도 때 이용직 포감이 포정(布正)과 같이 한 자리에서 음복을 하게 되었는데,
포정이 먼저 음복을 했다고 이포감이 야단을 쳤다. 이것을 도주님께서 아시고는
이포감에게 사죄를 받으셨다." 기사년 9월 20일(양력 1989.10.19.) 박우당 훈시
(대순종교문화연구소 제공).

문도등이 도주님으로 추대하며 무극도로 칭호하야 진행중 … 대동아
전쟁 당시 종교단체해산령에 의하야 … 독수고행(獨修苦行)하시던 중
조국해방을 맞이하야 신앙자유의 국시에 따라 과거 종도들이 부모슬
하에 도라옴과 같이 회집하야 태극도(太極道)라 개칭하고 금일(今日)에
지(至)하셨음.[331]

이 기록은 사사상수라는 연원제 원리에 의해 무극도가 성립되었
으며 이 조직이 태극도 조직으로 재건되었음을 잘 보여준다. 태극도
가 무극도의 조직을 계승했으며, 연원제 조직 원리를 유지했다는 것
은 정산 서거 이후인 1963년에 발간된 『수도요람』에도 기술되어 있
는데, '사사상전(師師相傳)'에 의해 태극도의 전국 도인 수가 10만을
초월하였다는 기록이다.[332] 무극도의 연원제 전통이 태극도 연원제
조직의 재건과 확장의 원동력이 되었다는 것을 시사한다.[333]

태극도 계승을 표방한 대순진리회도 연원제를 계승하였다. 대순
진리회의 1972년 『도헌』은 임원의 임명 기준을 '직접 포덕 연원의

---

331 『태극도통감』, 태극도본부, 1956, 17~18쪽.
332 교화부편찬실. 앞의 책, 11쪽 참조.
333 우당의 훈시에 따르면 태극도 포감 중 해방 전의 무극도 포감이었던 이들이 있었
으며, 우당의 연원 역시 해방 이전부터 무극도 활동을 하다가 해방 후 정산을 다시
찾았다는 것을 알 수 있다. "옛날 도주님 재세 시에 포감이 지금의 선감인데, 영주
·김천·경산포감 등이 있었다. 그들은 왜정(倭政) 시절 구태인 무극도장 때부터
포감이었고, 나(도전님)는 해방되고서 도에 들어가 훨씬 뒤에 포감이 되었다." 기
사년 10월 23일(양력 1989.11.21.) 박우당 훈시(대순종교문화연구소 제공); "도
를 믿느냐고 해서 믿는다고 했다. 믿는다고 하니까 곧이듣지 않았다. 나이도 지긋
하고 태인도장 때부터 믿은 이다. 도를 믿는다고 해도 곧이 안 들었다. 몇 번을 찾아
가서야 만나줘서 얘기를 했다." 갑술년 7월 27일(양력 1994.9.2.) 박우당 훈시(대
순종교문화연구소 제공).

수효' 및 '연원 공로'로, 1985년 개정판『도헌』이 원직(原職)의 주 임명 기준을 '연원 공적'으로 규정하였다.[334] 성문법으로 연원제가 계승되고 있음을 보여준다. 대순진리회『도헌』의 경우 무극도 전통의 교단들이 지녔던 정관 가운데 유일하게 연원제 원리가 구체적으로 명문화되어 있다.『도헌』제3장의 연원 항목에서 '도인은 사사상전에 의하여 연운(緣運)의 상종관계(相從關係)가 성립(成立)'되며 '전도인의 은의(恩義)를 영수불망(永受不忘)'해야 함을 명문화한 것이다.[335] 이는 동학을 계승한 천도교가 '연원은 전교 수교 시 시생하는 관계'로 규정하고, 그 관계를 '영생의 불변하는 은의가 유'한 '천분관계'로 성문화한 것과 비교할 수 있다.[336]

대순진리회의 연원제 조직체계는 무극도 시기부터 연속성을 지니면서 발전되었다고 할 수 있다. 앞서 살펴보았지만, 무극도의 연원 조직인 지방 조직은 도주(道主)의 직접 연원인 수연락(首聯絡)을 포함한 연락(聯絡)-부분(府分)-포덕(布德)의 체계로 이루어져 있었다.[337] 이 체제

---

334 "제54조 도인은 직접 포덕연원(布德淵源)의 수효와 교화실적(敎化實績)에 따라 임원임명기준에 의하여 원직(原職)을 수임한다.", "제56조 선정부 임원은 직접 포덕연원의 수효에 따라 다음 기준에 의하여 각 직을 수임한다. 선감~1,000호 이상 선사~300戶 이상 선무~100호 이상.", "제57조 교정부 임원은 연원공로(淵源功勞)와 교화실적에 따라 각 기 교감·교령·교정직을 수임한다." 장병길, 앞의 책 (1976), 207쪽;『도헌』제55·57·58·61조.

335 『도헌』, 13~15조 참조.

336 1940년대 이후의 '천도교 교약', '교헌' 등의 정관들은 공통으로 '전교인(傳敎人)의 은의(恩義)를 영수불망(永受不忘)'해야 하며 전교(傳敎) 수교(受敎)에 따라 '상종관계(相從關係)가 성립'된다는 규정을 두었다.『천도교대헌』(1911), 제188조, 제121조, 제124조.『천도교규약』(1941), 제3조, 제14조.『교약』(1945), 제3조, 제14조.『교헌』(1956), 제3조, 제14조.『천도교헌』(1983), 제15조, 제16조.

337 「무극대도교개황」, 19~23쪽.

는 1931~35년 사이의 조직 개편을 통해 수포감(首布監)-포감(布監)-선포장(宣布長)-포덕(布德)으로 변경되었는데, 이 체제는 1956년의『태극도통감』에 나타나는 포감(布監)-선도사(先導師) 체제로 연결된다.

교단 문헌 기록과 달리, 1940년대 후반부터 차포감, 부포감, 선도사가 있었고, 1956년 당시 선도원(宣導員)의 직책이 추가되어 포감(布監)-부포감-차포감-선도사(宣導師)-선도원(宣導員) 체제였는데, 그해에 포장(布丈), 포정(布正), 포령(布令)으로 변경되었다.[338] 이 직제는 대순진리회에 이르면 선감(宣監), 선사(宣伺), 선무(宣務)로 전환된다. 이를 다음과 같이 표로 만들면 연원제 조직의 연속성을 명확히 확인할 수 있다.

[표 18] 시기별 연원제 직제

시 대		무극도		태극도		대순진리회	
		1920년대	1930년대	1956년 이전	1956년 이후	1970년대	1980년대 이후
소 속		지방직원	지방직원		布正院	布正院	宣正部
상	상	首聯絡 聯絡	首布監	首布監 布監	首布丈 布丈	首任 宣監	宣監
	하	次聯絡	布監				
중	상	府分	宣布長	宣道師	布正		次宣監
	하					宣伺	
하		布德	布德	宣道員	布令	宣務	

---

338 「대구고등법원 판결문」4293형공 제988호, 1961년 3월 31일, 71쪽; "1956년 봄에 포감(布監), 선도사(宣導師), 선도원(宣導員), 순찰(巡察), 순찰보(巡察補), 순무(巡務), 순무보(巡務補) 직책이 포정원(布正院)의 포장(布丈), 포정(布正), 포령(布令)과 호정원(護正院)의 호장(護丈), 호정(護正), 호령(號令), 부령(副令)으로 바뀌었다." 1950년대 태극도에 입도하여 현재 대순진리회 청주방면 선감인 이재근의 구술 증언(대순진리회교무부 제공, 2011년 3월 11일 채록).

대순진리회의 포정원(布正院) 교정부(教正部) 소속인 교감-교령-
교정-교무의 체계도 그 변천 과정을 통해 보면 역시 연속된 조직이
다. 대순진리회의 교정부(教正部)에 해당하는 태극도의 기구는 호정
원(護正院)인데, 1956년 기존의 교화 임무를 담당하던 순찰(巡察)-순
찰보(巡察補)-순무(巡務)-순무보(巡務補)의 체계를 호장(護丈)-호정(護
正)-호령(號令)-부령(副令) 체계로 전환하여 호정원(護正院)으로 편제
한 것이다.[339] 순찰(巡察), 순찰보(巡察補), 순무(巡務), 순무보(巡務補) 등
의 직책은 무극도의 본소(本所) 직원인 종리(從理)에서 기원한다. '본
소(本所)에서 지방에 파견하야 연락(聯絡)과 해당 지방 도무를 협리(協
理)'했던 종리(從理)가 1930년대에 순찰(巡察)로 명칭이 변경되었기 때
문이다.[340] 종리(從理)→순찰(巡察)→호장(護丈)→교감(教監)의 직제로 조
직이 이어진 것이다.[341]

1925년 창설된 무극도는 연원제 조직인 연락(聯絡)-부분(府分)-포
덕(布德)의 단선 지휘 체계를 근간으로 단시간에 전국 조직으로 성장
하였다. 물론 무극도 해산령으로 인해 위기를 겪었지만, 연원 정점
의 강력한 구심력과 연원제 조직의 원심력을 바탕으로 해방 이후 태
극도의 연원 조직인 방면으로 발전하였다. 태극도의 방면 조직은 무

---

339 "4. 순찰(巡察) 순찰은 도주를 보좌하고 각지방도인의 교화임무에 당(當)함. 5. 순
무(巡務) 순무는 순찰의 지도에 의하여 교화임무에 당함." 『태극도통감』, 태극도
본부, 1956, 16쪽.
340 1956년의 『태극도통감』에 '순찰은 도주를 보좌'한다는 되어 있다는 점은 순찰이
도주에 직속된 본부 직책의 성격이 강했을 가능성을 시사한다. 위의 책, 같은 쪽.
341 우당은 교감의 직책이 무극도의 순찰과 연관이 있음을 다음과 같이 언급하고 있
다. "교감의 직은 무극대도 때 순찰의 명칭을 보아도 역시 가르치고 바르게 하는
임무이다." 1980년 7월 22일 박우당 훈시(대순종교문화연구소 제공).

극도의 지방 연원 조직과 달리 1956년에 포덕과 교화 업무를 전문화하는 이원 지휘 체계를 갖추었다.[342] 1956년 이전까지 포감은 연원제 조직인 방면의 최고위 직책이었으나, 이때가 되면 호장(護丈)이 포장(布丈)과 함께 최고위 직책이 되었다. 이전의 〈포감: 순찰〉 체계를 포교 지향적 단선 지휘 체계와 이를 교화로 보좌하는 조직체계였다면, 이후의 〈포장: 호장〉 체계는 포교와 교화를 양축으로 하는 이중 지휘 체계로 정의할 수 있다. 1956년 개편된 포정원과 호정원의 양원제는 연원제 조직이 단선(單線) 지휘 체계에서 이중(二重) 지휘 체계로 변화된 것으로 보아야 한다. 이는 조직의 규모가 커지면서 필요해진 효율적 조직관리와 종교 전문 인력의 양성을 위해서이기도 했지만, 한국의 현대화 과정에서 진행된 급격한 사회 문화적 변화에 대응하여 더 전문화된 포덕, 교화 활동을 해 나가려는 연원제 조직 특유의 대응이라 할 수 있다.

교단이 대순진리회로 이어지면서 연원제는 계승되었지만, 조직은 새롭게 정비되었다. 우당(牛堂)은 정산의 포정원(布正院)과 호정원(護正院) 양원 체제를 포정원의 선정부(宣正部)와 교정부(敎正部)로 정비하여 1원 2부 체제로 계승하였다. 그리고 1976년에 양원 3부 체제를 시행하였다.[343] 포정원의 선정부와 교정부, 그리고 정원(正院)의 선도부(善導部)라는 양원 3부 체제인데, 변화의 중심은 정원(正院)의 선도부이다. 그 명칭에서부터 드러나듯이, 조직의 내실화와 내부의 수행

---

342 포장−포정−포령과 호장−호정−호령−부령의 이원체계는 1950년대 중반 이후부터 태극도 방면 조직의 근간이었다.

343 양원 3부 체제의 시행은 1976년이다. 『도헌』 2차개정본, 1976, 54~67조 참조.

기강을 확립하기 위해 신설된 것이다. 이것은 연원제 조직이 자칫하면 빠질 수 있는 계급화와 종교 권력의 집중이라는 문제를 권력 분립으로 해결하려는 시도로 볼 수 있다.

제5장

근대 한국 신종교 조직의 특징과 유형

지금까지 종교조직의 원리이자 체계인 연원제의 내용과 작동방식을 살펴보았다. 그리고 연원제의 강도에 따라 동학(천도교), 보천교, 무극도 등이 그 성립과 역사적 전개 과정에서 여러 특징을 보였다는 점을 밝혔다. 이는 연원제가 한국 근대 신종교에 영향을 미친 주요 변수라는 점을 시사한다.

　또한 종교조직의 원리이자 체계라는 점에서 연원제는 특정한 가치평가 없이 조직 차원에서 종교 유형을 분류하여 그 특징을 이해할 수 있는 지표로 활용될 수 있다. 이러한 이해가 교리나 의례 차원과 결부된다면 좀 더 깊은 종교 이해를 가능하게 할 수 있다. 게다가 연원제는 동아시아 근대 신종교로 연구 지평을 확대하는 데에도 유용하다. 연원제가 종교조직에 포함된 원리이자 체계라는 점에서 향후 종교조직을 통한 동아시아 근대 신종교 연구도 가능해질 수 있기 때문이다. 이상의 내용을 구체적으로 서술하면 다음과 같다.

1. 근대 한국 신종교 조직의 특징

　제3장과 제4장에서 살펴보았듯이 천도교, 보천교, 무극도는 연원제를 조직 원리로 한다. 따라서 세 교단은 연원제의 강도에 따라 역사적 전개 과정이 달라지기도 하지만 기본적으로 연원제에 따른 유사성을 지닌다.

　세 교단의 전개 과정에서 드러난 연원제의 유사성은 다음과 같이 정리할 수 있다. 첫째, 최고신으로부터 유래한 주문을 중심으로 한 수행 체계가 전도의 매개체가 되어 천분(天分)의 사제관계를 형성한다는 점이다. 주문과 그 수행법이 전해지면 전교자와 수교자 간에 스승과 제자의 관계가 정해지고, 이 관계는 원칙적으로 평생 지속된다. 둘째, 교인 대부분에게 주문 중심의 수행 체계의 전파가 허용되어 교단 구성원이 모두 사제(師弟) 관계로 연결된다는 점이다. 일정 수준의 전문성을 갖춘 성직자가 아닌 일반 교인들에 의해 핵심 신앙 체계의 전파가 이루어져, 모든 교인 간에 사제관계의 인적 계보가 형성된다. 셋째, 이러한 사제관계의 연쇄로 형성되는 인적 계보가 교단의 기초조직이 되며 여기에 기반한 공동체와 권위구조가 종교 현상과 종교활동의 중심에 자리한다는 점이다.

그렇지만 그 유사성에도 불구하고, 연원제의 강도로 인해 세 교단 사이에서 확인할 수 있는 차이도 적지 않다. 연원제를 통해 교단 조직제도의 변천 과정에서 나타나는 차이는 다음과 같다.

천도교는 초기 동학이 지녔던 유교 학파적 연원제를 계승하였다. 이에 따라 교단의 조직은 사상 결사적 특징을 보인다. 그 전개 과정에서 사회, 정치사상의 차이에 따라 연원 간의 이합집산이나 연원 집단의 재구성이 나타난 것은 이러한 특징이 반영된 결과이다. 문명파·보수파·친일파, 보수파와 신제파, 신파와 구파 등의 분열이 연원제를 축으로 한 연원 집단 간의 사상적 대립이었다는 점과 한시적으로 자유의사에 따라 연원 집단을 재구성할 수 있었다는 점 등은 천도교 연원제 조직의 사상 결사적 특징을 잘 보여주는 예이다.

보천교는 증산의 예언에 기반한 신앙체계를 구축하고 도수론에 기반한 수리적 통치 체계를 조직체계에 반영하여 연원제 조직을 구성하였다. 이에 따라 조직은 개벽을 강조하는 혁세적 결사의 특징을 보였다. 일제강점기의 정치적 상황에 따라 보천교가 급격하게 성장하고 쇠퇴한 것은 독립, 건국, 천자 등극 등의 비결 담론에 기반한 혁세적인 특성에 기인한 것이다.

무극도는 증산의 도교적 사유를 수용하면서 연원제 조직을 구축하였다. 따라서 그 조직은 수행 결사적 특징을 보인다. 증산의 공사와 도수에 따른 예언을 기반으로 삼은 것은 보천교와 같지만, 이를 도교적 방향에서 해석하여 수련 도교적 신앙체계를 구축한 것이다. 이와 관련하여, 무극도 계열 교단에서 단순한 주문의 전달이나 입교 의사의 표현만으로 사제 관계가 형성되고, 한번 형성된 사제관계를 변경하거나 재편하는 제도적 방법이 거의 존재하지 않는 것은 수련 도교의 사제 관계가 지니는 특징의 한 예이다.

세 교단의 연원제에서 나타나는 차이를 종합하면 천도교를 학파적 사상 결사, 보천교를 혁세적 종교운동, 무극도를 도교적 수행 결사로 재정의할 수 있다. 그리고 이러한 특징을 교구제 도입이나 교리와 의례 변동 등의 측면에서 보면 세 교단의 역사적 전개 과정은 다음과 같이 재기술될 수 있다.

우선, 교구제 도입의 측면에서 본다면, 천도교는 사상 결사였으므로 연원 조직의 재편이나 연원 간 이동에 유연성을 지녔고, 연원제를 중심으로 교구제를 절충할 수 있었다. 그러나 무극도는 일대일의 수행 결사 체계로 인해 사제관계의 권위구조가 강해 반영구적인 인적 계보를 지닐 수밖에 없으므로 교구제 도입이나 병행은 이루어지지 않았다. 보천교의 경우 혁세적 성격이 강할 때는 연원제를 중심으로, 신유교적 교단의 성격의 강할 때는 교구제로 운영되었다.

다음으로, 교리와 의례 변동의 측면에서 본다면, 동학과 천도교는 연원 정점이 승계될 때마다 교리와 의례가 큰 폭으로 변동하였다. 이는 조직의 권위구조가 학파적인 사제관계에 기반하여 신앙체계에 대한 학문적 해석이 가능했기 때문이다. 무극도의 경우는 수행 결사적 권위구조에 따라 교조인 정산이 체계화한 교리와 의례가 교법의 수준에서 고수되었다. 따라서 해석을 통한 교리나 의례의 변경은 통제되었고, 심한 경우 축적된 전통까지도 수호의 대상이 되어 교단 내 갈등 요인이 되기도 하였다.[1] 보천교의 경우는 혁세적 교리와 의례가 조직 원리와 결합되어 있었다. 혁세 지향의 교리와 의례가 유교적으로 변환되자 기존의 수리적 연원제 조직 원리가 붕괴하면서 조직의 확산이 정체되고 분열되었다.

근대 한국의 신종교를 연원제 조직에 초점을 두고 분석해 보면, 각 교단의 변동에서 연원제가 주요 변수였다는 점이 분명히 드러난다. 특히 연원제뿐만 아니라 각 연원제가 지녔던 특성도 교단 변동의 주요 변수였다. 이는 연원제가 한국 신종교 연구에서 우선하여 고려되어야 할 요소라는 점을 보여준다. 종교적 세계에서 공동체와 그 권위구조가 갖는 중요성을 고려한다면 종교의 다양한 측면과 연원제

---

1 우당은 전통 관습의 개혁이 교단 내 갈등의 원인이 되었음을 지적한 바 있다. "그때 내수 도인들은 쪽을 찌르고, 처녀들은 머리를 땋아서 댕기를 했는데, 그것을 안 하면 도인이 아니라고 임원들이 그랬다. 내가 한번 하루는 다 벗겨 버렸다. 머리를 다 자르게 하고 지지고 볶든지 마음대로 하라고 했다. 그때 임원들은 그런 것에 불평을 가졌다. 자기네는 무학도통이라 하는데 나는 아니라 하고, 자기들은 쪽 지르고 댕기 땋게 하는데 나는 머리 깎게 하니 여기부터 문제가 생긴 것이다." 임신년 1월 5일(양력 1992.2.8.) 박우당 훈시(대순종교문화연구소 제공).

의 상호 결합 구조를 자세히 살펴보는 것은 종교 현상을 깊이 이해할
수 있도록 한다.

세 교단에서 연원제가 갖는 특징은 동시대에 활동했지만, 연원제를
채택하지 않은 불법연구회의 조직과 비교하면 더 명확해진다. 1916년
소태산 박중빈(朴重彬, 1891~1943)이 시작한 불법연구회는 1917년 십인
일단의 조단(組團) 원리를 세우고, 1인이 9인을 지도하는 방식의 수행
결사를 조직하였다.[2] 이 조직은 하늘을 상징하는 단장이 땅을 의미
하는 중앙과 8방·8괘를 의미하는 8인을 가르치고 관리하는 체계였
다.[3] 하늘 또는 도를 의미하는 1인과 그 작용 이치인 역학의 9궁(九宮)
에 상응하는 9인이 스승과 제자의 인적 계보를 이루는 것이기도 하
다. 이러한 단 조직의 기본적 원리는 소태산의 종교활동이 증산 종
단 내에서 이루어진 1916~17년에 제시되었다.[4] 따라서 조단 원리는
1916년 말 시작된 보천교의 수리적 연원제와 유사하게 다음과 같은
증산의 공사에서 기원하였을 가능성이 크다. 이것은 다음에 인용된
원불교 교단 내의 전승을 통해서도 방증된다.

銅谷에 계실 때 從徒 九人을 벌려 앉히시고 일러 가라사대 이제 教
運을 전하리라 하시며 甲七을 命하사 靑竹 一竿을 隨意로 裁斷하여 오
라하사 그 節數를 세니 모두 十節이거늘 또 命하사 그 節을 切斷하시며
가라사대 이 한마디는 頭目이라. 往來와 巡回를 任意로 할 것이오. 남

2 고시용, 앞의 논문, 187~188쪽 참조.
3 위의 논문, 188쪽 참조.
4 김탁, 앞의 책(1992), 357~360쪽 참조.

은 九節은 受教者의 數와 相符하도다. 하늘에 星宿가 몇 개나 나타났는가 仰觀하라. 甲七이 밖에 나가서 우러러보니 黑雲이 滿天하고 하늘 中央이 열려서 별 九顆가 放光 하였거늘 그대로 復命하자 先生이 가라사대 이는 受教者의 數와 相應함이라 하시니라.[5]

증산 상제님께서 노상 말씀하신 것처럼 그는 극빈의 처지에서 말 그대로 빈자(貧者) 발도심(發道心)하였고, 영광 백수 노루목 초막(草幕)에서 도통하여 성인(聖人) 출(出)하셨고, 또 대마디 열 마디 중 한 마디를 꺾어 스스로 두목이 되셨고, 나머지 아홉 마디를 두어 아홉 제자로 삼아 건감간진손이곤태의 도통수를 주었다. 뿐인가 상제께서 솥이 들썩거리면 미륵이 출현할 날이 멀지 않았느니라. 날 보려면 금산사 미륵전으로 오너라, 한 말대로 그가 화천(化天)한 뒤 열 번째 탄강일에 금산사 미륵전의 죽었던 중을 활인하는 이적을 보였다. 가마솥 위의 육장불(六丈佛), 미상불 육척 장신 석두거사는 금산사에서 솥에산(少太山)이라 자호(自號)하여 상제님의 예언과 여합부절했다.[6]

1931년 소태산이 십인일단의 인적 계보를 천문 28수에 대응되도록 28단계로 중첩하는 '통치조단(統治組團)' 체계를 제도화한 것 역시 보천교의 수리적 연원제 조직인 60방주와 28선화사 체제의 영향을 배제하기 어렵다. 1940년대에 이르러 소태산의 계승자인 정산 송규

---

5 이상호, 앞의 책(1929), 194~195쪽.
6 박용덕, 「만덕산 성지 2. '전주를 돌아보지 마라'는 의미는 만덕산 방향 제시한 것」, 《원불교신문》, 2013년 2월 1일자. 원불교신문(http://www.wonnews.co.kr. 2021.6.30).

에 의해 교화단으로 명명된 이 조직체계는 현재까지도 원불교의 기본조직으로 기능하고 있다.

이상의 내용을 보면 불법연구회의 교화단 조직은 연원제와 유사한 인적 계보의 형태를 지닌다. 그렇지만 교화단은 전도(전교)-수도(수교)로 구성되지 않고, 단장과 단원의 관계가 인위적으로 구성되고 변경될 수 있다는 점에서 천부적 사제관계를 그 특징으로 하는 연원제와 다르다. 이는 주문을 중심으로 하지 않는 수행 방식과 불교적 심법 전수를 전도(傳導)로 보는 불법연구회의 체계에서 비롯된 것이다. 불법연구회에서 전교(傳教)는 인도(引導)와 추천(推薦)을 의미하며 전도(傳道)와 명확히 구별된다. 따라서 전교인은 '입교 연원'이 될 수 있지만 도통 연원이 될 수 없다. 원불교에서 연원 달기로 표현되는 전교는 종교적 성취의 기준으로 활용되지만, 공동체 구성이나 권위구조와 특별한 관계를 지니지 않는다는 점에 주목할 필요가 있다.

전교(傳教)가 전도와 인도로 극명하게 구분되는 기준은 근본적으로 전교에서 전해지는 것이 지니는 권위와 관련된다. 전교 시 전해지는 매개체의 권위에 비례하여, 전교의 의미가 인도와 전도로 구분되고 공동체의 성격과 권위구조의 특성도 결정된다. 전교의 매개체가 지니는 권위가 약한 교단부터 강한 교단의 순서로 나열해 본다면 불법연구회→천도교→보천교→무극도가 될 것이다. 이견이 있을 수 있지만, 이러한 순서는 불법연구회에 최고신에서 기원한 주문과 같은 매개체가 없다는 점, 천도교에서 수운의 후계자인 해월에 의해 주문이 변경될 수 있었다는 점, 보천교에서 초기에 절대적 권위를 지녔던 주문 수행이 후기에 이르러 하나의 과정으로 상대화되었던 점을 반영한 것이다.

또한 이 교단들에서 전교(傳敎)의 의미 역시 인도(引導)→추천(推薦)→전도(傳道)의 순으로 배열될 수 있다. 천도교가 연원제를 재해석하면서 연원과 연원주 대신 천인(薦人)과 천주(薦主)의 개념을 도출한 것은 이 비례 관계를 입증하는 하나의 증거이다. 이 비례 관계를 연원제에 적용하면 연원제 공동체의 권위구조의 수준은 천도교, 보천교, 무극도의 순으로 나열된다.

2. 근대 한국 신종교 조직의 유형과 변동

연원제를 통해 천도교, 보천교, 무극도 세 교단의 역사적 전개 과정을 분석한 결과는 연원제가 종교 변동의 변수라는 점을 명확히 보여주었다. 다시 말해, 연원 관계를 규정하는 전교의 종교적 의미에 대한 재해석 또는 공통된 인식 변화가 연원제의 내용과 강도를 변화시키고, 결국 이에 따라 공동체와 그 권위구조에 변화가 생기면서 교단 전체에 다양한 파장을 미친 것이다. 이는 각 교단의 역사적 전개 과정을 연원제의 강도나 특성에 따라 유형 변화로 기술할 수 있음을 시사한다.

종교 공동체의 조직적 측면을 분석하고 유형화하여 교단을 분류하고 이를 통해 종교의 변동과 그 사회적 측면을 이해하고 설명하려는 시도는 종교학, 특히 종교사회학에서 이루어졌다. 종교조직의 유형론은 이념형(ideal type)으로, 복잡하게 얽혀 있는 자료들을 포괄적으로 이해하기 위한 모델에 불과하기에 현실 종교를 분류하는 수단이라기보다 종교조직을 극도로 추상화한 것에 불과하다는 비판을 받는다.[7] 더 큰 문제는 유형론의 핵심 개념 자체가 가치평가를 함의하고 있다는 사실이다. 사회적 질서에 대한 극단적인 저항성을 묘사할 때 종파라는 용어를 사용하는 것이 대표적이다.[8]

그렇지만 모종의 가치평가를 지양하면서 유형론에 내재된 지향성을 활용한다면 유형론 자체가 전혀 유용하지 않은 것은 아니다, 이와 관련하여, 조현범의 다음과 같은 주장에 주목할 필요가 있다.

> 종교조직의 유형론을 고정된 실체로서의 유형을 현실 종교에 적용하려는 시도를 벗어나서, 유형론 속에 잠재된 지향성을 특성화하고 그러한 특성들이 구체적인 종교조직 속에서 어떻게 작용하는지를 파악하려는 시도로 변형시킨다면 대단히 생산적인 논의를 가능하게 해 줄 것이라고 본다.[9]

이에 더하여 조현범은 "한국 천주교 조직의 핵심적인 특성을 속지주의와 속인주의 조직 원리의 이원적인 체계로 파악하고", "속지주의와 속인주의가 어떤 지향성을 가지고 한국 천주교의 조직체계를 역동적으로 만드는지를" 살펴볼 수 있다고 주장하였다.[10] 이러한

---

7 니니안 스마트(저)/강돈구(역), 『현대 종교학』, 청년사, 1986, 207쪽.
8 조현범, 「천주교 조직의 특성」, 『한국 종교교단의 조직』, 한국학술정보, 2013, 101쪽 참조.
9 위의 논문, 103쪽
10 위의 논문, 같은 쪽 참조.

점에서 본다면 속인제인 연원제를 기준으로 교단 유형을 분류하고 이를 통해 한국 신종교 조직체계의 특징을 파악할 수 있다.

1) 종교유형 이론과 연원제

연원제를 유형 이론에 적용하기 위해서는 먼저 종교 유형 이론의 성립과 그 전개 과정을 조망할 필요가 있다. 주로 기독교 교단 조직의 유형을 분류하기 위해 고안된 이론을 한국의 신종교 연구에 정확히 적용하려면 그 이론이 지닌 의미와 한계, 그리고 쟁점들을 각 이론이 구축된 맥락에서 살펴보아야 하기 때문이다.

종교 조직 유형론은 흔히 교회(church) − 종파(sect) 이론으로 불린다. 막스 베버(Max Weber)가 처음 시도한 교회와 종파의 구분법에서 시작되었기 때문이다. 사실 베버는 조직의 유형만을 논하기 위한 것이 아니라 사회 변동과 관련된 이념형으로 교회와 종파의 개념을 제안하였다.[11] 베버는 이념형인 교회와 종파의 특징을 다음과 같이 제시하였다. 교회가 권위를 중심으로 하는 규모가 큰 강제 단체라면 종파는 신앙이 중심이 되는 규모가 작은 자발적 단체이며, 교회의 예배 의식이 형식적이고 지적이며 합리적이라면 종파의 경우는 자발적이고 정서적이며, 교회가 보편적이고 대중적 구원 단체라면 종파는 독점적이고 귀족적이며, 교회는 제도적으로 변질된 관직 카리스마(Charisma of office)가 지배하지만 종파는 순수한 카리스마가 지배하

---

11 William H. Swatos, "Weber or Troeltsch?: Methodology, Syndrome, and the Development of Church-Sect Theory." *Journal for the Scientific Study of Religion*, vol. 15, no. 2, 1976, pp. 129~133.

며, 교회는 전문적 성직자를 갖추고 있지만 종파는 만인 사제주의에 입각해 있다는 것 등이다. 종합한다면 베버는 교회를 독점적 권위를 중심으로 한 보편적 조직으로, 종파를 자발적 성원이 모인 제한적 특수조직으로 규정하였다.[12]

마틴(Martin, David A.)은 베버가 제안한 교회와 종파의 관계를 중국의 유교와 제종교에 적용하여 유교를 교회로, 불교나 도교 등을 종파로 이해하였다.[13] 중국의 유교에 비교할 때 오히려 더 절대적 권위를 지녔던 조선 주자학의 국교적 성격을 고려한다면, 베버의 교회-종파 개념을 조선의 주자학과 이에 대립하는 신유교로서의 동학에 적용할 수 있다. 실제 교회-종파의 이념형은 주자학의 유생 조직과 동학의 접조직의 특징에 대부분 일치하고, 교인 모두가 성직자가 될 수 있었던 만인 사제주의가 한국 연원제 신종교에서부터 나타나기 시작한다는 사실은 교회-종파 이론이 19세기 말의 한국의 종교 지형에 유용할 수 있다는 것을 시사한다.

에른스트 트뢸치(Ernst Troeltsch)가 베버의 이론을 더욱 정교하게 가다듬어 제시한 교회-종파 개념 역시 근대 한국 적용의 관점에서 주목할 필요가 있다. 트뢸치는 사회학적 연구를 위한 표준보다 종교경험 이해를 위한 분석적 도구로서 교회와 종파의 개념을 정교하게 제시하였다. 적응(accommodation)과 타협(compromise)의 개념을 도입하여 교회는 사회질서에 대해서 보수적이고 세속 세계에 적응하는 유형

---

12 Meredith B. McGuire, *Religion: the Social Context*, Belmont, California: Wadsworth Publishing Company, 1981, p. 107 참조.

13 David. A. Martin, *Pacifism*, New York: Routledge, 1965, pp. 6~9 참조.

으로, 종파는 세속 사회에 대해서 배타적인 성격을 띠는 유형으로 설명하였다.[14] 트뢸취의 유형론은 기독교 외의 종교집단의 양상을 분석하는 데 도움이 되지 않는다는 비판이 존재한다.[15] 하지만 교회와 종파의 분류 기준에 세속 세계에 대한 적응이라는 개념을 도입했다는 점에서 본다면 한국 신종교 연구에 도입될 수 있다. 세속 세계에 대한 적응을 근대 한국의 맥락에서는 서구적 사회질서와 제도 도입으로 등치할 수 있기 때문이다. 특히 전통적 사회구조와 동아시아 유불선 종교문화에서 비롯된 연원제의 강도는 서구 문명과 제도에 대한 배타성의 지표와 관련되기에 연원제와 종파의 함수 관계를 상정하는 것은 가능하다.

베버와 트뢸치에 의해 이론적 기초가 다져진 유형론은 미국의 신학자 리처드 니버(Richard Niebuhr)에 의해 종교의 변동을 다루는 개념으로 전환되었다. 진화적 관점에서 니버는 교회와 종파 양자를 연속선상의 양극으로 놓고 중간적 위치에 교파(denomination)라는 새로운 조직 유형을 등장시켰다. 그에 의하면 교파는 세속 사회에 적응하면서도 그 사회를 지배할 능력이나 의도가 없는 종교조직으로 주변 세계와의 타협과 사회 체계에 대한 적응을 특징으로 한다.[16] 니버의 유형론은 교회 종파 이론을 유사 평가적 맥락으로 끌어들였다는 비판을 받는다.[17] 하지만 종교 조직화의 과정에 신학적 관념들이 미치는 영향을 사회구조와의 관계 속에서 설명하려고 했다는 점에서 중요

---

14 William H. Swatos, *op. cit.*, 1976, pp. 133~134 참조.
15 황선명, 『종교학개론』, 종로서적, 1982, 193쪽 참조.
16 조현범, 앞의 논문(2013), 97쪽 참조.
17 William H. Swatos, *op. cit.*, 1976, p. 135 참조.

하다.[18] 근대 한국 신종교가 종교의 신앙체계를 흔드는 외재적 근대
화와 일제의 탄압이라는 압력과 위협에 대응하여 핵심 교의를 재해
석하고 변화시킴으로써 주변 세계에 대응했다는 사실은 니버의 이
론으로 한국 신종교의 변동을 설명할 수 있다는 것을 의미한다. 핵심
교의의 변화로 이루어지는 연원 개념의 변동 폭과 서구 종교의 교구
제, 성직 제도, 예배 중심 신앙체계 등의 도입 수준은 교파 전환과 관
련될 수 있다.

유형론에는 이후 베커(H. Becker)에 의해 컬트(cult)라는 새로운 유형
이 첨가되어 강제적 성격의 교회, 자발적 선택 원리를 지닌 종파, 종
파가 주변 사회에 적응된 교파, 그리고 신비적이고 사적인 컬트의 네
가지 모델로 정비 되었다. 여기에 13세기 천주교를 전형으로 한 보편
교회(universal church), 몰몬교를 모델로 한 제도화된 종파(established sect)
가 밀턴 잉거(Milton Yinger)에 의해 추가되어 종교조직의 유형은 총 6개
로 세분되었다.[19] 연원제 교단에 연원 개념과 전교의 의미 차이로 공
동체의 성향과 권위구조에 미세한 차이가 발생한다는 점에서 베커
와 잉거에 의해 세분된 유형론은 한국 연원제 신종교에도 적용될 수
있다.

잉거 이후의 교회-종파 이론 중 연원제와 관련하여 주목되는 유
형론은 윌슨(B. Wilson)과 스와토스(W. Swatos)에 의해 제시된 것이다.
윌슨은 세속화의 관점에서 종파의 종교적 가치에 집중하면서 그 기

---

18 R. 로버트슨, 이원규 옮김, 『종교의 사회학적 이해』, 대한기독교출판사, 1984, 117
   쪽. 참조.
19 김종서, 『종교사회학』, 서울대학교 출판부, 2005, 110~111쪽 참조.

준을 '세계에 대한 반응(response to the world)'으로 단일화하고 종파 이념형의 하위 유형을 ① 혁명형(revolutionist), ② 내향형(introversionist), ③ 개혁파형(reformist), ④ 유토피아형(utopian), ⑤ 회심형(conversionist), ⑥ 기술형(manipulationist), ⑦ 주술형(thaumaturgist)으로 세분하였다.[20] 컬트, 종파, 제도화된 종파, 교파로 세분된 유형론이 연원제 교단 간의 구분에 적용될 수 있다면, 윌슨의 하위 유형 개념은 연원제 교단을 더욱 미시적으로 구분하는 데 적용될 수 있을 것이다.

스와토스는 유형 변수를 두 차원으로 하는 모델을 제안했는데, 이는 단일 차원과 다차원 모델의 약점을 보완한 것이다. 그는 종교 내적 변수를 사회 환경과의 관계성(relationship to the social environment)으로 두고 다른 한 축을 세계 유지를 위한 사회 조직의 지향성(the orientation of social organization for universe-maintenance)으로 두었다. 여기서 사회 환경과의 관계성이란 교단이 사회 환경을 인정(acceptance)하는지 거부(rejection)하는지를 의미한다. 세계 유지를 위한 사회 조직의 지향성이란 사회조직들의 핵심 가치체계가 일원주의(monopolism)를 지향하는지 다원주의(pluralism)를 지향하는지를 의미한다.[21]

이 두 변수를 수평-수직축에 놓으면 전부 다섯 가지 유형으로 분류된다. 인정-일원주의 영역의 교회(church), 인정-다원주의 영역의 교파(denomination), 거부-일원주의 영역의 폐쇄적 종파(entrenched sect),

---

20 Bryan R. Wilson, *Magic and the Millennium,* New York: Harper & Row, 1973, p. 19; 황선명, 앞의 책, 198쪽 참조.

21 William H. Swatos, "Monopolism, Pluralism, Acceptance, and Rejection: An Integrated Model for Church-Sect Theory." *Review of Religious Research,* vol. 16, no. 3, 1975, pp. 174~175 참조.

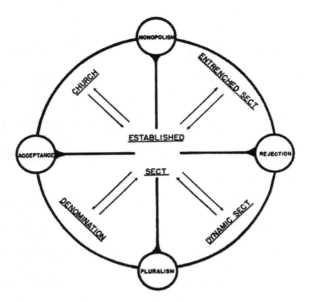

[그림 6] 스와토스의 종교조직 유형도

거부−다원주의 영역의 역동적 종파(dynamic sect), 그리고 두 축이 교차하는 중앙 영역에 제도화된 종파(established sect)의 유형이 도식화되며 [그림 6]과 같다.[22]

이에 따르면, 사회 전체의 가치체계가 일원주의적 성향일 때 사회 환경을 인정하면 교회, 사회 환경을 거부하면 폐쇄적 종파가 된다. 그에 비해 사회 전체의 가치체계가 다원주의적인 경향이 강할 때 사회 환경을 인정하면 교파, 거부하면 역동적 종파가 된다. 그리고 네 가지 유형 간의 상호변동이 이루어지는 과도기적 유형이 제도화된

---

22 *Ibid*, pp. 176~177 참조.

종파이다.

스와토스 모델의 종교 내적 변수는 다른 이론과 크게 다르지 않다. 하지만 다원주의 이론에 기반한 종교 외적 변수는 일원주의 사회가 다원주의 사회로 변환되는 한국의 근대, 그리고 일제의 종교정책에 따라 다원주의와 일원주의가 교차하는 식민지 상황을 반영할 수 있다는 점에서 한국 신종교의 변동을 설명하는 이론으로 활용이 가능할 것이다.

이상의 내용을 적용해 보면 다음과 같다. 첫째, 베버가 제시한 교회-종파의 대립적 이념형에 따라서 조선의 주자학적 유교와 동학, 일제강점기의 국가 신도 체제와 신종교를 각각 교회와 종파로 설정할 수 있다. 둘째, 트뢸치의 종파 기준인 세속 사회에 대한 저항과 배타성을 근대 신종교의 서구적 근대화와 문명화에 대한 저항으로 등치하고 그 대표적 저항 지표를 연원제로 설정할 수 있다. 셋째, 니버가 상정한 타협과 적응은 연원제 교단의 맥락에서 교구제 도입과 연원제 약화 또는 폐지로 치환될 수 있기에 종파-교파의 전환 이론을 연원제 교단의 변동에 적용할 수 있다. 넷째, 베커와 잉거에 의해 다양해진 교단 유형 모델을 다양한 연원제 교단 유형화에 사용할 수 있다. 다섯째, 윌슨의 종파 하위 유형 모델을 연원제 교단의 세분화나 시대별 유형화에 사용할 수 있다. 여섯째, 스와토스 모델을 통해 한국 근대 연원제 교단의 전개 과정을 사회 변동과의 관계 속에서 유형 이론으로 재구성할 수 있다.

이러한 내용은 스와토스와 윌슨의 유형 모델로 종합될 수 있다. 스와토스의 이론에 적용해 보면 사회 환경에 대한 인정과 거부의 지표를 교구제와 연원제로 두고, 일원주의와 다원주의 지표를 주자학적 유교와 국가 신도 등의 국체 이데올로기로 상정할 수 있다. 인정－거부의 수평축을 교구제－연원제로, 일원주의－다원주의의 수직축을 국가 이데올로기의 강화와 약화로 두고 천도교, 보천교, 무극도 세 교단의 유형 변화를 스와토스 모델로 분석하면 본 연구의 대상이 된 연원제 교단의 시대별 유형화가 가능해져 그 변동을 조직의 유형으로 분석할 수 있는 것이다.

2) 종교 유형 변화와 변동

유형 변화로 근대 한국 신종교 변동을 기술하는 작업은 이미 황선명에 의해 이루어졌다. 황선명은 독점적이거나 배타적인 성격을 찾아볼 수 없는 무속이나 민간신앙은 교파로, 증산 종단·천도교 등의 전통적 신종교는 제도화된 종파로 배정하면서 그 변화 과정을 시점과 화살표로 표시한 바 있다.[23] 조현범은 이를 "한국 신종교가 무속이나 민간신앙을 체계화하면서 시작되어 종파의 단계를 거쳐 (1865~1885) 제도화된 종파로 정착(1930~1960)"된 것으로 해석하였다.[24] 황선명의 작업은 종교 이론을 한국 신종교 연구에 실제 적용하여 유형론을 통해 신종교의 전개 과정을 사회와의 관계 속에서 기술할 수

---

23 황선명, 앞의 책, 197쪽.

24 "디노미네이션에서 시작하여 교파를 거쳐서 제도화된 교파(즉 종파)로 향하는 선을 그어 놓았는데, 교파(즉 종파)로 진입한 시점에는 1865, 그리고 교파(즉 종파)의 중심에 위치한 시점에는 1885, 그 뒤 제도화된 교파(즉 종파)로 진입하는 시점에는 1930, 마지막으로 제도화된 교파(즉 종파)의 영역 속에는 1960이라는 숫자를 적어 놓았다." 조현범, 앞의 논문(2013), 98쪽.

있다는 것을 보여주었다.

이와 마찬가지로, 스와토스 유형 모델을 적용하여 근대 한국 신종교의 전개 과정을 사회와의 관계 속에서 기술할 수 있다. 이는 연원제를 공유하는 동학·천도교, 보천교, 무극도의 유형을 분류하고 그 변화를 통해 교단 변동을 기술, 설명하는 작업이다. 스와토스 유형 모델을 적용한 내용은 다음과 같다.

동학의 경우, 주자학적 유교라는 국가 이데올로기로 인해 가치체계가 일원화되어 있던 19세기 후반에 최고신의 현현과 주문 전수에 기원한 연원 개념을 기반으로 연원제 조직을 구축하였다. 이 조직은 기존의 종법 공동체와는 다른 특수한 공동체였다. 일원주의적 세계에서 기존 사회적 환경에 배타적인 연원제 조직을 구축했으므로 수운의 동학은 폐쇄적 종파로 출발했다고 볼 수 있다.

해월의 시대에 이르러 유교라는 국가 이데올로기가 약화되자 동학은 제도화된 종파에 근접했다. 경전 간행, 조직 정비, 교단 공인을 위한 교조신원운동 등은 이러한 변동의 결과로 볼 수 있다. 대한제국 시기 유교가 국가 이데올로기의 지위를 대부분 상실하고 종교 자유 담론으로 다원주의가 강화되자 동학은 역동적 종파로 전환되었다. 의암이 민회를 결성하여 정치적 활동에 참여하고, 교단의 명칭을 천도교라고 명명해 사회 각 분야에서 공개적인 종교활동을 한 것은 그 역동성을 잘 보여준다.

이후 천도교는 의암이 도입한 교구제에 따라 연원제를 약화하면서 제도화된 종파로 향했다. 성문법 체제, 성직 제도, 성전 건립, 기독교식 예배 등은 천도교가 제도화된 종파를 지향했다는 것을 보여준다. 1910년 전후 식민지화로 인해 제국주의적 이데올로기가 강화되고 일제가 한국의 제반 종교를 강력히 통제, 탄압하면서 다시 일원주의가 강해지고, 서구적 근대화로 인해 천도교의 교구제가 강화되자 천도교는 제도화된 종파로 전환되었다.

1920년대 일제의 종교정책이 신종교에 대한 회유 전략으로 전환되면서 사회의 다원주의적 성향이 강화되고 동시에 연원제가 교단 내의 진보적 세력의 비판을 받아서 거의 폐지되자 천도교는 일시적으로 교파에 가까워졌다. 하지만 연원제를 둘러싼 갈등으로 교단이 분열되자 연원제를 약화한 신파는 교파로, 연원제를 유지한 구파는 역동적 종파로 분열되었다. 계속된 신구파의 합동 노력이 결국 분열로 귀결된 것은 두 세력의 유형이 다른 데서 기인한 것으로도 볼 수 있다.

1930년대 중반 이후 일제의 '국체 명징' 담론으로 국체 이데올로기가 강화되었고 신종교에 대한 탄압이 극심해졌다. 이에 따라 일원주의가 강화되면서 신파·구파 모두 탄압에 따른 대응으로 연원제를 강화했고 신파는 교파에서 제도화된 종파를 거쳐 폐쇄된 종파로 전환되고 구파는 역동적 종파에서 제도화된 종파를 거쳐 폐쇄된 종파로 변화되었다. 양파는 모두 유사한 유형이 되었다. 1940년의 신구파 합동은 교단의 유형이 같았기 때문이라는 관점에서 해석될 수 있다. 해방 이후 사회적으로 다원주의가 강해지지만, 천도교 교단 내 주도권이 연원제를 강화하려는 연원회보다 주로 행정 조직에 주어지면서 연원제가 약화되어 천도교는 교파가 되었다.

보천교의 경우, 1910년대 일원주의가 강한 무단통치 시기에 강력한 연원제 조직을 구축하였다. 따라서 1910년대의 보천교 교단 유형은 폐쇄적 종파라고 할 수 있다. 1920년대 일제의 신종교에 대한 유화 정책으로 일원주의가 약화되자 보천교는 역동적 종파가 되어 급속도로 성장하였다. 1920년대 중반 이후 교구제를 본격 도입하면서 연원제를 약화시키거나 폐지하여 제도화된 종파로 변모했는데 시국대동단을 통한 공인 시도는 제도화된 종파의 특성을 반영한 결과로 해석할 수 있다. 1920년대 후반 연원제를 복구하면서 역동적 종파에 근접했지만 동시에 탄압이 강화되며 일원주의가 강해져 폐쇄적 종파가 되었다. 1920년대 후반의 보천교 교세 정체는 폐쇄적 종파가 된 결과라고 할 수 있다.

1930년대 일제의 탄압이 강화되면서 일원주의가 강화되자 보천교는 연원제를 폐지하고 전면적인 교구제를 시행하였다. 이에 따라 보천교는 교회를 지향하게 되었다. 이 시기 보천교가 교리를 과거 국교적 지위에 있었던 유교에 가깝게 전환하고, 향약과 동일한 교약소를 설치하고, 유교의 집지례를 교단의 공식 의례로 시행한 것은, 그 교회 지향성으로 설명할 수 있다.

무극도의 경우, 다원주의가 강화되는 1920년대 초 본격적으로 연원제 조직을 구축하였다. 따라서 무극도의 1920년대 교단 유형은 역동적 종파라고 할 수 있다. 1920년대 무극도의 급성장은 역동적 종파라는 무극도의 유형과 관련되어 이해될 수 있다. 무극도는 수행 결사의 특징으로 인해 연원제를 강력하게 고수하였다. 1930년대 일원주의가 강화되자 폐쇄적 종파가 되었고, 해방 이후 다원주의가 강화되자 역동적 종파로 전환되었다고 볼 수 있다.

해방 이후의 시기에 연원제를 사회적 환경에 대한 인정과 거부의 지표로 볼 수 있는지는 신중한 접근이 필요하다. 따라서 1968년의 태극도 분열을 연원제와 관련한 교단 유형의 변화로 분석하기는 어렵다. 당시 사회적 환경에 대한 거부와 인정의 노선 차가 태극도 내에 존재했다는 사실로 본다면 태극도 신파와 구파의 분열은 이러한 관점에서 해석될 수 있다. 상대적으로 근대적 교육과 문화에 대한 수용성이 높았던 우당 중심의 신파는 교파로, 부정적 성향이 강했던 구파는 역동적 종파로 분화되었고 대순진리회와 태극도로 분열했다고 보는 것이 적절하다.[25]

이상에서 제시된 교단 유형 분류와 이를 통한 교단 전개 과정 기술 및 분석은 Ⅲ, Ⅳ장에서 분석된 교단 조직의 전개 과정과 유의미한 정합성을 가진다. 따라서 19세기 후반부터 1940년대까지 연원제가 지녔던 종교 유형 지표의 가치는 충분히 입증된다고 할 수 있다. 특히 박해의 유무에 따라 교세의 증감을 설명하거나 종교 권력을 둘러싼 갈등으로 교단의 분열을 이해하는 기존의 담론을 넘어 사회적 제반 환경과의 관계에서 종교의 유형 변화로 해석할 수 있는 지평을 확

---

25 박인규는 태극도 당시의 우당의 근대적 교육사업과 의료사업 등에 대해서 문헌을 통해 잘 입증하고 있다. 우당의 노선에 관해서는, 박인규, 앞의 논문(2019b), 220~221쪽, 231~235쪽 참조. 우당은 태극도의 분열이 자신의 근대 교육사업에서 시작되었다고 언급한 적이 있다. "그 당시 도인들은 착각했다. 팔부지라고 무학도통(無學道通)이라 해서 '배우지 않아야 도통을 한다', '도인은 배울 필요 없다', '도통 받으면 된다'라는 것이었다. 무학도통이란 말은 위에서 하신 말씀이 아니다. 비결에 있는 이야기다. 부산 감천에 도인이 5,000명 남짓 모여 살고 있었기에 고등 공민학교를 충분히 해 나갈 수 있었다. 선생 월급도 주고 공책과 책, 모든 것을 무료로 해 주었지만, 학교를 안 보냈다. 임원들이 무학도통이라고 생각해서 애들을 학교에 보내지 않았다. 이런 것이 진리에 대한 착각이다. … 그때 임원들은 그런 것에 불평을 가졌다. 자기네는 무학도통이라 하는데 나는 아니라 하고, … 그때부터 내가 불신당하기 시작한 것이다." 임신년 1월 5일(양력 1992.2.8.) 박우당 훈시(대순종교문화연구소 제공).

보했다는 점에서 의의가 있다. 또한 동일한 시기에 나타나는 여러 변동의 양상을 유형 변화라는 틀에서 분석하여 드러나지 않았던 의의를 포착할 수 있었다는 점에서도 의의가 있다.

각 교단 연원제의 특징을 매개로 윌슨의 종파 하위 유형을 한국 신종교 교단에 적용해 보는 것도 가능하다. 연원별, 시대별로 연원제의 특징에 따라 하위 유형의 분화가 분명한 경계를 지녀 명확하게 이념형을 정의할 수 있기 때문이다. 연원제 조직이 구원 공동체의 성격을 강하게 띠면 혁명형으로, 학파적 성격을 띠면 개혁파형이나 기술형으로, 연원 개념과 주문의 연관성이 강조되면 주술형으로, 수행과의 관계가 강조되면 회심형으로 가정해 볼 수 있다. 따라서 수운과 해월 시대의 동학이나 수리적 연원제에 기반한 혁세적 종교운동이었던 보천교는 혁명형(revolutionist)이나 주술형(thaumaturgist)으로, 문명파를 주축으로 한 의암의 천도교는 개혁파형(reformist)이나 기술형(manipulationist)으로, 주문과 수행을 강조한 무극도는 회심형 또는 주술형으로 분류될 수 있다.

이러한 하위 유형은 개별 교단의 연원을 중심으로 한 세력별 유형에 적용될 수 있을 것이다. 예를 든다면 동학혁명 시기 북접과 남접을 회심형과 혁명형에, 천도교와 시천교를 개혁파형과 주술형에, 천도교 신파와 구파는 개혁파형과 회심형에, 보천교와 보천교 혁신파는 혁명형과 개혁파형에, 태극도(태극도 구파)와 대순진리회(태극도 신파)는 혁명형과 회심형에 배치할 수 있을 것이다.[26] 이는 교단의 분열을

---

26 이러한 유형화는 시론적이며 가설적인 것으로 더욱 정교한 후속 연구가 필요하다.

종파 하위 유형으로 설명할 수 있다는 것을 의미한다. 또한 시대별 하위 유형 역시 정할 수 있는데 동학·천도교의 경우 수운의 시기는 혁명형·주술형, 해월의 시기는 혁명형·회심형, 의암의 시기 개혁파형·기술형으로 유형화하는 방식을 예로 들 수 있다. 종파 하위 유형으로도 교단 변동의 원인과 결과를 설명할 수 있게 된다. 더 나아가 교단 내 연원 간의 교리 해석 차이에 따라 발생한 교단 내부 갈등과 분열의 원인에 대한 중요한 해석적 지평을 확보하게 된다.

　이상에서 논의한 것을 종합해 본다면 다음과 같은 결론에 도달할 수 있다. 연원제 교단에 적용된 스와토스 모델은 사회 조직의 지향성과 연원제에 따라 교단의 유형이 변화하고 이를 통해 교단 교세 증감이나 분열의 원인, 더 나아가 제반 변화의 동인과 의의를 포착할 수 있다. 연원제를 변수로 한 윌슨의 종파 하위 유형 모델은 연원제 교단 내에서 다양한 종파 하위 모델이 시대별 연원별로 나타날 수 있음을 보여주었다. 따라서 연원제를 변수로 한 유형 이론과 모델로 근대 한국 신종교의 복잡한 변동과 분열 양상을 설명하는 해석적 지평의 확보는 불가능한 일이 아니다. 이것은 지금까지 주로 박해와 탄압이라는 외적 요소를 변수로 설명되었던 교세의 증감이나, 권력이나 인적 물적 자원 등을 둘러싼 다툼이라는 주관적 기준을 중심으로 이해된 근대 한국 신종교 복잡다기한 분열을 연원제를 기준으로 한 유형 변화와 분화라는 틀에서 일관되게 해석할 수 있다는 것을 의미한다. 또한 동일한 시대이든 다른 시대이든 사회 조직의 가치 지향성과 연원제의 강도와 특징을 분석할 수 있다면 유형화가 가능하고 이를 기준으로 맥락적 비교를 함으로써 개별 종교들의 유사성과 차이를 더 깊이 이해할 수 있다는 것을 시사한다.

다만, 교단 내의 시대별 연원별 교리 해석의 차이나 연원제 강도와 특징을 파악할 수 있는 자료나 정보는 현재 제한적이고 희소하다. 더욱 정교하고 계획적인 탐색이 필요하기에 본 연구에서는 그 가능성을 모색하는 데 의의를 두었다. 따라서 이와 관련된 논점이 잘 드러날 수 있도록 대순진리회의 사례를 제시하고자 한다.

연원제를 유지하고 있는 대순진리회는 1999년 분열하였다. 그 원인에 대해 교리적 분열이라는 주장이 일부 없지는 않았지만 대부분 종권과 물적 자원을 둘러싼 갈등으로 주로 설명해 왔다.[27] 하지만 2013년에 이르러 분열을 극복하고자 하는 교단 내의 움직임이 가시화하면서 연원을 중심으로 한 세력 간의 교리적 조직적 차이가 교단 분열의 원인일 수 있음을 시사하는 주장이 제기되고 있다.[28] 이는 연원제에 따른 유형론을 통해 이 두 주장이 종합될 수 있다는 것을 시사한다. 대순진리회의 변동과 분열에 대해 연원제와 유형론의 관점이 객관성을 확보한다면 연원제라는 속인제에 기반하고 있는 한국 신종교의 변동과 분열에 대한 이해는 전면적으로 재검토될 필요가 있다. 대순진리회의 경우 분열의 책임자들이 많이 사라지면서 분열의 실상에 대한 객관적인 자료와 연원 조직 내부의 교리와 권위구조의 정보에 대한 접근이 가능하게 되면서 연구의 기반이 확보되었다

---

27 필자는 2013년 분열의 원인을 도전에 대한 신격화 문제로 주장한 바 있다. 박상규, 앞의 논문(2013b), 180~181쪽

28 물론 이러한 주장이 교단 내의 종교연구자에 의해 제기되고 있지만, 비학문적으로 비판받을 이유는 없다. 위의 논문, 179~181쪽; 박인규, 앞의 논문(2019a), 83~90쪽 참조.

는 점도 중요하다.[29] 물론 연원제가 2000년을 전후한 시기에 사회적 환경에 대한 인정과 거부의 지표로 유효한지는 깊은 탐색이 필요하지만, 대부분 지역 단위로 작동되는 사회적 환경에 충돌하는 제도임이 분명하다는 점에서 그 가능성은 크다.

수운에 의해 성립되고 제도화된 연원제는 이후 근대 한국 신종교의 핵심적인 조직 원리와 제도로 자리 잡았다. 연원제가 교단의 정체성과 관련하여 천부적으로 믿어지는 주문과 이를 중심으로 한 수행 체계의 전수로 구축된다는 점에서 본다면 연원제는 교리와 분리될 수 없고, 교단 조직의 특성 및 유형을 결정하는 토대가 될 수밖에 없다. 따라서 연원제의 강도와 특징을 기준으로 교단 유형을 분류하고 이를 통해 연원제 교단의 변동을 사회적 제반 조건과 관련하여 기술하고 설명하는 것은 종교의 가시적인 측면인 사회적 차원을 통해 신종교를 이해하는 작업이라는 점에서 중요한 의의를 지닌다.

3. 동아시아 신종교와 종교조직 연구

근대 한국 신종교에서 볼 수 있는 연원제의 특징은 연구 지평을 유사한 시기적 환경과 유불선 전통을 기반으로 성립된 동아시아 근대 신종교로 확대하는 데에도 유용하다. 이는 종교조직의 원리이자 체계를 통한 동아시아 근대 신종교 연구에 해당한다. 이와 관련하여,

---

29 박인규는 대순진리회의 각 연원 조직 간 관계를 세밀하게 밝히고 그 특징까지 분석하면서 교단 조직과 그 분열을 다루고 있다. 위의 논문, 같은 쪽 참조.

근대 한국 신종교에서 볼 수 있는 연원제도 동아시아 신종교 가운데 특히 근대 일본 신종교와 중국 신종교의 사례와 비교하면 좀 더 명확해질 수 있다.[30]

근대 일본 신종교의 경우에는 속지제와 함께 속인제를 기반으로 하는 경우가 적지 않다. 이와 관련하여, 이진구는 모리오카 키요미(森岡淸美)의 이론을 근거로 연원제가 일본 근현대 신종교 조직의 오야꼬(おやこ, 親子)와 유사하다고 주장한 바 있다.[31] 모리오카는 일본의 기성불교, 교파 신도, 신종교 등 토착 종교 전반의 속인제 조직 형태의 원리와 특징 및 변화를 모델화하면서 속인제 조직의 구축 원리를 '인도계통제(導き系統制)'로 개념화한 바 있다.[32]

인도계통제는 인도(導き, みちびき)를 한 사람[전교인]과 그 대상자[수교인]가 오야(おや)와 코(こ)의 합성어인 오야꼬(おやこ)라는 부모—자식[親子] 관계를 형성하는 조직 원리이다. 여기서 인도(引導)는 그 종교가 약속하는 공덕과 구제에 이르는 길을 알려주고 가르침을 받아들이게 하는 것으로 정의된다. 즉 인도계통제는 인도를 통해 전교인과 수교인의 인적 계통이 성립되어 공동체가 형성되는 제도로, 전교인을 종교적 권위의 원천·신앙 중추라는 오야(おや, 親) 또는 본(本)으로 지칭하고, 수교인을 코(こ, 子) 또는 말(末)로 규정하여 오야꼬(オヤコ, 親子) 또는 본말(本末) 관계가 발생하는 체계이다.[33]

---

30 본 연구에서는 에도막부 말기 이후의 외래 종교, 대표적으로 기독교 이외의 종교를 일본의 토착 종교라고 칭한다.

31 이진구, 앞의 논문, 76쪽 참조.

32 森岡淸美, 「宗敎組織―現代日本における土着宗敎の組織形態―」, 『組織科學』第 15卷 1號, 1981, 19~29面 참조.

이러한 인도계통제는 부모·자식이나 스승·제자와 같은 지휘 통솔과 교육 관리의 체계가 발생한다는 점에서 연원제와 유사하다. 오야꼬의 권위 관계에 대해서는 조현범이 천리교의 조직 원리를 소개하면서 그 특징을 분석한 바 있다. 그는 오야꼬를 포교자와 새 신자 사이에 부모—자식과 유사한 관계를 맺는 것으로 설명하였다.[34] 오야꼬의 연쇄에 의한 인적 계보를 수직적 계통구조라고 표현하기도 하고 다테센(縱線)이라고도 한다.[35]

인도계통제의 기원으로는 일본인의 조직 형성과 확대 분열의 패턴인 '가(家)=부모자식 모델(いえ=おやこモデル)'로 보는데, 이러한 설명에는 조직 제도가 교의보다 사회구조에 의해 규정된다는 시각이 들어 있다.[36] 이러한 시각은 한국의 연원제가 전통 사회 문화에서 기원하였다는 본 연구의 논지와 일견 유사해 보이지만, 그 기원을 종교에 두지 않았다는 점에서 차이가 있다. 게다가 인도계통제와 유사한 예능 분야의 조직체계인 이에모토제(家元制)가 일본 불교의 상전(相傳) 문화의 영향으로 발생했다는 주장이 있다는 점에서 본다면, 인도계통제가 종교가 아닌 가족 제도에서 기원했다는 주장은 쉽게 받아들

---

33 위의 논문, 21~24쪽 참조.
34 조현범, 「천리교의 교리적 특성과 역사」, 『종교연구』 제44집, 2006, 123~124쪽 참조.
35 천리교 조직을 다테센이라고 주장하는 경우도 있지만, 모리오카에 따르면 다테센은 창가학회(創価学会, そうかがっかい)에서 속인제 조직을 지칭한 데에서 기원한 것이다. 森岡清美, 앞의 논문, 19~29面; 김태훈, 「천리교의 조직과 제도―현재적 관점에서 본 한계와 가능성―」, 『신종교연구』 제41집, 2019, 15쪽, 34~35쪽; 조성윤, 「한국에서의 천리교 포교와 조직」, 『한국종교사연구』 제13권, 2005, 392~393쪽 참조.
36 森岡清美, 앞의 논문, 20쪽, 23쪽 참조.

이기 어렵다.[37] 대부분의 토착 종교가 불교에서 기원하였거나 불교 조직의 영향을 강하게 받았다는 점에서 본다면, 인도계통제의 기원에 대해서는 더 다양한 검토가 필요해 보인다.

인도계통제를 채택한 일본 신종교 교단의 조직 전개 과정을 간략히 살펴보고 이를 근대 한국 신종교 조직과 비교하면 연원제와 인도계통제의 유사성과 차이를 더욱 명확하게 포착할 수 있다. 여기서는 천리교(天理教)와 창가학회(創價學會)를 비교 대상으로 하였다. 두 교단의 조직이 근대 한국 신종교의 조직과 유사한 전개 양상을 보이기 때문이다.

천리교는 교단 초기에 일본 정부의 단속을 피하려 1880년 고야산 진언종(高野山真言宗)의 금강산(金剛山) 지복사(地福寺) 예하가 된 후 전륜왕강사(轉輪王講社)를 설립하고 '고(講)'를 결성한 바 있다.[38] '고'는 원래 불교 신앙 결사를 지칭했지만, 민간신앙과 결부되어 당시 일본 사회에서 생활상의 중요한 질서 형태로 자리 잡고 있었다.[39] 불교 사찰 예하로 들어갔다는 점과 일본 불교 교단의 속인제적 본·말사와 상전(相傳) 체계로 본다면, 천리교는 '고'를 결성하는 과정에서 불교의 사사상전 체계를 활용하였을 것으로 보인다.[40]

---

37 이에모토제도에 관해서는, 다음의 연구를 참조할 수 있다. 西山松之助, 『家元の研究』, 吉川弘文館, 1982.

38 菱山謙二, 「天理教教団組織の研究(續)」, 『社会学ジャーナル』, Vol. 2 No. 1, 筑波大学社会学研究室, 1977, 26~28面 참조.

39 위의 논문, 27~28面; 황달기, 「일본 촌락사회에 존재하는 임의결사의 양상과 사회적 기능―'고(講)' 집단을 중심으로―」, 일본학보, 제45집, 2000, 591~594쪽 참조.

40 조현범은 천리교의 종교적 특성에 불교적 영향이 적지 않다고 분석하고, 에도 시대의 불교적 영향이 교리와 사상에 짙게 배어 있다고 평가한다. 조현범, 앞의 논문 (2006), 120~121쪽 참조.

천리교에서 사사상전의 매개체는 교조에서 비롯된 '사즈케(さづ
け)'이다. '사즈케의 리(さづけの理)'가 친신(親神)의 특별한 수호를 얻는
방법인 '사즈케'를 전할 수 있는 수단을 허락받는 것이었고, 포교는
교조가 전한 '사즈케의 리'를 받아 '요우보쿠(用木)'의 자격을 갖춰야
허락되었으며, '사즈케의 리'를 받아 '요우보쿠'가 된다는 것은 세계
건설의 용재(用材)를 의미했다는 것으로 본다면 '사즈케'의 권위 수
준은 연원제 교단의 주문과 비교될 수 있다.[41] 따라서 천리교에서 전
교는 전도의 위상을 지녔고, 이에 따라 천리교의 조직은 권위구조가
강한 속인제 조직을 형성했다. 천리교는 전교를 통해 형성된 오야코
관계를 토대로 대교회-분교회의 체계를 구축하였다. 현재도 횡적
인 권위구조를 지닌 교구제보다 종적인 오야코의 권위구조가 강한
인도계통제를 유지하고 있다. 전교와 밀접한 관련을 지닌 '사즈케'
가 지닌 권위 수준이 높다는 것을 잘 보여준다. 천리교의 인도계통
제가 연원제와 유사한 구조를 지님을 알 수 있다.

다음 [그림 7]에서 보이는 천리교의 조직체계 변천 과정을 한국
연원제 조직과 비교해본다면, 인도계통제와 연원제의 유사성을 더
욱 명확히 알 수 있다.[42]

---

41 위의 논문, 121~122쪽; 김태훈, 앞의 논문, 16쪽; 塩原勉, 日置弘一郎, 『日本の組
    織 第十三卷 伝統と信仰の組織』, 第一法規出版株式会社, 1989, 110面 참조.
42 위의 책, 111面 참조.

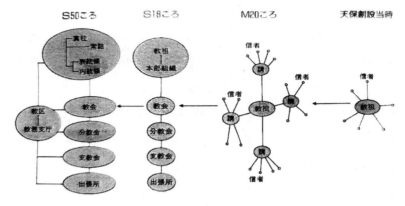

[그림 7] 천리교 조직의 변천 과정

위의 그림에 따르면 천리교는 '고(講)'를 결성하여 인적 계보의 조직을 구축한다. 마치 수운이 접을 조직한 것과 유사하다. 1943년에는 인적 계보를 단위 조직화하여 교회-분교회-지교회-출장소의 단계로 중층화 했는데, 이는 동학의 접포 조직 및 접사-접주-수접주-대접주의 체계와 비교될 수 있다. 1975년에는 교구제적 요소를 도입하여 지역 단위의 교구에 교무지청을 두고 교구 소속 교회와 포교소의 포교 활성화 업무를 통할하도록 했는데[43] 이는 한국 연원제 조직의 교구제 병행과 비교될 수 있다. 이처럼 천리교의 속인제 조직의 전개 과정이 한국의 연원제 조직과 유사한 것은 두 조직 원리가 유사한 기원을 지녔음을 시사한다.

창가학회는 설립 당시 종교활동보다 회장이었던 마키구치 쓰네

---

43 위의 책, 같은 面 참조.

사부로(牧口常三郎)의 교육이론을 바탕으로 한 연구 활동에 중심을 두었고, 1930년대에 연구조직의 형태를 취했다.[44] 연구회의 성격을 지니며 불교 종파인 일연정종(日蓮正宗) 교단의 신도 모임에서 출발했는데, 인도계통제에 따라 속인제 조직을 구축하며 급속도로 성장하였다. 창가학회의 신앙체계는 타 종교에 대해서 배타적이며 포교 시 전해지는 핵심 수행 체계는 주문(呪文)과 유사한 다이모쿠(題目, だいもく)와 이를 외우는 쇼우다이교우(唱題行, しょうだいぎょう)이다.[45] 따라서 창가학회의 전교 매개체인 다이모쿠는 주문과 유사하며, 전교를 곧 전도(傳道)로 등치하는 권위 수준을 지니고 있음을 추론할 수 있다.

창가학회의 속인제 조직은 일반적으로 다테센(縦線)으로 명명되는데, 명칭에서 속인제의 종적 권위구조를 엿볼 수 있다. 1956년 정치적 목적을 위해 요코센(横線)으로 지칭되는 속지제인 구역제를 병립시켰다. 지역구 의원 선거를 위해 교구제를 도입한 것인데 혼란을 피하려고 기존의 다테센(縦線) 조직을 존속시켰다.[46] 이는 자치제라는 정치적 목적을 지녔던 천도교 신파가 연원제에 비판적이면서도 연원제와 교구제를 병행했던 것과 유사하다. 속인제와 속지제의 공존을 통해 조직 원리의 개혁에 따른 혼란을 피하려 한 점에서 두 교단은 일맥상통한다. 연구회의 성격을 지닌 학술적 모임에서 기원했

---

44 이토 타카오, 「한국SGI 조직의 과거, 현재, 미래 – 인간혁명의 종교, 광선유포(廣宣流布)를 위한 조직 –」, 『신종교연구』 제41집, 2019, 50~51쪽 참조.

45 박승길, 「일본 신종교의 이해」, 『현대 신종교의 이해』, 한국정신문화연구원, 1994, 206쪽, 213쪽 참조.

46 창가학회는 1956년 중의원, 참의원 지역구 선거에서 집표 능력을 증강하기 위해 교구제를 도입한다. 森岡淸美, 앞의 논문, 25面 참조.

다는 점에서 창가학회 조직의 속인제와 속지제 병행은 학파적인 성격이 강했던 동학에서 기원한 천도교의 예와도 비교될 수 있다. 이상에서 본다면 창가학회의 인도계통제는 근대 한국 신종교의 연원제와 유사하다는 것을 알 수 있다.

이처럼 일본의 천리교와 창가학회에서 볼 수 있는 인도계통제는 한국종교의 연원제와 차이가 있지만 유사한 부분도 공유한다. 일본의 민간에 토착화된 사사상전의 불교적 조직문화에 더하여 에도 시대 주자학에 따른 사제 간의 강력한 권위 등이 이러한 속인제 공동체와 오야코의 권위구조를 형성했을 개연성이 크다. 따라서 일본 속인제 조직의 전개 과정을 한국의 연원제 조직의 전개 과정과 비교하면 의미 있는 결과가 나타날 수 있다.

한편, 근대 중국 신종교인 일관도 역시 연원제와 유사한 속인제 조직을 지니고 있다. 일관도는 조사(祖師)−도장(道長)−전인(前人)−점전사(點傳師)·전도사(傳道師)−단주(壇主)·당주(堂主)−도친(道親) 등의 인적 체계를 통해 총단(總壇)−지부불단(支壇)−분단(分壇)−산단(散壇)−가정불당(家堂) 등을 운영하는 속인제 조직을 갖는다.[47] 대만으로 건너간 일관도는 현재 18개의 인적 계보인 조선(組線)으로 나누어져 영도자인 전인 또는 도장을 중심으로 운영되고 있다.[48] 점전사에 의

---

47 인적 체계를 9단계로 나누기도 한다. 일관도에 대한 자세한 분석은 이은자의 연구를 참조할 수 있다. 이은자, 『중국 민간 종교 결사, 전통과 현대의 만남』, 책세상, 2005, 90~102쪽.

48 이수현, 이경원, 「대만일관도의 종교조직과 발전」, 『신종교연구』 제41집, 2019, 79~81쪽; 린완촨(저)/이경원(역), 『일관도 개요』, 도서출판 문사철, 2014, 55~58쪽 참조.

한 점도(點道)인 입도례를 통해 인적 계보가 형성되는데 인도를 한 사람이 인사(引師)로, 보증인이 보사(保師)로 참여하여 현관(玄關)·구결(口訣)·합동(合同, 수인)의 삼보가 전해진다.[49] 신자가 되면 즉각 깨달음의 경지에 도달하고 천의 자애로운 법을 얻는다는 믿음이나 입도 시의 구결, 수인 전수 등의 전도 방식 및 인적 계보의 조직 구축을 본다면 일관도의 속인제는 중국판 연원제로 볼 수 있다.[50]

지금까지 살펴본 것처럼, 근대 일본과 중국의 신종교가 지닌 속인제 원리가 한국종교의 연원제와 유사한 것은 수행 중심의 유불선 종교문화라는 동아시아의 공통된 토대에서 기원한다. 그리고 이러한 토대에서 형성된 유사성과 차이는 향후 신비교주의의 관점에서 종교조직의 원리나 체계를 통해 한·중·일 삼국의 신종교 교단을 비교하여 각 교단의 신앙체계가 지닌 특징을 설명하는 작업을 가능하게 한다.[51] 물론 연구 범위를 동아시아의 근대 신종교로 확대할 수도 있다.

이처럼 종교조직을 통해 한·중·일 삼국을 포함한 동아시아의 신종교 교단을 비교하는 작업은 동아시아의 근대 종교사를 연원제를 포함한 종교조직의 관점에서 기술할 수 있다는 의미이다. 이와 관련해, 일본 토착 종교의 속인제 조직에 대해 깊이 있는 연구를 진

---

49 시노하라 히사오(저)/이봉호, 최수빈, 박용철(역), 「일관도」, 『도교백과』, 대순사상학술원, 2018, 617쪽; 이은자, 앞의 책, 95~96쪽; 리완촨, 앞의 책, 48쪽; 全國宗教資訊網(https://religion.moi.gov.tw, 求道(點道), 2021.7.4) 참조.

50 시노하라 히사오(저), 앞의 논문, 612~620쪽 참조.

51 일본과 중국의 속인제는 사회 환경에 배타적인 공동체의 구축 원리로 기능하지 않았다. 한·중·일 삼국의 속인제가 원리적으로 동일한 기원을 지녔지만, 각국의 역사적 상황에서 독자적인 특징을 지니며 전개되었음을 의미한다.

행한 모리오카가 일본 토착 종교를 종교의 계통에 따라 나누기보다 조직이 확립된 시대에 따라 분류하는 것이 중요하다고 주장한 것은 중요한 시사점을 준다.[52] 연구 지평을 확대하여 동아시아 종교에 대해 연원 개념을 포함한 속인제의 강도를 기준으로 분류하고, 이에 근거해 동아시아 종교사를 기술하는 것이 가능하다면 그만큼 깊고 종합적인 종교 이해에 도달할 수 있을 것으로 보인다.

---

[52] 森岡淸美, 앞의 논문, 20面 참조.

제6장

결론

한국의 연원제 신종교 가운데 자료의 개방성이나 규모의 측면에서 연구 대상이 될 수 있는 주요 교단은 동학·천도교, 불법연구회·원불교, 증산 종단의 보천교와 무극도 전통이라고 할 수 있다. 공교롭게도 이 교단들은 동일한 공간을 배경으로 연속하여 발생 전개되었다는 점에서 지금까지 비교 연구의 초점이 되어왔다.

다만, 지금까지 이루어진 비교 연구들은 이 교단들이 연원제(淵源制)라는 속인제(屬人制)를 교단 조직의 구성 원리로 채택하면서 각각 다른 방식으로 조직체계를 구축했던 부분에 주목하지 않았다. 본 연구는 교단의 조직체계에 관한 연구가 한국 신종교를 이해하는 데에 중요한 관점을 제공해 줄 수 있다는 견지에서 이 부분과 내용을 비교 분석하고자 하였고, 이를 입증하기 위해 연원제를 기반으로 천도교, 보천교, 무극도의 전개 과정을 분석하였다.

연원(淵源)은 수행적 성격이 강한 한국 유불선의 전통에서 일반적으로 쓰이던 개념이다. 벽이단론(闢異端論)의 입장에서 도통(道統)을 강조하는 주자학 중심의 한국 유교, 이심전심을 통한 사자상승(師資相承)의 법통(法統)을 중요시하는 선종(禪宗) 중심의 한국 불교, 도맥을 강조하는 한국 수련 도교의 전통에서 도통·법통·도맥의 개념이 중시되었지만, 연원도 진리[道·法]가 샘[淵]처럼 솟아나는 근원[源]이란 의미에서 거의 동일한 개념적 중요성을 지니며 광범위하게 사용되었다.

수운은 한국의 유불선 전통에서 배양된 연원 개념을 포교 관계로 확장하였다. 이와 관련해, 수운은 주자학의 효용성을 비판하며 새로운 유교의 형태로 동학의 문호를 열면서 상제를 연원으로 하는 종교적인 학파 공동체를 형성하였다. 동시에 주문과 그 수행법의 전수로 이루어지는 포교를 시작하고 이를 통해 형성된 전교인[淵源]과 수교인[聯臂]의 관계를 연원으로 설정하는 조직의 원리를 활용해 강력한 속인제 조직의 교단을 구축하였다. 즉 스승과 제자 사이의 법과 진리의 전수라는 연원 개념을 '전교(傳敎) 수교(受敎) 시(時) 시생(始生)하는 관계(關係)'로 확장하고, 그 함의를 '영생(永生)의 불변(不變)하는 은의(恩義)가 유(有)'한 '천분(天分)'으로 정의하여 포교 인맥을 성화하는 속인제 조직, 바로 연원제 조직이 등장한 것이다. 이처럼 성직자가 따로 없이 모든 교인이 성직자의 역할을 하며 교인 상호 간 가족과 같은 유대를 지니는 종교 공동체의 등장은 한국 종교사에 없던 현상이었다.

동학의 속인제 조직 최소 단위인 '접(接)'은 1861년 6월의 포교 시점부터 유학 교육 조직인 서당 제도를 변용하면서 성립되었다. 접을 기본 틀로 한 동학 조직은 1862년 12월 접주제의 공식화를 통해 확산하였다. 동학 초기에 하나의 접은 보통 최소 30호에서 최대 70호 정도의 규모를 유지했고 그 이상이 되면 새로운 접으로 분리되었다. 그리고 점차 한 사람에게서 파생된, 다시 말해, 동일 연원 내의 접이 증가하자 이들을 총괄할 수 있는 조직 틀이 필요하게 되었다. 수운은 이를 위해 지역적 개념이 일부 내포된 '북도중주인'이라는 직책에 해월을 임명한 바 있다.

해월은 '북도중주인'의 직책을 바탕으로 수운 사후 도통을 승계하고 조직의 재건에 성공하였다. 당시 재건된 동학 조직은 1890년대 하위 접을 모두 포괄하였으며 동일 연원을 대표하는 조직인 포(包)가 등장하면서 체계화되었다. 접포의 연원제 종교 공동체는 이후의 동학혁명과 천도교의 확산을 통해 사회적으로 강력한 조직 문화적 영향을 미쳤으며, 속인제 인적 결사의 중요성을 부각시켰다.

증산은 동학과 천도교가 한국 사회에 강력한 영향을 미치던 19세기 말 20세기 초에 자신의 종교활동을 시작하였다. 증산에게 수운이 만난 상제는 자신이었기에 수운이 완전히 드러내지 못했다고 생각한 '참동학'도 전적으로 자신의 것이었다. 증산은 주문 중심의 수행 등 동학 신앙체계의 많은 부분을 수용하였지만, 연원제 조직을 구축하지 않았다. 하지만 동학의 연원제가 상제 증산이 수운에게 내려준 법으로 해석되면서, 또한 증산을 따르던 많은 제자가 동학운동에 참여하였거나 동학에 투신했던 이들이었기에 증산 사후 연원제는 증산 종단 전반의 조직 원리로 자리 잡게 되었다.

증산 종단 중 가장 큰 규모의 연원제 조직을 구축한 곳은 보천교이다. 증산의 제자였던 월곡은 도통 전수를 주장하며 증산의 공사와 도수론을 활용하여 우주적 수리를 조직체로 구현하였다. 바로 24방위와 24절후를 포괄하는 60방주 체제와 그 하위의 6임－12임－8임－15임이라는 시공간 도수에 기반한 수리적 연원제 조직이다. 그리고 월곡은 증산의 예언을 토대로 연원제 공동체를 강력한 혁세적 종교조직으로 만들었다. 연원제 공동체는 '구원의 방주(方舟)'로 인식되어 급속히 확장되었고, 1920년대 중반 조선총독부도 경계할 정도로 전국적인 영향력을 지니게 되었다.

같은 시기에 증산의 친견 제자가 아니었지만, 증산을 연원으로 삼아 그 사상을 도교적으로 해석한 정산은 수행 결사적 연원제 공동체를 구축하였다. 그리고 스스로 진정한 증산의 계승자임을 주장하며 수운과 동일한 위상으로 자신의 위치를 설정하면서 '연락-부분-포덕'의 체계를 통해 인적 계보를 형성하여 1925년 무극도를 공식 개창하였다. 무극도는, 보천교의 혁세적 결사와 달리, 수행 결사적 연원제 공동체로 구축되었다. 이로써 1920년대 한국의 종교 지형은 연원제에 기반한 천도교, 보천교, 무극도 세 종파가 활동하면서 재편되었다고 해도 과언이 아니다.

해월 이후, 동학을 근대적 종교로 전환하려 한 의암은 교단의 조직 전반에서 서구적 근대화 또는 문명화를 추진하였다. 천도교의 시작과 함께 본격적으로 교구제를 도입하여 교단의 교무 계통으로 부구제(部區制)를 연원제와 병행하였다. 즉 대도주(大道主)-중앙총부(中央總部)-교구(敎區)-전교실(傳敎室)로 이어지는 공식 기구를 통해 교구제로 연원제를 보완하는 제도를 시행하였다. 이는 속지제로 속인제 연원 조직의 지역적 효율성을 보완하고 연원 조직 간 교류를 촉진하여 조직의 통일성과 중앙집권화를 강화하려는 조치였지만, 연원제라는 속인주의 원칙을 약화시켰다. 이에 따라 1910년대 전교는 연원 관계를 형성하는 전도(傳道)로 인정받지 못하였고 인도나 추천의 개념으로 격하되었다.

천도교에서 연원제의 약화는 1920년대에 교단 내 진보적 지식인들의 비판으로 가속화되었다. 연원제가 상제로부터 받은 조직 원리라는 위상이 약화되면서 주문과 그 수행법의 위상도 흔들리게 되었다. 결국 신과 교인을 연결하는 인적 계보에 대한 인식이 약해지면서 1920년대 천도교는 연원제를 둘러싼 분열을 겪게 되었다. 이후 천도교의 신파나 구파 모두 연원의 이동이나 재구성이 일시적으로 합법화되면서 천도교의 연원제는 약화되고 교구제가 강화되었다.

1920년대 연원제의 약화는 연원제로 인해 천도교 내에 누적된 비민주적, 권위적, 파벌적 문화에 대한 반발에서 기인한 바가 크다. 연원제를 고수하려는 연원주들의 반발과 이를 추종하는 천도교인이 없지 않았지만, 천도교 조직체계는 각 지역 선거구에서 교인들의 선거로 피선된 종리사(宗理師)들의 협의제로 운영되는 종리원(宗理院) 체제로 변화되었다. 연원주와 교인 사이의 인맥 관계에 기반한 속인제가 지역을 매개로 하는 속지적 종리원제로 대체된 것이다. 이러한 변화는 연원제의 구심력과 포교 지향성을 약화함으로써 천도교 교세의 정체와 위축으로 이어졌다.

천도교는 교세 약화를 극복하고 단위조직의 응집성을 회복하기 위해 포(布)라는 변형된 연원제 조직을 도입하지만, 이 제도는 연원제의 핵심 내용인 천부적 인적 계보라는 요소를 일부만 반영한 체제였다. 자유의사에 따른 연원의 선택으로 연원제의 신성성은 약화될 수밖에 없었다. 결국 1930년대에 이르자 연원제는 대부분 복구되었고 천도교는 연원제 중심의 교구제 병행 체제로 돌아오게 되었다. 현재 천도교는 연원제 조직체계를 기초 단위조직으로 삼지만, 동시에 하나의 교구 안에 여러 연원이 공동으로 교구를 운영하여 속인제와 속지제의 절충구조를 취하고 있다.

증산 종단 특히 보천교와 무극도는 연원제 조직의 효과로 인해 폭발적인 확산을 이루었다. 증산이 뚜렷한 후계자를 지명하지 않았기에 증산 종단은 연원제로 인한 심각한 분열을 겪을 수밖에 없었다.

보천교는 이를 극복하는 방편으로 교구제를 도입하였지만, 교세의 약화 현상은 지속되었다. 보천교의 교구제 전면 시행과 유교적 교리 변경이 거의 동일한 시기에 진행되었다는 점에서 본다면 연원제가 교리와 결합한 강도는 약하지 않았다는 것을 알 수 있다. 보천교는 정치 결사적 성격으로 인해 시한부 혁세 예언에 따라 극심한 분열과 부침을 겪었다. 월곡은 이 문제를 해결하기 위해 교회를 지향하며 유교적으로 교리를 변경하였지만, 그 효과가 약해 조직의 급격한 붕괴 현상으로 이어졌다. 결국 보천교는 연원제 폐지로 인한 교세 수축으로 인해 해방 이후의 공간에서 조직 재건에 실패했다고 볼 수 있다.

무극도 전통은 1950년에 개명한 태극도(太極道), 그리고 1969년 창설된 대순진리회로 이어지고 있다.[1] 역사적 변천 속에서 조직의 세부 사항에 변화가 있었지만, 이 세 교단은 '연운(緣運)' 개념에 입각한 조직 원리의 연속성을 갖고 있다. 예를 들어, 대순진리회의 도헌에 따르면 '도인(道人)은 사사상전(師師相傳)에 의하여 연운(緣運)의 상종관계(相從關係)가 성립(成立)'되고 '도인(道人)은 전도인(傳道人)의 은의(恩義)를 영수불망(永受不忘)'해야 한다.[2] 이러한 내용은 대순진리회의 연운

---

1 1956년에 간행된 『태극도통감』과 1963년 초판이 발행된 태극도 『수도요람』에는 모두 무극도를 태극도로 개칭했다고 하였다. 『태극도통감』, 태극도본부, 1956, 18쪽; 교화부편찬실, 앞의 책(1967), 18쪽; "도주님께서는 전라도 태인에서 도명(道名)을 무극도로 하여 창도하셨는데, 무극도라고 하다가 광복 이후 태극도로 도명을 바꿨다. 경인년(庚寅年, 1950년)까지 무극도라고 했는데 무극도에 대한 평이 사회에서 아주 안 좋았다. 그래서 어쩔 수 없이 태극도로 바꾸셨다." 기사년 5월 1일(양력 1989.6.4.) 박우당 훈시(대순종교문화연구소 제공)

2 『도헌』, 13~15조 참조.

개념이 한국 전통의 연원 개념을 계승한 것임을 시사한다.

무극도 전통은 한국의 역사적 변동에도 불구하고 연원제 원리를 한 세기 동안 고수하고 있다. 연원제를 상제 증산이 내려 준 대도의 일부이며 신성한 조직 원리로 믿고 있기 때문이다. 이는 무극도의 세계에서 수운의 위상에 비교되는 정산이 최고신 증산의 진정한 계승자임이 믿어지고, 이에 따라 정산에 의해 성립된 조직체계가 절대적인 법으로 신앙이 되고 있기 때문이다. 또한 무극도의 연원제 조직이 연원 관계를 신성시하는 도교적 수행 결사의 성격을 강하게 내포한 데도 그 원인이 있다. 무극도 전통의 경우 한번 정해진 연원 관계는 원칙적으로 거의 변화되지 않으며, 연원의 자의적 변경은 비판의 대상이 된다. 이러한 절대적 연원 개념과 조직 원리는 사회 환경이 적정한 조건에 도달하면 폭발적인 교세 증가를 이룰 수 있었던 중요한 원인이 되었다.

연원제로 인한 세 교단의 특성은 같은 시기에 성립되었지만 조직 원리가 달랐던 불법연구회 전통과 비교하면 좀 더 명확해진다. 소태산은 증산의 주요 활동 무대였던 전북 지역에서 1910년대 중반에 활동했던 증산 종단들을 인지하고 종교활동을 시작하였기에 동학과 증산 종단으로 이어지는 연원제 조직의 영향을 받았다. 불법연구회는 소태산이 1910년대 말 증산 종단에 대한 탐색을 마치고 설립한 단체이기 때문이다. 초기 소태산의 종교활동에 대한 교단 내외의 연구에 따른다면 소태산이 증산 종단의 조직 원리를 수용하고 이를 변용하였다는 주장은 신빙성이 높다. 원불교에서 연원을 '처음 입교할 때 이끌어주는 사람'의 뜻으로 사용하고 있고, 연원달기를 '새 교도를 입교시키는 것', 입교연원을 '대도정법을 모르는 사람들을 일원회상으로 인도해서 영생을 통한 혜복의 문로를 열어주는 것', '복중에서도 큰 복이 되는 것'으로 개념화하고 있다는 사실은 연원제의 영향이 교단 내에 강하게 존재했음을 보여준다.[3]

소태산은 불법연구회 시작 단계부터 인적 계보 조직인 '십인일단(교화단)'을 운용했는데 주요 목적은 포교보다 교육과 의사전달이었다. 그리고 그 인적 계보의 구성 방식은 전교에 따른 연원 관계의 형성이 아니었다. 현재까지 모든 원불교 교인들이 가입해야 하는 기초단위조직으로 기능하는 교화단(십인일단)은 단장, 단장을 보좌하는 중앙, 그리고 8인의 단원을 합친 10인을 단위조직으로 한다. 교화단은 단장을 제외한 나머지 9인들이 또다시 하위 단의 단장이 되는 구조를 지니고 있다. 단장이 9인의 단원을 지도할 책임과 권한을 지니고 있으므로 결국 최고 수위단의 단장과 최하위 단의 단원을 제외한 모든 교인은 단장과 단원으로서 스승과 제자의 역할을 동시에 수행하게 된다. 이러한 점에서 교화단은 연원제의 기본 원리를 부분적으로 수용한 것이다. 여기에 더하여 각 단원을 팔괘(八卦)와 구궁(九宮)에 부합하게 배치하고 교화단 계층을 천문의 28수(宿)에 맞춤으로써 조직 전반에 신성성을 부여한 점에서 본다면 보천교의 수리적 연원제와도 유사하다. 이는 연원제 조직의 변용으로 보아도 무방하다.

다만, 전교를 통해 인맥이 형성되는 연원제의 원리는 불법연구회에 존재하지 않았다. 교단의 정체성과 관련된 특유의 주문이나 수행

---

3 박상규, 앞의 논문(2008), 163쪽 참조.

법이 없었기 때문이다. 따라서 전교(傳敎)는 전도가 아니라 인도의 의미였다. 전교가 연원이나 종교적 권위·권력과 연계되지 않았다는 점은 불법연구회 전통을 연원제 교단으로 분류하기 어렵게 만드는 요인이 된다.

불법연구회는 초기부터 연원제를 포교 활성화의 방편으로만 활용함으로써 연원제 조직이 초래하는 분열을 피하고 속지제를 채택하였다. 속지제는 천도교나 증산 종단과 달리 불법연구회 전통이 전문적인 성직 제도를 처음부터 시행할 수 있었던 중요한 조건이 되었다. 불교 신앙체계에 기반한 교리를 갖춘 불법연구회는 다원주의적 성향을 지녔고, 서구적 근대화의 상징이었던 성직제와 이를 중심으로 한 속지제를 시행하여 사회적 환경을 인정하는 경향을 보였다. 이는 불법연구회를 교회 지향적인 교파, 또는 제도화된 종파로 분류할 수 있음을 의미한다.

해방 이후의 원불교가 연원 개념을 완벽히 폐기한 것이 아니라는 주장도 가능하다. 이 주장은 1963부터 1971년까지 전개된 '교화 삼대 목표추진 운동'에서 교화단 구성이 적극적으로 요청되었고, 현재도 법호를 받을 수 있는 성적평가에 연원달기의 실적이 중요한 기준이라는 점에 근거한다. 하지만 1977년, 보다 합리적이고 효율적인 조직 운영을 위해 교화단규를 개정하고 교화단의 조단 원리를 행정 편제와 일치시킨 것은 초기부터 존재한 신성한 인맥의 그물망이라는 의미를 약화시켰다.[4] 성직자를 포함한 원불교인 모두는 십인일단

---

4 위의 논문, 164~165쪽 참조.

의 교화단원이 되어야 한다는 것, 성직자가 교화단을 구성하는 기준에 연원도 하나의 요소가 된다는 점, 속지주의를 무조건 적용하는 것이 아니라는 점에서 그 조직 원리를 전적으로 속지주의로 볼 수 없다는 주장에도 불구하고, 교리와 통합된 연원 관계가 현실적으로 약하다는 점에서 원불교를 연원제 교단으로 분류하기는 어렵다.[5]

연원제의 특징은 포교 실적과 종교적 권위의 일치, 모든 교인이 '성직자'가 될 수 있는 가능성이며, 이에 따라 나타나는 포교 지향성과 조직의 원심성이라고 할 수 있다. 그리고 신과 교인의 대면이 연원 정점에서 시작된 인적 계보로 연결되어 공동체가 강한 응집성을 지니며 권위 구조도 절대적이라는 점 역시 중요한 특징이다. 또한 이에 따라 권위적이며 계층적인 조직체계로 변질하기 쉽다는 점, 전문 성직 제도나 종교교육 제도를 도입하기 어렵다는 점, 연원 간의 파벌로 인한 분립과 이에 따른 교리상의 분열이 발생하기 쉽다는 점도 특징으로 지적될 수 있다.

물론 천도교, 보천교, 무극도 전통에서 이러한 특징들이 모두 동일한 것은 아니었다. 연원제의 내용과 강도에 따라 각 종교단체의 역사적 전개 과정이 달랐다고 볼 수 있기 때문이다. 이는 연원제의

---

5 한편, 한국 사회를 기반으로 탄생하고 성장한 동학(천도교), 무극도(대순진리회), 불법 연구회(원불교) 전통의 공통점과 차이점은 교리적 사상적 차원에서 많이 분석되고 기술되었다. 하지만 조직적 측면에서 그 공통점과 차이점에 대한 분석은 이제 시작일 뿐이다. 필자의 관점에서는 연원제를 성(聖)과 속(俗)의 두 영역에 두었던 동학 전통과 성(聖)의 영역에만 두었던 무극도 전통 그리고 그 제도적 특성만을 조직 원리로 흡수하여 속(俗)의 영역에 주로 두었던 불법연구회 전통을 조직적 측면에서 더욱 정교하게 비교한다면 다른 측면에 대한 더 깊고 종합적인 이해를 가능하게 하는 기층의 밑그림을 그려낼 수 있을 것이다.

특징이 어느 정도로 강했는지에 따라 해당 조직의 역사적 전개 과정이 달랐다는 의미이다.

한국 연원제 신종교 교단에 나타난 연원제의 강도를 수학적으로 표기한다면 '원불교≤1930년대 보천교≲천도교 신파≲천도교 구파≤천도교≲동학·1920년대 보천교≲ 무극도'가 될 것이다. 이는 인도(引導)≤추천≲전도의 순으로 전교의 의미가 각 교단에서 차지하는 것과 일치하며, 결국 주문 및 그 수행법의 위상이 교단의 순서와 비례한다는 것을 의미한다. 각 교단의 교파(denomination)-종파(sect)의 유형적 특징 역시 이에 비례하여 나열될 수 있다. 이러한 비례 관계에 따른 유형 분류를 통해 교단 변동을 유형 변화의 관점에서 설명할 수 있는데, 교세의 수축과 확장, 교단의 분열과 통합을 시대의 사회적 환경과 조직의 특성을 통해 이해하는 토대가 된다. 이에 대해서는 보다 정교한 후속 연구가 필요하다.

한편, 연원제가 서구적 근대화 과정에서 성직자 제도와 성직자를 중심으로 한 지역 중심의 교구제와 대립하면서 사회적 환경에 배타적인 공동체 구축 원리로 자리 잡았다는 점은 유의할 필요가 있다. 연원제가 1940년대까지 한국 신종교에서 교단의 특성에 강력한 영향을 미치는 변수로 작용하였고 사회 문화의 제반 조건과 교차하며 교단의 변동에 큰 영향을 주었다는 점은 이를 보여준다.

그렇지만 이는 한국 사회에서 나타난 속인제의 특징임에 주목해야 한다. 일본에서 교회의 위상을 지닌 불교 조직이 현재까지 본사-말사 체계의 기반으로 삼고 있는 인도계통제는 연원제와 유사한 기원을 지니고 있지만, 사회 환경에 배타적인 공동체의 구축 원리로

기능하지 않는다. 이것은 한·중·일 삼국의 속인제가 원리적으로
동일한 기원을 지녔지만, 각국의 역사적 상황에서 독자적인 특징을
지니며 전개되었음을 의미한다. 이는 연원제를 포함한 종교조직의
원리나 체계를 통해 한·중·일 삼국, 나아가 동아시아 근대 신종교
의 비교 연구를 위한 지평 확대에 이바지할 수 있음을 뜻한다.

    이 연구에서는 기존의 연구와 달리 연원제라는 종교조직의 원리
를 기반으로 천도교·보천교·무극도의 역사적 전개 과정을 분석하
면서 각 교단의 신앙체계가 지닌 특성을 설명하였다. 이는 연원제가
근대 한국 신종교의 역사적 전개 과정을 설명할 수 있는 중요한 토대
임을 확인한 것이다. 연원제를 통해 근대 신종교 현상을 해석할 때
지금까지 간과되었던 여러 역사적 사실이나 종교 간 유사성과 차이
등을 종합적으로 이해할 수 있다는 의미이다. 또한 이 연구에서는
연원제가 한국 근대 종교에 대한 유형론에서 주요 지표로 활용될 수
있고, 나아가 연원제를 포함한 종교조직의 원리나 체계가 한·중·
일 삼국 등 동아시아 종교에 대한 비교로 연구 지평을 확대할 수 있
는 기반이자 지표의 가능성을 가진다는 점도 확인하였다.

1. 1차 자료

『古文眞寶 前集』.
『古文眞寶 後集』.
『교약』, 1945.
『교헌』, 1956.
『대도지남』, 보천교중앙협정원총정원, 1953.
『대동여지도』, 진선출판사, 2019년.
『대선생연혁사』.
『대순진리회요람』, 대순진리회교무부, 1969.
『陶淵明集』.
『동경대전』, 1880.
『論衡』.
『牧隱文藁』.
『三峰藏和尚語錄』.
『상주동학교당 소장유물도록』, 상주시, 2006.
『西遊原旨』
『성재일지』, 1971~72.
『수도요람』 3판, 태극도정신회, 1970.
『呂祖全書』 32卷本 卷十
『月皐先生文集』.
『二師全書』, 1945.
『中庸集註』.
『천도교규약』, 1941.
『천도교헌』, 1983.

『천약』, 1928.

『최수운선생문집도원기』, 대동학연구원, 1978.

『태극도안내서』, 태극도본부교화부, 1966.

『태극도요람』, 태극도신도회, 1980.

『태극도통감』, 태극도본부, 1956.

『弘明集』.

『화은당실기』, 대한증산선불교회본부, 1960.

교화부편찬실, 『수도요람』 재판, 태극도교화부, 1967.

김구, 『백범일지』, 돌베개, 2007.

대순종교문화연구소, 『증산의 생애와 사상』, 대순진리회출판부, 1979.

대순진리회교무부, 『전경』, 서울대학교 출판부, 1974.

민영국(편), 『道訓』, 보천교총정원 전문사, 1986.

_____, 『時鑑』, 보천교, 1984.

박대주, 『한국사료총서 제27 羅巖隨錄 全』, 국사편찬위원회, 1980.

박창동, 『시천교종역사』, 시천교본부, 1915.

보천교중앙총정원, 『교전』, 보천교중앙총정원, 1981.

오지영, 『동학사』, 영창서관, 1940.

용담연원, 『동학 천도교 약사』, 보성사, 1990.

이돈화(편), 『천도교교헌 附 敎規』, 1922.

_____(편), 『천도교종헌초안』, 대동인쇄주식회사, 1922.

_____, 『천도교창건사』, 천도교중앙종리원, 1933.

이동초(편), 『天道敎會宗令存案』, 도서출판 모시는사람들, 2005.

이상호, 『대순전경』 3판, 대법사편집국, 1947.

_____, 『대순전경』 6판, 동도교증산교회본부, 1965.

_____, 『대순전경』 초판, 동화교회도장, 1929.

_____, 『증산천사공사기』, 상생사, 1926.

이영호, 『보천교연혁사 상』, 보천교중앙총정원, 1948.

_____, 『보천교연혁사 속편』, 보천교중앙총정원, 1958.

_____, 『보천교연혁사 하』, 보천교중앙총정원, 1948.

이정립, 『증산교사』, 증산교본부, 1977.

이중성(편), 『천지개벽경』, 대도연수원부설 용봉출판, 1992.

장봉선, 『井邑郡誌』, 履露閣, 1936.

정현웅, 『소설 강증산』, 문학출판공사, 1986.

조기주(편), 『동학의 원류』, 보성사, 1979.

주희, 서정기 옮김, 『국역주자시선』, 한국학술정보, 2010.
증산도 도전편찬위원회, 『증산도 도전』, 2쇄, 대원출판사, 1996.
천도교중앙총부(편), 『천도교경전』 6판, 천도교중앙총부출판부, 2008.
최유현, 『시천교역사』, 시천교총부, 1920.
태극도교화부, 『선도진경』, 청문사, 1965.
＿＿＿＿＿＿＿, 『선도진경』 재판, 동아대학교출판사, 1967.
태극도편찬원, 『도학원론』 재판, 태극도출판부, 1992.
태극도편찬위원회, 『선도진경』 3판, 재단법인태극도, 1983.
＿＿＿＿＿＿＿＿, 『진경전서』, 재단법인태극도, 1987.
＿＿＿＿＿＿＿＿, 『진경』, 태극도출판부, 1989.
황현, 김종익 옮김, 『오하기문』, 역사비평사, 1994.
「남유수록」, 『동학농민혁명국역총서』 제4권, 동학농민혁명참여자심의위
　　　원회, 2008.
「대구고등법원 판결문」 4293형공 제988호, 1961년 3월 31일.
「대선생사적」, 『한국학자료총서9－동학농민운동편－』, 한국정신문화연구
　　　원, 1996.
「대선생주문집」, 『동학농민혁명국역총서』 제13권, 동학농민혁명기념재
　　　단, 2015.
「대선생주문집」, 『한국민중운동사자료대계: 1894년의 농민전쟁 부(付) 동
　　　학관계자료 1』, 여강출판사, 1985.
「도원기서」, 『동학사상자료집』 제1권, 아세아문화사, 1978.
「동경대전」, 『동학사상자료집』 제1권, 아세아문화사, 1978.
「동학도종역사」, 『동학농민전쟁사료총서 29』, 사예연구소, 1996.
「본교역사」, 『한국학자료총서9－동학농민운동편－』, 한국정신문화연구
　　　원, 1996.
「수운행록－원제 수운문집－」, 『아세아연구』 제7권 1호, 고려대학교 아세
　　　아문제연구소, 1964.
「순교약력」, 『동학농민혁명신국역총서 1』, 동학농민혁명기념재단, 2015.
「용담유사」, 『한국학자료총서9－동학농민운동편－』, 한국정신문화연구
　　　원, 1996.
「이종훈약력」, 『동학농민혁명신국역총서 1』, 동학농민혁명기념재단, 2015.
「천도교대헌(1906)」, 『韓末天道敎資料集』, 2권, 국학자료원, 2005.
「천도교대헌(1911)」, 『韓末天道敎資料集』, 2권, 국학자료원, 2005.
「천도교서」, 『아세아연구』 제5권 제1호, 고려대학교 아세아문제연구소, 1962.

「천도교서(Ⅱ)」, 『아세아연구』 제5권 2호, 고려대학교 아세아문제연구소, 1962.

「천도교서(Ⅲ)」, 『아세아연구』 제6권 1호, 고려대학교 아세아문제연구소, 1963.

「천도교회사초고」, 『동학사상자료집』 제1권, 아세아문화사, 1978.

「청암권병덕선생자서전(청암권병덕의 일생)」, 『한국사상』 제15집, 1975.

「최선생문집도원기서」, 『한국학자료총서9-동학농민운동편-』, 한국정신문화연구원, 1996.

「해월문집」, 『한국학자료총서9-동학농민운동편-』, 한국정신문화연구원, 1996.

강석환, 「『전경』 발간에 즈음하여」, 1974.

배문준, 「復宇公 鏞模 墓碣銘」, 『咸安趙氏 斗巖公派世譜』 권1, 咸安趙氏 斗巖公派宗中, 1996.

에미코 번역, 「번역문 『보천교일반』」, 『일제강점기 보천교의 민족운동 자료집 Ⅱ』, 도서출판 기역, 2017.

_____, 「번역문 『양촌및외인사정일람-평안남도(洋及外人事情 一覽 一平安南道)』」, 『일제강점기 보천교의 민족운동 자료집 Ⅱ』, 도서출판 기역, 2017.

『無極大道敎槪況』, 1925.

『普天敎一般』, 1926.

『洋村及外人事情一覽』, 1924.

村山智順, 『朝鮮の類似宗教』, 朝鮮總督府, 1935.

「判決文」, 大邱覆審法院 刑事 第二部, 刑控 第六五六號, CJA0002172, 1921년 11월 26일.

「判決文」, 大邱地方法院 安東支廳, CJA0001575, 1927년 6월 21일.

2. 2차 자료

1) 저서

강돈구, 『어느종교학자가 본 한국의 종교교단』, 박문사, 2018.

_____, 『종교이론과 한국종교』, 박문사, 2011.

_____, 고병철, 이진구, 송현동, 조현범, 『한국종교교단연구 Ⅴ』, 한국학중앙연구원, 2009.

_____, _____, 조현범, 이혜정,『한국종교교단연구 XII』, 한국학중앙연구
　　　원 출판부, 2020.

_____, 윤용복, 조현범, 송현동, 고병철,『한국종교교단연구 II』, 한국학중
　　　앙연구원, 2007.

고병철,『일제하 종교법규와 정책, 그리고 대응』, 박문사, 2019.

구중회,『옥추경연구』, 동문선, 2006.

김기현(편저),『최초의 동학혁명－병풍바위의 영웅들－』, 황금알, 2005.

김상기,『동학과 동학란』, 한국일보사, 1974(대성출판사, 1947).

김용옥,『동경대전1－나는 코리안이다』, 통나무, 2021.

김종서,『종교사회학』, 서울대학교출판부, 2005.

김철수,『잃어버린 역사 보천교』, 상생출판, 2017.

김탁,『일제강점기의 예언사상』, 북코리아, 2019.

____,『증산교학』, 도서출판 미래향문화, 1992.

노용필,『『동학사』와 집강소 연구』, 국학자료원, 2001.

니니안 스마트, 강돈구 옮김,『현대 종교학』, 청년사, 1986.

_____, 윤원철 옮김,『세계의 종교』, 예경, 2004.

동학농민혁명기념재단,『동학농민혁명국역총서』제11권, 동학농민혁명기
　　　념재단, 2013.

_____,『동학농민혁명국역총서』제13권, 동학농민혁명기
　　　념재단, 2015.

라명재,『천도교 경전 공부하기』, 도서출판 모시는사람들, 2010.

류병덕,『동학, 천도교』, 교문사, 1987.

린완환, 이경원 옮김,『일관도 개요』, 도서출판 문사철, 2014.

박맹수,『사료로 보는 동학과 동학농민혁명』, 도서출판 모시는사람들,
　　　2009.

박종렬,『차천자의 꿈』, 도서출판 장문산, 2001.

서울대학교종교학과 종교문화연구실(편),『전환기의 한국종교』, 집문당,
　　　1986.

신복룡,『전봉준평전』, 지식산업사, 1996.

아오노 마사아키, 배귀득·심희찬 옮김,『제국신도의 형성: 식민지조선과
　　　국가신도의 논리』, 소명출판, 2017.

윌리엄 페이든, 이민용 옮김,『성스러움의 해석』, 청년사, 2005.

_____, 이진구 옮김,『비교의 시선으로 바라본 종교의 세계』, 청년
　　　사, 2004.

윤석산(역주),『동경대전』, 도서출판 모시는사람들, 2014.

_____(역주),『초기동학의 역사』, 도서출판 신서원, 2000.

윤이흠,『일제의 한국 민족종교 말살책』, 도서출판 모시는사람들, 2007.

이영호,『동학 천도교와 기독교의 갈등과 연대, 1893~1919』, 푸른역사, 2020.

이은자,『중국 민간 종교 결사, 전통과 현대의 만남』, 책세상, 2005.

장병길,『대순종교사상』, 대순종교문화연구소, 1989.

_____,『증산종교사상』, 한국종교문화연구소, 1976.

장영민,『동학의 정치사회운동』, 경인문화사, 2004.

전경목, 성봉헌, 임선빈, 이해준, 안승준, 김경수, 정승모, 김소은, 박병련, 『호서지방의 고문서』, 한국학중앙연구원 출판부, 2012.

조경달, 박맹수 옮김,『이단의 민중반란-동학과 갑오농민전쟁 그리고 조선 민중의 내셔널리즘』, 역사비평사, 2008.

조너선 Z. 스미스, 장석만 옮김,『종교 상상하기: 바빌론에서 존스타운까지』, 청년사, 2013.

조동일,『동학성립과 이야기』, 홍성사, 1981.

조영준, 김봉좌, 오창현(역해),『장돌뱅이의 조직과 기록: 저산팔읍 상무우사 편』, 한국학중앙연구원 출판부, 2019.

조현범, 차차석, 류성민, 박상규, 고시용,『한국 종교교단의 조직』, 한국학술정보, 2013.

차용준,『전통문화의 이해 5: 한국의 신종교문화편』, 전주대학교출판부, 2001.

천도교중앙총부교서편찬위원회,『천도교약사』, 천도교중앙총부출판사, 2006.

최동희 · 김용천,『천도교』, 원광대학교 종교문제연구소, 1976.

최종성, 박병훈(역주),『시천교조유적도지』, 도서출판 모시는사람들, 2020.

_____,『동학의 테오프락시-초기동학 및 후기동학의 사상과 의례-』, 민속원, 2009.

표영삼,『동학 1: 수운의 삶과 생각』, 통나무, 2004.

_____,『동학 2: 해월의 고난 역정』, 통나무, 2005.

_____,『표영삼의 동학이야기』, 도서출판 모시는사람들, 2014.

한국종교연구회,『한국 종교문화사 강의』, 청년사, 1998.

홍범초,『범증산교사』, 한누리, 1988.

황선명,『종교학개론』, 종로서적, 1982.

황선희,『동학·천도교 역사의 재조명』, 도서출판 모시는사람들, 2009.

R. 로버트슨, 이원규 옮김,『종교의 사회학적 이해』, 대한기독교출판사, 1984.

西山松之助,『家元の硏究』, 吉川弘文館, 1982.

Wilson, Bryan R., *Magic and the Millennium*, New York: Harper & Row, 1973.

Martin, David. A., *Pacifism*, New York: Routledge, 1965.

Smith, Jonathan Z., *Map Is Not Territory*, Leiden: E J. Brill, 1978.

_____, *Relating Religion: Essays in the Study of Religion*, Chicago: University of Chicago Press, 2004.

McGuire, Meredith B., *Religion: the Social Context*, Belmont, California: Wadsworth Publishing Company, 1981.

2) 논문

강돈구,「대순진리회의 신관과 의례」,『종교연구』제73집, 2013(『어느종교학자가 본 한국의 종교교단』, 박문사, 2018).

_____,「대순진리회의 종교교육」,『종교연구』제62집, 2011.

_____,「신종교연구 서설」,『종교학연구』제6권, 1987(『종교이론과 한국종교』, 박문사, 2011).

_____,「원불교의 일원상과 교화단」,『한국종교교단연구 Ⅴ』, 한국학중앙연구원, 2009.

_____,「한국 신종교 교단연구의 현황과 과제」,『한국종교교단연구ⅩⅡ』, 한국학중앙연구원 출판부, 2020.

_____,「한국 신종교의 역사관」,『현대 한국종교의 역사 이해』, 한국정신문화연구원, 1997(『종교 이론과 한국종교』, 박문사, 2011).

강태완,「東學의 組織과 커뮤니케이션」,『커뮤니케이션연구』제5집, 경희대학교 커뮤니케이션 조사연구소, 1985.

고건호,「천도교 개신기 '종교'로서의 자기 인식」,『종교연구』제38집, 2005.

고병철,「대순진리회의 전개와 특징」,『한국종교교단연구 Ⅱ』, 한국학중앙연구원, 2007.

고시용,「원불교 조직의 특성」,『한국 종교교단의 조직』, 한국학술정보, 2013.

구득환,「한국의 종단조직 고찰(1): 불교(조계종), 원불교, 천도교, 유교」,

『종교교육학연구』제25권, 2007.

김낙필, 「증산사상과 도교」, 『도교문화연구』제16집, 2002.

_____, 「해동전도록에 나타난 도교사상」, 『도교문화연구』제1집, 1987.

김상기, 「수운행록-원제 수운문집-」, 『아세아연구』제7권 1호, 고려대학교 아세아문제연구소, 1964.

김수인, 「한국신종교의 선가적 요소」, 『종교연구』제57집, 2009.

김용덕, 「동학군의 조직에 대하여」, 『최수운연구(한국사상 12)』, 한국사상연구회, 1974(『한국제도사연구』, 일조각, 1983).

김용휘, 「동학에 나타난 도교적 요소 재검토」, 『도교문화연구』제24집, 2006.

_____, 「최제우의 시천주에 나타난 천관」, 『한국사상사학』제20집, 2003.

김윤경, 「조선 시대 내단(內丹) 구결서(口訣書) 고찰-「단서구결(丹書口訣)」과 「동국전도십육결(東國傳道十六訣)」을 중심으로-」, 『동양철학연구』제70집, 2012.

_____, 「조선후기 민간도교의 전개와 변용」, 『도교문화연구』제39집, 2013.

김정인, 「1920년대 전반기 천도교단의 노선갈등과 분화」, 『동학학보』제5호, 2003.

김철수, 「『보천교일반(普天敎一般)』과『양촌및외인사정일람(洋及外人事情 一覽)』의 내용과 자료적 의의」, 『일제강점기 보천교의 민족운동 자료집 Ⅱ』, 도서출판 기역, 2017.

김태년, 「학안에서 철학사로」, 『한국학 연구』, 제23집, 2010.

김태훈, 「천리교의 조직과 제도-현재적 관점에서 본 한계와 가능성-」, 『신종교연구』제41집, 2019.

김홍철, 「이정립의 대순철학사상」, 『한국근대종교사상사』, 원광대학교출판국, 1984.

_____, 「한국 신종교연구의 현황과 과제」, 『한국종교』제36권, 2013.

노관범, 「연원록에서 사상사로-장지연의 「조선유교연원」과 현상윤의 『조선유학사』를 읽는 방법-」, 『한국사상사학』56권, 2017.

노종상, 「누가 '보천교 죽이기'에 가담하는가?」, 『보천교재발견 1: 보천교 다시보다』, 상생출판, 2018.

노치준, 「해방후 한국 종교조직의 변천과 특성에 관한 연구」, 『현대 한국종교변동 연구』, 한국정신문화연구원, 1993.

목정균, 「동학운동의 구심력과 원심작용-동학 교단의 컴뮤니케이션을 中心으로-」, 『한국사상』제13집, 1975.

민병훈, 「일본학습원대학 동양문화연구소 소장 友邦文庫의 전라북도 관련 자료 소개」, 『전북의 역사문물전VI 정읍』, 국립전주박물관, 통천문화사, 2006.

박맹수, 「동학과 동학농민혁명 연구에 대한 재검토」, 『동학연구』 제9·10 합집, 2001.

_____, 「동학사서『최선생문집도원기서』와 그 異本에 대하여」, 『한국종교』 제15권, 1990.

_____, 「동학의 교단 조직과 지도체제의 변천」, 『1894년 농민전쟁연구』 제3집, 역사비평사, 1993.

_____, 「동학의 남북접에 대한 비판적 검토」, 『한국학논집』 제25집, 한양대 한국학연구소, 1994.

_____, 「동학혁명에 있어서의 동학의 역할」, 『한국사상』 제22집, 천도교중앙총부출판부, 1995.

_____, 「최시형 연구」, 한국정신문화연구원 한국학대학원 박사학위논문, 1995.

_____, 「해제」, 『한국학자료총서9－동학농민운동편－』, 한국정신문화연구원, 1996.

_____, 「도교 단학파의 저술과 그 수련 유형」, 『원불교학』 제4집, 1999.

박상규, 「대순사상과 정감록의 관계: 증산이 변용한 한시 전거를 중심으로」, 『대순사상논총』 제36집, 2020.

_____, 「대순진리회의 조직과 그 특성」, 『종교연구』 제70집, 2013.

_____, 「한국 신종교의 연원제」, 『동아시아종교문화학회창립기념 국제학술대회 Proceedings』, 2008.

박성주, 「東學의 창도와 기존 宗敎와의 관계」, 『동학연구』 제28집, 2010.

박승길, 「일본 신종교의 이해」, 『현대 신종교의 이해』, 한국정신문화연구원, 1994.

박인규, 「대순진리회 조직체계의 변화와 그 특성」, 『신종교연구』 제40집, 2019.

_____, 「일제강점기 증산계 종교운동 연구－차월곡의 보천교와 조정산의 무극도를 중심으로－」, 서울대학교 대학원 종교학과 박사학위논문, 2019.

박종천, 「한국의 뇌신(雷神) 신앙과 술법의 역사적 양상과 민족종교적 의미」, 『대순사상논총』 제31집, 2018.

배상현, 「水雲 최제우의 思想考」, 『동학연구』 제2집, 1998.

백준흠, 「원불교 교화단에 관한 연구」, 『원불교사상과 종교문화』 제34집, 2006.

성봉덕, 「영해 교조신원운동」, 『한국사상』 제24집, 1998.

송항룡, 「한국도교사상의 전개추이」, 『國史館論叢』 제45집, 1993.

시노하라 히사오, 이봉호·최수빈·박용철 옮김, 「일관도」, 『도교백과』, 대순사상학술원, 2018.

신일철, 「동학사상의 도교적 성격문제」, 『한국사상』 제20집, 1985.

_____, 「『동학사상자료집』 해제」, 『동학사상자료집』 제1권, 1979.

안후상, 「식민지시기 보천교의 '공개'와 공개배경」, 『신종교연구』 제26집, 2012.

안훈, 「교당 조직체계를 통한 재가교역자 활용방안 – 교화단 조직을 중심으로 –」, 『원불교사상』 제21집, 1997.

____, 「원불교 교화단 조직과 개신교 구역조직의 비교 연구」, 『정신개벽논집』 제14집, 1995.

오병무, 「동학의 교단 분열과 한국 신흥종교」, 『신종교연구』 제2집, 2000.

우혜란, 「대순진리회 관련 미디어 담론의 분석」, 『종교연구』 제78집 2호, 2018.

_____, 「한국 신종교의 조직구조 – 그 연구 경향과 미래의 연구과제 –」, 『신종교연구』 제40집, 2019.

우홍범, 「한국근대사 관련사료의 수집·편집현황과 전망 – 우방문고 조선총독부 관계자자료를 중심으로」, 『사학연구』 제70호, 한국사학회, 2003.

유요한, 「비교종교학 연구의 최근 동향 – 학문적 엄밀성이 요구되는 비교종교연구와 종교학」, 『종교문화연구』 제8권, 2006.

유철, 「보천교 교리의 성립과 변경」, 『보천교재발견 1 – 보천교 다시보다』, 상생출판, 2018.

유탁일, 「한국 옛 '문집'의 양태와 출판과정」, 『영남지방출판문화논고』, 세종출판사, 2001(『태야최동원선생화갑기념국문학논총』, 1983).

윤석산, 「새로 발견된 목판본 『동경대전』에 관하여」, 『동학학보』 제20호, 2010.

이강오, 「보천교: 한국의 신흥종교 자료편 제1부 증산교계 각론에서」, 『논문집』 제8집, 전북대학교, 1966.

이성은, 「조직제도변천사」, 『원불교 70년 정신사』, 원불교출판사, 1989.

이수현, 이경원, 「대만일관도의 종교조직과 발전」, 『신종교연구』 제41집,

2019.

이용창, 「동학·천도교단의 민회설립운동과 정치세력화 연구」, 중앙대학
　　　교대학원 사학과 한국사 전공 박사학위논문, 2004.

이정재, 「『옥추경』의 성립과 활용 및 사상사적 의의」, 『한국종교』 제42집,
　　　2017.

이진구, 「천도교 교단 조직의 변천 과정에 관한 연구-연원제를 중심으로-」,
　　　『종교학연구』 제10집, 1991, 67쪽.

이창익, 「종교는 결코 끝나지 않는다: 조너선 스미스의 종교 이론」, 『종교문
　　　화비평』 제33집, 2018.

이토 타카오, 「한국SGI 조직의 과거, 현재, 미래-인간혁명의 종교, 광선유
　　　포(廣宣流布)를 위한 조직-」, 『신종교연구』 제41집, 2019.

이항재, 「충남지역 서당교육에 대한 연구(Ⅰ)」, 『교육사학연구』 제18집,
　　　1996.

이현종, 「수운재문집(관몰기록)에 대하여」, 『이해남박사화갑기념 사학논
　　　총』, 1970.

이희근, 「1894년 동학 교단의 포접제」, 『사학지』 제30집, 단국사학회, 1997.

임운길, 「東學·天道敎의 儀禮와 修行」, 『동학연구』 제4집, 1999.

장병길, 「대순신앙의 구조」, 대순종교문화연구소, 『대순사상의 현대적 이
　　　해』, 대순진리회출판부, 1983.

정순우, 「18세기 서당 연구」, 한국정신문화연구원 한국학대학원 박사학위
　　　논문, 1985.

정을경, 「일제강점기 박인호의 천도교 활동과 민족운동」, 『한국독립운동사
　　　연구』 제33집, 2009.

조규태, 「구한말 평안도지방의 동학-교세의 신장과 성격에 대한 검토를 중
　　　심으로-」, 『동아연구』 제21집, 1990.

조성윤, 「한국에서의 천리교 포교와 조직」, 『한국종교사연구』 제13권,
　　　2005.

조용일, 「근암에서 찾아본 수운의 사상적 계보」, 『한국사상』 제12집, 1974.

조현범, 「천리교의 교리적 특성과 역사」, 『종교연구』 제44집, 2006.

＿＿＿, 「천주교 조직의 특성」, 『한국 종교교단의 조직』, 한국학술정보,
　　　2013.

＿＿＿, 「한국종교학의 현재와 미래」, 『종교연구』 제48집, 2007.

차선근, 「대순진리회 상제관 연구 서설(Ⅰ)-최고신에 대한 표현들과 그 의
　　　미들을 중심으로-」, 『대순사상논총』 제21집, 2013.

_____, 「대순진리회의 현재와 미래」, 『한국종교의 확산전략』, 한국학술정보, 2012

_____, 「대순진리회 상제관 연구 서설 (Ⅱ)−15신위와 양위상제를 중심으로−」, 『대순사상논총』 제23집, 2014.

_____, 박용철, 「기문둔갑, 그리고 강증산의 종교적 세계」, 『종교연구』 제77집 3호, 2017.

최기영, 「한말 동학의 천도교로의 개편에 관한 검토」, 『한국학보』, 20권 3호, 일지사, 1994.

최수빈, 「도교에서 바라보는 저세상: 신선(神仙)과 사자(死者)들의 세계에 반영된 도교적 세계관과 구원」, 『도교문화연구』 제41집, 2014.

최승희, 「書院(儒林)勢力의 東學排斥運動小考」, 『韓㳲劤博士 停年紀念史學論叢』, 지식산업사, 1981.

최원식, 「동학가사 해제」, 『동학가사 Ⅰ』, 한국정신문화연구원, 1979.

최윤용, 「서당의 교육방법과 현대적 의의」, 『한문고전연구』 제17집, 2008.

최효식, 「1894년 집강소의 설치와 그 운영」, 『동학연구』 13집, 2003.

추만호, 「나말려초 선사들의 선교양종 인식과 세계관」, 『國史館論叢』 제52집, 1994.

표영삼, 「동학사상과 接・包 조직」, 『한국사상』 제22권, 1995.

_____, 「동학의 신미 영해 교조신원운동에 관한 소고」, 『한국사상』 제21집, 1989.

_____, 「동학조직의 변천」, 『동학의 현대적 이해: 동학연구 총림』, 경상북도, 2001.

_____, 「수운대신사의 생애−년대에 대한 새로운 고증−」, 『한국사상』 제20권, 1985.

_____, 「接・包 組織과 남・북접의 실상」, 『한국학논집』 제25집, 한양대학교 한국학연구소, 1994.

_____, 「접포조직과 남북접」, 『동학연구』 제4권 제1호, 1999.

황달기, 「일본 촌락사회에 존재하는 임의결사의 양상과 사회적 기능−'고(講)' 집단을 중심으로−」, 『일본학보』 제45집, 2000.

塩原勉, 日置弘一郎, 『日本の組織 第十三卷 伝統と信仰の組織』, 第一法規出版株式会社, 1989.

菱山謙二, 「天理教教団組織の研究(續)」, 『社会学ジャーナル』, Vol. 2 No. 1, 筑波大学社会学研究室, 1977.

森岡清美, 「宗教組織─現代日本における土着宗教の組織形態─」, 『組織科

學』, 第15卷 1號, 1981.

孫晉泰,「書評, 村山智順氏の民間信仰四部作お読みて」,『民俗学』, 1933.

金勳,「韓國新道教大巡真理會的曆史與教理」,『中韓道教文化比較研究』, 宗教文化出版社(北京), 2017.

張志剛,「"道教走出去"与世界宗教史规律」,『2021東亞人文國際論壇 －東方文明與禮儀國際學術研討會－ 論文集』, 北京大學宗教文化研究院, 2021.

Paden, William E., "Elements of a New Testativism," *Method & Theory in the Study of Religion*, Vol. 8, No. 1, 1996.

Paden, William E., "Comparison in the Study of Religion," in Peter Antes, Armin W. Geertz, Randi R. Warne(eds.), *New Approaches to the Study of Religion, Vol. 2: Textual, Comparative, Sociological and Cognitive Approaches*, Berlin: Walter de Gruyter, 2004.

_____, "Tracks and Themes In A Shifting Landscape: Reflections On 50 Years Of The Study Of Religion," *Religion*, Vol. 43, No. 1, 2013,

Paden, William E., "Response to Review Panelists," *Method & Theory in the Study of Religion*, Vol. 30, Issue 2, 2018.

Swatos, William H., "Monopolism, Pluralism, Acceptance, and Rejection: An Integrated Model for Church-Sect Theory." *Review of Religious Research*, Vol. 16, No. 3, 1975.

_____, "Weber or Troeltsch?: Methodology, Syndrome, and the Development of Church-Sect Theory." *Journal for the Scientific Study of Religion*, Vol. 15, No. 2, 1976.

3. 웹자료

『甲午略歷』敍金三默之關係, 동학농민혁명 종합지식정보시스템 (http://www.e-donghak.or.kr/index.jsp, 2021.5.15.).

『高宗實錄』(http://sillok.history.go.kr, 2021.1.18.).

『金洛喆歷史』, 동학농민혁명 종합지식정보시스템 (http://www.e-donghak.or.kr/index.jsp, 2021.5.15.).

『大韓季年史』卷之三 高宗皇帝 光武二年 戊戌 七月 209項

(http://db.history.go. kr, 2021.1.5.).

『東經大全』木川版 (http://db.history.go.kr, 2021.1.5.).

『東學書』(https://kyudb.snu.ac.kr. 2021.5.15.).

『備邊司謄錄』고종 즉위년(1863) 12월 20일(http://db.history.go.kr, 2021.1.18.).

『先鋒陣日記』甲午十一月二十九日 官報, 동학농민혁명 종합지식정보시스 템(http://www.e-donghak.or.kr/index.jsp, 2021.5.15.).

『星湖先生全集』卷之六, 한국고전번역원(http://db.itkc.or.kr, 2021.1.7.).

『世宗實錄』地理志 慶尙道 尙州牧(http://sillok.history.go.kr, 2021.1.18.).

『巡撫使呈報牒』其二十八, 동학농민혁명 종합지식정보시스템 (http://www.e-donghak.or.kr/index.jsp, 2021.5.15.).

『承政院日記』고종 즉위년(1863) 12월 20일(http://sjw.history.go.kr, 2021. 1.18.).

『新增東國輿地勝覽』卷二十八, 한국고전번역원(https://db.itkc.or.kr, 2021. 1.18.).

『全琫準供招』乙未二月十一日全琫準再招問目, 동학농민혁명 종합지식정 보시스템(http://www.e-donghak.or.kr/index.jsp, 2021.5.15.).

『霽山先生文集』卷之一, 한국고전번역원(http://db.itkc.or.kr, 2021.1.7.).

『駐韓日本公使館記錄』6권 各地東學黨 征討에 관한 諸報告 東學黨 騷亂原 因 調査結果 報告書 送付의 件(http://db.history.go.kr. 2021.5.15.).

『靑霞集文集』序, 한국고전번역원(http://db.itkc.or.kr, 2021.1.7.).

『聚語』癸巳三月二十日 探知 二十一日 發報, 동학농민혁명 종합지식정보 시스템(http://www.e-donghak.or.kr/index.jsp, 2021.5.3.).

오지영, 『東學史(草稿本) 三』, 동학농민혁명 종합지식정보시스템 (http://www.e-donghak.or.kr/index.jsp, 2021.5.15.).

동학농민혁명 종합지식정보시스템 (http://www.e-donghak.or.kr/index.jsp, 2021.1.7.).

원불교신문(http://www.wonnews.co.kr, 2021.6.30.).

울산저널i(http://www.usjournal.kr/news, 2021.5.21.).

한국민족문화대백과(http://encykorea.aks.ac.kr, 2021.3.23.).

中國哲學書電子化計劃(https://ctext.org/zh, 2021.7.4).

全國宗敎資訊網(https://religion.moi.gov.tw, 2021.7.4.).

4. 사전

『동학천도교인명사전』, 도서출판 모시는사람들, 1994.
김대권(편저), 『동학 천도교 용어사전』, 신지서원, 2000.
한글학회, 『한국지명총람 3』, 한글학회, 1970.
＿＿＿＿＿, 『한국지명총람 6』, 한글학회, 1970.
李叔還 編, 『道教大辭典』, 高雄: 巨流圖書公司, 2009.

5. 신문 및 잡지

「중앙총부휘보」, 《천도교회월보》 제137호, 1922년 1월 15일.
「중앙총부휘보」, 《천도교회월보》 제141호, 1922년 5월 15일.
「食票만 四十五萬張, 십만원을 드리엇다하는 보련교 사모의 장의상보」,
　　　《동아일보》, 1922년 9월 19일자.
「自稱 大時國 皇帝 태을교주 차경석이 국호와 관계를 발표하얏다는 풍셜」,
　　　《동아일보》, 1922년 10월 26일자.
「答客難」, 《보광》 창간호, 1923년 10월 25일.
「各眞正院及正教部」, 《보광》 창간호, 1923년 10월 25일.
「中央彙報」, 《보광》 창간호, 1923년 10월 25일,
「普天教教憲」, 《보광》 제2호, 1923년 12월 6일.
「地方通信」, 《보광》 제2호, 1923년 12월 6일.
「教憲發布에 대하여」, 《보광》 제3호, 1924년 1월 27일.
「손의 질문에 대답함－答客難」, 《보광》 제3호, 1924년 1월 27일.
「中央彙報」, 《보광》 제3호, 1924년 1월 27일.
「地方通信」, 《보광》 제3호, 1924년 1월 27일.
「癸亥一年教史의 槪要」, 《보광》 제4호, 1924년 3월 27일.
「地方通信」, 《보광》 제4호, 1924년 3월 27일.
「無極教가 詐欺教化」, 《조선일보》, 1924년 12월 2일자.
「無極으로統一天下」, 《동아일보》, 1925년 2월 25일자.
「无極教解散命令」, 《조선일보》, 1925년 3월 27일자.
「無極教徒속혀 사긔한자피소」, 《조선일보》, 1925년 5월 28일자.
「惑世誣民하는 無極大道團」, 《동아일보》, 1925년 7월 6일자.
「鄭鐵統이鄭道令 無極大道團主의 讖語」, 《동아일보》, 1925년 7월 10일자.

「안동 무극교도 근거를 철저 박멸」, 《조선일보》, 1925년 8월 20일자.

「예천지방에 무극교 준동」, 《조선일보》, 1926년 3월 14일자.

「의성 일대에 무극교가 만연」, 《조선일보》, 1926년 3월 31일자.

「영덕 보곡동 무극교도의 우매」, 《조선일보》, 1926년 7월 1일자.

「太乙敎徒强盜 경찰에잡히여」, 《동아일보》, 1926년 9월 11일자.

「無極道本部를 檢事隊가 大搜索」, 《동아일보》, 1926년 9월 21일자.

「천도교교무규정」, 《천도교회월보》 제194호, 1927년 2월 15일.

「천도교의절」, 《천도교회월보》 제194호, 1927년 2월 15일.

「무극도에 밋처 파산자 속출, 허무맹랑한 풍설에 놀아나는 삼척군내의 어둔 백성들」, 《조선일보》 1928년 3월 3일자.

「밀양에도 무극도의 준동」, 《조선일보》, 1928년 3월 4일자.

「휘보」, 《천도교회월보》 제217호, 1929년 1월 20일.

「3층형식으로 포덕부가 조직되다－부원회가 기본조직－」, 《천도교회월보》 제218호, 1929년 2월 20일.

「휘보」, 《천도교회월보》 제241호, 1930년 1월 20일.

「無極道敎主 二名 또 拘引 교주는잠적?」, 《동아일보》, 1931년 6월 11일자.

「천도교임시대회회록」, 《천도교회월보》 제259호, 1932년 9월 15일.

「국문판 선도진경 발간; 창도진경도 금년에 발간계획」, 《태극도월보》 (구)제2호, 태극도본부, 1967년 2월.

「편집후기」, 《태극도월보》 (구)제4호, 태극도본부, 1967년 4월.

「창도진경 발간에 최선을 다하기로」, 《태극도월보》 제3호, 태극도월보사, 1967년 9월 25일.

「이제 우리는 무엇을 해야 할 것인가」, 《태극도월보》 제10호, 태극도월보사, 1968년 4월 25일.

「창도진경 편찬에 서광; 무극도당시 자료를 얻게 돼」, 《태극도월보》 제10호, 태극도월보사, 1968년 4월 25일.

「1968년 재단 종단은 무엇을 했나」, 《태극도월보》 제18호, 태극도월보사, 1968년 12월 30일.

「최제우－최시형의 비밀 포교기록 동학 『도원기』 발견」, 《중앙일보》, 1978년 4월 4일자.

곽춘근, 「폐백 도수에 대한 고찰」, 《대순회보》 제191호, 2017년 3월.

김병로, 「우리교회의 제도개선에 대하야」, 《천도교회월보》 제138호, 1922년 2월 15일.

단정, 「교헌해석」, 《천도교회월보》 제264호, 1933년 3월 20일.

대순종교문화연구소, 「무극도 해산시기에 대한 고찰」, ≪대순회보≫ 제85
　　　호, 대순진리회교무부, 2008년 7월.
　　　　　　　　　, 「전경 다시 읽기: 도주님의 구국운동」, ≪대순회보≫
　　　제177호, 2016년 1월.
　　　　　　　　　, 「전경 다시 읽기: 후천(後天) 五만년의 도수를 나는 펴
　　　고 너는 득도하니」, ≪대순회보≫ 제188호, 2016년 12월.
　　　　　　　　　, 「지명 이야기: 통사동 재실」, ≪대순회보≫ 제59호,
　　　1998년 5월 23일.
박승룡, 「우리교의 제도개정에 대하여」, ≪천도교회월보≫ 제259호, 1932년
　　　9월 15일.
박응삼, 「연원갱시조직에 부쳐」, ≪신인간≫ 통권 312호, 1973년 12월.
성봉덕, 「해월신사의 통유 10조」, ≪신인간≫ 통권 497호, 1991년 8월.
오지영, 「연원문제」, ≪천도교회월보≫ 제127호, 1921년 2월 15일.
윤금현, 「도주님을 믿는 뜻 5호」, ≪태극도월보≫ 제25호, 태극도월보사,
　　　1969년 7월 25일.
　　　, 「도주님을 믿는 뜻 6호」, ≪태극도월보≫ 제25호, 태극도월보사,
　　　1969년 8월 25일.
이종린, 「六月十二日의 其日」, ≪천도교회월보≫ 제143호, 1922년 8월 15일.
　　　, 「포덕제와 종법실의 설치」, ≪천도교회월보≫ 제173호, 1925년 2월
　　　15일.
　　　, 「교주제 부활」, ≪천도교회월보≫ 제259호, 1932년 9월 15일.
이현종, 「「수운문집」 해제 (Ⅰ)」, ≪신인간≫ 통권 284호, 1971년 4월.
　　　, 「「수운문집」 해제 (Ⅱ)」, ≪신인간≫ 통권 285호, 1971년 5월.
조성환(편), 「동학의 사상과 한국의 근대 다시 보기―해월문집을 통해 본 최
　　　시형의 동학 재건 운동(10)」, ≪개벽신문≫ 제74호, 2018년 5월.
종단역사연구팀, 「전경 지명 답사기: 황새마을을 찾아서」, ≪대순회보≫ 제
　　　191호, 2017년 3월.
최용환, 「伏魔殿을 차저서 無極教正體 ―8―」, ≪동아일보≫, 1929년 7월
　　　26일자.
　　　, 「伏魔殿을 차저서 無極教正體 ―9―」, ≪동아일보≫, 1929년 7월
　　　27일자.
홍기조, 「사문에 길을 열든 째」, ≪신인간≫ 통권 29호, 1928년 11월.

찾아보기

찾아보기의 단어는 처음 사용되거나 중요한 쪽 한 곳만을 표기하였다.

(ㅇ)

저 자 약 력

박상규

1967년생. 대구출신. 서울고 졸업. 연세대 생화학과 졸업. 한국학중앙연구원 한국학대학원 종교학과에서 석사와 박사 학위를 취득했다. 2007년부터 대순종교문화연구소 소장으로 재직하면서 여러 학술지에 한국 신종교, 특히 대순진리회 관련 논문을 발표해 왔다. 2018년부터 아시아종교연구원의 선임연구원을 겸하고 있으며 2023년부터는 대진대학교 대순종학과 초빙교수로도 일하고 있다. 공저로는 『한국 종교교단의 조직』(2013)이 있으며 주요 연구로는 「무극도 주문 연구」, 「대순 신앙의 천계 관념」, 「대순 신앙의 주문 변화」 등이 있다.

아시아종교연구원 총서 04
근대 한국 신종교 조직과 연원제

초 판 인 쇄	2024년 06월 14일
초 판 발 행	2024년 06월 21일
저 자	박상규
발 행 인	윤석현
발 행 처	박문사
책 임 편 집	최인노
등 록 번 호	제2009-11호
우 편 주 소	서울시 도봉구 우이천로 353
대 표 전 화	02) 992 / 3253
전 송	02) 991 / 1285
전 자 우 편	bakmunsa@hanmail.net

ⓒ 박상규, 2024 Printed in KOREA.

ISBN 979-11-92365-60-2   93200   정가 41,000원